Analecta Gregoriana
Cura Pontificiae Universitatis Gregorianae edita
Vol. 264. Series Facultatis Historiae Ecclesiasticae: sectio B, n. 36

MAURIZIO TAGLIAFERRI

L'UNITÀ CATTOLICA

STUDIO DI UNA MENTALITÀ

EDITRICE PONTIFICIA UNIVERSITÀ GREGORIANA
ROMA 1993

IMPRIMI POTEST

Romae, die 21 iunii 1993
R. P. GIUSEPPE PITTAU, S.J.
Rector Universitatis

IMPRIMATUR

Dal Vicariato di Roma, 2-7-1993

© 1993 - E.P.U.G. - ROMA

ISBN 88-7652-665-X

EDITRICE PONTIFICIA UNIVERSITÀ GREGORIANA
Piazza della Pilotta, 35 - 00187 Roma, Italia

Ai miei genitori

INDICE GENERALE

Indice Generale ·· VII

Prefazione ··· XI

Presentazione ·· XIII

Avvertenza ··· XVII

Introduzione ··· XIX

Capitolo I: PER UNA STORIA DELL'*UNITÀ CATTOLICA* 1863-1929 . 1

I. Breve excursus sulla stampa integralista cattolica italiana
tra Otto e Novecento fino a Benedetto XV ·················· 1

II. Giacomo Margotti fondatore e primo direttore
dell' *Unità Cattolica* (1863-1887) ························· 12

III. Domenico Tinetti secondo direttore (1887-1892)
e le cause del trasferimento a Firenze ······················ 31

IV. L'accoglienza dei fiorentini e la condirezione
Mastracchi-Sacchetti-Mastracchi (1893-1906) ················ 43

V. Enrico Mastracchi (1906-1907. 08) ························ 60

VI. Paolo De Töth (1908-1909) e la crisi qualitativa del giornale   62

VII. Il licenziamento del De Töth e la "intrigata" nomina del
Cavallanti (1909-1915. 17) ································ 68

VIII. Ernesto Calligari (1917-1929) ·························· 81

CAPITOLO II: L'ANTIMODERNISMO DELL'*UNITÀ CATTOLICA* DURANTE IL PONTIFICATO DI PIO X (1903-1914) 89

I. Sguardo generale 89
   A. Leone XIII iniziatore del modernismo? 89
   B. Pio X e il fallimento di Leone XIII 91

II. Sacchetti e Mastracchi (1903-1908) 94
   A. Il termine "modernismo" coniato da Sacchetti? 94
   B. Contro il modernismo politico: la democrazia cristiana murriana 97
   C. Contro il rinnovamento degli studi biblici, teologici e il riformismo in genere 111
   D. La *Pascendi* 121

III. Paolo De Töth (1908-1909) 126
   A. Polemica tra De Töth e Rocca d'Adria 126
   B. Polemica con la *Civiltà Cattolica* 130
   C. Polemica con Salvatore Minocchi 134
   D. Querela tra Meda e *Unità Cattolica* 138

IV. Alessandro Cavallanti (1909-1915. 17) 143
   A. La "sleale" lotta antimodernista del Cavallanti 143
   B. I casi più clamorosi 154
     1. Padre Semeria 154
     2. Louis Duchesne 161
     3. Ernesto Buonaiuti 172
   C. L'episcopalismo 178
   D. Giornali papali e giornali modernizzanti: polemica sul giornalismo cattolico 181
   E. Benedetto XV: tempi nuovi? 192

CAPITOLO III: L'*UNITÀ CATTOLICA* DI FRONTE ALLA GUERRA EUROPEA 195

I. Primi passi fino all'entrata in guerra dell'Italia 195
   A. Il delitto di Serajevo 195
   B. Il 1914 dopo la dichiarazione della neutralità italiana 199
   C. Benedetto XV prima dell'entrata in guerra dell'Italia 203
   D. L'*Unità Cattolica* interprete del pensiero della S. Sede? .. 206
   E. Il 1915 prima e dopo l'entrata in guerra dell'Italia 213

II. Anche l'Italia in guerra 219
   A. La «diletta Italia» 219
   B. Il futuro Congresso di Pace: la questione romana e la "Legge delle guarentigie" 225

C. Il problema della lealtà politica dell'Italia
nei confronti della Santa Sede 232
D. Il tempo delle "Note". Dalle trattative di pace
proposte dagli Imperi centrali nel dicembre 1916
alla nota papale del 1 agosto 1917 238

III. Nuovo direttore e l'*Unità Cattolica* diventa moderata 243
A. Verso la pace 243
B. La pace di Versailles senza il papa 249

Capitolo IV: L'*UNITÀ CATTOLICA* DAVANTI AL FASCISMO 255

I. Il «primo fascismo» (1919-1922) 256

II. Il «secondo fascismo» 1922-1925 263
A. La fase della «attesa tattica» 264
B. Argomenti "graditi" all'*Unità Cattolica* 266
  1. Politica ecclesiastica:
     idee e tendenze religiose di Mussolini 266
  2. Politica interna ed estera 268
C. Alcuni punti ancora non troppo chiari 270
  1. Il rapporto tra Stato e regime fascista 270
  2. Il ruolo del Partito Popolare 270
  3. La proporzionale 280
  4. La libertà di stampa 282
D. Due "casi emblematici" fra le tante vittime del fascismo 284
  1. Don Minzoni 284
  2. Giacomo Matteotti 286

III. Dalla dittatura fascista alla Conciliazione 289
A. Netta distinzione tra "fede" fascista e "fede" cattolica 289
B. La Conciliazione 294

Capitolo V. LA MENTALITÀ INTEGRALISTA:
OSSERVAZIONI CONCLUSIVE 301

A. Piano ideologico 306
B. Piano religioso 312
C. Piano Etico 317

Appendice · 325

Bibliografia 351

Indice dei nomi 361

PREFAZIONE

Il lavoro proposto in questo volume riproduce, sostanzialmente, la dissertazione presentata alla Pontificia Università Gregoriana di Roma, per il dottorato di ricerca in Storia Ecclesiastica.

Il primo vivissimo ringraziamento e riconoscente pensiero va al p. Giacomo Martina per la partecipe, continua cura con la quale ha indirizzato e seguito il lavoro, per il prezioso confronto di idee avvenuto nell'arco della stesura e per la significativa presentazione. Altro ringraziamento va al p. Mario Fois, secondo lettore della tesi, per i suggerimenti dati in sede di discussione e di giudizio.

La pubblicazione, nella prestigiosa collana nella quale esce, non sarebbe stata possibile senza l'aiuto finanziario del Pontificio Seminario Lombardo e di don Angelo Rani, perciò al rettore del Lombardo mons. Diego Coletti e a don Angelo si volge la mia sentita gratitudine.

Un caloroso ringraziamento va, pure, a quanti mi sono stati vicini, mi hanno incoraggiato e consigliato nel corso del lavoro: fra questi ricordo il prof. don Lorenzo Bedeschi.

Ritengo, infine, di sottolineare la mia riconoscenza a mons. Francesco Tarcisio Bertozzi, vescovo di Faenza-Modigliana, per avermi concesso, con la sapienza del Padre e la lungimiranza del Pastore, il tempo necessario per la ricerca.

Maurizio Tagliaferri

PRESENTAZIONE

La storia della Chiesa è caratterizzata non solo da una grande ricchezza di correnti di spiritualità e di pietà, con le loro scuole, ma anche, come in tutti gli organismi composti da uomini, da una certa diversità di orientamenti pratici. A un gruppo sensibile al divenire tipico della storia, e perciò aperto ai cambiamenti, ai modi sempre nuovi di incarnare in forme storiche contingenti i vecchi immutabili valori, si contrappone l'atteggiamento di chi è preoccupato soprattutto della salvezza di questi valori, teme che le novità ne mettano in crisi gli aspetti essenziali, ed è portato a difendere tenacemente le forme passate.

Lo notava già nel Medio Evo Anselmo di Havelberg, consigliere del Barbarossa ai tempi di Legnano e arcivescovo di Ravenna, con delle parole che sembrano scritte ai nostri giorni, non alla metà del secolo XII: «Solent plerique mirari, et in quaestionem ponere, et interrogando non solum sibi, verum etiam aliis scandalum generare: dicunt enim, et tanquam calumniosi inquisitores interrogant: Quare tot novitates in Ecclesia Dei fiunt? ... Quinimo quis non contemnat Christianam religionem tot varietatibus subjectam ... tot novis legibus et adinventionibus immutatam ... tot regulis et moribus fere annuatim innovatis fluctuantem?» ... E lo stesso uomo del Medio Evo rispondeva: «Quomodo Ecclesia Dei sit una in se et secundum se, et quomodo sit multiformis secundum filios suos, quos diversis modis et diversis legibus et institutis informavit et informat... Ecce apparet manifeste unum corpus Ecclesiae uno Spiritu sancto vivificari, ... semper unum una fide, sed multiformiter distinctum multiplici vivendi varietate» (PL. 188, 1141-1144).

La storia ci mostra dunque un cammino ecclesiale sempre o quasi accompagnato da questo contrasto fra i difensori del passato, solleciti dell'unità, o forse dell'uniformità, e quanti sono protesi verso il futuro. Sarebbe facile moltiplicare gli esempi. Annibale Bugnini, nel suo libro *La riforma liturgica (1948-1975)*, Roma 1983, racconta tutte le opposizioni incontrate dalla riforma al suo primo nascere. Da *La tunica stracciata. Lettere di un cattolico sulla riforma liturgica*, Roma 1967, si passò alla lettera inviata a Paolo VI il 25 settembre 1969 dai cardinali Ottaviani e Bacci, con una serrata critica al *Novus ordo Missae*. Paradossalmente proprio il successore di Ottaviani all'ex S. Ufficio, il card. Šeper, il 12 novembre 1969, scriveva alla Segreteria di Stato: «L'opuscolo Breve esame critico del "Novus ordo Missae" - annesso alla lettera dei due cardinali - contiene molte affermazioni, superficiali, esagerate, inesatte, appassionate e false». A ciascuno il suo! E recentemente la rivista spagnola *Teología y catequesis* (1992, nn. 41-42) ha pubblicato la lettera inviata il 17 ottobre 1965 a Paolo VI da un gruppo di vescovi spagnoli (di cui non è fatto il nome), che, angosciati, chiedevano al papa di non approvare la dichiarazione conciliare *Dignitatis Humanae*, in contrasto con l'insegnamento costante dei Pontefici dell'Ottocento, processo alla storia passata, tragica capitolazione nella dottrina. Paolo VI dovette soffrire nel leggere quest'appello, per altro analogo a molti altri da lui ricevuti durante il Concilio, e rispettò la volontà della maggioranza: il 10 dicembre la dichiarazione sulla libertà religiosa era approvata con 70 voti contrari e 2308 favorevoli. La linea intransigente era sconfitta.

Sarebbe importante analizzare il peso che questa mentalità intransigente ha esercitato nel corso dei secoli, ora impedendo deviazioni, ora stimolando suo malgrado la redazione di formule più esatte, ora, forse più spesso, rallentando ed ostacolando il cammino della Chiesa. Sarebbe ugualmente interessante cercare le radici ultime, psicologiche, teologiche, storiche di questa mentalità, i suoi nessi con determinate situazioni del momento (opposizione ad errori, difesa dell'ortodossia, ma anche attaccamento ad oltranza a correnti ormai al tramonto, come lo Stato confessionale, l'*Action Française*, il colonialismo...).

Ma un lavoro del genere è arduo, supera probabilmente le capacità di un singolo studioso. L'autore di questo volume realisticamente ha preferito cogliere un aspetto, un momento concreto di questa mentalità, come appare dal 1863 al 1929 nel giornale italiano *L'Unità Cattolica*. Lo studio non vuole essere solo la ricostruzione delle vicende esterne del periodico, che per altro resta la premessa necessaria dell'indagine, ma soprattutto l'analisi della mentalità intransigente dei redattori, Margotti, Sacchetti, de Töth, Cavallanti, per ricordare solo i principali. Come videro gli avvenimenti che si susseguirono dal 1860 al 1929 (unificazione italiana, con la fine del potere temporale e la nascita dello Stato laico, infallibilità pontificia, modernismo, questione sociale, prima guerra mondiale, fascismo e conciliazione ... ecc.)? Questi instancabili redattori, spesso approvati pubblicamente dalla S. Sede, cioè da vari Pontefici, almeno sino a Benedetto XV, quasi sempre visti con benevolenza e con simpatia, seppero cogliere il significato obiettivo degli eventi, o reagirono in modo unilaterale? Accettarono o rifiutarono il dialogo, non tanto con gli avversari della Chiesa, ma con quei cattolici che pensavano in modo diverso? La loro opera in definitiva fu, prevalentemente almeno, benefica e positiva, o nell'insieme piuttosto negativa, contribuendo a dividere le forze cattoliche?

La storiografia dei nostri giorni ha cominciato a sviluppare questo filone, sulla stampa in genere, su alcuni quotidiani. Sono stati privilegiati soprattutto, fino ad ora, i quotidiani di grande tiratura, come il *Corriere della Sera*, e altri del genere. Meno vasta è stata la ricerca sulla stampa cattolica. Manca ancora, ad esempio, una storia della *Civiltà Cattolica*, manifestazione anch'essa dell'intransigenza cattolica italiana di oltre un secolo (1850-1993). Ma, diciamolo subito per evitare ogni equivoco, l'intransigenza della *Civiltà* era sorretta da una cultura nettamente superiore a quella del Margotti, Sacchetti, Cavallanti ... Il confronto si potrebbe sviluppare: l'autore ricorda in ogni modo come nell'epoca modernista non mancarono dissensi e scontri fra la rivista romana dei gesuiti e il giornale fiorentino. In qualche caso, poco mancò che si arrivasse a parole grosse dalle due parti. L'*Unità Cattolica* si mantenne invece vicina, nell'atteggiamento generale, all'*Osservatore Cattolico* dell'Albertario, alla *Riscossa* dei fratelli Scotton, più papisti del papa, pronti a sospettare di tutto e di tutti, a lanciare accuse, per lo più insufficientemente o per nulla provate. Con una mentalità superficiale e caporalesca, Cavallanti tuonava: io sono con il papa, dunque chi non è con me è contro il papa ... Era necessaria la lungimiranza di Benedetto XV, o meglio del card. Della Chiesa prima, di Benedetto XV poi, per avvertire i pericoli i danni le conseguenze negative di questa linea.

Questi cenni non esauriscono i problemi accennati. Vogliono solo indicare l'interesse di questa ricerca, e la questione fondamentale che essa solleva: esiste un solo modo di essere cattolici, esiste un solo modello di *Civiltà Cattolica*, o il cattolicesimo si incarna necessariamente in tanti diversi sistemi, o, quanto meno, può allearsi ad essi o coesistere con essi? C'è un'unica strada di salvezza, stretta, in cui dobbiamo camminare tutti stringendoci gli uni agli altri, ben allineati, falange compatta, o nella realtà storico-politico-sociale, ci sono varie strade, più o meno larghe, in cui i cattolici possono avviarsi senza danno? C'è un'unica soluzione per i problemi concreti, o, sempre alla luce della rivelazione, si può scendere a soluzioni concrete diverse? E a chi spetta la responsabilità di queste scelte concrete? Questo volume non dà certo una risposta definitiva, esauriente, ma indica con chiarezza i pericoli di determinate linee storiche.

Giacomo Martina S.I.

AVVERTENZA

1. Citazioni

Quando non indichiamo altra fonte s'intende che le nostre citazioni sono desunte dall'*Unità Cattolica* di cui ci limitiamo a dare: nome dell'autore dell'articolo (quando è possibile), data e pagine.

Per le trascrizioni delle fonti d'archivio, abbiamo rispettato l'ortografia, le abbreviazioni e l'interpunzione dell'originale.

2. Sigle e abbreviazioni

AAB	=	Archivio Arcivescovile Curia di Bologna.
AAEESS	=	Archivio della Congregazione degli Affari Ecclesiastici Straordinari: sono indicati, secondo il nuovo ordinamento, lo stato cui si riferisce il documento, il numero della *positio*, il fascicolo.
AAF	=	Archivio Arcivescovile Curia di Firenze.
A.A.S.	=	*Acta Apostolicae Sedis*, Roma 1909 ss.
AAT	=	Archivio Arcivescovile Curia di Torino.
ACC	=	Archivio della «Civiltà Cattolica», Roma.
ACGA	=	Archivio Casa Generalizia degli Agostiniani dell'Assunzione, Roma.
ACS	=	Archivio Centrale dello Stato, Roma.
A.H.P.	=	«Archivum Historiae Pontificiae», Roma 1963- .
ARSI	=	Archivio della Curia generalizia della Compagnia di Gesù, Roma.
A.S.S	=	*Acta Sanctae Sedis in compendium opportune redacta et illustrata*, 41 voll., Roma 1865-1908 (1909: Index generalis).
ASV.	=	Archivio Segreto Vaticano. Preceduto da questa sigla è il fondo Segreteria di Stato (SS), segue l'indicazione dell'anno, della rubrica, del fascicolo e del foglio o fogli corrispondenti.
BAM	=	Biblioteca Ambrosiana di Milano
«Civ. Catt.»	=	«La Civiltà Cattolica», 1850- .
CSMU	=	*Centro per la Storia del Modernismo*, Urbino.
D.B.I.	=	*Dizionario biografico degli italiani*, Istituto della Enciclopedia Italiana, Roma 1960 ss.

D.S.M.C.I.	=	*Dizionario storico del movimento cattolico in Italia*, Diretto da F. TRANIELLO e G. CAMPANINI, Torino 1982 1984, vol. I/1-2: *I fatti e le idee*; vol. II: *I protagonisti*; vol. III/1-2: *Le figure rappresentative*.
DTC	=	*Dictionnarie de Théologie catholique*, Paris 1923 ss.
RSCI	=	«Rivista di storia della Chiesa in Italia», Roma 1947- .

3. ALCUNI PSEUDONIMI

ALCA	sac. Alessandro Cavallanti
A.G.A	arciprete Giovanni Albera
APIS	sac. Giovanni Maria Pasa di Padova
AUDAX	sac. Giovanni Menara
B. CROTTI	sac. Alessandro Cavallanti
CIRENEO	sac. Giuseppe Luraghi di Milano
D.E.M.	sac. E. Magri
DEMOFILO	sac. Alessandro Cavallanti
DOCTOR VERITAS	Pietro Sambugaro
ESSEF	Scipione Fraschetti
FRANGAR NON FLECTAR	rag. Francesco Bertieri di Firenze
GARISENDA	Raffaele Della Casa
GINO	sac. Giuseppe Luraghi di Milano
LECTOR	p. G. Mattiussi
MIKRÒS	Ernesto Calligari
MILES CHRISTI	mons. Andrea Scotton
NOTHING	Scipione Fraschetti
OFFELIANO	Guido Donati avvocato di Firenze
ROMANUS	mons. Pietro Giani di Livorno
RUSTICANA	Elena da Persico
RUSTICUS	Guido Donati avvocato di Firenze
SAC	sac. Andrea Cappellazzi di Crema e sac. A. Cavallanti
SEON	sac. Giuseppe Forti di Roma
SIMPLEX	redattore dell'*Osservatore Romano*
SPIRITUS DULCIS	P. Speiser
TIRSI	sac. Luigi Orione
VIGOR	G. Angelini
VILLIANO	Guido Donati avvocato di Firenze
VILLICUS	Guido Donati avvocato di Firenze
VINDEX	sac. G. Mugnozza
VIRTUS	sac. Giovanni Menara

INTRODUZIONE

Non si vuole fare tanto la storia esterna di un giornale, quanto quella di una mentalità. Studiare il modo di pensare e di ragionare di una certa "frazione" del cattolicesimo italiano, precisamente degli scrittori del giornale margottiano l'*Unità Cattolica*, il quotidiano battagliero nato a Torino nel 1863, trasferitosi a Firenze nel 1893, coinvolto nelle repressioni del 1898, organo degli integralisti *tout court*, per lunghi anni listato a lutto per Porta Pia. Cultore di un massimalismo ad oltranza, fautore del temporalismo ecclesiastico, non privo di una sua coerenza, passato negli ultimi anni a posizioni più moderate, finì la sua vita con la Conciliazione del 1929. Si vantava di essere al servizio del Papa e paradossalmente, proprio per questo, si trovava non solo costantemente in contrasto con lo Stato risorgimentale, ma anche spesso in conflitto con gli stessi vescovi (Mistrangelo, Maffi, Della Chiesa, Ferrari solo per ricordarne alcuni). Eppure fra gli occasionali sostenitori incontriamo *don* Felice Cappello e il beato Orione.

Nonostante la tiratura quotidiana irrisoria, appena tremila copie, il suo influsso non è da sottovalutare. Mentre nel mezzogiorno i vescovi pugliesi nel raccomandare la lettura di giornali "buoni", mettevano sullo stesso piano l'*Osservatore Cattolico*, l'*Osservatore Romano*, l'*Unità Cattolica* ecc.[1]; a Genova Mons. Reggio direttore dell'aperto *Stendardo Cattolico* scriveva a Cantù: «Guai se chi governa l'Italia, giudicasse tutto il clero e tutti i cattolici, dall'*Unità Cattolica*, e mi vien rabbia, ogni volta, che la leggo accennata come l'unico organo di questo partito»[2]. Due mondi diversi nell'ambito di uno stesso impegno cattolico. Due mentalità opposte. Queste pagine vorrebbero descrivere non le due mentalità, non la mentalità intransigente nella sua globalità, ma questo spirito intransigente come si è incarnato in uno dei suoi giornali. Storia di una mentalità nella storia di un giornale. Storia esterna prima di tutto con le vicende delle origini e le successioni dei direttori, storia interna soprattutto con le personalità dei direttori e con le idee e le tesi di fondo

---

[1] Cfr. *Lettera pastorale collettiva dell'episcopato pugliese*, 14.X.1892, in *Conferenza Episcopale pugliese 1892-1992*, Bari-Molfetta 1992, p. 18 n. 2.

[2] BAM, *Arch. Cantù*, originale. Lettera dell'ab. Reggio a C. Cantù, Genova, 11 gennaio 1874. Del Reggio è in corso il processo di beatificazione: *Congr. de causis sanctorum, Ianuen. Canonisationis servi Dei Thomae Reggio episcop. Vigintimiliensis (1877-1892) archiepiscop. Ianuensis (1892-1901)*, vol II, Romae 1991.

costanti nel giornale. E' significativo che questo periodico nato negli anni della dilacerazione si chiuda con la Conciliazione. La contemporaneità della morte del giornale e della Conciliazione non significa per altro che col '29 la mentalità intransigente sia superata.

Cercare di cogliere la mentalità di questo gruppo ha significato metterci alla scuola degli "storici della mentalità", di Lucien Febvre, Georges Duby, Robert Mandrou, Pierre Nora e Jacques Le Goff solo per ricordare i maggiori. Seguire il modo di fare storia delli «Annales», di quel periodico storico fondato nel 1929 da Marc Bloc e Lucien Febvre. La storia della mentalità consiste nel ricercare di una determinata epoca, di un fenomeno, nel nostro caso di un giornale, più che i fatti, il modo di pensare, la psicologia, l'ambiente in cui le persone si muovono, la cultura, la sensibilità, gli atteggiamenti di pensiero e di spirito. Non ignoriamo che ci siamo posti su un terreno controverso, oggetto di vivi dibattiti storiografici negli anni sessanta e settanta. E che per quanto riguarda la stampa esistono studi di questo tipo specialmente per i periodici di area laica[3].

Oltre all'*Unità Cattolica* ci siamo valsi di documenti d'archivio: lettere di Margotti agli arcivescovi di Torino custodite nell'Archivio della Curia Arcivescovile di quella città; le *Carte Cavallanti* ora conservate per lo più nel *Centro per la Storia del Modernismo* di Urbino, ma soprattutto la "Rubrica 162" del Fondo Segreteria di Stato presso l'Archivio Segreto Vaticano, che raccoglie numerose lettere, fondamentali per la storia interna ed esterna del giornale.

Sappiamo che l'articolo di un giornale ha come caratteristica di essere immediato e attuale, cioè di vivere dell'attimo in cui è concepito, del momento in cui è scritto. Pertanto, le difficoltà maggiori di una simile analisi stanno nel ricostruire quel momento, quel contesto storico che l'ha prodotto, nel far parlare l'articolo così come ha voluto il suo autore, nel cercare di capire le ragioni che l'hanno dettato, il fine a cui vuole arrivare. Per questo, molte volte sarebbe stato prezioso poter risalire alla preparazione dell'articolo, al lavoro redazionale, ma questa ricerca delle minute o delle bozze corrette è reso pressochè impossibile per la inaccessibilità di questo materiale, andato quasi nella totalità perduto.

Il giornalismo cattolico, specialmente quello integralista, ha il suo punto debole nel condizionamento e nella subordinazione che caratteriz-

---

[3] Cfr. G. LICATA, *Storia del «Corriere della Sera»*, Milano 1976; D. MACK SMITH, *Cento anni di vita italiana visti attraverso il «Corriere della Sera»*, Milano 1978; L. BARILE, *«Il Secolo» 1865-1923*, Milano 1983; A. BERGAMINI, *Storia del «Giornale d'Italia»*, Roma 1975; M. MALATESTA, *«Il Resto del Carlino»*, Milano 1978; G. RATTI, *Il «Corriere Mercantile» di Genova dall'Unità al fascismo*, Parma 1973; e i vari volumi curati da V. Castronovo.

zavano il suo rapporto con la Gerarchia. Di questo limite bisogna tenere conto, soprattutto in Italia, se vogliamo comprendere correttamente la pubblicistica cattolica. Se ai tempi del Margotti, fondatore e primo direttore dell'*Unità Cattolica*, il rapporto con la Gerarchia era facile, perché c'era convergenza unanime (o quasi) nel respingere la "rivoluzione" risorgimentale, nella seconda generazione, quella di Sacchetti, Cavallanti e Calligari, ma anche dell'ultimo Albertario, di Meda e Rocca d'Adria, crebbero i problemi e le tensioni con l'Autorità Ecclesiastica. Non si trattava più di rigettare, ma di dedicarsi ad un attento e delicato lavoro di discernimento e distinzione. Certamente i direttori dell'*Unità Cattolica* non sempre riuscirono a far coesistere le proprie scelte con il carattere ufficioso che il foglio stesso aveva. Sacchetti e Calligari vi riuscirono meglio degli altri, ma a prezzo di grossi sacrifici.

E' sempre difficile ricostruire una mentalità. Ancor più difficile ricostruire la mentalità integralista, che non è del tutto scomparsa neppure oggi e appare in alcuni periodici scarsamente diffusi. Lo stesso succedersi di due pontefici così diversi, per temperamento, formazione, linee di governo, dal cauto appoggio di Pio X all'intransigenza, alla moderazione e apertura di Benedetto XV, che condanna i gruppi che vogliono presentarsi essi soli con la qualifica di cattolici, solleva nuovi problemi. Era possibile un cattolicesimo senza aggettivi? Forse questo studio può costituire un contributo nella ricerca di una risposta.

E' necessaria una premessa di vocabolario trattando di un'espressione così vaga, equivoca e polivalente. Normalmente, anche nella saggistica storica, si usano i termini integralismo, intransigentismo, integrismo, in eguale maniera. Ma ad un'analisi più corretta e per una chiarezza metodologica, a cui intendo restar fedele in questo saggio, è bene distinguere questi termini, anche se appaiono confusi nella stessa pubblicistica integralista. *Integralismo e integralisti* hanno un fondo essenzialmente teologico e una disposizione dello spirito che porta a percepire tutto ciò che viene dall'alto per via d'autorità e a diffidare dei processi soggettivi nella costruzione della verità e dell'atto di fede. L'integralista è quindi portato al metodo deduttivo e rifiuta e demonizza quello induttivo, rigetta l'analisi e considera le cose come dovrebbero essere anzichè come sono. Ha un modo di essere per lo più conservatore e autoritario che non esclude la possibilità di capovolgimenti in senso riformatore purchè proposti dall'alto. L'integralismo costituisce la radice comune dalla quale intransigentismo ed integrismo sono manifestazioni storiche. *Intransigentismo e intransigenti* hanno una valenza normalmente di carattere politico, vale a dire di un cattolicesimo teocratico che rifiuta l'evoluzione politica italiana, che resta fedele al papa re e rifiuta casa Savoia. In altre parole gli intransigenti accettano le direttive del papa anche in questioni politiche. La corrente è contraddistinta, pure, da un uso spregiudicato e strumentale della fede cristiana a fini totalizzanti. *Integrismo e integristi* rappresentano un fenomeno del tutto interno al mondo ecclesiastico e solo indirettamente esplicano influenze e riverberi sul piano di movimenti esterni, come per esempio l'*Action française*[4]. L'integrismo sfocia per via naturale in un fondamentalismo a volte perfino becero sino a rischiare di ridurre ad esso tutto il cristianesimo.

---

[4] Cfr. *infra*, p. 303.

CAPITOLO I

PER UNA STORIA
DELL'*UNITÀ CATTOLICA* 1863-1929.

I. BREVE *EXCURSUS*
SULLA STAMPA INTEGRALISTA CATTOLICA ITALIANA TRA OTTO E NOVECENTO FINO A BENEDETTO XV.

La concessione della libertà di stampa e l'eliminazione della censura, dopo il 1848 da parte di Pio IX[1] e di altri principi come Leopoldo II in Toscana[2] e Carlo Alberto di Savoia[3], consentirono un forte incremento di tutta la stampa compresa quella cattolica, già viva, per altro, durante la Restaurazione[4]. In particolare l'unificazione nazionale contri-

---

[1] Cfr. C. BARBIERI, *I giornali romani nel 1849*, Roma 1954; O. MAJOLO MOLINARI, *La stampa periodica romana dell'Ottocento*, 2. voll., Roma 1963.

[2] Cfr. G. MARTINA, *Pio IX e Leopoldo II*, Roma 1967, pp. 321-324, con relativa bibliografia.

[3] Sull'ordinamento della stampa voluto dallo Statuto albertino si veda G. LAZZARO, *La libertà di stampa in Italia*, Milano 1969, pp. 7 ss; R. LEFEVRE, *L'Editto albertino del 1848 sulla stampa*, in *Saggi e studi di pubblicistica*, II, Roma 1953, pp. 129 ss. Per le conseguenze relative alla stampa cattolica, cfr. E. SPINA, *Giornalismo cattolico e liberale in Piemonte, 1848-1852*, Torino 1961.

[4] Un censimento quasi completo della stampa cattolica italiana è stato tentato da A. MAJO, *Storia della stampa cattolica in Italia. Con orientamenti bibliografici*, Milano 1987. Si vedano pure: G. LICATA, *Giornalismo cattolico italiano (1861-1943)*, Roma 1964; IDEM., *120 anni di giornali cattolici italiani*, Milano 1981; F. MALGERI, *La stampa cattolica a Roma dal 1870 al 1915*, Brescia 1965; IDEM., *La Stampa quotidiana e periodica e l'editoria*, in D.S.M.C.I., vol. I/1, Torino 1981, pp. 273-293; G. MARTINA, *Sguardo alla stampa cattolica italiana*, in R. AUBERT, *Il Pontificato di Pio IX (1846-1878)*, cit., vol. XXI/2, Appendice V, pp. 832-838; S. TRAMONTIN, *L'intransigentismo cattolico e l'opera dei congressi*, in *Storia del Movimento Cattolico in Italia*, diretta da F. MALGERI, vol. 1, cit., pp. 173-195 (*La stampa intransigente*); G. ROMANATO, *Stampa cattolica italiana. Profilo storico*, in *Stampa cattolica, stampa d'opinione?*, Padova 1985, pp. 31-72; A. CESTARO, *La stampa cattolica a Napoli dal 1860 al 1904*, Roma 1956; G. DE ROSA, *Storia del movimento cattolico in Italia. Dalla restaurazione all'età giolittiana*, vol. I, Bari 1966, pp. 627-644, elenco descrittivo dei periodici. Numerosi gli studi e le ricerche e carattere locale, per questo si veda l'indice bibliografico di A. MAJO, *Storia della stampa cattolica in Italia...*, cit., pp. 295-337.

buì ad allargare a tutta la penisola i princìpi liberali che avevano suggerito l'Editto sulla stampa emanato da Carlo Alberto il 26 marzo 1848[5]. Proprio in Piemonte vedeva la luce nel 1848, come foglio quotidiano, quello che comunemente viene considerato il capostipite della stampa integralista: l'*Armonia*[6]. Sempre nel regno sabaudo si andò via via rafforzando la stampa intransigente, a scapito di quella conciliante, specie dopo gli avvenimenti del 1850-60, staccando i buoni cattolici dal governo torinese. Nel 1863 erano censiti, nel consueto resoconto di fine anno dell'*Armonia*, 52 periodici «conservatori» cattolici, di questi una decina erano quotidiani, dei più abbiamo perduto il ricordo[7].

---

[5] Cfr. *Atti del Governo*, XVI, 1848, n. 695, pp. 233-260. Veniva apportata qualche modifica nel 1866 per il Veneto e aggiunte particolari disposizioni nel 1870, a tutela della persona del papa, per la città di Roma.

[6] Dapprima bisettimanale e poi dopo quaranta numeri trisettimanale, dal 1855 quotidiano. Nel 1866 si trasferiva da Torino a Firenze dove cessava le sue pubblicazioni nel 1878. Visse una breve stagione conciliatorista (1848-49). Diffuso dal Piemonte al napoletano, non era un periodico dotto e di élites, ma il giornale del clero e del laicato cattolico. In Piemonte, tuttavia, tra il 1847 e il 1850 apparvero altre testate cattoliche: i quotidiani *La Campana* e *Lo Smascheratore*, il bisettimanale e poi trisettimanale *Il Conciliatore Torinese*, il settimanale *L'Ordine* ecc. Cfr. A. COLOMBO, *L'Armonia della Religione colla Civiltà*, in *Dizionario del Risorgimento Nazionale*, vol. 1, Milano 1931, pp. 53-55; B. MONTALE, *Gustavo di Cavour e «L'Armonia»*, in «Rassegna storica del Risorgimento», 46 (1954), pp. 456-457; IDEM, *Lineamenti generali per la storia de «L'Armonia» dal 1848 al 1857*, in *Atti del XXXIII Congresso di storia del Risorgimento*, Roma 1958, pp. 221-230; E. LUCATELLO, *Don Giacomo Margotti, direttore dell'«Armonia»*, in *Giornalismo del Risorgimento*, Torino 1961, pp. 287-340; G. FARRELL VINAY, *Nuovi documenti sulla storia dell'«Armonia»*, in *Cattolici in Piemonte: Lineamenti storici*, (Quaderni del Centro Studi «Carlo Trabucco», 2), Torino 1982, pp. 71-89.

[7] Cfr. *I giornali conservatori d'Italia*, in «Armonia», 22 dicembre 1863, pp. 1-2. Si precisava che complessivamente erano quasi il doppio di quelli del 1862. Oltre all'*Unità Cattolica* erano censiti i seguenti quotidiani intransigenti: *L'Armonia della Religione colla Civiltà* (Torino, 1848 trasferitasi a Firenze nel 1866, diveniva più moderata, cessava le sue pubblicazioni nel 1878); *Il Contemporaneo* (Firenze, 1859-?); *L'Eco* (Bologna, 1863-1865) era la nuova testata de *L'Eco delle Romagne* (Bologna, 1861-1863); *Firenze* (Firenze, 1862-1867), cambiava nel 1867 la testata in *Lo Spettatore*; il *Giornale di Roma* (Roma, 1825-1870) era l'organo ufficiale dello Stato pontificio; *Il Monitore* (Napoli 1861-?); *L'Osservatore Romano* (Roma, 1861-) quotidiano politico-religioso del Vaticano dal 1870; *Il Piemonte* (Torino, 1849-?); *Il Subalpino* (Torino, 1861-?); *Lo Stendardo Cattolico* (Genova, 1847-1874), quotidiano dal 1861, cioè dalla morte de *Il Cattolico* (1849-1861), da ultimo assunse posizioni più moderate; *La Verità* (Bologna, 1861-?). Mancavano nell'elenco, *Il Panaro* (Modena, 1862-1919); *L'Osservatore Lombardo* (Brescia, 1861-1863) il primo quotidiano cattolico regionale sotto il pontificato di Pio IX. Nel 1864 la sua eredità veniva raccolta da *L'Osservatore Cattolico* (Milano, 1864-1907) il quale sotto la direzione dell'Albertario raggiunse un prestigio e una stabilità economica superiori a quelli dell'*Unità Cattolica*; *La Libertà Cattolica* (Venezia, 1856-1866), poi trasferitosi a Napoli (1866-1904) nel 1897 mutò la testata in *La Libertà*, dal 1904 al 1915 si trasformò in settimanale modellato sul tipo del quotidiano margottiano. Battaglie particolarmente aspre ci furono tra l'*Unità Cattolica* e i fogli del ex-gesuita Passaglia, avverso al potere temporale: il settimanale *Il Mediatore*, (Torino, 1862-1866) e il quotidiano *La Pace* (Torino, 1863-1864).

Molte città, specialmente quelle settentrionali, come Torino, Milano, Bologna e Genova, e quelle centrali Firenze (più tardi), e meridionali Napoli, cominciarono ad avere il loro foglio "reazionario". I più erano settimanali, quindicinali o addirittura mensili. Il loro carattere era prevalentemente apologetico e devozionale, e a volte questo tipo di pubblicazioni, che cercavano di fomentare la pietà popolare con facili letture, ottenevano più successo degli stessi giornali politico-religiosi[8]. Pochissimi si distinguevano per il loro valore scientifico[9]. La stessa diffusione era pressochè circoscritta alle città dove vedevano la luce. Alcuni rappresentavano poca cosa, anche a causa della insufficienza dei collegamenti, dell'impossibilità di arrivare tempestivamente, della inadatta preparazione di gran parte del clero che curava questo tipo di stampa. La tiratura non superava, nella migliore delle ipotesi, le centinaia di copie, qualche quotidiano eccezionalmente poteva raggiungere il migliaio. La loro durata, in media, non andava oltre i 5 anni.

All'inizio degli anni '70 i periodici cattolici erano circa 130, una ventina erano quotidiani, compresi anche i conciliatoristi e i liberal-moderati[10]; quelli però schiettamente integralisti, secondo un articolo apparso nel *Movimento cattolico*, organo bolognese del Comitato permante dell'Opera dei congressi, (1880-1902), non arrivavano a dieci: «Quando i cattolici si trovarono per la prima volta raccolti a congresso a Venezia cioè nel 1874 pochissimi erano i giornali cattolici quotidiani in Italia: 1 nel Veneto, 1 in Lombardia, 1 in Piemonte, 1 in Liguria, 1 in Romagna,

---

[8] Sempre dal citato censimento dell'*Armonia*, tra i settimanali ricordiamo: *La Buona Settimana* (Torino, 1855-?); *Il Buon Pastore* (Napoli, 1862-?); *Il Giardinetto di Maria* (Bologna, 1862-?); *Letture della Domenica* (Bologna, 1862-?); *La Vergine* (Roma, 1862-?); *La Verità* (Bologna, 1861-?); *L'Apologista* (Torino, 1856-?). Tra i mensili intransigenti: *Annali Cattolici* (Genova, 1863-1866); *Il Conservatore* (Bologna, 1862-?); *Il Cultore Cattolico* (Perugia, 1862-?); *Il Divoto di San Giuseppe* (Modena, 1862-?); *Fiori Cattolici* (Napoli, 1861-?); *Fiori Mariani* (Bologna 1863-?); *La Figlia dell'Immacolata* (Bologna, 1863-?); *Letture Cattoliche* (Torino, 1852-?); *Il Predicatore apostolico* (Torino 1857-?), appendice mensile a *L'Apologista*.

[9] Tra le riviste emergevano per profondità di analisi: *La Civiltà Cattolica* (Napoli, Roma, Firenze, Roma, 1850-), periodico dei gesuiti fondato da Carlo Maria Curci; *La Scuola Cattolica* (Milano, 1873-), rivista fondata da don Davide Albertario e dal gesuita Gaetano Zocchi. Nel 1891 mutò il titolo in *La Scuola cattolica e la scienza italiana*; *Scienza e Fede* (Napoli, 1841-1888); *Annali Cattolici* (Genova, 1863-1866). Per ulteriori approfondimenti cfr. A. MAJO, *Riviste cattoliche del secondo Ottocento*, in «Diocesi di Milano - Terra Ambrosiana», 22 (1981), pp. 318-321.

[10] Cfr. G. MARTINA, *Sguardo alla stampa cattolica italiana*, cit. p. 832. Vengono presi in considerazione, giustamente, anche quelli conciliatoristi e legittimisti. Ricordiamo che nel frattempo erano nati e morti: *L'Eco* (Bologna 1863-1865); *Il Patriota Cattolico* (Bologna, 1864-1867). Tra i quotidiani cattolici ma "non intransigenti", di questi anni, ricordiamo ancora: *La Sicilia Cattolica* (Palermo, 1868-1898) quotidiano diocesano; *Il Conciliatore* (Napoli, 1863-1875) di tendenza autonomista-neoguelfa; *La Discussione* (Napoli 1873-1904) cattolico legittimista.

2 nel Lazio, nessuno nell'Emilia, nella Toscana, nelle Marche, nell'Umbria, nel Napoletano, in Sicilia, in Sardegna»[11].

Tuttavia proprio in questi anni il fronte della stampa cattolica andava lentamente rafforzandosi, attraverso una fitta e solida rete di organizzazioni "politico-sociali" periferiche, appoggiate dall'Opera dei congressi e dai vescovi. Il VII Congresso Cattolico Italiano di Lucca (1887) aveva raccomandato ai giornali del movimento di acquistare il più possibile un «carattere locale» affinchè potessero divenire un elemento indispensabile del buon cattolico, fosse esso contadino, coltivatore diretto, affittuario, bottegaio od esercente[12]. In quell'anno venivano censiti, come operanti in Italia, 26 quotidiani cattolici, la maggior parte dei quali di osservanza intransigente; le loro tirature erano ancora relativamente basse: cinque in Lombardia, quattro nel Veneto, tre in Piemonte e Liguria, quattro a Roma. Nel 1893 erano circa trecento le pubblicazioni cattoliche in Italia; non si facevano distinzioni fra i fogli integralisti e cattolico-liberali, ma il numero dei quotidiani restava invariato[13]. Nel Congresso Cattolico di Pavia (1894) numerosi erano i giornali rappresentati: dagli

---

[11] N. REZZARA, *Il giornalismo cattolico in Italia*, in «Il movimento cattolico», febbraio 1898. Più esattamente erano *Il Veneto cattolico* (Venezia, 1867-1883), *L'Osservatore cattolico* (Milano, 1864-1907), *L'Unità Cattolica*, *Il Cittadino* (Genova, 1874-1928) che aveva sostituito *Lo Stendardo Cattolico* scomparso in quell'anno, *L'Osservatore Romano* e *La Voce della verità* (Roma, 1871-1904). Erano dimenticati: *Il Vessillo Cattolico* (Mantova, 1872-1876); *Il Diritto cattolico* (Modena, 1867-1911). Tra i periodici apologetici sorti a sostegno del papa dopo la presa di Roma ricordiamo: il mensile *La voce del Santo Padre Pio IX*, e il settimanale *Il Prigioniero Apostolico* entrambi di Bologna. Il primo si proponeva di far conosce e amare Pio IX attraverso le sue parole, i suoi discorsi, i suoi insegnamenti. Il secondo era tutto consacrato ad alleviare «le pene» di Pio IX «durante la sua cattività». Nel programma si aggiungeva: «La pubblicazione della parola e degli atti del grande Pontefice, le notizie a lui attinenti, il promuovere la preghiera per il trionfo della Chiesa e per la liberazione dell'augusto Prigioniero, ne formano lo scopo principale».

[12] Cfr. *Atti del VII Congresso Cattolico italiano tenutosi in Lucca dal 19 al 23 aprile 1887*, Bologna 1888, p. 171.

[13] Cfr. A. FERRANDINA, *Censimento della stampa cattolica*, Asti 1893; G. CASONI, *Cinquant'anni di giornalismo*, Bologna 1907, p. 285. Il Casoni riportava il seguente elenco dei giornali cattolici dell'ultimo decennio dell'800: *L'Osservatore Romano* e *La Voce della verità* a Roma (1871-1904), *La Libertà cattolica* e la *Discussione* a Napoli (1873-1906), la *Sicilia Cattolica* a Palermo, il *Corriere di Torino* e l'*Italia Reale* a Torino, *Il Cittadino* e l'*Eco d'Italia* (illustrato) a Genova, *L'Osservatore Cattolico* (intransigente) e la *Lega Lombarda* (1886-1907, transigente) a Milano, *L'Eco di Bergamo* a Bergamo (1880-), *Il Cittadino di Brescia* a Brescia, *Il Berico* a Vicenza, *Il Cittadino italiano* nel Friuli, *Il Veneto Cattolico* - divenuto poi *La Difesa* - a Venezia, *Il Diritto Cattolico* a Modena, l'*Unità Cattolica* a Firenze.

Cfr. G. DE MORI, *Il problema della stampa cattolica in Italia*, in *Il Ragguaglio dell'attività culturale e letteraria dei cattolici in Italia*, Firenze 1930, pp. 269-281. De Mori aggiungeva all'elenco del Casoni altri quotidiani. Erano dimenticati: *L'Ape Ibea* (Palermo, 1868-1871) primo quotidiano cattolico della Sicilia, nel 1871 cambiava la testata divenendo *La Sicilia Cattolica* e portavoce della Curia arcivescovile, visse per

integralisti l'*Osservatore cattolico*[14] di Milano, l'*Italia Reale* di Torino, *La Difesa* di Venezia e l'*Unità Cattolica* di Firenze, al moderato *La Lega Lombarda*, ai nuovi fogli di carattere sociale *L'Osservatore cattolico* di Vicenza, *La Voce del Popolo*[15] di Brescia, *La Vita del Popolo* di Treviso; oltre agli organi diretti dalle varie curie vescovili, come il *Cittadino di Brescia*[16], e alcune riviste di respiro internazionale con a capo la *Civiltà Cattolica* di Roma[17]. Nonostante l'appello del 1887, troppo dispersi restavano gli indirizzi e le correnti, scarsi i servizi di informazione e insufficienti gli uffici di cronaca. Il Congresso di Milano (1897) affermava la necessità «di una assoluta, piena, continua concordia tra i giornalisti cattolici». Le divisioni già in atto non dovevano manifestarsi al di fuori, per non dare ai "nemici" la percezione di un momento grave e difficile, e agli "amici" quella di reali esitazioni. La «principale missione del giornalismo cattolico» era secondo la IV sezione al Congresso di Milano «quella di difendere incessantemente e con sollecitudine speciale e principii e le massime cattoliche, illuminare il pubblico contro gli inganni ed i sofismi della stampa avversaria, dare potente impulso al movimento cattolico in Italia, e promuovere e favorire l'unione e la concordia degli animi e la organizzazione delle forze cattoliche»[18].

La crisi del 1898, che colpì duramente associazioni, giornali cattolici intransigenti e giornalisti come don Albertario (1 anno di carcere) e l'avv. Scala dell'*Italia Reale* (8 mesi di carcere), drammaticamente evidenziava la frattura tra Stato legale e paese reale, costituiva anche nel campo del giornalismo cattolico uno spartiacque[19]. La gerarchia ecclesiastica, dopo questi fatti, si convinse della necessità di rafforzare la

---

oltre un trentennio; *L'Avvenire d'Italia* di Bologna (1896-), fondato per iniziativa dell'Acquaderni e dell'episcopato emiliano.

[14] Tra i saggi più significativi: F. FONZI, «*L'Osservatore Cattolico e i conservatori*, in «Humanitas», 7 (1952), pp. 592-602; G. RUMI, *Milano cattolica e l'Europa delle grandi potenze: l'opinione dell'«Osservatore» di Davide Albertario*, in «Quaderni milanesi», 1 (1981), pp. 7-15.

[15] Cfr. A. FAPPANI, *I settantacinque anni di un settimanale diocesano: «La Voce del Popolo»*, Brescia 1968.

[16] Cfr. F. MOLINARI - A. FAPPANI, *«Il Cittadino di Brescia» (1878-1926). Mezzo secolo di lotte per la libertà*, (Centro studi e ricerche «A. De Gasperi»), Brescia 1979; cfr. F. MOLINARI - M. FAINI, *«Il Cittadino di Brescia» nelle battaglie dei cattolici*, Brescia 1979, pp. 61-79.

[17] L. TORNAGHI, *«Civiltà Cattolica» e le trasformazioni sociali nell'Italia liberale (1890-1929)*, tesi di laurea discussa alla Facoltà di Lettere e Filosofia dell'Università Statale di Milano, 1991.

[18] Cit. in S. TRAMONTIN, *L'intransigentismo cattolico e l'opera dei congressi*, cit.; pp. 179-180.

[19] Sarebbe assai utile per un esame più analitico dei vari fogli cattolici, consultare i fascicoli relativi ai vari giornali allora soppressi, ricorrendo a: ACS, *Ministero dell'Interno*, Direzione generale della pubblica sicurezza, Affari generali e riservati, F 1, Stampa cessata (1894-1931).

presenza della stampa cattolica d'opinione, attraverso l'ammodernamento delle organizzazioni editoriali. Aveva inizio quella che, durante il pontificato di Pio X, venne chiamata la polemica tra i giornali di principio e quelli di penetrazione. In questi anni, infatti, i giornali cattolici si erano in parte o del tutto rinnovati, rispetto ai motivi e ai metodi della stampa intransigente post-unitaria. Erano gli anni del confronto con la stampa cattolica europea, specialmente quella tedesca.

Il popolo italiano leggeva molto meno di quello tedesco e il giornalismo cattolico italiano non aveva quell'ampiezza e potenza che aveva in Germania. I gesuiti, statistiche alla mano, notavano questa differenza «ben altro che accidentale». Non era necessario far sorgere continuamente nuovi giornali, bastava consolidare quelli che già esistevano. Al moltiplicarsi delle testate non corrispondeva il moltiplicarsi dei lettori e nemmeno una maggiore incidenza nella formazione dell'opinione pubblica. Inoltre, mancava un coordinamento di programmi e di obiettivi[20]. Il IV gruppo dell'Opera dei Congressi, analizzando nel 1903 le cause per le quali i giornali cattolici non avevano in Italia una diffusione soddisfacente, riteneva che esse erano da ricercarsi: «in primo luogo nella deficiente convinzione dei cattolici circa le responsabilità, che si assumono, favorendo colla lettura od altrimenti giornali avversi alla religione, in secondo luogo nella sproporzione delle forze dei giornali stessi colle esigenze odierne»[21].

Le pubblicazioni cattoliche in questi anni erano salite a 474 anche se poi i quotidiani erano solo una trentina[22]. Pure un censimento compilato dal IV gruppo dell'Opera dei Congressi nel 1903-1904 confermava grossomodo i dati del Ferrandina. I cattolici potevano contare in Italia su 29 quotidiani, 150 giornali (non quotidiani) di propaganda, 74 periodici letterari speciali, 22 riviste e 232 periodici religiosi[23]. Insomma si tratta di un complesso di iniziative pubblicistiche di dimensioni ragguardevoli. Tuttavia questo non significava che l'opinione pubblica subisse in modo determinante l'influsso della pubblicistica cattolica. Questi periodici erano diffusi per lo più a livello parrocchiale e rurale, assai meno nelle città. Ancora il terreno più propizio, per il giornalismo cattolico, era l'Italia settentrionale: città come Milano, Torino, Genova, avevano addirittura

---

[20] Cfr. [G. ZOCCHI], *L'azione dei cattolici in Germania ed in Italia*, in «Civ. Catt.», 1899, s. 17, v. 5, pp. 529-540.

[21] *Programma del XIX Congresso Cattolico Italiano, Bologna 10,11,12,13 novembre 1903*, Ferrara 1903, p. 40.

[22] Cfr. A. FERRANDINA, *Censimento della Stampa cattolica in Italia. Note statistiche, storiche e critiche*, Napoli 1904, *passim*.

[23] Cfr. *Censimento del giornalismo cattolico italiano*, Roma 1904.

due quotidiani cattolici, mentre nella parte centrale e meridionale della penisola, il medesimo giornalismo incontrava notevoli difficoltà ad attecchire (eccenzion fatta per Roma e Napoli)[24]. I giornali cattolici integralisti, dai primi del Novecento, persero terreno rispetto a quelli che presentavano tendenze conciliatoriste, moderate, cioè verso quei giornali attenti ai nuovi fermenti ideologici e sociali (autonomia degli enti locali, emigrazione, sviluppo delle casse rurali e dei sodalizi assistenziali, protezione del lavoro delle donne e dei fanciulli, ecc.) fermenti espressi dalla generazione più giovane, stretta intorno a Romolo Murri e alla democrazia cristiana. Meda, succedendo all'Albertario nella direzione dell'*Osservatore Cattolico* (1902), tentava, senza troppo successo, di conciliare i princìpi progressisti con la dottrina sociale della Chiesa, attraverso un programma democratico-cattolico, che registrava però la vivace opposizione dei fogli integralisti e il boicottaggio di gran parte della gerarchia ecclesiastica. Numerosi, tuttavia, furono i giornali di provincia, che tentarono il medesimo esperimento fra i più importanti: *Il Cittadino di Brescia*, *L'Eco di Bergamo*, *Il Cattolico di Mantova*, *Il Nuovo Giornale* di Piacenza, *La Libertà* di Padova, *Il Corriere del Friuli* di Udine, il *Verona fedele*[25].

Nel 1907, con la realizzazione di un *trust* guidato dal Grosoli, si apriva, per opera della Società Editrice Romana (SER), un nuovo capitolo nella storia della stampa cattolica. La mentalità più moderna, l'unione delle forze morali ed economiche produssero nel giro di pochi anni un colosso che rischiava di far perire la stampa papale. La reazione di quest'ultima fu immediata. Ricorse insistentemente a Roma; attaccò anche meschinamente su ogni argomento, specialmente sulla questione romana, la stampa del SER. Lo stesso Cavallanti, direttore dell'*Unità Cattolica*, deprecava queste innovazioni e si affrettava a qualificare *Il Corriere d'Italia*[26] come «un giornale che, se non èmodernista, è certo modernizzante». Al giornale rimproverava, particolarmente, di avere «le pagine piene di politica, che confondono le teste», e di occuparsi anche di cronaca nera[27]. E Roma intervenne, censurando, non approvando, schierandosi apertamente per la stampa papale (1912)[28]. Tuttavia, l'*Avvenire*

---

[24] Un utile repertorio della stampa cattolica divisa per regioni si sta pubblicando dal «Bollettino dell'Archivio per la storia del movimento sociale cattolico in Italia». Finora sono stati elencati i periodici riguardanti la Lombardia, il Veneto, il Piemonte, l'Emilia Romagna, la Toscana, l'Umbria, le Marche, il Lazio. Praticamente si ha una guida pratica di tutta la stampa cattolica, specialmente di quella intransigente, fino ai primi anni del Novecento.

[25] Cfr. G. Licata, *Giornalismo cattolico italiano (1861-1943)*, cit., pp. 73-74.

[26] Fino al luglio 1906 aveva tenuto il titolo di *Corriere di Roma*.

[27] Cfr. A. Cavallanti, *Giornali papali e giornali modernizzanti*, Firenze 1911, pp. 21-22.

[28] Cfr. *infra*, pp. 187 ss.

d'Italia, proprio in questi anni, si andò gradualmente affermando come unico giornale cattolico italiano. All'opposto fallirono i tentativi del Chiaudano, degli Scotton[29] e dello stesso Cavallanti di fare una "lega" dei giornali cattolici veramente papali[30].

Tuttavia, nel primo decennio del sec. XX, la stampa cattolica visse un periodo «d'oro». Il Menara, in un'analisi retrospettiva, che peccava, probabilmente, per eccesso di ottimismo, riteneva che complessivamente «dalle Alpi alla Sicilia [...] la causa cattolica» avesse in quegli anni a sua disposizione «una trentina di giornali quotidiani, dove ogni mattina penne cospicue, con unità d'indirizzo e di metodo (!?), scendevano in campo per la difesa dei supremi diritti della fede»[31].

Con Benedetto XV il ruolo della stampa integralista perse d'ogni autorità. Durante la prima guerra mondiale fu grossomodo non interventista. E nel periodo fascista la stampa intransigente, anche se più prudente di quella cattolico-moderata, non ebbe un ruolo di eccessiva importanza[32].

La stampa integralista fu sostenuta e incoraggiata dai pontefici, che comprensibilmente la preferivano a quella moderata e conciliatorista, e anche per questo nell'800 fu particolarmente viva. Fu caparbiamente temporalista e nemica del liberalismo rivoluzionario-massonico, sostan-

---

[29] Ai fratelli Scotton è legato il nome dell'intransigentissima e battagliera *La Riscossa per la Chiesa e per la Patria*. Il primo numero usciva il 17 agosto 1890. Si pubblicava tutti i sabati a Breganze (Vicenza). Durante la crisi modernista, al pari dell'*Unità Cattolica* si considerò «sentinella avanzata contro tutti gli errori». Cessava le sue pubblicazioni nel 1916, pochi mesi dopo essersi trasferita a Torino.

[30] Cfr. MILES CHRISTI, *I cattolici papali a raccolta. Una Lega fra i periodici schiettamente cattolici*, 27 novembre 1913, p. 1. Si veda il progetto Cavallanti in *Appendice*, Doc. 20.

[31] Cfr. G. MENARA, *Lezioni del passato*, 9 giugno 1929, pp. 1-2. Nel Triveneto v'erano sei quotidiani: *La Difesa* a Venezia; *Il Berico* a Vicenza; *La Libertà* a Padova; il *Corriere del Friuli* a Udine; il *Verona Fedele* a Verona; il *Trentino* a Trento. In Lombardia quasi ogni provincia aveva il suo organo cattolico: a Milano l'*Osservatore Cattolico* e *La Lega Lombarda* fusi nel 1907 nell'*Unione*, il *Labaro* e l'*Unione Cattolica*; a Como *L'Ordine*; a Brescia *Il Cittadino*; a Bergamo *L'Eco*, a Pavia il *Ticino;* a Mantova il *Cittadino*. In Piemonte: a Torino il *Momento* e l'*Italia Reale*; a Cuneo *Lo Stendardo*. In Liguria: a Genova il *Cittadino*, *L'Eco d'Italia*, la *Liguria del Popolo*. In Emilia Romagna: a Bologna l'*Avvenire d'Italia*; a Modena il *Diritto Cattolico*. In Toscana: a Firenze l'*Unità Cattolica*; a Lucca l'*Esare*. Nelle Marche: ad Ancona la *Patria*. Nel Lazio: a Roma l'*Osservatore Romano*, la *Voce della Verità*, il *Giornale di Roma*, il *Corriere d'Italia*. Nella Campania: a Napoli la *Libertà*. Nelle Puglie: a Bari l'*Avvenire delle Puglie*. In Sicilia: a Palermo il *Corriere di Sicilia* e la *Sicilia Cattolica*; a Catania *L'Azione*. In Sardegna: a Cagliari la *Sardegna Cattolica*.

[32] Cfr. L. TREZZI, *La stampa cattolica. Catalogo dei periodici nella Diocesi di Firenze e Fiesole (1914-1929)*, in *La Chiesa del Concordato*, a cura di F. MARGIOTTA BROGLIO, cit., pp. 159-191.

zialmente infallibilista, opposta ad ogni concezione democratica. Per il suo carattere politico religioso suscitò spesso le reazioni dei cattolici liberali e durante il pontificato di Leone XIII non si esitò ad accusarla di esercitare un'azione «pessima», pretendendo d'ammonire i vescovi, d'imporre al papa le proprie opinioni, con il risultato di terrorizzare i fedeli[33].

In linea di massima la stampa integralista non trovò, per la sua professata dipendenza dal papa *in tutto e per tutto*, facile accoglienza presso i vescovi, e l'*Unità Cattolica*, come vedremo, ne costituisce un esempio. Il momento di maggiore vivacità, per l'800, si ebbe negli anni immediatamente successivi alla presa di Roma e agli interventi di Pio IX contro i pericoli del conciliatorismo, e subito dopo il fallito tentativo di conciliazione agli inizi del pontificato di Leone XIII.

La stampa integralista si presentò, sempre e soprattutto, come la paladina della verità e dell'ortodossia cattolica e la interprete più o meno ufficiosa degli orientamenti della Santa Sede. Si distinsero in questo senso l'*Unità Cattolica*, l'*Italia Reale* di Torino, *La Liguria del Popolo* di Genova, *Il Berico* di Vicenza e il settimanale *La Riscossa* dei fratelli Scotton di Breganze, periodici tutti caldeggiati dai papi Leone XIII e Pio X. Non risultò, tuttavia, all'altezza di questo compito; in linea di massima la sua polemica era piccina e rabbiosa. Tecnicamente arretrati, i giornali cattolici ebbero una diffusione e un'influenza modesta, riuscirono difficilmente a superare i caratteri locali o al più provinciali. Pochi i casi di fogli, che raggiunsero un respiro nazionale e riuscirono a coinvolgere i cattolici papali italiani nella loro protesta; l'*Osservatore Cattolico* di Milano, l'*Unità Cattolica* di Firenze furono due eccezioni, il primo per il lento ammodernamento dei macchinari e l'ampliamento delle informazioni, il secondo per il sostegno morale ed economico della S. Sede. Non mancarono, tuttavia, giornalisti cattolici di grande levatura culturale e morale[34]. Inadeguato poi il confronto della stampa cattolica con quella liberale e governativa: un po' per la forte opposizione, nonostante la tanto decantata libertà di stampa, da parte delle autorità governative, che assai di frequente la colpivano con sequestri, multe e condanne; un po' per la mancanza di mezzi; un po' per quella di lettori e scrittori. Tuttavia i giornali integralisti, più di quelli cattolico-moderati e conciliatoristi, mostrarono interesse per i problemi sociali, studiati soprattutto per denunciare le insufficienze del liberalismo rivoluzionario. Costituivano, insomma, la voce dell'opposizione. La stampa integralista non riuscì mai a concentrare le sue forze in un programma unitario. Diverse infatti erano le sfumature dell'intransigenza nelle varie regioni: se toni aspri in Pie-

---

[33] Cfr. G. GRABINSKI, *Leone XIII e la stampa cattolica*, Firenze 1885, p. 95.
[34] Basti ricordare soltanto: Margotti, Calligari, Scala, Casoni, Albertario, Meda, Crispolti ecc. ecc.

monte erano accettati dai cattolici piemontesi, gli stessi toni non erano ben visti dai cattolici intransigenti toscani. Schematicamente potremmo dire che la stampa clericale restò ancorata all'ambiente: in Piemonte fu decisamente temporalista e troppo riservata nei confronti di casa Savoia; in Lombardia fu nemica dell'Austria; in Liguria antisavoiarda; nel Veneto favorevole all'Austria; in Toscana era guelfa o meglio neo-guelfa e abbastanza attaccata alla casa di Lorena[35]; nel Lazio, specie dopo il 1870, le pubblicazioni intransigenti erano nostalgicamente ancorate alla città papalina e contrapposte ai "buzzurri" piemontesi; a Napoli era prevalentemente legittimista, temporalista e filoborbonica. Per questi cattolici dell'800 il liberalismo era la sintesi di tutte le eresie, per quelli del '900 la stessa cosa veniva detta del modernismo. L'integralismo cattolico dell'800 aveva un'angolatura prettamente politica, quello del '900 assunse toni di polemica soprattutto dottrinale. E ancora, se durante l'800 il nemico dell'intransigente era più fuori della Chiesa, nel secolo successivo lo si vide soprattutto dentro la Chiesa. L'accusa di intransigenti nell'800 partiva dal campo clerico-moderato, dal cattolicesimo liberale, che accoglieva alcuni suggerimenti del Rosmini. Gli intransigenti erano tacciati dagli "altri" di ostacolare la conciliazione del Papa con l'Italia, di provocare, con le loro esagerazioni e con i loro sogni di integrale restaurazione cattolica, le reazioni anticlericali e "giacobine" del "Governo". Nel '900 i modernisti erano incolpati dagli integralisti d'aver riveduto e corretto le posizioni dei clerico-liberali, con l'aggravante delle insidie diaboliche d'un razionalismo mascherato di religiosità, di cristianesimo ed anche di cattolicesimo[36]. Era convinzione dell'*Unità Cattolica* che dal modernismo nascesse il semimodernismo e ogni altra sfumatura di compromesso col mondo moderno[37]. Come gli intransigenti dell'800 avevano rifiutato in blocco il liberalismo, così gli antimodernisti, rifiutavano in tronco il modernismo. Fenomeno quest'ultimo originato dai grandi sconvolgimenti politici, culturali e sociali dell'800. Cioè dalla fine dell'*ancien régime* e dall'avvento dei nazionalismi[38]; dal diffondersi dell'idealismo razionalista, dell'evoluzionismo e del positivismo scientista; dall'affermarsi della democrazia e dell'egualitarismo[39], del liberalismo economico e del progresso scientifico e tecnico; dall'applicazione dei metodi moderni di ricerca e di critica storica spesso arbitraria e incontrollata

---

[35] Cfr. *infra* p. 55.
[36] Cfr. Mons. M. Mineo, *Intransigenti!...*, in «Sentinella antimodernista», 1 (1912), p. 3.
[37] Cfr. *infra*. pp. 143 ss.
[38] Cfr. [G. Sacchetti], *La libertà anticlericale ossia l'assolutismo dello Stato*, 29 agosto 1906, p. 1 art. di fondo.
[39] Cfr. [G. Sacchetti], *Democrazia e uguaglianza ossia errori dei modernisti*, 3 agosto 1906, p. 1 art. di fondo.

alle discipline teologiche e bibliche. In un ambiente ostile alla Chiesa, come quello liberal-massonico dell''800, dove l'anticlericalismo della prima generazione, dopo il 1870, si era orientato in un'indifferenza assoluta di fronte ad ogni valore spirituale del cristianesimo, certamente occorre sottolineare il merito religioso e morale dell'intransigentismo coraggiosamente fedele al cattolicesimo e disposto ad eroiche rinunce. Coraggio e convinzione profonda, forse storicamente e culturalmente poco fondati, anche se qualche autore sostiene che le radici speculative del movimento cattolico intransigente si debbano ricercare nella rinascita tomista, e che anzi il neotomismo sia padre dell'intransigentismo[40]. In un clima di minoranza, nel grave pericolo esistenziale di fronte al dilagare del liberalismo, l'atteggiamento dei cattolici intransigenti fu quello del rifiuto totale della "rivoluzione" liberale. Essa costituiva l'applicazione politico-sociale del razionalismo, che, escludendo la Rivelazione, pretendeva dal punto di vista politico di regolare la società senza alcun vincolo di legge morale, determinando da una parte un "indifferentismo" religioso e un'economia amorale, e dall'altra un'illimitata sovranità popolare, che si riduceva ad un nazionalismo esasperatamente totalitario. Con questo rifiuto gli intransigenti sceglievano un'impegno sociale e politico, che (apparentemente) li allontanava dalla società civile e li estraniava dalla politica e dalla cultura.

L'avvento del fascismo e l'evento della Conciliazione portarono alla "tomba" molti fogli integralisti.

---

[40] Cfr. in questo senso L. MALUSA, *Neotomismo e intransigentismo cattolico. Il contributo di Giovanni Maria Cornoldi per la rinascita del Tomismo*, Milano 1986. A p. XXIII dell'Introduzione leggiamo: «l'ideologia dell'intransigentismo appare figlia del neotomismo, o comunque ad esso strettamente legata»

II. GIACOMO MARGOTTI FONDATORE E PRIMO DIRETTORE DELL'*UNITÀ* CATTOLICA (1863-1887).

L'*Unità Cattolica*[41] nasceva a Torino il 29 ottobre 1863 per opera del Margotti[42] e dell'Emanuelli[43], che ne furono i primi direttori. Margotti aveva scritto di sé nell'*Unità Cattolica* di essere divenuto giornalista «per ubbidienza» ai superiori e proprio per questo egli aveva vissuto il giornalismo come una missione religiosa[44]. Il primo annuncio pubblico della nascita del nuovo giornale lo troviamo nell'*Armonia*; a darlo è lo stesso Margotti, assieme a quello delle dimissioni sue e di altri scrittori. Ufficialmente, l'abbandono in massa dalla redazione dell'*Armonia*, avveniva per i continui contrasti legali tra gli azionisti del giornale e gli eredi

---

[41] L'intestazione completa del giornale dall'inizio fino al numero 47 fu: «L'Unità Cattolica. Giornale degli antichi scrittori dell'Armonia». Dal 23 dicembre 1863 fino al numero 155, assunse una specificazione più generica: «L'Unità Cattolica. Giornale politico religioso». Infine dal 30 aprile 1864 si chiamò semplicemente «L'Unità Cattolica». Tolto il sottotitolo, il giornale portò, fino alla fine del 1867, in alto sopra il titolo, l'immagine della croce con la scritta «Ecce signum Crucis - fugite partes adversae». Dal 1° gennaio 1868 al posto della Croce fu stampato la tiara papale. Durante la direzione Cavallanti ricomparve il sottotitolo «Giornale politico religioso». Calligari, ultimo direttore, tolse tutto lasciando soltanto il titolo e la tiara. Attualmente la raccolta "completa" dell'*Unità Cattolica*, è reperibile solo alla Biblioteca Apostolica Vaticana.

[42] Giacomo Margotti (Sanremo 1823 - Torino 1887). Il teologo Margotti era il proprietario assieme al fratello Stefano del nuovo giornale. Possiamo considerare il sacerdote sanremese il vero ispiratore e l'unico direttore del giornale fin dal suo inizio. Resta fondamentale per conoscere il teologo sanremese l'opuscolo: *Don Margotti. 1823 S. Remo - Torino 1887*, Torino 1907, curato dagli eredi Margotti in occasione del ventesimo della morte. Per approfondimenti bio-bibliografici sul Margotti si veda M. F. MELLANO, *Margotti Giacomo*, in D.S.M.C.I., vol. II, pp. 330-332; cfr. pure M. MACCHI, *Giacomo Margotti e il dramma del risorgimento italiano*, Pinerolo 1982. L'A. ha potuto consultare l'archivio privato di Casa Margotti (ramo sanremese). G. BUGLIO, *Di un giornalista cattolico del sec. scorso: il teologo G. Margotti*, tesi di laurea, Facoltà di Lettere, Università di Torino, anno acc. 1950-1951. Il Margotti scrisse, tra il 1849 e il 1859, diversi opuscoli di carattere politico-religioso in cui si firmava con lo pseudonimo Giuseppe Mongibello. All'archivio arcivescovile di Torino, tali opuscoli, sono consultabili rilegati in volume alla posizione archivistica: AAT, 2.2.226.

[43] Non ci risultano studi su questo sacerdote e giornalista. La collaborazione col Margotti non sappiamo quanto sia durata. Nel 1871 lo vediamo direttore de *Il Mondo* il nuovo quotidiano cattolico sorto in Torino per rompere il monopolio dell'*Unità*. L'esperimento fallì dopo qualche tempo, anche se il nuovo giornale si valse della collaborazione di scrittori come don Musso, che dal 1870 aveva lasciato Firenze e l'*Armonia*, per motivi di salute, ed era tornato a Torino.

[44] 24 febbraio 1880, p. 1. Al contrario l'Albertario dirà di esserlo «per vocazione»: cfr. *Il giubileo sacerdotale e giornalistico del Dottor Davide Albertario direttore dell'Osservatore Cattolico. Cronaca, documenti, polemica*. Milano 1895, pp. 21-22

del marchese Birago di Vische - che aveva tenuto la direzione amministrativa dell'*Armonia* fino a poco prima della morte[45] - , e tra il vescovo Moreno, presidente della società, e gli eredi medesimi, liti che non consentivano ai redattori del giornale di lavorare con la «libertà» e la «quiete necessaria»[46]. In seguito gli eredi del marchese accusarono il defunto di avere speso per il giornale denaro appartenente alla famiglia e quindi d'essersi appropriato «di capitali altrui» e, per questo, avanzarono rivendicazioni sulla proprietà del giornale. Gli azionisti si opposero a queste ingiustificate pretese, mentre i redattori, pur tirandosi fuori da ogni lite, si schierarono dalla parte degli eredi Birago, considerati i legittimi proprietari del giornale. Queste liti cominciarono ben presto a generare una vera e propria situazione di «anarchia» in seno alla gestione del giornale. Così il Margotti lamentava i disagi al proprietario legale: «Scrivere ora il giornale è nulla; bisogna stamparlo e distribuirlo, ed a questo io non posso pensare, e non ci sarà alcuno che ci pensi»[47].

Della *vertenza* il Moreno, in qualità di proprietario legale, informò la S. Sede, inviando a Roma prima due sacerdoti diocesani[48] e poi copia di «alcuni documenti»[49], dai quali risulta che fin dal gennaio 1863 il

---

[45] Carlo Emanuele Birago di Vische (Torino 1797-1862). Il marchese era stato, nel 1848, tra i fondatori e i proprietari dell'*Armonia*, assieme al vescovo Moreno e al teologo G. Audisio. Negli ultimi anni di vita il Birago tenne la direzione del giornale, nonostante la sua salute precaria. Sempre negli ultimi anni si era sposato segretamente con Teresa Cubito, avendone un figlio. Alla sua morte la vedova del Birago, come madre e tutrice del figlio, trasferiva la proprietà legale al vescovo Moreno, il quale era assistito da un Consiglio di Amministrazione formato da quattro canonici di Ivrea, tra cui il Valinotti, il Bonacossa e il Pinoli. Per approfondimenti bio-bibliografici sul marchese Birago si veda: V. CASTRONOVO, *Birago di Vische Carlo Emanuele*, in D.B.I., vol. 10, pp. 618-620.

[46] Cfr. [G. MARGOTTI], *Nuovo Giornale degli scrittori dell'"Armonia"*, in «Armonia», 13 ottobre 1863. Le parti litiganti erano il vescovo di Ivrea mons. Moreno e gli eredi del marchese Carlo Emanuele Birago di Vische. Le dimissioni vennero accolte il 21 ottobre 1863: cfr. «Armonia», 22 ottobre 1863.

[47] *ASV, SS, 1863, R. 283, fasc. 2*, f. 185, copia. Lettera di G. Margotti a Mons. Moreno, Torino, 27 maggio 1862.

[48] *ASV, SS, 1863, R. 283, fasc. 2*, f. 178, originale. Lettera di Mons. Moreno al Card. Antonelli, Ivrea, 26 luglio 1863. «Li due Preti Diocesani ai quali Vostra Eminenza Rev.ma, accogliendo la mia raccomandazione, degnavasi procurare la sorte d'esser ammessi all'Augusta Presenza del Santo Padre addì 16 giugno 1863, testè ritornati mi riferirono per iscritto i sensi espressi dal Medesimo intorno al vertente litigio del giornale *L'Armonia*; e l'incarico, che loro diede per me: perciò mi tengo in dovere di rassegnarGli una relazione nella lettera, che compiegata ed aperta mi permetto di trasmettere a V. E. R.ma, pregandoLa di voler avere la Bontà di rassegnarGliela. Ad un tempo le rimetto alcuni documenti pel caso desiderasse Sua Santità di chiederne, e prenderne contezza, ed Ella volesse avere informazione della vertenza». I due sacerdoti certamente due tra i componenti il Consiglio di Amministrazione del giornale si possono, con ogni probabilità, identificare nei canonici Valinotti e Pinoli.

[49] Per la *Vertenza* i documenti inviati dal Moreno alla Santa Sede sono reperibili all' *ASV, SS, 1863, R. 283, fasc. 2*, ff. 178-216.

Margotti aveva ventilato l'ipotesi di un nuovo giornale: «L'*Armonia* non essere che un nome: trattarsi qui di principii, che potevano quandocchesia essere propugnati da un altro giornale d'altro nome e titolo»[50].

Il teologo sanremese aveva cercato di conoscere il pensiero del papa al riguardo. Lo aveva fatto tramite la duchessa di Montmorency, incaricata dal Margotti di farne parola al card. Antonelli, il quale a sua volta ne avrebbe dovuto parlare a Pio IX. Ciò avvenne, e il 27 gennaio 1863 il Pontefice, anche se auspicava una risoluzione pacifica di tutta la vertenza, in mancanza di ciò, dava il suo beneplacito al Margotti. E nominava arbitro della vertenza il cardinale De Angelis in domicilio coatto a Torino[51]. Quella del papa era, comunque, un'approvazione generica.

La Santa Sede, in base a questi documenti, suggeriva per risolvere la *vertenza* di "sciogliere la società", «mediante una cessione ai redattori» del giornale, i quali si sarebbero interessati di provvedere all'indennizzo dei «singoli socj» che erano tutti ecclesiastici. Una tale soluzione avrebbe comportato la cessazione dei vari dissidi: quello «fra la società e la redazione (dissidio scandalosissimo)» e quello tra il Moreno e gli «eredi Birago»[52]. La Santa Sede, poi, in relazione ai salari vergognosamente bassi pattuiti dagli azionisti ai redattori del giornale, non trovava irragionevole «la loro minaccia di abbandonare la redazione per mettersi a scrivere un giornale di altro titolo»[53]. Non sappiamo se queste osservazioni siano state inviate dalla S. Sede al Moreno. Quello che è certo è che la società degli azionisti non venne liquidata e neppure vi fu nessuna cessione del giornale ai redattori.

Tuttavia, altre ragioni erano all'origine del nuovo giornale torinese, soprattutto la rottura tra Margotti e Mons. Moreno, intorno alla linea politica del giornale l'*Armonia*. Dal 1861 Margotti era andato assumendo posizioni sempre più intransigenti e specialmente il suo astensionismo

---

[50] *ASV, SS, 1863, R. 283, fasc. 2*, ff. 202-203, copia. *Verbale d'abboccamento* avutosi il 27 gennaio 1863, tra i canonici Bonacossa e Pinoli membri del Consiglio di Direzione e d'Amministrazione del giornale l'*Armonia* e i redattori del Giornale medesimo Margotti ed Emanuelli, nell'Ufficio di questi ultimi. *Verbale* stilato dai due consiglieri il 28 gennaio. Margotti che non è voluto entrare nella lite, se da un lato «considerava come proprietà della famiglia Birago il giornale», dall'altro rifiutava di assumere impegni «nè verso gli Eredi Birago, nè verso gli Azionisti», perché era opinione sua e di altri «che nella *Redazione* fosse personificato il giornale». Al contrario gli azionisti con i loro modi avevano finito col trattare i redattori come dei «*fattorini*».

[51] Cfr. M. Macchi, *Giacomo Margotti e il dramma del risorgimento italiano*, cit., p. 83.

[52] *ASV, SS, 1863, R. 283, fasc. 2*, ff. 179-180, originale. Osservazioni della Santa Sede sulla Vertenza Moreno-eredi marchese Birago. Anonimo, senza data, ma precedente il 13 ottobre 1863. Testo in *Appendice*, Doc. 1

[53] Cfr. *ASV, SS, 1863, R. 283, fasc. 2*, f. 180.

politico, lanciato con il grido *Né eletti né elettori*, popolarissimo tra gl'intransigenti, si discostava dalla linea più conciliante del vescovo d'Ivrea[54]. Inoltre gli anni '60 videro un'intensa attività pubblicistica in Torino. La presenza, nella compagine ecclesiale torinese, di organi propugnatori della conciliazione tra lo Stato e la Chiesa, come *Il Mediatore* dell'ex gesuita Carlo Passaglia, e *La Pace*, nata proprio all'inizio del 1863, rendono ancora più comprensibile la nascita dell'intransigente *Unità Cattolica*[55].

Il Margotti lasciava la direzione dell'*Armonia* a don Tinetti e don Musso, già resocontista parlamentare, diveniva caporedattore. Tuttavia, Margotti, fino all'ultimo, usò del giornale di cui era stato direttore per pubblicizzare il «suo» nuovo periodico[56]. Le dimissioni del Margotti e degli altri scrittori venivano accolte dal Consiglio degli Azionisti e notificate con lettera del 20 ottobre: «Il Consiglio d'Amministrazione e la Direzione del Giornale *L'Armonia*, oggi rientrato nell'esercizio delle sue attribuzioni, avendo provvisto per la compilazione dei fogli *L'Armonia* ed il *Subalpino* che continuano a pubblicarsi, cessa fin d'ora ogni ingerenza della S. V. nei medesimi»[57]. Margotti se ne andava dall'*Armonia* perché «costretto», ma senza rancori e con la certezza che «tutti, fra breve, benediremo la *felicissima colpa* che ha fatto nascere in Torino un nuovo giornale religioso»[58]. L'*Unità Cattolica* era tutta sua: «Padroni di

---

[54] Ricordiamo che nel 1857 il Margotti venne eletto deputato di Oristano: cfr. [G. Margotti], *Agli elettori di Oristano*, in «Armonia», 3 dicembre 1857. Tuttavia non potè sedere alla Camera perché canonico, avendo il governo dichiarato ineleggibili i canonici equiparati agli ecclesiastici in cura d'anime. Il 6 gennaio 1861, in occasione delle nuove elezioni, estese a tutti i territori annessi, il Margotti usciva con un articolo in cui lanciava il famoso motto «Nè eletti, nè elettori». Questa che doveva essere l'opinione solo dei cattolici conservatori, per lungo tempo restò norma vincolante per tutti i cattolici. Cfr. [Idem.], *Nè eletti nè elettori!*, in «Armonia», 7 gennaio 1861. Per l'opposizione tra il Moreno e il Margotti cfr. L. Bettazzi, *Obbediente in Ivrea...*, cit., pp. 141-143 e 203-271.

[55] *Il Mediatore* (1862-1866), *La Pace* (1863-1864), *Il Gerdil* (1867), ecc. Su questa attività rimandiamo a F. Traniello, *Cattolicesimo conciliatorista. Religione e cultura nella tradizione rosminiana (1825-1870)*, Milano 1970. *La Pace* sosteneva che al completamento dell'unità italiana mancava il capo, cioè Roma. Non ci risulta esistano studi su questo giornale. Qualche cenno in G. Tuninetti, *Lorenzo Gastaldi*, cit. vol. II, pp. 234-235.

[56] Cfr. i numeri dal 13 al 20 ottobre dell'«Armonia». Dopo il licenziamento di Margotti e compagni, la direzione dell'*Armonia* per smentire le voci di una sua cessazione delle pubblicazioni, usciva con una nota in cui precisava che avrebbe continuato ad uscire, col programma di sempre, e con la solida fedeltà al papa: cfr. La Direzione Dell'Armonia, *Ai Signori Associati*, in «Armonia», 26 ottobre 1863.

[57] Lettera del Can. A. Pinoli al teol. G. Margotti, Torino, 20 ottobre 1863, in *Il teologo Sacerdote Giacomo Margotti. Note Biografiche, I*, Torino 1906, p. 22 non numerata.

[58] Cfr. La prima *Circolare* dei Direttori dell'*Unità Cattolica* Margotti ed Emanuelli agli associati, 22 ottobre 1863. Testo in *Appendice*, Doc. 2.

noi, e liberi delle nostre mosse, procureremo di rendere più contenti i nostri associati, e di riparare a quegli sconci che non furono mai colpa nostra, sibbene conseguenza inevitabile della nostra condizione»[59].

Il nuovo foglio integralista usciva grazie alle adesioni immediate di «cortesi e dilettissimi amici»[60] e al contributo della Santa Sede di «lire diecimila», che significava la piena approvazione papale[61]. Il pontefice, come abbiamo già visto, aveva accettato il progetto avanzato all'inizio del 1863 dandovi il suo generico consenso[62].

L'*Unità Cattolica* si presentava ai lettori con le stesse caratteristiche apologetiche dell'*Armonia* vecchia maniera, anzi si può dire che ne fu la continuazione: gli articoli, lo stile e la foga erano i medesimi, solo il formato era stato ampliato. In linea di massima il "menabò" dell'*Unità* era così impostato: la prima pagina iniziava con l'articolo di fondo del direttore (sempre anonimo), che occupava una, o al più due colonne, sempre relativo al papa. Lo spoglio sistematico delle prime annate ci mostrano come Pio IX sia sempre stato tirato in ballo, a volte fino all'eccesso. Tra l'articolo di fondo e quello di "spalla" che finiva sempre nella seconda pagina, v'erano in genere notizie brevi di carattere politico-religioso. In seconda pagina, generalmente, c'erano articoli su qualche personaggio politico del momento o dell'anno. In terza pagina trovavano posto i resoconti di discorsi, le *Lettera Parigine*, le Notizie di cronaca, notizie varie. In quarta pagina oltre alle *Tavole Necrologiche*, si trovavano o la *Rivista settimanale della Borsa*, o le Cronache del Senato o della Camera dei deputati, e annunci vari, recensioni di libri ecc.

La testata esprimeva il suo programma intransigente: la contrapposizione dell'unità cattolica all'unità italiana. Nel primo articolo di presentazione il Margotti affermava trattarsi sì di «un nuovo giornale», ma al tempo stesso della prosecuzione dell'«antico sotto nome diverso», e che pertanto non si rendevano necessarie molte spiegazioni ai lettori,

---

[59] [G. MARGOTTI], *Nuovo Giornale degli scrittori dell'"Armonia"*, in «Armonia», 13 ottobre 1863.

[60] Cfr. [G. MARGOTTI], *L'Unità Cattolica. Giornale degli antichi scrittori dell'Armonia*, in «Armonia», 15 ottobre 1863.

[61] Cfr. *Il teologo Sacerdote Giacomo Margotti. Note Biografiche*, I, cit., sempre alla p. 22 non numerata alla nota 1 leggiamo: «Ricordiamo S. E. il cardinale Filippo De Angelis, che allora si trovava a domicilio coatto in Torino. Egli coi suoi buoni uffici ottenne dalla Segreteria di Stato di S. S. Pio IX, di v. m. lire diecimila per la pubblicazione del nuovo giornale. Quelle diecimila lire vennero poi rimborsate con altrettante associazioni».

[62] In questo senso si veda pure la risposta apparsa sul giornale alla richiesta di alcuni lettori di maggiori «guarentigie»: cfr. [G. MARGOTTI], *Le guerentigie del nostro giornale*, 10 novembre 1863, p. 2. Il Margotti assicurava gli interlocutori di avere «la benedizione» del papa.

circa gli «intendimenti» e la linea del giornale. Fin dall'inizio si poneva in assetto di guerra: «difenderemo i diritti del Papa, domanderemo la libertà della Chiesa, combatteremo l'empietà, smaschereremo l'eresia, sfolgoreremo gli apostati, i seminatori di scisme *(sic!)*, i rivoltosi, i felloni, non mai dimenticando le leggi della carità, ma pensando talvolta che si può essere caritatevoli anche impugnando i flagelli». Lo scopo del giornale era quello di patrocinare «l'unità del pensiero sotto la sublime magistratura del Romano Pontefice, e l'unità del cuore, mediante i dolcissimi vincoli della carità»; di opporre alla «falsa *unità politica*» ricercata dai «rivoluzionari» italiani, la «vera *unità cattolica*» attorno al papa; di «strappare le armi di pugno ai nemici della Chiesa per rivolgerle contro di loro»[63]. Il nemico contro cui lottava era la massoneria: «vecchia quanto il peccato»[64]. La sua forza erano i lettori e "certi" amici specialmente vescovi e cardinali[65].

Nel mondo giornalistico cattolico dell'Ottocento il Margotti fu certamente un protagonista del pari dell'Albertario. Molti i suoi interessi e tutti saldamente intransigenti e integralisti. Alcuni meritano un breve accenno.

L'astensionismo ad esempio, propugnato fin dal primo numero, in perfetta continuità con le posizioni assunte negli ultimi anni della direzione dell'*Armonia*[66], e considerato uno strumento decisivo per la caduta dello stato rivoluzionario italiano[67].

L'*Unità Cattolica* sostenne il "partito" infallibilista e fu tenacemente favorevole alla proclamazione del dogma:

---

[63] Cfr. [G. MARGOTTI], *L'unità cattolica*, 29 ottobre 1863, pp. 1-2.

[64] Cfr. [G. MARGOTTI], *L'unità massonica*, 30 ottobre 1863, p. 1. In Torino, stando a quanto scriveva il Margotti, esistevano «nove logge massoniche». La stessa sede dell'*Unità Cattolica* in via Cavour 17, sorgeva accanto ad una loggia di framassoni. Tutto questo non intimoriva il teologo sanremese che orgogliosamente asseriva: «vogliamo combattere petto a petto coi cospiratori, coi settari, cogli empi. [...] L'*unità massonica* non ci spaventa; essa può toglirci il corpo, ma l'anima nostra è di Dio».

[65] Cfr. *I vescovi d'Italia e l'«Unità Cattolica»*, 31 ottobre 1863, pp. 1-2; *L'Arcivescovo di Urbino all'«Unità Cattolica»*, 3 novembre 1863, p. 1; *Il Cardinale Arcivescovo di Pisa ai Direttori dell'«Unità Cattolica»*, 5 novembre 1863, p. 2; ecc.

[66] Cfr. *Il teologo Sacerdote Giacomo Margotti. Note Biografiche, IV, Articoli riguardanti il* Nè eletti nè elettori *ed il non expedit pubblicati nei giornali «L'Armonia» e «L'Unità Cattolica» dall'anno 1857 all'anno 1886*, Sanremo 1907. L'opuscolo, di un centinaio di pagine, curato dagli eredi Margotti, riporta tutti gli articoli su questo argomento scritti dal Margotti, usando sia la forma del regesto sia quella della riproduzione integrale.

[67] Cfr. G. MARTINA, *Il «Non Expedit»*, in *Storia della Chiesa*, fondata da A. Fliche-V. Martin, vol. XXI/2, Torino 1970², Appendice VII, pp. 849-854. Si veda pure C. MARONGIU BUONAIUTI, *Non expedit. Storia di una politica (1866-1919)*, Milano 1971, pp. 5 ss.

«Confessiamo schiettamente alla nostra volta d'aver sempre creduto all'infallibilità del Papa; ma d'esserci sempre più convinti di questo gran vèro studiando nei libri di monsignor Dupanloup. Dai quali per giunta abbiamo argomentato che fosse più che mai opportuno definire dogmaticamente questo gran vero. [...] E noi appunto crediamo che l'opera della ristaurazione del vero dovesse incominciare da una grande acclamazione del popolo cattolico al Papa infallibile, susseguita dalla dogmatica definizione della sua infallibilità»[68].

Per questo il foglio margottiano entrò in "un'amabile" polemica con il vescovo Dupanloup[69], anti-infallibilista, che aveva accusato la *Civiltà Cattolica*[70] e l'*Univers* di aver suscitato "inopportunamente" la disputa della definizione dell'infallibilità[71]. Al vescovo d'Orléans in particolare il Margotti replicava:

«A parer nostro non ha ragione di rimproverarne la *Civiltà Cattolica* e l'*Univers*. Forse che i fedeli prima del Concilio non possono manifestare la loro fede ed i loro desiderii? E non discutevano prima del Concilio di Gerusalemme? E con ciò forse impedivano l'opera e le decisioni degli Apostoli? Il Vescovo d'Orléans trova *inopportuno* il discutere sui giornali questo punto. Ma, con tutto il rispetto che noi gli dobbiamo, chiederemo se sia *opportuna* la sua lettera? Non poteva egli aspettare ad emettere il suo voto davanti il Concilio? Non v'è nessun sincero cattolico che non si addolori leggendo quelle pagine; e per contrario non v'è nessun nemico del Papa che non ne goda. [...] Pieni di venerazione per monsignor Dupanloup, ci duole che sia stato il primo Vescovo cattolico il quale combattesse pubblicamente e con tanta solennità l'*opportunità* di definire l'infallibilità pontificia.
D'altra parte non sappiamo comprendere come l'illustre Prelato possa meravigliarsi oggidì del contegno del giornalismo. Egli, che è uomo dei suoi tempi, dee riflettere che questo è pure il primo Concilio ecumenico che si celebri a' tempi de' giornali e del telegrafo. I giornalisti vogliono

---

[68] [G. MARGOTTI], *Che cosa è il Papa secondo il vescovo d'Orléans*, 25 novembre 1869, p. 1 art. di fondo. Si veda pure [IDEM.], *Il grande schiamazzo sull'infallibilità del romano Pontefice*, 31 marzo 1870, pp. 1-2.

[69] F. DUPANLOUP, *Observations sur la controverse soulvée relativement à la définition de l'infallibilité au futur concile*, 11 novembre 1869. L'opuscolo susciterà una aspra polemica col *Univers* del Veuillot.

[70] Cfr. *Corrispondenza dalla Francia*, in «Civ. Catt.», s. 8, v. 5, pp. 349-350 e 352. Sulla polemica seguita all'articolo, cfr. R. AUBERT, *Il pontificato di Pio IX (1846-1878)*, Storia della Chiesa, fondata da A. Fliche - V. Martin, vol. XXI/2, cit., pp. 485 e ss. Per l'atteggiamento della stampa italiana di fronte al Concilio si veda C. CECCUTI, *Il Concilio Vaticano I nella stampa italiana (1868-1870)*, Roma 1970.

[71] Cfr. [G. MARGOTTI], *A Monsignor Dupanloup esimio Vescovo d'Orléans*, 21 novembre 1869, p. 1.

dir tutto e parlar di tutto, ed i fedeli saper tutto e poter rispondere a tutto. Sarà questo un male, e noi siamo ben lungi dal negarlo: ma è il nostro tempo»[72].

Si compiacque, pure, del misero fallimento dell'«anti-concilio» organizzato dalla «massoneria-rivoluzionaria» a Napoli[73]. L'*Unità Cattolica* non fece critiche minuziose delle ragioni portate dagli oppositori; essa partiva dal presupposto che i contrari fossero «i liberali cattolici e i gallicani»[74]. La stessa "minoranza" anti-infallibilista dei padri conciliari era snobbata: la «questione» era «decisa» e ogni loro tentativo di opposizione sarebbe caduto «sul Concilio come una foglia arida d'autunno»[75]. Ridicolizzò, pure, i timori di certa stampa: «i giornali della rivoluzione [...] hanno una gran paura per la Chiesa cattolica quando il Concilio Vaticano definisse l'infallibiltà pontificia. Temono scismi, eresie, bestemmie; temono opposizioni di governi, incameramenti di beni ecclesiastici, empietà di leggi, apostasie di popoli; temono persecuzioni, eculei, tanaglie infuocate, insomma il trionfo delle porte dell'inferno»[76]. Nonostante le pressioni esterne[77] ed interne il concilio andò avanti. Il foglio integralista non attese la proclamazione del nuovo dogma; i suoi articoli,

---

[72] [G. MARGOTTI], *Il Vescovo d'Orléans e l'infallibilità del Papa*, 19 novembre 1869, p. 2. La polemica continuò, si veda [IDEM.], *Il senso comune de' fedeli nelle definizioni dogmatiche,* 21 novembre 1869, pp. 1-2; [IDEM.], *Che cosa è il Papa secondo il vescovo d'Orléans*, 25 novembre 1869, p. 1 art. di fondo; *L'infallibilità pontificia secondo l'arcivescovo di Westminster e il vescovo d'Orléans*, 27 novembre 1869, p. 2. Mons. Dupanloup sosteneva, contro mons. Manning che la proclamazione dell'infallibilità del Papa avrebbe allontanato «sempre più dal cattolicismo i protestanti». Manning al contrario «vi trovava invece un mezzo più facile per far loro conosce e abbracciare la verità».

[73] Cfr. *La filantropia degli anticristi e l'Anticoncilio antiecumenico di Napoli*, 5 ottobre 1869, pp. 1-2. Era stato convocato da Giuseppe Ricciardi per l'8 dicembre. La lettera di convocazione era del 15 marzo 1869. Per i commenti del foglio margottiano relativi al "fiasco" dell'anticoncilio napoletano si vedano i numeri a partire dal dicembre 1869.

[74] Cfr. *Il giansenismo redivivo nel cattolicismo liberale*, 7 ottobre 1869, p. 1.

[75] *La definizione dell'infallibilità*, 15 marzo 1870, p. 2. Si vedano anche le poco «obbiettive» *Corrispondenze particolari* inviate da Roma all'*Unità Cattolica*. E ancora [G. MARGOTTI], *Una parola ai pusilli sulle divisioni nella Chiesa cattolica*, 20 novembre 1869, p. 1 art. di fondo.

[76] [G. MARGOTTI], *Paure vecchie e paure nuove*, 16 marzo 1870, p. 1.

[77] [G. MARGOTTI], *Per chi lavora il Concilio?*, 15 giugno 1870, p. 1 art. di fondo. «"Il Concilio lavora per noi!" Queste parole disse alla Camera il deputato Bonfadini, e leggonsi negli *Atti ufficiali*, n° 4609, pag. 1847. Ci pare che meritino una risposta. [...] Il Concilio lavora per la verità, e voi siete la menzogna; lavora per l'ordine, e voi siete lo scompiglio; lavora per la gloria di Dio, e voi siete l'incarnazione di Satana». Cfr. *La Francia e il Concilio*, 1 luglio 1870, pp. 1-2. Contro l'«imbecillità» dei gallicani; *L'interpellanza sul Concilio nella Camera dei Deputati*, 31 marzo 1870, p. 2. Seduta del 28 marzo.

le petizioni di vescovi e sacerdoti in favore dell'infallibilità erano una ostinata acclamazione: «e quando noi avremo per dogma quello che già si crede da tutti, essere il Papa infallibile, allora saremo ancora più uniti, più forti, più coraggiosi»[78]. Con il mese di luglio la lotta arrivò al suo culmine: «A Roma oggidì si tratta di combattere e di vincere una battaglia assai più importante che quella di Solferino; e i Vescovi stanno al loro posto»[79]. Alla proclamzione della «tanto sospirata definizione»[80] il Margotti si abbandonava alla più grande «allegrezza» e a «lagrime di santa letizia»: si era conquistata «la pienezza della verità e la certezza della fede». E ammoniva forse anche qualche vescovo: «Ecco la grande definizione, a cui ci è dolce piegare il capo, e dire e ripetere CREDO. E chi non crede, sia anatema. Anatema al gallicanismo se rialzasse il capo; anatema ai gallicani se osassero ripetere quella che omai è solenne eresia. [...] E finchè resti il mondo, e dopo ed in eterno resterà sempre dogma di fede l'infallibilità del Papa nei termini in cui venne definita [...] questa definizione, che è parola di Dio, non passerà»[81]. Il testo della definizione era pubblicato il 19 luglio 1870. Tutti i vescovi vi avevano contribuito: «tutti, favoreli e contrari»[82]. A nulla sarebbero valsi i tentativi di «proibire la pubblicazione del dogma dell'infallibilità» da parte dei vari Governi ostili a Roma[83]. Era riprodotto il testo della circolare *«riservatissima»* di Raeli ministro di grazia, giustizia e culti, che comandava ai magistrati di esercitare la «massima vigilanza» verso gli atti dei

---

[78] Cfr. [G. MARGOTTI], *Uno sguardo all'Europa alla vigilia della definizione dell'infallibilità*, 8 luglio 1870, p. 2. Dal marzo 1870 in poi il volume delle lettere e "vota" dei vescovi, ma soprattutto del clero e dei fedeli andò quotidianamente aumentando, tanto che l'*Unità Cattolica* decise di «pubblicare tutte queste lettere in un volume a parte», cfr. 24 maggio e 1 giugno 1870 p. 1. A questo riguardo si veda F. TAMBURRINI, *Il fondo «Indirizzi di Pio IX» della biblioteca Vaticana e alcuni documenti dell'intransigenza cattolica*, in *Miscellanea Bibliothecae Apostolicae Vaticanae I*, (Studi e Testi, 329), Città del Vaticano 1887, pp. 209-225.
[79] Cfr. [G. MARGOTTI], *Pio IX accusato di Episcopaticidio*, 5 luglio 1870, p. 1 art. di fondo. L'*Opinione* del 1° luglio a Firenze, e la *Gazette de France* dello stesso giorno a Parigi, accusavano il Papa di "episcopaticidio" per aver costretto i vescovi a restare a Roma nonostante il clima impossibile.
[80] Cfr. [G. MARGOTTI], *Un sapiete proemio alla definizione dell'infallibilità*, 24 maggio 1870, p. 1 art. di fondo. Era recensito il saggio di Giuseppe Carboni, arcivescovo di Edessa, dal titolo *Elucubratio de dogmatica Romani Pontificis infallibilitate eiusque definibilitate*, ecc.
[81] Cfr. [G. MARGOTTI], *La proclamazione dell'infallibilità pontificia*, 20 luglio 1870, p. 1 art. di fondo.
[82] Cfr. [G. MARGOTTI], *La mano di Dio nella definizione dell'infallibilità*, 27 luglio 1870, p. 1 art. di fondo. Si faceva l'elogio di mons. Manning e mons. Mermillod.
[83] Cfr. [G. MARGOTTI], *La guerra dell'Ungheria all'infallibilità pontificia*, 26 luglio 1870, p. 1 art. di fondo; [IDEM.], *La guerra al Papa del cattolico Governo austriaco*, 2 agosto 1870, p. 1 art. di fondo; *Una bassa vendetta dell'Austria per la definizione dell'infallibilità pontificia*, 17 agosto 1870, p. 2: l'imperatore era intenzionato ad abrogare il Concordato.

vescovi e dei parroci in occasione della pubblicazione del decreto sull'infallibilità «personale del Papa» e se necessario di punire con multe e carcere. E il Margotti rovesciava il suo rammarico e la sua diffidenza: «Ma è un tratto della Provvidenza questa circolare del guardasigilli nei giorni presenti. Essa dice ai cattolici che cosa farebbero gli Italianissimi padroni di Roma. Vieterebbero al Papa, loro suddito, ciò che vietano ai Vescovi ed ai parrochi che hanno la disgrazia di sottostare al loro Governo. Vieterebbero di predicare la fede di Gesù Cristo»[84]. Ma il 20 settembre era oramai alle porte, e la guerra franco-prussiana accellerava il precipitare degli eventi[85].

Lo stato d'animo dei temporalisti nei giorni che precedettero la presa di Roma si può eloquentemente intravvedere nelle cronache che venivano da Roma: "non si voleva credere", si riteneva assurdo un abbandono della Francia «di Roma all'Italia». Il Corripondente romano minimizzava in questi termini: «Assicurate pur dunque i vostri lettori che Roma sta tranquilla e guarda con serenità l'avvenire, perché l'avvenire è suo»[86]. L'ostentata tranquillità svanì rapidamente[87]. Margotti, allora, si diede alla difesa del potere temporale del papato. L'entrata dei «rivoluzionari» italiani in Roma, e il nuovo ordine di cose non poteva sopravvivere a lungo:

> «Dunque tutto è consumato! Nino Bixio, che era già a Roma con Mazzini, c'è rientrato per ordine di Lanza e compagnia. Quanto tempo ci resterà egli e gli altri conquistatori?... Che usciranno da Roma è cosa certissima, come già ne uscirono i Napoleonidi, i mazziniani e prima di loro tutti i precedenti nemici della Chiesa. Come e quando ne usciranno, finora non possiam dire. Probabilmente ne usciranno presto, e ne usciranno male. Lo annunziamo il 22 settembre del 1870, vale a dire due giorni dopo l'ingresso in Roma di Nino Bixio e compagnia»[88].

---

[84] [G. MARGOTTI], *Circolare italianissima contro l'infallibilità pontificia*, 28 agosto 1870, p. 2.

[85] Cfr. [G. MARGOTTI], *Due date memorande 18 e 19 luglio del 1870*, 24 luglio 1870, p. 1 art. di fondo. Erano le date della proclamazione del dogma dell'infallibilità e della dichiarazione di guerra della Francia alla Prussia. La stampa anticlericale preferirà mettere in parallelo il 18 luglio con il 20 settembre.

[86] Cfr. *Roma e la guerra*, 22 luglio 1870, p. 2. La Corrispondenza era del 18 luglio.

[87] Cfr. *Il nuovo abbandono del Papa*, 24 luglio 1870, pp. 1-2. «Si dice, e si dà per certo, che Napoleone III richiamerà le sue truppe dagli Stati pontificii [...]. Noi vogliamo sperare ancora che questa notizia sia falsa [...]»; *Il Papa abbandonato per lo stato normale d'Italia*, 29 luglio 1870, p. 1; *Il secondo sgombero dei Francesi dagli Stati papali*, 31 luglio 1870, pp. 1-2. «Non v'è dunque una ragione plausibile per ispiegare la condotta del Governo imperiale. Fa più torto a Napoleone III questa maniera di regolarsi col Papa, che tutti i suoi progetti di conquistare il Belgio rivelati dal conte di Bismark. Noi non abbiamo nulla a temere per la Chiesa, ma temiamo per la Francia e pel suo Imperatore».

[88] 22 settembre 1870, p. 1.

Più in generale, era illusione del Margotti che i regimi costituzionali fossero transitori. Il suo sguardo era rivolto alle grandi potenze, in particolare all'Austria. I suoi articoli erano intrisi di fieri accenti anti-italiani e anti-unitari[89]. Dal 14 settembre 1870 il foglio integralista uscì, eccetto qualche rara eccezione, fino al 25 maggio 1898 listato a lutto: in segno di protesta e di lotta contro l'Italia unita e liberale, usurpatrice dei territori del romano pontefice[90]. La difesa e la devozione al papato trovavano la loro espressione più tangibile nel *Danaro di San Pietro*, raccolto con tanto zelo a partire dall'invasione piemontese degli Stati pontifici, e come antidoto alle manifestazioni contro il «Papa-Re»[91].

L'*Unità Cattolica*, naturalmente, per i suoi articoli, dai toni po-

---

[89] Cfr. [G. MARGOTTI], *Protesta del Papa spogliato della sua Roma*, 21 settembre 1870, p. 1 art. di fondo; [IDEM.], *Roma futura e Victor Hugo*, 23 agosto 1871, p. 1 art. di fondo, per quest'articolo si veda la nota 50; [IDEM.], *Montecitorio e teatro Apollo*, 18 gennaio 1872, p. 1 art. di fondo; [IDEM.], *La politica degli albergatori e dei vetturini romani*, 14 novembre 1872, p. 1 art. di fondo; [IDEM.], *I cattolici americani a Roma*, 8 ottobre 1873, p. 1 art. di fondo; IDEM., *Funerali e Statuto*, 2 luglio 1874, p. 1 art. di fondo; [IDEM.], *Dalle lapidi del plebiscito alla lapidazione delle imposte*, 19 settembre 1874, p. 1 art. di fondo; [IDEM.], *La statua di Nabucco e il debole dito di Pio IX*, ossia *Patatrac, Patatache, Patatof*, 22 novembre 1876, p. 1 art. di fondo. Questi articoli subirono il sequestro del Fisco torinese: cfr. 7 giugno 1887, p. 1.

[90] Con l'entrata delle truppe dei «rivoluzionari» negli stati pontifici l'*Unità Cattolica* cominciò anche a listare a lutto la prima pagina del giornale. Il numero del 14 settembre venne tempestivamente sequestrato: cfr. [G. MARGOTTI], *Il lutto dell'«Unità Cattolica»*, 15 settembre 1870, p. 1. Il Margotti assicurava i lettori: «Il nostro giornale continua a vestirsi a lutto, e comparirà con questo segno di dolore fintanto che il Santo Padre non sia reintegrato ne' suoi diritti di Sovrano temporale». L'accoglienza di questo "segno di lutto" era ricordata ironicamente dal Lanzoni negli anni '80, durante i suoi studi romani, con queste parole: «Quante volte incontravo dei cattolici e perfino degli ecclesiastici che sorridevano delle liste nere con cui continuavano ad uscire, dopo la breccia di Porta Pia, in segno di lutto, le pagine dell'"Unità Cattolica"»: F. LANZONI, *Le memorie*, Faenza 1930, p. 161.

[91] A dire il vero l'«Armonia» del 26 ottobre 1863 rivendicava la paternità dell'iniziativa al «fecondo pensiero» del marchese Birago di Vische. Il curatore era Stefano Margotti, fratello del direttore. Il 24 novembre 1868 anche l'Acquaderni si rivolgeva ai giovani dalle colonne del foglio margottiano chiedendo la loro offerta.

L'*Unità Cattolica* nel 1870 pubblicava un resoconto delle offerte raccolte dal Margotti in dieci anni prima nell'*Armonia* e poi nel suo giornale. Ecco il resoconto: [G. MARGOTTI], *Relazione del Danaro di S. Pietro ... Specchio riassuntivo*, 1 gennaio 1870, p. 1.

«Anno 1860 raccolte ed offerte £. 253,515 82
" 1861   "   " 320,317 43
" 1862   "   " 410,253 83
" 1863   "   " 289,892 06
" 1864   "   " 333,893 63
" 1865   "   " 503,000 05
" 1866   "   " 250,000 00

lemici vivaci, non tardava a subire i sequestri⁹². Margotti riceveva vessazioni personali. Mentre il gerente finiva in carcere⁹³ Tra i casi clamorosi ricordiamo le offese all'imperatore dei francesi, per aver abbandonato il papa, conclusosi con la condanna del foglio margottiano⁹⁴; i sequestri, senza processi, subìti per l'opposizione alle "sacrosante" cannonate del 20 settembre 1870 e le parole forti usate contro i «sepolcri imbiancati del Regno d'Italia»⁹⁵; e ancora il «primo processo» per le implicite offese al

" 1867	"	" 558,150 60
" 1868	"	" 112,762 00
" 1869	"	" 505,775 00

totale £. 3,537,560 42»

Il Margotti concludeva lo specchio riassuntivo ricordando che nel giugno 1861 il deputato Giuseppe Ricciardi propose «alla Camera un disegno di legge per aprire una sottoscrizione sotto il nome di *Danaro d'Italia*, "coll'unico scopo di aiutare il Governo al compimento dell'impresa nazionale"» (cfr. *Atti Ufficiali della Camera*, 1861, numero 160, p. 601). Il Margotti chiedeva al Ricciardi di rendere noto quanto aveva fruttato questa iniziativa, nata chiaramente in polemica con quella del *Danaro di S. Pietro*, per valutare la generosità dei liberali che aderivano alla «rivoluzione». Complessivamente il Danaro di S. Pietro raccolto dal Margotti, dal 1860 al 1887, andò oltre i «cinque milioni e seicento mila lire»: cfr. [F. MARGOTTI], *L'Unità Cattolica nel 1893*, 16 dicembre 1892, p. 1.

⁹² I sequesti avvenivano, in genere, per la violazione dell'art. 25 della legge sulla Stampa del 26 marzo 1848, e dell'art. unico della successiva legge del 26 febbraio 1852. L'art. 25 puniva col carcere e con la multa gli oltraggi fatti alla persona dei Sovrani esteri.

⁹³ La responsabilità penale del "gerente" costituiva un aspetto controverso del regime giuridico sulla stampa. Il giornale margottiano, come molti altri giornali "di opposizione", ricorreva alla precauzione, per la facilità con cui veniva praticato l'arresto preventivo o minacciata la carcerazione, di designare come gerente responsabile una qualsiasi «testa di legno» disposta a rischiare. Di fronte a questa tendenza il governo e la magistratura tentavano di estendere il più possibile l'ambito della responsabilità penale, coinvolgendo l'autore del singolo articolo (anche quello non sottoscritto ma identificato) e il direttore del giornale, facendo valere per quest'ultimo il principio vago della "complicità".

⁹⁴ Cfr. [G. MARGOTTI], *La caduta del primo e del secondo Impero*, 23 novembre 1866, pp. 1-2; [IDEM.], *La nostra festa dell'11 dicembre*, 11 dicembre 1866, p. 1. L'avvocato difensore dell'*Unità Cattolica* raccoglieva tutta la documentazione dei vari ricorsi in un volume di oltre duecento pagine: A. CAUCINO, *L'Unità Cattolica e Napoleone III innanzi alla Corte di Cassazione di Torino ossia Il Papato, l'Impero francese, i diritti della Storia e la libertà della stampa*, Torino 1867.

⁹⁵ Cfr. A. CAUCINO, *L'indipendenza offerta a Pio IX dai sepolcri imbiancati del Regno d'Italia*, 25 settembre 1870, p. 2. L'*Unità Cattolica* venne sequestrata per reati «d'azione pubblica»: il 14 settembre 1870 per l'articolo: [G. MARGOTTI], *Grida di dolore contro gli spogliatori del Papa*, 14 settembre 1870, p. 1 art. di fondo: con questo numero iniziava la listatura a lutto del giornale margottiano; il 3 novembre 1870, per l'articolo: [IDEM.], *L'avvenire del Papato*, 3 novembre 1870, p. 1 art. di fondo; il 6 novembre per l'articolo: [IDEM.], *I Romani fedeli a Pio IX*, 6 novembre 1870, p. 1 art. di fondo; il 22

Re d'Italia[96]. Da questi processi l'*Unità Cattolica* se da una parte ne usciva economicamente danneggiata[97], d'altra appariva moralmente rafforzata, tanto da qualificarsi, in un sondaggio di qualche anno dopo, prima fra i giornali cattolici d'Italia[98] e terza tra le testate nazionali per tiratura e vendita di copie, dopo il *Secolo* di Milano e l'*Epoca* di Genova[99]. I dati del Bernardini non sono confermati da studi recenti. La tiratura dell'*Unità Cattolica*, in quegli anni, oscillava tra le 2.000-3.000 copie (con punte massime nell'edizione domenicale di 5.000-8.000). La stampa laica raggiungeva in media le 7.000-12.000 mila copie. Eccezioni facevano il *Secolo* e *L'Epoca* (fondata nel 1877) con 30.000, e la *Gazzetta del Popolo*, nata a Torino nel 1848, con 20.000 copie e 14.000 abbonati[100]; mentre la *Gazzetta Piemontese*, l'*Opinione*, la *Perseveranza* avevano una tiratura modesta: 7.000 copie. *La Gazzetta d'Italia*, il *Pungolo* di Napoli potevano arrivare nei momenti eccezionali ai 12.000-15.000 mila esemplari. Il *Corriere della Sera* nato nel 1876 passava dalle 3.000 copie iniziali, ad una tiratura di 9.000 copie nel 1880, di 20.000 nel 1884, di 50.000 nel 1887, di 100.000 nel 1898, di quasi 400.000 nel 1918[101]. Complessivamente erano indici di diffusione ben lontani da quelli che si

---

novembre per aver stampato l'Enciclica di Pio IX: *Respicientes ea omnia*, del 1 novembre 1870; il 2 luglio 1871 per l'articolo: [IDEM.], *Feste e baccano nella Roma di Pio IX*, 2 luglio 1871, p. 1 art. di fondo.

[96] Cfr. [G. MARGOTTI], *Roma futura e Victor Hugo*, 23 agosto 1871, p. 1 art. di fondo. Il secondo articolo che veniva egualmente sequestrato compariva nello stesso numero: cfr [IDEM.], *Due fatti unici nella storia dei Papi e dei Reali di Savoia*, ivi, pp. 1-2. Nel giorno in cui Pio IX raggiungeva e superava gli anni di pontificato di Pietro, il giornale torinese deponeva la listatura e inghirlandava la prima pagina. Il sequestro era ordinato per violazione degli articoli 19 e 20 della legge sulla stampa: cioè offesa alla sacra persona del Re, e biasimo alla medesima per gli atti del suo Governo. Per gli atti della difesa dell'*Unità Cattolica*, cfr. [A. CAUCINO], *Il primo processo del giornale l'Unità Cattolica innanzi alla Corte d'Assise*, Torino 1871.

[97] Cfr. [G. MARGOTTI], *I privilegi dell'*Unità Cattolica *ed il Fisco del Regno d'Italia*, 31 luglio 1875, p. 1. Dall'anno 1866 a tutto il 1874 l'*Unità Cattolica* fu sequestrata *ventisei* volte, ed il fisco incamerò DUECENTO MILA esemplari del Giornale! Questo «dossier giudiziario dell'*Unità Cattolica*» è ricordato anche nel *supplemento* uscito in occasione dei funerali di trigesima del Margotti: cfr. 7 giugno 1887, p. 1.

[98] Cfr. [A. CAUCINO], *Il primo processo del giornale l'Unità Cattolica innanzi alla Corte d'Assise*, cit., p. 14. Nello stesso senso vanno ricordate le parole del p. Curci che definiva l'*Unità Cattolica*: «il primo giornale d'Italia per brio di stile, per forza di ragionare, per opportunità di polemica»: cit. da S. TRAMONTIN, *L'intransigentismo cattolico e l'Opera dei Congressi*, in *Storia del Movimento Cattolico in Italia*, diretta da F. MALGERI, Roma 1908, vol. I, p. 176. A dire il vero il giornale torinese non ebbe mai un gran pubblico, e soltanto l'appoggio, morale prima ed economico poi, della Santa Sede permise al foglio margottiano di sopravvivere.

[99] Cfr. N. BERNARDINI, *Il giornalismo italiano*, in *Guida della stampa periodica italiana*, compilata dall'avv. N. BERNARDINI, Lecce 1890, p. 113.

[100] Cfr. G. TUNINETTI, *Anticlericalismo, pacifismo, cultura cattolica*, Torino 1984.

[101] Cfr. G. GAETA, *Storia del giornalismo*, vol. 2, Como 1966, p. 725.

potevano riscontrare in Francia e in Inghilterra. Ad esempio, nel 1867, *Le Petit Journal* raggiungeva le 300.000 copie di tiratura, salite, dopo la guerra del 1870, al milione di esemplari[102].

L'organo margottiano, dopo la morte del quotidiano passagliano (1866) e della *Pace* (1864), e il trasferimento a Firenze dell' *Armonia* (1866), restava in Torino l'unico quotidiano cattolico. Di questa situazione di monopolio il primo a non esserne soddisfaatto era proprio il futuro arcivescovo Gastaldi[103]. Il 1 luglio 1871 usciva il quotidiano il *Mondo*, diretto dall'Emanuelli, già condirettore dell'*Unità*. L'iniziativa aveva preso le mosse dalla «Società piemontese cattolica Torinese delle Buone Opere», ed era stata accolta con compiacenza dal Margotti, perché in Torino v'erano sempre stati almeno due quotidiani cattolici. Questo avrebbe consentito all'*Unità Cattolica*, che aveva oramai preso respiro nazionale, di lasciare al *Mondo* i problemi locali[104].

In linea di massima, i rapporti tra il Margotti e gli arcivescovi torinesi furono di reciproca tolleranza. Però, durante l'episcopato del Gastaldi, il contrasto tra il giornale intransigente e il vescovo, e se vogliamo più in generale tra il giornalismo intransigente e l'episcopato, apparve in tutta la sua evidenza[105]. Più di una volta l'arcivescovo richiamò il direttore dell'*Unità Cattolica*, rendendo i rapporti tra la redazione e la curia non del tutto sereni. Inizialmente l'arcivescovo imponeva al direttore di non trattare argomenti come la temporalità. E' Margotti si dichiarava: «pronto in tutto e per tutto ad eseguire i suoi ordini, certo di non poter trovar pace e libertà che sotto una pienissima dipendenza»[106]. Gastaldi sollecitava, pure, un quotidiano meno polemico e più popolare. Margotti forte della sua lunga esperienza non accoglieva le pressioni[107].

---

[102] Cfr. V. CASTRONOVO, *Stampa e opinione pubblica nell'Italia liberale*, in V. CASTRONOVO -N. TRANFAGLIA (a cura di), *La stampa italiana nell'età liberale*, vol. III, Roma-Bari 1979, pp. 66 e 74; cfr. A. DEL BOCA, *Giornali in crisi*, Torino 1968, p. 50. Per la Francia, sempre in relazione alla tiratura dei giornali anticlericali, molti dati sono reperibili nella tesi di laurea dello zairese Sokoni sul Sillabo, archivio Pont. Università Gregoriana P. 288 n. 311.

[103] Il Gastaldi ancora vescovo di Saluzzo, nella primavera del 1871, si era interessato indirettamente del progetto di un nuovo quotidiano, cfr. G. TUNINETTI, *Lorenzo Gastaldi*, cit., vol. II, p. 235.

[104] Cfr. *Il Mondo. Giornale quotidiano torinese*, 22 giugno 1871, p. 1. L'*Unità* ne abbozzava anche il programma: «Trattare le cose di interesse governativo, municipale, commerciale, scientifico, letterario, artistico, economico ecc. ».

[105] Sulla figura del Gastaldi rimandiamo ai due volumi di G. TUNINETTI, *Lorenzo Gastaldi 1815-1883*, vol. I. *Teologo, pubblicista, rosminiano, vescovo di Saluzzo: 1815-1871*, Casale Monferrato 1983; vol. II. *Arcivescovo di Torino: 1871-1883*, Casale Monferrato 1988, pp. 305-329.

[106] *AAT, 19.136*, busta 2, originale. Lettera di Margotti a Mons. Gastaldi, Torino, 23 novembre 1871.

[107] *AAT*, 19.136, busta 2, originale. Lettera di Margotti a Mons. Gastaldi, Torino, 28 febbraio 1872. Il testo della lettera in *Appendice*, Doc. 3.

Da ultimo l'arcivescovo benediceva un nuovo giornale più consono alla sua linea pastorale: l'*Emporio Popolare*. Questo era il giornale dell'arcivescovo, come l'*Unità* era il giornale del Margotti. Insomma, l'*Emporio popolare* costituiva una chiara indicazione delle reali intenzioni del Gastaldi, che poco tollerava l'egemonia dell'*Unità Cattolica*[108].

Soprattutto quello che rese i rapporti tesi tra l'arcivescovo Gastaldi e l'*Unità Cattolica* furono le prese di posizione antirosminiane del foglio margottiano. L'*Unità*, nonostante i freni del Gastaldi, era l'espressione dell'antirosminianesimo piemontese. Mentre, all'opposto, il Gastaldi, perché ex rosminiano e di fatto rosminiano nello spirito, costituiva un punto di riferimento per molti seguaci della scuola rosminiana[109]. Il giornale torinese suscitava "involontariamente" la ripresa della polemica antirosminiana per i suoi apprezzamenti e le sue riserve verso l'opera filosofica del Corte[110]. L'Albertario stroncava i tre volumi: «non è chiarezza di principii, non rigore di forma; non una materia, non una trattazione, che possa dirsi compiuta» e criticava l'*Unità* per l'«inopportuna debolezza»[111]. Al contrario l'*Armonia* del Moreno si schierava tutta per il Corte e reagiva per prima alla stroncatura dell'Albertario[112]. La *Civiltà Cattolica* «dopo maturo esame» concludeva che «questi suoi elementi non sono in nessun modo acconci alla retta istituzione filosofica de'

---

[108] L'*Emporio Popolare* (1873-1880) cambiava la testata nell'aprile 1880 con *Corriere di Torino*, facendo proprio il programma dei «conservatori nazionali», approfondimenti in G. TUNINETTI, *Lorenzo Gastaldi*, cit., vol. II, pp. 236-239.
[109] Cfr. G. TUNINETTI, *Lorenzo Gastaldi*, cit., vol. I, pp. 43-52 e 95-122.
[110] Cfr. [G. MARGOTTI], *Bibliografia*, 25 luglio 1875, p. 1. «E' noto che il prof. Corte è uno dei più fedeli seguaci delle dottrine filosofiche dell'illustre Rosmini; e queste propone, nell'opera che annunziamo. Tuttavia avuto riguardo allo stato delle cognizioni filosofiche in Italia ai giorni nostri e alle osservazioni gravissime, alle quali fu fatto segno il sistema dell'illustre Roveretano, avremmo desiderato un cenno più distinto dei varii sistemi che si contrappongono alla teoria rosminiana intorno alle origini delle idee, ed anche una nozione più distinta nell'ideologia delle varie questioni, le quali a dir vero sono appenna accennate». Il Margotti comunque non poteva dire di più per via dei richiami che gli venivano dal Gastaldi. L'opera recensita portava questo titolo: P. A. CORTE, *Elementa Philosophiae in usum Seminarium*, vol. I. *Logica*, vol. II. *Metaphisica*, vol. III. *Ethica*, Taurini 1875. Il Corte aveva dedicato ognuno dei tre volumi a tre presuli estimatori del Rosmini, al Gastaldi arcivescovo di Torino, al Moreno vescovo d'Ivrea, al Pozzi vescovo di Mondovì. Il suo intento era quello di far entrare nei loro seminari l'opera. Pier Antonio Corte (1804-1876). Nato a s. Michele di Mondovì. Dottore collegiato. Dal 1837 ordinario di Logica e Metafisica all'Università di Torino. Autore di molte pubblicazioni. Ulteriori approfondimenti in F. TRANIELLO, *Cattolicesimo conciliatorista*, Milano 1970, pp. 35-36. Sulla ripresa della lotta antirosminiana, cfr. G. RADICE, *Pio IX e Antonio Rosmini*, (Studi piani, 1), Città del Vaticano 1974, pp. 297-317.
[111] «Osservatore Cattolico», 30 luglio 1875.
[112] Cfr. «Armonia», 11 settembre 1875.

Seminarii»[113]. La critica al Corte e al rosminianesimo chiamavano in causa l'arcivescvo Gastaldi di Torino, tra l'altro in quegli anni nell'occhio del ciclone per il conflitto con don Bosco[114]. Più agitati furono gli anni 1880-1881. La stampa intransigente non si fermò nella sua battaglia senza scrupoli contro il sistema rosminiano. L'Albertario iniziava nel suo giornale una raccolta di firme per un indirizzo da presentare al papa, in occasione della celebrazione del 7 marzo 1880 (anniversario dell'elezione)[115]. L'*Unità* raccolse la proposta e la pubblicò accompagnata da una lettera dell'Albertario[116]. Il Gastaldi reagì e, per un complesso di circostanze, il 7 marzo non ebbe luogo nessuna manifestazione antirosminiana[117]. I rapporti tra il Gastaldi e la redazione dell'*Unità Cattolica* restarono tesi. Da alcuni mesi, poi, v'era una prova di forza tra la curia torinese e don Tinetti, prete della diocesi d'Ivrea, redattore dell'*Unità*. A causa dei suoi articoli sul *Dimittantur*, il Gastaldi intendeva ritirargli il *maneat*[118]. La Congregazione dell'Indice il 21 giugno 1880, con lo scopo di far cessare le polemiche, forniva l'interpretazione autentica del *Dimittantur*: la formula significava semplicemente la non proibizione delle opere rosminiane[119]. L'*Unità Cattolica* pubblicava e commentava il decreto[120]. Sempre sull'*Unità*, compariva una lettera del Gastaldi, pubblicata dal Margotti «assai di buon grado», in cui si asseriva che la dichiarazione dell'Indice smentiva gli accusatori del Rosmini[121]. L'interpretazione dell'arcivescovo non piacque al card. Martinelli, prefetto della Congregazione dell'Indice, che ingiunse al Gastaldi di evitare

---

[113] Cfr. *Rivista della Stampa italiana*, in «Civ. Catt.», 1875, s. 9, v. 8, pp. 58-63. Le parti citate sono a p. 58. Nella recensione si metteva in guardia dalla diffusione del rosminianesimo nei seminari. La rivista gesuitica definiva la filosofia rosminiana «l'antipodo» di quella di s. Tommaso.

[114] Sul conflitto tra l'arcivescovo Gastaldi e Don Bosco, cfr. G. TUNINETTI, *Lorenzo Gastaldi*, cit., vol II, pp. 259-290.

[115] Cfr. «Osservatore Cattolico», 19 gennaio 1880. Il «sistema rosminiano» era denunciato come uno dei principali frutti della «rivoluzione religiosa del secolo XVI».

[116] Cfr. 4 febbraio 1880. p. 3.

[117] Cfr. G. TUNINETTI, *Lorenzo Gastaldi*, cit., vol II, p. 321.

[118] *Ibidem*.

[119] Cfr. A.S.S., 13 (1894), p. 92; A.S.S., 14 (1896), p. 288.

A dire il vero nel 1854 (3 luglio) la Congregazione aveva emesso una sentenza diversa, nella quale aveva dichiarato che tutte le opere del Rosmini «si dovessero dimettere (*esse dimittenda*)», che le discussioni nulla avevano detratto all'onore dell'autore, e da ultimo aveva rinnovato per la terza volta il precetto del silenzio alle parti in contesa. Il decreto venne comunicato solo agli interessati. Su quanto sommariamnete indicato cfr. G. MARTINA, *Pio IX (1851-1866)*, Roma 1986, pp. 609-611.

[120] Cfr. [G. MARGOTTI], *L'interpretazione autentica del* Dimittantur, 1 agosto 1880, p. 3.

[121] Cfr. *L'interpretazione autentica del* Dimittantur, 4 agosto 1880, p. 2. La lettera dell'arcivescovo Gastaldi al Margotti era del 2 agosto.

altri scritti sulla questione rosminiana[122]. Come se non bastasse l'*Osservatore Romano* scriveva che da Torino erano state fatte pressioni sul Maestro del Sacro Palazzo per ottenere l'*imprimatur* dell'edizione delle opere di Rosmini curata dagli Speirani[123]. L'arcivescovo Gastaldi minacciò il Margotti e l'intera redazione dell'*Unità Cattolica* di «sospensione *ipso facto*», se avesse pubblicato simili «falsità»[124]. L'*Unità*, qualche mese dopo, incorreva in un incidente giornalistico, pubblicando un trafiletto elogiativo dell'iniziativa del vescovo di Vigevano, che aveva avviato, nella sua Accademia tomista, un orientamento antirosminiano[125]. La replica del Gastaldi non si faceva attendere: «Io penso di conoscere S. Tommaso e Rosmini niente meno di questo signor professore, e con piena cognizione di causa giudico dover affermare che le dottrine di Rosmini vanno d'accordo con quelle di San Tommaso [...]»[126]. Il teologo sanremese si piegava e faceva precedere alla lettera dell'arcivescovo una dichiarazione nella quale tra l'altro affermava: «E' nostro dovere e nostro intendimento di non occuparci in questo giornale della questione rosminiana»[127]. Non mancarono, tuttavia, lettere di conforto e di sostegno al Gastaldi, contro questi giornali cattolici «divenuti una vera piaga nella Chiesa»[128].

Agli antipodi dell'intransigenza clericale del Margotti in Torino, faceva eco l'intransigenza anticlericale del Bottero[129]. Una delle caratteristiche degli anni '70 -'80 fu l'inasprirsi della battaglia anticlericale, forse per una maggiore organizzazione della massoneria torinese. La

---

[122] Cfr. G. TUNINETTI, *Lorenzo Gastaldi*, cit., vol II, p. 322.
[123] Cfr. *Cronaca Vaticana*, in «Osservatore Romano», 12 gennaio 1881.
[124] Cfr. G. TUNINETTI, *Lorenzo Gastaldi*, cit., vol. II, p. 323.
[125] Cfr. *Gli studi del clero*, 21 luglio 1881, p. 3. Un professore di filosofia del seminario di Vigevano, in un'Accademia tenuta il 19 luglio, aveva dimostrato che Rosmini e S. Tommaso in fatto di dottrina erano «diametralmente opposti».
[126] Cfr. *Antonio Rosmini e la dottrina di S. Tommaso*, 27 luglio 1881, p. 2. Lettera di Mons. L. Gastaldi a G. Margotti, Torino, 22 luglio 1881.
[127] [G. MARGOTTI], *Le dottrine di Rosmini e l'Unità Cattolica*, 27 luglio 1881, p. 2
[128] AAT, 19.136, busta 2, originale. Lettera di P. F. Montebugnoli a Mons. L. Gastaldi, Modena 8 settembre 1881. «Spedisco all'Eccellenza V. R.ma otto Numeri del Foglio = *La Voce della Verità* = dove il Motter, il Buroni, e l'Eccellenza V. R.ma sono calunniati senza ritegno alcuno. Mi pare che questo Foglio, che ha incominciato a far le veci dell'*Osservatore Romano*, il quale dopo la lettera dello Stoppani non si azzarda più di parlare, abbia bisogno di una di quelle belle lezioni, che l'Ecc. V. R.ma diede altre volte all'*Unità Cattolica* intorno alla medesima questione. Una gran parte di giornali anche Cattolici sono proprio divenuti una vera piaga nella Chiesa. Essi insegnano, giudicano, condannano, come se fossero investiti dell'autorità papale. Io non posso comprendere come in Roma la Revisione ecclesiastica lasci pubblicare simili infamie!».
[129] Giovanni Battista Bottero (Nizza 1822 - Torino 1897). Direttore della *Gazzetta del Popolo*. Per approfondimenti, cfr. G. LOCOROTONDO, *Bottero Giovanni Battista*, in D.B.I., vol. 13, pp. 432-440.

Chiesa e le certezze della fede erano erose da un anticlericalismo sempre più anticattolico, anticristiano e antireligioso. Una minoranza riusciva a fare opinione e a penetrare nella piccola borghesia. Tutto e tutti erano messi alla berlina. L'arcivescovo Gastaldi, don Bosco e il Margotti erano i bersagli preferiti della satira anticlericale torinese[130]. I segni di questo anticlericalismo erano riconoscibili nelle manifestazioni antipapali[131], negli assalti alle processioni religiose[132], negli episodi di satanismo[133]. L'assalto alla salma di Pio IX (13 luglio 1881), durante il trasporto al cimitero del Verano, gettava il Margotti nell'amarezza più profonda e costituiva la prova più alta della malafede degli «italianissimi»[134]. Il 1882 fu l'anno anticlericale per eccellenza. In occasione del prima ricorrenza del 13 luglio 1881 a Torino un folto gruppo festeggiò in un albergo l'anniversario dell'assalto alla «carogna» di Pio IX, e in quella circostanza si suggel-

---

[130] Tra le punte estreme della stampa anticlericale e satirica ricordiamo il quotidiano di Bottero la *Gazzetta del Popolo*, il *Fischietto*, il *Pasquino*, il *Diavolo* (1871), l'*Anticristo* (1872), il settimanale *Gesù Cristo. Grido popolare anticlericale* (1882). Sulla tradizione anticlericale piemontese risalente al Risorgimento, cfr. G. VERUCCI, *L'Italia laica prima e dopo l'Unità: 1848-1876. Anticlericalismo, libero pensiero e ateismo nella società italiana*, Bari 1981, pp. 22 ss. Sull'anticlericalismo della «Gazzetta del Popolo», cfr. B. GARIGLIO, *La «Gazzetta del Popolo» e l'anticlericalismo risorgimentale*, in AA. Vv., *Anticlericalismo, pacifismo, cultura cattolica nella pubblicistica tra i due secoli* (Quaderni del Centro Studi Carlo Trabucco, diretti da F. TRANIELLO, 14), Torino 1984, pp. 7-24. Sulla situazione ecclesiale torinese in quegli anni, cfr. G. TUNINETTI, *Lorenzo Gastaldi*, cit., vol. II, pp. 185-192.

[131] Quando a Torino il 3 giugno 1877 si celebrò con grande solennità e con grande partecipazione di popolo, il cinquantesimo dell'episcopato del papa si verificarono, davanti a chiese e davanti all'arcivescovado, parecchie manifestazioni di protesta organizzate e guidate da studenti universitari. Vere e proprie provocazioni. Copie dell'*Unità Cattolica* vennero bruciate davanti alla sede, in via Carlo Alberto n°. 7. Il nostro giornale diede grande risalto ai festeggiamenti e bollò le manifestazioni di protesta: cfr. *Le feste di Torino per Pio Nono e le famose provocazioni*, 5 giugno 1877, pp. 2-3; [G. MARGOTTI], *Nicotera commenta l'Allocuzione di Pio IX coll'inchiesta sui fatti di Torino dei 3 giugno 1877*, 28 giugno 1877, p. 1 art. di fondo; [IDEM.], *S. Pietro glorificato in Pio IX ed una riparazione dell'Università torinese*, 29 giugno 1877, p. 1 art. di fondo.

[132] Grande indignazione del giornale margottiano per l'assalto di un gruppo di vandali alla processione della Madonna della Consolata il 20 giugno 1879: cfr. 29 giugno 1879.

[133] Cfr. *Satana adorato in un teatro di Torino nell'ultima sera di carnevale*, 23 febbraio 1882, p. 1. Nel teatro Alfieri il capocomico della compagnia prese congedo dal pubblico recitando l'*Inno a Satana* del Carducci. Già in precedenza l'*Unità* aveva stigmatizzato episodi di "satanismo" vivi nella città: cfr. *Trionfo di Satana*, 24 maggio 1868, p. 1.

[134] Cfr. [G. MARGOTTI], *Del disonore che gli Italianissimi procacciarono all'Italia in Roma*, 16 luglio 1881, p. 1 art. di fondo; cfr. *Discorso del Santo Padre Pio IX dopo gli insulti fatti alla sua sepoltura*, 17 luglio 1881, pp. 1-2: «Un trecento giovinastri partì da piazza Colonna, e, senza trovar verun impedimento, percorse una lunghissima via gridando: *Morte al Papa! Morte al Cardinale Vicario! Abbasso il Vaticano! Morte ai difensori del Papa!*».

lava l'avvenimento con la fondazione di un'«Associazione anticlericale»[135]. Il 1882 si chiudeva con la nascita del settimanale *Gesù Cristo. Grido popolare anticlericale*. Nato la prima settimana d'ottobre, quattro pagine tutte contenenti argomenti anticlericali. Il settimanale gettava il ridicolo su preti, frati, monache, vescovi e papa. All'accoglienza entusiastica della stampa laica corrispondeva una dura reazione della stampa cattolica e dell'arcivescovo, che scomunicava il settimanale.

Il Margotti moriva prematuramente a 64 anni; amici e memici gli riconoscevano unanimi la sua importanza e il suo ruolo di maestro nel giornalismo cattolico. Era riuscito a far superare al suo giornale un ottica regionale, imponendolo «come organo nazionale del cattolicesimo papale e della protesta cattolica»[136]. La sua intransigenza, a volte, rapida e brutale, non certo lungimirante come le idee dei conciliatoristi, aveva il peso della concretezza, che bilanciava il pericolo della genericità e delle tensioni utopistiche dei conciliatoristi, e sapeva materializzare i problemi, contribuendo a dare una spinta indispensabile per una chiarificazione dei medesimi[137]. Scompariva il più focoso tra i polemisti cattolici[138]. La *Civiltà Cattolica* ne scriveva un necrologio favorevolissimo[139]. Proprietari dell'*Unità Cattolica* divenivano i nipoti del Margotti. Nuovo direttore il Tinetti.

---

[135] La cronaca e il commento del giornale torinese si vedano al numero del 16 luglio 1882. L'*Unità Cattolica* come risposta apriva una sottoscrizione: *Offerte al S. Padre Leone XIII in riparazione agli insulti a Pio IX*.

[136] Cfr. F. MALGERI, *La stampa quotidiana e periodica e l'editoria*, in D.S.M.C.I., vol. I/1, p. 274.

[137] Cfr. M. F. MELLANO, *Margotti Giacomo*, cit., p. 332.

[138] Si vedano i commenti della stampa raccolti prima nel Supplemento in occasione dei funerali di trigesima: *Giudizi della stampa italiana*, 7 giugno 1887, pp. 3-4, e poi in *Il teologo Sacerdote Giacomo Margotti. Note Biografiche*, III, Torino 1906.

[139] Cfr. [R. BOLLERINI], *Del Teologo Giacomo Margotti*, in «Civ. Catt.», 1887, s. 13, v. 8, pp. 5-19. Erano pubblicati (pp. 18-19) pure alcuni estratti del Testamento del Margotti, in cui erano lasciati «eredi universali» i parenti.

III. DOMENICO TINETTI
SECONDO DIRETTORE (1887-1892)
E LE CAUSE DEL TRASFERIMENTO A FIRENZE.

Dopo la morte del Moreno (1878) che segnava pure la fine dell'«agonizzante» *Armonia*[140], entrava nella redazione dell'*Unità Cattolica* il Tinetti[141], l'ultimo direttore dell'*Armonia*. Questi era politicamente più vicino alle posizioni del Margotti, benchè più moderato. Egli non aveva mai condiviso pienamente la linea "liberaleggiante" del vescovo Moreno anche se, per obbedienza, l'aveva tradotta nel giornale del vescovo d'Ivrea[142]. Diresse l'*Unità Cattolica* dal 1887 alla fine del 1892. Di lui scriveva l'avv. Francesco Margotti, nipote del teologo sanremese: «Non aveva forse qualità abbastanza energiche come direttore: soffriva molto di nervi ed aspirava alla tranquillità»[143]. A volerlo direttore erano stati l'arcivescovo card. Alimonda e Stefano Margotti fratello del defunto direttore e questo «per l'intimità», onde era «legato al compianto Teologo»[144].

---

[140] L'*Armonia* aveva perso «tutta la sua importanza» dopo la fondazione dell'*Unità Cattolica*: cfr. N. BERNARDINI, *Il giornalismo italiano*, cit., p. 106. Dal 1866 si trasferiva a Firenze per seguire più da vicino la vita politica nella nuova capitale, il 31 luglio 1878 faceva uscire il suo ultimo numero, spirava dopo trentun anni di attività. Per approfondimenti cfr. G. FARRELL VINAY, *Nuovi documenti sulla storia dell'«Armonia»*, cit. pp. 71-89; cfr. pure L. BETTAZZI, *Obbediente in Ivrea*, cit., pp. 539-541.

[141] Domenico Tinetti (S. Martino Canavese, Torino 1832 - Ivrea, Torino 1899). Sacerdote nel 1855, iniziò la sua attività pubblicistica scrivendo nell'*Armonia*. Seguì il quotidiano anche nel suo trasferimento a Firenze e lo diresse, dopo l'autolicenziamento del Margotti, dal 1863 alla cessazione delle pubblicazioni. Morto il giornale che lo aveva tenuto lontano da Torino, con suo rammarico, per tanti anni, il Tinetti rientrava ad Ivrea, dove era vescovo il Riccardi, futuro arcivescovo di Torino, ricoprendo l'incarico di vicerettore in seminario, e di direttore dal 1879 al 1880 del settimanale *La Gazzetta d'Ivrea*. Contemporaneamente a partire dal 1879 diveniva collaboratore dell'*Unità Cattolica* per esplicito desiderio del Margotti. La sua linea era più conciliante di quella del Margotti. Altre notizie in G. FARRELL VINAY, *Tinetti Domenico*, in D.S.M.C.I, vol. III/2, pp. 843-844.
Il *Carteggio Tinetti-Musso*, conservato nell'Archivio parrocchiale di Foglizzo Canavese contiene materiale inedito relativo al periodo della direzione tinettiana all'*Armonia*. Si veda pure l'articolo di S. Scala su Domenico Tinetti apparso nel Numero Speciale dell'*Unità Cattolica* in occasione del 50° di fondazione, del 29 ottobre 1912, p. 5.

[142] Cfr. L. BETTAZZI, *Obbediente in Ivrea*, cit., pp. 223-224.

[143] AAF, *Carte «Unità Cattolica»*, Pos. corrispondenza, originale. Lettera di Francesco Margotti ad A. Cavallanti, 8 febbraio 1912.

[144] ASV, SS, 1902, Rubr. 162, fasc. 1, ff. 13-14, originale. Lettera di D. Tinetti a Leone XIII, Torino 18 giugno 1887. Il testo di questa lettera venne, dopo la risposta del papa, reso pubblico sull'*Unità*, cfr. *Indirizzo dell'*Unità Cattolica *al Santo Padre*, 7 agosto 1887, p. 1.

L'arcivescovo di Torino assicurava il papa «che i diritti di proprietà del cattolico giornale passati agli eredi Margotti non nuoceranno al buon andamento del medesimo», lo stesso spirito integrista non sarebbe cambiato. «Ma opportunissima tornerebbe ad infervorarli vie meglio nell'arduo cimento, a cattivare ad essi il favore del pubblico un augusta parola di incoraggiamento accompagnata dalla benedizione apostolica»[145]. Il papa accoglieva l'invito e benediceva[146]. Ben presto la proprietà dell'*Unità* lasciata ai parenti cominciava a presentare «qualche difficoltà, qualche imbarazzo» al card. Alimonda. In una lettera «confidenziale» al segretario di Stato il porporato torinese chiedeva che il papa evitasse di menzionare il ruolo direttoriale di Stefano Margotti[147]. Il card. Rampolla tranquillizzava il card. Alimonda: «Ho presentato al S. Padre gli indirizzi da Lei a tal uopo acclusimi del Sacerdote Tinetti e del Commendatore Stefano Margotti[148]. Sua Santità risponderà al primo, e nominerà semplicemente il secondo tra le persone che benedice». Anzi il Rampolla aggiungeva: «Appena poi la lettera pontificia sarà pronta mi darò cura di rimetterla all'E. V. perché il nuovo Direttore del giornale la riceva dalle mani di Lei»[149]. Tuttavia il tentativo di mettere in ombra Stefano Margotti non riuscì. Nella lettera papale pubblicata sull'*Unità Cattolica*, il Margotti non era solo benedetto ma anche encomiato ed esortato a continuare «nella parte che lo riguarda, al buon andamento del giornale», e questo per una scelta personale del pontefice[150].

---

[145] *ASV, SS, 1902, Rubr. 162, fasc. 1*, ff. 11-12, originale. Lettera del Card. Alimonda al Card. Rampolla, Torino, 22 giugno 1887.

[146] Cfr. *Risposta del S. Padre all'indirizzo dell'*Unità Cattolica, 7 agosto 1887, p. 1. La Lettera del papa al direttore dell'*Unità Cattolica* portava la data del 30 giugno 1887. Per le varie stesure della Lettera pontificia, *ASV, SS, 1902, Rubr. 162, fasc. 1*, f. 15.

[147] *ASV, SS, 1902, Rubr. 162, fasc. 1*, f. 16, originale. Lettera confidenziale del Card. Alimonda al Card. Rampolla, [Torino], 22 giugno 1887.

[148] *ASV, SS, 1902, Rubr. 162, fasc. 1*, ff. 21-22, originale. Lettera di S. Margotti al papa Leone XIII, Torino, 16 giugno 1887.

[149] *ASV, SS, 1902, Rubr. 162, fasc. 1*, f. 18, minuta. Lettera del Card. Rampolla al Card. Alimonda, 28 giugno 1887.

[150] Cfr. *Risposta del S. Padre all'indirizzo dell'*Unità Cattolica, 7 agosto 1887, p. 1. «Nè vogliamo lasciar passare questa occasione senza dirigere una parola di incoraggiamento anche all'egregio commend. Stefano Margotti, fratello del defunto Teologo, onde voglia proseguire ad adoperarsi, nella parte che lo riguarda al buon andamento del giornale». E terminava benedicendo «Direttori e Redattori dell'*Unità Cattolica*», «tutti i collaboratori e lettori». I «Direttori» erano quello "politico" il Tinetti e quello "amministrativo" il «commend. Stefano Margotti». Ebbene la prima parte citata non era presente nella stesura del 28 giugno, e venne aggiunta in quella del 30: cfr. *ASV, SS, 1902, Rubr. 162, fasc. 1*, ff. 19-20 non numerati, copia del Breve e minuta. L'aggiuta fu fatta per esplicito volere del papa: cfr. *Ibidem.*, f. 23, minuta. Lettera del Card. Rampolla al Card. Alimonda, 1 luglio 1887: «Prevengo poi l'E.V. che Sua Santità all'ultimo momento ha ravvisato conveniente d'inserire nella risposta medesima qualche parola di encomio all'indirizzo del Sig. Stefano Margotti».

Durante la "tranquilla" direzione tinettiana le direttive pontificie in materia elettorale e relative alla questione romana vennero, naturalmente, difese, ma non con quegli argomenti capaci di riscuotere tra i cattolici un rispetto e un'accoglienza totali[151]. Tinetti non era un Margotti o un Albertario. Egli fu intransigente nei confronti della realtà nazionale, ma a differenza del Margotti, si sentiva anche italiano. Ribadiva la condizione di «prigionia» del papa[152]. Allo stesso tempo seguiva la politica "leonina" più protesa verso l'avvenire che il passato. Leone XIII nei suoi atti sembrava si limitasse a rivendicare un ristabilimento dello Stato non più negli antichi confini, ma in più ristrette proporzioni, compresa però Roma, al fine di poter godere, nella sua sede, piena e completa libertà e indipendenza da ogni potere estraneo: «Ad aprire la via alla concordia - scriveva il pontefice - è condizione indispensabile che il Romano Pontefice non sia soggetto alla potestà di alcuno»[153]. L'*Unità Cattolica* si adeguò a queste evoluzioni politiche del Vaticano[154]. E contro l'Italia liberale, massonica e rivoluzionaria rivendicava i diritti del pontefice in questi termini:

> «Per le *sètte* si cominciò e proseguì la Rivoluzione presso di noi; per le *sètte* ancora si mantiene impiedi, sebbene a stento; il *popolo* s'invocò, èvero, fin da principio, e si mentì aver compiuto il *popolo* quanto fece la fortunata audacia della Massoneria. A nome del *popolo* sì spogliò il Papa del suo potere, e poi, impoverita la nazione, a nome del *popolo* si spogliò il *popolo*, che ora sopraccarico d'imposte, si avvia alla bancarotta generale. Leone XIII scusa a ragione questo popolo, così sfruttato e ingannato, che ora vedrebbe tanto volentieri tornare le cose a loro posto! [...] Questo popolo dovrebbe una buona volta cessare di farsi zimbello di chi lo adula per tradirlo, e rivolgersi a quello solo, che non l'ha tradito mai e neppure non l'ha mai adulato: il Papa ama davvero il popolo italiano, lo ama da

---

[151] Cfr. G. DE ROSA, *Giuseppe Sacchetti e la pietà veneta*, cit., p. 115.

[152] Cfr. [D. TINETTI], *La prigionia del Papa dimostrata dalle ciarle sulla Conciliazione*, 18 giugno 1887, pp. 1-2.

[153] Cfr. *Acta Leonis XIII. Allocutiones, epistolae, constitutiones, aliaque acta praecipua*, vol. II, Brügge 1887, p. 171. Allocuzione concistoriale del 23 maggio 1887.

[154] Cfr. [D. TINETTI], *Pericoli all'Italia dal funesto dissidio col Romano Pontificato*, 28 maggio 1887, p. 1 art. di fondo a commento dell'*Allocuzione* del 23 maggio 1887; *L'Allocuzione di Leone XIII ed il valore delle guarentigie*, 27 maggio 1887, pp. 1-2; [IDEM.], *Il popolo e le sètte e la guerra contro il Papa*, 27 maggio 1887, p. 2; *L'Allocuzione di Leone XIII e le contraddizioni della stampa officiosa italiana*, 29 maggio 1887, pp. 1-2; *La benevolenza del Papa verso l'Italia sconosciuta e calunniata dai liberali*, 31 maggio 1887, p. 1 art. di fondo; *Se spetti al Papa «formulare domande» per la soluzione della Questione Romana*, 7 giugno 1887, p. 1 art. di fondo; *L'acacia e l'Italia ossia l'Italia e la Massoneria*, 12 giugno 1887, p. 1 art. di fondo; CAV. G. TASSONI, *Un buon consiglio all'Italia nella Questione Romana*, 15 giugno 1887, pp. 1-2.

padre, e ancora una volta lo mette in guardia dai suoi falsi amici e gli stende amorose le braccia del perdono»[155].

Queste contrapposizioni, tra il volere del popolo e quello delle sétte, erano compiute dallo stesso pontefice ma non corrispondevano fino in fondo alla realtà. Erano certamente il tentativo di giustificare una politica di pacificazione specie nei settori dell'integralismo cattolico che in questa moderazione del papa vedevano forse il timore di un prevalere nella chiesa delle forme larvate del liberalismo teorico e pratico[156]. Tuttavia i tentativi di conciliazione col Governo italiano culminarono col fallimento del 1887: «Al *non possumus* di Pio IX e di Leone XIII, l'onorevole professore deputato Giovanni Bovio oppone il suo *non volumus*, che è il *non volumus* della Massoneria»[157]. L'opuscolo del p. Tosti che invocava una riappacificazione tra lo Stato e la Chiesa, e proponeva una rinuncia del papa alla sovranità temporale[158], accolto con «tripudii» dalla stampa liberale[159], ricevette da parte del Tinetti e del suo giornale parole di biasimo:

> «Possibile che il lirismo della conciliazione abbia siffattamente sconvolto l'intelletto al Padre Tosti da non più permettergli di capire la sciagurata politica, al servizio della quale ha egli posto la sua illustre penna? Da non comprendere che, a conti fatti e, vogliamo credere, contro la propria intenzione, egli, col suo opuscolo, mette i vescovi sotto la dipendenza dei parrochi, per poi mettere se stesso sopra il Papa?»[160].

Il foglio intransigente si compiacque della «completa sottomissione» al papa dell'«autore dell'infelice dialogo sulla *Conciliazione*», dopo la sconfessione della Santa Sede[161]. Sul finire del 1888 il foglio integralista

---

[155] [D. TINETTI], *Il popolo e le sètte e la guerra contro il Papa*, 27 maggio 1887, pp. 1-2.

[156] [D. TINETTI], *Il pensiero nuovo del papa e i pensieri vecchi della Rivoluzione*, 4 giugno 1887, pp. 1-2: La *Perseveranza* sosteneva che il papa nell'Allocuzione avesse espresso «un pensiero nuovo». L'*Unità* replica (p. 2): «No: smetta la Perseveranza lo studio delle novità, e pensi piuttosto alle cose vecchie, quali le colpe della Rivoluzione. Queste sono le sole che abbiano bisogno di diventar nuove; ma sventuratamente il partito liberale è affetto per esse di un *misoneismo* mortale».

[157] *I lupi che non vogliono pace col pastore*, 16 giugno 1887, p. 1.
Si veda pure [D. TINETTI], *Da chi sia stata fatta l'Italia e chi potrebbe disfarla*, 1 luglio 1887, p. 1 art. di fondo. «Insomma è stata tutta opera di sètte, e queste medesime sètte noi vediamo forbire già le armi contro l'Italia, e muoverle potenti assalti».

[158] L. TOSTI, *La Conciliazione*, Roma 1887.

[159] Cfr. [D. TINETTI], *La conciliazione del P. Luigi Tosti e i tripudii della stampa liberalesca*, 3 giugno 1887, p. 1 art. di fondo.

[160] [D. TINETTI], *La conciliazione del P. Tosti colla guerra fra l'alto ed il basso clero*, 4 giugno 1887, p. 1 art. di fondo.

[161] Cfr. *L'opuscolo del P. Tosti*, 5 giugno 1887, p. 1.

proponeva ai suoi lettori «il programma dell'*Unità Cattolica* per il 1889» e suggeriva di opporre al centenario della proclamazione dei diritti dell'uomo, una «grande crociata cattolica» in favore dei diritti di Gesù Cristo rivendicati dal papa[162]. Tutto il 1889 fu attraversato da questa rivendicazione[163]. Di fronte all'anonimo articolo[164] prima e all'opuscolo poi del Bonomelli, l'*Unità Cattolica* tacque! Ne fece parola, senza entrare minimamente nel contenuto dell'opuscolo messo all'Indice, solo dopo la pubblica ritrattazione del Bonomelli[165].

Un momento di notevole tensione si registrava nel giugno 1889 di fronte alla progettazione e realizzazione del monumento a Giordano Bruno. Esso costituiva un insulto per la «metropoli del Cristianesimo»[166], una riprova della reale situazione di prigionia del papa[167], un simbolo di guerra e odio feroce contro il pontefice, perché il monumento era elevato a «bandiera liberale, anticlericale, patriottica»[168]. L'*Unità Cattolica* apri-

---

[162] Cfr. 16 dicembre 1888, p. 1.

[163] Tra i numerosi articoli, cfr. *L'alba dell'ottantanove e i fremiti selvaggi della rivoluzione*, 2 gennaio 1889, pp. 1-2; *L'affermazione nel mondo cattolico dei diritti di G. Cristo e del suo Vicario*, 24 marzo 1889, p. 1 art. di fondo; ecc.

[164] Cfr. [G. BONOMELLI], *Roma l'Italia e la realtà delle cose*, in «Rassegna nazionale», 1 marzo 1889.

[165] Cfr. *Pubblica ed edificante ritrattazione di mons. Geremia Bonomelli*, 24 aprile 1889, p. 1. «Il segreto che dapprima si conservò intorno all'autore dell'opuscolo *Roma, l'Italia e la realtà delle cose*, si era pur troppo svelato ed omai era voce pubblica che l'opuscolo stesso, condannato dalla Congregazione dell'Indice [19 aprile], si dovesse alla penna di monsignore Geremia Bonomelli, vescovo di Cremona». Bonomelli con un gesto, che richiamava quello compiuto novant'anni prima dal Fénélon, dal "pergamo" faceva la sua "umile" ritrattazione. Infatti mons. Fenelon, arcivescovo di Cambrai, nel 1699 aveva riprovato dal pulpito il suo libro sulle *Massime dei Santi*, condannato da Innocenzo XII. Ancora cfr. *La sottomissione del vescovo di Cremona alla condanna del suo opuscolo*, 26 aprile 1889, pp. 1-2. Riportava prendendo dal «Messaggero di Cremona», 24 aprile 1889, il testo della dichiarazione di Bonomelli del 21 aprile; *Il S. Padre al Vescovo di Cremona*, 8 maggio 1889, p. 2. Si riproduceva la Lettera di Leone XIII a Bonomelli. Su tutta la vicenda si veda C. BELLÒ, *Geremia Bonomelli vescovo di povera santa Chiesa*, Brescia 1976², pp. 201 ss.

[166] Cfr. *L'idolo della Massoneria eretto nella metropoli del Cristianesimo*, 9 giugno 1889, p. 1.

[167] Cfr. [D. TINETTI], *E se il Papa uscisse dal Vaticano il 9 giugno 1889?*, 8 giugno 1889, p. 1 art. di fondo. «Sorga dunque pure il simulacro del triste Nolano. Esso starà in Campo de' Fiori, come argomento permanente a provare che veramente il Papa è prigioniero, che non può uscire dal Vaticano senza essere insultato, e che è in tutto e per tutto *sub hostili dominatione constitutus*; a qualche cosa poi, a suo tempo, anche quella statua gioverà».

[168] Cfr. [D. TINETTI], *Giordano Bruno e Garibaldi, re Umberto e i clericali*, 11 giugno 1889, p. 1 art. di fondo. Tra i numerosi articoli si vedano pure *L'umiliazione de' nemici della Chiesa nell'apoteosi di G. Bruno*, 29 maggio 1889, p. 1 art. di fondo; *La Pentecoste dello Spirito Santo e la pentecoste dello spirito delle tenebre*, 9 giugno 1889, p. 1 art. di fondo;

va una raccolta di offerte per il papa «in protesta contro il monumento»[169].

Di fronte alle «gloriose dimostrazioni *patriottiche* contro i pellegrini», scoppiate a seguito di quella che fu chiamata la «contaminazione della tomba» di Vittorio Emanuele II per la scritta: «Vive le Pape!», ripetuta per tre volte, sull'album delle foto posto sulla tomba del re, il giornale torinese minimizzava il gesto dei pellegrini e insisteva sulle ingiurie fatte al papa[170].

Nel campo della dottrina sociale non fu poca la sorpresa dell'*Unità* di fronte all'Enciclica *Rerum novarum*, attesa come documento contro il socialismo e come nuovo Sillabo[171]. Invece, nonostante i limiti di analisi e di prospettiva, l'enciclica incitava i cattolici all'azione nel campo sociale. Da qui l'immediata inversione del giornale torinese: l'enciclica era «il primo monumento di economia politica»[172], che faceva del vecchio pontefice «il precursore» del «ritorno al Cristianesimo»[173]. L'*Unità Cattolica* si interessò molto dell'enciclica che, difese, soprattutto, di fronte al silenzio dei giornali liberali e a quello dei parlamentari italiani, individuando le ragioni di «questa congiura del silenzio», oltre all'«invidia», al «malanimo», al «bieco intento di occultare la gloria, che viene dal Papato da un documento di tanta importanza e valore, tarparne le ali, sminuirne lo splendore», anche nella «mancanza di cultura» dei giornalisti liberali e dei parlamentari italiani[174]. Insomma l'enciclica *Rerum novarum* venne accolta con grande ammirazione e difesa nelle dure polemiche contro il liberalismo e il socialismo, seguìte alla pubblicazione della medesima[175]. Ad esempio il sen. Girolamo Boccardo, «distinto

---

[169] Cfr. i numeri a partire dal 2 giugno 1889, p. 1.

[170] Cfr. *La schiavitù del Papa ed i fatti di Roma*, 6 ottobre 1891, p. 1 art. di fondo; *Le gesta dei conquistatori*, ivi, pp. 1-2: erano riportate le «considerazioni» di un testimone oculare; *La schiavitù del Papa riconosciuta da Antonio Rudini*, 11 novembre 1891, p. 1 art. di fondo; *Il Santo Padre agli oblatori di Danaro di San Pietro raccolto dall'"Unità Cattolica" in protesta e riparazione dei fatti del 2 ottobre*, 13 novembre 1891, p. 1: raccolte lire «10487,33».

[171] Cfr. *L'Enciclica sul socialismo di Leone XIII*, 19 maggio 1891, p. 1 art. di fondo.

[172] Cfr. [D. Tinetti], *Il silenzio sull'enciclica di Leone XIII della stampa liberale italiana*, 30 maggio 1891, p. 1 art. di fondo; *L'Enciclica del Papa commenti e pronostici*, 31 maggio 1891, p. 1 art. di fondo.

[173] Cfr. [D. Tinetti], *San Giovanni Battista e la quistione sociale*, 24 giugno 1891, p. 1 art. di fondo. Parallelo tra il Battista e Leone XIII. Entrambi chiamati ad essere «precursori, quegli del Cristianesimo, questi del ritorno al cristianesimo, d'una società che, per averne perduto lo spirito, precipita a rovina».

[174] Cfr. [D. Tinetti], *Il silenzio sull'enciclica di Leone XIII della stampa liberale italiana*, cit.; *Commenti e giudizi della stampa estera sull'Enciclica di Leone XIII del 15 maggio*, ivi, p. 1.

[175] Cfr. [D. Tinetti], *Le idee storte d'un senatore italiano sopra la «Rerum novarum» dirizzate da Emilio Ollivier*, 17 giugno 1891, p. 1 art. di fondo. L'Ollivier spiegava così

economista» aveva espresso inizialmente, sull'*Economista d'Italia*, un giudizio positivo sull'enciclica[176]. Ben presto aveva mutato idea e rifacendosi ad un passo dell'enciclica accusava il pontefice di aver attinto dal socialismo specie quando denunciava: «un piccolissimo numero di straricchi ha imposto all'infinita moltitudine de' proletari un giogo poco men che servile»[177]. L'*Unità* espresse delle riserve, questa volta molto fondate. Il Boccardo tipico esponente dell'economia classica liberale negativa riteneva che il capitalismo portasse ad una divisione in più classi: straricchi e poveri. A suo avviso il capitalismo aumentava il prodotto lordo globale e quindi in definitiva anche il reddito dei lavoratori e cercava di provare l'affermazione con delle statistiche. L'economista liberale poi precisava: ogni intervento statale volto a limitare i prezzi e l'orario di lavoro (richiesto dal pontefice) erano da ritenersi interventi simili alle pastoie medievali[178].

Di lì a poco il fatto che l'*Unità Cattolica* fosse degli eredi Margotti, mise in evidenza la difficoltà per la diocesi torinese di poter fare pieno affidamento sul giornale. La gestione poco oculata degli eredi portò il giornale ad avere macchinari tecnicamente antiquati e a perdere terreno sull'altra stampa, quella liberale, con il conseguente calo anche degli abbonati. Il Riccardi[179], nuovo arcivescovo di Torino, nel suo programma

---

il riferimento ai poveri e ai ricchi fatto dal papa: «Léon XIII est favorable au pauvre, mais il n'est pas hostile au riche».

Cfr. Cav. G. Tassoni, *Il «Diritto» e l'Enciclica pontificia «Rerum novarum»*, 5 giugno 1891, pp. 1-2. «Il *Diritto*, giornale italiano, il quale come altri pochi giornali del liberalismo massonico-giudaico hanno di questi giorni avuta la degnazione di far qualche motto dell'Enciclica pontificia sulla questione operaia, diceva con magistrale sussiego che il Papa non può sciogliere la questione sociale perché l'*edifizio dogmatico della Chiesa è distrutto dalla ragione ed omai più nessuno vi crede*». Il Tassoni al contrario tesseva l'apologia dell'enciclica.

Cfr. [D. Tinetti], *L'Enciclica del Papa l'ignoranza italianissima e l'insolenza degli Ebrei*, 11 giugno 1891, p. 1 art. di fondo; cfr. ancora [Idem.], *D'una contro-Enciclica massonica sulla questione operaia*, 18 giugno 1891, p. 1 art di fondo. Relativo all'"azione" della massoneria per non far conoscere l'enciclica del papa; cfr. *Omaggio all'Enciclica «Rerum novarum» della filosofia positivista*, 19 giugno 1891, p. 1 art. di fondo. Paolo Lafitte da non cristiano aveva cercato "invano" nell'enciclica qualche riferimento alla libertà.

[176] Cfr. *Giudizi di un senatore italiano sull'Enciclica «De condicione opificum»*, 4 giugno 1891, p. 1 art. di fondo.

[177] Cfr. «L'Economista d'Italia», 6 giugno 1891. «Questa tesi fondamentale, tolta a prestanza dai più arrabbiati socialisti, è assolutamente erronea».

[178] Cfr. [D. Tinetti], *Se il Papa nell'Enciclica «Rerum novarum» abbia «tolto a prestanza» dei socialisti*, 13 giugno 1891, p. 1 art. di fondo.

[179] Davide Riccardi (Biella 1833 - Torino 1897). Succedeva al card. Alimonda morto dopo breve malattia: cfr. su quest'ultimo i necrologi carichi di commozione apparsi sull'*Unità: Il Cardinale Gaetano Alimonda*, 2 giugno 1891, pp. 1-3; e 3 giugno 1891, pp. 1-2. Il Riccardi fu arcivescovo di Torino dal dicembre 1891 al 1897. In

di "riconquista cristiana" della vita sociale e politica, puntò non poco sul ruolo del giornalismo. Per questo fece progetti per una «riforma» dell'*Unità Cattolica* che sottopose ai proprietari del giornale[180] tramite il Bricarelli, cognato dell'avv. Francesco Margotti[181]. L'arcivescovo, in «via officiosa e con una lettera dell' 11 ottobre» diretta all'avv. Margotti, mostrava il desiderio che la famiglia «a Lui cedesse la proprietà» dell'*Unità Cattolica*[182]. Il Riccardi, forte di presunti «consigli ricevuti dall'alto», minacciava gli eredi di fondare dal «1 Genn. 1893» un nuovo giornale, se non avessero accondisceso ai suoi disegni:

> «Innanzi però di decidermi in tale senso, giudico dovere di convenienza avvertirne V. Sig., in qualità di proprietario o in rappresentante dei proprietari dell'attuale *Unità Cattolica*, pel caso potessimo interderci trasformare lo stesso giornale, mantenendone con lo spirito anche il titolo, ma

---

precedenza era stato vescovo di Ivrea (1878-1886) e di Novara (1886-1891). Da posizioni concilianti era passato a posizioni via via più intransigenti. Al riguardo si veda l'interessante giudizio espresso da Scalabrini quando la nomina del Riccardi ad arcivescovo di Torino venne resa nota: «Dunque l'Arciv. di Torino è Mgr. Riccardi! Io lo conosco bene. Per molti anni ebbe idee più radicali delle nostre. Ora lo dicono intransigente ed io non esito a crederlo tale»: Lettera di Mons. G.B. Scalabrini a Mons. G. Bonomelli, 27 novembre 1891, in *Carteggio Scalabrini Bonomelli (1868-1905)*, a cura di C. MARCORA, Roma 1983, p. 291. L'obiettivo del neo-arcivescovo Riccardi era quello della riconquista cristiana non solo nella sfera personale, ma anche in quella politica e sociale. Questo suo fine pastorale era immortalato con le seguenti parole nella sua prima lettera pastorale: «Il Regno di Dio indica l'impero che Egli, come ne ha il diritto, vuol esercitare sugli uomini, non solo in alcuni punti, ma in ogni cosa. Egli vuole essere nostro padrone, nostro signore, nostro Re, Re nella massima estensione della parola. Comandare in tutto e a tutti: agli individui, alle famiglie, alle nazioni e financo ai loro Governi ed ai loro Re: a tutti ed a ciascuno. Re dell'anima come del corpo, Egli vuol regolare l'intera nostra vita»: D. RICCARDI, *L'ideale dei vescovi. Lettera pastorale, 4 marzo 1892*, edita in *Raccolta di scelte e recenti pastorali dell'episcopato italiano*, vol. I, Torino 1894, pp. 86-87. Naturalmente la lettera comparve pure sull'*Unità*, cfr. 5 marzo 1892, pp. 1-2.

[180] Cfr. *Appendice*, Doc. 4.

[181] *AAT., 19.136*, busta 2, originale. Lettera di G. Bricarelli a Mons. D. Riccardi, Maretto, presso Villafranca d'Asti, 28 settembre 1892. «Dopo il colloquio avuto con V. E. ho subito scritto a mio cognato, ma oggi soltanto mi pervenne la risposta in questo appartato paesello [...]. Come prevedevo, mio cognato *[Francesco Margotti]* sarebbe felice che la combinazione riuscisse. Soltanto egli ritiene che il mezzo di cui s'era discorso per presentarla a suo Padre *[Stefano Margotti]* non sia il più idoneo ad ottenerne il consenso, inquantochè il metterli innanzi così nettamente una risoluzione assai grave lo conturberebbe in modo da comprometterne l'esito. Il Papà vuol essere preso un po' alla lontana in momento ed occasione propizia. E questa si porgerebbe fra qualche giorno, quando mio cognato dovrà esporgli i conti per infino a tutto il trimestre che sta per scadere. Allora egli vedrà di insinuargli acconciamente la cosa e speriamo che Iddio lo disponga favorevolmente».

[182] *ASV, SS, 1902, Rubr. 162, fasc. 1*, ff. 28-31, originale. Lettera di F. Margotti al papa Leone XIII, Roma, 12 novembre 1892. I passi citati sono al f. 28.

allargandone il programma ed introducendone quelle altre migliorie, che i fogli i quali militano in altro campo hanno adottate e che i cattolici desiderano pure per i loro giornali»[183].

L'avvocato Margotti dapprima temporeggiò[184]. Tinetti consigliava l'arcivescovo di prevenire ogni eventuale contatto romano dell'avvocato Margotti[185]. Il Riccardi scriveva a Roma proponendo diversi soluzioni. Tra «i partiti proposti» dall'arcivescovo, il papa trovava «preferibile» l'acquisto dell'*Unità Cattolica* dagli eredi. E nella impraticabilità di una simile soluzione, il Vaticano assicurava che sarebbe stata «senza dubbio» ben vista la nascita di un nuovo giornale, «il quale ritenesse la stessa redazione dell'*Unità Cattolica*»[186]. L'avvocato Margotti, ignaro di questa risoluzione papale, si recava a Roma, dietro pressione del padre, per sentire «i consigli di persone amiche». Terminati i primi contatti, scriveva al Riccardi di non essere in grado di accettare le sue proposte:

---

[183] *AAT, 19.136*, busta 2, minuta autografa. Lettera di Mons. D. Riccardi a F. Margotti, Genova, 11 ottobre 1892.

[184] *AAT, 19.136*, busta 2, originale. Lettera di F. Margotti a Mons. D. Riccardi, Sanremo, 13 ottobre 1892. «L'affezione che si porta in famiglia a codesta instituzione dello Zio di Cara Memoria non mi concede di potere ottenere, senza che vi si rifletta seriamente, una risoluzione pronta, ancorchè generica su cosa di tanta importanza. Prego dunque Vostra Eccellenza di pazientare una nostra decisione in proposito, che mi farò dovere di comunicarle quanto prima».

[185] *AAT, 13.136*, busta 2, originale. Lettera di D. Tinetti a Mons. D. Riccardi, Torino, 15 ottobre 1892. «L'*ingegnere* Margotti è in Torino: è venuto in questo momento nell'uffizio del Segretario del giornale. Da me non si è lasciato vedere, nè da altri della Redazione. Che sia già andato a Roma e tornato? Non credo. Che voglia andarvi? Non so. Egli dice che è qui per certi esami. Non sarebbe il caso di prevenirlo?».

[186] Non abbiamo trovato la Lettera dell'arcivescovo. Sappiamo che il Riccardi per far arrivare le sue richieste al papa scrisse all'arcivescovo mons. Tancredi Fausti "uditore santissimo", che passò la lettera al card. Rampolla, il quale la sottopose a Leone XIII. Dal card. Rampolla attraverso lo stesso monsignore giunse risposta all'arcivescovo di Torino. Cfr. *ASV, SS, 1902, Rubr. 162, fasc. 1*, f. 27, minuta. Lettera del Card. Rampolla a Mons. Tancredi Fausti, 23 ottobre 1892. «Tra i partiti nella sovraccennata lettera il S. Padre trova preferibile questo di acquistare dagli eredi Margotti la proprietà dell'Unità Cattolica ed a questo effetto autorizza Mons. Arcivescovo a dichiarare ai suddetti eredi che in compenso della ceduta proprietà del giornale sarebbero liberati dall'obbligo imposto loro dal teologo Margotti di impiegare le lire 60000, da lui lasciate per promuovere la stampa cattolica. Che se gli eredi Margotti non volessero cedere la proprietà del giornale o vi opponessero condizioni inaccettabili, ed in tal caso piacesse all'Arviescovo di promuovere un nuovo giornale Cattolico, il quale ritenesse la stessa redazione dell'Unità Cattolica, e l'indirizzo medesimo nella difesa dei diritti della S. Sede, ciò senza dubbio sarebbe ben veduto in Vaticano». Tutto questo veniva comunicato all'arcivescovo di Torino: cfr. *AAT, 13.136*, busta 2, originale. Lettera di Mons. Tancredi Fausti a Mons. D. Riccardi, Roma 25 ottobre 1892. Sulla figura dell'"uditore santissimo", che con Leone XIII fungeva da segretario della Congregazione «pro eligendi episcopis Italiae», cfr. L. Pasztor, *Archivio Segreto Vaticano*, Città del Vaticano 1970, pp. 190-191.

«Avendo dunque pregato il Card. Segretario di Stato a tenerne parola col S. Padre, ora Sua Eminenza mi comunicò che i desideri di Sua Santità essenzialmente sono: 1° che il giornale continui nella difesa della Causa cattolica nella stessa maniera e nello stesso ordine di idee fin qui tenuto. 2° riguardo ai miglioramenti quello particolarmente richiederebbesi di una più diligente redazione della parte interna e delle notizie. 3° infine che l'attuale redazione continuasse a restare al suo ufficio»[187].

Qualche giorno dopo, il Margotti scriveva al papa invocandone la protezione:

«E per ciò, vi preghiamo e supplichiamo, Beatissimo Padre, di soccorrerci e di avvalorare la nostra resistenza nei seguenti limiti: Sia invitato Monsignor Arcivescovo a che se pur vuol fondare un nuovo giornale lo faccia in modo ed in tempo da non compromettere l'esistenza dell'*Unità Cattolica*; sia invitando i nostri scrittori a mantenerci il loro aiuto fintanto almeno noi non abbiamo altrimenti e decorosamente provveduto alla continuazione di codest'opera gloriosa del nostro Zio»[188].

Di fronte alla risposta negativa degli eredi Margotti al suo progetto, il Riccardi lasciava l'*Unità Cattolica* al suo destino[189]. Tinetti e tutti gli altri scrittori, che erano sacerdoti, meno uno, «per debito di ubbidienza verso il loro Superiore ecclesiastico abbandonavano il giornale»[190]. L'*Unità Cattolica* col primo gennaio 1893 «riparava» a Firenze. Di questo il Riccardi informava la Santa Sede, annunciando contemporaneamente la nascita «di un altro giornale cattolico». Alle parole di soddisfazione del papa e di lode per l'arcivescovo, non mancava, però, una precisazione

---

[187] *AAT, 19.136*, busta 2, originale. Lettera di F. Margotti a Mons. D. Riccardi, Roma, 9 novembre 1892.

[188] *ASV, SS, 1902, Rubr. 162, fasc. 1*, ff. 28-31, originale. Lettera di F. Margotti al papa Leone XIII, Roma, 12 novembre 1892. L'avvocato Margotti nella lunga lettera insisteva inoltre su altri argomenti: «Nè si sa ammettere che Monsignore *[Riccardi]* possa pretendere si grande ingerenza in un'opera, la quale se è destinata a maggior gloria di Dio ed alla difesa della Chiesa, è pur sempre una privata e libera proprietà dei nipoti del Teol. Giacomo Margotti. [...] A che alludessero le parole di Monsignore, essere stato spinto al suo proposito *anche da consigli ricevuti dall'Alto*, non sappiamo, non potendo credere che alcuno abbia suggerito o favorito il disegno di spogliare od anche soltanto ledere della sua proprietà una famiglia la quale da trentacinque anni ha lavorato sempre a servizio della Santa Sede e della Chiesa».

[189] *ASV, SS, 1902, Rubr. 162, fasc. 1*, f. 171v., originale. Lettera di un gruppo di cattolici fiorentini al Card. Rampolla, Firenze, 27 ottobre 1901. L'*Unità Cattolica* «per la sua nota indipendenza dai consigli dell'Arcivescovo Riccardi erasi alienata l'appoggio del medesimo».

[190] *ASV, SS, 1902, Rubr. 162, fasc. 1*, f. 55, originale. Lettera di F. Margotti al Card. Rampolla, Firenze, 15 dicembre 1894.

significativa: «Desidera [il papa] peraltro e si augura che la direzione politica dell'Italia Reale, quali che possano essere gli affetti dinastici dei collaboratori non perda di vista la difesa dei diritti della S. Sede»[191]. Quest'ultima precisazione urtò non poco il Tinetti[192].

Coll'inizio del 1893 il Tinetti, su "invito" del Riccardi, fondava l'*Italia reale*. Il programma dettato dallo stesso Riccardi era in continuità con la sua politica religiosa di riconquista cristiana della società civile, senza i difetti dell'*Unità Cattolica*:

> «Con il Papa in tutto, a qualunque costo ed anche espressamente pel regno suo temporale, di cui ha necessità assoluta. La Monarchia non assalirla, ma non carezzarla. Non opposizione sistematica a tutti gli atti del Governo, che indispone gli animi e fa rigettar il giornale. Tener conto dell'ambiente, senza lasciarsi rimorchiare. Difendere la verità tutta intera, dissimulando nulla, ma nella forma della lotta vi sia calma e serietà. Poi ricchezza di notizie d'ogni genere che contenti i lettori. Questa io reputo l'unica via, massime qui, per riuscire a qualche cosa di efficace e positivo. Questa proposi ai redattori, che promisero di rimanere fedeli al programma»[193].

Il nuovo giornale nasceva con l'appoggio esplicito della Santa Sede e con il favore di «quasi tutto il clero», «e specialmente i Padri Gesuiti, i preti dell'Oratorio, i Salesiani ecc.». Invece una «guerra davvero maligna» era fatta al giornale dell'arcivescovo «da qualche cattolico». Si trattava di alcuni laici, «legati oltre il dovere alla famiglia Margotti», che non esitavano a diffondere le voci più calunniose sull'indirizzo dell'*Italia reale*, tacciandolo d'essere liberale e filo savoiardo, e al tempo stesso, sempre questi "travisavano" le ragioni vere del trasferimento dell'*Unità*[194]. Per questo il Riccardi portava la sua versione dei «motivi del trasloco». Il giornale dei Margotti in quegli anni godeva pochissimo credito tra le forze cattoliche locali: «L'*Unità Cattolica*, per quanto gagliarda negli articoli di fondo, con novanta associati in Torino e in tutto il Piemonte appena 900, (me lo dissero i Margotti) che inflenza

---

[191] *AAT*, 19.136, busta 2, originale. Lettera del Card. Rampolla a Mons. D. Riccardi, Roma, 26 dicembre 1892. Per la minuta della medesima lettera cfr. *ASV, SS, 1902, Rubr. 162, fasc. 1*, f. 34. Da questa lettera desumiamo che il Riccardi il 17 dicembre aveva informato il Rampolla della decisione della famiglia Margotti di trasportare l'*Unità* a Firenze.

[192] *ASV, SS, 1902, Rubr. 162, fasc. 1*, f. 35, originale. Lettera di Mons. D. Riccardi al Card. Rampolla, Torino, 29 dicembre 1892.

[193] *ASV, SS, 1902, Rubr. 162, fasc. 1*, ff. 35-36, originale. Lettera di Mons. D. Riccardi al Card. Rampolla, Torino, 29 dicembre 1892. Al f. 36 il programma del nuovo giornale.

[194] *ASV, SS, 1902, Rubr. 162, fasc. 1*, f. 35 v., originale. Lettera di Mons. D. Riccardi al Card. Rampolla, Torino, 29 dicembre 1892.

poteva avere? A che serve un giornale se non si legge? Quindi o lasciare libero affatto il campo ai liberali in Torino, e per conseguenza in tutto il Piemonte, o riunire le forze cattoliche. Questo io tentai»[195]. Il papa riconfermava la sua fiducia all'arcivescovo, al Tinetti e al nuovo giornale[196].

Qualche anno dopo il Margotti insisteva ancora sulle "vere" ragioni del trasferimento del foglio margottiano in questi termini: «l'*Unità Cattolica* si vide costretta ad esulare» da Torino, perché «da una parte le si voleva far cambiare natura, riducendola a foglio locale, con tendenza meno battagliera, doveva smettere il lutto», «doveva far professione di ossequio alla casa di Savoia, doveva gettarsi un poco alla mondanità, con cronache teatrali ed altro»[197].

Tra le prime battaglie del nuovo giornale ricordiamo l'intensa opera di informazione e di propaganda per le elezioni amministrative del giugno '93, che si conclusero con la vittoria dei cattolici torinesi[198]. Tuttavia il progetto del Riccardi non ebbe vita lunga. Tinetti diresse il nuovo giornale per due anni, restando condirettore con l'avv. Scala dopo la fusione con *Il Corriere Nazionale*. Comprensibile la soddisfazione dell'avvocato Margotti di fronte al fallimento del giornale del Riccardi[199].

---

[195] *ASV, SS, 1902, Rubr. 162, fasc. 1*, ff. 35v-36, originale. Lettera di Mons. D. Riccardi al Card. Rampolla, Torino, 29 dicembre 1892.

[196] *ASV, SS, 1902, Rubr. 162, fasc. 1*, f. 37, minuta. Lettera del Card. Rampolla a Mons. D. Riccardi, Roma, 2 gennaio 1893.

[197] *ASV, SS, 1902, Rubr. 162, fasc. 1*, f. 54v-55, originale. Lettera di F. Margotti al Card. Rampolla, Firenze, 15 dicembre 1894. Nella lunga lettera di resoconto il direttore amministrativo aggiungeva: «Tutto questo aveva ad essere accompagnato da un notevole ingrandimento del formato del giornale, da un costoso servizio epistolare e telegrafico, da numerosa collaborazione, ecc. ecc.».

[198] Cfr. «Italia reale», 11 giugno 1893. Tinetti salutava così l'entrata nel Consiglio di sei cattolici sui dodici proposti: «Abbiamo lavorato tutti concordi, non per un successo del momento, ma per ridare alla coscienza pubblica il sentimento della propria forza, ed agli onesti la coscienza del proprio dovere. Il premio migliore che ognuno di noi ha raccolto sta nell'adempimento di questo dovere, e la vittoria è tanto più bella e cara perché fu combattuta in nome della religione e della patria, indissolubilmente congiunte nel rispetto di tutto ciò che è onore della nostra città, conforto delle nostre coscienze, pace delle nostre famiglie, sicurezza della pubblica e della privata fortuna».

[199] *ASV, SS, 1902, Rubr. 162, fasc. 1*, f. 54v-55, originale. Lettera dell. avv. F. Margotti al Card. Rampolla, Firenze, 15 dicembre 1894. «L'*Unità Cattolica*, non doveva e non poteva sottomettersi a tali condizioni di vita che sarebbero state la sua morte morale e finanziaria in brevissimo tempo. E che così giudicando essa si sia bene opposta, lo prova il fatto, che l'*Italia Reale*, creata secondo il programma che volevasi imporre a noi, dopo due anni soli di esistenza, dovette soccombere, gettandosi nelle braccia del *Corriere Nazionale*, per salvare nel naufragio almeno l'onore del titolo. Il che è tanto maggiormente significativo in quanto che nel 1892, non al *Corriere Nazionale*, ma all'*Unità Cattolica* si volevano far subire quelle condizioni, per le quali questa dovette riparare a Firenze».

Il Tinetti rifiutava da ultimo (1895) la candidatura a direttore del nascente *Avvenire d'Italia*, che venne poi assunta dall'Acquaderni fondatore[200].
Moriva il 26 maggio 1899[201]. Il giornale fiorentino lo ricordava nostalgicamente dandone un giudizio eccellente[202].

IV. L'ACCOGLIENZA DEI FIORENTINI E LA CONDIREZIONE MASTRACCHI-SACCHETTI-MASTRACCHI (1893-1906).

A metà dicembre del 1892 compariva, improvvisamente e «senza preamboli», l'annuncio del trasferimento dell'*Unità Cattolica* a Firenze[203]. Nel lungo articolo si sorvolava su molti problemi, si alludeva fugacemente a «ragioni che è inutile esporre». Il provvedimento era ufficialmente preso «dal bisogno di trovarci in un punto più centrale della Penisola» per poter meglio distribuire l'*Unità Cattolica*. L'avv. Francesco Margotti assicurava d'essersi deciso a tal passo «dopo lunghe e maturate considerazioni, sempre nell'unico intento di dare miglior vita e più ampio sviluppo all'*Unità Cattolica*». Il «dolore di abbandonare Torino» non era nascosto. Tuttavia la «diffusione in tutta Italia» dell'*Unità* rendeva «quasi un accessorio il luogo ove essa vede la luce». Si avvisavano i lettori che a Firenze l'*Unità Cattolica* si sarebbe fusa con il *Corriere toscano*[204]

---

[200] AAB, *fondo Acquaderni*, cart. 36, pos. 333, doc. 19087, originale. Lettera di G. Grosoli a G. Acquaderni, 12 novembre 1895.
[201] Tra i vari necrologi, cfr. R. DELLA CASA, *Note biografiche di Uomini Illustri di parte cattolica*, in «La Scuola Cattolica», maggio-giugno 1900, pp. 530-531.
[202] Cfr. *Necrologio. Don Domenico Tinetti*, 30 maggio 1899, p. 3. Quasi un'intera colonna: "valorosissimo", "dottissimo", "arguto". Seguiva la nota biografica.
[203] Cfr. [F. MARGOTTI], *L'Unità Cattolica nel 1893*, 16 dicembre 1892, p. 1.
[204] Il *Corriere toscano* rappresentava l'unico quotidiano cattolico della regione e per questo era ritenuto anche l'organo dell'episcopato toscano. Mastracchi lo diresse dal 1891 alla fine del 1892. La fusione con l'*Unità Cattolica* troncava «sul più bello il lento ma serio e fruttuoso lavorio pel consolidamento del *Corriere*, lavoro cui si era posto mano in seguito all'energico impulso dato all'Episcopato toscano colla nobilissima lettera» del card. Rampolla: cfr. *ASV, SS, 1902, Rubr. 162, fasc. 1*, ff. 38-39, originale. Lettera di E. Mastracchi al card. Rampolla, Firenze, 25 dicembre 1892. Il Mastracchi, sempre nella stessa lettera, aggiungeva: «La venuta dell'*Unità* ha mandato tutto a monte e per non cadere inonoratamente, come il povero *Giorno* di non lieta memoria, il proprietario del *Corriere* sig. Bürgisser si è veduto costretto ad accettare l'offerta fusione, che lo solleva dal peso di provvedere al servizio degli associati e più ancora lo sottrae al pericolo di nuovi inutili sacrifizi». Il Mastracchi chiedeva, infine, al card. segretario di Stato se il papa era disposto a cedere una parte del residuo *Obolo di S. Pietro* (£.

diretto da «quel provetto scrittore e valoroso cattolico» che era il Mastracchi[205], mentre si tacevano le difficoltà con l'arcivescovo. Il papa benediceva il «trasferimento»[206]. Il direttore amministrativo metteva in guardia i lettori dalle false voci che circolavano sul conto del giornale: «L'*Unità Cattolica* non muore, ma, dopo aver compiuto il suo 30° anno di esistenza, continuerà a veder serenamente la luce in Firenze col suo titolo, col suo labaro, col suo lutto [...]»[207] e ringraziava i sostenitori[208].

Nel primo numero, che compariva a Firenze, l'*Unità Cattolica*, con molta enfasi, dichiarava di sentirsi subito fiorentina, di essere sempre la stessa, di iniziare solo «un novello periodo di vita»[209].

1181,85) raccolto dal *Corriere*, al Bürgisser per provvedere alle perdite sostenute dal medesimo.

Il papa concedeva al Bürgisser «di ritenere» £. 500: cfr. *Ibidem.*, f. 42, minuta. Lettera Card. Rampolla a E. Mastracchi, Roma, 9 gennaio 1893. Il Bürgisser devolveva la somma «a favore di un Dispensario medico chirurgico, gratuito e cattolico, istituito qui in questi giorni per cura di alcuni benefattori, onde paralizzare in qualche modo la propaganda perniciosa ed intensa, che fanno i protestanti con mezzi simili»: cfr. *Ibidem.*, ff. 40-41, originale. Lettera di A. Bürgisser al card. Rampolla, Firenze, 30 marzo 1893.

Arnaldo Bürgisser (1856-1922), svizzero di origine, fiorentino di adozione, dal 1877 diresse l'azienda paterna di cappelli di paglia. Su posizioni moderate fu un punto di riferimento per il movimento cattolico fiorentino e toscano. Cfr. S. NISTRI, *Bürgisser Arnaldo Rodolfo*, in D.S.M.C.I., vol. III/1, pp. 144-145.

[205] Enrico Mastracchi (Lecce 1835 - Firenze 1912). Laureato in giurispudenza, iniziava il 2 gennaio 1862 la sua attività giornalistica. Trasferitosi a Firenze dal 1862 al 1865 collaborò a *Il Contemporaneo*. Poi a *L'Indipendenza cattolica* dal 1866 al 1869, al *Conservatore* dal 1869 al 1877. Per breve tempo diresse a Torino *L'Emporio popolare*. Dal 1877 al 1879 diresse e fu proprietario di *Il Messaggere* (sic) di Roma, che si fuse con *La Voce della verità*. Diresse quest'ultima dal 1879 al 1888 ritirandosi per motivi di salute. Restando a Roma in quegli anni fu corrispondente dell'*Unità Cattolica*. Nel 1891 tornò a Firenze e fondò e diresse il *Corriere Toscano* che venne assorbito dall'*Unità Cattolica* nel 1893 quando si trasferì da Torino a Firenze. Dal 1893 la sua via fu legata sino alla morte all'*Unità Cattolica* della quale fu prima direttore, poi condirettore col Sacchetti, di nuovo direttore alla morte del Sacchetti e infine direttore onorario con l'assunzione della direzione da parte del De Töth prima e del Cavallanti poi. Per approfondimenti rimandiamo a M.T. BRUNORI DE SIERVO, *Mastracchi Enrico*, in D.S.M.C.I., vol. III/2, pp. 527-528. Enrico Mastracchi da non confondere con l'omonimo E. M. sindacalista socialista calabrese e poi deputato socialista: quest'ultimo è citato nella voce *Casalinuovo Giuseppe* del D.B.I., vol. 21, p. 125.

[206] Cfr. *La benedizione del S. Padre all'*Unità Cattolica *in Firenze*, 17 dicembre 1892, p. 1.

[207] Cfr. [F. MARGOTTI], *L'Unità Cattolica e la stampa*, 18 dicembre 1892, p. 1 art. di fondo; [IDEM.], *Avviso*, ivi, p. 3: «Poniamo in guardia i nostri lettori ed associati contro i tentativi che presso di essi venissero fatti in pregiudizio del nostro giornale e delle sue invariabili tradizioni».

[208] Cfr. *Ringraziamenti*, 6 gennaio 1893, p. 1: «Siamo debitori di sentite azioni di grazie a tutti coloro che ci furono larghi di congratulazioni, nella circostanza del nostro trasferimento da Torino a Firenze».

[209] Cfr. [F. MARGOTTI?], *L'Unità Cattolica a Firenze*, 1 gennaio 1893, p. 1 art. di fondo.

Per tutto il 1893 il Mastracchi diresse da solo l'*Unità Cattolica*, senza però comparire come tale[210]. Alla fine del 1893 l'avv. Margotti comunicava ai lettori d'aver «messo gli occhi» sul direttore della *Voce della verità*: Giuseppe Sacchetti[211]. Già collaboratore del teologo Margotti dal 1878[212]. Sacchetti non era nuovo, ma costituiva la novità per il 1894: «Il Sacchetti rappresenterà la continuità delle tradizioni dell'*Unità Cattolica*, collegandosi l'opera e il nome di lui a quello dell'illustre Fondatore del giornale stesso, e sarà validissimo rinforzo al Mastracchi, il quale pure per qualche tempo (a parte il 1893) appartenne alla famiglia dei nostri scrittori»[213]. Possiamo dire, grossomodo, che dal 1894 la loro vita sia trascorsa fianco a fianco, in una perfetta sintonia d'intenti. Tuttavia diverso fu il peso esercitato dai due all'interno della compagine cattolica: se il Sacchetti può dirsi un "protagonista" del movimento da questa promosso, il Mastracchi tutt'al più appare una "figura rappresentativa".

---

[210] Non troviamo nell'*Unità Cattolica* nessun accenno alle dimissioni del Tinetti. Allo stesso tempo non sono presenti riferimenti "esplici" alla direzione politica da parte del Mastracchi. Un indizio del ruolo direttoriale del Mastracchi apparve in occasione degli auguri inviati dalla redazione del giornale al card. Rampolla nella circostanza del suo onomastico. L'augurio portava la firma del Mastracchi, e la risposta del cardinale era indirizzata al Mastracchi «Direttore dell'*Unità Cattolica*»: cfr. *S. E. il Cardinale Rampolla e l'Unità Cattolica*, 13 settembre 1893, p. 1.

[211] Giuseppe Sacchetti (1845 Padova - 1906 Firenze). Giornalismo e azione cattolica furono i suoi due grandi interessi. Di famiglia agiata, ricevette una formazione culturale e religiosa intransigente nel collegio Fagnani (Padova) diretto dai gesuiti. Si laureò in filosofia dopo l'annessione del Veneto all'Italia. Il Sacchetti fu soprattutto un giornalista e la sua attività lo portò a dirigere parecchie testate. Si firmava con lo pseudonimo «Beppe Coda». L'attività del Sacchetti si inquadra nella cornice dell'Opera dei congressi (1874-1904). Dopo la morte di Pio IX il Sacchetti guidò la Società della Gioventù Cattolica. Le posizioni del Sacchetti di questi anni erano in polemica con quelle dell'OC guidata dall'Albertario e dal Paganuzzi e criticati dal Sacchetti per le loro tendenze accentratrici: cfr. A. LAZZARINI, *Giuseppe Sacchetti*, in D.S.M.C.I., vol. II, p. 567. Si riavvicinò, il Sacchetti, alla dirigenza dell'OC una volta divenuto direttore dell'*Unità Cattolica*. Dal 1895 al 1901 la sua presenza all'OC fu attiva ed ebbe il suo momento di massima gloria nel 1897 a Milano. Sul Sacchetti si soffermano più o meno tutte le opere generali relative al movimento cattolico e anche lavori più specifici. Fondamentali per conoscere l'opera sacchettiana restano i seguenti saggi G. DE ROSA, *Giuseppe Sacchetti e l'Opera dei congressi*, Roma 1957; A. GAMBASIN, *Giuseppe Sacchetti e l'Opera dei congressi*, in RSCI, sett.-dic. 1959, pp. 407-424; G. DE ROSA, *Giuseppe Sacchetti e la pietà veneta. In appendice: «La società civile veneta dal 1866 all'avvento della Sinistra»*, Roma 1968; M. REBERSCHAK, *Giuseppe Sacchetti. Accordi e dissensi nel movimento cattolico italiano alla fine dell'Ottocento*, in RSCI, 1970, pp. 88-128; A. LAZZARINI, *Giuseppe Sacchetti*, cit., pp. 565-568, con bibliografia aggiornata.

[212] Cfr. Lettera di G. Margotti a G. Sacchetti, Torino 16 marzo 1878, in «Unità Cattolica», 24 novembre 1906, p. 2. Il teologo sanremese lo aveva accolto tra i suoi collaboratori e lo aveva invitato a scrivere articoli relativi alla vita parlamentare. Al Margotti piaceva lo stile del Sacchetti molto simile a quello del De Maistre.

[213] Cfr. Avv. F. MARGOTTI, *L'Unità Cattolica nel 1894*, 17 dicembre 1893, p. 1.

Il Sacchetti era «venuto a Firenze, non già come direttore, ma come semplice collaboratore dell'*Unità Cattolica*»[214]. Egli era un noto esponente del cattolicesimo intransigente uscito dalla stasi degli anni ottanta, un sostenitore del movimento cattolico e come tale si presentava ai lettori, in tutta umiltà, ma con le idee molto chiare e con un programma preciso: difesa del papato, propagazione del «movimento cattolico», dissipazione «degli errori e dei pregiudizi del liberalismo», difesa della «società cristiana dagli assalti delle sètte dissolvitrici»[215].

Nonostante tutto ciò l'*Unità Cattolica* trovava in Toscana «la più glaciale accoglienza»[216]. A nulla erano valsi i richiami del card. Rampolla, fatti a nome del papa, al card. Bausa[217], pregandolo «volerGli accordare la sua protezione ed a far noti all'opportunità questi stessi intendimenti ai Vescovi di Lei suffraganei»[218]. I redattori dell'*Unità* non avevano saputo o non avevano voluto entrare nel cuore dei fiorentini: «anche per la ragione, che poco si son curati di togliere con un'affiatamento *(sic)* continuo, cortese, studiosamente praticato, quella tal freddezza, colla quale i fiorentini (è forse un difetto proprio anche di altre città) riguardano gli estranei»[219]. In una relazione dell'avvocato Margotti al card. Rampolla, il quadro appariva dei più negativi. A due anni dal trasferimento, i vescovi della Toscana o la osteggiavano o la ignoravano. Gli associati erano calati. Le 60 mila lire lasciate dal teologo Margotti, come sussidio per incrementare il giornalismo cattolico e far fronte ai momenti difficili dell'*Unità*, si andavano «man mano esaurendo»:

---

[214] *ASV, SS, 1902, Rubr. 162, fasc. 1*, f. 80v, copia. Lettera di G. Sacchetti al Card. Bausa, Firenze, 4 ottobre 1896.

[215] Cfr. [G. SACCHETTI], *L'"Unità Cattolica" ai suoi benevoli lettori*, 31 dicembre 1893, p. 1 art. di fondo.

[216] *ASV, SS, 1902, Rubr. 162, fasc. 1*, f. 55, originale. Lettera di F. Margotti al Card. Rampolla, Firenze, 15 dicembre 1894.

[217] Agostino Bausa (Firenze 1821-1899). Domenicano. Trascorse molta parte della sua vita missionario in Mesopotamia, in Armenia e nel Kurdistan, svolgendo il suo apostolato tra molte difficoltà. Nominato nel 1882 da Leone XIII Maestro dei Sacri Palazzi, venne creato cardinale nel 1886 e, alla morte di Mons. Cecconi, eletto arcivescovo di Firenze (concistoro 11 febbraio 1889) e consacrato vescovo il 25 marzo dello stesso anno. Oltre ai necrologi apparsi sull'*Unità Cattolica* (morto il 15 aprile) e nell'«Osservatore Romano», 18 aprile 1899, cfr. pure E. SANESI, *Nella traslazione delle salme dei monsignori Limberti e Cecconi e dei cardinali Bausa e Mistrangelo arcivescovi di Firenze*, Firenze 1935.

[218] *ASV, SS, 1902, Rubr. 162, fasc. 1*, f. 47, minuta. Lettera del Card. Rampolla al card. Bausa arciv. di Firenze, 21 marzo 1894. La lettera del card. Rampolla all'arciv. Bausa nasceva dalle proteste degli scrittori ed editori dell'*Unità* inviategli attraverso l'avv. Margotti direttore amministrativo: cfr. *Ibidem.*, f. 48, minuta. Telegramma del Card. Rampolla a F. Margotti, 26 marzo 1894.

[219] *ASV, SS, 1902, Rubr. 162, fasc. 1*, f. 174, originale. Lettera di un gruppo di cattolici fiorentini al Card. Rampolla, Firenze, 27 ottobre 1901.

«Di fronte a tanti sforzi, non solo non è mai venuta, da nessuna parte della Toscana, una parola a confortarci; ma non mancarono gli atti di manifesta ostilità [...]; l'*Unità Cattolica* è lasciata nel perfetto isolamento. Anzi abbiamo avuto la suprema mortificazione di vedere una pastorale di S. E. il Cardinale Bausa, in cui si leggono evidenti ed ingiusti biasimi per noi e per gli altri *Zelanti*, coll'annunzio finale di un nuovo periodico, destinato a comunicare ai fedeli il pensiero del loro Pastore e le notizie del movimento cattolico, ch'Egli intendeva promuovere. [...]
L'anno nuovo, che sta per venire può essere decisivo per l'opera nostra. L'episcopato toscano con un lieve sforzo comune, può salvarla; ma non c'è tempo da perdere. Se continua l'abbandono in cui siamo lasciati, non tarderà il momento in cui la Toscana con istupore doloroso di tutta Italia, e forse anche d'oltre Alpi, sarà la tomba di un giornale, che fu il primo iniziatore del movimento cattolico in tempi procellosissimi, particolarmente creando il Danaro di S. Pietro, per il quale raccolse ben 6 milioni di lire»[220].

Il papa chiedeva, tramite il cardinal Rampolla, all'arcivescovo di Firenze di indicare le cause di questo abbandono[221]. La risposta del vecchio porporato non si fece attendere. Le ragioni per le quali l'*Unità Cattolica* non si rendeva popolare in Toscana e, in particolare a Firenze, erano legate: alla sua "truffaldina" soppressione del *Corriere Toscano*, e alla sua poco corretta polemica[222]. Il card. Bausa suggeriva la seguente cura:

«L'*Unità Cattolica* con la sua vigorosa polemica può fare molto bene se, convincendo gl'intellettuali, non disgusterà i cuori con le sue inurbanità frequenti: se a principale obiettivo prenderà non solamente la conservazione dei buoni, ma anche la conversione dei cattivi: se, invece di denunciare i Prelati come mancanti al loro officio, lascerà questa cura al Santo Padre»[223].

A questo punto il Cardinale Rampolla richiamava benevolmente l'avvocato Margotti ad una polemica non offensiva e a modi più cortesi e gentili[224].

---

[220] *ASV, SS, 1902, Rubr. 162, fasc. 1*, ff. 55-57, originale. Lettera di F. Margotti al Card. Rampolla, Firenze, 15 dicembre 1894.
[221] *ASV, SS, 1902, Rubr. 162, fasc. 1*, f. 58, minuta. Lettera del Card. Rampolla al Card. Bausa, 21 dicembre 1894.
[222] *ASV, SS, 1902, Rubr. 162, fasc. 1*, ff. 59-61, originale. Lettera del Card. Bausa al Card. Rampolla, Firenze, 27 dicembre 1894. Testo in *Appendice*, Doc. 5 Gli stessi argomenti si vedano in un altro documento: Cfr. *Ibidem.*, f. 171 v., originale. Lettera di un gruppo di cattolici fiorentini al Card. Rampolla, Firenze, 27 ottobre 1901.
[223] *ASV, SS, 1902, Rubr. 162, fasc. 1*, f. 61, originale. Lettera del Card. Bausa al Card. Rampolla, Firenze, 27 dicembre 1894.
[224] *ASV, SS, 1902, Rubr. 162, fasc. 1*, f. 63, minuta. Lettera del Card. Rampolla al Cav. F. Margotti, 31 dicembre 1894.

Anche i rapporti tra l'arcivescovo e il Sacchetti furono, nei primi anni, di aperta ostilità. Scriveva il cardinale: «In quattro anni non mi ha fatto una visita; ma ha fatto ogni tentativo per demolire l'autorità mia», soprattutto aveva promosso il movimento cattolico libero da ogni vincolo col cardinale, anzi aveva preteso di imporsi al suo operato: *«faremo noi ed Egli darà la benedizione dopo il fatto»*[225]. Al Sacchetti questa volta si era associata pure la *Voce della Verità* che, in una corrispondenza da Firenze, riportava frasi ingiuriose contro il Cardinale. Il Bausa sospettava essere il Sacchetti autore della corrispondenza. Il disgusto di parecchi cattolici e il fatto che il direttore dell'*Unità* si circondasse di «zelanti» e di sacerdoti poco stimati indussero l'arcivescovo alla denuncia aperta[226]. Nondimeno l'atteggiamento «ostile» del card. Bausa verso il movimento cattolico era, però, criticato da alcuni parroci e da laici in questi termini: «Fino ad ora si diceva "Quel che vuole il Papa lo vuole il Cardinale Bausa", ma pare che ciò non sia più vero; perché il Sommo Pontefice vuole il congresso di Fiesole, e il Cardinal Bausa non lo vuole»[227].

La Santa Sede incaricò Radini Tedeschi, che si trovava a Fiesole, per tenere una relazione al Congresso, di fare da pacere: il Sacchetti doveva «migliorare il suo contegno» verso l'arcivescovo di Firenze e questi non doveva «negare la sua benevolenza all'*Unità Cattolica*»[228]. L'ufficio di pacificatore venne assolto abilmente dal Radini Tedeschi. Il Sacchetti su sua pressione scriveva al Card. Bausa «significandogli non

---

[225] *ASV, SS, 1902, Rubr. 162, fasc. 1*, ff. 69-70, originale. Lettera del Card. Bausa al Card. Rampolla, Firenze, 26 agosto 1896.

[226] *ASV, SS, 1902, Rubr. 162, fasc. 1*, f. 70, originale. Lettera del Card. Bausa al Card. Rampolla, Firenze, 26 agosto 1896. «Il suo grand'uomo è il Sacerdote Menocchi Parroco del Galluzzo, e con esso va percorrendo la Diocesi - E' bene che si sappia chi è quel Sacerdote - Fu più volte ammonito per sospetto di concubinato. Fu scritta e recitata nella sua parrocchia una commedia intitolata *il prete e la serva* e fu fischiato. Ebbe la minaccia di un processo per violazione di sigillo di corrispondenza, ed io ebbi per causa di lui solenni ingiurie da un ufiziale dell'esercito. Fra gli zelanti vi è il parroco F... per il quale è forse imminente un processo». Il Menocchi ricordato dal cardinale era don Massimo Minocchi pievano di Galluzzo e carissimo amico del Sacchetti: cfr. G. DE ROSA, *Giuseppe Sacchetti*, cit., p. 116. Il direttore dell'*Unità* dapprima lo difese in una lettera: cfr. *ASV, SS, 1902, Rubr. 162, fasc. 1*, f. 82, originale. Lettera di G. Sacchetti a un monsignore della Segreteria di Stato, Firenze, 16 ottobre 1896; poi (il Sacchetti) su richiesta della Santa Sede raccolse da fonte certa notizie sul Minocchi che confermavano quanto aveva scritto il card. Bausa: cfr. *Idibem*, f. 86v, originale. Lettera di G. Sacchetti a un monsignore della Segreteria di Stato, Firenze, 19 ottobre 1896. «Parecchi anni sono sul M... pesarono dei sospetti e in seguito a voci insistenti, che correvano per il paese».

[227] *ASV, SS, 1902, Rubr. 162, fasc. 1*, f. 73, originale. Lettera del sac. I. Mattioli al Card. Rampolla, Firenze - Montespertoli, 26 agosto 1896.

[228] *ASV, SS, 1902, Rubr. 162, fasc. 1*, ff. 71-72, minuta. Lettera del Card. Rampolla al Card. Bausa, Roma, 31 agosto 1896.

essere egli l'autore della corrispondenza alla *Voce*, ed esser pronto a far ogni ossequio a S. Eminenza»[229]. Sacchetti obbediente agli ordini ricevuti dalla Santa Sede, "piegava le ginocchia e obbediva". Si umiliava davanti all'arcivescovo di Firenze in un «assoluta e cieca» sottomissione: «Parlate ed io ascolterò; ordinate e io obbedirò; giudicatemi se ho dato scandalo, imponetemi la riparazione e io riparerò, e io accetterò la vostra sentenza»[230]. Il Cardinale si dichiarava soddisfatto[231]. Sacchetti chiedeva, su consiglio di amici, un «udienza speciale» al card. Bausa: «non si parlò affatto del movimento cattolico», ma tutto sommato era soddisfatto per quanto riguardava la sua persona[232]. Il Sacchetti non mancava però di insistere sulla gravità della situazione ecclesiale fiorentina: per questo chiedeva di far arrivare all'*Unità Cattolica*: «un documento pontificio, che tracci chiaramente la via a noi, e al movimento cattolico specie nella Toscana»[233]. In fondo il risentimento del Bausa restò. L'*Unità* non trovò nel suo vescovo un amico. A difenderla si levarono altri vescovi, ad esempio, quello di Fiesole[234] e quello di Pescia[235]. Il fatto poi di costituire in Firenze un punto di riferimento per «tutti i cattolici d'azione» e di avere aperto nei suoi uffici «il Circolo Cattolico di lettura e ricreazione, che accoglieva gli elementi migliori delle Società Cattoliche Fiorentine»,

---

[229] ASV, SS, 1902, Rubr. 162, fasc. 1, ff. 76, originale. Lettera di Mons. Radini Tedeschi al Card. Rampolla, Fiesole 4 settembre 1896. Sempre in questa lettera veniamo a sapere che Radini Tedeschi estese i suoi «uffici di pacificatore ad altri» e cioè «tra D. Albertario e Mons. Jacopo Scotton».

[230] ASV, SS, 1902, Rubr. 162, fasc. 1, ff. 80-81, copia. Lettera di G. Sacchetti al Card. Bausa, Firenze, 4 ottobre 1896.

[231] ASV, SS, 1902, Rubr. 162, fasc. 1, f. 84, copia. Lettera del Card. Bausa a G. Sacchetti, Firenze, 6 ottobre 1896.

[232] ASV, SS, 1902, Rubr. 162, fasc. 1, f. 86, originale. Lettera di G. Sacchetti a un monsignore della Segreteria di Stato, Firenze, 19 ottobre 1896.

[233] Cfr. *Ibidem.*, f. 87.

[234] ASV, SS, 1902, Rubr. 162, fasc. 1, ff. 97-98, originale. Lettera di Mons. D. Camilli al Card. Rampolla, Fiesole, 11 dicembre 1897. Il vescovo di Fiesole, aperto sostenitore dell'*Unità Cattolica* chiedeva un dono del Santo Padre per gli associati del giornale, insistendo sulla portata «morale» del gesto. La Santa Sede inviava la Nuova Edizione della Divina Commedia: cfr. *Ibidem.*, f. 99, minuta. Lettera del Card. Rampolla a Mons. D. Camilli, Roma, 18 dicembre 1897.

Cfr. *Ibidem.*, f. 128, originale. Lettera di Mons. D. Camilli al Card. Rampolla, Fiesole, 24 novembre 1898. Il vescovo appoggiava la richiesta dei direttori dell'*Unità Cattolica* che desideravano come «primo premio» per i loro associati un ritratto con autografo del S. Padre. Il ritratto venne concesso: cfr. *Ibidem.*, f. 130, minuta. Lettera del Card. Rampolla a Mons. D. Camilli, Roma, 11 dicembre 1898. Cfr. pure *Ibidem.*, f. 129, originale. Telegramma inviato da Mastracchi-Sacchetti al Card. Rampolla, Roma, 28 dicembre 1898. Si veda pure G. RASPINI, *Il vescovo Camilli e il Movimento Cattolico a Fiesole (1893-1909)*, Fiesole 1991.

[235] ASV, SS, 1902, Rubr. 162, fasc. 1, ff. 88-89, originale. Lettera di Mons. G. Matteoli al Card. Rampolla, Pescia, 29 giugno 1897.

non valse a far ottenere al foglio intransigente «una larga diffusione»[236].

La situazione economica dell'*Unità Cattolica* non migliorò, gli abbonati nel 1895 erano appena 700 in Toscana: «In una regione che conta quattro province ecclesiastiche - scriveva il Sacchetti al cardinal Rampolla - come la Toscana è cosa assolutamente anormale che la stampa cattolica sia così poco ricercata da ogni ceto di persone»[237]. Nel 1897, stando ad una lettera del vescovo di Pescia al card. Rampolla, l'avvocato Margotti si sarebbe visto costretto a cessare la pubblicazione dell'*Unità* a partire dal settembre, perché l'amministrazione aveva «un deficit eccessivo». A nulla sarebbe valso «reggere in vita il periodico», a «conto e rischio dei Redattori». Nemmeno era pensabile «di farne uno nuovo col titolo per esempio di *Cattolica Unità*, - così aveva pateticamente pensato il Sacchetti - ma in ogni resto perfettamente uguale». Il Vescovo di Pescia mons. Matteoli informava Roma di questa tragica situazione e chiedeva «un sussidio, almeno di tremila lire per tre anni». L'operazione era urgente e doverosa perché l'*Unità* era «l'unico giornale» che in Toscana caldeggiasse «da maestro il movimento cattolico papale» e scuotesse «l'apatia e la indifferenza anche dei buoni ma sonnacchiosi cattolici»[238]. Roma accettava[239]. Col 1 ottobre 1897 i fratelli Margotti cedevano a Sacchetti e a Mastracchi «la gestione dell'*Unità Cattolica*»[240]. Era una semplice cessione «per dieci anni, della gestione (non della proprietà)»[241]. Il Sacchetti nel luglio era stato ricevuto dal card. Rampolla e lo aveva preventivamente informato di questa operazione: ora chiedeva al segretario di Stato due cose: le 6000 lire assicurate dal papa, e «un documento pontificio, [...] da pubblicarsi nel giornale»[242].

---

[236] ASV, SS, 1902, Rubr. 162, fasc. 1, ff. 171v-172, originale. Lettera di un gruppo di cattolici fiorentini al Card. Rampolla, Firenze, 27 ottobre 1901.

[237] Cfr. G. DE ROSA, *Giuseppe Sacchetti e la pietà veneta*, cit. p. 118. Il De Rosa parla di un rapporto indirizzato dal Sacchetti al card. Rampolla nel 1895, il cui originale «è nelle carte» Sacchetti. All'Archivio Segreto Vaticano non abbiamo trovato traccia di questo documento.

[238] ASV, SS, 1902, Rubr. 162, fasc. 1, ff. 88-89, originale. Lettera di Mons. G. Matteoli al Card. Rampolla, Pescia, 29 giugno 1897.

[239] ASV, SS, 1902, Rubr. 162, fasc. 1, f. 90, minuta. Lettera del Card. Rampolla a Mons. G. Matteoli, Roma, 1 luglio 1897. «Sua Santità, alla quale sta tanto a cuore la buona stampa periodica, m'incarica di significarle che, ove l'Unità cattolica continui le sue pubblicazioni, è disposta ad accordarle un sussidio di £. 3000, per anni tre».

[240] ASV, SS, 1902, Rubr. 162, fasc. 1, f. 91, originale. Lettera di G. Sacchetti al Card. Rampolla, Firenze [settembre 1897]. Gli eredi Margotti tennero la direzione amministrativa dal 1887 al 1897. Dall'ottobre 1897 al 1907 la direzione amministrativa venne assunta in via principale dal Sacchetti ed in via secondaria dal Mastracchi.

[241] ASV, SS, 1902, Rubr. 162, fasc. 1, f. 173., originale. Lettera di un gruppo di cattolici fiorentini al Card. Rampolla, Firenze, 27 ottobre 1901.

[242] ASV, SS, 1902, Rubr. 162, fasc. 1, f. 91, originale. Lettera di G. Sacchetti al Card. Rampolla, Firenze [settembre 1897].

Sacchetti aveva ricevuto dagli eredi Margotti l'*Unità* «senza un soldo in cassa»[243]. Le sue richieste vennero accolte dal card. Rampolla[244], ma la disposizione papale non poteva avere corso perché il denaro non poteva essere preso dall'Obolo[245]. Sacchetti non nascose all'Acquaderni l'imbarazzo in cui si era trovato[246]. Fu in questo periodo che il Bürgisser venne in soccorso al Sacchetti, facendogli «un credito di 6000 a condizioni quanto mai favorevoli»[247]. In pratica, dal 1897, l'esistenza della gloriosa *Unità* cominciò ad essere legata ai «sussidi» della Santa Sede, puntualmente richiesti dalla direzione.

Uno dei momenti più critici della direzione sacchettiana si verificò all'indomani dei moti del '98, quando parecchi giornali cattolici vennero

---

[243] AAB., *fondo Acquaderni*, cart. 11, pos. 133, originale. Lettera di G. Sacchetti a G. Acquaderni, Firenze, 12 ottobre 1897. «Dovetti contrarre un debito per andare avanti, giacchè il 1° ottobre ereditammo il giornale senza un soldo in cassa. Così pure ti sarei obbligato se dall'*Avvenire* mi ottenessi un centinaio di lire, salvo a fare i conti alla fine dell'anno [...]».

[244] ASV, SS, 1902, Rubr. 162, fasc. 1, f. 92, minuta. Lettera del Card. Rampolla a G. Sacchetti, Roma, 24 settembre 1897. «Le 6000 mila lire che la stessa Santità Sua si è degnata di assegnare al Giornale, la S. V. è autorizzata a prenderle dalla somma che col mezzo del giornale stesso si è raccolta per l'Obolo di S. Pietro». L'autografo del papa era rimesso con la lettera stessa. Per il testo cfr. *Ibidem.*, f. 94.

[245] ASV, SS, 1902, Rubr. 162, fasc. 1, f. 95, originale. Lettera di G. Sacchetti al Card. Rampolla, Roma, 26 ottobre 1897. « [...] sono però nella necessità di dichiarare, che le somme, raccolte dall'*Unità Cattolica* per il solenne Omaggio a Gesù Cristo redentore nel 1900 e per il Danaro di San Pietro sono nelle mani del conte comm. Giovanni Acquaderni e del cav. Francesco Margotti, i quali insieme promossero la doppia dimostrazione di fede e di carità, e insieme intendono depositare a suo tempo le offerte dei fedeli a' piedi del Vicario di Gesù Cristo. Per la qual cosa, umilmente supplico l'Eminenza Vostra, affinchè si compiaccia di attribuire in altro modo all'*Unità Cattolica* il sussidio, elargitole dalla paterna e regale liberalità del venerato ed amato nostro Pontefice [...]».

[246] AAB., *fondo Acquaderni*, cart. 11, pos. 133, originale. Lettera di G. Sacchetti a G. Acquaderni, Firenze, 12 ottobre 1897. «Grazie della tua. Noi ci imbarcammo in questo negozio fidenti nell'aiuto di Dio e nella cooperazione dei cattolici, perché proprio non reggeva il cuore di lasciar morire il giornale. Il S. Padre ci concesse sei mila lire di sussidio per quest'anno, autorizzandoci a prelevarle dalla somma raccolta per il Danaro di S. Pietro. Ora per il Danaro di S. Pietro ci giunse bensì qualche offerta, ma il più delle offerte furono per il solenne Omaggio. In tutto, l'*Unità Cattolica* raccolse un tremila lire, che l'avv. Margotti tiene presso di sè. Egli poi si dichiara pronto a versarle col tuo consenso, nonchè con delegazione al pagamento che tu gli faccia. Io non so come fare. Perocchè non so come fare a chiedere questa delegazione al Cardinale Rampolla tanto è cosa strana che il Margotti non si contenti di un ordine scritto e firmato da S. Eminenza; poi non so se entri nelle sue idee una divisione simile su una somma raccolta in gran parte per uno scopo che è alquanto diverso da quello dell'Obolo comune di S. Pietro. Scrivimi in proposito e consigliami perché sono nel massimo imbarazzo».

[247] ASV, SS, 1902, Rubr. 162, fasc. 1, f. 171 v., originale. Lettera di un gruppo di cattolici fiorentini al Card. Rampolla, Firenze, 27 ottobre 1901.

soppressi: tra questi pure l'*Unità Cattolica*[248]. La soppressione ordinata dal generale Heusch, se gettava l'amministrazione sull'orlo del fallimento per le mancate entrate degli abbonamenti di giugno[249], d'altro canto provocava un certo piacere tra gli ecclesiastici oppositori del foglio intransigente:

> «La soppressione poi dell'*Unità Cattolica* fu non meno applaudita, perché essa era invisa, non tanto per la pretesa violenza dello stile, quanto perché promotrice instancabile dell'azione cattolica, secondo la mente del Santo Padre. Rinacque in alcuni l'idea, vagheggiata tempo indietro, di fondare un altro giornale, più "fiorentino"; e non la si abbandonò che per mancanza di danaro.
> Però, fra gli amici stessi dell'*Unità Cattolica* in Firenze, si fece strada il pensiero, che il giornale avrebbe maggiore diffusione, se smettesse le righe nere, significanti il lutto di Porta Pia, e cambiasse il nome. Alcuni giunsero a offrirci il loro concorso (non so quanto largo) ove avessimo così trasformato il giornale.

---

[248] Secondo le indicazioni della *Civiltà Cattolica* vennero soppressi venticinque giornali e alcuni non ripresero le pubblicazioni. Cinque erano quotidiani: *L'Osservatore Cattolico* (di Milano), l' *Unità Cattolica* (di Firenze), *Il Berico* (di Vicenza), *L'Ancora* (di Valenza d'Alessandria), *L'Esare* (di Lucca). Per gli altri periodici si veda l'elenco nella rivista dei gesuiti: *Cose italiane*, in «Civ. Catt», 1898, s. 17, v. 3, p. 362. Per un quadro relativo ai rapporti tra il Sacchetti e l'Albertario dopo la repressione rudiniana del maggio 1898 si veda: G. DE ROSA, *Giuseppe Sacchetti e la pietà veneta*, cit. pp. 131-147.

[249] *ASV, SS, 1902, Rubr. 162, fasc. 1*, ff. 112v-113, originale. Lettera di G. Sacchetti al Card. Rampolla, 21 agosto 1898. «Senza questi infortuni, ci sarebbero state sufficienti quelle 3000 mila lire residue, che il Santo Padre erasi degnato nello scorso anno di assegnarci; sventuratamente siamo costretti a implorare dalla Sovrana munificenza un più largo soccorso». Con la lettera il Sacchetti inviava anche le 800 lire dell'Obolo di S. Pietro raccolte dal giornale. La Santa Sede rinviava le 800 lire dell'Obolo «quale sussidio» al giornale prossimo a risorgere: cfr. *Ibidem.*, f. 115, originale. Biglietto di G. Sacchetti al Card. Rampolla, 30 agosto 1898. In una successiva lettera il Sacchetti "implorava" il sussidio promesso: cfr. *Ibidem.*, f. 119, originale. Lettera di G. Sacchetti al Card. Rampolla, Firenze [ottobre 1898]. «Vengo ad implorare quel sussidio che la munificenza dell'Augusto Pontefice Leone XIII si degnava concedere all'*Unità Cattolica*. L'Eminenza Vostra ebbe la bontà di significarmi, l'ultima volta ch'ebbi l'onore di baciare la S. Porpora, che ci avrebbe impetrato la somma di lire 5000 mila, oltre le 800 lire che avevamo noi nelle mani, come Obolo di S. Pietro. Ricevute già le 800 lire, imploro umilmente dall'Eminenza Vostra il restante, avendoci la soppressione di quattro mesi recato gravissimo danno». La Santa Sede stabiliva di dividere in due rate di 2500 lire l'una il sussidio. Concedeva all'*Unità* di ritenere «lire 1032,13» raccolte dal medesimo giornale per l'Obolo di S. Pietro, assicurando che il resto le sarebbe stato inviato: cfr. *Ibidem.*, f 120, minuta. Lettera del Card. Rampolla a G. Sacchetti, 1 novembre 1898. Il resto (£. 1467, 87) veniva, tramite vaglia, realmente inviato qualche settimana dopo: cfr. *Ibidem.*, f. 123, minuta. Lettera del Card. Rampolla a G. Sacchetti, Roma, 18 novembre 1898; cfr. *Ibidem.*, f. 122, originale. Lettera di G. Sacchetti al Card. Rampolla, Padova, 26 novembre 1898. in cui il Sacchetti ricusava la somma ricevuta.

Ma noi scrittori, fummo e siamo di parere che il modificare comunque l'*Unità Cattolica* equivarrebbe in questi momenti a ucciderla»[250].

Il Sacchetti, dopo la soppressione dell'*Unità*, cercò consolazioni a Roma: da Mons. Radini Tedeschi, dal card. Rampolla e dal papa stesso[251]. Scrisse su altri giornali[252]. Infine l'*Unità* ricompariva nel settembre '98 senza la listatura a lutto. Questa era tolta per disposizione di un decreto prefettizio: «La prevengo che il suddetto periodico non potrà uscire listato in nero, come nel passato, ed ove ciò avvenisse, ne sarebbe vietata la pubblicazione». Il giornale fiorentino ostentò, per anni, nella testata sotto il titolo, tale decreto[253].

Al card. Bausa succedeva mons. Mistrangelo[254]. Sacchetti coglieva

---

[250] *ASV, SS, 1902, Rubr. 162, fasc. 1*, ff. 111-113, originale. Lettera di G. Sacchetti al Card. Rampolla, 21 agosto 1898. Il Sacchetti qualche tempo dopo (dicembre 1898) lamentava alcune parole dell'arcivescovo di Firenze offensive nei confronti del suo giornale: «[...] dall'E.mo Bausa nel discorso tenuto su Savonarola, si alluse all'*Unità Cattolica*, come fosse giornale *umoristico pieno di amare ironie*. Frase che specifica il giornale, perché tolte dal decreto col quale il generale Heusch la soppresse»: cfr. *Ibidem.*, f. 125.

[251] Cfr. G. DE ROSA, *Giuseppe Sacchetti*, cit., pp. 139 ss.
Il Sacchetti venne ricevuto dal papa il 25 agosto 1898. Dell'Udienza ne parlò a lungo nel primo numero dell'*Unità* (11 settembre 1898, p. 1) comparso dopo l'abolizione del decreto prefettizio.

[252] Cfr. *Un discorso dell'avv. Sacchetti. "Che faremo?"*, in «Avvenire d'Italia», 4 luglio 1898. Il Sacchetti rinnovava la sua sfida al liberalismo: «Venga una legge e noi obbediremo. Ci riuniremo nella forma che la legge ci permetterà: ci assocceremo nei modi dalla legge consentiti; scriveremo un giornale secondo il beneplacito della legge. Bene inteso che lotteremo per conquistare la nostra piena libertà, per far trionfare nello spirito e nella lettera i diritti sanciti dallo Statuto, per esercitare senza restrizione la benefica opera nostra a vantaggio della Chiesa e Società».

[253] Cfr. 11 settembre 1898, p. 1. Il decreto del 7 settembre 1898, era indirizzato a Napoleone Bandini, gerente responsabile.

[254] Alfonso Maria Mistrangelo (Savona 1853 - Firenze 1930). Religioso delle Scuole Pie. Sacerdote nel 1877. Rettore (1880-92) del collegio degli Scolopi di Ovada. Vescovo di Pontremoli. Successe al card. Bausa come arcivescovo di Firenze dal giugno 1899 alla morte. Uomo colto, prudentemente aperto, non ebbe vita facile per le accuse infamanti mossegli dai fogli liberali; per le insinuazioni di poco attaccamento alla Santa Sede degli intransigenti dell'*Unità Cattolica* che si fecero più forti durante la direzione De Töth-Cavallanti; per le vicende della Cassa del clero (bancarotta di cinque milioni nel febbraio 1912 salvato per intervento della Santa Sede). Solo durante il pontificato di Benedetto XV venne creato cardinale. Si allineò sostanzialmente al regime fascista. Il 19 giugno 1923 il Mistrangelo intervenendo ad un ricevimento in onore di Mussolini, nell'imperversare delle polemiche sulla riforma elettorale, per dimostrargli un atteggiamento di solidarietà, gli gettò le braccia al collo e lo baciò: cfr. G. SALVEMINI, *Preludio alla seconda guerra mondiale*, a cura di Augusto Torre, Milano 1967, p. 189. Per ulteriori cenni, cfr. S. NISTRI, *Mistrangelo Alfonso Maria*, in D.S.M.C.I., vol. III/2, p. 564; ma soprattutto A. SCATTIGNO, *Il cardinale Mistrangelo (1899-1930)*, in *La Chiesa del Concordato*, a cura di F. MARGIOTTA BROGLIO, cit., pp. 197-259.

l'occasione per simulare una piena sintonia col nuovo arcivescovo chiedendo al card. Rampolla di mandare il *dono* chiesto al papa per gli associati all'*Unità Cattolica*, per mezzo del Mistrangelo. Rampolla evitava gli imbarazzi all'arcivescovo mandando tutto direttamente al Sacchetti[255]. Di questo il nuovo arcivescovo era riconoscente: «Ciò poteva dare non solo motivo al Governo, che non ha peranco smesso del tutto il sospetto della mia *intransigenza*, di ritardarmi ancora il R. Exequatur; ma mi avrebbe compromesso con la massima parte del Clero e del patriziato fiorentino accanita nell'osteggiare il Giornale Cattolico e chi lo favoreggia»[256]. Gli stessi vescovi toscani, anche se non tutti, «insistevano massimamente nell'affermare che era acre e mordace soverchio, poco ossequiente ai Vescovi, poco rispettoso del Clero e che i redattori volevano denari dall'Episcopato, ma non consigli, che non avevano seguito anche dati»[257]. Di parere opposto era Leone XIII. Il pontefice, infatti, ricevendo un pellegrinaggio fiorentino, aveva avuto, rivolto all'arcivescovo Mistrangelo, parole di encomio per Mastracchi e indirettamente per Sacchetti e per il foglio integralista: «*Questi sono valorosi scrittori e cattolici schietti. Noi leggiamo tutti i giorni l'"Unità Cattolica" e ne siamo soddisfattissimi*»[258]. Quindi, la Santa Sede e il papa appoggiavano l'*Unità Cattolica*, i vescovi e molti cattolici toscani non erano dello stesso avviso, troppi erano i suoi difetti.

Quale fosse «il vero stato» dell'*Unità Cattolica* «di fronte ai Fiorentini ed ai Toscani» all'inizio del '900 era descritto in una Lettera «riservata» inviata al cardinal Rampolla da un gruppo di "giovani" cattolici fiorentini[259]. La Lettera nasceva in risposta a quella elogiativa, scritta dal

---

[255] *ASV, SS, 1902, Rubr. 162, fasc. 1*, f. 138, minuta. Lettera del Card. Rampolla a G. Sacchetti, Roma, 6 novembre 1899. «Non v'ha dubbio che la novella prova della Pontificia benevolenza animerà i redattori del benemerito giornale a perseverare nel lodevole proposito di servire con zelo la causa cattolica, ed essi certamente non ignorano quanto a raggiungere meglio il loro scopo sia per giovare la deferenza ai Vescovi della provincia, che, per essere divenuta il principale campo della loro azione, è anche destinata a goderne per la prima i benefici effetti». Per il testo della Lettera Pontificia del 20 novembre 1899, cfr. *Ibidem.*, f. 139, copia.

[256] *ASV, SS, 1902, Rubr. 162, fasc. 1*, ff. 134-135, originale. Lettera di Mons. A. Mistrangelo al Card. Rampolla, Pontremoli, 3 novembre 1899.

[257] *ASV, SS, 1902, Rubr. 162, fasc. 1*, f. 135, originale. Lettera di Mons. A. Mistrangelo al Card. Rampolla, Pontremoli, 3 novembre 1899.

[258] [E.] MASTRACCHI, *Recentissime. Nostri dispacci particolari. Leone XIII e i fiorentini*, 28 aprile 1900, p. 3. Il ricevimento in S. Pietro era del giorno prima. L'archidiocesi aveva offerto al papa un obolo di £. 10.000 in oro e l'*Unità Cattolica* un assegno di £. 2.430.

[259] Sono ben leggibili le firme di quattro dei sei firmatari: Giuseppe Fabbrini, Guido (?) Santacroce, Giuseppe Goretti (?), Andrea Torricelli, Luigi Cipollaro e A. R. Bürgisser. Avevano sostenuto l'*Unità Cattolica* «o con la penna o con l'obolo o con la propaganda». Si trattava di giovani cattolici industriali e figli di industriali e commercianti

Cardinale alla direzione del *Unità* nel settembre 1901, in cui si insisteva sul ruolo primario che la stampa cattolica, in particolare, il foglio margottiano dovevano esercitare in Toscana, per la rinascita dell'azione cattolica. Per questi giovani: «difficoltà sempre più gravi, indipendenti per buona parte dai cattolici Toscani», rendevano «quasi impossibile nelle presenti circostanze il desiderato rigoglio di vita in quel giornale»: l'*Unità* si era «alienata gli animi di molti», per i suoi «difetti principali» legati essenzialmente alla sua concezione intransigente di giornalismo cattolico e ai metodi e modi poco corretti della direzione del giornale[260].

Sacchetti cercava di spiegare questa situazione individuando le ragioni di tanta ostilità nel tessuto storico-politico-religioso della Toscana. L'*Unità* era «vittima degli ultimi rimasugli del giansenismo e del regalismo»[261]. Il cattolicesimo leopoldino e il movimento giansenista toscano avevano infatti lasciato nella borghesia e nel patriziato delle varie città un'avversione contro il cattolicesimo romano e contro ogni forma di intransigenza. Per questo il direttore dell'*Unità* denunciava: «viviamo in una terra, ove sussistono tuttavia gli ultimi rampolli di una setta, che fu un po' giansenista, un po' regalista, un po' febroniana, un po'(anzi molto) farisaica: una setta per la quale l'amore e la devozione al Papa, la difesa dei suoi diritti, la fedeltà e l'obbedienza cieca a' suoi ordini, costituiscono il più nero dei delitti»[262].

A dare poco spazio all'*Unità Cattolica*, in Firenze in particolare e in Toscana in generale, contribuiva l'organo del cattolicesimo conciliatorista: la *Rassegna nazionale*[263]. Gli stessi settimanali moderati le erano ostili. Fra questi *La Stella cattolica* negava «la qualità di giornale cattolico fiorentino all'*Unità Cattolica*»[264]. Soprattutto il giornale di Sacchetti

---

protagonisti del movimento cattolico fiorentino. Formati ad una cultura cattolica aperta ai fermenti, erano più vicini alle posizioni dei giovani murriani che a quelle dei vecchi intransigenti. Oltre al già citato Bürgisser tra i firmatari un certo peso era esercitato dal Torricelli Andrea (Firenze 1878-1965), su di lui si veda R. TORRICELLI, *Torricelli Andrea*, in D.S.M.C.I., vol III/2, pp. 852-853.

[260] *ASV, SS, 1902, Rubr. 162, fasc. 1*, ff. 171-175, originale. Lettera di un gruppo di cattolici fiorentini al Card. Rampolla, Firenze, 27 ottobre 1901.

[261] Cfr. [G. SACCHETTI], *A Leone XIII nel suo giorno onomastico*, 20 agosto 1899, p. 1 art. di fondo.

[262] Cfr. [G. SACCHETTI], *L'anniversario della risurrezione dell'«Unità Cattolica»*, 10 settembre 1899, p. 1 art. di fondo.

[263] Cfr. O. CONFESSORE, *Conservatorismo politico e riformismo religioso. La Rassegna nazionale dal 1898 al 1908*, Bologna 1971. Erede dello spirito del Capponi, del Lambruschini e del Ricasoli, la *Rassegna nazionale* aveva un programma, ben diverso da quello dell'*Unità*: propugnava un cattolicesimo intimistico e spiritualizzato, un antitemporalismo, e una politica conservatrice nazionalista.

[264] Ripetutamente il Sacchetti lamentò e inviò alla Santa Sede gli articoli della *Stella cattolica* poco favorevoli all'*Unità*: cfr. *ASV, SdS, 1902, Rubr. 162, fasc. 1*, f. 66, originale. Lettera di G. Sacchetti al Card. Rampolla, Firenze, 9 maggio 1896. «Mi

si scontrava con i nuovi periodici settimanali del movimento democratico cristiano murriano, che stavano compiendo una completa trasformazione nei cattolici toscani[265]. Proprio in Firenze cominciava a furoreggiare *La Bandiera del Popolo*[266] «mezzo potente di propaganda antisocialista» che aveva «raggiunto le sei, le sette, ed anche qualche volta le dodicimila copie per numero», quando l'*Unità Cattolica* «in tutta la Toscana non diffonde[va] più di 1300 copie al numero»[267].

Tra le battaglie del Sacchetti possiamo annoverare la difesa del potere temporale del papa[268], la richiesta della libertà d'insegnamento cattolico, propugnata all'interno di una concezione integralista della scuola e dell'istruzione, e nell'intento di salvare i diritti educativi della famiglia

---

prendo la libertà di spedirle un numero della *Stella Cattolica* [...]. Stavvi un articolo, che nei punti specialmente segnati in *bleu* mi permetto di sottomettere all'attenzione dell'Eminenza Vostra. In esso si condannano col disprezzo i *voti* fatti dal Congresso Cattolico di Arezzo e si nega la qualità di giornale cattolico fiorentino all'*Unità Cattolica*, escludendo poi da quel che è movimento religioso cattolico quelle opere tutte, che il Santo Padre inculca e benedice, e che a Firenze non esistono. Rappresentante della *Stella Cattolica* nel recente pellegrinaggio toscano a Roma era un sacerdote, caudatario di S. E. il Cardinale Bausa e collaboratore da lungo tempo di quel giornale». Il settimanale era nato nel 1872.

[265] A Firenze ricordiamo la *Bandiera del Popolo*, uscito il 5 marzo 1901, considerato dopo il *Domani d'Italia* (di Bergamo) il primo foglio d.c. della penisola. Nella diocesi di Pistoia e Prato v'era *L'Operaio* nato nel 1897, era stato tra i primi a innalzare in Toscana la bandiera della d.c. A Pescia il settimanale del movimento d.c. era costituito da *La Croce* sorto come piccolo *Bollettino* dei pellegrinaggi, divenuto via via sempre più attento ai temi della vita sociale. A Siena il periodico settimanale cattolico vicino al movimento d.c. era *Il Popolo di Siena*. Per approfondimenti su questi periodici cfr. A. FERRANDINA, *Censimento della stampa cattolica in Italia. Note statistiche-storiche-critiche*, Napoli 1903, pp. 264-275.

[266] Cfr. «La Bandiera del Popolo», 21 dicembre 1902. Ecco cosa scriveva del suo successo nella fredda e apatica compagine cattolica toscana: «Sebbene guardati di mal'occhio, anzi osteggiati da quelli, a'quali la democrazia cristiana è un pruno negl'occhi, ci siamo conquistati un largo favore nel pubblico, abbiamo potuto fare un'attiva propaganda delle nostre idee e ne' suoi due anni di vita la *Bandiera del Popolo* ha avuto la grande soddisfazione di vedersi crescere attorno enormemente il numero degli amici, di poter promuovere in Firenze e in molti centri importanti della Toscana istituzioni e società, che fioriscono e crescono con grande vantaggio della causa del popolo cristiano, di avere cooperato all'elezione di parecchi nostri amici nei comuni, di aver tenuto fronte con assalti e difese energiche all'audacia dei socialisti che in molti paesi si sono sentiti tagliare i nervi dal nostro foglio e che ci onorano facendoci una guerra spietata, proibendo la *Bandiera del Popolo* ai loro compagni, impedendone la diffusione, bruciandola, rubandola e in via ordinaria scagliandoci addosso ogni sorta di vituperi». Nonostante le difficoltà nel 1903 la tiratura ordinaria oscillava tra le 4/5000 copie settimanali: cfr. A. FERRANDINA, *Censimento*, cit., p. 265.

[267] *ASV, SS, 1902, Rubr. 162, fasc. 1*, ff. 171-175, originale. Lettera di un gruppo di cattolici fiorentini al Card. Rampolla, Firenze, 27 ottobre 1901.

[268] Non dimentico il Sacchetti di quanto aveva compiuto nel 1870 arruolandosi nel Corpo Volontari pontifici nell'inutile ed estremo tentativo di salvare lo Stato pontificio: cfr. G. DE ROSA, *Giuseppe Sacchetti e la pietà veneta*, cit., pp. 63-73.

e della Chiesa[269]. In questo senso ricordiamo le significative affermazioni fatte dal Sacchetti al Congresso di Pavia (1894):

> «Noi invochiamo libertà d'insegnamento cattolico non per scopi di partito nè per sottintesi politici, nè per minare le leggi, istituzioni, autorità costituite, sibbene per salvare dall'estrema catastrofe il consorzio civile. Noi invochiamo la libertà dell'insegnamento perché non giudichiamo sanabili le scuole laiche con un po' d'insegnamento religioso che vi si introduca. Noi vogliamo la libertà delle scuole per inculcare le verità religiose non come preservativo a vantaggio d'una borghesia incredula che ama diguazzare sicuramente, senza trepidazione nel pantano dei godimenti sensuali, sibbene vogliano insegnarle come verità assolute, necessarie a tutti, poveri e ricchi, ignoranti e dotti, deboli e forti, giovani e vecchi, cittadini privati e uomini pubblici, per servire in questa vita il Signore e goderlo nell'altra»[270].

Tra gli articoli di fondo del direttore in difesa del potere temporale e relativi alla questione romana apparsi sull'*Unità Cattolica* ricordiamo i più significativi: *Il fetore di Roma intangibile nel venticinquesimo anniversario della breccia*, 2 agosto 1892. In previsione dell'Esposizione nazionale in Roma del 1895; *Il Sommo Pontefice sotto la tutela di Francesco Crispi*, 2 agosto 1895; *La questione romana presso i liberali e presso i cattolici*, 31 agosto 1895; *La festa anticlericale settembrina e i clericali intransigenti*, 1 settembre 1895; *La necessità del dominio temporale dichiarata nell'aula di Montecitorio*, 29 novembre 1895; *Il potere temporale e l'istruzione religiosa nelle scuole*, 6 luglio 1897; *La questione romana insoluta ossia il pericolo clericale*, 23 settembre 1897; ecc.

[269] Tra i numerosi articoli si veda: *La scuola cristiana perché sia avversata dai laici*, 12 agosto 1894, p. 1 art. di fondo. La risposta, per il Sacchetti, era semplice la rivoluzione faceva della scuola uno strumento potente per distruggere la Chiesa, per questo la scuola doveva essere senza Dio. Cfr. *Scuola laica e stampa liberalesca genitrici dell'anarchia*, 22 agosto 1894, p. 1 art. di fondo. Ancora: *La scuola laica e il deputato Italo Salsi*, 15 giugno 1895, p. 1 art. di fondo. Il Salsi da maestro venne eletto deputato socialista nelle elezioni del 1895 che videro l'avanzata dei socialisti. Ecco il commento del Sacchetti di fronte agli allarmi della stampa liberale: «Oh, sì! la scuola laica è davvero una pubblica "vergogna" [cfr. «Gazzetta Provinciale di Bergamo», 12 giugno 1895]. Quando essa dà prova d'un senso morale sì basso, ha un bel gridare la *Nazione* [cfr. 10 giugno 1895] contro i maestri socialisti; questi ancora sembrano essere i migliori, perché almeno non ipocristi. [...]Se la *Nazione* vuol purgare le scuole elementari dal socialismo, cominci col chiedere che ne sia bandito il laicismo. Se la scuola non tornerà cristiana, sarà un semenzaio eterno di sovvertitori, ovvero di gente che il socialismo e le gesta, per quanto ipotetiche, d'Italo Salsi riguardano come un'esplicazione un po' controversa della scienza pedagogica moderna, laica e patriottica!». Cfr. pure *Il "Pater Noster" nelle scuole e la questione sociale*, 7 luglio 1897, p. 1 art. di fondo; *L'abolizione del catechismo nell'insegnamento officiale*, 15 gennaio 1904, p. 1 art. di fondo; *Il pericolo sociale della scuola senza Dio*, 6 febbraio 1904, p. 1 art. di fondo; *L'ipocrisia dello Stato laico e l'insegnamento religioso nelle scuole*, 17 gennaio 1905, p. 1 art. di fondo; ecc.

[270] Passo cit. da S. TRAMONTIN, *L'intransigentismo cattolico e l'Opera dei Congressi*, cit., p. 154.

Altro argomento ricorrente: l'astensionismo politico, che, per tutto il pontificato "leonino", venne inteso come norma assoluta, obbligatoria per i cattolici[271]. La campagna di opposizione al governo liberale portò il giornale fiorentino e l'altra stampa intransigente ad un'aspra polemica che culminò nei già menzionati processi per «sovversivismo» durante i tumulti del '98. Con l'affermarsi, poi, del murrismo, cambiarono gli obiettivi della polemica sacchettiana. I suoi nemici divennero la democrazia cristiana e il modernismo[272].

Il Cardinale Sarto, eletto papa, non nascondeva la stima per il Sacchetti, che conosceva e apprezzava quando ancora si firmava "Beppe Coda". Ma proprio in questi anni, il direttore dell'*Unità Cattolica* appariva sempre più un uomo solo e, se pur coerente fino in fondo con i principi dell'intransigentismo, oramai da molti ritenuti sterili e superati, avvertiva inesorabilmente il declino del suo prestigio. Con un breve del 15 giugno 1904 Pio X conferiva la Commenda di S. Silvestro al Sacchetti[273].

---

[271] Cfr. [G. SACCHETTI], *Se i cattolici voteranno nelle prossime elezioni politiche*, 22 maggio 1895, p. 1 art. di fondo: «Sì, il colpo fu opportunamente dato e perfettamente assestato. Il pontefice ricordò ai cattolici italiani, e anche ai non cattolici, l'esistenza d'una questione papale, che è assai, più grave, più alta, più terribile d'ogni questione crispina, o anticrispina; sacrificare interessi d'ordine superiore a interessi d'ordine molto inferiore, sarebbe atto, non solo di colpa, ma d'insensataggine in tutti, ma viè più nel Capo visibile della Chiesa. Il *non expedit* è la tutela di quegli interessi altissimi, che la rivoluzione vorrebbe troppo presto dimenticati e prescritti. E il *non expedit*, come fece il suo effetto nel passato, lo farà in avvenire, non ostante il maggiore o il minore numero di quei ribelli, i quali, credendosi più sapienti del Papa, o amanti della patria meglio di Lui, andranno ad aggravarsi la coscienza di un voto per gente egualmente nemica della patria e della Chiesa». Dello stesso tenore e sempre del Sacchetti erano i seguenti articoli di fondo: *L'ubriacatura dei liberali e l'astensione dei cattolici*, 23 maggio 1895; *Nè eletti, nè elettori risposta al discorso di F. Crispi*, 25 maggio 1895; *Il trionfo dei cattolici nelle elezioni politiche d'ieri*, 28 maggio 1895; *Il pianto de' coccodrilli sul progresso del socialismo*, 1 giugno 1895; *Le elezioni generali e poi?*, 20 maggio 1900; *La conciliazione col Papato e l'astensione politica dei cattolici*, 23 maggio 1900: «ancora non sono cominciate, ma forse principieranno presto le lusinghe, le moine, le caccabaldole, perché ci prestiamo a dare una mano al partito dell'"ordine" nella sua lotta contro il socialismo. Baie! Non può essere amico dell'"ordine" un partito, che è nemico del Papa. Respingiamo tutte le tentazioni e stiamo fermi all'obbedienza, gridando: Nè eletti, ne elettori! Viva Leone XIII!»; ecc. ecc. Il Congresso di Milano (1897) costituì il momento di maggiore gloria del Sacchetti. La sua relazione (cfr. G. SACCHETTI, *Il «non expedit» di fronte al pericolo sociale. Discorso proferito il 1° settembre 1897 al XV congresso cattolico in Milano*, Firenze 1897), segnò «l'apogeo dell'intransigentismo», e fu, secondo il De Rosa, l'ultimo grande discorso dell'intransigenza cattolica (cfr. G. DE ROSA, *Giuseppe Sacchetti e la pietà veneta*, cit., p. 124).

[272] Cfr. *infra*, pp. 97-110. Tra i saggi più significativi ricordiamo quello di P.L. BALLINI, *Il Movimento cattolico a Firenze (1900-1919)*, Roma 1969, *passim*.

[273] Cfr. 17 giugno e 18 luglio 1904, p. 1.

Negli ultimi tre anni il Sacchetti fu affetto da un grave disturbo intestinale. La morte lo coglieva improvvisamente il 20 ottobre 1906. Aveva 62 anni e da oltre 40 aveva militato nel giornalismo cattolico. L'*Unità Cattolica* usciva listata a lutto, parlava di «tremenda sciagura» e piangeva il suo direttore chiamandolo: «atleta della penna» e «primo polemista cattolico dei giorni nostri». Uomo fermo e indomabile di carattere, si era spezzato ma non mai piegato. Il mondo ecclesiale e quello giornalistico d'ogni colore gli tributavano un vero «plebiscito di ammirazione e compianto»[274]. La sua gestione, nonostante tutto, aveva dato un certo rilancio all'*Unità Cattolica*. I suoi tratti essenziali di giornalista cattolico erano evidenziati, con un po' di retorica, dalla stampa avversaria: «la fermezza dei suoi convincimenti», «l'acutezza della sua polemica, l'amabilità, la bontà dell'animo», «sapeva combattere in modo che nessun rancore rimanesse dopo i suoi vivacissimi, acutissimi e taglienti articoli»[275]. Lottò contro i nemici dentro e fuori la Chiesa, ma fu sempre «polemista agile e acuto, schermeggiatore dal giuoco sapiente e sottile, quasi sempre cauto, rare volte impetuoso, non sempre caustico sebbene arguto, sleale e ingeneroso mai»[276]. Integralista e intransigente per tutta la vita, il suo pensiero e la sua azione non a caso venivano messe accanto a quella del Margotti del quale, da buon «discepolo», aveva saputo continuare le «gloriose tradizioni»[277]. Sacchetti rappresentava, però, la vecchia scuola del «giornalismo clericale», più attenta ai «principii» che ai «fatti»[278]. Il giornale fiorentino poi non aveva saputo approfittare dei progressi tecnici della stampa e di questo il Sacchetti ne fu certo il responsabile principale, nonostante gli apparenti rammarichi[279].

---

[274] Cfr. [E. MASTRACCHI], *Una tremenda sciagura*, 21 ottobre 1906, p. 1. Necrologio. Cfr. in particolare i numeri 23, 24, 25, 28 ottobre 1906. Fra gli altri necrologi dedicati al Sacchetti si vedano quelli apparsi su «Civ. Catt.», 1906, IV, pp. 362-364; F. SACCARDO, *G. Sacchetti*, in «La Difesa», 27 ottobre 1908. Per onorarne la memoria «in più stabile modo» furono avanzate diverse proposte: un monumento marmoreo, o una raccolta antologica dei suoi articoli più pregevoli: cfr. Avv. E. MASTRACCHI, *Ai lettori "dell'Unità Cattolica"*, 28 ottobre 1906, p. 1 art. di fondo. Non ci risulta, che simili progetti, siano stati realizzati.
[275] Cfr. «Fieramosca» di Firenze, 22 ottobre 1906.
[276] «Il Nuovo Giornale» di Firenze, 22 gennaio 1906.
[277] Cfr. [E.] M.[ASTRACCHI], *Nel trigesimo dalla tumulazione della salma di Giuseppe Sacchetti*, 24 novembre 1906, pp. 1-2.
[278] Cfr. *Parla il Maestro!*, 26 ottobre 1906, p. 1 art. di fondo. Non mancarono «articoli speciali, scritti da competentissime persone, sulle questioni del giorno», ma furono occasioni sporadiche: cfr. [G. SACCHETTI], *La collaborazione dei lettori alla stampa cattolica*, 30 gennaio 1904, p. 1 art. di fondo.
[279] Cfr. *Parla il maestro*, cit.

V. ENRICO MASTRACCHI (1906-1907. 08).

Alla morte del Sacchetti, che era insieme direttore e amministratore, il giornale rischiò di morire con lui[280], ed entrò in un periodo di crisi economica cronica[281]. Il Mastracchi dopo aver condiviso per «quattordici» anni «le fatiche, le amarezze, i dolori con Giuseppe Sacchetti», diveniva, il 27 ottobre 1906, "assoluto ed unico" direttore. Confidava negli aiuti celesti e umani (papa, vescovi italiani, associati):

> «Mi verranno meno quegli aiuti e quell'appoggio, attesi i miei demeriti, la tarda età e la scarsezza dell'ingegno mio? Sarò contento lo stesso, e cederò molto, ma molto volentieri ad altri il mio posto. Per il momento so questo soltanto. Che il dovere m'impone di restare sulla breccia, perché la bandiera dell'*Unità Cattolica* continui a sventolare senza ripiegamenti come ha sventolato finora»[282].

Il periodo di gestione del vecchio, nelle idee e negli anni, avvocato, fu breve e coincise con il passaggio di proprietà del giornale dagli eredi Margotti ai vescovi toscani. L'episcopato toscano, dopo la morte del Sacchetti, assecondando il desiderio del papa, iniziò le pratiche per assumersi la proprietà del giornale, svincolandolo dagli eredi Margotti, che tra l'altro, a partire dal 1897, come abbiamo già detto, avevano concesso a Sacchetti e Mastracchi la «gestione temporanea del tutto gratuita». L'arcivescovo di Pisa, card. Maffi, aveva avuto dai vescovi toscani il mandato di portare a termine le trattative che, in stretta intesa col papa, si conclusero nel maggio 1908[283]. Inizialmente ai vescovi toscani parve che il fattore economico fosse il problema più urgente per

---

[280] *CSMU, Carte Cavallanti*, copia. Lettera del Card. Maffi a Mons. Mistrangelo, Pisa, 26/31 dicembre 1907. In questa lettera di resoconto scriveva al riguardo: «Alla morte del compianto Com.tor Sacchetti abbiamo avuto [Episcopato toscano] l'Unità gravata di circa 12.000 lire di debiti, d'altre 8.000 lire fra il disavanzo del 1907, e tuttavia l'*Unità* viene ora consegnata [a mons. Bufalini] senza debiti».

[281] Cfr. *L'Unità Cattolica non muore!*, 21 dicembre 1907, p. 1 art. di fondo. «Il Santo Padre Pio X, avendo ricevuto in dono dagli eredi Margotti l'*Unità Cattolica*, su proposta dell'intero Episcopato Toscano - desideroso di conservare all'Italia e particolarmente alla sua regione questo giornale schiettamente cattolico migliorandone ad un tempo le condizioni - » mandava al giornale un suo «autografo» di incoraggiamento; *Sottoscrizione pro «Unità Cattolica»*, 11 gennaio 1908, p. 1. In occasione di un'offerta dell'arciv. Mistrangelo, la direzione ricordava che grazie al suo interessamento «*L'Unità Cattolica* non seguì nella tomba il sempre compianto suo Direttore comm. Sacchetti». A questo riguardo, cfr. Lettera Sacchetti-Aquaderni, in *Appendice*, Doc. 6.

[282] Avv. E. Mastracchi, *Ai lettori "dell'Unità Cattolica"*, 28 ottobre 1906, p. 1 art. di fondo.

[283] Su tutta la vicenda, cfr. L. Bedeschi, *Nuovi documenti per la storia dell'antimodernismo*, cit, pp. 404 ss.

risolvere la crisi in cui si trovava il giornale[284]. Solo più tardi si pose l'accento sull'indirizzo "politico" del giornale, e si prese in seria considerazione la questione di un nuovo direttore e di nuovi collaboratori per il periodico. Per il problema amministrativo, nel 1907, si pensò di affidare al ricco industriale fiorentino Bürgisser la gestione economica del giornale. Questi, dopo un iniziale interessamento, rinunciò. I propositi di miglioramenti, proposti dai vescovi e accettati da Bürgisser, erano guardati con sospetto dalla vecchia redazione.

Intanto in piena lotta antimodernista, il giornale nel 1907 scemava di tono, diveniva «povero e meschino con qualche articolo di fondo» che riceveva «di qua o di là» o riproduceva «dall'*Osservatore Romano* o dalla *Difesa*»; il problema era serio, la direzione del giornale non era all'altezza della situazione, quello che veniva fatto per «la nostra causa» era giudicato dal vescovo Jorio di Taranto «troppa poca cosa»[285]. In realtà nel corso del 1907 Mastracchi fu direttore solo nominalmente; l'episcopato stava cercando un nuovo direttore; tra i candidati si facevano i nomi dei sacerdoti Giandomenico Pini di Milano, Anastasio Rossi di Roma, Faraoni di Firenze e, nel 1908, quello di Nazareno Ignazi. Tutti per motivi diversi non accettarono[286]. Mons. Maffi era contrario apertamente, fin dal dicembre 1906, a De Töth, sostenuto invece da mons. Bufalini[287]. Tuttavia la questione del direttore era assai più delicata, perché era in pericolo la linea ideologica del giornale stesso. Questo clima di incertezza consentiva ai sacerdoti De Töth e Cavallanti di esercitare un ruolo chiave nella redazione del foglio fiorentino, orientandolo a posizioni sempre più intransigenti. Naturalmente tutto era fatto «col papa e per il papa sempre». Pochi mesi dopo il Mastracchi veniva nominato direttore emerito con stipendio a titolo di pensione. Accanto all'annuncio del pensionamento del Mastracchi si rendeva nota la nomina del De Töth a direttore «coadiuvato» da Cavallanti[288].

---

[284] In questo senso si veda la citata Lettera del Card. Maffi a Mons. Mistrangelo, Pisa, 26/31 dicembre 1907.
[285] *CSMU, Carte Cavallanti*, copia. Lettera di Mons. Jorio a Mons. Mistrangelo, 14 dicembre 1907. Il vescovo aveva "imposto" l'*Unità* al suo clero, cfr. «Unità Cattolica», 3 novembre 1908.
[286] Cfr. L. BEDESCHI, *Nuovi documenti*, cit, pp. 408, 419.
[287] *CSMU, Carte Cavallanti*, copia. Lettera del Card. Maffi a Mons. Mistrangelo, 21 dicembre 1906.
[288] Cfr. *La Direzione dell'Unità Cattolica*, 21 marzo 1908, p. 1. Il comunicato della direzione del giornale annunciava le dimissioni del Mastracchi, ufficialmente presentate, «in seguito alla sua già di molto avanzata età, e a nuove prescrizioni dei medici», che lo costringevano «a ritirarsi dal lavoro giornalistico e quindi dall'*Unità*», di cui tuttavia continuava «ad avere la direzione onoraria».

VI. PAOLO DE TÖTH (1908-1909) E LA CRISI QUALITATIVA DEL GIORNALE.

Paolo De Töth[289], di famiglia d'origine ungherese, era nato ad Udine il 7 marzo 1881. Rimasto orfano in tenera età, dopo un travagliato vagare dal noviziato carmelitano di Udine a quello di Venezia, da Treviso ai salesiani di Faenza, veniva ordinato sacerdote diocesano a Spoleto nel 1906. Nel 1913 era incardinato a Fiesole (dove viveva dall'ottobre 1909 dopo la sua cacciata dall'*Unità Cattolica*), dal 1930, fino alla morte (1965), fu parroco nella frazione di Maiano[290]. Le credenziali del De Töth non erano delle migliori: studi irregolari, temperamento arrogante ed ambizioso, problemi disciplinari con i superiori dei vari istituti dove era passato[291]. La sua stessa attività di pubblicista lo aveva visto esordire autodidatta nel mediocre ed apologetico quindicinale montefalchese del can. Muzzi, le *Meraviglie di Dio*, che De Töth trasformerà nel 1906, una volta divenutone direttore, in *Armonie della Fede*, con il sottotitolo «Periodico di cultura religiosa antiriformista[292]», rendendolo ferocemente antimodernista. A Montefalco, nell'ambito dei collaboratori delle *Meraviglie di Dio* e poi delle *Armonie della Fede*, il De Töth aveva allacciato le sue prime e importanti amicizie, con gli ambienti della cultura intransigente[293]. Tra questi amici il De Töth ebbe sempre una particolare venerazione per il p. Mattiussi, suo vero sostenitore e «maestro indimenticabile», era questo gesuita a suggerirgli polemiche e schemi di articoli[294]. La firma del De Töth nelle *Armonie della Fede* compariva dal maggio 1906

---

[289] Il periodo della direzione De Töth-Cavallanti è stato studiato dal Poulat e dal Bedeschi, che ha consultato le *Carte Cavallanti* dell'Archivio della Curia arcivescovile di Firenze. E. POULAT, *Intégrisme et catholicisme intégral*, cit., pp. 434-437; L. BEDESCHI, *Nuovi documenti per la storia dell'antimodernismo. De Töth e Cavallanti alla direzione dell'Unità Cattolica*, cit., pp. 396-460. Solo una parte del materiale è tornato a Firenze. Una grossa quantità di queste *Carte Cavallanti* è conservata oggi presso il *Centro per storia del Modernismo* di Urbino. Abbiamo potuto consultare questa parte di documenti gentilmente passatici dallo stesso Bedeschi che qui cogliamo l'occasione per ringraziare.

[290] Cfr. L. BEDESCHI, *E' morto a Fiesole don Paolo Töth il polemista dell'«Unità Cattolica»*, in «Avvenire d'Italia», 28 dicembre 1965.

[291] Cfr. L. BEDESCHI, *Nuovi documenti* ... cit., pp. 413 ss. Lo stesso Buonaiuti, gli rinfaccerà, durante la durissima polemica antimodernista, di essere stato «espulso da tre ordini religiosi per ragioni gravissime»: cfr. «Rivista storico-critica delle Scienze Teologiche», 3 (1910), p. 245.

[292] Cfr. a partire dal numero del 20 maggio 1906.

[293] Erano gesuiti intransigenti (Gismano, Mattiussi, Cerasoli, Barbieri, Taverna, Carrara), sacerdoti della scuola dell'Albertario di Milano (Bertani, Bonacina, Cappellazzi), gli agostiniani sanfedisti di Siena (Bellandi e Ruelli), gli oratoriani antimodernisti (Colletti, Cereseto), ecc.: cfr. L. BEDESCHI, *Nuovi documenti*, cit., pp. 416-417.

[294] Cfr. [P. DE TÖTH], *Filippo Sassoli de' Bianchi*, Firenze 1958, p. 31, nota 1.

puntualmente nella rubrica polemica *"Ragioni e risposte"* con attacchi "forti" al modernismo, intrisi d'integralismo sicuro, impeto polemico degno d'attenzione e sotto recensioni che difendevano la linea teologica tradizionale. Sempre a partire dal 1906 uscivano saltuariamente sull'*Unità Cattolica*, suoi articoli polemici e superficiali, a favore del tomismo e contro paventati scismi nella chiesa per opera dei modernisti, piccole cose che sarebbero servite a farlo conoscere, in cui si firmava Tommaso, nome di religione assunto nel noviziato dei carmelitani calzati di Venezia, dove era entrato, nel 1889, e con la qualifica abusiva di «professore»[295]. Come De Töth si sia inserito nella vita del giornale, chi l'abbia sostenuto inizialmente, e chi l'abbia fermato poi, non è possibile desumerlo dalle colonne dell'*Unità*, che si limita ad annunciare la sua nomina a direttore, nel marzo del 1908[296], e la sua sostituzione nel 1909[297]. Di grande luce possiamo dire siano le "Carte Cavallanti", le quali chiariscono in buona parte le varie ed intricate vicende di questo periodo. Due uomini, pare, abbiano contribuito a far giungere il De Töth alla direzione dell'*Unità Cattolica*: il gesuita p. Mattiussi[298] e mons. Bufalini[299]. De Töth, invece, sostenne sempre di essere stato mandato a Firenze «per volere» dal papa[300]. A fermarlo, come vedremo in modo dettagliato tra

---

[295] Cfr. a titolo d'esempio i numeri del 24 e 26 agosto 1906.

[296] Cfr. *La Direzione dell'Unità Cattolica*, cit. «Da oggi la direzione effettiva dell'*Unità* viene assunta dal Sac. P. De Töth, coadiuvato dal Sac. A. Cavallanti».

[297] Cfr. 15 agosto 1909, p. 1. Con un comunicato stringatissimo si annunciava ai lettori la nomina di Cavallanti a nuovo direttore dell'*Unità Cattolica*. Del De Töth, nessuna menzione, segno evidente di *damnatio memoriae*.

[298] Cfr. L. BEDESCHI, cit., p. 417. L'Autore osserva: «Certo il collegamento con p. Mattiussi - al quale lo legava la stessa terra friulana - e con gli altri gesuiti del gruppo intransigente può spiegare come questo ramingo ex novizio carmelitano abbia potuto in breve tempo da Montefalco inserirsi fra i collaboratori dell'*Unità Cattolica* di Sacchetti, stringere rapporti con mons. Bufalini di Siena tanto devoto ai gesuiti, essere presentato a mons. Bressan segretario particolare del papa, trovare infine ospitalità nella diocesi di Firenze e infine di Fiesole».

[299] Cfr. *Ibidem.*, pp. 402 e 417. Mons. Bufalini aveva suggerito il nome di De Töth come direttore del giornale toscano, ancora prima che egli stesso venisse proposto dai vescovi toscani come amministratore. Leopoldo Bufalini (Cortona 1840 - Siena 1917), si interessò della stampa cattolica intransigente. Creò e diresse la Tipografia S. Bernardino in Siena. Si occupò, inoltre, di opere caritativo-assistenziali, a favore di orfanelle, ragazze abbandonate, affidandole alle terziarie Figlie di Santa Teresa da lui fondate. Non ci risulta esistano studi sul Bufalini. La *Civiltà Cattolica* e l'*Unità Cattolica* al momento della sua morte stesero un breve necrologio. Cfr. *Cronaca Contemporanea*, in «Civ. Catt.», 1917, IV, p. 568.

[300] Cfr. Lettera De Töth-Vives y Tutò, in *Appendice*, Doc. 7. Si veda pure *Positio super virtutibus*, cit., p. 177: Inizialmente De Töth ha sostenuto d'esservi stato «mandato dalla S. Sede» (Promemoria a Maffi del 1908), poi quarant'anni dopo nel processo di beatificazione di Pio X d'essere stato chiamato dal papa stesso «a Roma nel 1907 per affidarmi la direzione dell'*Unità Cattolica*». La stessa cosa hanno confermato il Sabatier: cfr. *Les modernistes*, Paris, 1909, p. 46, nota 1: «C'est le pape lui-meme qui a prié l'abbé

poco, pare siano stati il suo caratteraccio caporalesco e nevrotico, il suo essersi assunto in modo dittatoriale la direzione del giornale[301], l'essere entrato in conflitto con mons. Bufalini, il tentativo di defenestrarlo, sostituendolo con il marchese Almerici di Cesena[302], i suoi attacchi a persone e a giornali (soprattutto cattolici), finiti in tante querele dispendiose, per l'amministrazione dell'*Unità Cattolica*, e poi gli attacchi ai vescovi (Ferrari[303], Maffi[304]), alla *Civiltà Cattolica*, alla *Scuola Cattolica*, il passivo in aumento, la tiratura in calo, gli abbonamenti in diminuzione, i suoi viaggi ingiustificati. Insomma creatosi con le sue mani, o quasi, finiva col distruggersi da solo[305]. Significativo il rimprovero del p. Mattiussi al p. Rosa:

Paolo Tommaso De Töth de quitter Montefalco et d'aller à Florence en assumer la direction», e l'amico avv. F. M. Fontana suo confidente: cfr. «Adveniat Regnum», Firenze, n. 1, 1966. Pure nella polemica contro il direttore dell'*Avvenire d'Italia*, De Töth ha sostenuto di essere stato chiamato a dirigere l'*Unità* dal papa: cfr. 4 marzo 1908, p. 2.

[301] *CSMU, Carte Cavallanti*, copia. Lettera di Mons. Mistrangelo a Pio X, Firenze, 21 luglio 1909.

[302] *CSMU, Carte Cavallanti*, copia. Lettera di Mons. L. Bufalini a don A. Cavallanti, Siena, 22 settembre 1909. «Rammenti la gita fatta dal De Töth a Cesena il 14 novembre la gita a Roma la sera del 15. Là fu portata all'arcivescovo la risposta del Marchese Almerici che accettava di sostituirmi e così fu tutto preparato per la udienza del S. Padre il quale confermò ecc. ecc.». Il Bufalini aggiungeva un P.S. «Se non avessi avuto gravissime spese a Livorno, oltre 200 mila lire, farei vedere chi sono io. Con 25 mila lire assicurerei un giornale tutto papale, ma a Pisa. Il progetto l'avrei anche pronto, lo lascerò in eredità. Sebbene abbia 69 anni, non mi manca il coraggio per grandi imprese».

[303] Cfr. *infra*, pp. 126 ss e 178-180.

[304] Venne accusato e denigrato, presso la S. Sede e la Concistoriale, dal foglio fiorentino in seguito al Convegno di Livorno (1908). La polemica sorse dopo le dichiarazioni del redattore del *Fides* di Livorno, raccolte dal giornale fiorentino, per il convegno diocesano di Calci, preparatorio a quello regionale di Livorno. L'articolista del *Fides* aveva minacciato i pisani di prenderli a ... calci se avessero ardito presentarsi a Livorno. Il Card. Maffi partecipò al Congresso (1 nov. 1908), perché pressato dal Papa e dalla direzione generale dell'Azione cattolica, ma il suo discorso non piacque a Roma. In un passo aveva avuto parole dure nei confronti di mons. Bufalini, direttore amministrativo dell'*Unità Cattolica*. Il foglio fiorentino al di là di questo rivendicava per sè e per gli altri giornali intransigenti «il diritto di criticare»: cfr. *Cose a posto*, 31 ottobre 1908, pp. 1-2. Nel medesimo articolo, si faceva il punto sul Convegno di Calci e sulle critiche del *Giornale di Pisa* al redattore Capo del *Fides*. Si riproduceva, poi, la "non" rettifica del *Fides* pienamente condivisa dall'*Unità*: «Ci siamo meglio informati sul Convegno medesimo, ed essendo stati autorevolmente assicurati, che a Calci niente si disse e si fece che non fosse pienamente conforme alle direzioni ed ai desideri dell'E.mo Sig. Card. Arcivescovo Maffi siamo lieti di riformare i nostri giudizi, sereni ed obbiettivi sul detto Convegno, plaudendo a quelli stessi, che avevamo censurato [...]». Gli attacchi dell'*Unità* continuarono. Su tutta la vicenda si veda M. ANDREAZZA, *Alle origini del movimento cattolico pisano: il card. Pietro Maffi e il prof. Giuseppe Toniolo*, Pisa 1991, pp. 83-85.

[305] Cfr. L. BEDESCHI, cit., pp. 421 ss.

«Siete contenti, eh! della vendetta che fa dolce l'ira, per la remozione del De Töth dall'*Unità Cattolica*. Ho da congratularmi con Lei e coi Suoi? No! perché quel poveretto avrà cattivi i nervi irritati sempre, non la volontà nè l'indole nè il cuore. E la sua umiliazione sarà sfruttata dall'*Unione* milanese e da altre di quel colore, come una vittoria, non sull'uomo imprudente, ma sulla causa buona...»[306].

Il fatto che l'episcopato toscano, come abbiamo visto, lo avesse escluso dalla rosa dei candidati, non impedì a De Töth, nel corso del 1907, di farsi strada nella redazione del giornale. Se Bufalini lo proponeva come direttore, mons. Mistrangelo, arcivescovo di Firenze, lo utilizzava come suo messo presso il card. Maffi in ordine al problema del nuovo giornale *Il Popolo Italiano* che doveva nascere a Pisa, e che si presentava come un reale antagonista dell'*Unità Cattolica*. A dicembre era in stretto rapporto col segretario particolare del papa mons. Bressan e col papa stesso dal quale, con un abile "stratagemma"[307], otteneva un autografo a favore di mons. Bufalini[308]. Questa lettera papale[309] spingeva il Bufalini ad assumere la direzione economica del giornale, e apriva all'ex carmelitano le porte della direzione del giornale. In una riunione (30 gennaio 1908) tra Mons. Bufalini «nuovo direttore proprietario dell'*Unità Cattolica*» e De Töth e Cavallanti si confermava assunta «la redazione in capo» «dal De Töth», e l'arrivo definitivo di Cavallanti a Firenze[310].

Di lì a poco, il giornale fiorentino usciva nella sua nuova veste tipografica, carta migliore, formato più grande, notizie accresciute e informazioni d'ogni genere. Il giornale fiorentino era «una necessità» nell'ora presente[311]. Ma aveva bisogno di denaro per poter portare avanti la sua lotta contro il modernismo, per continuare ad essere una «parola certa» in tanta confusione d'idee[312]. Il giornale fiorentino nei primi mesi del 1908, trovando accondiscendente mons. Bufalini, che risiedeva a Siena, pur avendo il peso economico e morale del giornale: «era praticamente in mano a De Töth e a Cavallanti, entrambi nuovi ad un lavoro

---

[306] ACC, *Carte Rosa*, originale. Lettera di p. Mattiussi a p. Rosa, 15 giugno 1909.
[307] CSMU, *Carte Cavallanti*, copia. Lettera del Card. Maffi a mons. Mistrangelo, Pisa 26/31 dicembre 1907. «[De Töth] mi soggiunse aver egli sul labbro di Mons. Bufalini raccolta l'espressione - che ad un desiderio del S.P. Mons. Bufalini assumeva l'*Unità*: questo essere noto al S. Padre, attendersi una nostra parola. Risposi che sarei stato ben contento nel vedere soddisfatto un desiderio dell'Episcopato toscano per l'efficacia di un desiderio del S. Padre [...]».
[308] Cfr. L. BEDESCHI, cit., p. 418.
[309] Cfr. *La parola di Sua Santità Pio X e l'Unità Cattolica*, 5 gennaio 1908, p. 1.
[310] Cfr. *Giornali e Giornalisti*, in «l'Unione», 1 febbraio 1908.
[311] Cfr. LA DIREZIONE, *Ai lettori*, 2 febbraio 1908, p. 1.
[312] Cfr. 11 febbraio 1908, pp. 1-2.

del genere non provenendo da un'esperienza redazionale; entrambi fra i ventisette e i ventinove anni; entrambi noti per articoli polemici antimodernisti; entrambi infine sostenuti dalla protezione, vera o presunta, del papa»[313].

La "condirezione" De Töth-Cavallanti fece uscire il giornale dal grigiore in cui era caduto dopo la morte del Sacchetti, tinteggiandolo di una violenza polemica mai registrata prima. Lo spauracchio del modernismo, la psicosi dell'errore, le corrispondenze cariche di pettegolezzi accusatori, la presunzione di difendere l'ortodossia della fede, portarono molte lettere di approvazione alla nuova *leadership* del giornale, ma anche molte proteste. La diffusione dell'*Unità* continuava tuttavia ad essere modesta. Il direttore amministrativo informando l'arcivescovo sulla scarsa adesione alla campagna abbonamenti tentata dal De Töth, ricordava come alla morte del Sacchetti gli abbonamenti fossero 2131; calati all'inizio del 1907 a 1745 e alla fine dello stesso anno a 1330: era l'anno della *Pascendi*! Gli abbonamenti non erano risaliti nel 1909: su circa 3000 copie che si stampavano complessivamente, 1255 erano gli abbonamenti, 212 copie erano inviate gratuitamente ai vescovi e 24 ai cardinali[314]. Oltre a questo, l'*Unità Cattolica* era da qualche tempo assente nelle grosse battaglie, e preti e frati della toscana notavano il crescente valore dell'*Avvenire* e il calo qualitativo dell'*Unità*. Ad esempio, nell'autunno del 1907, allo scoppiare della campagna anticlericale, a differenza del giornale bolognese, il foglio fiorentino non ebbe articoli in difesa del clero. Così pure, durante la discussione per il catechismo, il giornale non registrò articoli di valore[315]. Proprio di questo periodo sono le polemiche con l'*Avvenire*; con l'*Unione* di Milano, sfociata nella querela da parte di Meda; con la *Civiltà Cattolica*; con la *Scuola Cattolica*; con la *Parola Fraterna*[316]; contro *Nova et Vetera*[317]; contro p. Semeria[318]; contro Murri.

---

[313] L. Bedeschi, cit., pp. 422-423.

[314] *CSMU, Carte Cavallanti*, copia. Lettera di Mons. Bufalini a Mons. Mistrangelo, Siena, 31 luglio 1909. Cfr. pure *Ibidem.*, copia. Lettera di Mons. Bufalini a d. A. Cavallanti, 2 maggio 1910. Oltre ai dati già citati aggiungeva, che il 30 giugno 1907 gli abbonati erano 1548 e il 30 settembre erano calati a 1350.

[315] Cfr. *Il caso De Toth e la Compagnia di Gesù*, in «Avvenire d'Italia», 4 marzo 1908.

[316] Cfr. *E' tempo di parlar chiaro "Parola Fraterna"*, 13 maggio 1908, p. 1. Oltre ad accusare tutto il comitato promotore della rivista di essere composto di modernisti, troviamo descritto efficacemente lo stato d'animo e i metodi della redazione del giornale fiorentino. «L'Unità Cattolica che sta sempre alla vedetta, conobbe subito le arti astute dei novatori: e sebbene presa di mira alle volte da chi avrebbe dovuto aiutarla, pure aiutata, incoraggiata *autorevolmente*, continuò a svelare tratto tratto, ed a mettere in pubblico, i centri, le sedi, i focolari della nuova eresia»; cfr. *La neutralità ... in fatto di fede*, 26 maggio 1908, p. 1 art. di fondo. Contro ogni tentativo ecumenico della rivista *Parola fraterna*: la neutralità in materia di fede oltre ad essere una ipocrisia era giudicata ateismo.

Di alcune di queste si vedano gli approfondimenti nelle pagine successive[319].

L'*Unità* fragorosa e sensazionalista del De Töth aveva finito col disgustare quasi tutti. A denunciarlo al papa era lo stesso Mistrangelo in cerca di un nuovo direttore diverso dal precedente:

> «Beatissimo Padre, prima di prendere una determinazione definitiva circa il don Boccardo, oltre alle informazioni già assunte, volli sentire mons. Marchese, vescovo di Acqui, suo compaesano e Professore. Egli pure me ne sconsigliò perché non fece buoni studi teologici, ha, più che ingegno, audacia, e, come il De Töth vuole fare a modo suo. [...] Intanto, per ciò che riguarda il Direttore, è necessario che manifesti a V. S., come feci in adunanza, il mio pensiero. Le intemperanze del De Töth acuirono le malevolenze che lo spirito battagliero del Sacchetti avea suscitato contro il giornale papale. Anche Vescovi buonissimi, e come si dice, intransigenti, mi fecero sentire le loro lagnanze in proposito. Perfino i Gesuiti la vedono come il fumo negli occhi»[320].

---

[317] Cfr. *Nova et Vetera*, 24 gennaio 1908, p. 1. L'articolo voleva essere un «avviso per gli incauti», metteva «in guardia i lettori» contro eventuali «annunzi, stampe, fogli od altro di essa o inviti ad associarsi» a questa nuova rivista, organo della «condannata e scomunicata» Società Internazionale di cultura religiosa di Roma «formatasi per propugnare, difendere, e propagare il modernismo, e di cui fu primo atto la pubblicazione della famigerata *Risposta* all'enciclica *Pascendi*».
Cfr. *Il* Nova et Vetera. *Condannato*, 31 gennaio 1908, p. 2. Il card. Respighi, vicario di Roma, il 28 gennaio condannava la rivista ingiungendole *ipso facto* di sospendere le pubblicazioni. Il corrispondente ricordava ai lettori come proprio «l'*Unità Cattolica* fu il primo giornale in Italia che mise in guardia il pubblico contro tale dannata rivista».

[318] Cfr. *"Le vie della fede"*, 9 luglio 1908, p. 1 art. di fondo.
Tuttavia l'*Unità Cattolica* si scaglierà contro il padre barnabita soprattutto nel 1912 facendo scoppiare il «caso Semeria».

[319] Cfr. *infra*, pp. 126 ss.

[320] *CSMU, Carte Cavallanti*, copia. Lettera di Mons. Mistrangelo a Pio X, Firenze, 21 luglio 1909.

VII. IL LICENZIAMENTO DEL DE TÖTH E LA "INTRIGATA" NOMINA DEL CAVALLANTI (1909-1915.17).

Con questo stringato annuncio il giornale fiorentino comunicava la nomina del Cavallanti[321]a direttore:

> «Per ovviare a qualunque malinteso potuto creare dalle dicerie di alcuni fogli liberali circa un mutamento di direttiva nel nostro giornale, si fa noto che per ordine superiore la DIREZIONE dell'"Unità Cattolica" è da oggi assunta dal nostro redattore Sac. Alessandro Cavallanti, con IMMUTATO PROGRAMMA di concetti e di indirizzi»[322].

Malintesi da ovviare, ordine dei superiori, e immutato programma politico sembrano essere alla base della nuova nomina. Sulle circostanze della sua chiamata alla direzione dell'*Unità Cattolica*, ci sono lo studio del Poulat[323] e il saggio ben documentato del Bedeschi[324]. Ancora una volta le *Carte Cavallanti* mostrano come in realtà questi abilmente abbia intrigato e «giocato tutti» al fine di assumere le redini dell'*Unità*. Il Bedeschi osserva: «dall'esame di questa cospicua corrispondenza personale esce un tipo piuttosto sleale, calcolatore, viscido e corteggiatore dei personaggi altolocati che a Roma contano»[325].

Di pochi giorni prima della nomina ufficiale, erano due episodi significativi. Da una parte l'annuncio imprudente del Calligari[326], direttore del *Cittadino* di Genova, che, a cose fatte, ringraziava i giornali che si erano rallegrati per la sua nomina a direttore dell'*Unità Cattolica*, nomina, precisava Calligari: «affidatami dal S. Padre»[327]; dall'altra la smentita del giornale fiorentino pronta e inquietante[328]. Vediamo di fare una po' di luce su tutta questa vicenda. Nei primi mesi del 1909 si decise l'estromissione di De Töth dalla direzione del giornale fiorentino. L'operazione si rivelò delicata e i tempi più lunghi di quelli previsti, ovviamen-

---

[321] Alessandro Cavallanti (1880-1917). Notizie bio-bibliografiche in L. BEDESCHI, *Cavallanti Alessandro*, in D.B.I, vol. 22, pp. 680-683; in P.L. BALLINI, *Cavallanti Alessandro*, in D.S.M.C.I., vol. III/1, pp. 200-202.
[322] 15 agosto 1909, p. 1.
[323] Cfr. E. POULAT, *Intégrisme et catholicisme intégral*, cit., pp. 434-437.
[324] Cfr. L. BEDESCHI, *Nuovi documenti...*, cit., pp. 438-458.
[325] Cfr. *Ibidem.*, p. 449.
[326] Vedi notizie bio-bibliografiche a p. 81.
[327] Cfr. «Il Cittadino» di Genova, 12 agosto 1909.
[328] Cfr. 13 agosto 1909, p. 1. «Speriamo che queste parole faranno l'effetto di una doccia fredda e che basteranno a correggere, a calmare un pochino, certi cervelli esaltati dal sole estivo».

te per l'opposizione dell'ex carmelitano. Tappa essenziale fu la disgiunzione del settore amministrativo da quello politico. A mons. Bufalini tornava ufficialmente e a pieno titolo la gestione economica, a don Cavallanti, *temporaneamente*, quella politica anche se inizialmente De Töth figurava come «condirettore». A nulla valsero le reazioni violente del De Töth, il continuare a muoversi identificando direzione e amministrazione, conducendo gli affari del giornale da solo[329]. Vaticano e gesuiti oramai lo avevano abbandonato[330]. L'ordine era del papa[331]. Anche se l'incarico dato al Cavallanti era temporaneo, questi mal celava i tentativi di renderlo definitivo. Per questo mobilitava l'ambiente curiale romano, presentandosi come l'unico vero soldato fedele del quale potersi fidare. Anche il Cavallanti aveva i suoi sostenitori, in prima fila vari gesuiti, specialmente il p. Mattiussi e il p. Chiaudano, e poi c'era qualche cardinale di Curia come il Gennari. Proprio a questo cardinale il Cavallanti faceva professione di sicura fede integrale e papale, lasciava credere che il Mistrangelo avesse intenzione di mutare l'indirizzo politico del giornale. E tentava di far avocare al papa ogni decisione sulla nomina, togliendola all'arcivescovo di Firenze[332]. Dal canto suo l'arcivescovo Mistrangelo, e inizialmente anche mons. Bufalini, pensarono di affidare

---

[329] Cfr. L. BEDESCHI, *Nuovi documenti...*, cit., p. 441.

[330] Cfr. *Ibidem.*, p. 438; Lettera Scotton-Cavallanti, in *Appendice*, Doc. 16.

[331] Cfr. *Disquisitio*, cit., p. 114. Lettera De Töth all'avv. G.B. Ferrata, 4 aprile 1950. «Avendo io travalicato i limiti che un giusto riserbo e doveroso riguardo imponevano, mi allontanò dalla direzione del giornale cui mi aveva messo a capo».

[332] CSMU, *Carte Cavallanti*, copia. Lettera del Cavallanti al card. Gennari, Firenze 26 giugno [1909]. «So quanto V.E. ami l'*Unità Cattolica*; epperò permetta che io mi faccia lecito una parola sulla posizione nuova che prende il giornale. De Töth lascia il 30 corrente l'*Unità Cattolica* ubbidiente come soldato al capitano che è il Papa, io però non posso a meno che esternare alcuni miei pensieri.

1° Io, come già dissi all'arcivescovo di Firenze, non accetterò mai la direzione del giornale.

2° Starò al mio posto fino a che vedrò che l'indirizzo papale dell'*Unità Cattolica* sarà mantenuto, senza influire in decisioni ulteriori.

3° L'*Unità Cattolica* non credo - e così di tutto il movimento cattolico - avrà vita fino a che non ci saranno direttive chiare che dal campo privato passino al pubblico.

4° L'occasione data dalla clerico-liberale *Unione* è più che opportuna e sufficiente - almeno nel mio piccolo modo di vedere -perché chi è di dovere si pronunci.

Questo dico a V.E. perché saprà provvedere al caso. Io come soldato sono pronto agli ordini del capitano per cooperare colle mie deboli forze al risorgimento della vita cattolica.

Mi perdoni, Eminenza, se con tale linguaggio sembrerò un po' ribelle a qualche criterio non mio d'opportunità; ma quello sento. Il mio sentire spero che V. E. mostri al S. Padre».

Secondo il Bedeschi questa lettera «segnava l'inizio della campagna elettorale a proprio favore come direttore anche se abilmente all'inizio premetteva, a parole, la sua rinuncia alla "direzione del giornale"», cfr. L. BEDESCHI, cit., p. 451.

la direzione all'avvocato Calligari. Questi era, secondo l'arcivescovo, l'uomo più adatto per risollevare le sorti del giornale fiorentino, finito assai in basso, per le "gradassate" del De Töth[333]. Appena trapelava la candidatura del "moderato" Calligari, si riaccendevano le polemiche sia dentro che fuori l'*Unità Cattolica*: si temeva per un eventuale mutamento della linea del giornale. Il papa, dopo un colloquio col Calligari (6 agosto), lasciava a questi l'impressione di una piena approvazione pontificia per le scelte dell'arcivescovo e per la sua nomina. Tuttavia il pontefice, dopo un colloquio col Cavallanti, in una lettera al Mistrangelo, non nascondeva qualche perplessità e congelava la candidatura dell'avvocato:

> «Ho visto e parlato con l'ottimo avv. Calligari, che mi ha lasciato la migliore impressione della Sua bontà. Però dal lungo colloquio mi parve riscontrare in Lui l'uomo della pace che compatisce molto i Colleghi (Meda, Rocca d'Adria) nel giornalismo, e sta bene finchè si tratta di rispettare le persone, ma non vorrei che per amore di pace si venisse a transazioni, e per non aver grattacapi si venisse meno alla vera missione dell'*Unità Cattolica* di tutelare i principii e di essere sentinella avanzata, che dà l'allarme (sia pure come l'oca del Campidoglio) e sveglia i dormienti. In questo caso l'*Unità* non avrebbe più ragione di essere. [...] Perciò sarà bene che Ella faccia con molto garbo queste riflessioni al Calligari, e lo persuada a non presentarsi per ora come Direttore del Giornale»[334].

Calligari giunto a Firenze si era incontrato con l'arcivescovo, con Cavallanti e a Livorno con mons. Bufalini presente Cavallanti. Dopo il colloquio con questi ultimi, dove il nuovo direttore aveva espresso le sue intenzioni, era cominciata "la congiura". Cavallanti, dopo aver ottenuto la conferma di essere ricevuto in udienza dal papa, si precipitava a Roma, e al segretario dell'arcivescovo scriveva di essere stato chiamato[335]. Bufa-

---

[333] *CSMU, Carte Cavallanti*, copia. Lettera di Mons. Mistrangelo a Pio X, Firenze, 21 luglio 1909. «Egli è benviso a tutti generalmente, Vescovi, preti, religiosi, gesuiti, secolari, una di quelle nature che non urtano, quantunque coi suoi articoli fieri di logica abbia stritolato il Murri, il Semeria, il Minocchi e non abbia dato quartiere mai alla setta, all'empietà e alla irreligione. Ha combattuto sempre con la logica, e coi guanti, usando la prima contro l'errore, i secondi colle persone».
Cfr. pure *Ibidem.*, copia. Lettera di Mons. Bufalini a d. A. Cavallanti, Siena, 29 luglio 1909. «Ho esaminato tutte le schede. Che miseria! E cosa da fare spavento. Non si tratta di opinioni, ma di cifre. E quell'uomo [De Töth] faceva tanto il gradasso! Impari ad amministrare».

[334] *Disquisitio*, cit., p. 107. Lettera di Pio X a mons. Mistrangelo, Roma, 12 agosto 1909.

[335] Cfr. *Disquisitio*, cit., p. 108. Lettera di Pio X a mons. Mistrangelo, 22 agosto 1909. «Non è punto vero, che io lo abbia chiamato a Roma, dove venne spontaneo dopo aver chiesto per lettera a Mgr. Pescini, se venendo sarebbe ricevuto in udienza».

lini lo appoggiava segretamente. Entrambi insistevano, l'uno presso mons. Pescini, segretario particolare del papa, e il papa stesso, l'altro davanti all'arcivescovo, sul pericolo di un mutamento d'indirizzo che la nomina del Calligari avrebbe arrecato al giornale fiorentino, un mutamento questo, che sarebbe andato a sfavore della causa papale e a favore delle teorie care alla stampa modernizzante. Di ritorno da Roma, il Cavallanti, smentiva poi, come abbiamo visto, il *Cittadino* circa la nomina del Calligari[336]; e il pontefice scriveva al Mistrangelo[337]. Il Cavallanti intanto intensificava la sua manovra. Spediva a don Pescini i ritagli di alcuni giornali, che annunciavano la nomina dell'avv. Calligari, e preludevano ad un cambiamento di direttiva dell'*Unità*. Proponeva, per placare le voci dei giornali, di stampare una dichiarazione in cui si comunicasse la sua nomina a «Direttore provvisorio». Roma, con un telegramma, il 13 agosto approvava il progetto ma chiedeva al Cavallanti di prendere accordi con l'arcivescovo[338]. La dichiarazione stampata sull'*Unità Cattolica* il 15 agosto, come abbiamo visto, era ben diversa dalla formula proposta al papa. Quando il pontefice la lesse, la ritenne fatta «di pieno accordo» con l'arcivescovo[339]. Mistrangelo, invece, veniva informato della nomina del Cavallanti, dal medesimo e a cose fatte, dopo averla resa nota ai lettori[340].

---

[336] Cfr. L. BEDESCHI, cit., pp. 453-454.

[337] Cfr. *Disquisitio*, cit., p. 108. Lettera di Pio X a mons. Mistrangelo, 22 agosto 1909. «In seguito di questo [colloquio col Cavallanti] io scrissi alla S. V. Rev.ma, la lettera che Ella ha poi comunicata al Calligari».

[338] Cfr. *Disquisitio*, cit., pp. 108-109. Lettera di Pio X a mons. Mistrangelo, 22 agosto 1909. Cavallanti chiedeva a mons. Pescini una risposta telegrafica per poter stampare la seguente dichiarazione: «Siccome molti giornali parlano di cambiamento di direttiva e di dottrine riguardo all'*Unità Cattolica*, ci teniamo a dichiarare che il Redattore capo, don Cavallanti, è già da tempo in funzione di "Direttore provvisorio" il che è garanzia ai nostri amici, che *L'Unità Cattolica* nulla muta nè intende di mutare agli indirizzi che sono e devono essere come pel passato schiettamente papali».

[339] Cfr. *Disquisitio*, cit., p. 109. Lettera di Pio X a mons. Mistrangelo, 22 agosto 1909.

[340] CSMU, *Carte Cavallanti*, copia. Lettera di d. A. Cavallanti a Mons. Mistrangelo, [14 agosto 1909]. Ecco la lettera dal tono un po' arrogante e carismatico: « Oggi, dopo il telegramma venutomi dal Vaticano e firmato da mons. Pescini a nome del S. Padre al quale ho promesso piena soggezione, ho messo in testa al giornale una dichiarazione che vedrà *delicatissima*. Fui qui stamane in arcivescovado, ma non trovai nessuno. Ritengo che abbiano spiaciuto immensamente al Papa le parole del Calligari «affidatami dal S. Padre». La corona non si deve scoprire, non l'ha detto a noi tante volte? E poi, informazioni giunte in Vaticano che io so... Ad ogni modo io sono direttore provvisorio e *per poco tempo*; poi si cambierà ogni cosa. Se sapesse che finimondo che ho qui sul tavolo di lettere di abbonati contro Calligari e di vescovi e di cardinali e di amici! Ma Calligari era d'accordo con me di non far alcun cenno sul suo *Cittadino*, e così vuole e voleva il Papa come disse a me nell'udienza. Intanto io m'assento alcuni giorni perché spossato, affranto, ed un po' avvilito. Ho bisogno di riposo... creda, per non diventar... matto! Ragioneremo di ogni cosa e vedrà che faremo un po' di bene. Intanto fermiamo

Il pontefice, di fronte a questo "raggiro" del Cavallanti, non nascondeva il suo "scoraggiamento", anche se poi chiedeva al Mistrangelo di accettare di fatto la nuova situazione:

«Com'Ella vede, c'è niente di vero in tutto che dice don Cavallanti, il quale probabilmente si è lasciato montare da Monsignore Bufalini e fors'anche dal De Töth.
Con questi precedenti io credo che per ora la S. V. Rev.ma possa far sentire una parola di lamento a don Cavallanti, lamento compatibile con la recente sventura che lo ha colpito, la morte del fratello, scrivere all'avv. Calligari che compatisca alla scappata del Cavallanti, che niente è mutato dalla lettera, che Ella gli ha scritta, e che per ora mandi gli articoli.
Noi due poi aspettiamo gli eventi, che se dovessero essere tanto molesti e costosi, abbandoneremo anche *L'Unità* al suo destino e ... *Requiescat in pace*»[341].

In pratica, a nomina avvenuta, Roma era tornata sui suoi passi, e aveva, all'insaputa dell'arcivescovo di Firenze, appoggiato l'"autocandidatura" del Cavallanti come direttore dell'*Unità*. Un atto del papa, scriveva qualche anno dopo il card. Maffi, era stato annullato «dai papali» con l'accusa che il Calligari fosse «modernista»[342]. Per l'arcivescovo di Firenze, come abbiamo visto, il Cavallanti non era e non sarebbe stato all'altezza dell'incarico senza una buona guida, tuttavia nonostante il suo disappunto accettava amaramente[343]. Il Cavallanti aveva "giocato tutti". Gli stessi successivi richiami del papa di fronte ai primi «spropositi» del giovane direttore[344] a «dipendere in tutto» dal Mistrangelo

---

le chiacchiere di venti e più giornali. Le lodi date dall'*Unione* al Calligari e di altri pubblicisti che sono almeno modernizzanti ritengo che abbiano fatto impressione in Vaticano. Parto oggi alle 2,45 e devo viaggiare anche di notte per arrivare a Sergnano (Crema) ove devo dir messa e fare un discorsetto promesso».

[341] *Disquisitio*, cit., p. 109. Lettera di Pio X a mons. Mistrangelo, 22 agosto 1909.

[342] Cfr. *Disquisitio*, cit., p. 85. Lettera del Card. Maffi al Card. De Lai, 31 luglio 1912. «Per l'*Unità* io avevo proposto Mons. Rossi: era l'uomo! Ma la mia proposta cadde. L'Arcivescovo di Firenze propose il Callegari di Genova; non era il Rossi, ma avrebbe fatto assai bene: al S. Padre piacque e lo chiamò: io tengo le lettere del Calligari che annunziava la sua nomina... Chi impedì l'andata del Callegari all'*Unità*? Un atto del Papa fu annientato dai papali, e coll'accusa che il Callegari era modernista [...]».

[343] Cfr. L. Bedeschi, cit., pp. 444-447. L'A. ritiene che Mons. Pescini non abbia agito di propria iniziativa, e per questo vede in tutta la vicenda una certa "tortuosità" da parte del papa.

[344] Cfr. *Disquisitio*, cit., p. 110. Lettera di Pio X a mons. Mistrangelo, 20 settembre 1909. «Mi rincresce che Don Cavallanti, nel quale si era riposta la nostra fiducia, anzichè confessare la sua vanità, cerchi giustificarsi attribuendo magari al Papa la colpa degli spropositi fatti. Ma tiriamo un velo sul passato di tante miserie; e poichè è oramai impossibile, almeno per ora, un accordo col buon Calligari, lasciamolo solo alla direzione del Giornale, e a seconda della riuscita prenderemo in seguito le determinazioni».

«e seguirne i consigli», paiono un tentativo estremo di tenere a freno un autentico "ribelle", pieno di sé, che il papa stesso non esitava a giudicare modernista[345]. Eppure, dobbiamo convenire col Bedeschi nel ritenere che il papa abbia tenuto un atteggiamento se non strano certamente poco chiaro. In fondo il Cavallanti si era autonominato direttore, appellandosi ad una misteriosa volontà del papa, da questi smentita. Nonostante ciò l'ex cappellano di Capralba era lasciato non solo in carica, ma negli anni successivi continuò ad avere la fiducia del pontefice, ad essere da lui ricevuto[346], e a ottenere autografi papali[347].

Don Cavallanti, secondo il Vercesi, proveniva dalle file avanzate della democrazia murriana, e se ne sarebbe allontanato appena pervenuto alla redazione dell'*Unità Cattolica*[348]. Certamente il giovane curato di Capralba ebbe una brevissima fase murriana che, stando alle sue confessioni, finì prima della sua ordinazione sacerdotale (1904), per merito di mons. Jacopo Scotton[349]. Anzi lo stesso Cavallanti, in una lettera aperta al direttore del *Diario* di Imola, il sac. Cortini murrista, si protestava solo «ammiratore» del Murri e non «seguace». Al contrario si dichiarava «discepolo ardente» del Toniolo[350]. Giungeva alla redazione dell'*Unità Cattolica* dopo aver svolto saltuariamente la sua attività pubblicistica in diversi giornali, tutti intransigenti, e dopo aver diretto *Il Torrazzo*, settimanale cattolico integrista di Crema[351]. I suoi primi interessi, raccolti in

---

[345] Cfr. *Disquisitio*, cit., pp. 110-111. Lettera di Pio X a mons. Mistrangelo, 4 maggio 1910. «A don Cavallanti poi avrà la bontà di far conoscere che il Papa gli ha detto e fatto dire mille volte ch'Egli deve dipendere in tutto da Mgre Arcivescovo e seguirne i consigli; e che la sua asserita dipendenza da Roma (che equivale da nessuno) sa proprio di modernismo. Potrebbe aggiungere ancora che mi disgusta ogni volta che vedo attaccate persone rispettabilissime, o anche solo nomi che devono essere taciuti; e che finalmente potrei un bel giorno stancarmi dell'*Unità* e abbandonarla al suo destino».

[346] Cfr. *Il Direttore dell'"Unità Cattolica" ricevuto dal Santo Padre*, 6 dicembre 1910, p. 1; *Il Direttore dell'"Unità Cattolica" ricevuto in udienza dal Santo Padre*, 3 novembre 1911, p. 1; *Il Direttore dell'"Unità Cattolica" ai piedi del S. Padre*, 16 novembre 1913, p. 1.

[347] Cfr. a titolo d'esempio: *Pio X e l'*Unità Cattolica, 20 ottobre 1912, p. 1. Era riportata, dal quotidiano fiorentino, la lettera autografa del pontefice inviata in occasione dei festeggiamenti per il 50° di fondazione del giornale margottiano.

[348] Cfr. E. VERCESI, *Padre Semeria servo degli orfani*, cit., p. 175.

[349] Cfr. S. A. CAVALLANTI, *Onore al grande. (Mons. Jacopo Scotton)*, 13 giugno 1907, pp. 1-2.

[350] Cfr. A. CAVALLANTI, *Modernismo e modernisti*, cit., p. 26 nota 1. La lettera, del 30 novembre 1904, scritta a seguito del Congresso cattolico bolognese.

[351] Egli scrisse nei periodici più intransigenti *La Croce* di Napoli, il *Torrazzo* di Crema (fondato nel 1899), la *Settimana* di Rovigo, il *Berico* di Vicenza, il *Campanone* di Bergamo, la *Vita Nuova*. Dal 1903 nell'*Unità Cattolica*. Quello che scriveva e sosteneva non era suo, e non era nuovo, anzi erano teorie note e sparse in libri, opuscoli, giornali, periodici e si dovevano alle penne dei migliori uomini dell'intransigenza. Egli

un volumetto edito dalla tipografia del Bufalini nel 1904, si erano indirizzati alle lotte che si svolgevano all'interno delle organizzazioni cattoliche, al ruolo del laicato e al carattere dell'azione cattolica italiana. Dopo aver attaccato l'autonomismo murriano, il liberalismo e l'interconfessionalismo, fedele alla tradizione più intransigente, approfondì il problema della questione romana: «problema massimo che tutto il mondo agita». Infine si espresse a favore di un'organizzazione cattolica da modellarsi «sulla gerarchia ecclesiastica»[352]. A dare definitiva notorietà al Cavallanti, e a farlo conoscere per la sua "papalità" alla vigilia della *Pascendi*, fu un'altra raccolta di suoi scritti dal titolo *Modernismo e modernisti*[353]. La nuova pubblicazione veniva ampiamente elogiata dai gesuiti[354] e dai giornali integralisti[355], e stroncata dagli "altri" giornali e periodici[356], dal Minocchi[357], dal Murri[358], e qualche anno dopo dal Buonaiuti[359]. Il volume ebbe nel 1908 una seconda edizio-

---

infatti ripeteva pedissequamente le tesi integraliste degli Scotton, di Sacchetti, dei gesuiti Zocchi e compagni. Notizie su questi periodici intransigenti in A. FERRANDINA, *Censimento della Stampa cattolica in Italia*, cit., passim.

[352] Questi articoli vennero raccolti in un volume che ricevette grandi elogi dalla *Civiltà Cattolica*. S. A. CAVALLANTI, *Conclusioni di polemiche recenti fra cattolici italiani*, Siena 1904. Nella lettera dell' avv. de Mattheis, premessa al volume, questi scriveva all'autore: «l'operetta sua è il *vade-mecum* dei giovani cattolici militanti in Italia *pro aris et focis*». Mentre nella prefazione il Cavallanti precisava: «Quelle che presento sono alcune *conclusioni* che mi *balenarono* alla mente negli ultimi giorni (maggio 1902) di Seminario, ove nella dolce preghiera e serena tranquillità di studio potei, a mio agio, con libri, opuscoli, giornali varii, lettere ad egregii personaggi, seguire (dal 1894 al 1902), con una certa continuità ed accuratezza, lo svolgersi di idealità, concezioni e tendenze multiformi nel campo cattolico». I gesuiti recensirono il volume ritenendolo un «succoso studio» ed esaltarono il giovane cappellano di Capralba presentandolo come un interprete sicuro del pensiero papale: cfr. [R. BALLERINI], *Un bell'esempio ai giovani della democrazia cristiana*, in «Civ. Catt.», 1904, II, pp. 724-727.

[353] S. A. CAVALLANTI, *Modernismo e modernisti*, Brescia 1906. Il libro usciva nel dicembre del 1906. A padrino della sua nuova pubblicazione il Cavallanti aveva chiamato il dottor Domenico Buffa il quale scriveva all'autore (p. IX): «Tu sei stato valente fotografo nel *fissare* l'abito esterno, l'atteggiamento del povero malato: hai adoperato la radioscopia per vederci ben addentro, sei stato abile anatomico nel sezionare i diversi organi. Indirettamente tu hai compiuto lo *sventramento* del borgo malsano ed hai tirato un *rettifilo* sulla direttiva sicura del Papa e dell'Episcopato. *E per questo alcuni unilaterali ti vorranno male*».

[354] Cfr. [G. ZOCCHI], *La realtà del modernismo in Italia*, in «Civ. Catt.», 1907, II, pp. 312-317.

[355] Cfr. *"Modernismo e Modernisti"*, 31 gennaio 1907, p. 1.

[356] Cfr. *Il genio di Capralba*, in «La Tribuna Sociale», 22 giugno 1907. La *Tribuna*, nata nel maggio 1907, era diretta dal sac. Grugni. Periodico settimanale di ispirazione democratico-cristiana di Milano.

[357] Cfr. «Rivista di Studi Religiosi», 1907, p. 341.

[358] Cfr. «Rivista di Cultura», 5 (1907), p. 80.

[359] Cfr. «Rivista critico-storica delle scienze teologiche», 3 (1910), p. 234.

ne e fu persino tradotto in spagnolo[360]. Ma al di là delle apparenze, il Vercesi attribuiva al volume «l'unico valore di essere un documento dello stato d'animo degli integristi d'Italia in quel tempo», e al Cavallanti una formazione culturale mediocre[361]. Intanto nel 1907 aveva fatto rumore un altro suo libretto che attaccava indirettamente il card. Ferrari[362]. Sempre il Cavallanti coniava i termini di "semimodernismo" e di "modernizzantismo"[363]. Nel 1908 sviluppava il concetto di questa tendenza in una conferenza tenuta a Livorno, dove mostrava le «insidie», i pericoli e le conseguenze funeree e di «confusione» che sarebbero venute al movimento cattolico da questi «modernizzanti» e «semimodernisti», se non fossero stati fermati in tempo. Cavallanti spiegava così le ragioni del suo integralismo e della sua campagna contro i modernizzanti:

> «Come l'arianesimo, il pelagianesimo, il giansenismo, pur dissolvendosi in seguito alle condanne della Chiesa, lasciarono dietro di sè uno strascico di errori, più sottili e meno appariscenti, conosciuti col nome di semi-arianesimo, semi-pelagianesimo e semi-giansenismo, così oggi anche il modernismo, smascherato e colpito a morte, nel cedere il campo lascia dietro di sè altri errori che si diffondono in massa come germi e rovinano o minacciano di rovinare una quantità di buoni cattolici [...]. Ripeto che vi

---

[360] Cfr. *I libri*. S. A. CAVALLANTI, *Modernismo e Modernisti*, 2 ed. Torino 1908, 13 febbraio 1908, p. 1. Il quotidiano fiorentino nella recensione del volume riteneva che l'opera del Cavallanti si inserisse in una specie di trilogia riassumibile in queste termini: il papa (enc. *Pascendi*) aveva detto che cos'era il modernismo, l'Ambrosini (in *Occultismo e modernismo*) che cosa si celava dietro ai modernisti, Cavallanti diceva chiaro chi erano, faceva i nomi delle persone, l'elenco dei periodici che spargevano il modernismo in Italia. Insomma un libro da diffondersi e leggere.

[361] Cfr. E. VERCESI, *Padre Semeria servo degli orfani*, cit., p. 175.

[362] S. A. CAVALLANTI, *Milano centro di modernismo?*, Siena 1907. Ad essere colpiti erano la «sinistra e la destra modernistica», e i suoi organi di propaganda: *Il Rinnovamento*, l'*Osservatore Cattolico*, il *Pensiero e Azione* e la *Tribuna Sociale*. Non erano risparmiate dure critiche agli scrittori (Fogazzaro, Tyrrell, Murri, P. Sabatier, Luzzati «ebreo», Crespi «socialista», von Hügel, Eucker «nebuloso razionalista protestante», Papini «frivolo sostenitore di pragmatismo positivista», Gallarati Scotti «democratico cristiano dell'ultima ora», ecc.) e agli uomini della direzione (Alfieri, Casati, Gallarati Scotti) del *Rinnovamento*. E ancora attacchi a Meda e a don Vercesi della direzione dell'*Osservatore Cattolico*, alla Coari direttrice del periodico *Pensiero ed Azione*, a don Grugni direttore della *Tribuna Sociale*. In breve erano portate come prove della poca "papalità", e quindi di tendenze modernistiche le loro prese di posizione di fronte al Loisy, all'interconfessionalità, alla questione romana e al risorgimento nazionale, al democrazia murriana, al *non expedit*, all'autonomismo, al femminismo, all'intransigenza papale.

[363] Cfr. S. A. CAVALLANTI, *I modernizzanti*, 17 novembre 1907, p. 1 art. di fondo. Sono i «modernisti di destra», uomini "sdoppiati di coscienza" che non vogliono titoli di «eresiarchi», ma che in pratica hanno «poco carattere», sono a favore «delle conciliazioni, degli accomodamenti, delle transazioni», in una parola «non servono la causa cattolica ma la causa dei nemici della Chiesa».

è un semi-modernismo il quale, se non è così brutto come suo padre, il modernismo sintesi di tutte le eresie, è però più insidioso»[364].

Questi neologismi entrarono subito nel linguaggio giornalistico sia cattolico che liberale. Nel 1908 quando De Töth assumeva la direzione del giornale fiorentino, Cavallanti riusciva a farsi chiamare nella redazione dell'*Unità*, richiesto dal direttore, perché segnalatogli come "elemento sicuro"[365].

Durante la direzione cavallantiana, la battaglia antimodernista venne condotta con spietata crudezza, rasentando spesso la calunnia e il pettegolezzo, avvelenando l'atmosfera degli ultimi anni del pontificato di Pio X. L'*Unità Cattolica* diventava il covo delle denuncie di ogni espressione culturale nuova. Ma proprio sotto la guida dell'ex cappellano di Capralba, strumento docile nelle mani di "certi" gesuiti, il foglio fiorentino assumeva importanza anche fuori dall'ambito italiano, sia per la sua presunta ufficiosità, non solo presso il clero italiano, ma anche straniero, per il sospetto che esso fosse collegato «con le centrali romane», sia per il suo zelo inquisitoriale e le sue denuncie a cui facevano seguito le immancabili condanne dell'autorità ecclesiastica romana[366]. Nonostante le ambiziose pretese del Cavallanti, ancora una volta dobbiamo rilevare che il giornale continuava ad avere una diffusione irrisoria: appena un migliaio di abbonati[367]. Gli attacchi del Cavallanti, intrisi di rozza incompetenza e trascurata superficialità, suscitarono una vera e propria caccia alle streghe, eppure, il giornale riceveva plausi e incoraggiamenti dal papa, perché interpretava autorevolmente il suo pensiero. Il Cavallanti diveniva una tra le figure centrali nella organizzazione della stampa antimodernista, durante il pontificato di Pio X. Tra il 1911 e il 1912, il

---

[364] [A. CAVALLANTI], *Aberrazioni dell'ora presente. Modernizzati e semimodernismo*, 18 novembre 1908, pp. 1-2. La conferenza era del 16 novembre ed era stata tenuta al Comitato Livornese per gli interessi cattolici.

[365] Cfr. Lettera Cavallanti-De Töth, in *Appendice*, Doc. 8.

[366] Cfr. L. BEDESCHI, *Metodi antimodernisti italiani denunciati da Delehaye e Grandmaison*, in *Fonti e documenti*, XV, cit., pp. 344-363.

[367] *CSMU, Carte Cavallanti*, copia. Lettera di Mons. Bufalini a d. A. Cavallanti, 29 novembre 1910. «L'Unità conta su mille abbonati paganti». Cfr. *Ibidem.*, copia. Lettera di Mons. Bufalini a d. A. Cavallanti, 10 febbraio 1910. «Gli abbonati che hanno rinnovato l'abbonamento non arrivano a 500 e si stampano sempre 2600 e 2700 copie in più del giornale». Cfr. *Ibidem.*, copia. Lettera di Mons. Bufalini a d. A. Cavallanti, 2 maggio 1910. Al 30 aprile 1910 l'*Unità* contava in tutto 772 abbonamenti. Con vendita di circa 70 copie giornaliere a Firenze e un'ottantina in Italia. Gli abbonamenti disdetti nel primo quadrimestre era 145, i nuovi 77. Cfr. *Ibidem.*, copia. Lettera di Mons. Bufalini a d. A. Cavallanti, 20 agosto 1910. «Al 23 marzo 1910 gli abbonati erano 676 in tutta Italia e all'estero. Nel gennaio furono vendute circa 70 copie al giorno in Firenze e circa 250 in tutta Italia. Lo stesso nel febbraio».

direttore dell'*Unità* stilava un progetto per la realizzazione di un grande giornale papale, una specie di anti-*trust* grosoliano, che poi non si concretizzò[368].

Cavallanti manifestò apertamente le sue simpatie e antipatie nei confronti dei periodici cattolici europei[369]. Attaccò il *Sillon* del Sangnier e la sua rivista *Démocratie*, si oppose a *Etudes*, e al *Bullettin de la Semaine*; al contrario sostenne la *Critique du liberalisme* dell'abate Barbier. Avversò il *Kölnische Volkszeitung* organo bachemista di Colonia, l'*Augsburger Postzeitung* di Augusta (Baviera); diede appoggio a centri di potente e robusta papalità come Breslavia-Berlino-Treviri: cioè al settimanale *Das Katholische Deutschland* di Breslavia (nato il 1 marzo 1912); al *Deutschland*, all'*Arbeiter* e al *Wahrheit und Klarheit* (sorto il 1 gennaio 1912), settimanali di Berlino, l'ultimo diretto da von Oppersdorf apertamente opposto alla *tendenza di Colonia*; al *Stände-Ordnung* di Coblenza; al *Petrus Blätter*, e al *Graal* di Treviri. Si oppose a *Le Patriote* di Bruxelles. Apprezzò il settimanale *Oesterreichs Katholisches Sonntagblatt* di Vienna. L'"ottimo" *Maasbode* di Rotterdam era preferito al liberal-modernista *De Tijd*.

Il periodo della maggiore spavalderia del Cavallanti e del suo giornale fu il 1913: con le sei pagine della domenica. L'*Unità Cattolica* era stata dotata, dall' ex cappellano di Capralba, di una fitta rete di corrispondenti, di incaricati diocesani (per lo più professori di seminario) e di spie (soprattutto sacerdoti)[370]. La sua campagna contro il modernismo

---

[368] Cfr. Progetto Cavallanti: Il grande giornale pei cattolici italiani, in *Appendice*, Doc. 21.

[369] Si veda il periodico la «Sentinella antimodernista», sorella minore dell'*Unità Cattolica*, uscita mensilmente nel corso del 1912.

[370] Dalle *Carte Cavallanti* risulta un'elenco interminabile di collaboratori. Il più delle volte le corrispondenze apparivano sull'*Unità* anonime oppure sotto pseudonimi. TRA I REDATTORI: Cavallanti e Carlesi (giovani) lasciati da De Töth quando questi andava in giro (nel 1908-09); Don Giovanni Menara e don Boccardo (nel 1909); Angelo Ago (cronista e inviato speciale), Tomba (uno degli amministratori e spedizioniere), Ugo Billi (segretario a Siena della Tipografia S. Bernardino). TRA I COLLABORATORI E CORRISPONDENTI: sac. Mugnozza, Boccardo, p. Bottagisio s.j., p. Ruelli, p. Mattiussi s.j., Barsali Giuseppe (avvocato di Pisa), Celata Silvio, De Francesco A., Damiani, Quatrini G., Della Casa (di Bologna), Finotti F., Lari E. (di Roma), Soderi GB, p. Felice da Porretta capp., Gasperutti G., Mineo M., Cassini G., Crosta C. (di Ferrara), Canton don Antonio (di Vicenza), Crespi don Angelo (di Milano), Dehò E. (di Rimini), Donadoni, Nazzari A. (di Brescia), Marchini Giovanni avvocato, Gaeta S. (di Napoli), Cappellazzi don Andrea, p. Chiaudano sj (da Chieri), p. Colletti Arturo, Chierichetti E., p. Gismano s.j. (di Udine), Lecchi S., (di Bergamo), Finotti Giovanni (direttore de *Il Popolo* di Guastalla), Fontana Francesco (di Parma), Fraschetti Scipione, Ghezzo can. Giovanni (di Venezia), Josi Enrico (di Roma), can. Milone Meloni, Vettori Giuseppe, Vettorel Pietro, De Mattei Luigi (da Napoli), Tramonte Giuseppe Giglio (di Salerno), Agosti don Attilio (di Breganze), Negri Guido (giovane di Este), Rotondo Giovanni (da Bari e Puglie), Zigliani don Luigi (da Vittorio Veneto), Nuti don Oreste (da Montefalcone), don Costa (da

veniva condotta, all'interno del quotidiano fiorentino, con la rubrica "A Zonzo", prima quindicinale poi settimanale, in cui mostrava le sue doti di spionaggio. La «nuova rubrica speciale» nasceva a seguito delle lamentele di alcuni abbonati che chiedevano al Cavallanti articoli e spunti più frequenti contro il modernismo. Per redigere la nuova rubrica Cavallanti si metteva «o tutti i sabati della settimana oppure una volta ogni quindici giorni» in giro per l'Europa: «a Ginevra, a Berlino, a Londra, a Parigi, ecc». L'intento era quello di piluccare informazioni, rivelazioni, voci e fare dell'*Unità* «un giornale di notizie ma anche di dottrina, di informazioni serie, di critica di lotta, un giornale schiettamente papale cioè che vuole attuare tutte le direttive papali»[371]. Inoltre riusciva a pubblicare, nonostante la precaria economia del giornale, una collana divulgativa di «Opuscoli antimodernisti» sul modello degli opuscoli dei fratelli Scotton[372] e la rivista mensile *Sentinella Antimodernista*[373].

Ferrara), Predazzi Francesco (avvocato da Castelnuovo d'Asti), da Persico Elena (da Milano), De Francesco don A. (da Marsiglia), Mezzini don C. (da Lodi), Marchini avv. Giovanni (da Pavia), Carcano Paolo (da Milano), Ghini can. Giovanni (da Cesena), Nannini can. Francesco (da Lucca), Garagnani Timoleone (da Bologna), Delbello can. (da Fermo), ecc. TRA I SEGNALATORI O SPIE: Emilio Bongiorni (da Brescia), Leone avv. Donadoni (da Milano), p. Guido Mattiussi (da Milano referendario di De Töth), don Milone Meloni, Noemi Chioli (da Calcinate bergamasco), Natale Delle Donne (da Modena), can. Luigi Albertazzi (da Imola), don Emilio Pupilli (da Prato vice parroco di s. Bartolomeo), Sante Trentini (da Perugia), don Stefano Lecchi (da Bergamo), don Achille G. Massari (parroco di Felino di Parma), don Felice Cappello (dal Friuli), don Giacomo Pastori (da Milano), don Raffaele Della Casa (da Bologna), don Oreste Nuti (da Montefalcone), can. Giov.Battista Mazzoleni (da Ranica), Elena da Persico (da Milano), can. Francesco Tosolini (da Udine), don Andrea Baraldi (da Padova), don Ciabotti Luigi (da Pistoia), don Pier Luigi Veneziani (da Piacenza), Cinzia Maria Ferrario (da Milano), don Luigi Orione (da Messina), Abbè P. Boulin (1912), p. Thompson del Maasbode (1912), ecc.

[371] ALCA, *A Zonzo*, 17 luglio 1910, pp. 1-2. "A Zonzo" finiva prima dell'entrata in guerra dell'Italia e poco dopo l'elezione di Benedetto XV. L'ultimo attacco venne mosso contro *L'impero e il cristianesimo* di Fracassani: cfr. ALCA, *A zonzo. Un libro pericoloso*, 31 gennaio 1915, p. 3.

[372] Erano di due tipi e rappresentavano due collane. Una era la raccolta «Opuscoli popolari antimodernisti» che dal febbraio 1910 all'aprile 1914 produsse 10 opuscoli; l'altra era la collana «Opuscoli di propaganda popolare» che diede alla luce 2 libretti dal settembre 1913 al gennaio 1914. Oltre al Cavallanti alla realizzazione degli opuscoli contribuirono il p. Bottagisio s.j., don Ghezzo, don Boccardo, il giovanissimo Vettorel e Bettazzi.

[373] Il periodico mensile nasceva a seguito di un appello lanciato dal Cavallanti stesso nella rubrica *A Zonzo* (cfr. 5 novembre 1911, p. 1) «di fronte alla diffusione e propaganda sfacciata, tenace di libri, opuscoli, periodici del modernismo internazionale» egli chiedeva: «E in Italia dove sono le riviste antimodernistiche, pronte agli attacchi, coraggiose, franche, bene informate degli attendamenti del nemico? Ah! se avessimo noi tempo e denaro ... Faremmo una rivista *A zonzo* e la butteremmo in ogni angolo dell'Italia e al di là dell' Alpi per smacherare le faccie del poliedro satanico, il modernismo! I modernisti hanno una "Revue moderniste Internationale" che esce a Ginevra e li tiene

Ispiratori del Cavallanti, e se vogliamo in un certo senso anche manovratori, erano i fratelli Scotton, alcuni uomini della Curia romana, i cardinali Gennari e de Lai, ai quali era molto legato, mons. Pescini segretario particolare del papa, "certi" gesuiti, che secondo il Bedeschi, almeno in questo tempo, erano gli interpreti della linea ufficiale della Compagnia[374]. Più esattamente le *Carte Cavallanti* ci mostrano il p. Mattiussi e soprattutto il p. Chiaudano come i veri ispiratori e animatori delle polemiche del direttore dell'*Unità*[375]. Tutta l'azione del Cavallanti si incastonava, poi, in quella più ampia del *Sodalitium Pianum*[376] guidato dal Benigni, composto da una cinquantina di membri (ecclesiastici e laici), un'autentica polizia segreta, che aveva come scopo di raccogliere informazioni riservate su personaggi sospetti (tutti perseguibili eccetto il papa) e di trasmetterle direttamente al papa. Il *Sodalitium Pianum* fu approvato e sostenuto dal papa. La sua azione contribuì a diffondere un clima di sospetto su tutti, attraverso lo spionaggio, le relazioni segrete, le accuse anonime[377].

---

affiatati e perché noi cattolici papali non ne avremo una antimodernistica pure internazionale?». Cavallanti presentava la nuova rubrica come «una specie di *A zonzo* mensile» che raccoglieva quanto l'*Unità Cattolica* non poteva, «per la mancanza di spazio, pubblicare». Come emblema aveva un versetto di sant'Ambrogio («Ubi Petrus ibi Ecclesia») e di san Matteo («Veniunt ad vos in vestimentis ovium intrinsecus autem sunt lupi rapaces»). Pretendeva essere l'anticorpo della «Revue moderniste internationale»: cfr. ALCA, *Incominciando*, in «Sentinella Antimodernista», 1 (1912), p. 1. Il tentativo ebbe vita breve dal gennaio 1912 al febbraio 1913, in tutto tredici numeri. Segretario era il Cavallanti, articolisti in genere uomini che già scrivevano per l'*Unità Cattolica*. Si stampava a Firenze nella tipografia arcivescovile.

[374] Cfr. L. BEDESCHI, *La Curia romana durante la crisi modernista*, Parma 1968, pp. 66-74. P. Martina, recensendo il libro del Bedeschi, riteneva invece presente nella Compagnia un duplice orientamento, cfr. RSCI, 1 (1969), pp. 230-234. Noi, in base alle prese di posizione dell'*Unità Cattolica* verso la *Civiltà Cattolica* e nei confronti di molti gesuiti, riteniamo presenti all'interno della Compagnia due sensibilità, una ultraconservatrice (Mattiussi, Chiaudano, Rinieri, Bottagisio ecc.), l'altra conservatrice ma più dialogante (Rosa, Brandi, Pavissich, Kolb, Delehaye, ecc.). Fra le due linee il peso maggiore, almeno in un secondo tempo, venne esercitato dalla compagine ultraintransigente, anche se questa non rappresentava la linea ufficiale della Compagnia, ma quella più apprezzata dal pontefice (che impose il Chiaudano alla direzione della *Civiltà Cattolica*). Cfr. nello stesso senso R. AUBERT, *Pio X tra restaurazione e riforma*, in *Storia della Chiesa*, fondata da A. Fliche-V. Martin, vol. XXII/1, p. 142, n. 93.

[375] Tra le numerose «corrispondenze» giunte alla direzione dell'*Unità Cattolica* durante questo periodo, custodite nell'Archivio della Curia Arcivescovile, nel fascicolo: *Carte Cavallanti*, sono state pubblicate integralmente dal Bedeschi le più significative. Cfr. *Fonti e Documenti*, IV, cit., pp. 30-34 (lettere indirizzate a De Töth), pp. 35-53 (quelle rivolte al Cavallanti).

[376] Cfr. S. PAGANO, *Il Fondo di mons. Umberto Benigni dell'Archivio Segreto Vaticano. Inventari e indici*, in *Ricerche per la Storia religiosa di Roma*, 8, Roma 1990, p. 372.

[377] Circa il Benigni (Perugia 1862 - Roma 1934) e il *Sodalitium Pianum* o "Sapinière" cfr. P. SCOPPOLA, *Benigni Umberto*, in D.B.I., vol. 8, pp. 506-508. É. POULAT, *Intégrisme*

Il sacerdote di Crema non venne mai meno alla linea intransigente del fondatore, e conservò al suo giornale integra la funzione di «oca capitolina» assegnatale da Pio X durante la lotta contro il modernismo[378]. Nei confronti della questione romana mantenne una posizione estremamente intransigente, scontrandosi con tutta la stampa cattolica più moderata, in particolare con i giornali della Società Editrice Romana[379]. Il periodo d'oro dell'*Unità Cattolica*, nel bene e nel male, fu certamente quello relativo alle sue battaglie antimoderniste. Durante questo periodo la sua fama subì un moto d'accelerazione che mai aveva avuto[380]. Con l'elezione di Benedetto XV, il sodalizio degli intransigenti perse il suo influsso sul papa e il prestigio del giornale fiorentino venne notevolmente ridimensionato, fino a perdere l'appoggio della parte più integralista. Il Cavallanti continuò timidamente come prima. Gli antimodernisti, apparentemente, non si accorsero dell'aria nuova. Tuttavia, le polemiche cominciarono a diminuire e con le polemiche pure le delazioni[381]. Durante il conflitto mondiale l'*Unità Cattolica* mantenne rigorosamente un atteggiamento anti-interventista anche se un po' filotriplicista[382]. Intanto, in piena guerra, il Cavallanti nel 1915 partiva come cappellano militare alla volta di Spezia[383]; da questo momento in poi la direzione dell'*Unità Cattolica* fu sua solo nominalmente, anche se continuava ad inviare articoli al giornale fiorentino sotto diversi pseudonimi, ultimo quello di *Crotti*; facente funzione di direttore temporaneo ma effettivo, anche se mai comunicato ufficialmente ai lettori, diveniva il comm. Adriano Navarotto, già direttore del *Berico* di Vicenza[384]. Infine il Cavallanti moriva tragicamente in un incidente ferroviario a Serravalle Scrivia il 7 agosto 1917. Tra le numerosissime lettere di condoglianze inviate al Direttore dell'*Unità Cattolica*, molte ricordavano il Cavallanti come «già

---

et Catholicisme intégral. Un réseau secret international antimoderniste: La «Sapinière» (1909-1921), Tournai 1969; IDEM., *Catholicisme, démocratie et socialisme. Le mouvement catholique et Mgr. Benigni de la naissance du socialisme à la victoire du fascisme*, Tournai 1976. Ma soprattutto ora cfr. S. PAGANO, *Documenti sul modernismo romano dal fondo Benigni*, in *Ricerche per la Storia religiosa di Roma*, 8, Roma 1990, pp. 223-300; IDEM, *Il Fondo di mons. Umberto Benigni dell'Archivio Segreto Vaticano. Inventari e indici*, in *Ricerche per la Storia religiosa di Roma*, 8, Roma 1990, pp. 347-385.

[378] Cfr. *Disquisitio*, cit., pp. 107-108. Lettera di Pio X a mons. Mistrangelo, 12 agosto 1909.
[379] Cfr. *infra*, pp. 181 ss.
[380] Cfr. *infra*, pp. 89 ss.
[381] Cfr. *infra*, pp.192 ss.
[382] Cfr. *infra*, pp. 195 ss.
[383] A nulla erano valsi i suoi tentativi di essere iscritto fra gli assistenti infermieri del Comitato fiorentino di soccorso, per sfuggire alla mobilitazione obbligatoria: cfr. L. BEDESCHI, *Cavallanti Alessandro*, cit., p. 682.
[384] Cfr. G. MENARA, *Mikròs. (Ernesto Calligari)*, cit., p. 42.

direttore» del quotidiano fiorentino[385]. Lo stesso scriveva la rivista dei gesuiti in un necrologio brevissimo[386]. Alla morte del Cavallanti l'*Unità Cattolica* era ridotta, anche a causa della guerra, ad un povero foglio agonizzante.

VIII. ERNESTO CALLIGARI (1917-1929).

La scomparsa del Cavallanti liberava l'*Unità Cattolica* dell'ultimo tenue legame col passato pontificato "piano", consentendo all'arcivescovo Mistrangelo, (nel frattempo creato cardinale), di realizzare quel progetto fallito circa dieci anni prima, chiamando alla direzione del foglio fiorentino l'avvocato Ernesto Calligari[387]. Il nuovo direttore, nel suo articolo di presentazione, pur promettendo di continuare la gloriosa tradizione passata, dava subito al giornale un' impronta nuova e un po' patriottica:

> «L'"Unità" non muta bandiera, non innova propositi. Continua la sua strada e l'opera sua incrollabilmente obbediente al Papa, indeclinabilmente fissa nell'ortodossia più rigorosa, tutta e sempre cattolica e romana: ma perciò stesso tutta italiana, ed orgogliosa di esserlo in questo senso solo e sintetico. Noi stando col Papa ci sentiamo perfetti italiani di fronte al nemico, che ha invaso le nostre terre, e proviamo di non aver mai tanto amato la patria come in questo momento di pericolo e di ansie comuni, auspicando la riscossa contro lo straniero»[388].

---

[385] Cfr. *Amici ed avversari rendono omaggio alla memoria di D. Cavallanti*, 14 agosto 1917, pp. 2-3.

[386] Cfr. «Civ. Catt.», 1917, III, p. 370.

[387] Ernesto Calligari (Bonassola, Genova 1858 - Genova 1929), a volte citato pure Callegari o Callegaris. La maggior parte della sua vita la trascorse nella redazione del *Cittadino* di Genova (1878-1917). Nella sua lunga carriera di giornalista diresse tre giornali: *Il Cittadino* di Genova (1889-1917), l'*Unità Cattolica* (1917-1929), l'*Italia* di Milano (1925-1927). Il Calligari firmava i suoi articoli con lo pseudonimo *Mikròs*. «L'Ordine» di Como, 21 agosto 1929 nel necrologio che faceva del Calligari oltre a questi tre giornali sosteneva che l'avvocato ligure avesse diretto pure «l'*Italia Reale* di Torino, un giornale che, per merito suo, raggiunse vasta notorietà». La notizia non ci sembra esatta. In tutte le opere generali sul giornalismo cattolico qualche più o meno ampio riferimento al Calligari compare. Al contrario gli studi specifici sul Calligari sono pochi. Li elenchiamo in ordine di tempo: G. MENARA, *Mikròs (Ernesto Calligari)*, Firenze 1931; E. LUCATELLO, *Calligari Ernesto (Mikròs)*, in *Enc. Catt.*, vol. 3, c. 385; R. F. ESPOSITO, *Mikròs, ossia Ernesto Callegari a cinquant'anni dalla scomparsa*, in «Palestra del clero», 11 (1980), pp. 678-687; M. PANICO GIUFFRIDA, *Callegari Ernesto*, in D.S.M.C.I., vol. III/1, p. 152.

[388] Avv. E. CALLIGARI, *La prima parola*, 11 novembre 1917, p. 1 art. di fondo.

L'*Unità*, grazie al proverbiale «temperamento pacifico» e alla «urbanità tranquilla» del nuovo direttore[389], diveniva, però, più moderata. Le sue disposizioni erano chiare: i collaboratori dovevano desistere da ogni "inutile e dannosa" polemica con i fogli del *trust* e con i «cattolici militanti» e neanche «entrare arbitrariamente nelle controversie ecclesiastiche locali» perché questo spettava alle «autorità competenti»[390]. Al Calligari grossomodo sono legati gli anni della rinascita del paese, dopo la prima guerra mondiale: il sostegno del giornale al Partito popolare, la critica via via sempre più debole al regime fascista[391]. Politicamente clerico-moderato, l'avvocato ligure si fece amare da molti e odiare da qualcuno. Il De Töth, ad esempio, dalle colonne della sua rivista settimanale *Fede e Ragione*, non esitò ad accusare ripetutamente la nuova linea calligariana di modernismo, tanto da suscitare, dopo anni di esasperati attacchi, una delle reazioni più dure del Calligari:

> «De Töth persiste ancora nell'accusarci di modernismo e ha la balordaggine di dire che noi ci nascondiamo dietro il paravento dell'autorità che ci ha posto all'*Unità Cattolica*. Forse com'egli si fa scudo del vescovo di Fiesole!? Orbene: il Papa ha posto noi qui e di qua ha scacciato lui. Questa è logica di ferro e di fatti, ed è la condanna che confuta e disperde il castello di sette anni di maldicenze, di calunnie, di livore personale, d'invidia, di vendette sue. Scrivendo così De Töth non si avvede che offende il Papa. E ancora il buon revisore sottoscrive e approva, come sempre!»[392].

Il Calligari fu intransigente nei confronti della situazione nazionale e giornalista-articolista della scuola di Margotti e di Sacchetti, ma fu lungi dal sognare un ritorno al periodo antecedente il '59. L'unità nazionale era accettata[393]. Con l'avvocato genovese «l'*Unità Cattolica* unilaterale, negativa, irosa, che imperversò dal sorgere della democrazia cristiana» alla morte del Cavallanti, restò solo un ricordo[394]. Non a torto il

---

[389] *Ibidem*.
[390] Cfr. LA DIREZIONE, *Ai corrispondenti*, 16 novembre 1917, pp. 1-2. «[...] Pertanto raccomandiamo agli amici e a tutti coloro che inviano scritti al nostro giornale di voler essere oggettivi nelle notizie, temperati nella critica, impersonali nel discutere di cose locali. [...] Ciò non vuol dire che non discuteremo: ma vuol dire che le dispute inutili o dannose desideriamo che cessino, almeno in seno all'azione cattolica, in questi gravi frammenti».
[391] Cfr. *infra* pp. 255 ss.
[392] MIKRÒS, *Finis*, 13 agosto 1926, p. 1 art. di fondo.
Sulla polemica De Töth-Calligari, che culminò nel 1926 con le dimissioni di De Töth dal settimanale *Fede e Ragione*, cfr. G. VANNONI, *Integralismo cattolico e fascismo: «Fede e Ragione»*, in *La Chiesa e il Concordato*, a cura di F. MARGIOTTA BROGLIO, Bologna 1977, pp. 445 ss.
[393] Cfr. G. MENARA, *Mikròs. (Ernesto Calligari)*, cit., p. 51.
[394] Cfr. *Per il quotidiano "nostro"*, 13 gennaio 1922, p. 1. Lettera al Direttore.

Calligari è ritenuto, da un qualificato studioso del giornalismo cattolico italiano, uno dei più noti e prestigiosi giornalisti, tra la proclamazione dell'unità d'Italia e il Concilio Vaticano II, assieme al Meda[395]. Il suo stile e metodo giornalistico meritano alcune osservazioni. Tra le fonti privilegiate, per cogliere le caratteristiche di fondo del giornalismo dell'ultimo direttore dell'*Unità Cattolica*, abbiamo alcuni articoli compilati dal medesimo specifici su questo tema; notizie nei numeri dell'*Unità Cattolica* usciti in occasione della sua morte[396]; infine il profilo premesso da mons. Menara[397] all'antologia dedicatagli. Nei necrologi si metteva in risalto la «sodezza» della sua cultura, la consistenza dei suoi articoli giudicati «piccoli trattati». Si evidenziava un'impostazione austera e serena dell'esistenza e della professione[398]. Il Menara parlava del suo "sacerdozio" giornalistico[399]. Altri mettevano in risalto la preoccupazione di formare, le nuove leve del giornalismo cattolico, al «sacrificio»[400]. Di fronte all'istituzione della cattedra di scienze politiche con annesso *curriculum* per la scuola dei giornalisti, istituita dall'allora ministro della

---

[395] Cfr. A. MAJO, *Storia della stampa cattolica*, cit., p. 125.

[396] In particolare quelli del 20, 21 e 25 agosto 1929, dove appaiono lunghi stralci della pubblicistica d'ogni tendenza, carichi di fervidi elogi per il Calligari.

[397] Caporedattore dell'*Unità Cattolica*, sacerdote della diocesi di Padova. Non divenne direttore del giornale fiorentino per l'opposizione del suo vescovo. Iniziò la sua carriera giornalistica collaborando nella *Libertà* di Padova diretta dal conte Dalla Torre. Brillante scrittore, dopo la cassazione dell'*Unità*, passava all'*Osservatore Romano*. Moriva non ancora cinquantenne il 19 agosto 1933. Non ci risultano studi sul Menara, per qualche breve cenno, cfr. SAC. M. BOEHM, *I sacerdoti nell'Osservatore*, in «Osservatore Romano», numero speciale - maggio 1936: in occasione del 75° dell'organo vaticano.

[398] Cfr. G. MARCHISONE, *Il polemista cattolico*, 20 agosto 1929, p. 1. «Niuno gli era nemico. Anche nell'ardore delle polemiche, anche quando fu segnacolo in vessillo di amici e nemici, Egli mantenne sempre, pur nei conversari privati, questo giudizio equilibrato e sereno, questa espressione di umana solidarietà. Altri potè fare del giornale una eco di battaglia. Egli ne fece, ne volle fare una cattedra di dottrina, veramente e puramente cristiana». Si veda pure G. MENARA, *La morte del nostro direttore Avv. Ernesto Calligari*, 20 agosto 1929, p. 1 art. di fondo.

[399] Cfr. G. MENARA, *Mikròs* ..., cit., p. 29. «Vi fu un momento nella vita di Mikròs, intorno ai suoi venticinque anni, nel quale lo prese e soggiogò la bellezza del ministero sacerdotale; ed egli pensò di arruolarsi nella milizia ecclesiastica; ma ci fu pure chi lo persuase a non mutare la prescelta via, forse illustrando alla mente del polemista il fulgore di una vita votata alla Chiesa nel giornalismo, che è vero apostolato e sacerdozio fecondo».

[400] Cfr. L. ALPINO, *Alla memoria di Ernesto Calligari. Le prime vittorie di "Mikròs"*, 25 agosto 1929, p. 1. L'articolista, giovane redattore dell'*Unità*, ricordava: «Si parlava dei più vecchi giornalisti cattolici, molti dei quali immaturamente scomparsi, e della necessità che vi fossero dei giovani, ma degnamente preparati e capaci di assumere le difficili eredità: perciò venne in discorso la scuola dei giornalisti cattolici iniziata a Castelnuovo Fogliani. [...] -Sapete [disse Mikròs] qual è il più necessario degli insegnamenti da impartire a questi allievi? Il sacrificio. Pensino che il giornalismo cattolico non è una professione, non si aspettino compensi, non si lascino abbattere dalle delusioni che

pubblica istruzione Giovanni Gentile all'Università di Roma, Calligari criticava l'impostazione data dal regime, perché curava solo nei candidati l'ammucchiamento di nozioni su nozioni sulle più disparate materie dello scibile, ma poco si occupava della coscienza etica professionale[401].

Gli anni della direzione calligariana coincisero anche con la crisi del giornalismo cattolico. Con Calligari la «vecchia» *Unità* continuò a vivere un'esistenza grama. Da una parte si voleva una grande stampa cattolica, capace di reggere al confronto con quella «avversaria» e di competere con essa moralmente, tecnicamente e professionalmente, dall'altra scarseggiavano: «giornalisti cattolici e denari: denari e coscienze»[402]. Tra il 1921 e il 1922 venne sollevata la questione della mancanza di un quotidiano cattolico a respiro nazionale, già altre volte caldeggiata. Per alcuni lettori, l'*Unità Cattolica* del Calligari aveva le carte in regola per essere il quotidiano nazionale. Che cosa le impediva di avere una larga diffusione e di essere popolare? La linea era «cattolicissima», i macchinari erano moderni, aveva affezionati benefattori, ottime penne, geniali collaboratori ed arditi polemisti. Tuttavia non era letta, aveva una tiratura irrisoria, non era, appunto, popolare. Anzi da «moltissimi anni» viveva «poco conosciuta, poco apprezzata, in deficit costante»[403]. Quello che mancava all'*Unità*, secondo un lettore torinese non erano le macchine, ma la «ricchezza dell'informazione» e la «varia ed ampia collaborazione di specialisti famosi», mancanze motivate dall'idea di un giornalismo cattolico tradizionale, da una non buona paga retribuita «ai collaboratori specialisti», dalla troppa «clericalità»[404]. All'opposto v'era chi ricusava la crisi dell'*Unità Cattolica*, collocandola nel contesto di quella più ampia di tutta la stampa nazionale cattolica moderata e intransigente. Quest'ultima da qualche anno aveva perso la sua compattezza e identità. La stampa cattolica, a differenza dei giornali socialisti e liberali, non riusciva più a far presa nell'animo dei suoi lettori, che restavano indifferenti alle «sante battaglie per la difesa della Chiesa e della religione», e questo perché, la quasi totalità dei giornali in questione, aveva abbandonato lo spirito apologetico pur di non apparire troppo clericale[405]. L'*Unità* non era certo più l'«oca capitolina» dei tempi di Pio X. E

---

presto o tardi, ma più sicuramente presto, dovranno incontrare [...]. Il giornalista cattolico è un uomo di vetro, di cristallo: può resistere intatto per secoli ma può essere distrutto con la massima facilità in un momento».

[401] Cfr. Mikròs, *La scuola dei giornalisti*, 28 febbraio 1924, p. 1 art. di fondo.
[402] Cfr. Mikròs, *La nostra stampa*, 2 aprile 1922, p. 1 art. di fondo.
[403] Cfr. G. Giannini, *Per il quotidiano "nostro"*, 1 gennaio 1922, p. 1 art. di fondo.
[404] Cfr. *Per il quotidiano "nostro"*, 13 gennaio 1922, p. 3. Lettera al Direttore di un anonimo torinese.
[405] Cfr. Torcoletti, *Per un rinnovamento della Stampa Cattolica Italiana*, 18-19 marzo 1922, p. 1.

quando nel 1921 cominciò a circolare la voce, secondo la quale il *Messaggero Toscano*, organo del popolarismo pisano, fondato dal card. Maffi, si sarebbe dovuto trasferire a Firenze nella sede della stessa *Unità Cattolica*, segnandone la fine, ancora una volta De Töth non esitava a scrivere: «per noi, veramente, il foglio di Margotti è già morto e sepolto da un pezzo»[406].

Col fascismo la vita dell'*Unità* si fece più difficile. Qualche lettore rimpiangeva i tempi passati: la «penna battagliera del Sacchetti», le «pungenti frecciate del Cavallanti» e criticava la poca incisività del Calligari. A questi Calligari spiegava il suo suo metodo giornalistico, fatto di «cortesia nelle discussioni», di «polemica calma e logica» e diceva che i tempi erano cambiati:

> «E' vero, la bella penna del Sacchetti non apparisce più nelle nostre pagine: e Don Cavallanti non iscrive più i suoi terribili *a zonzo*. Essi sono morti e noi li rimpiamgiamo. Ma, avverta l'anonimo, è cessato anche quel peculiare momento politico e sociale, che richiedeva le battaglie del Sacchetti contro il modernismo, e che qualche volta giustificava le nerbate del buon Cavallanti. Oggi nella stampa nostra i dissensi non sono d'indole religiosa, per grazia di Dio, ma politica soltanto. Precisiamo anche meglio: sono di tattica e di giudizio particolare verso il fenomeno fascista: sono di consenso o di dissenso nei riguardi del P.P.»[407].

Calligari restò col papa sempre anche durante le sfide del regime fascista[408]. Il direttore dell'*Unità*, durante questo periodo, sostenne fondamentalmente nel suo giornale questa linea:

> «Diciamo che il governo dell'on. Mussolini è un avvenimento di capitale importanza, che non devesi combattere ma sostenere per la restaurazione nazionale. Però nel tempo istesso affermiamo e crediamo che sia un danno sacrificargli il P.P. che per noi fu ed è una riserva di forze sane nella vita politica italiana, essendo il solo partito fondato sui postulati cristiani»[409].

Proprio durante il regime fascista *Mikròs* ebbe il più clamoroso tra i suoi incidenti giornalistici, e con grande professionalità pubblicamente lo riconobbe[410]. Con il 1929 si accentuò la crisi del giornalismo cattolico. Le cause, per il Crispolti filo-fascista erano da ricercarsi non tanto nelle ragioni politiche, cioè nelle censure del fascismo, quanto in quelle economiche sorte a seguito degli ammodernamenti dei giornali avversari,

---

[406] «Fede e Ragione», 18 settembre 1921, p. 11.
[407] Mikròs, *La nostra polemica*, 21 febbraio 1924, p. 1 art. di fondo.
[408] Cfr. *infra*, pp. 289 ss.
[409] Cfr. Mikròs, *La nostra polemica*, cit.
[410] Cfr. *infra*, pp. 293.

che avevano costretto i giornali cattolici ad addossarsi ingenti spese per non restare indietro[411]. Per far fronte a questa difficile situazione economica, che non risparmiava neppure l'*Unità Cattolica*, si ipotizzarono molte soluzioni, dalla richiesta della creazione di un'«organizzazione» seria e stabile alla quale dovevano partecipare tutte le associazioni cattoliche, alla proposta di istituire «la giornata Nazionale per la Buona Stampa», sul modello di quella per l'Università Cattolica[412]. Guardando al primo decennio del sec. XX, e mettendolo a confronto con il 1929, il Menara con un po' di rammarico notava come dei circa trenta quotidiani allora esistenti ne restassero in piedi solo otto[413]. Anche il Convegno dei Giornalisti cattolici tenutosi a Roma (24-26 giugno 1929) aveva messo in evidenza la crisi generale della stampa cattolica: "crisi economica e non di pensiero"[414]. Presto cominciò a circolare la voce, smentita prontamente dall'*Unità Cattolica*, di un radicale riordinamento della stampa cattolica per rispondere ai nuovi bisogni e porre i giornali cattolici alla diretta dipendenza dell'Azione Cattolica, attraverso la creazione di nuovi *trusts*. Si sarebbero creati *ex novo* quattro grandi giornali che avrebbero avuto le loro sedi a Torino, Milano, Bologna e Roma. Accanto a questi fogli interregionali, riconosciuti come espressione diretta dell'Azione Cattolica, appoggiata dall'episcopato, avrebbe pure continuato a vivere qualche giornale minore, provinciale o diocesano, e i principali e più diffusi settimanali diocesani e locali[415]. Incredula, ma non rassegnata, l'*Unità Cattolica* si rivolgeva al "suo popolo", ai "suoi organizzati", ai "suoi giovani": la presenza del regime fascista non aveva annullato «i motivi d'esistenza del giornalismo nostro»[416].

La morte improvvisa del Calligari, nella notte tra il 18 e il 19 agosto 1929, lasciava nello sgomento più profondo la redazione del giornale. Per venti giorni, sull'*Unità Cattolica* comparvero intere pagine di commossi necrologi provenienti da ogni parte d'Italia, occupando in tutto quarantasette colonne. Fino alla cessazione delle pubblicazioni si lasciò il nome del defunto Calligari come direttore responsabile[417]. Il 10 settembre 1929 il giornale fiorentino comunicava ai suoi lettori che con quel

---

[411] Cfr. F. CRISPOLTI, *La crisi del giornalismo nostro*, 16 giugno 1929, pp. 1-2.
[412] Cfr. G. MENARA, *Lezioni del passato*, 9 giugno 1929, p. 2.
[413] *Ibidem*.
[414] Cfr. *Il Convegno dei giornalisti. Stampa e Azione Cattolica*, 27 giugno 1927, p. 1. L'AC non intendeva creare una nuova stampa cattolica, essa già esisteva; intendeva, invece, stabilire con essa di comune accordo un «piano d'attività». L'AC in questo convegno auspicava la collaborazione della stampa cattolica per creare una vasta zona di consensi intorno alle campagne particolari di cui di volta in volta essa si sarebbe dovuta occupare.
[415] Cfr. *Fantasie sul giornalismo cattolico*, 25 giugno 1929, p. 1.
[416] Cfr. G. MENARA, *Lezioni del passato*, cit.
[417] Cfr. G. MENARA, *Mikròs. (Ernesto Calligari)*, cit., pp. 73-101. Nelle pp. 81-101

numero cessava «le pubblicazioni dell'Edizione quotidiana», continuando però «quelle dell'Edizione settimanale»[418]. In realtà, non seguirono edizioni settimanali, e con quel comunicato il giornale fiorentino annunciò in pratica il suo decesso. Moriva il più vecchio giornale cattolico d'Italia. Le cause andavano ricercate nel concorso di diversi fattori, dalla morte del suo direttore, alla crisi economica, alle pressioni del regime fascista, alla mancanza d'interesse, anche da parte delle stessa Santa Sede, per un certo "tipo" di giornalismo. Il foglio margottiano era arrivato ad un "ciclo chiuso", e a nulla valsero i tentativi del card. Gamba arcivescovo di Torino di trasferire l'*Unità Cattolica* in quella città[419]: la Santa Sede non intendeva essere coinvolta nell'operazione e tantomeno sostenere la causa dell'*Unità Cattolica*[420]. La richiesta dell'arcivescovo, di avere in Torino l'*Unità Cattolica*, partiva dal desiderio di "reimpiantare" un nuovo giornale. La città, infatti, ne era restata sprovvista dopo la morte del *Momento*. Non si può tuttavia escludere che una tale richiesta nascesse da pressioni di un gruppo di conservatori locali; anche se non dobbiamo dimenticare che l'*Unità*, uscita dalla direzione del Calligari, si era andata via via liberando di quello spirito integralista e intollerante che l'aveva resa "tristemente famosa".

---

vengono riportati i testi degli «elogi funebri» apparsi sui quotidiani cattolici. L'*Unità Cattolica* lo fece il 20 agosto 1929. Significativo anche il necrologio apparso sulla «Civ. Catt.», 1929, III, pp. 474-475.

[418] A partire dal 1927 l'*Unità Cattolica* cominciò ad uscire anche in un edizione «settimanale per l'Italia meridionale».

[419] *AAT, 19.136*, busta 2, originale. Lettera confidenziale di Mons. G. Pizzardo al Card. G. Gamba, Vaticano, 22 settembre 1929. «Ho ricevuto la venerata lettera di Vostra Eminenza Rev.ma del 14 Settembre u/s. come pure la sussequente del 19. Non ho risposto prima perché mi trovo (come mi trovo) assai imbarazzato a dare un consiglio. Non potendo esimermi, attesa la prossima Conferenza, mi permetto osservare umilmente quanto appresso: Circa l'*Unità Cattolica* non so cosa suggerire perché, per evitare un più grave contraccolpo e per compensare gli Abbonati, si è annunziato dalla stessa *Unità Cattolica* che essa diventava settimanale fino al *1930*. Circa poi l'impianto di un nuovo quotidiano in Piemonte, questa Segreteria non crede potersi pronunziare, anche perché il problema della stampa cattolica, dopo la cessazione del Corriere d'Italia, e la crisi che attraversano altri quotidiani, esige un esame generale ed approfondito. Credo che l'Azione Cattolica dovrà presto occuparsene. Scusandomi di nuovo di non potere e non sapere dire di più [...]».

[420] *AAT, 19.136*, busta 2, originale. Lettera di Mons. G. Pizzardo al Card. G. Gamba, Vaticano, 4 dicembre 1929. La lettera portava il prot. n° 2834/29. Il monsignore col distacco dell'uomo di curia scriveva: «Ho ricevuto la venerata lettera dell'Eminenza Vostra Rev.ma in data del 2 corrente circa le difficoltà di avere il permesso di pubblicare l'"Unità Cattolica" a Torino. Ho procurato di conoscere il pensiero dei Superiori al riguardo. Mi hanno detto che lasciano libera Vostra Eminenza di prendere la decisione che riterrà più opportuna. Sarebbe però gradito che l'Eminenza Vostra non parlasse della Santa Sede».

Nel 1916 già *La Riscossa* dei fratelli Scotton, dopo la morte dell'ultimo dei fratelli, si era trasferita a Torino, ma in quello stesso anno cessava le pubblicazioni.

Capitolo II

L'ANTIMODERNISMO DELL'*UNITÀ CATTOLICA* DURANTE IL PONTIFICATO DI PIO X (1903-1914).

I. SGUARDO GENERALE

A. Leone XIII iniziatore del modernismo?

Le indagini recenti sulla crisi modernista[1] hanno messo in luce le gravi lacune della cultura ecclesiastica, italiana ed estera, di fine Ottocento verso gli studi positivi, cioè verso i nuovi metodi critico-scientifici. All'origine del "modernismo" vi era un'inquietudine culturale, che compenetrava la cristianità, desiderosa di contribuire ad un risveglio degli studi filosofici, storici, teologici e biblici.

In Italia, in particolare, all'inizio del sec. XX l'«esperienza modernista» non aveva figure di primo piano capaci di emergere per la profondità di pensiero. Tuttavia si era contraddistinta «per i suoi toni vivaci, per la larga fioritura di iniziative e scritti, soprattutto per lo sforzo di superare i confini strettamente scientifici entro i quali era sorta all'estero e raggiungere zone sempre più ampie del mondo cattolico»; si era caratterizzata «per il tentativo di trovare un'ispirazione unitaria alle varie esigenze di riforma e promuovere un rinnovamento della religiosità che

---

[1] Sul modernismo la bibliografia è vastissima, ricordiamo fra gli studi specifici le opere classiche. J. Riviére, *Le modernisme dans l'Église. Étude d'histoire religieuse contemporaine*, Parigi 1929; E. Poulat, *Histoire, dogme, critique dans la crise moderniste*, Bruxelles 1962. Fra le opere in italiano del dopoguerra segnaliamo G. Martini, *Cattolicesimo e storicismo. Momenti di una crisi del pensiero religioso moderno*, Napoli 1951; P. Scoppola, *Crisi modernista e rinnovamento cattolico in Italia*, Bologna 1976³, con «Note di aggiornamento bibliografico alla terza edizione» alle pp. 393-396; M. Ranchetti, *Cultura e riforma religiosa nella storia del modernismo*, Torino 1963; P.L. Ballini, *Il movimento cattolico a Firenze (1900-1919)*, cit, pp. 99-149 («La crisi modernista e la reazione degli intransigenti»); R. Aubert, *La crisi modernista*, in *Storia della Chiesa* diretta da H. Jedin, vol. IX, Milano 1982², pp. 505-577 (bibliografia aggiornata).

investisse tutti gli aspetti della vita associata»: si era colorita perciò anche «di forti intonazioni politiche e sociali»². Oltre alla presa di coscienza di uno sviluppo necessario della cultura cattolica e alla pretesa di un autonomia scientifica, le radici storiche del modernismo italiano risentivano, anche, dell'avanzare di idee democratiche e pluralistiche e del desiderio, forte presso il giovane clero, di incidere nel sociale e per qualche laico di inserirsi nella vita politica italiana, e questo contro l'immobilismo culturale degli intransigenti di fronte alla rivoluzione liberale.

Papa Pecci, stimolando ripetutamente i cattolici ad avanzare nel campo culturale, sociale, politico, finiva col metter in mostra il pericolo grande che questo lavoro di «modernizzazione» della Chiesa nascondeva per molte cose delle quali essa aveva fatto da tanto tempo la sua ragion d'essere e le sue basi. Negli ultimi anni del suo pontificato, il disagio e il malumore degli ambienti intransigenti, specialmente della curia, indussero il papa ad atti, che erano un'attenuazione di sue precedenti iniziative, e provocarono un specie di indietreggiamento. La compagine intransigente si era venuta rafforzando attorno a cardinali di curia (Respighi, Mazzella) molto influenti nel governo della Chiesa romana. Proprio negli ultimi anni di Leone XIII, la critica biblica e la democrazia cristiana, che erano state certamente le espressioni più audaci di modernizzazione del cattolicesimo, ebbero gravi difficoltà³. In questo contesto, anche se esagerate, si possono comprendere valutazioni del pontificato di Leone XIII simili a quelle del Minocchi⁴, che riteneva il papa "vero iniziatore" del modernismo, per il suo tentativo di conciliare la religione con la politica, la fede con la civiltà moderna⁵. Altrettanto si comprende l'opinione dell'integralista Emmannuel Barbier, che giudicava il pontefice «genitore» involontario⁶; mentre l'*Unità Cattolica*, implicitamente, approvava la

---

² P. Scoppola, *Crisi modernista e rinnovamento cattolico in Italia*, cit., p. 4.

³ Cfr. R. Murri, *Un programma di pontificato (Pio X)*, in «Bilychnis», 9 (1914), p. 143.

⁴ Per un approfondimento circa il ruolo esercitato da Salvatore Minocchi nella vicenda della tormentata epoca modernista cfr. A. Agnoletto, *Salvatore Minocchi. Vita e opera (1869-1943)*, Brescia 1964. (Con un'appendice di lettere inedite scritte da ecclesiastici ed ex ecclesiastici italiani e stranieri sotto il pontificato di Pio X); S. Minocchi, *Memorie di un modernista*, a cura di A. Agnoletto, Firenze 1974.

⁵ Cfr. S. Minocchi, *Memorie di un modernista*, cit., p. 38. «La Chiesa cattolica, al suo avvento, - scriveva il Minocchi - presentava per dir così l'aspetto d'un campo di rovine: civili, oltre che politiche, e di scienza. Consapevole il papa del profondo e insanabile dissidio tra lo Stato e la Chiesa, fra la critica e la tradizione, mirò a riconciliare religione e politica, la fede con la civiltà moderna. Due illusioni si dirà. Occupiamoci della seconda. E parve a lui possibile un'armonia fra il pensiero che è di tutti i tempi e quel mutevole di ciascun secolo: fra il sapere dogmatico e la scienza positiva».

⁶ Cfr. E. Barbier, *Les Démocrates Chrétiens et le Modernisme. Histoire documentaire*, Paris 1908, pp. 174-177.

tesi del Nuti, che riteneva semplicemente Leone XIII «battezzatore» del modernismo[7].

B. Pio X e il fallimento di Leone XIII.

Secondo il Murri con la morte di Leone XIII «cadeva un tentativo di sintesi, di armonia del cattolicismo con la scienza, con le istituzioni democratiche, con le ispirazioni dell'età nuova, di egemonia spirituale e morale di questo sulle nuove generazioni»[8]. Ma sostanzialmente al programma di Leone XIII mancò il successo. Pio X doveva salvare la Chiesa «dal pericolo dei nuovi "luciferetti"», porre termine alla «pericolosa longanimità del suo predecessore, richiamare in vigore integre la dottrina e la disciplina della chiesa, tagliar corto con movimenti pericolosi, ricondurre nei ranghi i devianti, recidere, condannare, estirpare, senza pietà là dove rimedii più blandi non bastassero»[9].

Esiziale veniva valutato dal Tyrrell il clima creato da papa Pio X; da una parte si incontravano censura, maestri e alunni sorvegliati, consigli inquisitoriali in ogni diocesi, delazioni, spionaggio; dall'altra la tentata fondazione a Roma di un'Accademia di "scienziati" cattolici per dare un contentino alla scienza e per attenuare l'oscurantismo evidente dell'Enciclica *Pascendi*[10]: impressioni, non del tutto ingiustificate, di due uomini che avevano pagato di persona ed erano stati condannati come modernisti.

Tuttavia una valutazione sul pontificato di Pio X[11], giudicato fermamente intransigente e restauratore, dai modernisti, richiede, per un giu-

---

[7] Cfr. Sac. O. Nuti, *Lettera aperta*, 3 marzo 1908, pp. 1-2. La lettera era indirizzata al direttore dell'*Avvenire*.

[8] R. Murri, *Un programma di pontificato (Pio X)*, cit., p. 145.

[9] *Ibidem.*, p. 145. L'articolo (pp. 141-150), nonostante la pretesa di dare «un giudizio, molto oggettivo e sereno» a tutto il pontificato "piano" appena conclusosi, in molti punti risentiva di un'eccessiva carica polemica. Pio X veniva presentato come il papa schiavo dell'allarme curiale verso le novità, nonostante le riforme religiose. Anzi proprio le riforme di Pio X erano ritenute «tutte formali e rituali e disciplinari; tutte nello spirito della grande contro-riforma cattolica iniziata dal tridentino». E il «cattolicismo di Pio X» era presentato come «la religione degli umili, dei semplici, delle donnicciule, dei contadini e degli analfabeti; in altre parole, la religione dei dominati, anche spiritualmente, così come l'abbiam vista essere la religione dei dominatori» (p. 149).

[10] Cfr. G. Tyrrell, *Il Papa e il Modernismo*, Roma 1912, pp. 167-168. Per il progetto di associazione scientifica cfr. R. Aubert, *Un projet avorté d'une Association scientifique internationale catholique au temps du modernisme*, in A.H.P., 16 (1978), pp. 223-312.

[11] Tra le fonti cfr. *Romana beatificationis et canonisationis S. D. Pii Papae X. Positio super introductione causae*, Città del Vaticano 1942; *Positio super virtutibus*, Città del Vaticano 1949; *Romana beatificazionis et canonisationis servi Dei Pii Papae*

dizio più obiettivo, alcune precisazioni. Entrare nei particolari porterebbe troppo lontano; ci limiteremo a menzionare un certo numero di motivi e di sensibilità che animarono il papa. Certamente il *leitmotiv*, nello svolgersi del pontificato di Pio X, era dato dal risoluto impegno di assicurare la piena dipendenza dell'episcopato da Roma, dalla schietta uniformità alle direttive papali, richiesta all'apostolato cattolico, dal contegno fermo nel salvaguardare il patrimonio della tradizione cristiana e delle norme canoniche[12]. La Chiesa voluta da Pio X aveva carattere prevalentemente pastorale, di forza risanatrice, autonoma dal potere politico (governo Combes di Francia), realmente ammodernata (riorganizzazione della curia romana, formulazione del Codice di diritto canonico), ma soprattutto pastoralmente santificante sia restaurando la catechesi, (enc. *Acerbo nimis*, 15 aprile 1905, e catechismo di Pio X), sia favorendo la riforma liturgica (comunione eucaristica quotidiana col decreto *Sacra Tridentina Synodus*, 1905 e comunione eucaristica ai fanciulli col decreto *Quam singulari* 1910). I laici, o meglio i credenti, pensati da Pio X, a motivo della sua totale fede nella Chiesa cattolica, erano voluti interamente assoggettati alla Chiesa gerarchica: a Dio si accedeva attraverso la Chiesa e nella chiesa. Tuttavia la sua riforma, secondo alcuni storici, avrebbe trovato una resistenza astuta, machiavellica, specialmente negli ambienti curiali. Gli avversari di questa riforma, abilmente, avrebbero attirarato l'attenzione del pontefice su altri obiettivi, convincendolo di pericoli dottrinali gravissimi e distraendolo così dalla sua politica di riforma, indicandogli come pericolosi quanti avrebbero invece accettato largamente questo programma riformista[13]. Entro questo sfondo si devono comprendere l'opposizione di Pio X alla costituzione di partiti cattolici o anche solo di ispirazione cristiana (*Motu proprio* sull'azione popolare cristiana, 18 dicembre 1913), soprattutto il decreto *Lamentabili*[14] (3 luglio 1907) e l'enciclica *Pascendi dominici gregis*[15] (8 settembre 1907) contro il

---

X. *Disquisitio circa quasdam obiectiones modum agendi servi Dei respicientes in modernismi debellatione*, Città del Vaticano 1950, pp. 101-116 («Il Servo di Dio e l'"L'Unità Cattolica" di Firenze»). Tra gli studi più recenti cfr. C. SNIDER, *L'episcopato del cardinale Andrea C. Ferrari*, vol. II: *I tempi di Pio X*, Vicenza 1982; T. GOFFI, *La spiritualità contemporanea, sec. XX*, (Storia della Spiritualità, VIII), Bologna 1987, pp. 139-141; R. AUBERT, *Pio X tra restaurazione e riforma*, in *Storia della Chiesa*, fondata da A. Fliche-V. Martin, vol. XXII/1, cit., pp. 107-154.

[12] Cfr. A.S.S., 36 (1903-1904), pp. 193-198. *Allocuzione* al primo Concistoro (9 novembre 1903).

[13] Cfr. J. SCHMIDLIN, *Papstgeschichte der neuesten Zeit*, vol. III, München 1936, pp. 138-168, («*Pius X. als Antimodernist*»).

[14] Cfr. A.S.S., 40 (1907), pp. 470 ss.

[15] Cfr. A.A.S., 40 (1907), pp. 596 ss. Per approfondimenti, cfr. J. RIVIÉRE, *Le modernisme dans l'Église*, cit., pp. 351-356 e 361-367; G. MARTINA, *La Chiesa nell'età del totalitarismo*, cit., pp. 62-90 in particolare le pp. 74-75.

modernismo. In questo senso Pio X fu veramente un papa che in nome della libertà della Chiesa non esitò ad affrontare «incomprensione e derisione»[16]. Rimangono, tuttavia, drammaticamente vere le parole di p. Semeria:

> «Le intenzioni erano, come è giusto, fuor di questione. Ma restava lo sconvolgimento della disciplina, l'ingiustizia delle accuse lanciate in pubblico senza permettere che negli stessi organi accusatori l'imputato avesse modo di difendersi, la negazione sistematica della fraterna carità»[17].

Sostanzialmente il modernismo nelle sue forme radicali (Loisy, Tyrrell, ecc) rifiutava, per i suoi presupposti anti-intellettualistici, le prove classiche tradizionali dell'esistenza di Dio, non accettava una rivelazione esterna oggettiva, interpretava il dogma come l'espressione dell'esperienza religiosa individuale, non ammetteva una rivelazione immutabile, sosteneva un'esegesi che mirava ad escludere ogni elemento soprannaturale nel racconto biblico. Loisy, in particolare, difendeva l'indipendenza del teologo e dell'esegeta dal Magistero, riteneva che Gesù Cristo convinto dell'imminente fine del mondo non aveva avuto l'intenzione di fondare la Chiesa come società destinata a durare per secoli, vedeva i sacramenti non istituiti da Gesù Cristo, ma frutto di una lunga evoluzione storica. La divinità di Cristo per lui non è dimostrata dai Vangeli e la fede in Gesù come Figlio di Dio è il frutto dell'evoluzione della coscienza cristiana delle prime generazioni. Tyrrell, soprattutto, riteneva che i dogmi fossero non l'espressione di una rivelazione, ma l'esternazione della fede del singolo e della comunità così come si manifesta nella preghiera. E' il significato del titolo di una delle sue opere *Lex orandi lex credendi*. Abbiamo riassunto così i punti essenziali del decreto *Lamentabili* e dell'enciclica *Pascendi* che non possiamo esporre più ampiamente.

---

[16] Cfr. *Insegnamenti di Giovanni Paolo II*, vol. VIII/1, 1985, p. 1818. Si tratta del discorso (15 giugno 1985) del papa pronunciato nell'incontro con il clero diocesano nella chiesa parrocchiale dei santi Matteo e Silvestro a Riese in occasione della commemorazione di papa Sarto. Giovanni Paolo II notava con precisione che: «Pio X ha lottato e sofferto per la libertà della Chiesa, e per questa libertà s'è rivelato pronto a sacrificare privilegi e onori, ad affrontare incomprensione e derisione in quanto valutava questa libertà come garanzia ultima per l'integrità e la coerenza della fede».

[17] Passo citato da T. GOFFI, *La spiritualità contemporanea, sec. XX*, cit., p. 140.

II. SACCHETTI E MASTRACCHI (1903-1908)[18]

A. IL TERMINE "MODERNISMO" CONIATO DA SACCHETTI?

Il *Berico* di Vicenza, commemorando il Sacchetti ad un anno dalla morte, scriveva che egli per primo aveva coniato la parola *modernismo*[19]. Se per Riviére «mai sarà possibile sapere a chi appartenga la paternità di questo termine»[20], per il Vercesi non v'erano dubbi: il termine era stato realmente coniato dal Sacchetti durante la polemica con Murri[21]. Il significato e il valore, che il Sacchetti dava a questo termine, erano perciò da collocarsi nel contesto della polemica, d'inizio del secolo XX, con Romolo Murri e con i giovani democratici cristiani avidi di «modernità». Il direttore dell'*Unità Cattolica* colpiva il loro «modernismo», nel quale vedeva un eccesso di «modernità». Quindi, almeno inizialmente, il Sacchetti usava il termine modernismo, nell'ambito politico e sociale e non in quello dottrinale. Solo più tardi, infatti, entrerà in scena in Italia il gruppo del *Rinnovamento*, facendosi eco di dottrine filosofiche, esegetiche, critico-storiche importate specialmente dalla Francia[22].

Se da una parte gli argomenti della retorica intransigente del Sacchetti volti a mettere in risalto la perfidia, l'inutilità e la pericolosità delle idee innovative del movimento cattolico murriano, erano in linea col magistero[23], dall'altra il direttore dell'*Unità Cattolica* avvertiva d'essere caduto in una posizione di minoranza, d'isolamento e di lontananza rispetto a una grossa parte del cattolicesimo di quegli anni. Proprio questa esperienza, il sentire di non fare più opinione come una volta, anzi il timore d'essere tagliato fuori spingevano il Sacchetti a cercare l'appoggio esplicito del papa. Il 6 novembre 1903 era ricevuto in udienza particolare da Pio X. Il pontefice apprezzava «il programma dell'*Unità Cattolica*, per la costanza nella difesa della causa papale, per l'integrità dei principii, per l'assoluta intransigenza contro ogni novazione e contro ogni concessione allo spirito della rivoluzione, ossia al *modernismo*». L'*Unità Cattolica* non aveva «a cambiare una linea nel suo cammino, nè modificare alcuna sua idea, nè disdire (per *modernizzarsi*) una virgola

---

[18] Per notizie relative al Mastracchi (1835-1912) e al Sacchetti (1845-1906), cfr. *supra*, pp. 44-45.
[19] Questo riferimento era riportato nel giornale fiorentino: cfr. *Nel primo anniversario della morte di Giuseppe Sacchetti*, 22 ottobre 1907, p. 1.
[20] Cfr. J. RIVIÉRE, *Le Modernisme dan l'Église*, cit., p. 30.
[21] Cfr. E. VERCESI, *Il pontificato di Pio X*, Milano 1935, p. 117.
[22] Cfr. E. VERCESI, *Padre Semeria servo degli orfani*, cit., pp. 143-144.
[23] Cfr. *La parola di Pietro per il S. Padre Pio X*, 7 ottobre 1903, p. 1. In occasione della prima enciclica di papa Sarto: *E supremi apostolatus*.

del suo passato». In una parola, il giornale fiorentino si trovava «interamente all'unisono col pensiero e con le mire di Pio X, come già de' suoi gloriosi predecessori Leone XIII e Pio IX»[24].

Questo bastava al Sacchetti che, "soldato" al servizio del papa, partiva in una crociata contro il modernismo. Era «il grande nemico» contro cui il pontefice incitava a combattere[25]. Era «l'eresia» del XX secolo. Il "giornale papale" si sentiva autorizzato a «mettere sull'avviso il pubblico cattolico contro i pericoli del modernismo». La sua non era «smania di maldicenza», «voglia di provocare divisioni e scandali», «stolta pretesa di avere il monopolio dell'ortodossia», era semplice constatazione che «la natura del Modernismo» era «la natura d'una eresia», che «le tendenze del modernismo» erano «le tendenze dell'eresia»[26]. Perciò occorreva far tacere queste "smanie" di novità: «Si finirà di proclamare le *nuove* dottrine, i *nuovi* sistemi, la *nuova* teologia, la *nuova* polemica, i metodi *nuovi*, la *nuova* esegesi, perfino la *coscienza nuova* ... non mancava che un passo e saremmo andati fino alla *nuova fede*, fino al *cristianesimo nuovo*»[27].

L'estensione e la profondità del problema modernista spinsero il foglio integralista a studiarne le cause più o meno remote, a individuarne le origini dirette e indirette. Lo faceva attingendo dalla *Civiltà Cattolica* la rivista dei gesuiti. Il modernismo era un fenomeno complesso, i suoi contorni non erano facilmente delineabili. In questa incertezza era classificato come modernismo tutto quello che usciva dai parametri dei «sani principi». Le forme erano molteplici e la filiazione era da ricercare nell'influsso esercitato da movimenti o dottrine precedenti, per altro condannate, ma mai sopite: il razionalismo, il giansenismo, il liberalismo, l'americanismo, la massoneria[28]. Il modernismo era una «scuola» capace di incrinare l'integrità, la robustezza e saldezza delle dottrine filosofiche e teologiche della Chiesa[29]. In particolare la tolleranza, la concezione

---

[24] Cfr. G. SACCHETTI, *Dopo l'udienza del S. Padre*, 8 novembre 1903, p. 1 art. di fondo.
[25] Cfr. G. GHEZZO, *Il nemico*, 26 aprile 1907, p. 1 art. di fondo.
[26] Cfr. *Il modernismo o l'eresia del secolo XX*, 22 aprile 1906, p. 1 art. di fondo. «La proposizione non è nostra ma di un'illustre Cardinale di Santa Romana Chiesa, che in questi giorni ebbe la bontà di gradire una nostra visita. Con ciò il venerando Porporato non intendeva certamente di dichiarare eretici tutti quelli che amano chiamarsi moderni; molti sono ancora in buona fede, molti hanno la virtù di non capir nulla, molti non sanno affrontare l'impopolarità e gli scherni di Heliu e degli altri amici di Giobbe».
[27] A. G. RUFFONI, *La fine del modernismo*, 6 marzo 1904, p. 2.
[28] Cfr. [G. SACCHETTI], *Ripigliando il cammino*, 1 gennaio 1905, p. 1 art. di fondo; *L'opera della massoneria nel movimento mondiale anticattolico*, 8 febbraio 1905, p. 1; (*La massoneria e gli ordini religiosi*), 25 febbraio 1905, p. 1; G. GHEZZO, *Il nemico*, 26 aprile 1907, p. 1 art. di fondo; *Giansenismo e Modernismo*, 9 agosto 1906.
[29] Cfr. *Per l'integrità delle dottrine filosofiche e teologiche*, 18 maggio 1906, p. 1.

razionale del fatto religioso, il culto della libertà, la libera ricerca scientifica, noti principi illuministi, erano ripresi dal neo razionalismo dei modernisti con il pretesto di "svecchiare" la chiesa[30]. Questo riformismo liberale insidiava l'unità della disciplina cattolica, scalzava ogni principio d'autorità, di debita sottomissione al papa e ai vescovi, significava il disinteresse per la "questione romana"[31], ma soprattutto avrebbe portato i cattolici ai piedi della massoneria come eloquentemente suggeriva l'episodio del «pio pellegrinaggio» compiuto da alcuni cattolici al «cantore di Satana», il Carducci, in occasione del suo compleanno[32]. Già si intravede il limite dell'*Unità Cattolica*: la non distinzione tra il dogma e il contingente.

Restava il fatto che il problema del modernismo non si sarebbe risolto con la sola stampa schiattamente papale. O con la pubblicazione di qualche lettera pastorale[33]. Nemmeno la «pastorale collettiva contro gli errori del modernismo» dell'episcopato marchigiano era sufficiente. Certo l'episodio procurava grande consolazione al Sacchetti: «non siamo dunque noi soli che vediamo dappertutto il babau come dicono alcuni

---

Articolo scritto contro il p. Semeria: «uno de' campioni più forti del così detto modernismo».

[30] Cfr. *Razionalismo invadente*, 13 gennaio 1904, p. 1; D. E. MAGRI, *Neorazionalismo*, 14 febbraio 1904, p. 1 art. di fondo; A. G. A.[LBERA], *Fede e Scienza e le contraddizioni del libero pensiero*, 22 marzo 1905, p. 1; *La lingua di S. Antonio e il cervellone de' liberi pensatori*, 25 marzo 1905, p. 1: in relazione ad un miracolo avvenuto a Padova per opera del Santo.

[31] Cfr. [G. SACCHETTI], *Ripigliando il cammino*, 1 gennaio 1905, p. 1 art. di fondo; (*I danni del cattolicismo liberale*), 23 marzo 1906, p. 1; *L'inquinamento del liberalismo nella coscienza de' cattolici*, 21 marzo 1906, p. 1 art. di fondo. Ci si chiedeva quale sarebbe stato l'atteggiamento dei vescovi francesi di fronte alla legge di separazione.

[32] Il giornale fiorentino entrò in una "corretta" polemica con l'*Avvenire d'Italia*, con il Crispolti, e con altri giornali. Ricordiamo solo alcuni degli articoli comparsi nel giornale fiorentino: *Il "pio pellegrinaggio" alla casa del cantore di Satana*, 3 gennaio 1905, p. 1. L'aver condotto i cattolici all'abitazione del Carducci veniva giudicato uno «scandalo inaudito», e segno di idee confuse fra certi cattolici; *Il contegno dei cattolici verso Giosuè Carducci*, 8 gennaio 1905, p. 1. Crispolti riteneva che il modo diverso dell'*Unità Cattolica* di giudicare il Carducci fosse «un episodio di quel profondo e ragionato dissidio» che separava i cattolici transigenti da quelli intransigenti; *Le cattive letture e la gioventù moderna*, 13 gennaio 1905, p. 1. Rifacendosi ad un articolo apparso sulla *Giustizia Sociale* di Napoli che riusciva a vedere cose positive nell'opera del Carducci, l'*Unità* criticava la logica della stampa "moderna" della tolleranza e della liceità; (*L'ultima parola sulle onoranze al Carducci*), 17 gennaio 1905, p. 1. Si voleva chiudere la polemica con il Crispolti; (*Per finire*), 19 gennaio 1905, p. 1. Contro un intervista apparsa sulla *Patria* di Ancona ad un amico del Carducci che parlava "mellifluamente" del poeta.

[33] Cfr. *L'Episcopato piemontese e il «modernismo»*, 26 gennaio 1906, p. 1 art. di fondo; *Il Modernismo*, 14 aprile 1906, p. 1. Si faceva riferimento alla Lettera pastorale dell'arcivescovo di Acerenza Raffaele Rossi; (*L'Episcopato marchigiano e il «modernismo»*), 12 luglio 1906, p. 1.

moderni»[34]. E costituiva «un documento di altissima rilevanza», che avrebbe certamente sollevato «gran rumore in questo periodo di crisi, di lotta, e, diciamo, di vera selezione, tra cattolici puri e semirazionalisti e semiprotestanti, in calzoni e in sottana»[35]. Ma si attendeva qualcosa di più. E la pubblicazione del documento pontificio *Pieni l'animo* (28 luglio 1906) parve al giornale fiorentino il di più tanto atteso. Il «prof. D. Tommaso de Töth» (così firmava i suoi primi articoli il futuro direttore dell'*Unità Cattolica*) scriveva che questa enciclica, anche se non era «ancora una scomunica», aveva tuttavia «l'aria di doverla precedere». Dopo questa parola del papa, giudicata già di «condanna», era impossibile per i cattolici una «via di mezzo»: o col papa o contro il papa, o nella Chiesa o fuori della Chiesa[36].

La pubblicazione del documento papale, poi, parve all'*Unità* la conferma della correttezza della propria battaglia in difesa della "integra" dottrina cattolica e della libertà del papato. Fedele al magistero, giustamente si scagliava contro quello che era il fondamento filosofico, razionalista e immanentista del modernismo che inficiava i concetti di Rivelazione, Magistero, Chiesa ecc., ma non lo distingueva, però, dal metodo scientifico, storico critico, applicato alla ricerca storica e alla esegesi, che poi si è imposto nella Chiesa cattolica. Questo limite con De Töth e Cavallanti diverrà vero daltonismo.

B. CONTRO IL MODERNISMO POLITICO: LA DEMOCRAZIA CRISTIANA MURRIANA.

Se don Albertario difendeva fino all'ultimo i giovani democratico cristiani contro i Paganuzzi, i Sacchetti e gli Scotton[37], l'*Unità Cattolica* non cessò un'istante la sua battaglia contro l'inserimento dei cattolici italiani nella vita politica del paese e contro ogni loro autonomia dalla gerarchia ecclesiastica. Proprio la Democrazia cristiana murriana, era ritenuta la vera causa della spaccatura tra i cattolici, per le sue idee "moderne". Si era creato un solco all'interno della compagine cattolica, tra gli intransigenti, mai riconciliati con l'Italia "rivoluzionaria e usurpatrice dei diritti civili del papato", e i transigenti, in cerca di solu-

---

[34] (*Le origini del modernismo secondo i vescovi marchigiani*), 12 luglio 1906, p. 1.
[35] *L'Episcopato marchigiano e il «modernismo»*, 17 luglio 1906, p. 1 art. di fondo.
[36] Cfr. T. DE TÖTH, *E' prossimo uno scisma?*, 12 agosto 1906, pp. 1-2. Si vedano pure: *Gli scismatici moderni nel Cattolicismo*, 23 agosto 1906, p. 1 art. di fondo; *Il pericolo dello scisma e lo scandalo dei «modernisti»*, 24 agosto 1906, p. 1 art. di fondo; T. DE TÖTH, *Sincerità modernistiche*, 26 agosto 1906, p. 1 art. di fondo.
[37] Cfr. E. VERCESI, *Una gita a Carenno. Un colloquio con don Davide Albertario*, in «L'Osservatore Cattolico», 20-21 settembre 1902. L'Albertario moriva il 21 settembre 1902.

zioni concilianti con la nuova situazione politica. Il dissidio tra "giovani" e "vecchi" porterà alla soppressione dell'Opera dei Congressi, chiudendo una pagina di storia dell'intransigenza cattolica e temporalista durata trent'anni e terminata proprio quando l'Opera stava acquistando un peso nazionale. Senza entrare nell'ambito, più ampio, delle vicende del movimento cattolico a cui la Democrazia cristiana murriana è legata, guarderemo ad alcuni episodi giudicati "modernistici" dal giornale fiorentino e legati alle vicende politiche e sociali dell'azione cattolica[38].

Dal 10 al 13 novembre 1903, nel corso del XIX Congresso nazionale cattolico tenuto a Bologna, si consumò la rottura definitiva tra i "giovani" della democrazia murriana e i "vecchi" dell'Opera dei Congressi[39]. Le polemiche tra i due gruppi non erano nuove[40]. Il congresso si apriva con la lettura del Breve pontificio, nel quale si insisteva sulla «concordia» e sull'«unione» tra le forze cattoliche[41]. Il Sacchetti, che non aveva mai dato pace alla democrazia cristiana murriana[42], alla vigilia del congresso, reduce dall'udienza privata col papa, aveva scritto «noi vecchi siamo obbligati alla saviezza e alla vigilanza»[43], e nel corso del congresso, seduto al banco della stampa, fu certamente, tra gli integralisti e gli intransigenti, colui che mantenne più chiarezza di idee. Tuttavia, i suoi battaglieri resoconti sull'*Unità Cattolica* si caricarono di un'ironia

---

[38] Per un quadro generale sulla Democrazia cristiana murriana, rimandiamo, tra i numerosi studi, ad A. GAMBASIN, *Il movimento sociale nell'Opera dei congressi (1874-1904)*. Contributo per la storia del cattolicesimo sociale in Italia, (Analecta Gregoriana, 91), Roma 1958. Specialmente il capitolo III della parte II, pp. 457-558; a p. 589 e ss. ampia bibliografia sul movimento cattolico; G. DE ROSA, *Il movimento cattolico in Italia. Dalla restaurazione all'età giolittiana*, Bari 1988. Nella edizione riveduta e ampliata della «Biblioteca Universale Laterza, 218», in particolare pp. 145-251; P.L. BALLINI, *Il movimento cattolico a Firenze (1900-1919)*, cit., pp. 149-227; P. SCOPPOLA, *Crisi modernista e rinnovamento cattolico in Italia*, cit., pp. 127-162.

[39] In una lettera apparsa nel Periodico settimanale di Orvieto «Il Comune», 29 agosto 1903, il Lazzarini giudicava inevitabile al Congresso di Bologna una netta presa di posizione del moderato Grosoli: «O il Grosoli butterà a mare noi [i giovani], o sarà dagli altri [i vecchi] buttato a mare egli stesso». Questa lettera che rivendicava un'autonomia della democrazia, veniva disapprovata dal papa tramite Lettera del Pro segretario di Stato Merry del Val al vescovo di Orvieto. Il testo sia dell'articolo apparso su «Il Comune», che della Lettera al Vescovo di Orvieto in A.S.S., 36 (1903-04), pp. 250-252.

[40] Per approfondimenti rimandiamo a G. DE ROSA, *Il movimento cattolico in Italia*. cit., pp. 164-185. A. GAMBASIN, *Il movimento sociale nell'Opera dei Congressi*. cit., pp. 475-558.

[41] Cfr. A.S.S., 36 (1903-1904), pp. 287-288.

[42] G. SACCHETTI, *Movimento cattolico e democrazia cristiana vera e falsa*, Firenze 1899. Per l'atteggiamento del Sacchetti verso i democratici murriani, per la sua idea di democrazia cristiana, e per il valore datole, cfr. G. DE ROSA, *Giuseppe Sacchetti e la pietà veneta*, cit., pp. 149 ss.

[43] Cfr. [G. SACCHETTI], *A chi ama l' "Unità Cattolica"*, 4 novembre 1903, p. 1.

stizzosa, capace solo di suscitare le «ire dei cattolici "modernisti"», sia per le sue critiche al «metodo nuovo», sia per il riferimento a «spiacevoli incidenti» sui quali si fermava «per giustizia di cronaca»[44]. Al congresso di Bologna si discusse della questione femminile e di quella meridionale, si parlò pochissimo di unioni professionali miste e di corporazioni, di difesa delle classi superiori e di patronato. Invece, si ragionò di unioni semplici, di leghe del lavoro, di sindacati, di autogoverno delle classi lavoratrici. La questione femminile e quella meridionale costituivano due novità, che davano all'Opera un segno di "modernità" e di superamento delle proteste temporalistiche del vecchio gruppo intransigente[45]. Un silenzio, che sollevò discussioni, fu la questione del *non expedit*, che grazie all'abilità del Grosoli non saltò fuori al congresso. Una punta d'amarezza attraversava gli articoli del Sacchetti. Non una sola parola era venuta dal congresso ai vecchi giornali «sui quali incanutirono tanti e tanti fedeli soldati del Papa»; tutti gli applausi, tutti gli auguri furono riservati ai giornali moderni, e per di più non venne data agli intransigenti «possibilità di parlare»[46]. Incredulo, il direttore dell'*Unità Cattolica*, assistette alla sconfitta degli integralisti della scuola margottiana. Per la prima volta l'autorità dei "vecchi", cioè, del Sacchetti, degli Scotton, del Paganuzzi, non venne riconosciuta. All'apparente vittoria del Murri, che sanzionava in realtà la definitiva perdita di unità del movimento cattolico, il Sacchetti rispondeva con un "no!" perentorio. No a tutti i risultati e allo stesso andamento del congresso bolognese:

> «Or bene. Reduci al nostro scrittoio, la prima sillaba che abbiamo voluto scrivere è: **No!** Non è codesta la strada; non sono codesti i metodi; non sono codesti gli uomini. Non è più l'Opera dei Congressi questa; quell'Opera nella quale per tanti anni i cattolici tutti d'Italia lavorarono con tanto ardore, con tanta fede, con tanto spirito di sacrificio, con sì profondo amore al Papa e ai suoi imprescindibili diritti. [...] Le nostre parole susciteranno ire e scandali. Ma esse partono dal profondo della nostra coscienza. Avvenga qualunque cosa, noi a fronte alta e sicura grideremo agli uomini ben volenti: Così non si va. **No!**»[47].

Gli articoli del Sacchetti, questa volta, non vennero apprezzati negli ambienti vaticani. Per placare le discussioni, l'*Osservatore Romano* intervenne con due note ufficiali. Nella prima si assicurava che l'operato

---

[44] Cfr. *Il Decimo* (sic!) *Congresso Cattolico Italiano in Bologna*, 14 novembre 1903, p. 2.
[45] Cfr. *Due fatti*, in «Il Domani d'Italia», 12 dicembre 1903.
[46] Cfr. [G. SACCHETTI], *Le due così dette tendenze al Congresso di Bologna*, 18 novembre 1903, p. 1 art. di fondo.
[47] [G. SACCHETTI], *No!*, 17 novembre 1903, p. 1 art. di fondo.

del Grosoli era approvato dal Vaticano e si giudicava mancante «di fondamento l'affermazione o il sospetto» che nel Congresso di Bologna «siansi oltrepassati i limiti del permesso ottenuto dal Signor conte Grosoli», il quale continuava «a godere la piena fiducia della Santa Sede»[48]. Nella seconda si dichiarava: «Siamo autorizzati a smentire le voci messe in giro in questi giorni dalla stampa cittadina e dagli altri giornali al riguardo dell'abolizione del *non expedit*, essendo esse assolutamente prive di ogni fondamento»[49]. I giornali "moderni" e "democratico-cristiani" ritennero la prima nota una vera sconfessione dell'operato dei "vecchi", in particolare del Sacchetti. I murriani ritenevano prossima la fine dell'*Unità Cattolica*; priva di efficacia la sua azione intransigente tra i cattolici militanti; necessario un suo passo indietro per accodarsi al nuovo corso dell'azione cattolica. Da parte sua il Sacchetti affermava che non si sarebbe mai rimangiato il suo famoso e scomodo «no!» e smentiva le voci di una disapprovazione della linea dell'*Unità Cattolica* da parte della Santa Sede[50]. In realtà il Sacchetti subito dopo il congresso bolognese aveva scritto una lettera al papa Pio X, in cui traspariva da essa la sua «condizione di isolamento». Egli lamentava al papa la grave situazione del giornale: debole finanziariamente e osteggiato dai «giovani», che per altro riuscivano a far credere all'opinione pubblica che il giornale fiorentino fosse caduto in disgrazia presso la Santa Sede. La lettera terminava con «l'invocazione» di un atto da parte del papa che rivendicasse «l'onore dell'*Unità Cattolica*». Al Sacchetti «non giunse, questa volta, nessuna lettera, nessuno scritto della Santa Sede che suonasse come riconoscimento che l'*Unità cattolica* agiva in obbedienza ai comandi e agli insegnamenti del Papa»[51].

Dal canto suo il giornale fiorentino diede più risalto alla seconda nota per la sua portata antimurriana[52]. La polemica continuò[53] e non venne sufficientemente smorzata nemmeno da due interventi successivi, uno del cardinale Merry del Val (12 dicembre) e l'altro del papa (18 dicembre)[54]. L'*Unità Cattolica*, di fronte alle caute e semplici prospettive

---

[48] Cfr. *Nostre informazioni*, in «Osservatore Romano», 25 novembre 1903. La nota era in terza pagina.

[49] «Osservatore Romano», 1 dicembre 1903.

[50] Cfr. [G. SACCHETTI], *L'avvenire dell'azione cattolica in Italia*, 10 dicembre 1903, p. 1 art. di fondo.

[51] Cfr. G. DE ROSA, *Giuseppe Sacchetti e la pietà veneta*, cit., pp. 159-160.

[52] Cfr. [G. SACCHETTI], *A proposito di due note del Vaticano. Gli intransigenti e gli altri*, 6 dicembre 1903, p. 1 art. di fondo.

[53] Cfr. [G. SACCHETTI], *Chi è veramente col Papa e per il Papa?*, 24 novembre 1903, p. 1 art. di fondo; *Il «non expedit» e i propositi della democrazia murriana*, 12 dicembre 1903, p. 1 art. di fondo; *Perchè non si parli più dei diritti della Santa Sede*, 20 dicembre 1903, p. 1 art. di fondo.

[54] Il 12 dicembre 1903 il segretario di Stato, card. Merry del Val, scriveva una

di azione sociale indicate dal *Motu proprio*, si sentiva rassicurata, lo definiva «Magna Charta della pace, della concordia e dell'unione per tutti i cattolici italiani», insisteva sull'«obbedienza» assoluta verso il papa e ai democratici cristiani ricordava: «*Roma loquuta est* un'altra volta»[55]. La pace veramente non tornò[56]. Il giornale fiorentino continuò a difendere le sue convinzioni, contro le tendenze autonomistiche dei d. c., sostenendo l'impossibilità per un «italiano» di «rimaner cattolico e nello stesso tempo ricusare assenso od obbedienza» al papa non solo in materia di fede, ma anche in campo morale e disciplinare[57]. L'autonomismo dei d. c. era in fondo «un'incosciente o superba indipendenza nel pensiero e nell'azione dalle autorità religiose, dal Papa, dai Vescovi»[58].

Le simpatie del Grosoli per la d.c. murriana non fecero che acuire il dissidio tra «vecchi» e «giovani». Il 2-3 luglio 1904 a Bologna si riunì il Comitato generale permanente dell'Opera dei congressi. Gli intransigenti di vecchio stampo accorsero in numero tale da mettere il Grosoli in minoranza, e questi per gli attacchi mossi alla presidenza, accusata di poca ortodossia soprattutto nei confronti della questione romana, si dimise[59]. Le polemiche che seguirono, sollevate soprattutto dai giornali "mo-

---

lettera ufficiale ad Archimede Pasquinelli, direttore del «Domani d'Italia» (testo in A.S.S., 36 (1903-04), pp. 351-352). La lettera del cardinale all'organo della d.c. murriana, veniva in risposta all'indirizzo rivolto al papa dalla direzione del giornale stesso. Il periodico era lodato e chiamato «organo ufficiale dell'Opera dei Congressi» e lo si invitava a non dare adito alla «falsa insinuazione di un nuovo indirizzo» da parte vaticana verso il *non expedit*, perchè «non licet catholicis italicis politicas urnas adire confirmatur». Cfr. *Pius PP. X. Motu proprio*, 23 dicembre 1903, p. 1. Il testo in A.S.S., 36 (1903-04), pp. 339-345. Nel *motu proprio* Pio X stabiliva le norme fondamentali «dell'azione popolare cristiana». In esse possiamo intravedere la linea politica che il pontefice seguirà nel corso del suo pontificato. Al punto XIII (p. 343), leggiamo: «Inoltre la Democrazia Cristiana non deve mai immischiarsi con la politica, nè dovrà mai servire a partiti ed a fini politici: non è questo il suo campo: ma essa deve essere un'azione benefica a favore del popolo, fondata nel diritto di natura e sui precetti del Vangelo. [...] I Democratici cristiani in Italia dovranno del tutto astenersi dal partecipare a qualsivoglia azione politica che nelle presenti circostanze, *per ragioni di ordine altissimo*, è interdetta ad ogni cattolico».

[55] Cfr. [G. SACCHETTI], *La pace fra i cattolici dopo la parola del Papa*, 24 dicembre 1903, p. 1 art. di fondo.

[56] Cfr. (*Romolo Murri e il "Motu proprio" di Pio X*), 3 gennaio 1904, p. 1. Cfr. pure [G. SACCHETTI], *L'obbedienza dei giornalisti cattolici al «motu-proprio» di Pio X*, 9 febbraio 1904, p. 1 art. di fondo.

[57] Cfr. [G. SACCHETTI], *Le nostre convinzioni*, 12 maggio 1905, p. 1 art. di fondo.

[58] Cfr. A. CAVALLANTI, *Modernismo e modernisti*, cit., p. 60.

[59] Cfr. [G. SACCHETTI], *La soluzione della questione secondo i «moderni»*, 8 luglio 1904, p. 1 art. di fondo: contro la dichiarazione di Filippo Crispolti in seno all'adunanza; [IDEM.], *Per togliere le discordie fra i cattolici*, 9 luglio 1904, p. 1 art. di fondo: relativo all'ordine del giorno di mons. Ceruti.

derni", quali l'*Avvenire d'Italia* e l'*Osservatore Cattolico*, indussero il giornale fiorentino ad un'amara difesa: nessun «attentato» contro Grosoli, nessuna «misera gara di ambizioni e di puntigli»[60], anzi: «Qualunque decisione sia per prendere la Santa Sede "la stragrande maggioranza dei cattolici militanti e organizzati" la accetterà con docilità, con sommessione, con allegrezza. Questa è la risposta che ai «giovani» dell'*Osservatore Cattolico* danno i «vecchi» dell'*Unità Cattolica*. Dite voi pure al Papa, giacchè vi basta il fegato: "Non accetteremo"; noi di rimando gridiamo fin d'ora: "Accetteremo." E vedremo quanti saranno coloro che volendo restare cattolici risponderanno altrimenti»[61].

Sull'andamento delle sedute, il Grosoli aveva tenuto informato il card. Segretario di Stato Merry del Val, il quale riconfermava, con lettera del 6 luglio 1904, la fiducia del papa nella presidenza, per la «perfetta ortodossia di tutti i membri del Comitato Permanente, specialmente sui due punti della questione Papale e della dipendenza dall'autorità ecclesiastica»[62]. Gli intransigenti rimasero spiazzati; il giornale fiorentino scrisse parole di «soddisfazione» per la lettera al Grosoli e polemizzò per gli «inni di trionfo dei giornali modernisti»[63] in particolare il Sacchetti discusse con l'*Avvenire* il quale il 10 luglio aveva pubblicato un articolo dal titolo assai provocatore: *La solenne lezione del Papa ai 18 votanti!*[64]. Il direttore dell'*Unità* non ritenne la lettera una sconfessione della linea dei "vecchi", cercò di insistere sullo scopo reale della lettera, cioè il «ristabilimento della concordia e dell'unità dei propositi fra i cattolici italiani» specialmente fra coloro che erano «preposti alla direzione del movimento cattolico». Tutto però restava come prima:

> «Noi continueremo a propugnare la stessa causa, con la medesima fede, sotto la stessa bandiera. La lettera dell'E.mo Cardinale Merry del Val proibisce "ogni discussione irritante", ma non vieta le oneste e serene polemiche sopra i più vitali interessi della Chiesa in Italia. E noi a fronte alta possiamo affermare di non avere mai intrapreso discussioni irritanti, ma soltanto di esserci difesi legittimamente quando fummo assaliti»[65].

---

[60] Cfr. *Ancora della crisi nell'Opera dei Congressi Cattolici*, 12 luglio 1904, p. 1 art. di fondo; G. SACCHETTI, *Al marchese Filippo Crispolti*, 21 luglio 1904, p. 1 art. di fondo. L'*Unità Cattolica* non aveva lavorato nemmeno inconsciamente per allontanare i giovani dalla Chiesa e dal papato.

[61] [G. SACCHETTI], *Lo spirito di disciplina nel movimento cattolico*, 10 luglio 1904, p. 1 art. di fondo.

[62] Il testo della lettera al conte Grosoli in A.S.S., 37 (1904-05), pp. 17-18.

[63] Cfr. 12 luglio 1904, p. 1.

[64] Cfr. [G. SACCHETTI], *Ancora due parole per la giustizia e la pace*, 14 luglio 1904, p. 1 art. di fondo.

[65] *Dopo la lettera dell'E.mo Cardinale Merry del Val*, 13 luglio 1904, p. 1 art. di fondo.

E di assalti il Sacchetti ne vedeva pure in un articolo del Murri il quale spiegava sul *Giornale d'Italia* (15 luglio) le ragioni dei dissidi tra i cattolici italiani, per questo l'*Unità Cattolica* invocava una parola chiarificatrice dal Grosoli[66]. Ma proprio il Grosoli il 15 luglio 1904 aveva steso una circolare che nella sostanza dichiarava che la questione romana - anche se non la menzionava - era da ritenersi oramai superata; ai diritti della Santa Sede era fatta una generica allusione e si asseriva infine che il movimento cattolico non poteva avere altro programma all'infuori di quello democratico cristiano. La circolare del Grosoli inviata ai membri del comitato permanente, dei comitati regionali, diocesani e parrocchiali e delle associazioni cattoliche, traeva il suo incoraggiamento dalla lettera del card. Merry del Val, che aveva significato la sottomissione della compagine intransigente alle direttive papali. Ma quelle del Grosoli erano direttive troppo coraggiose. Il campo d'azione dei "moderni" appariva libero. Pochi giorni dopo il 19 luglio sull'*Osservatore Romano* compariva una nota la quale dichiarava quella circolare non corrispondente alle istruzioni della Santa Sede e pertanto da non pubblicare e da non diffondere[67]. Per l'*Unità Cattolica* si trattava di «gravissime parole», assai opportune e aggiungeva: «La circolare era stata inviata anche a noi sin dalla sera del 15, ma appunto per la ragione addotta dall'*Osservatore* non avevamo creduto opportuno di affrettarci a pubblicarla, dubitando fortemente che essa fosse stata prima sottoposta all'esame di chi di ragione»[68].

Il Grosoli si dimise[69] e a brevissima distanza seguì la Lettera circolare del Cardinale segretario di Stato ai Vescovi d'Italia (28 luglio 1904), che dichiarava soppressa l'Opera dei Congressi, lasciando in vita il Secondo gruppo sotto la presidenza del conte Medolago Albani[70]. Il giornale fiorentino, di fronte ai vari segni di ribellione dei d. c.[71], scrive-

---

[66] Cfr. *I dissidi nel campo cattolico spiegati da R. Murri*, 17 luglio 1904, p. 1.
[67] Cfr. «Osservatore Romano», 19 luglio 1904.
[68] 20 luglio 1904, p. 1. Il testo della "Circolare" venne pubblicato solo più tardi dopo che la stragrande maggioranza dei giornali, di qualsiasi tendenza, l'avevano reso pubblico: cfr. 31 luglio 1904, p. 1.
[69] Il 21 luglio il papa accettò le dimissioni del Grosoli. Altri in segno di solidarietà col Grosoli si dimisero. Anche Filippo Meda, che avrà lunghi conflitti con l'*Unità Cattolica* durante la direzione De Tóth-Cavallanti, e che era presidente della quarta sezione del primo gruppo generale dell'Opera per le elezioni amministrative, si dimise. Il giornale fiorentino riportò, senza darvi troppo risalto, la notizia dell'accettazione da parte del papa delle dimissioni: cfr. 24 luglio 1904, p. 1. Per questa vicenda cfr. G. DE ROSA, *Il movimento cattolico in Italia*..., cit., pp. 205 ss.
[70] Cfr. A.S.S., 37 (1904-1905), pp. 19-23. La lettera compariva sull'*Osservatore Romano* il 30 luglio 1904.
[71] Cfr. (*I ribelli*), 2 agosto 1904, p. 1. A Milano il 31 luglio aveva avuto luogo un «conciliabolo» di una quarantina di d.c. che predispose un piano d'azione politica autonomo.

va: «noi accettiamo con filiale sommissione e piena docilità le istruzioni sull'azione cattolica contenute nella Lettera Circolare» del cardinale Segretario di Stato[72]. Forti reazioni tra i cattolici e stupore di fronte ad un tale epilogo: il papa aveva ricevuto il Grosoli pochi giorni prima e non doveva essere all'oscuro dei propositi grosoliani. La smentita avveniva inaspettatamente e non erano indicati i punti mancanti della Circolare. Evidentemente ci si trovava di fronte ad un problema più ampio, ad «una crisi di idee»[73]. Anche la stampa liberale non nascose la meraviglia[74]. La preoccupazione di fondo, che mosse il papa ad una simile presa di posizione, doveva essere legata alla più o meno apparente intesa tra Grosoli e Murri[75]. Tuttavia un'altra ragione, più profonda, indusse il papa a sciogliere l'Opera dei Congressi. Essa si fondava sull'equivoco, pretendendo di essere nello stesso tempo organismo religioso e politico[76].

Il Murri smentiva d'essere stato l'ispiratore del Grosoli e ricordava le responsabilità dei «vecchi» nell'aver portato l'Opera alla rovina[77]. L'*Unità Cattolica* rinnovava le accuse ai democratici murriani. La loro ostilità e testardaggine, il loro spirito liberale e disobbediente, il tentativo di inserirsi in forma autonoma nella vita politica della Nazione aveva provocato la crisi dell'Azione Cattolica in Italia, la conseguente divisione e lo sbandamento tra i cattolici, specialmente tra i giovani e l'esultanza dei liberali[78]. La democrazia murriana sarebbe andata avanti per la sua strada? Questa era la prova, per l'*Unità*, della loro ribellione. In fondo i cattolici italiani dovevano star fuori dalla politica attiva e autonoma[79].

---

[72] Cfr. *L'azione cattolica dopo l'ultimo documento pontificio*, 2 agosto 1904, p. 1.
[73] Cfr. G. DE ROSA, *Il movimento cattolico in Italia*, cit., p. 207 ss.
[74] Cfr. a titolo di esempio *Il Vaticano contro la Democrazia cristiana?*, in «Giornale d'Italia», 20 luglio 1904
[75] Non si esclude la possibilità che la lettera del Murri al *Giornale d'Italia*, abbia indotto la Santa Sede a vedere un'intima rispondenza tra le idee che verranno espresse dal Grosoli nella circolare del 15 luglio e i piani dei democratico-cristiani. Il Murri, inoltre, era oramai in atteggiamento di ribellione, e quell'alleanza costituì, certamente, l'occasione prossima dell'intervento papale.
[76] Cfr. G. DE ROSA, *Giuseppe Sacchetti e la pietà veneta*, cit., p. 161.
[77] Cfr. A. BAR., *Un'intervista con Don Romolo Murri sulla crisi delle organizzazioni cattoliche*, in «Giornale d'Italia», 7 agosto 1904.
[78] Cfr. *Quali sono i «refrattari»*, 22 luglio 1904, p. 1; *Lo spirito del liberalismo nell'azione cattolica*, 24 luglio 1904, p. 1 art. di fondo; *L'azione cattolica in Italia secondo Leone XIII e Pio X*, 26 luglio 1904, p. 1 art. di fondo; *L'astensione dei cattolici italiani dalla politica*, 27 luglio 1904, p. 1; G. SACCHETTI, *L'intesa fra i cattolici italiani per la causa papale*, 30 luglio 1904, p. 1 art. di fondo; *Le allegrezze dei liberali per il dissenso fra i cattolici*, 8 settembre 1904, p. 1 art. di fondo.
[79] Cfr. A. G. RUFFONI, *L'obbedienza al Papa alla prova dei fatti*, 3 agosto 1904, p. 1 art. di fondo; *La ribellione nel campo della democrazia cristiana*, 10 agosto 1904, p. 1: relativo al Convegno d.c. di Rimini; *Le distinzioni nell'obbedienza dei giovani d.c.*, 19 agosto 1904, p. 1; *Obbedienza "sub condicione" o ribellione mascherata?*, 24 agosto 1904, p. 1; *La scuola della disobbedienza per la gioventù "moderna"*, 27 agosto 1904,

Merita, a questo punto, un accenno il tentativo di far partecipare i cattolici alle elezioni politiche per combattere i raggruppamenti di sinistra, compiuto da Tittoni-Suardi-Bonomi, presso l'organizzazione cattolica bergamasca. In pratica si chiedeva di fare pressioni sul papa per indurlo a levare il *non expedit*. I contorni dell'operazione erano delicati, vista la risposta negativa del 9 ottobre 1904, data dal papa al memoriale di Bonomelli-Semeria, che proponeva la partecipazione dei cattolici alle elezioni politiche[80]. Il 17 ottobre il Bonomi e il Cavalli, esponenti di primo piano del mondo cattolico bergamasco, furono ricevuti in udienza dal pontefice. Dopo un iniziale rifiuto del papa, il Bonomi avrebbe riferito a Pio X dell'appoggio dei liberali nelle amministrative assicurato dal Suardi, e a questo punto il papa avrebbe detto «fate quello che vi detta la vostra coscienza», «il Papa tacerà»[81].

L'*Unità* in vista delle elezioni politiche assicurava i suoi lettori che nulla era cambiato: il *non expedit* restava[82]. Di fronte alle voci dei "moderni" scriveva:

«Cattolici sabaudeggianti e democristiani, clerico-liberali gli uni e gli altri, si danno la mano per rompere il ghiaccio, [...] presentandosi alle urne politiche, per imporre al Papa il fatto compiuto [...]. Il momento è triste; ma non perciò vacillerà la nostra fede, nè noi piegheremo a destra o a sinistra»[83].

Ma il 6 novembre 1904 i cattolici italiani andarono alle elezioni politiche senza preparazione, senza un programma preciso, alla spicciolata. In alcuni collegi molti votarono con il permesso dell'Autorità Ec-

---

p. 1; *L'avvenire dell'azione cattolica in Italia*, 28 agosto 1904, p. 1 art. di fondo; *Per la concordia e per l'unità dell'azione cattolica in Italia*, 4 settembre 1904, p. 1; Alca, *Movimento cattolico. Il convegno di Treviglio*, 30 settembre e 1 ottobre 1904, p. 2; (*Oh, gli «autonomi»*), 2 ottobre 1904, p. 1; *La causa delle sciagure del cattolicismo in Italia*, 29 ottobre 1904, p. 1.

[80] Per il memoriale Semeria-Bonomelli e la replica del papa, cfr. C. Marongiu Buonaiuti, *Non expedit. Storia di una politica...* cit., pp. 111-120.

[81] Cfr. *Ibidem*, pp. 122-123.

[82] Cfr. in particolare: *Il tramonto del "non expedit"*, 13 ottobre 1904, p. 1 art. di fondo; *L'osservanza del "non expedit"*, 22 ottobre 1904, p. 1; *Il "non expedit" e la lotta contro l'anticlericalismo*, 25 ottobre 1904, p. 1 art. di fondo; *La rottura del ghiaccio ossia la fine del "non expedit"*, 27 ottobre 1904, p. 1 art. di fondo; *Non expedit! Nè eletti, ne elettori!*, 28 ottobre 1904, p. 1; *Nè eletti nè elettori. Viva il «non expedit»*, 3 novembre 1904, p. 1; L'abbonato rurale, *Alla vigilia delle elezioni viva il "non expedit"*, 6 novembre 1904, p. 1 art. di fondo.

[83] [G. Sacchetti], *Non expedit! Nè eletti, nè elettori*, 28 ottobre 1904, p. 1 art. di fondo. Occorre ricordare che per il Sacchetti il non expedit aveva un carattere di legge immutabile e permanente, così egli aveva sostenuto al Congresso di Milano 1897, solo pochi giorni prima della sua morte si ricrederà: cfr. G. De Rosa, *Giuseppe Sacchetti...*, cit., pp. 165-166.

clesiastica, in altri senza alcun permesso. Per i "moderni" si poteva almeno parlare di affievolimento del *non expedit*. Loro impressione era che Pio X avesse riconfermato a parole il *non expedit*, la partecipazione dei cattolici doveva avvenire un po' per volta senza coinvolgere il papa[84]. Per il Murri l'inserimento dei cattolici nella vita politica era doveroso e la loro astensione dall'azione politica era un' «ipocrisia senza scopo». Il *non expedit* era «passato» ed il gesto con il quale i cattolici italiani l'avevano «gittato lontano da se, ci verrebbe quasi voglia di chiamarlo un delitto»[85]. Il Sacchetti stentava a credere che i cattolici si fossero recati alle urne con il tacito consenso del papa e difendeva ad oltranza il *non expedit*, tanto che l'*Osservatore Cattolico* parlava di *non expedit* tolto dalla Santa Sede e mantenuto dal Sacchetti[86].

Dopo le elezioni i "moderni" gioirono. Meda a Rho e Mauri a Seregno avevano ritirato le loro candidature; i loro nomi erano troppo prestigiosi per potersi compromettere in un'ora di passaggio come quella; a Milano veniva eletto il marchese Carlo Ottavio Corneggia, nel collegio di Treviglio-Verdello veniva eletto Agostino Cameroni, nel collegio di Bergamo Giuseppe Piccinelli[87]. Chi rappresentavano? Quale era il loro programma? Per l'*Unità* era inconcepibile un partito cattolico al Parlamento[88]: i cattolici non erano preparati «alle lotte politiche»[89] e conoscevano le intenzioni politiche di Giolitti in materia ecclesiastica[90].

---

[84] Cfr. [F. MEDA], *Il non expedit*, in «L'Osservatore Cattolico», 26 ottobre 1904. Sempre il giornale milanese il 29 novembre 1904, riepilogando un articolo della *Civiltà Cattolica*, rimproverava alla *Riscossa* dei fratelli Scotton, il «suo accanimento» nel difendere la «irrevocabilità del *non expedit*» e riteneva: «la polemica sul *non expedit*» essere «definitivamente chiusa», sgombro il campo, aperta la breccia. Il 24 dicembre 1904 l'*Osservatore Cattolico* invece scriveva il «non expedit non è stato revocato» e «forse non sarà revocato mai». L'*Avvenire* esultava per la fine del *non expedit*: cfr. *I cattolici italiani nella giornata di ieri*, 8 novembre 1904, p. 1.

[85] Cfr. «Cultura Sociale», 16 novembre 1904.

[86] Cfr. (*L'Osservatore Cattolico e l'Unità Cattolica*), 16 novembre 1904, p. 1.

[87] Cfr. (*La gioia dei "moderni"*), 16 novembre 1904, p. 1. Sul Corneggia, cfr. *La candidatura politica di Carlo Ottavio Corneggia Castiglioni*, 30 ottobre 1904, p. 1.

[88] Cfr. [G. SACCHETTI], *L'assurdità d'un partito cattolico a Monte Citorio,* 4 novembre 1904, p. 1. art. di fondo.

[89] Cfr. *La preparazione dei cattolici alle lotte politiche*, 13 novembre 1904, p. 1.

[90] Cfr. *La politica elettorale di Giolitti comm. Giovanni*, 16 novembre 1904, p. 1. Giolitti aveva espresso il suo parere in politica religiosa in occasione di una discussione parlamentare seguita immediatamente ad una nota di protesta della Santa Sede per la visita in Italia del presidente della Repubblica francese: «Noi, in quanto alla politica ecclesiastica, crediamo che non vi siano cambiamenti da fare. Noi camminiamo per la nostra via senza occuparci delle osservazioni che altri ci possa fare. Il principio nostro è questo, che lo Stato e la Chiesa sono due parallele che non si debbono incontrare mai. Guai alla Chiesa il giorno che volesse invadere i poteri dello Stato! Libertà per tutti entro i limiti della legge: questo è il nostro programma»: cfr. *Atti parlamentari*, Camera dei deputati, 2ª sessione, *Discussioni*, seduta del 30 maggio 1904, p. 13135.

Il Sacchetti così spiegava la sua opposizione alla costituzione di un partito cattolico:

«Dobbiamo pur persuaderci che il Papa non può divenire un capo gruppo parlamentare, nè i Vescovi farsi grandi elettori; quindi il dovere dell'obbedienza, che ad essi ci assoggetta, rende veramente inopportuna, inespediente, per non dire impossibile, una nostra vera e propria azione politica. Se vorremmo essere candidati e se riusciremo eletti, dovremo entrare a Montecitorio, non come cattolici, ma come appendici di altri partiti»[91].

Il limite del Sacchetti e di molti vescovi italiani[92] stava nell'unire strettamente i problemi politici ai principi della fede e della morale e quindi nel ritenere un'eventuale azione politica dei laici di pertinenza della Chiesa. Questa pesante tutela della Chiesa, anche nell'ambito politico, lo induceva ad escludere l'utilità di un partito cattolico-autonomo-non confessionale e a riconoscere per il bene dell'organizzazione cattolica il bisogno di soltanto "*prepararsi*" per un'azione politica, alla quale il Pontefice li avrebbe potuti chiamare, non appena le mutate circostanze avessero reso possibile questo «movimento, senza pregiudizio ai sacrosanti diritti della Santa Sede e senza turbare i motivi d'ordine altissimo, che resero doverosa l'astensione dalle urne politiche per ben sette lustri»[93].

Intanto il Sacchetti entrava in polemica anche col clerico-moderato Meda. L'avvocato milanese tentava la costituzione di una sorta di Centro politico dei cattolici italiani, sul modello di quello tedesco. Esso non avrebbe avuto un carattere confessionale e più che un partito centralizzato si sarebbe trattato di un raggruppamento politico molto largo all'interno del quale sarebbero potute coesistere varie tendenze[94]. I "giovani"

---

[91] [G. SACCHETTI], *L'assurdità d'un partito cattolico a Monte Citorio*, cit.

[92] Tra i vescovi erano di quest'opinione il Card. Bacilieri e il Card. Callegari, il vescovo di Parma e molti altri. Cfr. *S. E. il Card. Callegari e la democrazia cristiana autonoma*, 18 gennaio 1905, p. 1; *Conforti ed aiuti all'"Unità Cattolica"*, 17 gennaio 1905, p. 1: Lettera del vescovo di Parma Magani al direttore dell'*Unità Cattolica*: «Avvezza a non mutar propositi la mente, batto la strada vecchia, costruita a linea retta, che se non è la più elegante, è però la più comoda e sicura, nè per quanta polvere sollevasi sulla medesima, trovo ragione a prenderne una di più recente costruzione. I principî non si cambiano come gli abiti col mutarsi delle stagioni, sebbene pare che ora sia di moda; solo è a deplorarsi che in nome della libertà, nelle materie opinabili, si voglia strozzare in gola il vecchio credo a chi l'ha sempre non che recitato, ma cantato; nè si permetta ormai ad uno scrittore serio di difendere teorie che furono fino a ieri il motto d'onore e di battaglia ricamato sull'orifiamma cattolico ...».

[93] [G. SACCHETTI], *Le novità nel movimento cattolico e il dovere dei sinceri cattolici*, 15 gennaio 1905, p. 1 art. di fondo.

[94] Cfr. *I cattolici italiani nella vita politica*, in «L'Osservatore Cattolico», 29 dicembre 1904. Veniva riprodotto il discorso di Meda a Rho.

dell'*Osservatore Cattolico*, a differenza dei "vecchi" dell'*Unità*, avevano accettato i «fatti compiuti»[95]. Sacchetti, che vincolava la missione politica dei cattolici alla questione romana, riteneva «impossibile la formazione d'un gruppo cattolico parlamentare in Roma», non confessionale, dove sovrano, secondo i cattolici, era il Papa. La causa della libertà della S. Sede non poteva essere ritenuta una «pregiudiziale», come sosteneva il Meda, che in parlamento avrebbe reso «antipatico» il partito cattolico. Per il direttore dell'*Unità* «entrare in parlamento come cattolici, restando mutoli sulla questione romana» sarebbe stato «ingiustizia e viltà o ipocrisia» ed inoltre avrebbe significato l'irrealizzabilità di «un Centro cattolico a Montecitorio». Inoltre c'era «la faccenda del giuramento»: o si giurava leale obbedienza e fedeltà alle istituzioni, e si calpestavano i diritti papali, o si giurava con riserva esplicita secondo la formula presentata dalla S. Penitenzieria, ma allora si cadeva nell'impopolarità. «Noi applaudiremo, ma avrete il coraggio, o moderni, di farvi avanti con l'odiata bandiera del *clericalismo intransigente*? Ahimè, non osiamo sperarlo!»[96]. Il tentativo di Meda, per i numerosi ostacoli che incontrò, fallì in breve tempo[97].

I d.c. murriani continuavano a rivendicare politicamente autonomia e libertà. Volevano l'uscita dei cattolici alla "luce del sole", fuori dalle mura delle loro associazioni e la fondazione di un partito politico. Cominciarono a girare per l'Italia per fare proseliti. Contro queste "pretese" si levarono i divieti di molti vescovi[98]. Nonostante questo le conferenze degli autonomi si tennero ugualmente, con il risultato, secondo l'*Unità*, di clamorosi "fiaschi" e dolorosa "confusione"[99]. Contro il *Corriere della Sera* che scorgeva una mancanza di logica nella condotta dei vescovi e della S. Sede, perché da una parte si condannava e si escludeva

---

[95] Cfr. *I cattolici italiani nella vita politica*, in «L'Osservatore Cattolico», 29 dicembre 1904. «Fu nostro costante principio che la questione, assai impropriamente detta romana, non sia di competenza che del sommo pontefice [...]; né la sua protesta sarà mai diminuita dalla presenza in Parlamento di uno o più deputati cattolici, perchè questi, come tutti i deputati, non riceveranno il mandato dalla Santa sede, ma dai loro elettori».

[96] Cfr. [G. SACCHETTI], *La questione romana alla Camera secondo i cattolici "moderni"*, 25 gennaio 1905, p. 1 art. di fondo.

[97] [G. SACCHETTI], *Il programma d'un Centro nel parlamento di Montecitorio*, 27 luglio 1906, p. 1 art. di fondo. Per le ragioni del fallimento cfr. G. DE ROSA, *Il movimento cattolico in Italia*, cit., pp. 220-223.

[98] Cfr. ad es. *La lettera dell'Em.mo Bacilieri e le critiche dei modernisti*, 17 gennaio 1905, p. 1.

[99] Cfr. [G. SACCHETTI], *Le novità nel movimento cattolico e il dovere dei sinceri cattolici*, 15 gennaio 1905, p. 1 art. di fondo; *Il fiasco a Verona dei democristiani autonomi*, 18 gennaio 1905, p. 1; L'ABBONATO RURALE, *Confusionismo: donde proviene*, 21 gennaio 1905, p. 1 art. di fondo; E. C., *Confusionismo e autonomia nel campo cattolico*, 9 febbraio 1905, p. 1 art. di fondo; L'ABBONATO RURALE, *Il pericolo e il danno del cattolicismo-liberale*, 4 febbraio 1905, p. 1 art. di fondo.

«assolutamente il carattere confessionale del futuro partito cattolico» e dall'altra si pretendeva che l'«organizzazione cattolica», che doveva contenere «in germe» questo partito, non uscisse «dai limiti della più stretta e aperta confessionalità»[100]. Il Sacchetti replicava:

> «Il vero si è (non cessiamo di ripeterlo) che "non si vuole assolutamente un partito confessionale", perché non si vuole un partito politico cattolico alla Camera, non lo si vuole nemmeno nel paese; e siccome i così detti autonomi vogliono costituirsi in partito politico, perciò l'opera loro è riprovata e condannata. La contraddizione, che il *Corriere della Sera* sogna di scoprire nella condotta dell'Episcopato e della Santa Sede, esiste invece tutta quanta nel programma dei "moderni" che a qualunque costo pretendono di organizzarsi in partito politico, mentre la Santa Sede non permette agli italiani che l'organizzazione nel campo sociale e religioso, come preparazione a future ipotetiche lotte politiche»[101].

Ma le posizioni dell'*Unità* erano a detta dei "moderni" quelle di una minoranza che non capiva o non voleva capire quel che succedeva intorno, erano retrograde, reazionarie, refrattarie: «E' doloroso e insieme ontoso che un partito d'audaci e presuntuosi innovatori, illusi ed illusori, sia riuscito con fallaci pretesti e ubbie a far apparire insostenibili, presso a molti, anche cattolici di buon conto, antiche e già si comuni massime della invitta *Unità Cattolica*, quella specie che riguarda la *sovranità civile* pontificia, che è ciò che dà più loro ai nervi»[102].

Gli entusiasmi dei murriani furono troncati d'un tratto con l'intervento del papa. In una Lettera al card. Svampa (1 marzo 1905), il porporato che non aveva nascosto le sue simpatie per il movimento del Murri[103], il papa condannava le pretese autonomistiche della Democrazia cristiana italiana. Si trattava di una «lamentanza» scritta direttamente dal papa per impedire che i d.c. autonomi, «seminatori di zizzania», proclamassero «la loro indipendenza» nell'imminente Congresso di Bologna[104]. L'*Unità Cattolica* riproduceva il testo della Lettera e aggiungeva: «noi non faremo oggi nessun commento alla parola pontificia, perche è costume nostro tacere riverenti quando il Maestro parla». Si augurava che «tutti» si sottomettessero alla parola del Papa e criticava la stampa legata

---

[100] Cfr. C., *Note Vaticane. Irragionevolezza di una protesta*, in «Corriere della Sera», 9 febbraio 1905.

[101] Cfr. [G. Sacchetti], *La d.c. autonoma difesa dai liberali moderati*, 11 febbraio 1905, p. 1. art. di fondo.

[102] Cfr. A. G. A[lbera]., *I Clerico-liberali e l'"Unità Cattolica"*, 19 gennaio 1905, p. 1 art. di fondo.

[103] Cfr. S., *Il passato e l'avvenire della Chiesa. Il Card. Svampa avrebbe elevati alla porpora Bonomelli, Semeria e Murri*, in «Giornale d'Italia», 2 settembre 1907.

[104] Cfr. A.S.S., 37 (1904-05), pp.488-490.

alla democrazia murriana[105]. Nei giorni successivi il Sacchetti, commentando la Lettera, scriveva: «Eravamo arrivati a questo punto, che, mentre i documenti pontificii proibiscono alla democrazia cristiana di costituirsi in partito politico, anzi d'intitolarsi democrazia nel senso politico, si voleva invece farci credere non esservi salute possibile per noi se non in un governo di popolo. E dato il ben servito a que' vecchiumi, che sono i cosidetti conservatori, si bandiva la panacea universale nella democrazia obbligatoria»[106].

Inequivocabilmente le speranze dei "moderni" erano infrante. Essi spostarono da Bologna a Imola la sede del loro congresso, che per il carattere ribelle venne chiamato, dalla stampa intransigente, «conciliabolo». A nulla valse il distinguere l'ambito della fede e della morale da quello della politica. Cioè proclamare «la propria sommissione all'Autorità Ecclesiastica in materia di fede e di morale», e rivendicare risolutamente «la propria libertà d'azione e di associazione nel campo delle questioni politiche e civili». A Imola i d.c. deliberarono «di continuare nella formazione d'un partito nazionale» con quelle idealità e con quel programma sociale che fino ad allora aveva propugnato; invitarono la Federazione dell'Italia Centrale a promuovere «un'intesa» con tutti quei cattolici che si trovavano «d'accordo coi d.c. nel rivendicare il pieno esercizio della propria libertà di cittadini»[107]. Davanti a queste prese di posizione, i "vecchi" erano sufficientemente convinti che i giovani non sarebbero rientrati nelle «schiere» degli obbedienti al papa e alla Chiesa, perché in fondo le loro federazioni autonome, i fasci e i compagni altro non erano che «scimmiottature» del socialismo, di cui non valeva la pena di curarsi[108].

Con l'enciclica *Il fermo proposito* (11 giugno 1905) il papa interveniva a dare le direttive per una riorganizzazione del movimento cattolico[109]. Il 28 luglio 1906 compariva l'Enciclica *Pieni l'animo* diretta

---

[105] Cfr. *Lettera di Sua Santità Papa Pio X all'E.mo Sig. Cardinale Domenico Svampa arcivescovo di Bologna*, 9 marzo 1905, p. 1. L'*Avvenire* del 7 marzo dubitava che «i solenni voleri del Papa» sarebbero stati accettati «con filiale devozione e sottomissione da tutti i giovani, che facevano parte dei circoli autonomi».

[106] [G. SACCHETTI], *Il ritorno all'antico nell'azione cattolica*, 10 marzo 1905, p. 1. Si veda pure [IDEM.], *Cattolicismo, Politica e Democrazia*, 11 marzo 1905, p. 1 art. di fondo.

[107] L'ordine del giorno del conciliabolo era pubblicato nella *Patria* di Ancona (n. 55). La *Patria*, per i «commenti irriverenti» alla Lettera del papa, il 15 marzo, era colpita dal Card. Manara, arcivescovo della città, da gravi misure canoniche: cfr. *Perchè è morta la "Patria" di Ancona*, 18 marzo 1905, p. 1.

[108] Cfr. [G. SACCHETTI], *Per la nostra Azione. L'"Unità Cattolica", nuovamente giustificata*, 16 marzo 1905, p. 1 art. di fondo.

[109] Cfr. A.S.S., 37 (1904-05). Redatta dai gesuiti della «Civiltà Cattolica» (cfr. L. BEDESCHI, *La Curia Romana*, p. 68). Il risultato sul piano organizzativo fu quello della

principalmente alla condanna del movimento murriano, ma più in generale gettava su tutto il movimento novatore una nota di sospetto[110].

Il 1904, in pratica, segnava la fine del periodo più fruttuoso dell'esperienza murriana e apriva una fase travagliata nelle vicende del Murri, che nel 1907 veniva sospeso *a divinis* e nel 1909 scomunicato dopo la sua elezione a deputato[111].

C. Contro il rinnovamento degli studi biblici, teologici e il riformismo in genere.

Le origini del modernismo biblico e teologico italiano, secondo l'*Unità Cattolica*, andavano ricercate in Francia. Là si erano applicati i metodi dello storicismo moderno all'esegesi biblica e alla vita del cristianesimo[112]. Dalla Francia erano passati in Italia per la complicità dei periodici a carattere "scientifico" che si erano andati moltiplicando fin dai tempi di Leone XIII[113].

Il problema, avvertito da seminaristi "moderni ed autonomi" e snobbato dal giornale fiorentino, era quello della urgente necessità di un'«rinnovamento» degli studi nei seminari e di una formazione più

---

costituzione di tre grandi *Unioni* del movimento cattolico: l'Unione popolare presieduta dal Toniolo; l'Unione economico-sociale, presieduta da Medolago Albani; l'Unione elettorale, presieduta dal Tolli. Sempre la medesima enciclica, in materia di elezioni, delegava ai vescovi facoltà di giudizio e di decisione, e apriva la strada della gradualità della partecipazione cattolica.

[110] Cfr. [G. Zocchi], *I modernisti e l'Enciclica "Pieni l'animo"*, in «Civ. Catt.», 1906, IV, pp. 3-22.

[111] Il giornale fiorentino seguì la vicenda criticando soprattutto l'atteggiamento vittimistico assunto dal Murri verso la Santa Sede. Cfr. G. G., *Lo scandalo di Don Murri*, 4 marzo 1909, p. 1 art. di fondo; *Modernismo, Socialismo, Massoneria inneggiano a Romolo Murri deputato*, 19 marzo 1909, p. 1; *La scomunica a Don Romolo Murri*, 23 marzo 1909, p. 1; Sac. E. Deho', *Se il Prodigo ritornasse!*, 31 ottobre - 1 novembre 1909, p. 1 art. di fondo. L'*Unità* il 24 marzo 1909, p. 1, pubblicava il testo del Decreto del S. Ufficio (del 22. III. 1909) che scomunicava il Murri.

[112] Cfr. A. Cavallanti, *Un opera recente ed importante*, cit. Veniva recensito il libro *La Théologie du Nouveau Testament et l'evolution des dogmes ...* del gesuita p. Fontaine. E di quest'opinione era anche il Minocchi: cfr. le sue *Memorie di un modernista*, cit., p. 62.

[113] Di maggiore influsso presso il clero erano la *Revue biblique* del p. Lagrange, la *Revue d'Histoire et de Littérature Religieuses* del Loisy, la *Revue du Clergé français*. In Italia non mancarono tentativi di corrispondere al lavoro già fiorente presso il clero francese basti ricordare la *Rivista Bibliografica Italiana* (1896) e gli *Studi Religiosi* (1901) del gruppo Minocchi, Semeria, Bonaccorsi; la *Rivista storico-critica di scienze teologiche* (1905) del Buonaiuti. Proprio gli *Studi Religiosi* secondo il Buonaiuti segnarono l'inizio del risveglio culturale cattolico in Italia: cfr. E. Buonaiuti, *Modernismo cattolico*, Modena 1943, p. 133.

«qualificata» e all'«altezza dei tempi»[114]. Niente di più equivoco replicava l'*Unità*, la quale si dichiarava per una formazione aperta ad «una sana cultura moderna», dai caratteri apologetici, agguerrita contro gli errori, capace di ribattere gli spropositi che i modernisti italiani «copiavano dalle riviste francesi»: «un vero e proprio apostolato» e non un semplice sfoggio culturale[115]. Per gli insegnanti dei seminari, poi, più che lo studio personale era quanto mai salutare avere sul proprio tavolo libri che li aiutassero a confutare tutti gli errori, e facessero loro risparmiare tempo e denaro[116].

Venendo agli studi biblici, possiamo osservare che il giornale fiorentino se ne era a più riprese occupato, con l'handicap di chi attendeva da Roma un pronunciamento chiaro e definitivo intorno alla critica biblica[117]. Gli'"esperti", nel giornale fiorentino, dei problemi biblici erano il sac. oblato Felice Bertani[118], dottore in teologia e lettere, di Milano, e il canonico Magri di Firenze. Gli scritti del Bertani avevano un tono didattico, un carattere apologetico e una presunzione critico-speculativa. L'*Unità Cattolica* si valse della competenza del Bertani per le recensioni di opere a carattere esegetico, e nella polemica contro il biblista Bonaccorsi[119]. Questi si era dedicato con passione e competenza all'analisi filologico-critica della bibbia, divenendo uno dei più autorevoli interpreti italiani di quel gruppo di studiosi ecclesiastici che intendevano applicare

---

[114] Cfr. (*Un seminarista e gli studi*), 8 aprile 1905, p. 1.
[115] Cfr. G. GHEZZO, *Le vie nuove del Clero negli studi e nel culto divino*, 21 luglio 1907, art. di fondo.
[116] Cfr. A. CAVALLANTI, *Un opera recente ed importante*, 12 aprile 1907. Si veda pure *Il prete moderno*, 29 luglio 1904.
[117] Ad esempio i responsi della Commisisone biblica venivano riprodotti integralmente dal giornale fiorentino e giudicati sempre "importanti" per tracciare la giusta via per gli studi biblici: cfr. tra i molti: *Importante responso della Commissione Pontifica per gli Studi Biblici*, 25 aprile 1905, p. 2.
[118] Felice Bertani (+ 1914) aveva iniziato come filosofo, si era poi dedicato a studi su Pio IX e sul Rosmini. Aveva scritto anche su s. Carlo e la storia dei seminari diocesani. Fu un assiduo collaboratore della *Scuola Cattolica*, e di fogli intransigenti come l'*Unità Cattolica*. Si veda per l'elenco delle pubblicazioni comparse sulla *Scuola Cattolica* il necrologio de «La Scuola Cattolica», aprile 1914, pp. 442-444. Mente acuta ma disordinata.
[119] Giuseppe Bonaccorsi (1874-1935) era missionario del S. Cuore e biblista. Insegnò S. Scrittura nello studentato della sua Congregazione a Salisburgo. Dal 1901 al 1904 fu direttore dello studentato internazionale di Roma. Dal 1905 (anno della fondazione) diresse, solo per un semestre, la *Rivista storica-critica delle Scienze teologiche* che raccoglieva «il gruppo irrequieto di Roma»; essa era «pubblicata in buon accordo con l'autorità ecclesiastica»: cfr. S. MINOCCHI, *Memorie di un modernista*, cit., p. 87. Per le idee del Bonaccorsi rimandiamo a A. ZAMBARBIERI, *Il cattolicesimo tra crisi e rinnovamento. Ernesto Buonaiuti ed Enrico Rosa nella prima fase della polemica modernista*, Brescia 1979, pp. 65 ss. Per approfondimenti biografici cfr. A. RIOSA, *Bonaccorsi Giuseppe*, in D.B.I., vol. 11, pp. 458-459.

allo studio dei testi sacri gli strumenti di indagine della ricerca filologica. Con diffidenza e ostilità vennero accolte, negli ambienti cattolici tradizionalisti, le sue pubblicazioni. Lapidariamente il Bertani esprimeva il suo giudizio sulla critica biblica di "questo modernista" e degli altri in genere: «*nil sub sole novum*»[120]. Al contrario gli articoli del Magri erano cronachistico-informativi, ispirati ad una triplice preoccupazione: tenere al corrente i lettori, ammonire le «giovani intelligenze» riguardo a studi critici troppo audaci, abbattere la «*congiura del silenzio* intorno ai più solenni Decreti di Roma, al loro significato, alle loro conseguenze»[121].

L'occasione della messa all'Indice di cinque opere del Loisy, tra cui *L'Évangile et l'Église* (1902) e *Autour d'un petit livre* (1903)[122], apriva una vivace e lunga polemica. Per il giornale di Sacchetti: «Fu condanna decisa ed energica: nessuno dei riguardi sperati ed implorati anche da potenti fautori dell'Abate francese fu usato: la scure fu posta alle radici dell'albero e il malefico sistema colpito in tutte le sue manifestazioni»[123]. La condanna giungeva gradita e attesa da tempo. E', infatti, sufficiente sfogliare l'*Unità Cattolica* degli anni 1902 e 1903 per notare come fossero seguiti gli sviluppi della vicenda Loisy e quanto fosse insistente il grido di pericolo contro il suo metodo esegetico-critico[124]. L'*affaire*

---

[120] A titolo di esempio cfr. F. BERTANI, *La questione biblica. I. Una nuova pubblicazione del P. Fontaine*, 27 aprile 1905, pp. 1-2; IDEM., *La questione biblica. II. Le pubblicazioni del Sac. Bonaccorsi M.S.C.*, 29 aprile 1905, pp. 1-2; ID., *La questione biblica. III. Il sac. Bonaccorsi e la sua esegesi non teologica*, 2 maggio 1905, pp. 1-2; ID., *La questione biblica. IV. Il sacerdote Bonaccorsi e il leggendarismo biblico*, 5 maggio 1905, pp. 1-2; ID., *La questione biblica. V. Il sac. Bonaccorsi gli errori del Card. Franzelin e della Bibbia volgata*, 6 maggio 1905, p. 2; ID., *La questione biblica. VII.* (sic.) *Il sac. Bonaccorsi la Volgata e S. Girolamo*, 10 maggio 1905, pp. 1-2; ID., *La questione biblica. VI.* (sic) *Il sac. Bonaccorsi la Volgata, il Sant'Officio*, 14 maggio 1905, p. 1; ID., *La questione biblica. VIII. Ancora il Bonaccorsi e due critiche di congedo*, 27 maggio 1905, p. 2; ID., *La questione biblica. Le pubblicazioni del P. Cereseto di Genova*, 11 luglio 1905, p. 2.

[121] Cfr. D.E. MAGRI, *Dopo la condanna*, 31 gennaio 1904, pp. 1-2. Si riferiva al provvedimento di Pio X contro le opere del Loisy.

[122] Cfr. A.S.S., 36 (1903-04), pp. 353-354. Già il 4 dicembre era stata condannata con un decreto dell'Indice l'opera di Charles Denis, *Carême apologétique*. Il 23 dicembre assieme alle cinque opere del Loisy venne pure condannato lo scritto di Houtin, *La question biblique chez les catholiques de France au XIXᵉ siècle*. L'elenco e il commento di questi decreti in A. VERMEERSCH, *De modernismo. Tractatus et notae canonicae cum actis S. Sedis. A 17 aprilis 1907 ad 25 septembris 1910*, Bruges 1910.

[123] D.E. MAGRI, *La condanna dell'Ab. Loisy*, 27 dicembre 1903, p. 1 art. di fondo.

[124] Ricordiamo alcuni tra i numerosi articoli apparsi sul giornale fiorentino negli ultimi mesi del pontificato di Leone XIII: D.E. MAGRI, *I pericoli della fede nell'ora presente*, 8, 14, 21 gennaio 1903, pp. 1-2; *L'Ab. Gayraud e l'Ab. Loisy*, 3 gennaio 1903, p. 1; *L'opera dell'abate Loisy*, 4 febbraio 1903, p. 2; *Mons. Le Camus vescovo de la Rochelle e l'Abate Loisy*, 6 febbraio 1903, pp. 1-2; ID., *Bibbia e Babele*, 10 febbraio 1903. p. 2; *Harnack e Loisy*, 10 febbraio 1903, p. 2; ID., *Il P. Palmieri e l'Ab. Loisy*, 18 marzo 1903, p. 2; ID., *Le confutazioni dell'Ab. Loisy e i metodi di discussione*, 22

Loisy spingeva l'*Unità Cattolica* ad una lunga serie di *pamphlets*, privi di originalità, sul problema della critica biblica e sul danno arrecato alla fede da un tale metodo[125].

Ma al di là di tutto l'*Unità* incitava il Loisy a piegarsi senza riserve, senza sofismi tra «i diritti della coscienza e le sue opinioni di storico»[126]. Non si escludeva il vantaggio che sarebbe potuto venire alla Chiesa dall'epurazione di queste infiltrazioni razionalistiche e protestantiche[127]. Dopo alcuni anni Loisy era dichiarato scomunicato "vitandus". La Chiesa si era decisa al passo, osservava il periodico fiorentino, perché «purtroppo egli aveva durato a beffarsi degli ammonimenti, dei consigli, dei comandi della suprema Ecclesiastica Autorità»[128].

Minore fu l'attenzione del giornale fiorentino verso il Tyrrell. Se ne occupò, soprattutto, al momento della sua sospensione. Il padre Tyrrell dal calvinismo si era convertito al cattolicesimo nel 1879 ed era entrato poi nella Compagnia di Gesù. Il teologo modernista inglese aveva pubblicato un opuscolo anonimo in lingua inglese: *Lettera confidenziale a un professore di antropologia*. Il *Corriere della Sera*, il giornale in pantofole come lo chiamava ironicamente il Sacchetti, tradusse alcuni brani, senza nominare il Tyrrell. Tuttavia dalla stesura alcuni indizi svelarono l'identità dell'autore[129]. Il cardinal Ferrari apprese indirettamente, dalle indiscrezioni del *Corriere*, che l'autore dell'opuscolo era il Tyrrell e avvisò tempestivamente il generale della Compagnia di Gesù. Attraverso uno scambio epistolare tra il Generale Wernz e il Tyrrell, questi riconobbe la paternità della *Lettera* e venne in seguito espulso dalla Compagnia[130]. A questo punto scoppiava il "caso Tyrrell" e i gior-

---

marzo 1903, p. 1; ID., *La parola d'un Maestro*, 18, 21, 22, 23 aprile 1903, pp. 1-2: il Magri si riferiva alle magistrali confutazioni del p. Lagrange. Il metodo del Loisy contrastava con quanto Leone XIII aveva stabilito circa gli studi biblici; ID., *S.S. Leone XIII e gli Studi biblici*, 10, 11, 14, 16 e 21 gennaio 1903. *Notizie di studî biblici*, 28 gennaio, 12, 17 aprile e 30 maggio 1903, p. 2; *Studi biblici (Norme stabilite al «consiglio» o commissione incaricata di promuovere gli Studi sulle Sacre Scritture)*, 15 marzo 1903, pp. 1-2; ID., *Vera e falsa esegesi*, 12, 13, 14 febbraio 1903.

[125] Cfr. i numeri successivi al 27 dicembre 1903.

[126] Cfr. D. E. MAGRI, *Dopo la condanna*, 31 gennaio 1904, pp. 1-2; ID., *Attendendo*, 7 febbraio 1904, pp. 1-2. Dove l'articolista osservava come «la *questione Loisy*» avesse suscitato una «strana curiosità» in tutti i settori della vita culturale e avesse portato, contro il metodo inquisitoriale e censore del S. Ufficio, all'identificazione Loisy-Galileo.

[127] Cfr. (*Da un bell'articolo della "Croix" di Parigi ...*), 14 febbraio 1904, p. 1.

[128] *La scomunica maggiore contro l'Abate Loisy*, 10 marzo 1908, p. 1 art. di fondo.

[129] Cfr. *Le idee di un riformista cattolico*, in «Corriere della Sera», 1 gennaio 1906. Alla p. 3 il passo rivelatore: «Oggi - così scrive il gesuita inglese - le posizioni dei cattolici conservatori non possono tenere che per forza d'ignoranza sistematica o volontaria».

[130] Cfr. G. TYRRELL, *Autobiografia e biografia*, a cura di M. D. PETRE, Milano 1915, p. 434.

nali italiani ed esteri si impossessavano dell'indiscrezione del *Corriere*[131].

L'*Unità Cattolica*, anche in tale circostanza, credette opportuno riprodurre integralmente i documenti pubblicati da altri giornali relativi al caso «Tyrrel» (così erronemente lo aveva indicato il *Corriere della Sera* e così per un po' di tempo lo indicò l'*Unità Cattolica*) con l'intento specifico di far conoscere ai lettori l'evolversi della situazione e controbattere in generale i giornali liberali come il *Corriere della Sera* e il *Giornale d'Italia*, molto attenti a quanto stava accadendo ai cattolici nel campo dell'evoluzione liberale e riformista[132]. Dopo la sua reazione alla *Pascendi*, veniva escluso dai sacramenti. Moriva nel 1909, e p. Bremond gli impartì l'assoluzione sotto condizione quando aveva già perso i sensi. Reazione durissima del giornale fiorentino[133]. Commento, altrettanto poco benevolo, all'uscita del testamento spirituale del Tyrrell: «*Defunctus adhuc loquitur*: l'eretico manda dalla tomba l'ultima bestemmia!»[134].

Dalla riforma degli studi biblici e teologici alla riforma della Chiesa il passaggio era breve. In questo contesto si inseriva il Fogazzaro[135] che con il suo romanzo *Il Santo* tentava di offrire la sintesi delle aspirazioni di riforma presenti nel cattolicesimo italiano[136]. Del poeta vicentino l'*Unità*

---

[131] Cfr. G. LICATA, *Storia del Corriere della Sera*, Milano 1976, p. 130. In particolare sul «caso Tyrrell» si veda P. SCOPPOLA, *Crisi modernista e rinnovamento cattolico*, cit. pp. 199 e ss. Il *Corriere della Sera* tentava di giustificare l'incidente e difendeva ad oltranza il Tyrrell. Rimandiamo per più ampi particolari al *Corriere* del 9 giugno 1907 dove in un articolo di Piero Giacosa di tre colonne si lanciavano, fra l'altro, frecciate al card. Ferrari per la sua "spiata".

[132] Cfr. *I documenti Tyrrel*, 26 settembre 1907, p. 2: preso da *Corrispondenza Romana*; *I modernisti e l'Eucarestia*, 5 ottobre 1907, p. 1: dove si riproduceva un articolo del *Diritto Cattolico* di Modena che rivedeva «per bene le bucce al famigerato P. Tyrrel»; ecc...

[133] Cfr. *Note ed appunti. Come morì Tyrrell*, 20, 22, 24 luglio 1909, pp. 1-2; *Testamento religioso di Tyrrell. Un libro postumo*, 25 luglio 1909, p. 2; *Note ed appunti. Cimitero protestante prete modernista*, 27 luglio 1909, p. 1; *Defezioni e defezionanti*, 28 luglio 1909, p. 1 art. di fondo; *Note ed appunti. Impossibile?*, 28 luglio 1909, p. 1; *Bremond sospeso?*, 28 luglio 1909, p. 1; S. G. MENARA, *Giorgio Tyrrell*, 30 luglio 1909, p. 1 art. di fondo; *Gesuitismo?*, 31 luglio 1909, p. 1 art. di fondo; *L'Abate Bremond sospeso a divinis*, 31 luglio 1909, p. 1. Cfr. su tutta la questione A. LOISY, *George Tyrrell et Henri Bremond*, Paris 1936, pp. 14-41.

[134] S. P. GUERCILENA, *Il testamento spirituale del Tyrrell*, 3 marzo 1910, p. 1 art. di fondo.

[135] Su Antonio Fogazzaro (1842-1911), di Vicenza, poeta e romanziere, convertito nel 1873 dalla lettura di Gratry, senatore dal 1896 (nonostante il *non expedit*), rimandiamo a O. MORRA, *Fogazzaro, nel suo piccolo mondo, dai carteggi familiari*, Bologna 1960; T. GALLARATI-SCOTTI, *La vita di A. Fogazzaro*, Milano 1963³; P. NARDI, *A. Fogazzaro*, Milano 1938; A. AGNOLETTO, *Fogazzaro Antonio*, in D.S.M.C.I., vol. II, pp. 205-209 (Con nota bibliografica di A. Zambarbieri).

[136] Cfr. P. SCOPPOLA, *Crisi modernista*, cit., pp. 170-178.

Cattolica si occupò a lungo. Il giornale fiorentino, attento ai commenti e alle recensioni delle riviste integraliste[137], di quanto di bene dicevano i giornali "moderni"[138] e quelli liberali e anticlericali, giudicava il romanzo un'«arma pericolosa» contro la Chiesa, per il modo di concepire il ruolo del laicato, la santità «moderna», per i propositi di una riforma dal basso, le idee liberali, il suo individualismo, il razionalismo, l'insistenza nel ritenere la Chiesa aggrappata al passato, il suo favore per una conciliazione tra Stato e Chiesa, che il giornale di Sacchetti respingeva[139]. Il romanzo, uscito nel 1905, venne messo all'Indice nel 1906 (4 aprile), per la descrizione dei quattro mali della Chiesa. Per l'*Unità Cattolica* tale condanna implicitamente era diretta pure al modernismo[140]. La sottomissione del Fogazzaro giunse, dopo che gli integralisti di Firenze l'avevano a lungo "sperata". Tuttavia il romanziere continuò a sostenere le medesime idee in alcune conferenze tenute alcuni mesi dopo a Parigi, richiamandosi al cattolicesimo liberale e al Rosmini.

Riforma della Chiesa significava anche separazione tra Stato e Chiesa. Fogazzaro, Murri, Sabatier, seppure con toni diversi, si erano

---

[137] Cfr. [P. Silva], *«Il Santo» di Antonio Fogazzaro*, in «Civ. Catt.», 1905, IV, pp. 595-607. Sempre la rivista dei gesuiti, riteveva il Fogazzaro «senza esagerazione, il principe del riformismo cattolico italiano», e il suo libro per la diffusione in Italia, Francia, Germania «l'opera più importante del riformismo cattolico internazionale», e «un esempio classico del pregiudizio anticlericale riformista»: cfr. [A. Pavissich], *Il pregiudizio anticlericale in Italia*, in «Civ. Catt.», 1906, IV, p. 401.

[138] Cfr. Cam s.j., *Intorno al «Santo» di A. Fogazzaro*, 5 dicembre 1905, p. 1 art. di fondo. Si criticava la «semiapologia» scritta dal P. Semeria sull'*Osservatore Cattolico* di Milano circa *Il Santo* del Fogazzaro; Idem., *A certi Fogazzariani*, 30 dicembre 1905, p. 2. «Tenete ben gli occhi aperti e seguitelo questo movimento riformista: quando l'avrete scoperto, risalirete alle origini e troverete che, nella spartizione del lavoro, ad A. Fogazzaro toccò il campo letterario, come ad altri il biblico, ad altri il filosofico, ad altri l'ascetico ecc. ecc.».

[139] Cfr. *Santità «moderna» e santi da romanzo*, 13 gennaio 1906, p. 1 art. di fondo; *La fede laica del santo moderno*, 17 gennaio 1906, p. 1 art. di fondo. Si ironizzava contro un articolo del Murri il quale sosteneva, nell'ultimo quaderno di *Cultura Sociale*, che i moderni benchè stessero passando un periodo di «persecuzione e di guerra» per opera del «clericalismo», «domani» Murri e Fogazzaro sarebbero stati i veri trionfatori; *La riforma della vita futura ideata dal modernismo*, 19 gennaio 1906, p. 1 art. di fondo; *Il laicato nella Chiesa secondo i «moderni»*, 21 gennaio 1906, p. 1 art. di fondo; *Santo «reazionario» e santo «moderno»*, 27 gennaio 1906, p. 1 art. di fondo; *L'infermità della Chiesa e il farmaco de' matti*, 28 gennaio 1906, p. 1 art. di fondo; *I consigli del modernismo al Sommo Pontefice*, 1 febbraio 1906, p. 1 art. di fondo. All'invito che il santo faceva al papa affinchè uscisse dal Vaticano il giornale di Sacchetti replica: «Un Papa che voglia essere veramente moderno, deve andare fuori dal Vaticano e farsi pappino in nome della conciliazione».

[140] Cfr. [G. Sacchetti], *Un decreto dell'"Indice" che condanna il «modernismo»*, 8 aprile 1906, p. 1 art. di fondo; P. U. De Paleschi, *Roma loquuta est...*, 10 aprile 1906, p. 1 art. di fondo; [G. Sacchetti], *Il silenzio di Antonio Fogazzaro*, 11 aprile 1906, p. 1 art. di fondo.

espressi su tale questione e l'*Unità* li aveva denunciati come "modernisti"[141]. Il giornale fiorentino seguì e sostenne la «protesta dei cattolici francesi, contro la legge di separazione» e si chiese che cosa realmente fosse a spingere la cattolicissima Francia ad una tale apostasia. Contro quelli, poi, che giudicavano la separazione un male minore ed erano disposti ad accettarla (i moderni dell'*Avvenire*), il foglio fiorentino opponeva la nuova condanna del papa del principio di separazione espresso con l'enciclica *Vehementer Nos* e ricordava l'espropriazioni dei vescovadi, delle chiese, la trasformazione dei sacerdoti in «occupanti senza titolo giuridico», la fondazioni delle Associazioni cultuali[142]. L'*Unità Cattolica* si espresse pure contro il Bonomelli, il quale nei primi mesi del 1906 aveva pubblicato la pastorale *La Chiesa e i tempi nuovi*, favorevole ad un programma di separazione. La pubblicazione veniva riprovata dal papa e giudicata «veramente deplorevole»[143].

Nel contesto, poi, del ruolo dei laici nella riforma della Chiesa sempre biasimata dall'*Unità*[144], si apriva anche la polemica sul ruolo della donna, sul movimento cattolico femminile e sul femminismo. Tra il 1906 e il 1907 il giornale fiorentino accomunò il termine femminismo come tale, senza precisarne i contenuti, col modernismo e si prodigò in una specie di caccia alle streghe, colpendo di eresia persone e riviste. In

---

[141] Cfr. *La separazione della Chiesa dallo Stato e Antonio Fogazzaro*, 25 febbraio 1906, p. 1-2; *A proposito della separazione della Chiesa dallo Stato*, 29 dicembre 1905, p. 1. Relativo agli articoli del Sabatier apparsi sul *Times*. Egli vedeva nella separazione un elemento decisivo per la crisi della Chiesa romana.

[142] Cfr. *La persecuzione in Francia e la resistenza dei fedeli*, 6 febbraio 1906, p. 1 art. di fondo; *La protesta dei cattolici francesi contro la legge di separazione. Un manifesto della gioventù cattolica*, 13 febbraio 1906, p. 1; *Che è realmente la separazione dello Stato dalla Chiesa*, 18 febbraio 1906, p. 1 art. di fondo; *La parola del Papa ai cattolici di Francia*, 21 febbraio 1906, p. 1 art. di fondo; *La nuova condanna del principio di separazione*, 24 febbraio 1906, p. 1 art. di fondo; *Lo stridente contrasto fra i principii cattolici e la pratica*, 27 febbraio 1906, p. 1 art. di fondo; *La resistenza della Francia ai sacrilegi della repubblica*, 13 marzo 1906, p. 1 art. di fondo; *L'inquinamento del liberalismo nella coscienza de' cattolici*, 21 marzo 1906, p. 1 art. di fondo. L'articolista si chiedeva quale sarebbe stato l'atteggiamento dei vescovi francesi di fronte alla legge di separazione; *Di un leale esperimento della legge di separazione in Francia*, 25 marzo 1906, p. 1 art. di fondo.

[143] L' *Unità Cattolica* diede grande risalto alla "condanna" della pastorale bonomelliana. Cfr. *Il Papa riprova la Pastorale di Mons. Bonomelli*, 2 marzo 1906, p. 1: si riportava il Breve di Pio X (27 febbraio 1906) mandato al cardinal Ferrari; *Pietro e i riformatori del Papato*, 3 marzo 1906, p. 1 art. di fondo; A., *Ipocrisia ed incoscienza alleate contro la verità*, 4 marzo 1906, p. 2: relativo alla condanna della Pastorale di mons. Bonomelli. Venivano riportate le considerazioni apparse sull'*Osservatore Romano*; *L'importanza della condanna della Pastorale di Monsignor Bonomelli*, 8 marzo 1906, p. 1 art. di fondo.

[144] A titolo di esempio cfr. *Il laicato nella Chiesa secondo i «moderni»*, 21 gennaio 1906, p. 1 art. di fondo.

particolare il Cavallanti, dopo la morte del Sacchetti veniva incaricato dal Mastracchi di occuparsi del modernismo al femminile. Lo faceva raccogliendo il materiale per i suoi articoli dal periodico conservatore l'*Azione Muliebre* diretto dalla contessa Elena da Persico[145]. Periodico, questo, in polemica più o meno garbata con quello di ispirazione d.c., *Pensiero e Azione*, diretto da Adele Coari, specialmente sui metodi educativi delle suore e sulla questione del voto femminile[146].

Prescindendo dall' "ostrogoticità" del vocabolo *femminismo*[147], il Cavallanti, ponendosi tra quelle persone che non temevano le novità, restava dell'idea che il vero, proprio, ordinario, regolare uffico della donna fosse quello di sposa e di madre. Pur restando in una posizione classica, non condivideva fino in fondo il programma di coloro che volevano relegata la donna solo entro le mura domestiche, tra i figli e la conocchia, esclusivamente dedita alla vita familiare; allo stesso tempo rifiutava il programma dei modernisti, specialmente l'entrata attiva nella vita politica della donna[148]. Nei suoi articoli il cappellano di Capralba attaccava i centri italiani del femminismo (Treviso, Torino, Milano), le loro "cavalieresse" (Giacomelli[149], Coari) e i loro evidenti errori[150].

L'*Unità Cattolica* si oppose soprattutto all'iniziativa di un Convegno nazionale (25-28 aprile 1907) lanciato dalle femministe milanesi, capeggiate dalla instancabile Coari. La proposta del convegno femminile era nata, nel 1905, in connessione con la polemica sull'ammissione delle

---

[145] Cfr. D. CASTENETTO, *Elena da Persico. Una intuizione spirituale*, Milano 1982; A. PASSONI, *Elena da Persico; una donna nella storia*, Roma 1991, (molti documenti).

[146] Il primo numero di *Pensiero e Azione*, «rivista femminile italiana» organo del Fascio femminile d.c., diretta da Adelaide Coari, usciva l'8 dicembre 1904, a cinquant'anni dalla proclamazione dell'Immacolata Concezione di Maria. Il programma della rivista aveva avuto l'approvazione e il pieno appoggio del card. Ferrari. La Coari era una maestra uscita dalla redazione dell'*Azione Muliebre* per contrasti sulla linea della rivista giudicata "aulica e aristocratica". Per ulteriori approfondimenti rimandiamo a P. GAIOTTI DE BIASE, *Le origini del movimento cattolico femminile*, Brescia 1963, pp. 86-119.

[147] Cfr. A. CAVALLANTI, *Modernismo e modernisti*, cit., p. 179.

[148] Cfr. A. CAVALLANTI, *Modernismo femminile*, 9 marzo 1907, p. 1, art. di fondo. I concetti espressi in questo articolo erano ripresi dal medesimo nel libro *Modernismo e modernisti*, alle pagine 179-181.

[149] Antonietta Giacomelli (1857-1949), figlia dell'industriale e agricoltore Angelo Giacomelli (1816-1907) e della nipote prediletta di Antonio Rosmini, Maria Rosmini, di Rovereto (1836-1928). Qualche cenno sulla vita e l'opera della Giacomelli in A.A. MICHIELI, *Una paladina per il bene. Antonietta Giacomelli*, Rovereto 1954; E. MARTIRE, *Antonietta Giacomelli terziaria francescana (1857-1949)*, in «L'Italia Francescana», 4 (1950), pp. 252-273, con saggio bibliografico delle opere della Giacomelli; inoltre cfr. *Carteggio Giacomelli-Sabatier* a cura di C. BREZZI, in *Fonti e documenti*, II, Urbino 1973, pp. 296-473, con ampia introduzione sulla Giacomelli alle pp. 296-324.

[150] Cfr. A. CAVALLANTI, *Modernismo femminile. I centri di propaganda*, 8 marzo 1907, p. 1.

donne all'Unione popolare. La grande novità di un tale convegno non era solo legata all'ambizione di essere "nazionale" e di essere il primo convegno femminile italiano con questo carattere, ma, come emergeva dalla circolare del Comitato Esecutivo del Convegno, dal tentativo di fare di esso un incontro di tutte le correnti del femminismo italiano, in casa cattolica e su temi scelti dalle cattoliche, invitando «tutte le associazioni femminili, le donne, gli uomini di buona volontà»[151]. L'iniziativa era benedetta e sostenuta dal card. Ferrari, e giornali come l'*Osservatore Cattolico*, l'*Avvenire d'Italia*, l'*Organizzazione*, organo dell'Unione economico-sociale, la presentarono favorevolmente. Apertamente contrari erano l'*Azione Muliebre* e il giornale fiorentino. La contessa da Persico rifiutava di aderire al Convegno, perché i componenti il Comitato non le davano garanzie di sufficiente cattolicità[152]. L'*Unità Cattolica*, con l'abituale lapidarietà, insisteva sul "modernismo" e chiamava direttamente in causa il card. Ferrari:

> «Mio Dio, quanta roba moderna! Cosa vorranno queste donne? Staremo a vedere. Ma ... che sia vero che "uomini pubblici han dato la loro approvazione ... e bastano i nomi del Card. Ferrari, mons. Bonomelli, l'on. Mauri e il Padre Semeria?" Che io mi sappia, è certo che il Card. Ferrari nella Pastorale del 1906 ha scritto contro compagni e convegni modernisti [...]. Possibile che adesso ce lo facciano vedere unito al P. Semeria ecc. ecc. a favorire un convegno che ha quel tantino di aspirazioni dell'anima moderna? Brameremmo da qualche amico una delucidazione per mettere le cose a pasto»[153].

A Convegno finito, per Cavallanti si era trattato di un «*Convegno modernista*», disastroso sotto tutti i punti di vista e irripetibile: «Se Milano vide il primo congresso femminile non vedrà però il secondo e forse nessuna altra città italiana, intendiamo, cattolica»[154]. I motivi di maggiore scandalo riguardavano: la partecipazione socialista e la libertà di propaganda concessa alla "socialista" Majno, la mancanza di riferimento esplicito alla religione cattolica, la discussione sul voto amministrativo e politico, la franchezza delle discussioni sui delicati problemi della prostituzione, della tratta delle bianche, della sessualità, delle teorie

---

[151] Circa le prime assemblee femminili italiane e in particolare le vicende di questo convegno delle femministe cattoliche italiane rimandiamo ancora a P. GAIOTTI DE BIASE, *Le origini del movimento cattolico femminile*, cit., pp. 120-197.

[152] *Ibidem.*, p. 178, n. 36.

[153] D.G. G[HEZZO], *(Il valore di un convegno)*, 19 aprile 1907, p. 1. La polemica si svolse nel mese di marzo, raggiunse il suo culmine nell'aprile, ebbe code ancora nel maggio 1907.

[154] A. CAVALLANTI, *A Milano. Convegno modernista*, 4 maggio 1907, p. 1 art. di fondo.

sulla maternità, dei voti e delle proposte di istruire la gioventù sulle origini della vita, "tutte cose da fare arrossire". E Cavallanti chiudeva il suo articolo con un grave monito e un netto rifiuto alla Sacchetti: «Il Convegno di Milano fu l'indice di uno stato di cose che, non arrestato in sul nascere, domani sarà causa di dolori e di mali fatali. Informi il murrismo. [..] - No, così non va - »[155].

La Coari rispose a queste polemiche, riaffermando la sua fedeltà alla Chiesa[156] e benchè il cardinale Ferrari confermasse al gruppo la sua fiducia, l'anno successivo, proprio sotto il peso della lotta antimodernista, il periodico *Pensiero e Azione*, oramai isolato, cessava di vivere.

Contemporaneamente la disputa dell'*Unità Cattolica* si volgeva anche contro i libri della Giacomelli: l'*Adveniat regnum tuum* (4 volumi) e la trilogia romantica: *Lungo la via, Sulla Breccia, A raccolta*. Libri «pericolosissimi», intrisi di modernismo, di riformismo religioso, di femminismo e di coeducazione, recensiti in modo superficiale dal parroco veneziano canonico Ghezzo[157].

Quanto di vero c'era nelle accuse dell'*Unità Cattolica*? Ci pare che il femminismo cristiano sia stato attaccato dal foglio fiorentino, perché, ancora una volta, secondo la sua ristretta visione, si scostava da quegli schemi di ortodossia stabiliti in modo cristallizzato dalla parte intransigente della Chiesa, che nella sua apparente impossibilità di dialogo col "mondo moderno", guardava con sospetto la riscoperta rivoluzionaria di un nuovo ruolo della donna all'interno della società civile e religiosa; riscoperta, per altro, colpevole di essere cara a "modernisti" come Semeria e Fogazzaro. Inoltre il giornale fiorentino aprioristicamente colpiva la Coari e la Giacomelli semplicemente per i loro rapporti di amicizia con il gruppo del *Rinnovamento*, con Gallarati-Scotti, Casati, Boine, con Semeria, ecc. Confortati anche dallo studio della Gaiotti De Biase rite-

---

[155] *Ibidem*. Le stesse critiche erano già state ripetute dal *Berico* in un articolo dal titolo *Modernismo su tutta la linea*, 3 maggio 1907.

[156] Cfr. «Pensiero e Azione», 18 maggio 1907, anno III, n. 8. «Avremmo taciuto - scriveva la Coari - se non avessimo sentito che l'autorità stessa ha diritto di veder rivendicata da noi pubblicamente quella posizione che non abbiamo mancato di sottoporle privatamente a suo tempo [ma lo stesso Cardinale aveva raccomandato di tacere] e che può così meglio avvalorare anche il merito dell'opera nostra. Perchè se noi vogliamo godere di quella libertà che il Vangelo afferma dignitosa per ogni essere umano, riconosciamo pur anche nella vita della Chiesa il dovere di attenersi ad una disciplina rigorosa».

[157] Cfr. G. GHEZZO, *In pieno modernismo*, 19 aprile 1907, p. 1 art. di fondo. La Giacomelli era detta «cavalieressa dello Spirito Santo, la fida compagna di Fogazzaro, Murri, Semeria, Sabatier e compagnia, l'autrice di libri pericolosissimi confutati dall'egregio pubblicista P. Ilario Rinieri nel volumetto "Le Amazzoni del cattolicismo puro"»; IDEM., *Propaganda perniciosa*, 30 maggio 1907, p. 1 art. di fondo. Contro il libro *Lungo la via*; ID., *Sulla breccia*, 6 giugno 1907, p. 1 art. di fondo; ID., *«A Raccolta!»*, 14 giugno 1907, p. 1.

niamo arbitrario parlare di modernismo a proposito di *Pensiero e Azione*, soprattutto per la modestia culturale del gruppo e per il forte senso di fedeltà alla Chiesa[158]. Ancora una volta la ostilità sistematica e la durezza degli attacchi dell'integralista *Unità Cattolica* mostrano chiaramente quanto credito avesse il giornale in quegli ambienti di curia dove prevaleva una mentalità ristretta.

Il foglio fiorentino poi si riteneva antimodernista, ma non antimoderno, e contro i novatori pieni di dubbi e incertezze, assetati di novità, desiderosi di incidere nel civile, proponeva una sua idea di riforma, suggestivamente reazionaria, basata sull'esatto concetto di modernità che nulla negava ai sani principi dell'intransigenza e che impegnava i cattolici ad un lavoro moderno ed instancabile, nell'ambito sociale, politico, scientifico, compiuto però sotto il «giogo dolce» del papa e dei vescovi[159].

D. LA *PASCENDI*.

Se escludiamo pastori come Bonomelli, Capecelatro, Scalabrini (morto nel 1905), soprannominati vescovi "cattolico-liberali", i quali ebbero un atteggiamento, più aperto, anche se prudente, nel tentativo di evidenziare quello che, tra gli errori, poteva essere salvato, la grande maggioranza dei vescovi italiani, di fronte al modernismo, assunse, come abbiamo visto, una posizione di crescente e allarmata preoccupazione e di totale condanna. Il clima confuso, nutrito dalla comparsa di riviste nuove, intrise di un'ibrida religiosità e in odore di protestantesimo, come ad esempio *Coenobium*, *Il Rinnovamento*, la pubblicazione dal 1905 di opuscoli anonimi, invocanti riforme negli studi, nella disciplina ecclesiastica, la comparsa di romanzi a imitazione del Fogazzaro, tutto ciò contribuiva a diffondere tra un più largo pubblico le nuove idee, ma allo stesso tempo induceva a ritenere oramai maturo il tempo per un intervento del papa. Il giornale fiorentino e altri periodici lo ipotizzavano già nel corso del 1906, parlando di un nuovo sillabo[160].

Il 1907 costituisce un anno cruciale per il movimento modernista e, di riflesso, per l'attività antimodernista. Nell'agosto i riformisti avevano tenuto a Molveno (Trento) un convegno, avvolto da un'atmosfera di mistero[161]. Promotori erano stati Murri, Fracassini e Buonaiuti, organizzatore il Piastrelli. Il convegno non ebbe il successo sperato, apparve anche

---

[158] Cfr. P. GAIOTTI DE BIASE, *Le origini del movimento* ..., cit., p. 107.
[159] Cfr. A. CAVALLANTI, *Modernità*, 4 luglio 1907, p. 1 art. di fondo.
[160] Cfr. 7 dicembre 1906.
[161] Cfr. ad es. *Appendice*, Doc. 7.

alla stampa laica un'assemblea modernista[162]. Il papa e la curia romana nel corso dell'anno avevano ribadito i pericoli per la fede provenienti dalle nuove idee e avevano preso alcuni provvedimenti: il 17 aprile il papa, nell'*Allocuzione* tenuta ai neo-cardinali, li aveva invitati ad unirsi a lui nella lotta contro questi seminatori di zizzania[163]; il 29 aprile la Congregazione dell'Indice aveva richiamato i redattori della rivista milanese *Il Rinnovamento*[164]; il 3 luglio era reso noto il decreto *Lamentabili sane exitu,* in cui si condannavano 65 proposizioni, molte delle quali erano del Loisy[165]; infine il 16 settembre usciva l'enciclica *Pascendi Dominici gregis*[166].

L'*Unità Cattolica* esultava. In un articolo scritto in fretta, con molti errori di stampa, ne riportava un «sunto» in anteprima. Insisteva soprattutto sui provvedimenti disciplinari: l'attenta e rigorosa sorveglianza sugli ecclesiastici da parte dei vescovi e il consiglio di vigilanza in ogni diocesi. Il papa «con minuta stringente analisi» aveva esaminato «i vari lati» del modernismo; lo aveva definito «sintesi di tutte le eresie». Esso si era diffuso tra il laicato e il clero per «la sfrenata curiosità», «la superbia dell'individualismo», «la ignoranza, il disprezzo della vera scienza cattolica e della leale disciplina cattolica». Il giornale fiorentino, per «la ristrettezza» delle sue colonne, non pubblicò il testo in latino, si limitò ad assicurare i lettori che avrebbe pubblicato la «versione italiana autorizzata»[167]. Il giornale fiorentino abbozzò, per la penna del suo direttore Mastracchi, uno studio sulle origini del modernismo che sarebbe dovuto uscire a puntate, ma che non ebbe seguito, in cui il direttore ribadiva che per ritrovare le vere radici del fenomeno modernista occorreva risalire al positivismo, al suo culto per la relatività del vero e al

---

[162] Cfr. *Una riunione di modernisti?*, in «Giornale d'Italia», 22 settembre 1907.

[163] Cfr. A.S.S., 40 (1907), pp. 266-269. Il papa anticipando un'espressione della *Pascendi* confidava ai neo-cardinali le sue angustie di fronte all'attacco sconsiderato del modernismo che non era «un'eresia, ma il compendio e il veleno di tutte le eresie», che tendeva ad annientare il cristianesimo.

[164] Cfr. A.S.S., 40 (1907), pp. 272-273. La lettera era indirizzata al Card. Ferrari.
La rivista continuò per la sua strada rivendicando libertà di coscienza, di ricerca, di pensiero; accettando le correzioni solo se scientifiche, religiose, cattoliche: cfr. «Il Rinnovamento», I, (1907), p. 612. Si trattava della risposta (1 giugno) all'arcivescovo Ferrari, dopo il colloquio avuto con Gallarati Scotti. Il 24 dicembre il Card. Ferrari condannava la rivista, non avendo ottenuto la richiesta cessazione. La rivista con una lunga nota ribadiva la ferma volontà di proseguire nell'opera intrapresa, per il carattere non confessionale della rivista: cfr. *Dopo un anno*, «Il Rinnovamento», II (1907), pp, 603-606.

[165] Cfr. A.S.S., 40 (1907), pp. 470-478.

[166] Cfr. A.S.S., 40 (1907), pp. 593-650. L'enciclica portava la data 8 settembre 1907.

[167] Cfr. *L'Enciclica contro il Modernismo*, 17 settembre 1907, p. 1 art. di fondo.

conseguente agnosticismo[168]. L'Enciclica *Pascendi*, scriveva il direttore, in occasione del primo anniversario della morte del Sacchetti, costituiva «il più bel monumento» alla sua memoria, una sorta di rivincita personale del «Maestro» che aveva nei suoi «poderosi articoli» tuonato «senza intermissione» contro «l'eresia dei tempi nostri»[169]. All'*Unità Cattolica* poco interessava chi fosse stato il compilatore dell'enciclica, per i modernizzanti era «tutta fattura di Mons. Sardi»[170].

La stampa non cattolica parlò di «terrorismo» inquisitoriale per le eccessive misure disciplinari, ma riconobbe la «somma» importanza teorica e pratica del documento papale. Con l'enciclica si era giunti ad un bivio: il modernismo era stato giudicato anticattolico e anticristiano, e si era detto una volta per tutte che i modernisti non potevano restare, rimanendo tali, nella Chiesa[171].

La reazione dei modernisti venne seguita con attenzione dall'*Unità Cattolica*. Essa leggeva e rileggeva, negli organi della grande stampa indipendente, specialmente sul *Giornale d'Italia*, divenuto luogo abituale della polemica modernista, le interviste ai novatori, le loro proteste contro l'analisi fatta dall'Enciclica, le loro rivendicazioni di schietta cattolicità e di non esatta comprensione del loro pensiero[172]. Sempre sul *Giornale d'Italia*, venivano ospitati articoli di polemica chiarificatrice tra gli stessi modernisti, come ad esempio tra il Murri e il Buonaiuti[173].

---

[168] Cfr. [E.] M[ASTRACCHI], *La genesi del modernismo. I.*, 22 settembre 1907, p. 1 art. di fondo.

[169] Cfr. E. M.[ASTRACCHI], *Un anno di glorificazione*, 20 ottobre 1907, p. 1 art. di fondo.

[170] Cfr. A. CAVALLANTI, *I modernizzanti*, 17 novembre 1907, p. 1 art. di fondo. Si veda pure: *Il compilatore dell'Enciclica "Pascendi". In attesa di una rettifica episcopale*, 20 novembre 1907, p. 1.Oggi pare che l'enciclica sia stata redatta in massima parte dal padre Giuseppe Lemius O.M.I. (1860-1923), aiutato dalla cooperazione di altri teologi, in specialmodo il p. Billot s.j., cfr. J. RIVIÉRE, *Qui redigea L'Encyclique Pascendi?*, in «Bull. litt. eccl.», Toulouse 1946, settembre, pp. 143-161. Altri, tuttavia, sostengono che non vi siano garanzie sufficienti per una partecipazione del Billot alla commissione straordinaria dei teologi che hanno pensato alla redazione della *Pascendi*, cfr. É. AMANN, *Modernisme*, in DTC, vol. 10/2, Paris 1929, col. 2032.

[171] Cfr. *Dopo l'Enciclica*, 24 settembre 1907, p. 1. Articolo ripreso da «Corrispondenza Romana».

[172] Cfr. *Pio X e il modernismo cattolico*, in «Giornale d'Italia», 17 settembre 1907. Articolo attribuito a Buonaiuti da M. Ravà; *Fiera risposta del Padre Tyrrell all'enciclica di Pio X*, in «Giornale d'Italia», 26 settembre 1907: si trattava di una lettera del Tyrrell del 22 settembre; *Le impressioni del "Rinnovamento"*, in «Giornale d'Italia», 28 settembre 1907; S. MINOCCHI, *La verità sul Modernismo*, in «Giornale d'Italia», 11 ottobre 1907; *Intervista col cardinale Ferrari sulla lettera dell'abate Tyrrell*, in «Giornale d'Italia», 28 settembre 1907. Il cardinale affermava: «Penosissima impressione ho riportata dalla lettura di quella lettera».

[173] Cfr. *Don R. Murri e R. Ardigò approvano l'enciclica di Pio X*, in «Giornale d'Italia», 22 settembre 1907. Il Murri dichiarava che «il nuovo atto pontificio lungi dal

La curia romana, senza distinguere e separare gli estremismi dalle posizioni più moderate, fra chi agiva, nonostante i dubbi, in buona fede e chi aveva perso la fede, condannò in blocco le istanze della base. La reazione antimodernista coinvolse tutti senza distinzione, ponendo sullo stesso piano le tendenze estremiste della sinistra modernista, (Murri, Fogazzaro, il "primo" Buonaiuti, Tyrrell, Loisy ecc.), e le tendenze dell'ala moderata del movimento, i modernisti di destra o modernizzanti come li chiamava Cavallanti, che si protestavano fedeli a Roma e attenti alle nuove esigenze, ma che in realtà altro non erano, sempre secondo il Cavallanti, che «uomini di poco carattere, uomini delle conciliazioni, degli accomodamenti, delle transazioni», uomini che non servivano «la causa cattolica ma la causa dei nemici della Chiesa, del Papa e del cristianesimo»[174].

Anonimo usciva *Il programma dei modernisti*, dove pur ammettendo che in fondo queste erano le loro «idee sull'origine della religiosità», si faceva un'esposizione del sistema del modernismo in cui si denunciava che il loro pensiero era stato travisato dal documento pontificio[175]. Un decreto (29 ottobre 1907) del card. Respighi, vicario del papa, condannava il *Programma*, proibiva «sotto colpa mortale di vendere, leggere, o ritenere presso di sè» l'opera; scomunicava «gli autori e scrittori del detto libro e tutti coloro che concorsero alla compilazione di quello» riservandone al papa l'assoluzione. Infine, invitava tutti i vescovi a proibire, nelle loro diocesi, «un tal libro» e a rendere «di pubblica ragione la censura»[176]. Il giornale fiorentino dava tempestiva notizia[177] e si rivolgeva ai suoi lettori con l'intento di dare loro «una qualche idea di

---

farci dispiacere, è precisamente sulla nostra rotta», criticava, invece, il tentativo dell'enciclica di gettare un' «ombra di sospetti e di diffidenze in tutto un movimento di pensiero e di ricerche vastissimo»; G.G., *Polemiche fra modernisti intorno all'Enciclica di Pio X. Il professor Baldini risponde a Don Romolo Murri*, in «Giornale d'Italia», 24 settembre 1907. Prof. Baldini era lo pseudonimo del Buonaiuti; *I diversi atteggiamenti dei modernisti di fronte all'Enciclica del Papa. Replica di Don Murri al prof. Baldini*, in «Giornale d'Italia», 27 settembre 1907. Murri distingueva nel tomismo la parte da salvare dalle formule deboli del pensiero medievale.

[174] Cfr. A. CAVALLANTI, *I modernizzanti*, 17 novembre 1907, p. 1 art. di fondo. Per i modernizzanti il modernismo aveva «fatto anche del bene». «La caratteristica del "modernizzante"» consisteva, per il Cavallanti, «nello sdoppiamento di coscienza».

[175] *Il programma dei modernisti. Risposta all'Enciclica di Pio X "Pascendi Dominici gregis"*, Roma 1908, p. 15. Autore della "Risposta" era il Buonaiuti, (come egli stesso confesserà nel *Pellegrino di Roma*, Roma 1944, p. 93), aiutato da Fracassini e da Semeria.

[176] Cfr. A.S.S., 40 (1907), p. 720.

[177] Cfr. *La condanna del «Programma dei Modernisti»*, 1 novembre 1907, p. 1; *I vescovi italiani e l'applicazione della condanna nelle rispettive diocesi*, 3 novembre 1907, p. 1; *Il Decreto del Cardinal Vicario esteso alle Diocesi d'Italia*, 14 novembre 1907, p. 1..

questa perfida pubblicazione», senza averlo letto per via delle censure, si limitava a riprodurre «quello che il corrispondente romano del non sospetto *Corriere della Sera*» diceva di avere «raccolto da colloqui avuti su tale proposito con varie autorevoli competenti persone»[178].

Nonostante la condanna, il modernismo continuava ad avere una certa vitalità. Si notava «una rifioritura di pubblicazioni modernistiche o quasi modernistiche», una maggiore diffusione delle loro riviste e dei loro giornali; vi erano «preti semplici, giranzoloni», «una specie di massoneria» che viveva «per il denaro generosamente offerto dai capoccia», i quali si riducevano «ad alcuni pochi ma potenti» sostenitori del modernismo. Nuova si faceva la missione del giornale cattolico, che se non voleva apparire «affarista, interessato, profano», doveva coadiuvare il papa e i vescovi nella lotta contro il modernismo[179]. Contro i modernisti, che sostenevano che l'enciclica *Pascendi* non poteva obbligare i cattolici, in quanto non era realmente canonica, perché non era stata «compilata secondo le norme fondamentali del diritto ecclesiastico», il giornale fiorentino, avvalendosi del contributo di esperti professori, era del parere che il papa avesse parlato *ex cathedra*. Le condizioni che inducevano gli intransigenti a ritenere che il papa avesse parlato infallibilmente erano essenzialmente quattro: «il Pontefice» aveva parlato «come dottore e pastore della Chiesa» e non come uomo privato; «la materia» apparteneva alla fede e ai costumi; «la forma» usata dal papa era quella «della suprema autorità» che aveva proferito «sentenza definitiva»; «il termine» quello di quando si parla «alla Chiesa universale»[180].

Il 1907 terminava con altri interventi del Magistero. Il 18 novembre il Motu Proprio *Praestantia Scripturae* minacciava di scomunica chiunque si opponeva all'enciclica[181].

---

[178] Cfr. 1 novembre 1907, p. 1. Per il *Corriere della Sera* «questo opuscolo basterebbe da sè a giustificare l'enciclica *Pascendi*, perchè costituisce contro i modernisti stessi un terribile atto di accusa». Si veda pure *Dopo la condanna dell'Anti-Enciclica*, 3 novembre 1907, p. 1.

[179] Cfr. A. CAVALLANTI, *Riprendono le armi*, 18 dicembre 1907, p. 1 art. di fondo.
Degni di nota sono pure altri articoli precedenti: cfr. *Tattica modernista*, 5 novembre 1907, p. 1; C[AVALLANTI], *Alla vedetta*, 5 novembre 1907, p. 1.

[180] Cfr. C. BONI, *Nuovo sotterfugio modernistico*, 23 dicembre 1907, p. 1 art. di fondo. I modernisti avevano sostenuto il contrario in un articolo nella *Rivista di Roma*, ripreso dal *Giornale d'Italia* il 17 dicembre 1907.

[181] Cfr. A.S.S., 40 (1907), pp. 723-726.

III. PAOLO DE TÖTH (1908-09)[182].

L'*Unità Cattolica*, durante la direzione del De Töth, come abbiamo già notato, subì un calo qualitativo. Assente dalle grandi battaglie, il foglio integralista non registrava articoli di valore. Fu, però, questo il periodo dello scoppio delle grandi polemiche.

A. Polemica tra De Töth e Rocca d'Adria[183].

Ben presto proprio l'*Avvenire d'Italia*, in forte ascesa, considerato da molti il vero giornale cattolico italiano e per questo bersagliato dall'*Unità Cattolica*[184], cominciò a criticare apertamente la pretesa ortodossia «di questi signori». Dapprima lo fece, prendendo lo spunto da una affermazione del Barbier, che riteneva Leone XIII «il generatore del modernismo», e che l'*Unità Cattolica* aveva raccomandato e lodato recensendone l'opera[185]. Poi l'attacco si fece più forte e specifico quando il giornale bolognese raccolse la «vibrata protesta» del cardinal Ferrari contro gli opuscoli del Donadoni[186] e del Cavallanti[187]. Ferrari nella lettera pastorale per

---

[182] Per notizie relative al suo inserimento nella redazione dell'*Unità Cattolica*, alla sua formazione, alla sua direzione e al suo licenziamento cfr. *supra*, pp. 62 ss.

[183] Rocca d'Adria era lo pseudonimo di Algranati Cesare (1865-1925). Anconetano, ebreo convertito al cattolicesimo nel 1887. Dal 1890 giornalista collaboratore in diversi periodici cattolici. Dal 1902 direttore dell'*Avvenire d'Italia*. Per approfondimenti cfr. F.Fonzi, *Algranati Cesare*, in D.B.I., vol. 2, pp. 365-366; A. Zussini, *Rocca d'Adria*, in D.S.M.C.I., vol. II, pp. 545-549.

[184] Non ultimo ricordiamo: *Una lettera in un giornale alla moderna*, 23 febbraio 1908, p. 1. L'*Unità* criticava il fatto che l'*Avvenire* avesse pubblicato la prima lettera pastorale di Mons. Della Chiesa in terza pagina, e in quarta un elogio al Carducci.

[185] Cfr. Redi, *L'audacia di un confusionario*, in «Avvenire d'Italia», 26 febbraio 1908. L'articolo era una dura critica all'opera dell'abate E. Barbier, *Les Démocrates Chrétiens et le Modernisme*, cit. All'articolo del Redi seguiva una nota della Direzione in cui si affermava che il Barbier non era un confusionario solitario, perchè l'*Unità Cattolica* lo aveva recensito raccomandandolo e lodandolo: cfr. *Democrazia e Modernismo*, 15 febbraio 1908, p. 1; e il sacerdote toscano Oreste Nuti ne *La Penna Azzurra* del 20 febbraio aveva affermato che Leone XIII aveva tenuto «a battesimo» il modernismo. Il Nuti rispose con una Lettera Aperta al direttore dell'*Avvenire d'Italia* che comparve nell'*Unità Cattolica* del 3 marzo 1908, pp. 1-2. I toni del direttore de *La Penna Azzurra* erano offensivi verso Rocca d'Adria definito «ebreo ribattezzato», e di difesa verso il proprio articolo: egli aveva definito Leone XIII «battezzatore e non genitore» del modernismo. Inoltre si chiedeva: «Entrano forse nell'ortodossia gli atti "amministrativi" di un Vescovo, di un Cardinale, di un Pontefice?... Che Dio ce ne guardi!».

[186] Cfr. E. Donadoni, *A proposito di modernismo e di questioni connesse*, Milano 1907. Opuscolo che colpiva sacerdoti e professori del seminario di Milano accusandoli di modernismo. L'*Unità Cattolica* aveva recensito con tono elogiativo l'opuscolo cfr. 25 febbraio 1908, p. 1.

la quaresima, biasimava i metodi degli antimodernisti e di un «certo giornale», che gettavano sospetti, facevano allusioni, insinuazioni su tutto anche sui «vescovi». Il presule milanese giudicava i loro attacchi «un modernismo di nuovo conio» che s'infiltrava «sotto gli abbigliamenti dell'anti-modernismo più ortodosso». E l'*Avvenire* aggiungeva: «il campo d'azione del minuscolo gruppo antimodernista si stringe attorno al padre Mattiussi, della compagnia di Gesù, a monsignor Bertani, al notaio Donadoni, e all'*Armonie della Fede*, all'*Unità Cattolica*, e a qualche altro foglio ...»[188].

Inizialmente il giornale fiorentino rispose limitandosi ad un comunicato della Direzione che diede all'*Avvenire* altri spunti di polemica. Il comunicato, infatti, era firmato «La Direzione dell'"*Unità*"» e assicurava i lettori che si sarebbe risposto a tono «a commedia finita»[189]. Il corrispondente dell'*Avvenire* la sera del 2 telefonava al suo giornale e comunicava la replica dell'*Unità* notando:

> «Non sappiamo come tale comunicazione possa avere la firma della Direzione dell'*Unità Cattolica* dal momento che - tutti lo sanno a Firenze - il direttore Avvocato Mastracchi da oltre un mese e mezzo si è allontanato dalla Direzione in seguito ad un incidente doloroso avvenuto negli uffici del giornale col sacerdote de Tot (*sic*)».

E Rocca d'Adria aggiungeva:

> «Non saremo certamente noi a prendere sul serio cotesti squarci del gesuita De Toth (*sic*), che si arroga anche il titolo di direttore dell'*Unità*»[190].

Ma gli spunti polemici continuarono[191]. La stampa integralista si schierava unanime a favore del giornale fiorentino[192]. Da Bologna arri-

---

[187] Cfr. A. CAVALLANTI, *Milano centro del Modernismo?*, Siena 1907, recensito trionfalmente dall'*Unità*, cfr. V.S., *I Libri*, 13 febbraio 1908, p. 1.

[188] Cfr. *Una vibrata protesta del card. Ferrari contro un opuscolo antimodernista*, in «Avvenire d'Italia», 29 febbraio 1908.

[189] Cfr. 3 marzo 1908, p. 1.

[190] *L'impudenza di certi scribi*, in «Avvenire d'Italia», 3 marzo 1908.

[191] Cfr. *Non vobis! Dopo la protesta del card. Ferrari*, in «Avvenire d'Italia», 1 marzo 1908. Contro l'opuscolo *Milano centro del modernismo?* del Cavallanti; *Ancora "il modernismo di nuovo conio". Il plauso generale dell'Italia cattolica all'Eminentissimo Card. Ferrari*, in «Avvenire d'Italia», 5 marzo 1908.

[192] Cfr. *I giornali e la nostra polemica*, 8 marzo 1908, p. 2. Si trattava dei soliti giornali: la *Liguria del Popolo*, l'*Italia Reale* di Torino, il *Verona Fedele*; *Coll'"Unità Cattolica"*, 15 marzo 1908, p. 1. Anche il *Fides* di Livorno si schierava a favore del De Töth. Altrettanto faceva la "Riscossa", 17 marzo 1908, p. 1. Il settimanale degli Scotton giudicava l'articolo dell'8 marzo di De Töth «ben fatto» per le «prove schiaccianti» addotte contro l'«antipatica e feroce campagna, a base di insinuazioni e di malignità»

vavano anche lettere di sostegno alla redazione fiorentina[193]. I giornali "modernizzanti" appoggiarono cautamente la polemica dell'*Avvenire*. Invece, l'*Unione* di Milano, forse per volere dello stesso Ferrari, si limitava ad annunciare le parole di protesta del Cardinale milanese, alla riproduzione integrale della lettera pastorale, senza occuparsi occuparsi della polemica[194]. A detta del corrispondente fiorentino dell'*Avvenire* da parte dei cattolici toscani si stava pensando ad «una protesta collettiva» contro la linea assunta dell'*Unità*. E aggiungeva:

> «Posso assicurarvi, che l'eminentissimo card. Maffi ebbe *ripetutamente* a scrivere a mons. Bufalini, deplorando che la redazione dell'*Unità Cattolica* tradisse così appieno le speranze riposte, e facesse del giornale un libello contro i fogli cattolici italiani»[195].

Presto arrivarono al quotidiano bolognese smentite e precisazioni: p. Mattiussi negava «di avere intorno un piccolo gruppo» col quale avesse intrapreso «una feroce campagna» contro tutto ciò che sapeva di moderno e di democrazia cristiana. Respingeva il coinvolgimento suo e di qualsiasi altro confratello nella stesura dell'opuscolo del Donadoni. Scaricava gli amici: «credo che il notaio dott. Donadoni e il sac. Cavallanti renderanno conto del fatto loro, nè io sono chiamato a difenderli, nè sarebbe affar mio»[196]. I gesuiti di Bologna assicuravano che De Töth non era mai stato gesuita[197]. De Töth stoltamente imponeva di credere "sotto minaccia di querela" di aver avuto l'incarico di attaccare l'*Avvenire* dal card. Lorenzelli[198]. E sfidava Rocca d'Adria a portare prove più precise[199]. Da ultimo De Töth tentava di chiudere la polemica. Lo faceva prima con un breve comunicato e poi con un lunghissimo articolo. Nella sostanza in entrambi gli interventi riteneva direttore e giornale bolognese: «due bugiardi diffamatori e calunniatori, degni del più alto disprezzo

---

intentata contro l'*Unità*; *La stampa cattolica modernizzante*, 21 marzo 1908, pp. 1-2. Veniva riprodotto con aggiunte l'articolo dell'*Osservatore Romano* che criticava i metodi e le tattiche di certa stampa ... cattolica.

[193] Si veda ad esempio la Lettera Marani-Cavallanti, in *Appendice*, Doc. 14.

[194] Cfr. *Il Cardinale arcivescovo contro gli eccessi degli antimodernisti*, in «l'Unione», 29 febbraio 1908, p. 5. Per il testo della Pastorale, cfr. «l'Unione», dei giorni 1-2-3-4 marzo 1905, p. 5.

[195] Cfr. *Il caso De Toth e la Compagnia di Gesù*, in «Avvenire d'Italia», 4 marzo 1908.

[196] Cfr. *Una dichiarazione del P. Matiussi*, in «Avvenire d'Italia», 4 marzo 1908.

[197] Cfr. *Il sacerdote de Toth non è gesuita*, in «Avvenire d'Italia», 5 marzo 1908.

[198] Cfr. *Ancora "il modernismo di nuovo conio". Strane dichiarazioni e più strane minaccie*, in «Avvenire d'Italia», 6 marzo 1908.

[199] Cfr. *Dichiarazioni e diffide all'"Avvenire d'Italia"*, 5 marzo 1908, p. 1.

di tutti gli onesti»[200]. Per il corrispondente del quotidiano bolognese a Firenze si trattava di «sette colonne di prosa, in lingua friulana», in cui De Töth non dava spiegazione «sopra il trattamento da lui fatto al venerando Mastracchi». La nota della direzione, che seguiva al commento del corrispondente, metteva lucidamente a fuoco la vera entità della controversia: il cardinal Ferrari aveva «riprovato i metodi dell'*Unità Cattolica*, stigmatizzando la mancanza di rispetto *dei modernisti di nuovo conio*, verso l'Autorità Ecclesiastica»; il mondo cattolico aveva fatto plauso a questo Cardinale e l'*Avvenire*, «di tutto cuore», si era unito a questo plauso[201]. Per Rocca d'Adria l'*Unità* doveva «togliersi dalla fronte il marchio» che le aveva imposto il cardinal Ferrari, poi poteva meritare «non di essere presa sul serio, ma di non essere messa in ridicolo»[202].

A nulla valsero gli abboccamenti del De Töth con l'arcivescovo Della Chiesa per far cessare la polemica[203]. Di tutta questa controversia, al di là degli argomenti, certamente risalta la *forma durissima* adoperata da questi cattolici nelle loro polemiche. Entrambe le parti non si risparmiarono negli epiteti. Mesi dopo la polemica non era ancora sopita[204].

L'*Unità Cattolica* non perdonò, al Ferrari, l'umiliazione ricevuta. Attacchi indiretti si univano a esplicite insinuazioni. Ad esempio la notificazione dell'offerta di lire 20 del vescovo di Mantova era l'occasione per un attacco subdolo al Ferrari:

«Il biglietto di Monsignore Origo è in data di ieri, 1 marzo. Esso è per noi, appunto perché viene da un Vescovo Lombardo, più che consolante, e, se vogliono i lettori, anche più che significante»[205].

Quando il 6 maggio 1908 il cardinale si vide arrivare, munito dell'incarico di Visitatore Apostolico dei Seminari, mons. Beda Cardinale[206], le insinuazioni, i sospetti contro quelli di Milano si susseguirono[207]

---

[200] Sac. P. De Töth, *Le spudorate menzogne del signor Rocca d'Adria e dell' "Avvenire d'Italia"*, 7 marzo 1908, p. 1; Idem., *Calunnie rientrate. Il modernismo dell'Avvenire d'Italia. Un complotto modernista attorno il foglio di Rocca d'Adria*, 8 marzo 1908. pp. 1-2.

[201] Cfr. *Ancora il "Modernismo di nuovo conio". Le solite dell'"Unità"*, in «Avvenire d'Italia», 8 marzo 1908.

[202] Cfr. *Ancora il "Modernismo di nuovo conio"*, in «Avvenire d'Italia», 9 marzo 1908; cfr. pure *Le nuove dichiarazioni dell'E.mo Card. Ferrari*, sempre dello stesso giorno.

[203] Cfr. Lettera De Töth-Cavallanti, in *Appendice*, Doc. 15.

[204] Cfr. P. F., *Modernismo di nuovo conio?*, 22 novembre 1908, p. 1.

[205] (N.D.D.), *La nostra sottoscrizione "Pro Unità"*, 3 marzo 1908, p. 1.

[206] Cfr. F. Mostardi, *Beda Cardinale (1896-1933), in I monasteri italiani della Congregazione sublacense (1843-1972)*, Parma 1972, pp. 500-508. Divenne arcivescovo di Perugia.

[207] Si vedano le cronache da Milano del mese di maggio e Italicus, *Un grido di allarme per i Seminarii*, 20 giugno 1908, p. 1 art. di fondo.

anche se la visita non approdò a nulla. Nel corso del 1910 e del 1911, all'*Unità Cattolica* si unì *La Riscossa* dei fratelli Scotton[208].

Dietro la polemica con l'*Avvenire* si nascondeva una diversa concezione di giornalismo cattolico: mestiere o missione. Ma soprattutto l'attacco al giornale bolognese e al *trust* grosoliano[209] costituiva il tentativo del giornale fiorentino di passare per un foglio «schiettamente papale», al fine d'essere «il giornale del prete e del clero»[210], e malcelava il proposito di «carpire qualche abbonato»[211].

Rocca d'Adria nel corso del 1909 veniva licenziato e dopo l'allontanamento del De Töth si avvicinava all'*Unità Cattolica*. In una lettera a Cavallanti Rocca d'Adria raccontava del suo siluramento dalla direzione dell'*Avvenire*: «Tolto in meno di due minuti, nel modo più cinico ed anticristiano, al giornale che era frutto della mia abnegazione, mi sono ritirato a vita privata». Ragione del licenziamento per «la Società Editrice Romana, i suoi uomini, i suoi giornali hanno ripetutamente, detto, scritto, *pubblicato* che l'*unico motivo* del mio licenziamento è stata la necessità per l'Editrice Romana di avere *un solo* direttore pei due giornali per garantirsi un unico indirizzo politico». Dopo 28 mesi di silenzio Rocca d'Adria aveva però cominciato a scrivere sull'*Unità Cattolica* contro la Soc. Editrice Romana. Il *Bulletin de la Semaine* di Parigi notava questo fatto e ricordava le passate polemiche con il De Töth[212].

B. POLEMICA CON LA *CIVILTÀ CATTOLICA*.

Nel 1908 ebbe luogo a Roma un congresso femminile (23-30 aprile), in cui prevalse l'ispirazione laica[213]. Il giornale fiorentino, come abbiamo già visto, condannò in toto il convegno giudicandolo moderni-

---

[208] Cfr. *infra*, pp. 178 ss.

[209] Cfr. *infra*, pp. 181 ss. Realizzato proprio nel 1907 comprendeva *Il Corriere d'Italia* (Roma), l'*Avvenire d'Italia* (Bologna), *Il Momento* (Torino). Presidente era Ugo Boncompagni, direttore il conte Grosoli. Per approfondimenti cfr. V. CASTRONOVO, *La stampa italiana dall'unità d'Italia al fascismo*, Bari 1970, pp. 194 ss.

[210] Cfr. P. A. Ruelli, *Il giornale del clero qual'è?*, 6 novembre 1908, p. 1 art. di fondo. Si vedano inoltre sul giornalismo cattolico: Sac. Mugnozza, *Il giornalismo cattolico. Dedicato a coloro che hanno detto essere il giornalismo un mestiere*, 3 settembre 1908, p. 1 art. di fondo; *I cattolici italiani e i loro giornali*, 4 ottobre 1908, p. 1 art. di fondo.

[211] Cfr. *Il caso De Toth e la Compagnia di Gesù*, in «Avvenire d'Italia», 4 marzo 1908.

[212] Cfr. *Rocca d'Adria e l'Editrice Romana*, 23 luglio 1912, p. 1.

[213] Cfr. per un inquadramento nel contesto globale il saggio della P. GAIOTTI DE BIASE, *Le origini del movimento cattolico femminile*, cit., pp. 120-171.

sta[214]. Tra i gesuiti invece si ebbero due interventi quasi simultanei e opposti. Sulla *Civiltà Cattolica* il p. Pavissich[215] espose tesi moderate anche se strutturalmente conservatrici[216]. Il congresso femminile romano veniva apertamente riprovato, perché non solo «il catechismo» e «il pudore» ebbero la peggio, ma si era voluto proclamare «la maturità della donna per la vita amministrativa e politica» (p. 529). Tuttavia, il gesuita dalmata ammetteva, in linea di principio, la possibilità e la legittimità di congressi femminili, e questo per la parità di diritti «inerenti alla personalità umana» senza distinzione di sessi (p. 513). Amareggiavano, p. Pavissich, la richiesta di sopprimere l'insegnamento religioso nelle scuole elementari in nome dell'aconfessionalità, le proposte di un'educazione laica nei convitti, di coeducazione sessuale e le parole della Montessori che sottolineavano la relatività del pudore. In mezzo al molto male, v'era anche un po' di buono. Riconosceva gli «argomenti di maternità sociale» come ben svolti, illustrati e discussi con competenza, serietà, giustezza di criteri pratici, da meritare piena approvazione da quanti erano «in grado di apprezzarne imparzialmente l'importanza». Feconde le relazioni sulle opere di assistenza e di previdenza, sul lavoro femminile, sulle casse di maternità, sull'allattamento materno, sulla beneficenza (p. 522). Il secondo intervento era quello del p. Chiaudano[217], ed il tono era decisamente diverso. In un opuscolo anomino *Congressi femminili?*[218] il gesuita torinese appoggiandosi a vari testi scritturistici, ad alcune interpretazioni di questi date dal Crisostomo, da Tommaso e da altri autori, presentava la donna come un essere inferiore, ne svalutava la missione, anche in casa e in famiglia, e non si limitava a condannare il recente congresso, ma ogni e qualsiasi congresso femminile. L'opuscolo era raccomandato dall'arcivescovo di Torino, card. Richelmy, fregiato di una speciale lettera del card. Merry del Val, segretario di Stato, e portava l'*imprimatur* del provinciale p. Chiaudano.

La stampa integralista italiana colse la palla al balzo: il pericoloso

---

[214] Cfr. a titolo di esempio DOCTOR VERITAS, *Il pericolo femminista*, 2 giugno 1908, p. 1 art. di fondo. Contro i convegni femminili tenuti a Roma e Milano. Gli argomenti erano i soliti: contro il «baluardo della famiglia» si levava il femminismo massonico e anticlericale di alcune «zittelle».

[215] Notizie e bibliografia circa Antonio Pavissich (Split 1851 - Napoli 1913) in S. TRAMONTIN, *Pavissich Antonio*, in D.S.M.C.I., vol. III, pp. 634-635.

[216] Cfr. [A. PAVISSICH], *Il primo congresso delle donne italiane*, in «Civ. Catt.», 1908, II, pp. 513-532.

[217] Giuseppe Chiaudano (Torino 1858 - Roma 1915), era un "ultraconservatore", e venne imposto, nel settembre 1913, da Pio X come direttore della *Civiltà Cattolica*. Per la sua polemica sul giornalismo cattolico contro Filippo Crispolti si veda *infra*, pp. 358. Sul Chiaudano, cfr. A. CAMILLETTI, *Chiaudano Giuseppe*, in D.B.I., vol. 24, pp. 618-620.

[218] [G. CHIAUDANO], *Congressi femminili? Lettera di un padre d.C.d.G a un sacerdote*, Torino 1908.

Pavissich veniva respinto ed opposto al dottissimo Chiaudano. *La Riscossa*, il *Fides* di Livorno, la *Difesa*, *L'Azione muliebre* reagirono tempestivamente. Accettare l'ipotesi di un congresso femminile significava appoggiare il movimento femminile di quegli anni, cioè la propaganda del modernismo, della massoneria, del libero pensiero, del laicismo. Si sposavano, invece, le tesi del Chiaudano, ritenedole «una splendida ed esauriente confutazione del noto articolo del P. Pavissich»[219]. L'*Unità Cattolica* acuiva la polemica nel mese di luglio[220].

Documenti dell'archivio della *Civiltà Cattolica* e della curia generalizia della Compagnia, gentilmente passatici da p. Martina, mostrano lo svolgersi della polemica. Mons. Andrea Scotton scriveva alla direzione della *Civiltà Cattolica*, manifestando il suo stupore e quello di altri per il nuovo orientamento preso dalla rivista[221]. La *Civiltà Cattolica*, con una nota della Direzione, confutava le critiche che le erano state rivolte, ignorando l'opuscolo del Chiaudano[222]. E dopo poco dichiarava sospeso lo scambio tra la *Civiltà* e l'*Unità*. Il giornale fiorentino reagiva amaramente: «con questo metodo la Civiltà Cattolica credette di troncar la polemica e lei aver ragione e noi torto», si trattava di una vera «intimazione» e di uno «sgarbo» che tra l'altro veniva esteso anche ad altri giornali integralisti come la *Riscossa*, le *Armonie della Fede*, l'*Azione Muliebre* ecc.[223]. De Töth incautamente continuava la polemica. Ma altrettanto imprudente appariva il p. Pavissich che rilasciava al *Cittadino di Mantova* un intervista in cui affermava il pieno accordo del papa con gli scrittori della rivista e criticava i metodi degli intransigenti. Il p. Pavissich sottolineava le caratteristiche degli integristi e i danni da essi provocati: «conservatori ad oltranza» impiegavano tutte le forze per

---

[219] Cfr. *Note e appunti. Congressi femminili?*, 8 luglio 1908, p. 1. Su tutta la polemica avvenuta nel 1908, cfr. «La Riscossa», 27 giugno, 11 e 25 luglio, 1, 8, 15 agosto, 5 settembre; «La Difesa», 3 luglio; «Il Cittadino di Mantova», 6 maggio, 4 e 5 giugno, 27 agosto.

[220] Cfr. i numeri del 5, 8, 9, 14 e 28 luglio.

[221] ACC, *Carte Brandi*, originale. Lettera di A. Scotton alla Direzione della *Civiltà Cattolica*, Breganze 18 luglio 1908. L'arciprete di Breganze osservava: «La piega presa dalla *Civiltà Cattolica*, sono ormai alcuni anni, se piace all'*Avvenire*, all'*Unione* ed al *Corriere d'Italia*, non piace ai cattolici senza epiteti». Poi parlava del suo articolo, scritto nella *Riscossa*, intorno al femminismo, per il quale ricevette da molti padri gesuiti lettere di compiacimento. Segno evidente di una scissione all'interno della Compagnia. La lettera era riprodotta su «La Riscossa», 5 sett. 1908.

[222] Cfr. *A proposito di un nostro articolo. Nota della Direzione*, in «Civ. Catt.», 1908, III, pp. 252-254.

[223] Cfr. [P. DE TÖTH], *La Civiltà Cattolica ed i giornali papali*, 15 agosto 1908, p. 1. Veniva riportata la lettera del 22 luglio in cui il segretario Giuseppe del Chiaro avvisava della sospensione dello scambio. Il De Töth ricordava come la polemica «rispettosa, serena, opportuna» fosse piaciuta «in *alto loco*», e perciò aggiungeva: «quando piace là dovrebbe piacere a tutti i cattolici di retto pensare».

rallentare il cammino; nella lotta mostravano i medesimi eccessi della sinistra estrema; «atteggiandosi a veri e legittimi conservatori di tutto il passato essenziale al cattolicesimo» apparivano «rivestiti di una insegna veneranda» che garantiva loro «l'intangibilità». E «i cattolici poi al primo mostrarsi di quell'insegna» chinavano «il capo» ed ammutolivano «per paura di divenire o di essere ritenuti reprobi». Così si prolungava «l'equivoco che il vero cattolicesimo» fosse «nelle loro mani». Il padre dalmata riconosceva la rettitudine d'intenzione degli integristi, ammetteva una certa efficacia nella loro azione, tuttavia ne sottolineava la ristrettezza degli orizzonti, la superficialità della cultura, la mancanza di contatti con le correnti più qualificate del tempo[224]. Il padre Wernz, Generale della Compagnia, ammoniva il direttore della *Civiltà* p. Brandi[225] e, senza contestare il contenuto dell'articolo, imponeva di cessare la discussione. Nel medesimo tempo, il 29 luglio, proibiva ai gesuiti di scrivere sull'*Unità* e su le *Armonie della fede*, i due periodici diretti dal De Töth[226]: "impressione tristissima" tra gli amici dell'*Unità Cattolica*[227]. Anche il papa interveniva con alcune osservazioni al p. Brandi, con una lettera al p. Freddi[228]; Pio X trovava l'intervista deplorevole, si mostrava irritato della «sicumera» ostentata dal p. Pavissich, delle «offese» lanciate «a tanti benemeriti della causa cattolica», della pretesa di tirare in ballo continuamente l'autorità del papa. La tempestiva spiegazione del p. Freddi[229] all'amara lettera di Pio X placava le discussioni, assicurava la pronta obbedienza dei superiori della Compagnia, ma non eliminava dall'animo del papa ogni irritazione. Papa Sarto, pur d'accordo nella sostanza con la *Civiltà*, trovava intemperanti e accesi gli scrittori del periodico, poco docili al direttore p. Brandi, ritenuto dal pontefice oramai «impotente per

---

[224] Cfr. «Il Cittadino di Mantova», 27 agosto 1908. Il papa alla lettura di questa intervista restava irritato (cfr. *Appendice*, Doc. 12): probabilmente lo amareggiava il sentir parlare di «un'insegna veneranda» che assicurava agli intransigenti l'intangibilità. Non sono riscontrabili e reperibili, per il momento, le altre frasi pronunziate dal Pavissich e che Pio X risolutamente condannava (cfr. *Appendice*, Doc. 12).

[225] Salvatore Maria Brandi (Napoli 1852-1915). Dopo essere stato a lungo negli Stati Uniti, nel 1891 su segnalazione del Card. Mazzella, Leone XIII lo chiamò a Roma presso la redazione della *Civiltà Cattolica*. Nel 1905 ne divenne il direttore in sostituzione di A. Gallerani. Il 6 gennaio 1913 venne colto da paralisi e abbandonò la direzione della *Civiltà Cattolica*, sostituito dal p. Chiaudano. Trascorse gli ultimi anni di vita nella sua città natale. Cfr. F. MALGERI, *Brandi Salvatore Maria*, in D.B.I., vol. 14, pp. 18-19.

[226] Cfr. *Appendice*, Doc. 9.

[227] Cfr. Lettera Menara-De Töth, in *Appendice*, Doc. 11.

[228] Cfr. Lettera Pio X-Freddi, in *Appendice*, Doc. 12. Ruggero Freddi (Macerata Feltria 1846 - Roma 1914). Gli ultimi vent'anni della sua vita li trascorse come Consigliere del P. Generale per l'Italia, cioè più esattamente come Assistente d'Italia della Compagnia di Gesù. Si veda il necrologio apparso sulla rivista di via Ripetta: [E. ROSA], *Il P. Ruggero Freddi s.i.*, in «Civ. Catt.», 1914, II, pp. 742-744.

[229] Cfr. Lettera Freddi-Pio X, in *Appendice*, Doc. 13.

imporsi ad alcuni», che avevano «preso il sopravvento» all'interno della rivista; guardava con esplicita simpatia ai redattori dell'*Unità Cattolica*, e il 21 settembre, tre giorni dopo la lettera al Freddi, inviava a mons. Bufalini, direttore amministrativo ed economico del foglio fiorentino, un autografo d'incoraggiamento[230].

Pio X spronava e confortava l'*Unità Cattolica*, rimproverava e dissuadeva i gesuiti che l'avversavano; p. Wernz proibiva ai suoi di scrivere sul giornale caro al papa. Questo resta un fatto singolare e di estremo interesse. Tenuto conto, poi, che mai Pio X avrebbe condannato in genere l'*Unità Cattolica* e i suoi alleati, mai avrebbe ingiunto loro di cambiare strategia e di cessare da dolorose e controproducenti polemiche, ammirevoli restano l'equilibrio e la fedeltà al papa del p. Wernz, nonostante la proibizione ai suoi religiosi di collaborare con l'*Unità*.

C. POLEMICA CON SALVATORE MINOCCHI.

Il sacerdote Minocchi, biblista fiorentino noto agli studiosi per la versione dei *Salmi*, conosceva bene la diffidenza di Pio X circa l'applicazione della critica storica agli studi biblici[231]. Nonostante questo egli continuava, instancabile, il lavoro di promozione della cultura religiosa tramite le sue riviste[232], il lavoro accademico e le conferenze. Il 19 gennaio 1908 teneva a Firenze nella Biblioteca Filosofica una conferenza su *Il Paradiso terrestre e il dogma del peccato originale*. La polemica, che seguì alla conferenza, diede inizio al «caso Minocchi». Il biblista

---

[230] Cfr. *Lettera Autografa del S. Padre Pio X all'Unità Cattolica*, 26 settembre 1908, p. 1. L'autografo era diretto a mons. Bufalini. Il papa scriveva: «Prendo parte vivissima al giusto dolore per la guerra che deve sostenere l'*Unità Cattolica* contro gli attacchi dei nostri stessi fratelli. Ma stia di buon animo; la causa che difende l'*Unità* è santa, ed è certo che il Signore non mancherà di confortare tutti che si adoperano a sostenerla». L'*Unità* per diversi giorni riprodusse in prima pagina, nella prima colonna la lettera del papa. Un anno dopo mons. Bufalini riusciva a far togliere il veto del Generale dei gesuiti.

[231] Cfr. [S. MINOCCHI], *Impressioni di una udienza di Papa Pio X*, in «Giornale d'Italia», 12 maggio 1905. Egli era stato ricevuto in udienza privata il 3 maggio. Nell'articolo tra l'altro scriveva: «il Papa è per la fede, e non per la scienza [...] della critica storica applicata alla Bibbia [...] diffida un po'». Diversa l'angolatura e il tono nella breve relazione fatta negli *Studi*: cfr. [IDEM.], *S.S. Pio X e gli «Studi Religiosi»*, in «Studi Religiosi», 1905, p. 209. Il Minocchi ribadiva la sua fiducia: «di stabilire tra il dogma perenne e la scienza perfettibile una nuova armonia».

[232] Dal 1896 al 1899 uscì la quindicinale *Rivista Bibliografica Italiana* da lui fondata insieme a Giovanni Mercati; dal 1901 al 1907 fondò e diresse la rivista *Studi Religiosi*, col sottotitolo *Rivista critica e storica promotrice della cultura religiosa in Italia*; Nel 1908 fondava la rivista mensile *La Vita Religiosa*, di cui uscirono solo tre numeri e a cui collaborava anche in forma anonima.

fiorentino si servì dei giornali «liberali e massonici», per rendere note le sue lettere, rilasciare le sue interviste e precisazioni in difesa e chiarimento delle sue posizioni. Proprio questi giornali diedero risalto alla conferenza. Davanti ad un pubblico qualificato, il Minocchi aveva affermato che per uno studioso: «oramai dopo tante scoperte e dimostrazioni delle scienze teologiche, antropologiche e storiche, dare il valore di storia ai due capitoli [secondo e terzo] della Genesi» non era «più possibile in verun modo», e ciò non era questione «di modernismo o di tradizionalismo», ma solo «di sincerità»[233]. Di lì a pochi giorni cominciarono a piovere le critiche. Prima contro lo «sciagurato» Minocchi interveniva l'organo vaticano[234], poi prendeva posizione anche il quotidiano fiorentino, che fino ad allora aveva taciuto sulla conferenza. Affidandosi più al «buon senso» che ad «una critica senza criterio», scostandosi da studiosi come il Minocchi che non credevano più in nulla, che erano semplicemente dei «razionalisti» e degli «scettici», riaffermava la dottrina della Chiesa e contro ogni teoria concludeva:

«ad ogni modo Iddio ispirò Mosè, o rivelando il vero, o movendolo a raccogliere la verità dovunque fosse; lo ispirò a scrivere quello che importava pei disegni divini; e certissimamente il racconto di lui sì nei fatti asseriti, sì nella dottrina religiosa è vero, è infallibile come divina parola»[235].

Minocchi venne chiamato in Curia. Gli s'intimò la sospensione *a divinis* se non avesse ricusata la simbolicità del racconto della genesi a favore della storicità. Il tentativo di trovare una formula «la quale salvasse insieme e l'esigenza del dogma e i diritti della scienza» non venne accettata da mons. Ciolli vicario generale; il Minocchi non si piegò e venne sospeso[236]. Il decreto di sospensione veniva riportato sul giornale

---

[233] Cfr. *Il paradiso terrestre e il dogma del peccato originale. Conferenza di S. Minocchi a Firenze*, in «Giornale d'Italia», 20 gennaio 1908. Tra gli altri resoconti ricordiamo: *L'enigma della Genesi. Il Paradiso Terrestre*, in «La Nazione», 20 gennaio 1908. La *Nazione*, in quarta pagina, elencava tra gli intervenuti di spicco i nomi degli intellettuali, delle personalità dell'aristocrazia fiorentina, degli onorevoli e notava la presenza di «numerosi sacerdoti e frati»; *Scampoli*, in «l'Unione», 21 gennaio 1908; *La conferenza sul "Paradiso terrestre". Fiere rampogne dell' "Osservatore Romano" a don Minocchi*, in «Corriere della Sera», 23 gennaio 1908.

[234] Cfr. *Recente esempio di ribellione alla Chiesa e alla logica*, in «Osservatore Romano», 23 gennaio 1908.

[235] *Per una conferenza del prof. S. Minocchi*, 24 gennaio 1908, p. 1 art. di fondo.

[236] Il 23 gennaio veniva sospeso *a divinis* dalla Curia fiorentina. La motivazione veniva giudicata «ridicola» dagli amici (Cfr. Lettere F. Mari e D. Bottaini a Minocchi, in A. AGNOLETTO, *Salvatore Minocchi*, cit., pp. 234-236). Cfr. pure *Intervista col prof. Minocchi. Un tentativo di conciliazione fallito*, in «Giornale d'Italia», 26 gennaio 1908. Minocchi aveva richiesto ad «un buon canonico» di trovare una formula conciliativa: «Io

fiorentino il 25 gennaio[237]. Prima che la notizia fosse diffusa dai giornali cattolici il Minocchi inviava alla *Nazione* una dichiarazione in cui affermava: «ho preferito di soggiacere al decreto di sospensione piuttosto che farmi reo di un atto così contrario alla mia coscienza di studioso e di cattolico»[238]. Allo stesso tempo scriveva al direttore del *Giornale d'Italia* una lettera diversa alquanto nella forma da quella pubblicata nella *Nazione*, ma identica nella sostanza[239]. Rilasciava un'intervista in cui sosteneva l'assurdità di una tale dichiarazione e lamentava l'arretratezza delle «posizioni scientifiche degli esegeti cattolici»[240]. Contemporaneamente gli venivano restituite, dalla Curia, le bozze relative al testo della conferenza sul paradiso terrestre con un biglietto in cui si leggeva: «il censore non crede poterci mettere il *Nihil obstat*»[241].

L'*Unità*, dopo le dichiarazioni del biblista, ritornava sul «caso Minocchi», con l'intento «non» di «perseguitare un caduto», quanto di «illuminare una situazione» e con lo scopo di una «ricerca spassionata della verità»[242]. Ma proprio dopo queste premesse il giornale fiorentino cominciava a prendere una serie di sviste clamorose: stravolgeva il testo della dichiarazione del Minocchi apparso sul *Giornale*[243], negava di averlo

---

non sarei stato alieno, per esempio, dall'accettare di riconoscere la realtà dei fatti dogmatici contenuti nel racconto della Genesi nel senso sempre intesi dalla Chiesa», il canonico era d'accordo, il vicario generale voleva la dichiarazione di storicità e quindi il tentativo fallì.

[237] Il *Giornale d'Italia* il 25, in terza pagina aveva scritto che la sospensione *a divinis* veniva da Roma, il giorno 26 (p. 5) rettificava raccogliendo la dichiarazione apparsa il giorno prima sull'*Unità*.

[238] Cfr. *Il professor Salvatore Minocchi sospeso "a divinis"*, in «La Nazione», 24-25 gennaio 1908.

[239] Cfr. *Dichiarazione del Rev. prof. Minocchi sospeso "a divinis"*, in «Giornale d'Italia», 25 gennaio 1908.

[240] Cfr. [G. CAROCCI], *Intervista col prof. Minocchi. Un tentativo di conciliazione fallito*, in «Giornale d'Italia», 26 gennaio 1908. Con una «lieve espressione di melanconia rassegnata» il Minocchi dichiarava: «Ora pensi alla figura che avrei fatto, come sacerdote sincero della religione di Cristo e come scienziato, se fossi mai giunto a firmare una dichiarazione nella quale avessi sconfessato quelle verità scientifiche che io posso matematicamente dimostrare come tali ai miei discepoli. E' stato scritto che la mia conferenza ha recato scandalo, ma allora perchè non si pensa anche a quanti e quanti da un secolo in poi scandalizzati veramente dalle posizioni scientifiche degli esegeti cattolici circa la Genesi hanno per questo di fronte all'esigenza della scienza moderna, abbandonato il cristianesimo e ogni altra religione?».

[241] Cfr. *Ancora il caso Minocchi*, 29 gennaio 1908, p. 1 art. di fondo. La restituzione avveniva il 25 gennaio il biglietto portava la data del 24.

[242] Cfr. IL CRITICO, *La coscienza del Signor Minocchi*, 26 gennaio 1908, p. 1 art. di fondo.

[243] Cfr. L'aggiunta del Direttore (certamente De Töth!) all'articolo di fondo del 26 gennaio sopra citato. Si rilevava come il Minocchi sostenesse nel *Giornale* «di aver presentato il suo scritto - intendi la sua Conferenza - *alla competente e legittima revisione diocesana* - la quale - *non trovò nulla a ridirvi*». Ma il direttore (?) affermava: «ci

male interpretato e dava del «mentitore» al Minocchi[244]. Smentito da questi, alla fine riconosceva di avere male interpretato il testo; tuttavia spostava l'accento sull'assenza di un revisore ecclesiastico diocesano all'interno della rivista *Studi Religiosi*, sulla non approvazione del revisore a nessuna conferenza del Minocchi e otteneva dalla curia una dichiarazione di disapprovazione nei confronti dell'operato del Minocchi[245], il quale replicava, ma per l'*Unità* erano solo sofismi[246].

Il 1908 cambiava la vita del Minocchi; alla sospensione *a divinis*, seguiva la sua disobbedienza ad un'*ultimatum* dell'autorità ecclesiastica. Ma il biblista si sentiva nel giusto e a riprova di ciò aggiungeva: «ché se io, con quelle pagine, avessi già in qualche maniera assalito il Campidoglio della fede cattolica, le oche di via Ripetta avrebbero gridato alle armi in tutti i toni, mentre invece da mesi e mesi si stanno mute come pesci»[247]. Il 22 ottobre deponeva l'abito. Minocchi comunicava la sua decisione con lettere ai direttori del *Giornale d'Italia*[248] e della *Stampa*[249]. Nel 1911 il biblista sposava civilmente Flavia Corradina Cialdina. Intervistato dal *Giornale* alla domanda se Pio X di fronte a questo suo ultimo atto potesse scomunicarlo, il Minocchi replicava che Pio X aveva ben altre cose a cui pensare: «Egli dovrebbe invece pensare seriamente ad opporsi alla corrente soperchiante del gesuitismo nella Chiesa, che tende a distruggere le ultime e più innocenti manifestazioni di modernità dico "modernità", non "modernismo", con grave jattura del Cattolicismo per

---

spiace dare qui una pubblica smentita all'asserzione del Minocchi, ma essendoci informati, possiamo assicurare che l'autorità ecclesiastica fiorentina nulla seppe antecedentemente della incriminata Conferenza, nè ebbe in esame le bozze e lo scritto».

[244] Il 27 gennaio il Minocchi scriveva una lettera al direttore dell'*Unità* chiedendo in base alla Legge sulla stampa del 26 marzo 1848 art. 43 e a quel tempo ancora vigente, di dare il primo posto alla sua smentita: cfr. *Pel Caso Minocchi*, 28 gennaio 1908, p. 1. Il giornale fiorentino riportava il 29 gennaio la Lettera del Minocchi e la risposta del Direttore.

[245] Cfr. *Sempre la Quistione Minocchi. Nuova protesta del direttore degli* Studi Religiosi. *Risposte. Comunicato della Rev.ma Curia Fiorentina*, 31 gennaio 1908, p. 1.

[246] Cfr. *E dalli*, 1 febbraio 1908, p. 1 art. di fondo.

[247] Cfr. *Il Rev. Prof. Minocchi e il Vaticano. Le trattative di conciliazione. Un "ultimatum" dell'Autor. ecclesiastica*, in «Giornale d'Italia», 15 ottobre 1908.

[248] Cfr. *Nuovi episodi della lotta contro il modernismo. Don Salvatore Minocchi depone l'abito ecclesiastico. Una sua dichiarazione*, in «Giornale d'Italia», 25 ottobre 1908. La lettera del Minocchi portava la data del 22 ottobre e nella sostanza riteneva che la sua grave decisione costituiva «un atto di lealtà» in risposta «ad un atto di arbitrio dei superiori», che in nome del «prestigio dell'autorità» esigeva una ritrattazione.

[249] Cfr. *Alcune spiegazioni del prof. Minocchi*, in «La Stampa», 28 ottobre 1908. La lettera del Minocchi rettificava qualche «affermazione non esatta od anche errata» apparsa nell'articolo del 24 ottobre in prima pagina. Errati erano i riferimenti a Padre Semeria e infelice il titolo dell'articolo: *Un prete modernista che abbandona la Chiesa*.

il quale, malgrado tutto, io conservo profonda simpatia»[250]. L'*Unità Cattolica* annunciava il matrimonio del Minocchi constatando semplicemente come tutti i modernisti finissero prima o poi con lo sposarsi[251].

D. QUERELA TRA MEDA E *UNITÀ CATTOLICA*.

Dalle polemiche giornalistiche questa volta passiamo ad un processo vero e proprio. Di proporzioni maggiori risulta la querela intercorsa tra l'avvocato Meda direttore dell'*Unione* di Milano e l'*Unità Cattolica* durante il periodo in cui De Töth era direttore. Su questa vicenda esistono due studi che si completano e a cui rimandiamo per un quadro più dettagliato[252]; noi ci limiteremo a seguire lo sviluppo della querela negli scritti dei due giornali.

I fatti vedono il giornale milanese, nato nel 1907 dalla fusione di due quotidiani in lotta tra di loro, l' *Osservatore Cattolico* e la *Lega Lombarda*, bersagliato dal foglio fiorentino fin dall'inizio per il suo programma[253]. Gli attacchi dell'*Unità Cattolica*, stimolati da una aperta opposizione del gruppo integralista milanese, da una non esplicita stima del pontefice e da un'ambigua condotta del segretario particolare del papa mons. Pescini[254], erano contro il conciliatorismo del Meda, il Meda stesso e l'appoggio dato al giornale dal cardinal Ferrari[255]. Ad innescare la protesta del Meda fu in particolare una corrispondenza da Vicenza apparsa sul quotidiano fiorentino il 10 novembre 1908. In essa si accusavano certi giornali moderni di non essere cattolici:

---

[250] Cfr. G. CAROCCI, *Il matrimonio del prof. Minocchi. Intervista con l'ex sacerdote*, in «Giornale d'Italia», 27 luglio 1911.

[251] Cfr. S., *Salvatore Minocchi e Corradina Cialdini*, 30 luglio 1911, p. 1.

[252] Cfr. G. DE ROSA, *Filippo Meda e l'età liberale*, Firenze 1959, pp. 101-121. Il saggio utilizza le *Carte Meda* e in particolare la *Memoria* che l'avvocato milanese compilò dopo il processo (doc. 34); L. BEDESCHI, *La querela Meda-Unità Cattolica*, in *Fonti e documenti*, XV, Urbino 1986, pp. 364-395. L'A. esamina le *Carte Cavallanti*, esistenti nell'archivio arcivescovile di Firenze: quindi espone il pensiero della controparte.

[253] Cfr. *"l'Unione" giornale politico del mattino*, in «l'Unione», 14 dicembre 1907. Il primo numero del nuovo giornale, invocava l'unione delle forze cattoliche, presentava il suo programma religioso, politico e sociale, incoraggiando «ogni sano progresso della coltura e della vita religiosa», un' «azione di positiva collaborazione al pubblico bene nell'orbita costituzionale», una «difesa schietta e coraggiosa dei principii cristiani di giustizia e di solidarietà», ma non faceva nessuna menzione della causa papale. Gli incoraggiamenti giunsero al nuovo giornale specialmente dai colleghi del *trust* grosolano: cfr. [F. MEDA], *Agli amici*, in «l'Unione», 15 dicembre 1907.

[254] Cfr. L. BEDESCHI, *La querela Meda-Unità Cattolica*, cit., pp. 380 ss.

[255] Cfr. *L'"Unione" malcontenta*, 28 gennaio 1908, pp. 1-2; *Combattere non si vuol più*, 14 febbraio 1908, p. 1 art. di fondo; DOCTOR VERITAS, *Modernismo politico*, 1 marzo 1908, p. 1 art. di fondo.

«Questi sono giornali, che purtroppo continuano a chiamarsi cattolici, anche dopo d'essere stati sbugiardati, anche dopo che il Sommo Pontefice ripetutamente e ha alluso ad essi in circostanze solenni, anche recenti, continuano a chiamarsi cattolici sebbene i buoni cattolici di loro non ne vogliano sapere, perché a Bologna [*Avvenire d'Italia*], a Milano [*Unione*], a Torino [*Il Momento*], a Roma [*Il Corriere d'Italia*] ben si conosce che sotto la pelle d'agnello si nasconde il lupo rapace»[256].

Il 21 novembre Meda rompeva il silenzio, rispondeva una volta per tutte agli attacchi dell'*Unità Cattolica*, levava una protesta, un lamento, un'accusa per la «campagna feroce» scatenata contro il suo giornale. Precisava il ruolo che si era assunto con la sua iniziativa giornalistica «a pro della Chiesa e della patria». Credeva, di fronte al «giornalismo avversario», nell'utilità di un giornalismo cattolico «in grado di portare la battaglia sul terreno pratico della conquista e della penetrazione, abbandonando le trincee e le armi divenute inservibili, scendendo in un campo aperto, prendendo contatto diretto con la società nuova...». Allo stesso tempo non credeva più nell'utilità di un «giornale di dottrina», caro ai circoli intransigenti, per la diffusione limitata e l'influenza «oramai nulla». E ricordava che:

«se le voci sconsigliate di chi ci incalza come ingannatori, come corruttori, come ribelli si faranno tanto alte da ridurre al silenzio le voci amiche ed autorevoli, che ci hanno sempre incoraggiati e confortati a proseguire nella via intrapresa, non saremo noi certo responsabili delle amare conseguenze»[257].

L'*Unità Cattolica*, dapprima, seguì la "protesta" del Meda[258], poi apertamente replicava:

«No, le conseguenze saranno imputabili a voi, perché volete ostinarvi a battere una via che non è sempre retta, a non piegarvi ad ammonimenti e consigli, alle direzioni che sono veramente autorevoli, che volete persistere ad alienarvi chi vi ha sempre amati ed ancora vi ama e non aspetta altro che vedervi tornare sulla via buona [...]»[259].

---

[256] Cfr. CA[VALLANTI?], *Da Vicenza. Bando alle confusioni*, 10 novembre 1908, p. 2.

[257] [F. MEDA], *Una volta tanto*, in «l'Unione», 21 novembre 1908.

[258] Cfr. Le corrispondenze milanesi del 27 novembre, p. 1 e del 2 dicembre 1908, p. 2. La "protesta" non convinceva il corrispondente milanese per il quale l'*Unione* non era «un giornale *veramente* e *perfettamente* cattolico papale» (2 dic.).

[259] X., *Sono le «Idee» che generano i «Fatti»*, 5 dicembre 1908, p. 1 art. di fondo.

Ma proprio in apertura dell'articolo troviamo il passo che avrebbe portato alla querela: «è veramente strano e doloroso il veder pubblicato dall'*Unione* (l'unico giornale *cattolico* di Milano) che i dogmi e i principii della Religione e della Morale cattolica son *diventati trincee ed armi inservibili*!». Il corrispondente dell'*Unità Cattolica* aveva semplicemente inventato il soggetto, attribuendo la definizione di «trincee ed armi inservibili», da Meda usata per indicare i metodi giornalistici integralisti, ai dogmi e ai principi della morale cattolica. Una vera e propria alterazione, una grave diffamazione, a cui per altro il giornale fiorentino non era nuovo. Meda stese la querela e la inviò al procuratore del Re di Firenze. Il giorno dopo la riproduceva sull'*Unione*[260]. Dapprima l'*Unità Cattolica* sembrò non avvertire la reale portata del gesto del Meda. Per il giornale fiorentino la querela non sarebbe andata avanti, perché non c'erano prove sufficienti. Inoltre la questione era di competenza dell'autorità ecclesiastica e non di quella civile[261]. Quello che l'*Unità* rifiutava categoricamente di ammettere era «di aver errato», nei confronti dell'*Unione*[262]. Anche l'organo del partito socialista italiano si interessava della querela, affacciando pur'esso l'ipotesi che il Meda avrebbe potuto «da buon cattolico» rivolgersi all'autorità ecclesiastica[263]. Meda mandava una lettera al direttore dell'organo socialista in cui spiegava le ragioni della querela: egli chiedeva un «risarcimento danni» e il riconoscimento di non aver «pubblicato» cose contrarie ai principi cattolici. Di fronte a questo l'*Unità Cattolica* commentava:

---

[260] Cfr. F. MEDA, *E' tempo di finirla!*, in «l'Unione», 6 dicembre 1908. Dopo l'atto di querela, il Meda amareggiato aggiungeva: «non siamo più sul terreno delle insinuazioni, delle denigrazioni, delle malignazioni, e neppur su quello delle insolenze: tutta questa roba era sopportabile e fu sopportata: adesso siamo in presenza di un attribuzione precisa e concreta [...]».

[261] Cfr. 8 dicembre 1908, p. 1. Una Nota della Redazione precisava: «Un giurista valente che legge ogni giorno l'*Unità* ci ha assicurato che la lettera Meda al Procuratore del Re pubblicata sull'*Unione* è passibile di codice penale specie dove il Meda parla di *dolo* dell'*Unità*, non essendovi prove sufficienti per dimostrare che il foglio fiorentino continui una campagna per abbattere il giornale milanese». E da colpevole il giornale fiorentino si faceva vittima: «Piuttosto l'avv. Meda in commento alla sua lettera al Procuratore del Re non faccia troppo sfoggio di epiteti ingiuriosi al nostro indirizzo - *insinuazioni, denigrazioni, malignazioni, insolenze* - vocaboli questi che noi non riconosciamo: perchè potrebbe venire il ticchio anche a noi di muovere una querela a F. Meda».

[262] Cfr. *Sempre per la querela Meda*, 15 dicembre 1908, p. 1; P. A. RUELLI, *La persecuzione legale all'«Unità»*, 10 dicembre 1908, p. 1.

[263] Cfr. *Il dissidio acuto nel campo clericale*, in «Avanti!», 7 dicembre 1908; *Le polemiche fra cattolici*, in «Avanti!», 11 dicembre 1908: in questo numero troviamo la lettera del Meda; *La querela de "L'Unione" contro "L'Unità"*, in «Avanti!», 18 dicembre 1908.

«dunque tutto il forte del Meda sta in un vocabolo: *pubblicato*. E per questo ricorre in tribunale *civile* o *penale*, per sentire se c'è reato, concedendo per giunta che certe *sentenze* non esistono *in nessun numero del suo giornale, neppure per equivalente*! Noi invece siamo di altro parere e abbiamo adottato un'altro metodo: siamo ricorsi all' A. E. che riteniamo la sola competente»[264].

E l'autorità ecclesiastica, nella persona degli arcivescovi di Firenze e Milano, tentava di far risolvere la questione pacificamente[265]. La mediazione di mons. Mistrangelo per evitare uno "scandalo" e ricomporre pacificamente la vertenza, dopo vari approcci epistolari falliva per colpa della stessa direzione dell'*Unità*, e più esattamente come scriveva il Meda al card. Ferrari, per «una strordinaria incoscienza circa il reato che ha compiuto e le responsabilità che ha assunte, e una non meno pervicacia nell'insistervi»[266]. Il Meda era disposto a ritirare la querela a condizione che l'*Unità Cattolica* rilasciasse una dichiarazione in cui ammettesse d'aver falsificato il pensiero dell'avvocato milanese, anzi che era falso attribuire all'*Unione* d'aver pubblicato la sentenza o altra equivalente ascrittagli dall'*Unità*. Il giornale fiorentino nella sostanza non accettò, limitandosi ad una possibile dichiarazione a livello di "interpretazione errata" e non di "falsa attribuzione"[267]. La querela andò avanti. Il giorno prima del processo il giornale fiorentino affermava che un eventuale condanna avrebbe arrecato al quotidiano solo danni materiali e non morali[268]. Il 9 giugno 1909 a Firenze ebbe luogo il processo e l'*Unità* venne condannata per diffamazione, nella persona del redattore Ago, che non era presente. De Töth assistette come spettatore[269]. L'*Unità Cattolica* non diede nessun resoconto e tanto meno fece accenno al processo. Uscita la sentenza, Meda scriveva ad Ago, dicendosi disposto a ritirare la querela[270]. La vicenda finiva con la vittoria morale del Meda.

Come possiamo interpretare il gesto del Meda: certamente non solo in senso «politico»[271], forse nel senso di un' «affermazione dell'autonomia del laicato cattolico nei confronti della gerarchia ecclesiastica»[272]. Più difficile sembra individuare se vi sia stata una perdita di credibilità,

---

[264] *Una lettera dell'avv. Meda all'Avanti*, 13 dicembre 1908, p. 1 art. di fondo.
[265] Cfr. L. BEDESCHI, *La querela Meda-Unità Cattolica*, cit., pp. 388 ss.
[266] Cfr. A. MAJO, *Storia della stampa cattolica in Italia*, cit., p. 131, n. 8.
[267] Cfr L. BEDESCHI, *La querela...*, cit., p. 387, n. 55.
[268] Cfr. G. MENARA, *Ai cattolici neghittosi*, 8 giugno 1909, p. 1 art. di fondo.
[269] Cfr. *Fra codici e pandette. Il processo "Unione"-"Unità Cattolica"*, in «Avvenire d'Italia», 10 giugno 1909: veniva fatto il resoconto del processo. Si veda pure il «Corriere d'Italia», 10 giugno 1909.
[270] Cfr. Il testo riprodotto in «Avvenire d'Italia», 10 giugno 1909.
[271] Cfr. G. DE ROSA, *Filippo Meda e l'età liberale*, cit., pp. 116-117.
[272] Cfr. L. BEDESCHI, *La querela ...*, cit., p. 395.

del giornale fiorentino, oltre che negli ambienti in cui già ne godeva poca, anche in quelli integralisti. La stessa protesta di mons. Matone (ex-integralista e amico dell'*Unità*), direttore del settimanale cattolico romano *La Lotta*, costituisce un'eccezione anche se significativa:

> «Ora - scriveva Matone -invece ci accorgiamo che in quella redazione si annida una banda orgogliosa che cerca imporsi all'autorità della Chiesa, che si serve dei documenti pontifici per sbattacchiarli come stracci da cucina in faccia alla gente: che ha fatto sua ragione di vita la denunzia, la diffamazione, la ingiuria»[273].

Solo De Töth fece da caprio espiatorio, per la sua imprudenza ed inesperienza. Ma gli amici intransigenti non subirono passivamente la sconfitta inferta loro dal «papetto di Milano»[274].

Nel giugno 1912 l'*Unione* cessava le pubblicazioni. In un vibrante articolo di fondo il direttore scriveva:

> «tornerà dolorosa a molti [la fine dell'*Unione*], riempirà invece di gaudio, non tanto a Milano, quanto fuori ostinati persecutori, che dopo avere, durante tutta la nostra esistenza, fatto ogni sforzo per amareggiarci e per impedirci di avanzare, crederanno ora di poter cantar vittoria»[275].

L'*Unità* che già qualche tempo prima aveva preannunciato la morte dell'*Unione* dandola per certa entro il mese di marzo del 1912[276] vedeva nella fine dell'*Unione* il giusto castigo di Dio[277]. Dalle sue ceneri sorgeva l'*Italia*[278], a cui '*Unità* prometteva di serbare lo stesso trattamento[279] e a

---

[273] *Note ed appunti. Un altro attacco caritatevole*, 24 gennaio 1909, p. 1. L'articolo di mons. Matone era ripreso dall'*Unione* del 22 gennaio. Si veda anche *Alla «Lotta»*, 12 febbraio 1909, p. 1.

[274] Cfr. Lettera J. Scotton-Cavallanti, in *Appendice*, Doc. 16.

[275] F. MEDA, *Fine*, in «l'Unione», 23 giugno 1912.

[276] Cfr. VERITAS, *Note Vaticane. L'«Unione» muore e l'«Avvenire» a Milano?*, 28 marzo 1912, p. 1; [A. CAVALLANTI], *Note ed appunti. L'«Unione» cessa*, 29 marzo 1912, p. 1; AN..., *Lettere da Milano*, 7 aprile 1912, p. 1.

[277] Cfr. [A. CAVALLANTI], *La morte dell'«Unione». 23 giugno 1909-23 giugno 1912. Dichiara la fine*, 26 giugno 1909, p. 1 art. di fondo. Stesso atteggiamento da parte degli altri organi intransigenti, cfr. ad es. «La Riscossa», 29 giugno 1912, p. 203; UN SACERDOTE MILANESE, *La fine dell'"Unione"*, in «Sentinella antimodernista», 1 agosto 1912, pp. 236-247.

[278] La sede era la stessa dell'*Unione* (via Solferino 11), le speranze nell'avvenire del nuovo quotidiano erano grandi. Aveva tutti i requisiti esteriori dei giornali di punta: sei e otto pagine, redazione inizialmente numerosissima, ottimi collaborati, numerose fotografie d'attualità, servizi dall'estero. Fra i giornali del *trust* l'*Italia* prese subito il primo posto e nel suo massimo splendore raggiunse il massimo di tiratura oltrepassando le cinquantamila copie: cfr. U. GILBERTI, *30 anni di giornalismo ...*, cit., pp. 34 e 38.

[279] L'*Italia*, giornale della Società Editrice Romana, nasceva senza la benedione del

dicembre l'*Italia* era dal papa messa tra quei giornali non conformi alle direttive pontificie[280]. L'*Unità* aveva vinto!

IV. DIREZIONE CAVALLANTI (1909-1915. 17)[281]

A. LA "SLEALE" LOTTA ANTIMODERNISTA DEL CAVALLANTI.

Con Cavallanti si accentuava la campagna antimodernista dell'*Unità*. Gli attacchi si facevano ingiuriosi, le accuse si tingevano di malevola insinuazione, la pretesa, poi, di ergersi a difensore della fede e dell'ortodossia, non scoraggiata dal papa, legittimava la sua caccia agli "eretici".

Tra le numerose vittime della "terribile polemica" del Cavallanti ne ricordiamo brevemente alcune, quasi sfogliando rapidamente l'*Unità Cattolica*.

Meda venne tacciato di modernismo politico, per aver sostenuto la necessità di abbandonare un'intransigenza formale nei confronti della questione romana. L'avvocato milanese aveva affermato ciò nel contesto dei festeggiamenti per il 50° dell'unità nazionale (1861-1911), «anno di lutto» per la Santa Sede[282], in un discorso tenuto durante un incontro conviviale della Federazione delle Società Cattoliche milanesi (6 gennaio 1911). Ne seguì una polemica[283].

In occasione della morte di Antonio Fogazzaro, il Cavallanti pubblicava una serie di articoli in cui non esitava ad accusarlo di essere stato un teorico del modernismo. Fogazzaro «fu *conciliatorista*, ma senza il Papa»[284]. Sulla sua "buona morte" il giornale fiorentino prima insinuava

---

papa, dei vescovi e dei fogli intransigenti: cfr. O., *Un «Italia» senza la benedizione del Papa e dell'Episcopato. Posizioni nette*, 27 giugno 1912, p. 1 art. di fondo.

[280] Cfr. A.A.S., 4 (1912), p. 695. Si trattava della famosa *Avvertenza*, che seguiva al discorso papale al clero dell'Unione Apostolica, che praticamente riprovava i giornali del *trust* grosoliano.

[281] Sulla direzione Cavallanti in generale, cfr. *supra*, pp. 68 ss.

[282] Cfr. «Osservatore Romano», 7 gennaio 1911.

[283] Cfr. [A. CAVALLANTI], *Milano contro Roma ossia l'*Unione clerico-liberale in opposione all'*Osservatore Romano cattolico*, 10 gennaio 1911, p. 1 art. di fondo; *E' dottrina del Papa*, 21 febbraio 1911, p. 1; [IDEM.], *Da Capo. L'"Unione" di Milano ed i suoi sproposti. Un po' di buon senso?*, 24 febbraio 1911, p. 1 art. di fondo.

[284] Cfr. [A. CAVALLANTI], *L'ultimo dei guelfi?*, 10 marzo 1911, p. 1 art. di fondo. Era la tesi sostenuta dalla *Tribuna* dell'8 marzo. Tra gli articoli di altri scrittori: G. MENARA, *Fogazzaro, Harnack, Tolstoi e Sabatier*, 17 maggio 1911, p. 1 art. di fondo.

il dubbio²⁸⁵, poi la negava apertamente²⁸⁶. L'*Unione* di Milano (13 marzo) di fronte a questo atteggiamento del foglio fiorentino, reagiva duramente: «Non basta sostituirsi al Papa e ai Vescovi arrogandosene le facoltà; questi luciferetti si sostituiscono allo stesso occhio divino e scrutano nel profondo delle coscienze e giudicano dell'altrui *foro interiore* e revocano l'assoluzione e la benedizione data da chi aveva il mandato di assolvere e benedire»²⁸⁷. Intanto il gesuita p. Stella di Napoli chiedeva a nome del *Comitato di Pie Signore*, un «numero unico dell'"Unità Cattolica" od un opuscolo di pochi centesimi da diffondersi in Italia sopra "Fogazzaro e la sua propaganda". Farebbe un bene immenso e ci toglierebbe dal confusionismo attuale creato da certi giornali». Cavallanti giudicava «ottima la proposta» anche se il compito delicatissimo lo lasciava sulle prime un po' incerto²⁸⁸. L'approvazione dell'arcivescovo Mistrangelo che lo stimolava a lavorare «per amore del bene e nel solo intento di portare luce e giustezza di idee» scioglieva i dubbi del Cavallanti²⁸⁹. E l'opuscolo antifogazzariano arrivò²⁹⁰.

Dure prese di posizione contro il sacerdote Piovano per la sua «apologia dell'apostata Lamennais» apparsa a puntate nella Rivista la *Scuola Cattolica*. Quello che non piaceva al Cavallanti era «il metodo espositivo» del Piovano, per l'assenza del tratto apologetico. Il Piovano a p. 454 scriveva: «Noi intendiamo fare della storia e non difendere una tesi pro o contra le idee della scuola Lamennessiana: ci guarderemo però bene dal fare una requisitoria contro il povero Lamennais o dal tesserne un panegirico». Secondo il Cavallanti non si poteva fare «della semplice storia»²⁹¹. Anche questa volta il filone antimenessiano venne sfruttato dal Cavallanti a lungo. I frutti migliori della sua polemica li raccolse in un opuscolo²⁹². A seguito del quale il prof. Nogara direttore della *Scuola*

---

²⁸⁵ Cfr. *Antonio Fogazzaro. Buona fine*, 9 marzo 1911, p. 1.
²⁸⁶ Cfr. *Come morì Fogazzaro*, 11 marzo 1911, p. 2. Lettera da Vicenza; ALCA, *A Zonzo. Il parere di un dotto*, 12 marzo 1911, p. 1. L'«infelice» Fogazzaro morì veramente riconciliato? Ma se non fece «nessuna ritrattazione»!
²⁸⁷ Cfr. *La lealtà e la carità cristiana del giornale "L'Unione di Milano"*, *(Corvi, sciacalli, iene, luciferetti)*, 15 marzo 1911, p. 1. Si veda pure *Smentite e disapprovazioni*, 17 marzo 1911, p. 1. Persone "autorevolissime" interrogate dal giornale fiorentino smentivano quanto andavano dicendo i giornali del *trust*.
²⁸⁸ Cfr. [A. CAVALLANTI], *Nella sua vera luce Fogazzaro ed i Fogazzariani. Un'ottima proposta*, 2 aprile 1911, p. 1.
²⁸⁹ Cfr. *[Lettera di mons. Mistrangelo a Cavallanti]*, 2 aprile 1911, p. 1.
²⁹⁰ Cfr. *L'opuscolo è pronto*, 11 aprile 1911, p. 1. S. A. CAVALLANTI, *Antonio Fogazzaro nei suoi scritti e nella sua propaganda. Un po' di vera luce*, (Opuscoli Popolari Antimodernisti, 2), Firenze 1911. Povero libretto di poche pagine (46) e di modesta originalità e contenuto. Tiratura eccezionale: diecimila copie.
²⁹¹ Cfr. [A. CAVALLANTI], *L'apologia di un apostata, ossia lo studio sopra Lamennais del sac. Piovano nella Scuola Cattolica di Milano*, 13 e 14 marzo 1912, pp. 1-2.
²⁹² ALCA DELL'«UNITÀ CATTOLICA», *L'apologia di un apostata, ossia lo studio sopra*

Cattolica dava le sue dimissioni: «Le dimissioni son logiche; ma sarebbe stato meglio che si confessasse di aver sbagliato e di non aver ascoltato gli amici che domandavano ritrattazioni ampie e rettifiche pronte e da tempo»[293]. Ma accanto al Nogara troviamo anche Minoretti e altri futuri vescovi e cardinali, allora messi in disparte poi pienamente riabilitati.

Il sacerdote Angelo Novelli veniva duramente criticato per la sua linea benevola nei confronti di modernisti notori, dei quali era portato a supporre la buona fede fino a prova contraria; in particolare, venne attaccato dal Cavallanti, per "presunti" apprezzamenti nei confronti di Fogazzaro e Tommaso Gallarati Scotti. Il biasimo compariva nel suo opuscolo *Letteratura modernista*:

> «Fra le riviste da consigliarsi avremmo voluto nominare anche la *Scuola Cattolica* di Milano la quale pubblica di frequente dotte dissertazioni ed articoli buoni, specie per la penna del P. Mattiussi e di altri: ma purtroppo non rare volte lancia al pubblico apprezzamenti, recensioni, giudizi che non sono consoni al programma di un periodico schiettamente cattolico specie nell'ora presente. (I lettori veggano, per dare un solo esempio fra tanti l'articolo del Sac. A. Novelli, fascicolo del mese ottobre 1909)»[294].

Tre mesi dopo *La Patria* criticava con alcuni articoli le affermazioni del Novelli. La *Liguria del Popolo* di Genova riproduceva quegli articoli, senza citarne la fonte, e tacciava Novelli di modernismo. L'autorità ecclesiastica obbligava il giornale ligure ad una pubblica ritrattazione. A questo punto l' *Unità Cattolica* si intrometteva e riproducendo la dichiarazione di ritrattazione della *Liguria*, diceva che «era fuori posto, inopportuna» e che «stuonava malamente» e che si augurava fosse stata pubblicata «all'insaputa dell'ottimo nostro collega Don Boccardo, forse assente da Genova». E forte dell'appoggio di «un vescovo e di un dottissimo filosofo» riteneva gli scritti del Novelli intrisi di modernismo. Anzi Noveli era «non solo simpatizzante col modernismo ma modernista marcio»[295]. L'*Unità Cattolica* veniva ufficialmente informata della vera origine della dichiarazione e invitata a «ristabilire la verità», ma vi si oppose ostinatamente. Allora replicava il Novelli scrivendo al direttore della rivista milanese: «Lascio ad altri il fare la questione teorica, se davvero chi loda eretici, non per la loro eresia, ma per altri titoli, sia

---

Lamennais del Sac. G. Piovano nel periodico la "Scuola Cattolica" di Milano, (Opuscoli Popolari Antimodernisti, 7), Firenze 1912.

[293] IL BIBLIOFILO, *L'apologia di un apostata*, in «Sentinella Antimodernista», 4 (1912), p. 134.

[294] S. A. CAVALLANTI, *Letteratura modernista. Fatti persone degli ultimi giorni*, Siena 1910, p. 59.

[295] Cfr. [A. CAVALLANTI], *Note ed Appunti. Una dichiarazione fuori posto*, 23 febbraio 1910, p. 1.

colpevole; come pure discutere la questione di fatto, se gli individui nominati siano canonicamente censurati come sopra. Ciò non interessa nel caso nostro: poichè ho io forse lodato sul serio Fogazzaro e Gallarati Scotti?»[296]. Il Cavallanti controreplicava e riconfermava le sue argomentazioni[297]. Novelli veniva attaccato ancora qualche tempo dopo per aver sostenuto la morte del modernismo teologico-filosofico[298].

Pure il napoletano Gennaro Avolio venne preso di mira. Le due riviste da lui fondate e dirette, *Battaglie d'oggi* (1905-1912) e *La nuova Riforma* (1913-1918), anche se non ne facevano un personaggio centrale nella crisi modernista, gli davano almeno nella città partenopea un certo peso per le sue proposte di rinnovamento ecclesiastico, e per essere stato, sul versante politico, uno dei primi teorizzatori, sulla scia di Romolo Murri, della Democrazia Cristiana[299].

Ricordiamo, poi, le dure prese di posizione contro Romolo Murri[300], Alessandro Ghignoni[301], Alfonso Manaresi[302], il biblista Salvatore Minocchi[303].

Di Francesco Mari si analizzava sommariamente il libro *Il Quarto Vangelo*, giudicandolo tutto modernista per la questione dell'autore[304]. Il biblista replicava con una lettera, riprodotta parzialmente dal giornale fiorentino[305], a cui Cavallanti sintomaticamente ribatteva:

---

[296] Cfr. A. NOVELLI, *Risposta necessaria*, in «La Scuola Cattolica», marzo 1910, pp. 457-460.

[297] Cfr. *Al Sac. A. Novelli*, 7 aprile 1910, p. 1; *Alla direzione della "Scuola Cattolica"*, 8 aprile 1910, p. 1.

[298] Cfr. ALCA, *A Zonzo. Un deplorevole articolo dell'"Unione" di Milano*, 30 luglio 1911, p. 1. Novelli aveva scritto contro il modernista Giacosa un articolo in cui lo confutava facendo credere il modernismo teologico-filosofico «morto e spento»: cfr. A. NOVELLI, *Rimpianti modernisti*, in «l'Unione», 19 luglio 1911. Cavallanti era decisamente del parere contrario.

[299] Cfr. *Convegno modernista a Napoli. Chi erano, che cosa deliberarono*, in «Sentinella antimodernista», 11 (1912), p.348-349. Si vedano pure gli articoli apparsi sull'*Unità Cattolica* di inizio novembre 1912.

[300] Attaccato per il suo impegno politico: cfr. VINDEX, *Il popolo e R. Murri*, 20 aprile 1910, p. 1 art. di fondo. Cfr. *La verità sul caso Murri. (Un libro dell'Arcivescovo di Fermo)*, 4 maggio 1910, pp. 1-2. Si trattava del libro scritto dal vescovo mons. Carlo Castelli, 254 pagine in cui diceva «la verità» su tutta la vicenda Murri fino alla sua scomunica. Il giornale fiorentino per far fronte all'inevitabile rumore dei giornali liberali riproduceva in tappe diverse «i documenti più interessanti»: cfr. 5, 7, 10, 11 maggio 1910, pp. 1-2. E ancora *Note ed Appunti. Murri fa la spia*, 21 maggio 1910, p. 1; in occasione, poi, del matrimonio del «disgraziato apostata»: *Nozze Murri-Lund. La cerimonia in Campidoglio*, in «Sentinella Antimodernista», 5 (1912), pp. 149-150.

[301] Cfr. S. A. CAVALLANTI, *Letteratura modernista. Fatti persone degli ultimi giorni*, cit., pp. 50-51.

[302] *Ibidem.*, p. 43.

[303] Cfr. *supra*, pp. 134 ss.

[304] Cfr. [A. CAVALLANTI], *Fioritura nuova. Oltre il Manaresi e il Bonaiuti anche il Mari*, 17 aprile 1910, pp. 1-2.

[305] Cfr. [A. CAVALLANTI], *Modernisti alla sbarra. Il Mari replica*, 21 aprile 1910, p.

«Ebbene nella nostra ignoranza riteniamo come tutti i veri cattolici, e crediamo, che il problema giovanneo è esaurito già da secoli dalla tradizione costante della Chiesa Cattolica che ha ritenuto e ritiene sempre S. Giovanni Apostolo autore del 4° Vangelo. [...] E poi che sono questi studi *personali*? queste *singole* intelligenze? Le intuizioni storiche profane dei nostri superuomini arrivisti, dovremo noi sostituirle alla tradizione ed agli insegnamenti della Chiesa?»[306].

Nella *Letteratura modernista* Cavallanti si pronunciava pure contro Umberto Fracassini, e il suo libro *Che cos'è la Bibbia*, sconsigliandolo «alla gioventù», perché intriso di errori[307]. Nonostante la promessa fatta nell'opuscolo di "parlarne estesamente", nell'*Unità Cattolica* comparve qualche modesto attacco. Il Cavallanti aveva dato il libro del Fracassini ad un anonimo biblista, forse mons. Bertani, per sentirne il parere. Questi scriveva al direttore dell'*Unità*: «Ora ti dirò che io incominciai subito la lettura di codesto infelice lavoro, e ne lessi quasi la metà; ma smisi, e non so se andrò sino in fondo. Che vuoi, è questa per me una lettura così increasciosa, così sconfortante nulla più». L'errore più grosso del Fracassini era quello di «sostenere apertamente» che la Bibbia avesse avuta una «formazione graduale raccogliticcia, sia riguardo agli autori del Nuovo, sia riguardo agli autori del Vecchio Testamento»[308].

L'*Unità* si profuse in polemiche, pure contro le femministe cattoliche più o meno note: Antonietta Giacomelli[309] e Ada Negri[310] e quasi sconosciute: Bisi Albini direttrice della rivista *Vita femminile italiana*[311]

---

1 art. di fondo. «La prego - scriveva il Mari - tuttavia di non attribuire a mia colpa se una questione giovannea esiste purtroppo anche in questo inizio del XX secolo. Se si volessero chiudere gli occhi ad ogni costo, certo non esisterebbe proprio più nulla».
[306] *Ibidem*.
[307] Cfr. S. A. CAVALLANTI, *Letteratura modernista. Fatti persone degli ultimi giorni*, cit., p. 52.
[308] Cfr. *Che cos'è la Bibbia*, 8 aprile 1910, p. 1; *Note ed Appunti. Ottimamente*, 13 aprile 1910, p. 1.
[309] Attaccata perchè femminista, murrista e autrice di opere intrise di modernismo: cfr. S. A. CAVALLANTI, *Letteratura modernista. Fatti persone degli ultimi giorni*, cit., pp. 44-46. Cfr. inoltre *Note ed Appunti. Adveniat regnum tuum*, 18 dicembre 1909, p. 1; *Note ed Appunti. Si professa murrista*, 19 dicembre 1909, p. 1; *Ancora la Giacomelli*, 6 gennaio 1910, p. 2.
[310] Cfr. E. DA PERSICO, *Le conferenze delle donne*, 10 luglio 1910, p. 1 art. di fondo; IDEM., *Ada Negri*, 12 luglio 1910, p. 1 art. di fondo. Ada Negri (1870-1944) di Lodi, poetessa. Un'accurata nota bio-bibliografica a conclusione del saggio di V.G. GALATI, *La poesia di Ada Negri*, Napoli 1943. I temi del lavoro e della solidarietà umana da lei cantati, trovarono nel periodo del fascismo buona accoglienza. Fra i suoi romanzi ricordiamo *Fatalità*, *Il libro di Mara* (Poesie); e soprattutto *Stella mattutina*, con presentazione di Benito Mussolini, Milano 1940.
[311] Cfr. CINZIA, *Gli spropositi di una rivista modernistica. Vita femminile italiana di Sofia Bisi Albini*, 31 luglio 1910, pp. 1-2.

e Jolanda scrittrice[312]. In questo il Cavallanti ebbe un sostegno discreto da parte della contessa Elena da Persico[313].

La voce dell'*Unità* si levava pure contro il metodo della Montessori[314]. La campagna del quotidiano integralista era consigliata «da un dottissimo Cardinale il quale trovava perniciosissimo il metodo Montessori»[315]. Lo stesso p. Gemelli veniva criticato per aver avuto parole d'approvazione verso il metodo[316]. Le critiche al metodo Montessori riprendevano qualche anno dopo quando veniva accolto trionfalmente in America[317].

Censure incredibili erano mosse alle opere di storici insigni. Della *Storia della Chiesa* del Funk si diceva:

«Secondo noi non si è abbastanza insistito sui difetti di questo libro: sono considerevoli. Senza dubbio la perfezione è rara in fatto di manuali, ma si ha nondimeno il diritto quando si tratta di Storia della Chiesa di esigere dall'autore un più grande sforzo verso l'ideale sognato. Ottempera il Funk a questa condizione? Non ci pare: è un'opera in cui dolcemente si infiltra il veleno. Non sempre si vede ma ci è, e più di un modernista ci si troverebbe come a casa sua»[318].

Delle *Leggende agiografiche* del bollandista gesuita p. Ippolito Delehaye il giornale fiorentino tentava, in più puntate, la "confutazione". Le ragioni erano semplici:

---

[312] Cfr. SPIRITUS JUVENIS, *Accanto all'Amore. Romanzo di Jolanda*, 28 gennaio 1910, p. 1. Il libro era stato lodato dal *Corriere d'Italia* e consigliato a tutte le signore, ma l'articolista dell'*Unità*, uno studente universitario, aveva definito il romanzo un libro che «non educa» e aveva concluso «un libro che non ha uno scopo di educazione, che *non rifà la gente* è un libro inutile»; IL BIBLIOGRAFO, *Fiori del pensiero di Iolanda*, in «Sentinella Antimodernista», 5 (1912), pp. 166-168.

[313] Cfr. Lettera E. da Persico-Cavallanti, in *Appendice*, Doc. 19.

[314] Cfr. *Il metodo della Montessori*, 25 gennaio 1911, p. 1.

[315] Cfr. *Noterelle. Il metodo Montessori*, 17 marzo 1916, p. 1.

[316] Cfr. ALCA, *A zonzo. Il metodo Montessori*, 12 maggio 1912, p. 1. «Di questo metodo ne ha parlato più volte l'"Unità Cattolica", la "Liguria del Popolo", l'"Azione Muliebre" della Contessa da Persico, la "Civiltà Cattolica", con parole di biasimo. Ora l'egregio P. Gemelli in una conferenza a Milano (vedi «Unione» del 22 aprile) ci fa sapere che le suore francescane di detta città hanno *adottato il nuovo metodo d'insegnamento* ed "hanno in pochi mesi saputo compiere dei nuovi prodigi". Baie. Noi non ci crediamo perchè il metodo Montessori - cioè la piena libertà al bambino senza premi nè castighi - ci pare che sia contro il metodo tradizionale cristiano, cozzi contro il buon senso, e sia un pochino assurdo». Il concetto veniva ampliato in S. A. C[AVALLANTI]., *P. Gemelli, il metodo Montessori e le Francescane Missionarie di Milano*, in «Sentinella Antimodernista», 6 (1912), pp. 169-174.

[317] Cfr. MAX, *Sui margini della Letteratura. Il metodo "Montessori" in America*, 4 gennaio 1914, p. 3.

[318] H. MERLIER, *La Storia della Chiesa del Dott. F.X. Funk*, 17 agosto 1913, p. 3.

«In questo libro abbondano l'ironia e lo scherno, formando una specie di continuo accompagnamento in sordina, dal quale spicca lo stesso "leitmotiv", intendiamo le tirate contro la credulità e la imbecillità di quelli che credono tutto ciò che leggono, riguardo ai santi, anche nelle opere dei Padri e dei Dottori della Chiesa e dei Santi, anche nel breviario, anche nel Messale»[319].

Per questo l'*Unità* sentiva il dovere di compiere una critica "serena": «Sappiamo di rispondere al desiderio di molti che un tal libro affligge e scandalizza, specialmente perché l'autore è prete, religioso, gesuita, bollandista»[320].

Il giornale fiorentino volle dire la sua pure sui modernisti tedeschi: Joseph Schnitzer, L. Koch e Sickenberger[321], sulle teorie "sbagliate" del p. Giuseppe M. Lagrange[322], e del p. Leonce de Grandmaison[323].

Lo stesso gesuita austriaco p. Kolb, per le critiche alle esagerazioni integraliste del giornalismo papale austriaco prima[324], e in generale poi[325] era colpito dagli strali dell'*Unità*. A scatenare tutta la polemica dei fogli "papali" italiani[326], contro il gesuita, furono le parole di lode del *Corriere della Sera* al discorso del p. Kolb tenuto a Vienna il 22 marzo 1914 nella adunanza della associazione del *Piusverein*, a motivo di alcune espressioni del Primate d'Ungheria citate dal gesuita e strumentalizzate dal *Corriere*: «Non sono cattolici integrali quelli che nella penombra silenziosa, senza alcuna responsabilità, tengono pronta la freccia della critica mordace sospettosa; ma bensì quei lottatori coraggiosi, quei lavoratori instancabili, che dimostrano il vero amore di Cristo nelle loro

---

[319] [T. Bottagisio s.i.], *Nuove dottrine, nuovi metodi. L'opera di un "bollandista"*, 24 agosto 1913, p. 4.
[320] *Ibidem*. Il resto delle critiche si veda nei numeri del 7 e 17 settembre 1913.
[321] Cfr. Doctor Minimus, *Schnitzer, Koch, Sickenberger*, 9 agosto 1910, p. 2.
[322] Cfr. S. G. Menara, *Le teoriche del P. Lagrange*, in «Sentinella Antimodernista», 10 (1912), pp. 309-312. Dopo le critiche della Congregazione Concistoriale alle sue opere il p. Lagrange inviava al papa una lettera di sottomissione: cfr. *Lettera del P. Lagrange al Papa*, in «Sentinella Antimodernista», 10 (1912), p. 334. «Che queste opere contengano degli errori sono pronto a riconoscerlo, ma che esse siano state scritte con uno spirito di ribellione alla tradizione ecclesiastica o alle decisioni della Commissione biblica pontificia, Padre Santo, degnatevi di permettere ch'io dichiari che nulla era più lontano dalle mie intenzioni». Il testo era riprodotto e tradotto dalla *Croix*. I "nostri" si congratulavano col padre domenicano.
[323] Cfr. 7 dicembre 1913, p. 1.
[324] P. V. Kolb s.i., *Discorso sulla stampa cattolica in Austria*, Roma 1914.
[325] P. V. Kolb s.i., *Risposta pubblica a pubbliche accuse*. Edita in Vienna con approvazione del P. Provinciale della Provincia d'Austria e dell'Ordinario, il 13 giugno 1914, tradotta in italiano per solo uso privato, Roma 1914.
[326] Cfr. «Liguria del Popolo», 30-31 Marzo 1914; l'articolo della *Liguria* era riprodotto dall'«Unità Cattolica» del 9 aprile e dalla «Riscossa» dell'11 aprile n. 15.

azioni e nelle loro opere»[327]. La stampa integralista ne trasse «falsissime ed inaudite conclusioni», senza averlo letto, fondandosi soltanto sulla «falsa relazione» del *Corriere della Sera*. Per questo il p. Kolb si vide costretto a pubblicare il discorso in lingua italiana. Le conclusioni erano veramente state tirate senza conoscere il testo del discorso del p. gesuita. Mai, però, il giornale fiorentino ammisse l'errore, anzi pretese di avere l'ultima parola per difendere il «suo» onore[328].

Contro l'illustre storico p. Tacchi Venturi, allora segretario dell'Ordine dei gesuiti, il Cavallanti polemizzò nel contesto della discussione, in quel tempo viva, sulle due linee sindacali: confessionale o aconfessionale[329].

Marc Sangnier, che, col suo movimento sillonista, aveva tentato di tradurre in Francia quanto era in atto in Germania, venne a lungo biasimato e accusato di modernismo sociale. In particolare la risposta del Sangnier alle critiche di molti vescovi francesi venne giudicata «intenzionalmente menzognera»[330]. Sangnier reagiva con una lettera di sdegnosa protesta al Cavallanti:

«E' con la più dolorosa indignazione che ci siamo visti accusare nel vostro giornale di avere scritto una risposta "intenzionalmente menzognera". E' questa una grave offesa che ci è fatta del tutto ingiustamente. Abbiamo diritto anche noi alla giustizia.
Comunque sia, sig. Direttore, siate ben persuaso che nessuna accusa, nessuna ingiuria arriverà giammai, con l'aiuto di Dio, a farci perdere il rispetto e l'obbedienza che dobbiamo alla Chiesa di Gesù Cristo, i di cui pastori consideriamo sempre come padri e come capi religiosi, anche se si giungesse talora a sorprendere la loro buona fede e a rivolgerli contro di noi»[331].

Di seguito alla lettera del Sangnier, la maligna risposta del Cavallanti:

«Non è giusto, cristiano e leale appellarsi alla Chiesa che *giudicherà*, quando si sà che la Chiesa mediante i Vescovi ha già giudicato l'opera deleteria del movimento sillonista. Se il signor Sangnier ama veramente il *rispetto e l'ubbidienza* alla Chiesa di G. C., al Papa ed ai Vescovi dovrebbe riconoscere i moniti datigli dal Papa e dai Vescovi e da tempo»[332].

---

[327] Cfr. «Corriere della Sera», 28 marzo 1914.
[328] Cfr. [A. CAVALLANTI], *Alca al padre Kolb. Per la verità e per l'onore del nostro giornale*, 12 luglio 1914, pp. 3-4.
[329] Il gesuita rispondeva con una lettera dell'8 maggio 1914, pubblicata a norma di legge dall'*Unità Cattolica* il 14 dello stesso mese.
[330] Cfr. *L'episcopato francese e il "Sillon"*, 24 dicembre 1909, pp. 1-2.
[331] *Marc Sangnier all'Unità Cattolica*, 15 gennaio 1910, p. 1.
[332] *Ibidem*.

Infine il *Sillon* veniva condannato dal Papa[333]. L'*Unità Cattolica* difendeva l'intervento pontificio: il papa «fa anzitutto notare che i Sillonisti infeudano la religione ad un partito politico, alla democrazia, come più favorevole, secondo essi, alla Chiesa e più conforme al Vangelo; nel che essi vanno contro la dottrina tradizionale della Chiesa»[334]. E il "bravo" Sangnier si sottometteva[335].

La condanna ebbe un contraccolpo specialmente in Germania. Nel contesto della polemica contro i sindacati interconfessionali[336] accusati di anarchismo in seno alla Chiesa e di modernismo sociale, vennero mossi attacchi a Julius Bachem, a p. Josef Biederlack s.j. e al Card. Fischer difensori della linea di Colonia[337].

Cavallanti ebbe pure una "polemichetta" con p. Enrico Rosa a quel tempo vice direttore della *Civiltà Cattolica*. Nel contesto di una presa di posizione del corrispondente della *Civiltà* sul congresso tenuto dai cattolici tedeschi a Metz, che chiamava in causa gli integrali colpevoli, secondo il gesuita, delle divisioni passate tra i cattolici tedeschi[338], il Cavallanti controreplicava:

---

[333] La sconfessione del *Sillon* da parte di Pio X giunse con la Lettera *Notre charge* del 25 agosto 1910, testo in A.A.S., 2 (1910), pp. 607-633.

[334] *S. S. Pio X ed il "Sillon"*, 31 agosto 1910, p. 1.

[335] cfr. *Bravo Sangnier! La lettera di sottomissione*, 2 settembre 1910, p. 1.

[336] Sindacati interconfessionali (tendenza di Colonia che faceva capo al card. Fischer morto nel 1912), e sindacati confessionali (tendenza di Berlino che faceva capo al card. Kopp). La S. Sede (Pio X) proponeva il sindacato confessionale come la soluzione ideale, tollerava come male minore il sindacato neutro, interconfessionale. Dopo qualche incertezza il Vaticano si pronunciava a favore del sindacato confessionale: cfr. *Singulari quadam*, 24 settembre 1912, testo in A.A.S., 4 (1912), pp. 657-662. Per i commenti del giornale fiorentino cfr. i numeri del 12 e 17 novembre 1912, p. 1.

[337] Cfr. [A. CAVALLANTI], *Cose di Germania*, 29 febbraio 1912, p. 1 art. di fondo; [IDEM.], *Per togliere malintesi. Metodi moderati*, 29 marzo 1912, p. 1 art. di fondo. Quello che stava succedendo a Colonia per opera del bachemismo era giudicato puro «terrorismo»; *Le direttive papali in Germania. I commenti della stampa italiana ed estera. La decisione del Papa*, 4 giugno 1912, p. 1; C.A. MAURIN, *Il Papa e i sindacati cristiani*, 11 giugno 1912, p. 1. Una dichiarazione di Heiner uditore della rota romana dava al telegramma indirizzato a Berlino il significato della piena approvazione e lode della S. Sede; mentre a quello inviato a Francoforte attribuiva il volore di «una *esortazione* fraterna ed OPPORTUNA» fatta per richiamare l'attenzione circa il pericolo per i membri cattolici iscritti nei sindacati interconfessionali; [A. CAVALLANTI], *Recentissime. La morte del Card. Fischer arcivescovo di Colonia*, 1 agosto 1912, p. 3. «Si parla dai giornali della tendenza coloniese quasi fosse in tutto sostenuta dal suddetto Cardinale. Noi ci crediamo specie se guardiamo ai documenti pubblici dei suoi dieci anni di cardinalato». Tutta la polemica contro Bachem e la tendenza di Colonia venne lungamente portata avanti anche nel mensile *Sentinella Antimodernista* si vedano: 1 (1912), pp. 24-28; 2 (1912), pp. 56-57; 3 (1912), pp. 92-93; 9 (1912), pp. 282-286; 10 (1912), pp. 326-328; 11 (1912), pp. 358-362; 12 (1912), pp. 386-392.

[338] Cfr. *La pace di Metz. Il recente Congresso cattolico in Germania*, in «Civ. Catt.», 1913, III, pp. 608-612. La corrispondenza da Metz era giudicata "stonata": cfr.

«Esca la *Civiltà Cattolica* da un certo silenzio che mantiene da qualche anno verso i suoi colleghi in giornalismo e si affiati con essi; vedrà che molto di bene verrà alla causa papale ed essa non prenderà più certi granchi che per un periodico serio e romano sono disastrosi e gettano molta confusione fra gli amici di qua e di là delle Alpi»[339].

All'ulteriore replica dei gesuiti[340], come era successo in altre polemiche, Cavallanti volle anche questa volta avere l'ultima parola:

«Siccome *Alca* non è un ingenuo e non vuol prestarsi al giuoco del P. Rosa cui vuole sinceramente un gran bene come alla rivista, redatta da tanti padri gesuiti nostri illustri amici, dichiariamo di non raccogliere lo spunto e perdoniamo alle asserzioni velate od aperte contenute nel suddetto fascicolo. [...] L'*Unità Cattolica* mantiene integralmente quanto scrisse e manda un plauso sincero e cordiale ai valorosi *cattolici integrali* di Germania per le loro battaglie che sostengono a pro del Papato e della Chiesa Cattolica»[341].

Non mancarono prese di posizioni dure verso i sostenitori dello scuotismo cattolico[342] e contro la N. Tommaseo perché non "di principii prettamente cattolici", ma solo cristiani[343].

Contro i propagatori del modernismo nel mezzogiorno d'Italia, il Cavallanti utilizzò un informatore d'eccezione: don Luigi Orione[344], il

---

Ultim'ora. La pace di Metz e una stonatura in Italia, 7 settembre 1913, p. 5. I gesuiti replicavano: cfr. [E. ROSA], *A proposito della "Pace di Metz". Nota*, in «Civ. Catt.», 1913, III, pp. 737-739. Si giudicavano infondati i pretesti sollevati da «qualche corrispondente di giornale cattolico, per uscire in forti accuse contro di noi». La nota aveva lo scopo di mettere fine ad ingiuste accuse tra l'altro sfruttate abilmente dalla stampa avversaria. Al riguardo ricordiamo il «Corriere della Sera», 10 settembre 1913, che vedeva in questo abbandono degli intransigenti da parte dei gesuiti: «il sintomo allarmante di un prossimo naufragio della nave cattolica integrale». La *Nota* del p. Rosa era uscita il 13 settembre, il 25 settembre Pio X chiamava alla direzione della rivista il P. Chiaudano in sostituzione del p. Brandi gravemente malato.

[339] ALCA, *A. Zonzo. La Civiltà Cattolica e l'Unità Cattolica*, 21 settembre 1913, p. 4.

[340] Cfr. *Nota della Direzione*, in «Civ. Catt.», 1913, IV, p. 122; e P. E. ROSA, *Dichiarazione*, ivi, p. 123.

[341] L'UNITÀ CATTOLICA, *P. Rosa ed "Alca"*, 5 ottobre 1913, p. 1.

[342] Cfr. [A. CAVALLANTI], *Equivoci deplorevoli. Boy-scouts cattolici?*, 15 luglio 1914, p. 1.

[343] Tra i molti attacchi, cfr. [A. CAVALLANTI], *Il nostro cordiale saluto ai maestri della Niccolò Tommaseo. Salviamo la scuola!*, 10 settembre 1911, p. 1 art. di fondo.

[344] Il beato Luigi Orione (1872-1940), nei terremoti calabro-siculo e marsicano svolse una benefica attività di soccorso. Il papa Pio X lo nominò Vicario Generale della diocesi di Messina dopo il terremoto. Come il Cavallanti si sia potuto rivolgere a don Orione per avere notizie sulla situazione calabro-messinese dopo il terremoto, non è ben

fondatore della Piccola Opera della Provvidenza[345], il quale attraverso varie lettere indirizzate al direttore dell'*Unità Cattolica*[346] denunciò come modernisti gli uomini dell'«Associazione Nazionale per gli interessi morali ed economici del mezzogiorno d'Italia» nata per scopi umanitari in seguito al terremoto di Messina del dicembre 1908[347]. L'accusa del giornale fiorentino, rivolta a questi "campioni" del modernismo, era quella di insinuare idee modernistiche tra le plebi meriodionali, attraverso l'opera filantropica dell'alfabetizzazione e le ricerche sociologiche da loro promosse.

L'elenco potrebbe continuare. Il disagio più di una volta avvertito, per le situazioni assurde, le sfasature evidenti, l'eccesso di zelo antimodernistico, si rafforza di fronte agli alibi mentali usati dal Cavallanti che

---

documentato, stando a quanto compare sull'*Unità Cattolica* nella rubrica *Corrispondenze messinesi*, inizialmente gli interessi del foglio fiorentino erano per la difesa apologetica dell'opera del clero e della carità del papa. Si può vedere in questo senso l'articolo sulla «beneficenza del Papa in Calabria e Sicilia» del 19 agosto 1909, p. 1. Dopo questo articolo don Orione scrisse al Cavallanti: cfr. 11 settembre 1909, p. 1., non è da escludere che da questo primo approccio epistolare sia partita la richiesta di Cavallanti di avere dal don Orione informazioni sul lavoro "filantropico" dei modernisti in quelle zone disastrate. Cfr. [A. CAVALLANTI], *Un grido d'allarme*, 19 aprile 1910, p. 1 art. di fondo: All'interno dell'articolo era riprodotta in parte la lettera (del 16 aprile 1910) di un anonimo informatore: il sac. Luigi Orione; [IDEM.], *I modernisti alla conquista del Mezzogiorno*, 29 aprile 1910, p. 1 art. di fondo. Riproducente un'altra lettera (24 aprile 1910) dello stesso anonimo informatore; [L. ORIONE], *Alla conquista del Mezzogiorno*, 19 maggio 1910, p. 1 art. di fondo; *I nuovi argonauti alla conquista del Mezzogiorno d'Italia*, 8 marzo 1911, p. 1.

[345] Il giornale di Cavallanti esaltò «l'opera di don Orione a Messina»: cfr. 11 settembre 1909; TIRSI, *Da Messina. L'opera del Papa e la ricostruzione delle Chiese*, 15 settembre 1909, p. 1; *La munificenza del Papa e il Municipio di Reggio Calabria*, 19 settembre 1909, p. 1.

[346] Il carteggio è stato pubblicato in parte da L. BEDESCHI, *Documenti per la storia dell'antimodernismo: tre corrispondenze di don Orione dopo il terremoto Siculo-calabro*, in «Rivista di Storia e letteratura religiosa», anno VI (1970), pp. 350-367. Nel carteggio col Cavallanti don Orione raccomanda insistentemente l'anonimato. La posizione del fondatore della Piccola Opera pare a dir poco ambigua, infatti da una parte informava segretamente il foglio fiorentino, lasciando ad esso ogni responsabilità, dall'altra i denunciati, cioè Gallarati-Scotti e Semeria, continuavano fiduciosamente a frequentarlo ignari del suo doppio gioco. Diversa è l'opinione espressa in una breve biografia: *Don Orione e Padre Semeria. Una lunga e fraterna amicizia*, Piccola Opera della Divina Provvidenza, Tortona-Roma 1991.

[347] Costituitasi nel marzo 1910 a Roma con il seguente consiglio direttivo: Pasquale Villari (Presidente onorario), Leopoldo Franchetti (Presidente effettivo), Luigi Bodio, Antonio Fogazzaro, Tito Poggi, Giustino Fortunato (Consiglieri), Tommaso Gallarati-Scotti, Giuseppe Lombardo-Radice, Gaetano Salvemini, David Santillana, Giovanni Malvezzi (Comitato esecutivo). L'origine, le finalità, il programma e l'attività svolta dall'associazione sono descritti da G. VITALI, *Una nobile impresa*, in «Rassegna Nazionale», 16 marzo 1910, pp. 301-317.

si vantava di ascoltare e mettere in pratica "semplicemente" le direttive del papa. Ci preme a questo punto vedere più da vicino alcuni «casi clamorosi» al fine di cogliere con più precisione la mentalità e i metodi di questo zelante campione dell'ortodossia.

B. I CASI PIÙ CLAMOROSI.

1. Padre Semeria

Padre Semeria[348], ancora prima che uscisse l'enciclica *Pascendi*, era stato oggetto di attacchi concentrici da parte della pubblicistica integralista: dall'*Unità Cattolica* alle *Armonie della Fede*, dalla *Riscossa* alla *Liguria del Popolo*. Cavallanti, contro il barnabita genovese, aveva già polemizzato nella sua opera "principale"[349]. Quando sul finire del 1908 al p. Semeria veniva tolta la facoltà di predicare, il giornale fiorentino, in un articolo a commento della sospensione, occupava quasi per intero la prima pagina. La misura ecclesiastica, secondo il giornale fiorentino, avrebbe efficacemente designato «ai fedeli il lupo che si nascondeva sotto la veste dell'agnello. [...] Prendete l'enciclica *Pascendi dominici gregis* e il decreto *Lamentabili*: gli errori che essi condannano il Semeria li ha tutti uno per uno insegnati». L'articolista non precisava quale fosse l'autorità da cui emanava la sospensione, attribuendola genericamente alla «Chiesa». Forse l'arcivescovo di Genova mons. Pulciano, forse Roma stessa. Faceva pure un elenco di 33 proposizioni, addossandole al Semeria senza corredarle dei necessari riferimenti alle opere del barnabita. Nell'articolo si prometteva di fornire la relativa documentazione su *Le Armonie della Fede* a partire dal dicembre successivo. Molte di queste

---

[348] Giovanni Semeria (1867-1931). Tra gli studi: E. VERCESI, *Padre Semeria servo degli orfani*, cit.; F. SALA, *P. Semeria barnabita* (Scritti barnabiti, 9), Torino 1941; l'elenco completo delle sue opere, non esclusi gli articoli di giornali, è in G. BOFFITO, *Scrittori Barnabiti*, III, Firenze 1934, pp. 477-513; A.M. GENTILI, *Semeria Giovanni*, in D.S.M.C.I., vol. II, pp. 596-602; A. ERBA, *Aspetti e problemi del cattolicesimo italiano nei primi decenni ddel '900*, in «Rivista di Storia e Letteratura Religiosa», 1(1969), pp. 13-121. Oggi soprattutto sul «Caso Semeria» si vedano: *Fonti e Documenti*, IV, Urbino 1975. Il volume, del *Centro Studi per la storia del modernismo*, è interamente dedicato al P. Semeria con saggi di Bedeschi, Gentili e Zambarbieri; S. PAGANO, *Il «Caso Semeria» nei documenti dell'Archivio Segreto Vaticano*, in «Barnabiti Studi», 6 1989, pp. 7-175.

[349] Cfr. S. A. CAVALLANTI, *Modernismo e modernisti*, cit., pp. 273-279 e 379-385. Traeva i suoi argomenti da un libretto del padre gesuita BARBIERI, *Attraverso gli scritti di P. Semeria*, e da qualche critica della *Civiltà Cattolica*. E concludeva (p. 279) «noi siamo persuasi che il P. Semeria la pensi come tutti i veri cattolici, ma ci pare che non scriva come gli altri cattolici. Temiamo che le letture di protestanti e razionalisti che egli fa, gli cambino le parole in bocca».

proposizioni si presentavano, a dir il vero, in forma assai generica. Si veda ad esempio la 25°: «Semeria ha errori sul primato della Chiesa e del Vescovo di Roma», e la 33°: «Nuova sua teoria di ascetismo; nuovo concetto dell'ubbidienza ecc. ecc.»[350]. Il provvedimento dimostrava, tuttavia, la crescente inquietudine dell'autorità ecclesiastica nei confronti del p. Semeria, proprio quando questi cominciava ad essere sempre più uno dei bersagli preferiti delle confutazioni antimodernistiche[351].

Nel 1909 usciva la *Lettera Circolare* dell'episcopato delle provincie di Vercelli e di Torino. Il documento si proponeva di illustrare i «pericoli del modernismo circa la fede e la disciplina» nonchè di dare «avvisi al clero a norma dei venerabili documenti pontificii relativi alla materia». Semeria non era esplicitamente menzionato nel documento, ma si riportavano brani delle sue opere e si mettevano per ciò in guardia i «giovani sacerdoti che errori di questo genere» si trovavano «qua e là insinuati nelle opere di un noto Conferienziere»[352]. Per l'*Unità Cattolica* era la prima esplicita presa di posizione antisemeriana da parte di un intero episcopato: quello subalpino. Giungeva così l'attesa conferma alle sue prese di posizione. Il foglio fiorentino poteva con soddisfazione giustificare il suo attacco di alcuni mesi prima,

---

[350] Cfr. *La sospensione dal predicare a P. Semeria. Eresie ed errori?*, 23 ottobre 1908, p.1.

[351] Nel corso del 1908 era apparso uno studio del p. Colletti, che dedicava numerose pagine alla critica di opere semeriane. A. COLLETTI, *Studi critici sul modernismo*, Torino 1908. Arturo Colletti (1875-1951). Genovese di origine. Padre della Congregazione degli Oratoriani di S. Filippo Neri a Perugia. Nel 1909 lasciava la Congregazione divenendo prete diocesano di Spoleto. Ivi fu insegnante di S. Scrittura nel seminario diocesano. Nel 1910, Roma lo imponeva, contrari diversi vescovi umbri con a capo mons. Beda Cardinale, insegnante di Dogmatica speciale nel Seminario regionale d'Assisi. Nomina «ben meritata» scriveva «La Liguria del Popolo» del 18-19 novembre 1912, quando il card. De Lai, già suo protettore, lo destituiva dell'incarico, mandandolo via. Fra l'altro in quell'occasione *La Liguria* diceva che il Colletti si era «formato alla scuola del nostro venerabile seminario metropolitano». Egli aveva, come scrittore-polemista antimodernista, esordito sul *Cattolico Militante*, poi era passato per la sua spregiudicatezza polemica e il fanatismo integralista, ad altri giornali come le *Armonie della Fede*, l'*Unità Cattolica*, la *Liguria del Popolo*, e contemporaneamente aveva scritto libelli diffamatori proprio contro p. Semeria. Tutto questo gli aveva dato una fama e notorietà, che si mostreranno poi effimeri, negli ambienti intransigenti. Nel 1913 ritornava nell'antica diocesi genovese malvisto e screditato e oramai senza più nessuna importanza. Per approfondimenti si veda L. BEDESCHI (a cura di), *Lineamenti socioreligiosi dell'antimodernismo genovese*, in *Fonti e Documenti*, IV, cit., pp. 21-22.

[352] Cfr. *Lettera collettiva dell'Episcopato subalpino sugli errori del modernismo*, 15, 16, 17 aprile 1909, dove veniva riprodotto il testo per i lettori. Il documento portava la data dell' 11 febbraio. I passi citati della Lettera sono desunti dal testo riprodotto nel giornale fiorentino. Cfr. per ulteriori ragguagli S. SOAVE, *Fermenti modernistici e democrazia cristiana in Piemonte*, Torino 1975, pp. 428 ss.

«quello che sarcasticamente da alcuno fu detto il "Sillabo dei Papi di Firenze". [...] Chi avrebbe mai detto che, a breve distanza di tempo [...], il nostro lavoro avrebbe avuto piena giustificazione proprio da quella Autorità, alla quale ci si voleva far comparire di imporci?»[353].

Altri periodici antimodernisti interpretarono il documento in funzione antisemeriana[354]. La Lettera dei vescovi piemontesi assunse "il crisma dell'infallibilità", quando si venne a conoscenza di una lettera di Pio X all'arcivescovo di Modena mons. Natale Bruni, in cui si approvava ed elogiava tale documento[355]. Alla presa di posizione ufficiale e solenne dei vescovi piemontesi, se ne accodarono altre di singoli vescovi, non meno esaltate dal giornale fiorentino[356].

Il nome di p. Semeria, «il più terribile divulgatore del modernismo» in Italia attraverso i suoi libri intrisi di agnosticismo e razionalismo, tornava sulle prime pagine dell'*Unità*, per la penna del p. Colletti, che indirettamente lo chiamava in causa, sfruttando le clamorose rivelazioni di don Gustavo Verdesi[357]. Le accuse più astiose e grossolane partivano puntualmente dal giornale di Cavallanti: erano pettegolezzi, supposizioni calunniose, battute, che poi, a titolo di cronaca, venivano raccolte anche dagli altri organi integralisti.

Il 1912 costituiva l'anno decisivo dell'attacco al Semeria; il giornale fiorentino recensiva un secondo sillabo antisemeriano, questa volta di «38 proposizioni», opera del p. Colletti. Nell'introduzione redazionale il Cavallanti richiamava anche i due precedenti libelli collettiani sempre contro il barnabita[358]. Il ragionamento che il Colletti faceva era semplice:

---

[353] *Una lettera collettiva dell'Episcopato subalpino e una nostra giustificazione*, 14 aprile 1909, p. 1.

[354] Cfr. ad es. P. T. DE TÓTH, *Attorno di un'importantissima lettera dell'Episcopato subalpino sugli errori del modernismo*, in «Le Armonie della Fede», 1909, II, pp. 381-395.

[355] Cfr. *Fonti e Documenti*, IV, cit., p. 142. La lettera era del 21 maggio 1909.

[356] Cfr. 26 agosto 1911, p. 1. Dove il giornale riportava parole di biasimo del vescovo di Arezzo Giovanni Volpi.

[357] Cfr. P. A. C[OLLETTI], *Episodi del modernismo italiano*, 11 giugno 1911, pp. 1-2. Per il seguito del processo Verdesi cfr. *infra*, pp. 176 ss.

[358] Cfr. [A. COLLETTI?], *Riassunto degli errori Semeriani, secondo un opuscolo recente del P. A. Colletti*, 5 maggio 1912, p. 1 art. di fondo. La lista di 38 proposizioni era apparsa in A. COLLETTI, *La S. Scrittura impugnata dal modernismo nei libri del P. Giov. Semeria barnabita*, Perugia 1912, pp. 111-117. (Data dell'*imprimatur*: 30 marzo). Complessivamente il volumetto era di 126 pp. Gli altri due opuscoli sempre del Colletti erano: IDEM., *Un manuale di scetticismo e di incredulità ossia il libro 'Scienza e Fede' del P. G. Semeria barnabita*, Spoleto 1912 (ma uscito alla fine del 1911), di 143 pp.; ID., *La negazione di Gesù Cristo in sacramento nel libro 'La Messa' del P. G. Semeria barnabita*, Spoleto 1912 (pure uscito alla fine del 1911, come si desume dalla data degli *imprimatur*), di 95 pp. Il giornale fiorentino aveva dato notizia di entrambi gli opuscoli cfr. ALCA, *A Zonzo. Un opuscolo di battaglia*, 17 dicembre 1911, p. 1; *P. Colletti e P.*

«sparsi» negli scritti del p. Semeria si trovano o errori o cose che all'errore possono portare, perciò occorre condannare tutte le opere per eliminare «il veleno» in esse contenuto. I libelli d'accusa d'eresia del Colletti trovarono il pieno appoggio del Cavallanti che non esitò a condurre sul suo giornale un'aspra e sleale campagna antisemeriana. I libelli erano dedicati a mons. Caron[359] e l'*Unità* si augurava fossero diffusi nei Seminari e fra il giovane clero, perché efficacissimi strumenti culturali. La reazione del p. Semeria fu sdegnosa, ma non certo orientata a quella ritrattazione che a gran voce esigevano p. Colletti e l'*Unità Cattolica*. Il 7 maggio p. Semeria decideva di rompere il silenzio e inviava una lettera al p. Fioretti Vicario Generale dei Barnabiti in Roma. Il p. Semeria non riconosceva la paternità di nessuna delle proposizioni attribuitegli e invitava il p. Vicario a far qualcosa[360]. Il p. Fioretti mandava al p. Mantica, rettore del Collegio alle Quercie di Firenze, la lettera di p. Semeria, che veniva comunicata personalmente al Cavallanti dal p. Aldorasi economo. Il 25 maggio il giornale fiorentino «dava in pasto al pubblico» la «lettera

---

Semeria, 27 dicembre 1911, p. 1. Nel corso del 1912 usciva un quarto opuscolo antisemeriano sempre dell'ex filippino: A. COLLETTI, *La divinità di Gesù Cristo impugnata dal modernismo nei libri di p. Semeria*, Spoleto 1912.

[359] Andrea Caron (1848-1927), dal 1905 al 1912 vescovo di Ceneda. Eletto arcivescovo di Genova (24 aprile 1912) non potè prendere possesso della sede per il negato *Regio exequatur* (27 novembre 1912). Fino alla morte di Pio X la S. Sede rimase ferma sul nome di Caron. Benedetto XV ottenne la soluzione del contrasto con il seguente compromesso: concessione dell'*exequatur* da parte del governo e immediata rinuncia alla sede arcivescovile di mons. Caron. Così, mons. Caron il 22 gennaio 1917 veniva eletto vescovo titolare di Calcedonia e si trasferiva a Roma presso l'abbazia delle Tre Fontane quale delegato pontificio, ivi morì ed è sepolto. Cfr. A. DURANTE, *Mons. A. Caron e un periodo critico della storia genovese*, Genova 1967.

[360] La Lettera di p. Semeria a p. Fioretti partiva da Genova il 7 maggio 1912. Il p. Semeria aveva scritto al vicario, perchè in quei mesi il Generale p. Vigorelli era in visita alle case del Brasile. Ecco il testo:

«Il mio Padre Provinciale mi sottopone un numero dell'*Unità Cattolica* con 38 proposizioni che sarebbero estratte dalle mie opere. Chi mi conosce capirà, non ne dubito, dalla stessa mia vita in qual conto tenere quel po' po' di roba. Ma poichè non tutti sono obbligati a conoscermi e dal credere miei quegli asserti potrebbe derivare scandalo ad anime semplici e buone, per evitarlo come ardentemente desidero, non esito a dichiarare che quelle proposizioni così come sono combinate ciascuna, così e tutte insieme, specie in quanto contraddicono alla fede Cattolica, non mi appartengono e non rappresentano affatto il mio pensiero. La Paternità Vostra Rev.ma avviserà al miglior modo di rendere pubblica, se lo crede opportuno questa mia dichiarazione perchè sia tagliato corto ad ogni scandalo, senza entrare affatto in polemiche, per le quali mi manca non fosse altro il tempo. Ringraziandola anticipatamente sono della Paternità Vostra devotissimo figlio in Cristo
  Giov. Semeria, B.ta».

La lettera venne pubblicata dal giornale fiorentino solo dopo alcune settimane: cfr. ALCA, *Una lettera di P. Semeria contro P. Colletti. Quelle proposizioni non mi appartengono*, 25 maggio 1912, p. 1.

scappatoia» del p. Semeria, ma il commento del direttore era tutto a favore delle accuse del p. Colletti[361]. Nei giorni successivi il Cavallanti ritornava sulla lettera del p. Semeria, con una serie di commenti, per qualcuno opera dello stesso Colletti, che vennero poi raccolti in un'opuscolo antimodernista[362]. Colletti si feceva vivo con una replica che nella sostanza ribadiva la presenza di errori modernistici negli scritti del p. Semeria, e quanto alla lettera del barnabita retoricamente osservava:

> «... ci pare che il valore della protesta o smentita si desuma dall'inciso: "*specie e in quanto contraddicono* (le proposizioni appostegli) *alla fede cattolica*". Ora qualcuno potrebbe domandare: in che senso devonsi prendere le parole "fede cattolica"? in senso modernista o cattolico? Perchè Semeria non ha aggiunto "fede cattolica come l'ha intesa e l'intende la Chiesa cattolica romana"?»[363].

E Cavallanti aggiungeva alla replica una nota con la quale diceva conclusa «la vertenza, a meno che P. Semeria» non intendesse «replicare».

I superiori di Roma ottenevano dal p. Semeria un *Memoriale*, ossia una lettera-dichiarazione dal carattere "privato", che replicava alle accuse mosse dal Colletti. L'*Unità Cattolica* dava l'annuncio dell'opuscolo "ad usum privatum". A farlo era il vaticanista dell'*Unità* che richiamava l'analogia del caso Duchesne «il quale invece di rispondere punto per punto e pubblicamente alle critiche del p. Bottagisio[364] si era trincerato dietro l'opuscolo confidenziale ai Vescovi». *Veritas* proseguiva:

> «ho parlato con alcuni prelati ed ho sentito dirmi che la replica Semeria non è soddisfacente, in alcuni punti è vaga, indeterminata, e non risponde alle **moltissime** e **gravissime** accuse mossegli da p. Colletti, da p. Barbieri, da Mons. Sichirillo e dal nostro opuscolo»[365].

---

[361] Cfr. ALCA, *Una lettera di P. Semeria contro P. Colletti. Quelle proposizioni non mi appartengono*, cit.

[362] Cfr. ALCA, *P. Semeria e P. Colletti*, 26, 28, 29 maggio 1901, p. 1. Gli articoli vennero raccolti in un opuscolo: ALCA, *P. Semeria e P. Colletti. A proposito di una recente vertenza*, Firenze 1912. Era indicativo della mentalità, e perchè no di una certa malafede del Cavallanti quello che leggiamo alla p. 10: «Questo diciamo perchè le conseguenze di questo episodio [pubblicazione della lettera di p. Semeria] potrebbero essere gravi e perchè si sappia che anche questa volta non fu l' "Unità Cattolica" a cercare il chiasso e lo scandalo che anzi fece di tutto per evitarli. N.d. Alca». L'opuscolo veniva definito «quintessenza della malafede e dell'asineria la più fenomenale»: cfr. *Ancora sul "Caso Semeria"*, in «Bilychnis», settembre 1912, p. 496.

[363] [A. COLLETTI], *La replica del P. Colletti*, 30 maggio 1912, p. 1 art. di fondo.

[364] Cfr. *infra*, p. 168.

[365] VERITAS, *P. Semeria replica*, 18 giugno 1912, p. 1.

Il *Memoriale* finiva presto nelle mani del Colletti che rapidamente ribatteva punto per punto la risposta del p. Semeria, pretendendo di definitivamente zittirlo[366]. A nulla valsero le premure dei superiori del barnabita. L'indegna e pettegola gazzarra giornalistica, dalla quale p. Semeria aveva cercato di starne fuori, ebbe, come epilogo, l'esilio del barnabita da Genova nel settembre 1912[367]. La notizia dell'allontanamento compariva sulla stampa alla fine di agosto e si attribuiva alla volontà del nuovo arcivescovo di Genova mons. Caron, non ancora entrato in diocesi per il mancato *exequatur*. Si distingueva per la difesa del p. Semeria e per la tempestività d'informazioni, il locale quotidiano socialista *Il Lavoro*[368]. Il *Cittadino* di Genova, diretto dal Calligari, smentiva il legame supposto dai socialisti. Ma *Il Lavoro* replicava, parlando per la prima volta di Bruxelles come nuova dimora del barnabita[369]. Il giornale di Boccardo riprendeva la notizia, diffusa dai fogli locali (*Secolo, Caffaro, Lavoro*), che il p. Semeria non sarebbe tornato più a Genova e si scandalizzava che a difendere Semeria si fossero mossi liberali, socialisti e non i credenti[370]. Corsero le voci più disparate, anche quelle di un'imminente condanna[371]. L'*Unità* prendeva posizione con

---

[366] Cfr. A. COLLETTI, *Schiarimenti e conferme. Risposta al P. Giovanni Semeria*, Spoleto 1912. Il libello portava l'*imprimatur* del 21 giugno, una settimana dopo la diffusione «privata» del *Memoriale*. In tutto 32 pagine. L'autore polemicamente riteneva «la difesa» del P. Semeria «sofisticata, meschina e poco leale» (p. 31).

[367] Per approfondimenti rimandiamo ai saggi di S. PIVATO (a cura di), *Semeria in esilio*, in *Fonti e Documenti*, V-VI, Urbino 1976-77, pp. 534-565. Dove troviamo le Lettere alla madre; L. BEDESCHI, *L'esilio di Padre Semeria. Da uomo di cultura a uomo d'azione*, in *Fonti e documenti*, XV, cit., pp. 461-491.

[368] Cfr. *Il nuovo pastore e padre Semeria. Caron viene e Semeria se ne va*, in «Il Lavoro», 28 agosto 1912. L'articolista, prendendo spunto da un'intervista rilasciata dal neo arcivescovo alla *Difesa* di Venezia (poi smentita) annunciava che Caron avrebbe allontanato da Genova p. Semeria. Si veda anche *Caron dimonio parla del 'Corriere d'Italia'*, in «Il Lavoro», 27 settembre 1912. La tesi su cui il giornale concentrava la sua polemica era l'interdipendenza dei due fatti: «Dov'entra l'ombra i saggi vanno via: S'entra Caron dimonio può restare Semeria?». Ricordiamo che nell'opinione ecclesiastica non solo romana di questo periodo p. Semeria passava come l'organizzatore dell'opposizione cittadina alla venuta dell'intransigente mons. Caron, e il giornale fiorentino dava largo credito a queste voci. Dal canto suo, mons. Caron si dichiarava estraneo alla controversia sugli scritti semeriani, che affermava di non aver mai letto: cfr le interviste rilasciate su «Il Secolo», 28 settembre 1912, e sul «Corriere d'Italia», 25 settembre 1912.

[369] Cfr. A. S. B., *Tra Semeria e Caron. La conferma alle nostre smentite*, in «Il Lavoro», 2 settembre 1912.

[370] Cfr. *Intorno al p. Semeria*, in «La Liguria del Popolo», 2-3 settembre 1912. Per il giornale intransigente ligure il provvedimento di sospendere Semeria dal predicare (1908) era maturato negli ambienti romani e non nella curia genovese.

[371] Cfr. E. Z[ANZI], *Un colloqio con Padre Semeria che è partito per l'esilio. Le ultime ore d'Italia. La «vasta organizzazione internazionale cattolico liberale». La congregazione dell'Indice e i ... giornalisti. L'arcivescovo di Genova Mons. Caron. «Da tre anni non vedo il Papa!»*, in «La Stampa», 24 settembre 1912.

articoli intrisi di disinvolto irenismo[372], e quando avveniva l'esilio difendeva gli aspetti estrinseci e disciplinari del provvedimento[373]. Chiaramente i giornali laici o filoprotestanti si schierarono contro la gerarchia romana e la guerra vergognosa di Colletti e Cavallanti[374]. Ci fu una vera campagna di solidarietà da parte dei giovani cattolici liguri del settimanale *L'Azione*[375]. L'*Unità Cattolica*, per difendere il p. Colletti, se la prese anche con i "semeriani". L'ex oratoriano era stato attaccato «dal periodichetto l'"Azione"» che sosteneva don Porcile[376]. L'autorità ecclesiastica di lì a poco deplorava il periodico l'*Azione*[377].

Chi erano i veri ispiratori del fronte antisemeriano? Stando ai documenti, sembrano gli stessi che manovravano i fogli antimodernistici di Firenze, Breganze, Montefalco e cioè i gesuiti integralisti: Mattiussi, Chiaudano, Barbieri ecc.[378] Sulla base dell'ampia documentazione pubblicata[379], ricaviamo che quella sanzione disciplinare fu sì firmata dal Superiore generale dei Barnabiti, ma in realtà decisa, a nome di Pio X, dal card. De Lai, segretario della S. Congregazione Concistoriale e grande inquisitore antimodernista, anche se questi in una lettera al vicario generale della diocesi genovese pretendeva addossare all'Ordine dei barnabiti l'odiosa decisione[380]. Tuttavia la risoluzione di allontanare il barnabita venne presa certamente a seguito della campagna giornalistica e da informazioni pretestuose fatte arrivare al cardinale dal gruppo del *Sodalitium pianum*.

---

[372] Cfr. ALCA, *Una denuncia diretta? Attorno a P. Semeria*, 8 settembre 1912, p. 1; *Il caso Semeria*, 28 settembre 1912, p. 1. L'*Unità Cattolica* riprendeva il servizio di Apis, trasmesso da Roma alla *Difesa*, in data 25 settembre.

[373] Cfr. 6 ottobre 1912, p. 1; allo stesso modo si schieravano: «Sentinella antimodernista», settembre 1912, pp. 273-278; ottobre 1912, pp. 314-315 e 328-329; e «La Riscossa», 5 ottobre 1912, p. 39.

[374] Cfr. «Il Giornale d'Italia», 20 settembre 1912; «Bilychnis», luglio-agosto 1912, pp. 356-359 e settembre, pp.496-500; «La Cultura contemporanea», settembre 1912, pp. 131-136.

[375] Cfr. L. ZONZA, *Padre Semeria*, in «L'Azione», 29 settembre 1912. I giovani del settimanale cattolico pubblicarono lettere ed elenchi di firme in segno di solidarietà con il p. Semeria: cfr i numeri del 6 e 20 ottobre e del 3 e 10 novembre.

[376] Cfr. ALCA, *I semeriani genovesi in difesa di don Porcile contro p. Colletti*, 1 dicembre 1912, p. 1 art. di fondo. Inoltre cfr. IDEM., *A Zonzo. La dichiarazione di Don Porcile*, 8 dicembre 1912, 1.

[377] Cfr. *La Curia Capitolare di Genova deplora il periodico l'Azione*, in «Sentinella antimodernista», 12 (1912), pp. 384-385.

[378] Cfr. L. BEDESCHI (a cura di), *Lineamenti socioreligiosi dell'antimodernismo genovese*, cit., pp. 25-29.

[379] Cfr. *Fonti e Documenti*, IV, cit., pp. 197-212.

[380] Cfr. «La Riscossa», 5 ottobre 1912, p. 319.

2. Louis Duchesne

Fra gli attacchi a personaggi illustri, il giornale fiorentino andava particolarmente orgoglioso per quello intentato contro l'Accademico di Francia mons. Duchesne[381]. Il primo assalto lo compiva, timidamente, dichiarando di non potersi associare all'unanime coro di elogi venuti allo storico francese per la sua *Histoire ancienne de l'Église*[382]. Lo faceva valendosi di mons. Bertani, esponente del gruppetto antimodernista milanese. Le ragioni delle critiche erano semplici. Mons. Duchesne aveva «scritto una storia» che non era «l'apologia del Cristianesimo ma una costruzione quasi nuova e difettosa e critica secondo la cosìdetta mentalità modernista». Inoltre, «l'idea del progresso evolutivo» del cristianesimo dal giudaismo e l'«enormità» dell'affermazione della non dimostrabilità della venuta di Pietro a Roma (anche se possibile), prima della prigionia di Paolo, tutte queste affermazioni, pizzicate sommariamente dal primo volume in francese, rendevano il libro "pericoloso" e da "sconsigliare nei seminari"[383]. Un diverso modo di concepire lo studio della storia della Chiesa era assai evidente nelle censure mosse dal Bertani al «metodo storico-critico» usato dal Duchesne. Lo storico francese contrapponeva alla "cara apologia" la «pessima tendenza di *aconfessionalizzare* ogni cosa», e i risultati non potevano che essere «equivoci», nonostante gli *imprimatur*[384].

A provocare il "sondaggio" dell'*Unità Cattolica* era stata la notizia dell'imminente prima traduzione italiana dell'opera in questione, già arrivata alla quinta edizione in lingua francese, considerata da molti oramai un'opera classica[385]. L'inizio della campagna coincideva pure con l'elezione del Duchesne all'Accademia di Francia (26 maggio 1910),

---

[381] Louis Duchesne (1843 Saint-Servan, Bretagna - 1922 Roma). Professore all'Istitut Catholique di Parigi dal 1877 al 1885. Dal 1895 fu direttore dell'École française di Roma. Si veda H. LECLERQ, *Historiens du christianisme*, in Dictionnaire d'Archéologie chrétienne et de liturgie, VI/2, Paris 1925, coll. 2680-2735. Interessante è la commemorazione del Duchesne fatta all'Académie française dal suo successore Bremond il 22 maggio 1924: cfr. Institut de France -A.F. 22 mai 1924, Tomo 94 anno 1924: *Discours de reception*. Fondamentale il saggio di M. MACCARRONE, *Duchesne e la curia romana*, in *Monseigneur Duchesne et son temps. Actes du colloque organisé par l'École Française de Rome (Palais Farnèse, 23-25 mai 1973)*, Collection de l'École française de Rome, 23, Roma 1975, pp. 401-494.

[382] L. DUCHESNE, *Histoire ancienne de l'Église*, 3 voll., Paris 1906-1910.

[383] Cfr. [F. BERTANI], *La storia della Chiesa Antica di Mons. Duchesne*, 24 agosto 1910, pp. 1-2.

[384] Cfr. [F. BERTANI], *Alcuni errori di Mons. Duchesne*, 25 agosto 1910, pp. 1-2.

[385] Della traduzione italiana se ne era fatto promotore lo Zucconi rappresentante della Casa Desclée in Roma. Questi volle sfruttare l'elezione del Duchesne ad «Immortale» di Francia sollecitando la traduzione del Turchi. Nel mese di giugno le prime cento pagine erano pronte. Il rappresentante della Desclée oltre ad utilizzare l'invito di sotto-

elezione che sarebbe stata «contrastata» sia dal Vaticano, che «oppose un altro candidato»[386], sia dai padri francesi dell'Università Gregoriana, come il Billot[387]; secondo il Cavallanti proprio questi «aveva deferito a quella Congregazione [del Sant'Uffizio] la storia del Duchesne»[388]. Ancora una volta i veri artefici delle ostilità contro lo storico francese appaiono "certi" gesuiti[389]. Dava maggiore aggressività al giornale fiorentino, il vedere come la stampa «seria», quella intransigente o papale, italiana e francese, avesse preso in considerazione i suoi due articoli contro il Duchesne, mentre le reazioni degli «altri giornali», contrari al suo attacco, perché di orientamento modernistico, liberale e massonico dimostravano che esso era sulla strada giusta[390]. In Francia l'*Univers* riproduceva il 2 settembre integralmente l'articolo del giornale fiorentino (25 agosto) sugli errori del Duchesne. Il Duchesne reagiva scrivendo al Veuillot e respingendo ogni accusa[391]. Il giornale fiorentino, "in segno di lealtà", riproduceva la lettera del Duchesne solo il 18 settembre, con traduzione dello stesso Cavallanti. Il direttore dell'*Unità*, fermo nella sua opinione, replicava al Veuillot: «Abbiamo noi in proposito interpellato i migliori dotti della Francia Fontaine, Delassus, Barbier, del Belgio Delattre Meignen, dell'Italia Billot, Rinieri, Matiussi ecc. e tutti trovarono riprensibile e deplorevole l'opera»[392]. L'*Unione* di Milano riferiva con disprezzo dell' «articolessa» del Bertani e riproduceva la risposta del

---

scrizione dell'opera, mandò ai giornali cattolici alcune pagine scelte della traduzione chiedendone la pubblicazione sotto forma di articoli. Acconsentirono tutti. Nell'organo vaticano compareva una pagina con la firma dell'autore: cfr. L. DUCHESNE, *La situazione dei cristiani nell'Impero Romano*, in «Osservatore Romano», 6 agosto 1910.

[386] Cfr. ALCA, *A zonzo*, 22 gennaio 1911, p. 1. Il Cavallanti riprendeva la voce dal *Secolo*. Sarebbe stato mons. Baudrillart il candidato della Santa Sede.

[387] Cfr. M. MACCARRONE, *Monsignor Duchesne e la curia romana*, cit. p. 429.

[388] [A. CAVALLANTI], *Il Concistoro. Il P. Ludovico Billot*, 26 novembre 1911, p. 1. Cavallanti, dopo aver fatto l'elogio del nuovo cardinale, rivelava quando la causa del Duchesne era oramai decisa: «Billot fu il primo che lanciò la pietra contro la storia del Duchesne. Noi di lui conserviamo una splendida lettera contro gli errori duchesniani». Cfr. pure A. ZUCCONI, *La verità sulle varie fasi della stampa della traduzione italiana della storia della Chiesa antica di mons. Duchesne*: Vat. lat. 14.899 senza numerazione (nella *Table des matières* è numerato alla p. 3). Si tratta di sei fogli dattiloscritti senza data, ma probabilmente risalenti alla fine del settembre 1911.

[389] La campagna denigratoria del giornale fiorentino si affiancava a quella della *Civiltà Cattolica*, che per tanti versi ne era la vera ispiratrice, la quale osteggiava tra l'altro lo stesso traduttore Turchi "amico del Buonaiuti": cfr. [E. ROSA], *A proposito della storia ecclesiastica di Mons. Duchesne*, in «Civ. Catt.», 1911, IV, pp. 336-337.

[390] Cfr. ALCA, *A Zonzo*, 18 settembre 1910, pp. 1-2. Dove venivano elencati i «non pochi giornali modernisti, modernizzanti, e liberali non chè massonici» schieratisi «a favore» del Duchesne.

[391] «L'Univers», 7 settembre 1910.

[392] [A CAVALLANTI], *Lettera aperta a Francesco Veuillot direttore dell'«Univers». Mons. Duschesne si difende*, 18 settembre 1910, p. 1 art. di fondo.

Duchesne all'*Unità Cattolica*, inviata mediante lettera al direttore dell'*Univers*[393]. Sempre l'*Unione* riteneva futili le accuse dell'*Unità*. Il giornale fiorentino replicava che non erano affato esagerate le sue critiche[394], anzi ribadiva che il suo "schiamazzare" aveva già indotto l'autore a ritoccare qua e là «le proposizioni [...] non del tutto ortodosse»[395]. L'obiettivo del giornale fiorentino era quello di non far uscire l'edizione italiana della Storia del Duchesne. In questo senso si muoveva il direttore dell'*Unità*, quando il 26 settembre in Firenze aveva un colloquio col Zucconi rappresentante della Ditta Desclée in Roma. Un'indiscrezione del Quadrotta sul *Secolo* rivelava la manovra. Il rappresentante della Casa editrice Desclée mandava al Cavallanti un espresso chiarificatore[396]. Nel settembre veniva realmente sospesa la stampa della Storia e ripresa solo quando il papa faceva sapere alla Ditta Desclée di poterla continuare sotto una speciale revisione del P. Lepidi[397], coadiuvato da mons. Faloci Pulignani[398]. Il Cavallanti confermava le sue reali intenzioni in un altro articoletto, dove affermava che la casa editrice Desclée faceva nel suo Almanacco «la reclame a libri notoriamente modernisti»[399]. Il Cav. Zucconi reagiva duramente: i libri pubblicati e pubblicizzati dalla Desclée avevano tutti l'*imprimatur*. E Cavallanti cinicamente replicava: «I nostri assalti saranno rivolti contro [...] gli errori del Duchesne. Quanto alla questione degli Imprimatur noi stiamo all'Enciclica "Pascendi" che porta la firma di S.S. Pio X e parla chiaramente. Così facemmo coi libri dei Buonaiuti, dei Mari, Manaresi, Fracassini, Murri, Semeria, ecc. nonostante gli Imprimatur e così continueremo a fare. Ci

---

[393] Cfr. *Scampoli*, in «l'Unione», 8 settembre 1910. L'*Unità* criticava l'organo milanese; *Lettere Milanesi. Duchesne si fa avanti*, 10 settembre 1910, p. 1.

[394] Cfr. *Accuse vane al Duchesne?*, 13 settembre 1910, p. 1.

[395] Cfr. ALCA, *A Zonzo*, 4 settembre, 1910, p. 1. «Se l'"Unità Cattolica" per lo contrario non gridava l'allarme in tempo, quanto male, quanti errori sarebbero stati divulgati in Italia! Capisce l'"Unione"?».

[396] Cfr. *La Storia della Chiesa antica di Mons. Duchesne non si pubblicherà?*, 8 ottobre 1910, p. 1. L'espresso era del 6 ottobre.

[397] Alberto Lepidi (1838-1925), maestro dei Sacri Palazzi Apostolici dal 1897 alla morte. Teologo domenicano, i suoi scritti furono di carattere filosofico-scolastico: cfr. G. SESTILI, *P. Alberto Lepidi O.P. e la sua filosofia*, Torino-Roma 1930. Noto per le vicende di censore pontificio e per i vari *imprimatur* concessi a libri anche di modernisti, tra cui lo stesso Buonaiuti.

[398] Cfr. [A. ZUCCONI], *Contro un libello diffamatorio*, Roma 1911, p. 9. Lettera di A. Zucconi a Mons. Bressan, Roma 12 giugno 1911. Michele Faloci Pulignani (1856-1940), vicario generale di Foligno, moderatamente aperto, autore di varie opere storiche di discreto valore. I suoi interessi per il francescanesimo lo portavano a fondare nel 1886 la «Miscellanea francescana». Ulteriori notizie in L. BEDESCHI, *La curia romana...*, cit., *passim*.

[399] Cfr. ALCA, *A Zonzo*, 11 dicembre 1910, p. 1.

confuti chi può»⁴⁰⁰. A questo punto il rappresentante della Ditta Desclée contringeva l'*Unità Cattolica* a pubblicare, a seguito di una diffida mandatale "a mezzo di usciere", questa dichiarazione:

> «In quanto alla *Storia* del Duchesne, il cav. Zucconi assicura sul suo onore che la traduzione italiana uscirà con tutte le possibili approvazioni e che risponderà a tutte le esigenze della Santa Sede e delle Autorità ecclesiastiche. Noi crediamo alle leali dichiarazioni del cav. Zucconi»⁴⁰¹.

Nonostante il giornale fiorentino avesse lavorato «mani e piedi», scriveva l'*Unione* di Milano, per non far pubblicare l'opera del Duchesne, questa era data alle stampe «con tutte le approvazioni legittime» e di questo l'organo milanese non nascondeva la soddisfazione⁴⁰². A questo «canto di vittoria» replicava l'*Unità*, respingendo le accuse di «intransigenti *asini*», tacciando i redattori del quotidiano milanese d'essere «modernizzanti di *settarismo*», negando d'essersi rimangiate le accuse mosse al libro e all'autore di fronte all'*imprimatur* dato all'edizione italiana⁴⁰³. L'*Unità Cattolica* si diceva intenzionata «forse» a continuare la polemica, specialmente dopo il discorso del Duchesne all'Accademia francese in occasione del suo insediamento. Il discorso dell'accademico di Francia non era piaciuto neppure ai giornali "modernizzanti"⁴⁰⁴ che tanto avevavo deplorato l'atteggiamento dell'*Unità* nei mesi precedenti. Anche la stampa liberale⁴⁰⁵ era rimasta più o meno meravigliata di fronte alla "leggerezza" dello storico francese. A tutti questi il Cavallanti ricordava:

> «la *leggerezza* dell'Oratore noi la trovammo fin dal mese di agosto dell'anno 1910 quando incominciammo la polemica. Ma noi allora eravamo esagerati, pettegoli, ultraortodossi, farisei, delatori, sicofanti ecc. Parole piene di unzione caritatevole che venivano lanciate in faccia a noi che avevamo letto, meditato, attentamente osservato i volumi del Duchesne»⁴⁰⁶.

---

⁴⁰⁰ *Fra libri e almanacchi. Una protesta che nulla smentisce*, 13 dicembre 1910, p. 1.

⁴⁰¹ 25 dicembre 1910, p. 1. La diffida era del 18 dicembre.

⁴⁰² Cfr. «l'Unione», 29 dicembre 1910. L'articolo, in quinta pagina, era firmato da P. a. n. (= Prete Angelo Novelli); si veda pure «l'Unione», 4 febbraio 1911.

⁴⁰³ Cfr. L'IDIOTA, *La natura e la tattica del semimodernismo*, 18 gennaio 1911, p. 1. L'*Idiota* era lo pseudonimo del sacerdote milanese Giambattista Rimoldi (m. 1912). Collaboratore assiduo del settimanale *La Riscossa* e dell'*Osservatore Cattolico* prima maniera. Necrologio in «La Riscossa», 6 luglio 1912, p. 211.

⁴⁰⁴ Cfr. «Avvenire», 28 gennaio 1911; «Corriere d'Italia», 28 gennaio 1911.

⁴⁰⁵ Cfr. «Corriere della Sera», 27 gennaio 1911; «Giornale d'Italia», 28 gennaio 1911.

⁴⁰⁶ ALCA, *A Zonzo*, 29 gennaio 1911, pp. 1-2. Si veda pure *Come i giornali giudicano il nuovo immortale*, 1 febbraio 1911, pp. 1-2.

Poco tempo dopo il quotidiano fiorentino ricominciava la sua campagna contro l'Editrice Desclée e contro il Duchesne: entriamo così in una nuova fase della campagna giornalistica dell'*Unità*. Questa volta lo faceva con la presunzione d'un tribunale dogmatico, ponendosi al di sopra di ogni autorità ecclesiastica, e indirettamente criticava l'operato del papa che aveva dato il permesso della pubblicazione e finiva col portare il discredito sopra un'opera che era uscita dopo «una specialissima revisione ecclesiastica» ordinata dal pontefice stesso. La campagna diffamatoria veniva affidata alla penna di un "dottissimo" gesuita che a puntate stese una serie di confutazioni dei tre volumi del Duchesne[407]. *Il Critico dell'Unità*, così si firmava l'anonimo gesuita, non tacciava lo storico francese d'essere un «modernista», neppure lo riteneva «in mala fede», ma giudicava la sua "Storia vivace della Chiesa" intrisa di "certe idee modernistiche", che finivano con il servire «assai meglio ai nemici della medesima» che alla Chiesa stessa. Soprattutto era criticato il suo metodo storico-scientifico:

> «Sarà forse una scienza più o meno razionalista, sarà una scienza evolutiva riguardo anche ai dogmi, sarà una scienza sfrondatrice d'ogni soprannaturale, demolitrice delle più venerande tradizioni, sarà insomma quel che si voglia...; ma una vera *scienza cattolica*, che rispecchi il vero *sens critique*, e molto più il vero *sens chrétien*; no, no; assolutamente no! Ne siamo intimamente convinti, checchè blaterino i suoi difensori in contrario. Per restarne persuasi a pieno, basta svolgere le pagine dei suoi tre volumi»[408].

Il Critico colpiva anche il traduttore della Storia del Duchesne, il sacerdote Nicola Turchi, futuro professore di storia delle religioni all'Università di Roma, qualificandolo amico del Verdesi e «modernista capoccia»[409]. Scontato, anche questa volta, il successo della polemica antiduchesniana, nella compagine integralista[410]. Uscirono tre opuscoli popolari antimo-

---

[407] Cfr. IL CRITICO, *Appunti sereni sulla Storia della Chiesa antica di Mons. Duchesne*, 18, 19, 20, 21, 22, 26 aprile 1911, pp. 1-2; 11, 16 maggio 1911, pp. 1-2; 5, 8, 9, 10, 11, 12 agosto 1911, pp. 1-2. Autore di questi "Appunti Sereni" era il p. Tito Bottagisio s.j. Su quest'ultimo si vedano le poche notizie in M. MACCARRONE, *Monsignor Duchesne e la curia romana*, cit., p. 454.

[408] L CRITICO DELL'"UNITÀ CATTOLICA", *Appunti Sereni sul terzo volume della "Storia della Chiesa antica" di Mons. Luigi Duchesne* (Edizione italiana sulla V° francece), Firenze 1911. pp. 4-9. La citazione è alle pp. 7-8.

[409] IL CRITICO DELL'"UNITÀ CATTOLICA", *Appunti Sereni sul primo volume della "Storia della Chiesa antica" di Mons. Luigi Duchesne* (Edizione italiana sulla V° francece), Siena 1911, p. 123. La scelta del Turchi da parte di Zucconi, dopo il processo Verdesi e le chiare accuse di essere un componente del gruppo del Buonaiuti, costituiva una mossa imprudente che offriva il fianco agli intransigenti per la loro campagna.

[410] Cfr. [A. CAVALLANTI], *Un'altra proposta un nuovo opuscolo*, 13 maggio 1911, p. 1. «Da parecchie parti d'Italia ed anche dall'estero, laici, sacerdoti, professori, rettori

dernisti[411]. Il primo opuscolo aveva una tiratura di cinquemila copie, così almeno informava il frontespizio. Secondo l'opinione di uno dei revisori, la *Storia* del Duchesne sarebbe stata opera riservata agli uomini di molta cultura, ai non digiuni di teologia. Mons. Faloci Pulignani con ciò biasimava il *Critico dell'Unità* e lo consigliava «per l'avvenire» di esercitare «la sua *ingegnosa* censura» non su «un libro riservato per i dotti», un libro che in fondo aveva «l'imprimatur del P. Lepidi», ma sopra libri "dannosi davvero"[412]. Duchesne ricevuto il primo opuscolo del *Critico dell'Unità*, speditogli dal cav. Zucconi, inviava a questi una lettera in cui tra l'altro asseriva:

> «Voi mi domandate se io intendo rispondere. Assolutamente no! Vedo che la mia ortodossia è spesso attaccata in quel libello, ma in questo punto, *est qui judicet*. Non avevo ancora inteso a dire che un giornale fosse stato eretto a tribunale dommatico e che si dovesse a lui rendere ragione»[413].

Cavallanti replicava al Duchesne: «noi avremmo desiderato di vederci confutati punto per punto»[414]. Una lunga polemica aveva da questo momento luogo tra il cav. Zucconi e l'*Unità*. Il direttore della Casa Desclée di Roma protestava «contro i sistemi di anarchia», inaugurati da certi giornali cattolici e riassumeva la sua polemica in un contro-opuscolo[415]. Il 13 giugno 1911, un'amico del cav. Zucconi consegnava nelle

---

di Seminari, Vescovi e persino Eminentissimi Cardinali ci chiedono insistentemente copie dell'"Unità Cattolica" che contengono le puntate critiche contro la STORIA DELLA CHIESA ANTICA di Mons. Luigi Duchesne», "purtroppo" le copie richieste erano esaurite. A questo punto Cavallanti lanciava al pubblico l'iniziativa di raccogliere gli articoli del Critico in un opuscolo (30 cent. la copia).

[411] Erano gli opuscoli n° 3, 4 e 5 della piccola biblioteca «Opuscoli Popolari Antimodernisti» dell'*Unità Cattolica*. IL CRITICO DELL'"UNITÀ CATTOLICA", *Appunti Sereni sul primo volume della "Storia della Chiesa antica" di Mons. Luigi Duchesne* (Edizione italiana sulla V^a francese), Siena 1911; IDEM., *Appunti Sereni sul secondo volume della "Storia della Chiesa antica" di Mons. Luigi Duchesne* (Edizione italiana sulla V^a francese), Firenze 1911; ID., *Appunti Sereni sul terzo volume della "Storia della Chiesa antica" di Mons. Luigi Duchesne* (Edizione italiana sulla V^a francese), Firenze 1911.

[412] Cfr. [A. ZUCCONI], *Contro un libello diffamatorio*, cit., pp. 7-8. Lettera di M. Faloci Pulignani a A. Zucconi, Foligno 11 giugno 1911.

[413] La lettera compariva per la prima volta in P. STERBINI, *Una nuova querela nell'ambiente Vaticano? Mons. Duchesne contro i suoi diffamatori*, in «Giornale d'Italia», 23 giugno 1911. La Lettera è riprodotta anche in [A. ZUCCONI], *Contro un libello diffamatorio*, cit., pp. 4-5.

[414] Cfr. *La prima bomba è scoppiata. Una lettera di Mons. Duchesne. L'attacco respinto*, 24 giugno 1911, p. 1. Il giornale fiorentino assicurava che il nome del *Critico* "uomo cauto e buono" sarebbe presto saltato fuori. Quanto poi al ritenersi «tribunale dommatico» il giornale più umilmente si definiva «solo una libera palestra critica, senza pretese, nè imposizioni, ne paure».

[415] Cfr. [A. ZUCCONI], *Contro un libello diffamatorio*, cit. Erano riportate lettere di protesta che il giornale di Cavallanti non aveva pubblicate.

mani del Cavallanti tre lettere di protesta contro il *Critico dell'Unità* e contro i metodi della stessa *Unità*: erano le lettere autografe di mons. Duchesne, di d. Turchi e di mons. Faloci Pulignani. Il Cavallanti chiedeva ed otteneva da Zucconi di spedire le tre lettere a Roma. In realtà egli si recava a Roma, ove si tratteneva due giorni, aveva colloqui col Zucconi, e di ritorno a Firenze, e solo allora, aveva il coraggio di mettere in dubbio l'autenticità delle lettere inviategli e chiedeva che gli fossero autenticate legalmente. Il cav. Zucconi si diceva «stomacato» dal modo d'agire del direttore dell'*Unità*[416]. Allo stesso tempo Zucconi, dimostrando di non aver capito che realmente l'offensiva partiva dall'alto, scriveva a mons. Bressan una lettera in cui invitava il Vaticano a prendere posizione contro il Cavallanti e indirettamente a smentirne l'appoggio:

> «Il Cavallanti si vanta di agire sempre d'accordo col Vaticano! Sarei curioso sapere chi è il Vaticano del Cavallanti!!... Quantunque io non creda che il Vaticano voglia immischiarsi in simili affari, pure avrei piacere che fosse il Vaticano a decidere sulla giustezza delle nostre proteste e sulla condotta del Cavallanti che si è eretto a giudice supremo dell'ortodossia, al disopra dei tribunali ecclesiastici, al di sopra del P. Maestro dei SS. Palazzi e al di sopra del Papa!»[417].

In realtà la campagna dell'*Unità* era voluta da Roma[418] e anche negli ambienti vaticani, lo si sapeva. Lo stesso p. Giovanni Genocchi aveva riferito al card. Capecelatro:

> «Imparo un'altra cosa - scriveva l'8 ottobre 1910 - Mons. Bressan scrisse tempo fa all'*Unità cattolica* d'iniziare la polemica sulla Storia del Duchesne e dirne tutto il male che si poteva. Aspettiamoci dunque la condanna del Duchesne»[419].

---

[416] Cfr. [A. ZUCCONI], *Contro un libello diffamatorio*, cit., p. 11. Lettera di A. Zucconi ad N.N. di Firenze, Roma 16 giugno 1911. «Il suo telegramma [amico di Firenze intermediario con il Cavallanti] riguardante la risposta del Cavallanti, mi dimostra chiaramente che io ho fatto male a trattare amichevolmente con quel signore. [...] Dietro tale modo di procedere e dietro un sì volgare insulto non intendo di trattare più oltre con quel signore, e la prego di rompere con lui ogni trattativa, esigendo però che mi vengano subito riconsegnati i tre documenti originali che Lei, dietro mia preghiera, gli affidò. Penserò io a fare quei passi che crederò necessari per la tutela dell'onore dell'Autore, del traduttore, e della Casa che ho l'onore di Rappresentare». Zucconi quantunque avesse rotte le trattative inviava all'amico le autenticazioni legali pregandolo di mostrarle al Cavallanti. Le lettere di Duchesne, Turchi e Faloci Pulignani sono riprodotte in *Ibidem.*, pp. 4-8.

[417] [A. ZUCCONI], *Contro un libello diffamatorio*, cit., p. 10. Lettera di A. Zucconi a Mons. Bressan, Roma 14 giugno 1911.

[418] Cfr. Lettera Bressan-Chiaudano, in *Appendice*, Doc. 18.

[419] Testo in F. TURVASI, *Giovanni Genocchi e la controversia modernista*, Roma 1974, p. 377.

Ma era pure sostenuta dagli stessi gesuiti[420]. Nel contempo il rappresentante della Ditta Desclée inviava a mons. Bufalini, direttore della Tipografia S. Bernardino di Siena, dove era stato stampato il primo opuscolo diffamatorio, una lettera di diffida. Zucconi chiedeva a mons. Bufalini di togliere subito dal commercio l'opuscolo in questione o per lo meno di lanciarne una nuova edizione con la riproduzione integrale delle tre lettere di protesta. Il tutto doveva essere fatto entro il 17 giugno, pena il risarcimento dei danni morali e materiali provocati dall'opuscolo alla Casa Desclée, all'autore, al traduttore[421]. La tipografia inizialmente scaricava le responsabilità sull'autore, e sull'editore (Cavallanti). Zucconi replicava che la responsabilità delle pubblicazioni ricadeva per legge anche sul tipografo, e rinnovava la diffida. A questo punto mons. Bufalini si dichiarava disposto a pubblicare a spese della Tipografia un opuscolo a parte con le proteste suddette e si vedeva costretto a rivelare: «come tipografi abbiamo pubblicato l'opuscolo "Appunti Sereni, ecc." per conto del Rev. Sac. Cavallanti in numero di tremila copie e non cinquemila come è stampato, perché così volle il Rev. D. Cavallanti stesso; e questa è la pura verità»[422]. Zucconi si dichiarava «pienamente soddisfatto» e chiudeva amichevolmente l'incidente, con la Tipografia del Bufalini[423]. Il giornale fiorentino, però, non pubblicò né integralmente né parzialmente le tre lettere di protesta. Il Vaticano tacque! Il cav. Zucconi non querelò il Cavallanti.

L'opuscolo del *Critico dell'Unità* contro la *Storia* del Duchesne andava "a ruba": dopo la quarta sottoscrizione erano state vendute 2565 copie. Intanto cominciavano a circolare voci di una probabile replica da parte dello storico francese[424]. Duchesne dal canto suo scriveva una lettera confidenziale in cui rispondeva alle censure del *Critico*[425]. Il giornale fiorentino ironizzava sulla «forte capacità di sintesi» dello storico

---

[420] Cfr. ad es. [C. BRICARELLI], *A proposito della Storia ecclesiastica di mons. Duchesne*, in «Civ. Catt.», 1911, IV, pp. 336-339.

[421] Cfr. [A. ZUCCONI], *Contro un libello diffamatorio*, cit., p. 13. Lettera di A. Zucconi alla Direzione della Tipografia S. Bernardino di Siena, Roma 12 giugno 1911.

[422] [A. ZUCCONI], *Contro un libello diffamatorio*, cit., p. 14. Lettera di Mons. Bufalini a A. Zucconi, Siena 17 giugno 1911.

[423] Cfr. [A. ZUCCONI], *Contro un libello diffamatorio*, cit., p. 15. Nella lettera tra l'altro stabiliva: «Voi ci spedirete a Roma 3000 copie delle dette proteste stampate in opuscolo col titolo Proteste contro l'opuscolo "Appunti sereni", ecc., pubblicato dalla Direzione dell'Unità Cattolica di Firenze, Siena, ecc., ecc.». Zucconi aggiungeva « tali copie verranno spedite *gratis* a chi ne farà richiesta». E l'opuscolo uscì: cfr. *Protesta*, [Roma 1911]. Risposta all'*Unità Cattolica*.

[424] Cfr. *Un vero plebiscito. Mons. Duchesne confuterà l'opuscolo?*, 14 luglio 1911, p. 1.

[425] L. DUCHESNE, *Lettre à un ami à propos de l'Histoire ancienne de l'Église. Épreuve confidentielle*, Roma [1911]. Spedita confidenzialmente ai vescovi.

francese (27 pp.), adoperata per rispondere a «tutti i suoi critici»[426]. Neppure la replica dell'*Unità* si faceva attendere[427]. Il *Critico* continuò, come abbiamo visto, le sue pubblicazioni. Uscirono altri due opuscoli, questa volta, stampati a Firenze nella Tipografia arcivescovile. Il 25 agosto 1911 il giornale fiorentino rivelava il nome dell'autore degli *Appunti Sereni*: era il p. Tito Bottagisio[428]. Tutta questa campagna polemica non impediva al Roncalli di continuare ad essere un'estimatore della *Storia* del Duchesne[429]. Tuttavia alla voce del *Critico dell'Unità* ben presto si affiancò quella dei vescovi[430]. Lo stesso critico, dopo l'"emorme successo" dei suoi *Appunti Sereni*, decideva di raccoglierli in un unico volume[431].

Nello stesso tempo la *Lettre* era stata mandata dal Duchesne anche a Pio X tramite il card. Agliardi. Per di più il Duchesne aveva scritto al papa, chiedendogli di metterlo in contatto con persona di sua fiducia. Pio X aveva risposto tramite mons. Bressan, il 3 luglio 1911, che la sua giustificazione non era considerata sufficiente di fronte alle accuse ed alle riserve sollevate dagli *Appunti Sereni* contro il suo libro. Al Duchesne restava, secondo il pontefice, di dimostrare la propria ortodossia. La parte centrale della lettera era pubblicata a metà ottobre dal *Secolo*. Tutto ciò ridava legittimità all'operato dell'*Unità*[432]. Lo "schiamazzo"

---

[426] Cfr. *Bravo Monsignore*, 14 luglio 1911, p. 1.

[427] [T. BOTTAGISIO], *Alcune postille alla "Lettre à un ami" di mons. Luigi Duchesne contro "Il Critico" dell'Unità Cattolica. Opuscolo confidenziale*, Firenze 1911. Quindici pagine in cui si ripercorrevano le tappe più significative della carriera del Duchesne (pp. 2-3), e si respingevano le difese del medesimo giudicandone la causa oramai spacciata (pp.3-15).

[428] Il giornale fiorentino confermava la rivelazione fatta dal «Corriere della Sera» del 20 agosto 1911. Stranamente la «Rassegna Nazionale» del 16 febbraio e del 16 marzo 1912 attribuiva gli *Appunti Sereni* pubblicati nell'*Unità* al p. Mattiussi, quando il nome del p. Bottagisio era oramai noto a tutti.

[429] Cfr. Lettera Mazzoleni-Cavallanti, in *Appendice*, Doc. 20.

[430] Cfr. *Attorno ad una Storia. Tace il "Critico" dell'Unità Cattolica e parlano i Vescovi*, 3 e 5 settembre 1911, p. 1. Erano riportate lettere di vescovi che elogiavano e approvavano pienamente il lavoro del "Critico", e non escludevano la malafede del Duchesne giudicato «poco storico e poco teologo» (5 sett. vescovo di Macerata mons. Sarnari). Complessivamente la campagna dell'*Unità* contro gli errori del Duchesne aveva ricevuto il plauso di 25 Cardinali e di circa 100 vescovi. I testi più significativi delle lettere, per ragioni di spazio, venivano riprodotti sulla rivista mensile del Cavallanti: cfr. *Cardinali e Vescovi al P. Bottagisio*, in «Sentinella Antimodernista», 1 (1912), pp. 18-20; *S.E. il Cardinale Merry del Val e alcuni Vescovi a P. Tito Bottagisio*, in «Sentinella Antimodernista», 2 (1912), pp. 45-48.

[431] T. BOTTAGISIO, *Appunti Sereni sulla Storia della Chiesa antica di Mons. Luigi Duchesne (Edizione Italiana)*, Padova 1911. Il volume ebbe tre edizioni nel giro di pochi mesi. Cfr. *Cardinali e Vescovi al P. Bottagisio*, in «Sentinella Antimodernista», 1 (1912), pp. 18-20. «E' un'operetta poderosa [580 pp.] che farà veramente immortale il solitario di Chieri, il gesuita Bottagisio» (p. 18).

[432] Cfr. «Il Secolo», 17 ottobre 1911. In una corrispondenza di Guglielmo Quadrotta

dell'*Unità*, infine, dava i suoi frutti. Una *Circolare* della Sacra Congregazione Concistoriale, firmata dal Card. De Lai, proibiva nei seminari, «anche come semplice testo di consultazione», la *Storia della Chiesa Antica* del Duchesne, perché giudicata «sommamente pericolosa e talora anche esiziale»[433]. Pare proprio il card. De Lai il vero ispiratore della campagna contro Duchesne e a lui si deve l'iniziativa della proibizione prima e della condanna poi della *Storia*[434]. Infatti anche per le Case Religiose arrivava la proibizione[435]. A questo punto pure i vescovi francesi vietavano la «semplice lettura» della *Storia* duchesniana che nell'edizione francese sarebbe stata «più ricca di errori»[436]. Da ultimo la *Storia* del Duchesne veniva messa all'Indice con decreto del 22 gennaio 1912[437].

Il giornale fiorentino non nascondeva la sua soddisfazione. Fingeva di non capire il chiasso della stampa liberale, che attribuiva la condanna alle critiche dei giornali papali[438]. Reagiva alla ironica presa di posizione dell'*Italie* che scriveva: «Logiquement on devrait esperér que les Scotton, Cavallanti et autres Mormons cesseront les attaque contre l'éminent

---

questi diceva di aver visto «presso un altissimo prelato una copia dattiloscritta di una lettera diretta da Mons. Bressan a nome del S. Padre al Duchesne in data 3 luglio». Il contenuto della lettera era il seguente: «Sua Santità ritiene che non convenga rispondere semplicemente nella forma riservata e confidenziale da Lei usata, ma bensì che si debba pubblicamente e dettagliatamente confutare ogni rilievo [degli *Appunti Sereni*] affinchè la sua opera storica sia dimostrata essere in armonia colla dottrina cattolica». L'*Unità Cattolica* informava i lettori compiaciuta: cfr. 19 ottobre 1911, p. 1. Il testo della lettera compariva pure in «Sentinella antimodernista», 7 (1912), p. 210. La notizia della lettera del Duchesne a Pio X è contenuta in M. MACCARRONE, *Monsignor Duchesne e la curia romana*, cit. pp. 460-461.

[433] A.A.S., 3 (1911), pp. 568-569. La *Circolare* portava la data del 1 settembre 1911.

[434] Cfr. *Romana beatificationis et canonizationis servi Dei Raphaëlis Merry Del Val S.R.E Cardinalis*, Città del Vaticano 1957, p. 164.

[435] La Lettera della S. Congregazione dei Religiosi del 9 settembre 1911 era riportata dal giornale fiorentino, cfr. 15 settembre 1911, p. 1.

[436] Cfr. *Duchesneide*, in «Sentinella antimodernista», 1 (1912), pp. 22-23. «*La Cronique de la Presse* con uno smagliante articolo dell'egregio collega Delmont mostra le varie fasi della polemica sulla storia del Duchesne, difendendo l'Unità C. e P. Bottagisio».

[437] Cfr. A.A.S., 4 (1912), p. 56. Cfr. *Note Vaticane. Libri all'Indice*, 31 gennaio 1912, p. 1.

Un uomo come Mercati, futuro cardinale, dedicava al Duchesne nel 1917 un suo libro: G. MERCATI, *Notizie varie di antica letteratura medica e di bibliografia*, (Studi e Testi, 31), Roma 1917. Il testo della dedica così recita: «Ludovico Duchesne - Protonot. Apost. - Presbytero ante annos L ordinato - redeunte consecrationis annua die - XXI dec. MCMXVII -D.D.D. - Memor sit omnis sacrificii tui et holocaustum tuum pingue fiat, tribuat tibi secundum cor tuum et omne consilium tuum confirmet». E uno storico come Maccarrone parla di infelice condanna: Cfr. M. MACCARRONE, *Monsignor Duchesne e la curia romana*, cit. pp. 480-481.

[438] Cfr. *Il Decreto dell'Indice illustrato dalla stampa liberale. Perchè tanto chiasso?*, 1 febbraio 1912, pp. 1-2.

accadémicien et directeur de l'Ecole française de Rome»[439]. E Duchesne «fidèle enfant de l'Église» si sottometteva[440]. All'*Unità* andavano gli encomi della stampa cattolica integralista di tutta europa[441]. Al Duchesne qualche critica anche della stampa laica[442].

Si erano scontrate due concezioni opposte della storiografia. Duchesne aveva il grande merito di superare ogni impostazione apologetica, allora largamente diffusa, e di assumere tra i criteri fondamentali della ricerca storica il rispetto della verità, anche spiacevole e sgradita, e di allinearsi in pieno al metodo critico-filologico. Gli nuoceva il suo tono un po' sarcastico, frutto del suo temperamento, la sua incompleta preparazione teologica, che gli impedì di approfondire in pieno le discussioni cristologiche dei secoli IV e V e la loro portata. D'altra parte egli giustamente vedeva l'evoluzione concreta di molti aspetti istituzionali della Chiesa. Forse una certa attenzione a determinati aspetti della vita della Chiesa, difficilmente spiegabili solo con criteri esclusivamente naturali, avrebbe giovato alle sue concezioni. Comunque, il superamento dell'apologetica e la solidità scientifica dell'opera restano i suoi meriti essenziali[443]. Gli avversari, focosi e battaglieri, nella maggior parte dei casi erano dei giornalisti, poco preparati culturalmente, se non proprio digiuni dei più moderni risultati della scienza, non coglievano l'impor-

---

[439] «L'Italie», 7 febbraio 1912. A *L'Italie* replicava Cavallanti: «No, o caro giornaletto del nostro *post prandium*, non abbiamo mai attaccato noi Mons. Duchesne, ma le sue opere» e minacciava di riprendere «la lotta senza paure e senza tregue» se *L'Italie* e i suoi amici avessero continuato a diffondere dottrine «che non ci piacciono» e «che non ci paiono consone» agli insegnamenti della Chiesa e del Papa (cfr. 8 febbraio 1912, p. 1).

[440] Cfr. *Vaticano. Sottomissione di Mons. Duchesne*, 7 febbraio 1912, p. 1. Il Duchesne, ossequiente al decreto di condanna, sospese la pubblicazione del IV volume, che fu dato alla luce postumo da H. Quentin (Roma 1925) col titolo *L'Église au VI.e siècle*.

[441] Cfr. *Olanda. Duchesniana*, in «Sentinella antimodernista», 3 (1912), pp. 99-100. L'«ottimo *Maasbode* di Rotterdam» ad es. si chiedeva «Come spiegare che il *Maasbode*, l'*Unità Cattolica*, l'*Univers*, che pure provarono con documenti che il D. diffondeva errori, sieno stati per un'intero anno, ogni giorno, e da parte di quasi tutta la stampa cattolica dei Paesi Bassi, perseguitati come perfidi calunniatori, denigratori sospettosi, cacciatori d'eretici, neomodernisti, in una parola come che merita l'obbrobio universale?». Fra la stampa olandese che aveva mosso attacchi all'*Unità* ricordiamo il *De Tijd* diretto dal sac. Geurts: cfr. [A. CAVALLANTI], *Questioni olandesi*, 27 gennaio 1912, p. 1 art. di fondo.

[442] Cfr. «L'Avanti!», 8 febbraio 1912. Per l'atto di sottomissione lo storico francese veniva chiamato «maestro fedigrafo»; «La Stampa», 6 febbraio 1912: si chiedeva qual'era il vero senso delle parole del Duchesne; «Giornale d'Italia», 6 febbraio 1912.

[443] Cfr. in questo senso le parole di Paolo VI (24 maggio 1973) ai partecipanti ad un colloquio scientifico dell'École Française (Roma), in occasione del 50° anniversario della morte del Duchesne, testo dell'udienza in «Osservatore Romano», 25 maggio 1973.

tanza del rispetto per la verità, erano privi di un'autentica sensibilità per il divenire, come una delle dimensioni della Chiesa, e sottolineavano, forse in modo eccessivo, la necessità di tener presente l'aspetto soprannaturale della Chiesa. Le critiche, lette con piacere negli ambienti della Curia romana, colpivano qua e là punti in cui il Duchesne avrebbe potuto essere più chiaro, ma in sostanza erano deboli e mostravano una mentalità ristretta. In pratica aveva vinto una concezione storico-teologica essenzialmente astorica, priva di una reale volontà di comprensione. Una concezione che negava ogni evoluzione, che finiva, dietro il paravento della difesa apologetica della Chiesa e del Papato, con lo strumentalizzare la ricerca, col non far parlare le fonti. Esattamente all'opposto di quello che aveva compiuto il Duchesne, usando il metodo storico-critico, e ancor più col il *Bulletin critique* pubblicato da lui per ben 20 anni, che aveva formato una generazione di studiosi critici e fedeli alla Chiesa.

Non rientrava allora nella polemica la questione tuttora discussa tra alcuni studiosi se la Storia della Chiesa sia una materia teologica (Jedin, Daniélou, Dugmore, Aubert, ecc.) o meno (Lortz, Alberigo, Cantimori, Miccoli ecc.).

3. Ernesto Buonaiuti

Il giovane Cavallanti non esitava a chiamare il Buonaiuti[444] «modernista puro sangue», anche se in realtà dimostrava poi di saper ben poco del direttore della *Rivista storico-critica* di Roma[445]. Ma proprio negli anni 1907-08, quando il giovane Buonaiuti propendeva per le forme estreme di un radicalismo modernista ed era infatuato per il socialismo, sull'*Unità* compariva una recensione all'«ottimo» libro: *Lo gnosticismo*[446]. Quando poi uscirono le anonime *Lettere di un prete modernista*[447],

---

[444] Ernesto Buonaiuti (1881-1946). Per approfondimenti rimandiamo a F. PARENTE, *Buonaiuti Ernesto*, in D.B.I., vol. 15, pp. 112-122; A. ZAMBARBIERI, *Il Cattolicesimo tra crisi e rinnovamento. Ernesto Buonaiuti ed Enrico Rosa nella prima fase della polemica modernista*, cit.. Molte lettere del Buonaiuti sono state integralmente pubblicate in *Fonti e Documenti*, I, Urbino 1972.

[445] Cfr. S.A. CAVALLANTI, *Modernismo e modernisti*, cit., p. 14.

[446] Cfr. 7 marzo 1907, p. 3. «In complesso un ottimo volume anche dal punto di vista tipografico, la cui lettura procurerà agli studiosi vecchi o giovani una maggiore chiarezza d'idee nella comprensione del fenomeno gnostico e una mèsse di notizie nuove che sarebbe arduo se non impossibile cercar altrove così ordinatamente riunite». Il libro del Buonaiuti era uscito a Roma nel 1907 ed era intitolato *Lo gnosticismo. Storia di antiche lotte religiose*. Si noti che il libro veniva poi attaccato con notevole impeto da p. Batiffol («Bull. de littér. ecclés»., 7 (1907), pp. 165-175) come dipendente dall'interpretazione dello Harnack.

[447] [E. BUONAIUTI], *Lettere di un prete modernista*, Roma 1908.

il giornale fiorentino ospitò un articolo del gesuita Rinieri[448], il quale sommariamente (dopo aver letto «le prime 40 pagine»), riteneva fossero le solite «vecchie accuse, rimuginate per la millesima volta» contro la Chiesa romana e le sue strutture, opera certamente di un deluso «ex-secretario» degli ambienti della curia romana[449].

Qualche tempo dopo il Buonaiuti criticava per la sua scarsità scientifica il libro del p. Rinieri su *S.Pietro in Roma e i primi Papi*[450]. Questi replicava, servendosi anche dell'*Unità* e dicendosi soddisfatto delle critiche di certi modernisti, che in tal modo dimostravano l'efficacia del suo libro. Il giornale fiorentino, sempre in quest'occasione, prendeva posizione contro il Buonaiuti e affermava:

> «è tempo di finirla con tanti equivoci, con tante debolezze: se tra noi vi èchi non la pensa come la Chiesa e il Papa, esca pure dalle nostre file. Ciò sarà doloroso, ma meno confusione avremo nel campo nostro, meno zizzania sarà sparsa a rovinare tanti fedeli»[451].

La polemica continuò[452]. Il foglio fiorentino difese incondizionatamente il p. Rinieri, dalle «montature», dalle "invenzioni e infamie"

---

[448] Ilario Rinieri (Alasia [Corsica] 1853 - Cuneo 1941). Storico della scuola intransigente. Per approfondimenti cfr. W. MATURI, *Interpretazioni della storia del Risorgimento*, Torino 1962, pp. 588-589.

[449] Cfr. P. I. RINIERI, *L'ultima freccia del modernista morente*, 8 maggio 1908, p. 1 art. di fondo.

[450] Cfr. «Rivista storico-critica delle scienze teologiche», 1 (1909), pp. 65-67. Il titolo completo del libro era *S. Pietro in Roma ed i primi Papi secondo i più vetusti catologhi della Chiesa romana*, stampato a Torino nel 1909.

[451] Parole premesse da A. Cavallanti all'articolo di P. I. RINIERI S.J., *Il Padre Rinieri ed il Prof. Buonaiuti. Breve risposta ad una critica interessata*, 5 marzo 1909, pp. 1-2. Sempre Cavallanti nella premessa asseriva che all'opera uscita nel dicembre 1908 l'*Unità Cattolica*, non aveva fatto ancora menzione, mentre molti giornali già ne avevano fatta «positivissima» recensione, perchè «noi avremmo voluto [...] fare non già una semplice rassegna, ma una vera e propria e minuziosa analisi», ma «mancò poi il tempo», per «l'ampiezza del lavoro ideato». A dire il vero fra le critiche all'opera del Rinieri, oltre a quelle scontate della compagine "modernista", si era levata pure quella del p. d'Alès ripreso dal De Töth sulle *Armonie della Fede*, e De Töth ufficialmente ancora era direttore del giornale fiorentino. Questa divergenza coll'*Unità*, costituisce un ulteriore prova del diminuito prestigio direttoriale dell'ex carmelitano.

[452] Cfr. «Rivista storico-critica delle scienze teologiche», 1 (1909), pp. 65-69. Il Buonaiuti rinfacciava al Rinieri (p. 66): «Con quale base, [...] rimprovera al Semeria di negare l'episcopato romano di s. Pietro? Altro è negare una sua determinata durata, altro è negare un'autorità primaziale di Pietro sulla comunità cristiana di Roma. Questo è anticattolico: quello no». Il Rinieri aveva accusato p. Semeria di aver sostenuto che S. Pietro non era «mai» stato vescovo di Roma: cfr. P. I. RINIERI, *S. Pietro in Roma*, cit., pp. XX-XLV in particolare pp. XXVIII-XXIX. L'opera semeriana incriminata era G. SEMERIA, *Dogma, Gerarchia e Culto nella chiesa primitiva*, Roma 1902, pp. 36-43 e 158-165. Il Buonaiuti continuò a rispondere agli attacchi del gesuita: cfr. E. BUONAIUTI,

moderniste, che parlavano di una fuga del p. Rinieri[453]. La protezione era motivata dalla convinzione che dietro le connessioni contro il p. gesuita si volesse colpire «tutta la compatta falange degli scrittori antimodernisti»[454].

All'inizio del 1910 il Cavallanti, per ridare un certo tono all'*Unità*, pubblicava un lunghissimo articolo (otto colonne) in cui pretendeva di lanciare al pubblico «un grido d'allarme per la improvvisa ripresa del modernismo italiano ed internazionale». Si presentavano libri, opuscoli e periodici recenti. Si facevano nomi: Murri, Semeria, Jolanda, Buonaiuti, Giacomelli ecc. Si lanciava un grido di guerra al modernismo[455]. Fu «per tanti un orientamento, una rivelazione», scriveva nell'opuscolo «ampliato in materia»[456] richiestogli dapprima dal vescovo di Fiesole[457] e poi da tanti altri[458]. Cavallanti se la prendeva anche con il Buonaiuti, con il suo libro *Saggi di filologia e storia del Nuovo Testamento*, giudi-

---

Spigolature e notizie. Al p. Rinieri, in «Rivista storico-critica delle scienze teologiche», 3 (1909), pp. 245-248; E. B., *Spigolature e notizie. Al p. Rinieri*, in «Rivista storico-cristica delle scienze teologiche», 4 (1909), pp. 334-337. Era una risposta alla replica del p. Rinieri apparsa sull'*Italia reale* del 10 aprile. Il Buonaiuti dimostrava efficacemente come il Rinieri avesse falsificato brani del libro del Semeria e concludeva: «Non le preposizioni genuine del p. Semeria, ma quelle *falsificate* contengono l'errore citato». Il Rinieri usò pure l'*Unità Cattolica* per polemizzare contro il Buonaiuti: cfr. P. I. Rinieri, *Quarta lezione al Sac. E. Buonaiuti. Sono nè ex gesuita nè falsario*, 13 maggio 1909, p. 1 art. di fondo. Contro quanto sosteneva il Buonaiuti nella sua *Rivista storico-critica* di aprile d'essere un «falsificatore di testi».

[453] Cfr. Ragg. X., *Dalle rive del Tevere. Corrispondenza critico-storico-polemica diretta contro gli oppugnatori dell'Episcopato romano di S. Pietro e contro i Reverendi Buonaiuti e Semeria in ispecie*, 30 aprile 1909, pp. 1-2. La notizia della fuga del Rinieri venne data per prima dall'*Avanti!*, poi dal *Corriere della Sera*, infine venne ripresa dai periodici modernisti e modernizzanti. Cfr. N.D.R., *Sempre per la fuga del P. Ilario Rinieri*, 1 maggio 1909, p. 1. L'*Unità* ridicolizzava "la papera dell'*Avanti*", esaltava il lavoro culturale e letterario del Rinieri, e concludeva: «Or, è contro un tanto uomo che osano alzare la voce certi vaniloqui modernisti dello stampo di un prete Buonaiuti e di altri, il cui nome non ha ancora oltrepassato la soglia della casa da essi abitata!».

[454] Cfr. Ragg. X., *Dalle rive del Tevere*. cit., 30 aprile 1909, pp. 1-2.

[455] Cfr. [A. Cavallanti], *Letteratura Modernistica*. 25 gennaio 1910, pp. 1-2.

[456] S. A. Cavallanti, *Letteratura Modernistica. Fatti e persone degli ultimi giorni*, Siena 1910. Ebbe diverse edizioni.

[457] Cfr. 1 febbraio 1910, p. 1. Il vescovo Fossà di Fiesole (quello che aveva accolto De Töth, ed era divenuto l'alto protettore della rivista *Le Armonie della fede*) scrivendo al Cavallanti fra l'altro diceva: «Faccio voti perchè questo numero, ampliato in materia, raccolto in opuscolo venga diffusamente esteso, per prevenire i buoni e per illuminare gli altri e così tutti sappiano cosa sia questa eresia modernistica che ha molte faccie».

[458] All'appello del Fossà (che apriva le adesioni e sottoscrizioni con l'offerta di 50 lire) si unì quello di una lunga schiera di presuli (i cardinali Lorenzelli di Lucca, Bacilieri di Verona, Francica Nava di Catania, Richelmy di Torino, Boschi di Carrara, Cavallari di Venezia, gli arcivescovi Mistrangelo di Firenze, Scaccia di Siena ecc., i vescovi di Prato, Pistoia, Arezzo, Modigliana, Grosseto, Crema ecc.) tutti "ottimi" pastori: cfr. 4, 6, 10, 13 ecc. febbraio 1910, p. 1.

cato «tutto succo modernistico da capo a fondo»[459]. Un giornale bresciano, dopo le rivelazioni del Cavallanti, parlando del Buonaiuti, per la prima volta affermava che «la voce pubblica» lo indicava come l'autore delle «famose» *Lettere di un prete modernista*[460]. L'*Unità Cattolica* con "discrezione" invitò a più riprese il Buonaiuti a discolparsi[461]. Il nome del Buonaiuti, come autore del *Programma dei modernisti* e delle *Lettere di un prete modernista*, ritornava fuori, più prepotente e documentato, nella *Civiltà Cattolica*. A chiamarlo in causa era il p. Enrico Rosa autore di diversi articoli che suscitarono un'aspra polemica[462], a cui anche il giornale fiorentino prese parte. Il Buonaiuti reagiva sulla sua rivista periodica rivendicando il *Nihil obstat* apposto ai suoi scritti[463]. A Cavallanti non bastavano gli *imprimatur* rivendicati dal Buonaiuti: «Non le pare, signor Bonaiuti, che noi e la "Civiltà C." siamo pienamente colle direttive del Papa? Guai a noi giornalisti se non avessimo "a luce e conforto" l'Enciclica "Pascendi"»[464]. Nel 1910 venivano messi all'Indice la *Rivista Storico-critica* e i *Saggi di filologia*.

---

[459] Cfr. S. A. CAVALLANTI, *Letteratura Modernistica. Fatti e persone degli ultimi giorni*, cit., p. 42. Anche i gesuiti biasimarono il libro del Buonaiuti: cfr. E. ROSA, *La propaganda del modernismo in Italia*, in «Civ. Catt.» 1910, I, p. 473.

[460] Cfr. «Provincia di Brescia», 27 gennaio 1910.

[461] Cfr. [A. CAVALLANTI], *Contro il nostro immenso articolo. L'autore delle famose «lettere»?*, 29 gennaio 1910, p. 1. «Invitiamo il sac. Bonaiuti, se in coscienza lo può fare, a smentire la affermazione della *Provincia*: se no, il pubblico potrebbe credere che l'autore dell'*Agnosticismo* (sic) e dei *Saggi di filologia*, libri gonfi di spropositi, sia anche l'autore delle eretiche "Lettere di un prete modernista" che sollevarono tanta indignazione due anni or sono fra i cattolici. Ci pare di essere discreti!». Ma il Buonaiuti tacque. Cfr. pure ALCA, *A Zonzo. Lettere d'un prete modernista*, 3 settembre 1911, p. 1. Il nome del Buonaiuti quale autore delle *Lettere* veniva fatto questa volta dalla «Rivista Cultura Moderna» nel numero triplo di luglio-settembre alla p. 98. Cavallanti chiedeva al Bottaini, direttore della rivista, di portare le prove. «Ad ogni modo aspettiamo dal Bonaiuti una smentita pronta, chiara, categorica, piena. Un prete cattolico non può rimanere a lungo sotto questa taccia. Noi ci obblighiamo di tenere informati i nostri lettori... naturalmente anche del silenzio se il Bonaiuti non risponderà».

[462] Cfr. E. ROSA, *La propaganda del modernismo in Italia*, in «Civ. Catt.», 1910, I, pp. 472-473. Per inciso il p. Rosa accennava ai «gravi errori» e alla propaganda modernista del Buonaiuti; IDEM.., *A proposito di propaganda del modernismo*, in «Civ. Catt.», 1910, I, pp. 641-659. Il p. gesuita attaccava soprattutto il libro *Lo Gnosticismo*.

[463] Cfr. *All'«Unità Cattolica» e al padre Enrico Rosa S.I.*, in «Rivista storico-critica delle scienze teologiche», 6 (1910), pp. 1-15. La rivista di via Ripetta «dava una prima risposta sommaria» «alle futili difese ed alle calunniose affermazioni» contenute nell'articolo del Buonaiuti: cfr. LA DIREZIONE, *Una risposta del sac. E. Bonaiuti. Nota della direzione*, in «Civ. Catt.», 1910, II, pp. 123-126. Il p. Rosa faceva poi in una serie di articoli una dettagliata confutazione degli errori buonaiutini: cfr. [E. ROSA], *Al sacerdote Ernesto Buonaiuti*, 1910, II, pp. 224-231; pp. 344-357; pp. 589-605.

[464] Cfr. *Note ed appunti. Bonaiuti contro la "Civiltà Cattolica"*, 19 marzo 1910, p. 1; [A. CAVALLANTI], *Nuovissima logica modernistica*, 7 aprile 1910, p. 1.

In occasione del «processo Verdesi»[465], veniva ad essere conosciuto in tutti i suoi particolari il cenacolo buonaiutiano formatosi nella sua casa a partire dal marzo 1908. Vi si prendeva parte dietro invito. Oltre al Buonaiuti, che fungeva da capo, i più zelanti erano don Verdesi, don Cappa, don Parrella, don Piastrelli, don Pioli, don Turchi, Paul Sabatier, il prof. Vailati e pochi altri. Espressione di questo gruppo era la rivista *Nova et Vetera* già denunciata dall'*Unità* e condannata dal Card. Vicario Respighi[466]. Il giornale fiorentino difendeva il p. Bricarelli querelatore, che aveva imposto al Verdesi, dopo che questi si era confessato, di denunciare per iscritto al S. Uffizio, i sacerdoti modernisti[467]. Il processo suscitò parecchio clamore per la singolarità della materia: il segreto confessionale trattato da giudici civili, e per i testimoni: due cardinali, vari prelati e molti preti. Il Bricarelli vinse la causa, grazie anche alle testimonianze dei componenti "la conventicola modernista"; proprio il Buonaiuti escluse ogni violazione del segreto confessionale da parte del gesuita, il Verdesi fu condannato a 8 mesi di carcere e a 383 lire di multa

---

[465] Il Verdesi aveva fatto parte di un piccolo gruppo di "partecipanti scelti" costituitosi attorno al Buonaiuti, che dal 1908 ogni venerdì pomeriggio si incontrava nella sua casa. Voleva essere un cenacolo di studiosi di problemi religiosi, con scopo squisitamente culturale, in realtà finiva con l'essere, secondo il Colletti, «una specie di organizzazione segreta di alcuni preti modernisti di Roma». Il Verdesi caduto in crisi rivelava tutto al suo confessore il p. Carlo Bricarelli, gesuita della *Civiltà Cattolica*, che gli imponeva di farne denuncia al papa. Quando nel 1911 il Verdesi abbandonava la Chiesa cattolica per farsi metodista, l'ex sacerdote cattolico rivelò la denuncia fatta dando luogo al processo nel quale il tribunale civile di Roma doveva decidere se vi era stata o meno la violazione del segreto confessionale. Della «vicenda Verdesi» il giornale fiorentino se ne occupò a lungo e minuziosamente. Per i particolari della vicenda si veda anche A. HOUTIN, *Histoire du modernisme catholique*, Paris 1913, pp. 363-384. Oggi soprattutto L. BEDESCHI, *Bricarelli Carlo*, in D.B.I., vol. 14, pp. 218-220. Carlo Bricarelli (Torino 1857 - Roma 1931). Dal 1899 scrittore della *Civiltà Cattolica*. Fervente antimodernista. Scrisse sul *Momento* di Torino con gli pseudonimi di «Rutilio» e di «Porter».

[466] Cfr. *Nova et Vetera*, 24 gennaio 1908, p. 2. Venne condannata: cfr. A.S.S., 41 (1908), p. 128.

[467] Cfr. *Recentissime. Il processo Verdesi*, 23 maggio 1911, p. 3. Dove veniva fatto il punto della situazione; [A. CAVALLANTI], *Marciume modernistico nel processo Verdesi. Sacerdoti modernisti e riviste moderniste*, 24 maggio 1911, p. 1. Il Verdesi denunciava solo il Rossi e il Buonaiuti, non denunciava l'amico don Ottorino Cappa. Ma dopo questo gesto il Verdesi entrò in una crisi profonda: «Questa violazione della mia coscienza [da parte del p. Bricarelli] produsse in me uno stato d'animo intollerabile; non mi era possibile vivere insieme ad amici che avevo denunziato e che non conoscevano la mia azione». Il Verdesi lasciò l'abito sacerdotale, e in una serie di articoli apparsi su «Il Secolo», e una lettera di difesa pubblicata su «Il Messaggero», del 15 aprile 1911, rivelava «i sistemi dei quali si serve la Compagnia di Gesù nel coartare le coscienze e nel combattere il modernismo». Il p. Bricarelli ritenne gli articoli una diffamazione. Cfr. inoltre *Il processo dell'apostata ex prete Verdesi*, 25 maggio 1911, pp. 1-2; ALCA, *A Zonzo. Il modernismo a Roma dalla denunzia Verdesi*, 28 maggio 1911, p. 1; P. A. COLLETTI, *Dopo la condanna dell'apostata Verdesi*, 7 giugno 1911, p. 1 art. di fondo.

più le spese processuali. Tale sentenza venne ratificata anche in agosto in seconda istanza. Per l'*Unità Cattolica* questo processo dimostrava ancora una volta che le sue grida d'allarme erano ben fondate e che aveva precorso i tempi, quando «era sola o quasi sola a combattere il modernismo, mentre i soliti negavano la sua esistenza»[468]. Non si esitava a definire il gruppo «una specie di organizzazione segreta di alcuni preti modernisti»[469].

Ci sembra possano costituire un'efficacissima conclusione, a questo quadro intricato di lotte e polemiche, le ironiche parole del futuro Benedetto XV, allora arcivescovo di Bologna, al card. De Lai che suggeriva di fare il Cavallanti e Andrea Scotton «Consultori generali della S. C. dell'Indice»:

> «Certamente io non posso, per ragioni di prudenza, far propaganda per l'*Unità Cattolica*; il niun frutto che ne avrei mi farebbe perdere molto prestigio. Senza dire, che anche personalmente io non approvo i sistemi de *L'Unità*, e qui mi permetta di aggiungere che presso i Vescovi e i sacerdoti migliori fa cattiva impressione che le condanne della Santa Sede *vengano dopo* le critiche e le censure de *L'Unità Cattolica*. Io confesso che farei il Direttore de *L'Unità*, e forse anche quello della *Riscossa*, "Consultori generali della S. C. dell'Indice", li autorizzerei a comunicare *privatamente* alla Santa Sede le osservazioni che credessero di fare a' libri ed opuscoli resi di pubblica ragione, affinchè la S. C. dell'Indice potesse fondare su quelle osservazioni il suo esame ed anche i suoi decreti; ma la precedenza de *L'Unità* nel pubblicare critiche e condanne di libri ed opuscoli è tutta a danno della Santa Sede, perché molti dicono "la posteriora condanna della S. C. dell'Indice un frutto della precedente condanna fatta da *L'Unità*". L'autorità ecclesiastica ci perde, perché molti dicono: "Se *L'Unità* non parlava, la Santa Sede taceva!" Io vorrei invece che la Santa Sede fosse *prima* a parlare, valendosi anche delle osservazioni *segrete* ricevute anche dai "Consultori generali", e *poi* seguissero le *Unità* e le *Riscosse* ad illustrare e *giustificare* la condanna fatta dalla Santa Sede. Ma io forse entro dove non devo: l'ho fatto perché nella lettera da V. E. comunicatami, l'E.mo Segretario di Stato esprime rincrescimento che io non abbia sollevato qualche velo»[470].

---

[468] [A. Cavallanti], *Marciume modernistico nel processo Verdesi. Sacerdoti modernisti e riviste moderniste*, cit. Verdesi in quelle riunioni venne a saper oltre ai nomi dei componenti il cenacolo anche «che il Buonaiuti forse con la cooperazione del Turchi aveva scritte le "Lettere di un prete modernista"».

[469] Cfr. P. A. C[olletti], *Episodi del modernismo italiano*, 11 giugno 1911, pp. 1-2.

[470] *Disquisitio*, cit., pp. 127-128. Lettera di Mons. Giacomo Della Chiesa al Card. De Lai, Bologna 5 dicembre 1912. La lettera era collegata alla pubblicazione della *Avvertenza*.

C. L'EPISCOPALISMO.

Il termine "episcopalismo" pare si debba attribuire a mons. Archi vescovo di Como, che lo avrebbe coniato in una lettera pastorale[471]. Vero araldo, contro questa nuova espressione del modernismo, fu Andrea Scotton con una serie di articoli raccolti poi in un opuscolo di circa 200 pagine[472]. Con il termine "episcopalismo" si designavano quei sacerdoti o laici cattolici che stavano col vescovo vicino per sottrarsi all'obbedienza del papa lontano. In questo senso alcuni vescovi più integralisti aveva pubblicato lettere pastorali e fatto omelie[473]. Di essi il direttore dell'*Unità* scriveva:

> «Cattolici, preti e laici! quando noi abbiamo di siffatti Vescovi, come quello di Arezzo e di Como e tanti altri che vanno innanzi a noi e ci danno prova di si grande attaccamento alla Cattedra di Pietro, quando vediamo che certi esempi di coraggio, di affermazione di fronte alle teorie false del giorno, alle minacce del potere laico, quando ammiriamo vescovi impavidi che si fanno vanto di ubbidire al Papa sempre ovunque ed in tutto, senza accomodamenti, senza reticenze o transazioni, checchè dica il pubblico, oh! allora stiamo pure coi Vescovi che indubbiamente saremo col Papa: saremo col Papa di Roma non con un Papa creato dalla nostra fantasia, e non cadremo nell'errore fatale dianzi nominato»[474].

Dietro l'alibi della lotta contro l'episcopalismo si legittivano certi attacchi anche ai vescovi. In un intervista mons. Gottardo Scotton li giustificava con la teoria degli anelli, che valgono tanto in quanto sono concatenati con l'anello da cui dipendeva tutta la catena[475]. In quell'intervista mons. Scotton aveva espresso giudizi critici nei confronti del

---

[471] Cfr. [A. CAVALLANTI], *L'indisciplina e l'andazzo di certi sacerdoti*, 28 agosto 1913, p. 1.

[472] A. SCOTTON, *Episcopalismo*, (Illustrazioni popolari antimodernistiche, 13), Breganze 1913.

[473] Cfr. [A. CAVALLANTI], *L'indisciplina e l'andazzo di certi sacerdoti*, cit. Si trattava della lettera pastorale del vescovo di Como mons. Archi. Il presule diceva: «Non c'è dubbio che ci vuole ubbidienza ai Vescovi: ma oggi pare che voglia affacciarsi un nuovo errore il quale tutto si traduce nel non curarsi dell'*Autorità papale* colla scusa di essere col *proprio Vescovo*. E' inutile dire che questi sacerdoti indisciplinati non obbedendo in tutto al Papa, non si curano nemmeno dei voleri e dei desideri dei loro vescovi; facendo, secondo essi, Papa (grossolano errore teologico) i Vescovi alterano l'ordine gerarchico e incorrono nelle conseguenze più fatali». Cfr. [IDEM.], *Coraggio e fermezza di Vescovo*, 31 agosto 1913, p. 1. Mons. Volpi vescovo d'Arezzo, in un'omelia si professava intransigente perchè coerente, e attaccava l'episcopalismo serpeggiante «come errore» tra gli «indisciplinati» del clero; [ID.], *L'errore di certi cattolici. L'episcopalismo*, 2 settembre 1913, p. 1.

[474] [A. CAVALLANTI], *Coraggio e fermezza di Vescovo*, 31 agosto 1913, p. 1.

[475] Cfr. «Corriere della Sera», 22 febbraio 1911.

card. Ferrari. Fu subito polemica, anzi fu di nuovo polemica. L'intervista di Scotton costituiva la punta di una lunga vertenza tra i fratelli di Breganze e il card. Ferrari, vertenza iniziata nel corso del 1910. Allora *La Riscossa* dei fratelli Scotton, prendendo lo spunto dal rifiuto del giovanissimo sacerdote milanese Fontana di compiere il giuramento antimodernistico, accusava apertamente il seminario di Milano di essere un «semenzaio di modernismo» e i superiori di non essere sufficientemente attenti alla formazione dei seminaristi[476]. L'attacco della *Riscossa* sebbene rivolto direttamente al Seminario di Milano, indirettamente colpiva la persona del cardinal Ferrari, in quanto superiore ultimo del seminario. L'arcivescovo replicava duramente nella *Rivista Diocesana*: «traccie di Modernismo in questi Seminari, sia nella direzione, sia nell'insegnamento, non ne avemmo mai»[477]. Tra i fratelli Scotton e il card. Ferrari ci fu uno scambio di lettere: per i fratelli di Breganze nella diocesi di Milano «le cose, in ordine ai principi», andavano «male, assai male»[478]. Ferrari ricorse al card. De Lai, chiedendo giustizia[479]. Roma impose il silenzio[480]. Ma proprio mons. G. Scotton il 22 febbraio rilasciava l'intervista, sopra ricordata, ai corrispondenti del *Corriere della Sera*, del *Gazzettino di Venezia* e del *Giornale* di Vicenza. Il card. Ferrari ricorse ancora a Roma. Il card. De Lai deplorò l'intervista di Gottardo Scotton e rassicurò il card. Ferrari. Seguì «Il mio confiteor» di mons. G. Scotton[481]. I giornali del *trust* si sollevarono contro la *Riscossa*. L'*Unione* parlò di metodi disonesti e di vigliaccheria[482]. L'*Unità Cattolica* deplorava benignamente lo Scotton e duramente attaccava i giornali modernizzanti che avevano sollevato una vera e propria campagna contro la *Riscossa*:

> «Se è vera - ripetiamolo ancora - l'intervista in tutti i suoi particolari [...], Mons. Gottardo Scotton ha sbagliato, ma ha sbagliato **una sola volta** e contro un sol Vescovo. E' un male, è da deplorarsi che ciò sia avvenuto e noi fummo i primi a dirlo [cfr. 25 febbraio 1911]. Ma è certamente, di gran lunga, più deplorevole, deplorevolissimo il contegno di certi giornali modernizzanti, i quali oltre certi errori che divulgano e portano la confusione nel campo cattolico, sbagliano - a parte le intenzioni - per **sistema**, per abitudine, invalsa da tempo, da anni nel sottrarsi alle direttive non solo dei vescovi, ma anche e più del Papa»[483].

---

[476] Cfr. «La Riscossa», 17 dicembre 1910.
[477] Cfr. «Rivista Diocesana Milanese», 1 (1911), p. 24.
[478] Cfr. *Disquisitio*, cit., p. 160. Lettera di Mons. Andrea Scotton al Card. Ferrari, 18 gennaio 1911.
[479] Cfr. *Disquisitio*, cit., p. 161.
[480] *Ibidem.*, pp. 162-163.
[481] Cfr. «La Riscossa», 4 marzo 1911.
[482] Cfr. «l'Unione», 25 febbraio 1911.
[483] [A. CAVALLANTI], *Medice cura te ipsum*, 28 febbraio 1911, pp. 1-2. Nell'articolo

In conclusione la S. Sede si limitava a qualche blando richiamo alla rivista di Breganze e induceva mons. Scotton ad una rettifica dell'intervista. Ma nessuna sconfessione pubblica[484]. Anzi il papa faceva presente al card. Ferrari che qualche ombra nella diocesi milanese v'era[485]. Nei primi del maggio 1911, giungeva a Milano mons. Boggiani, vescovo di Adria, come «incaricato di una visita al Seminario». La visita fu una vera inquisizione e la relazione del visitatore assai negativa[486]. L'autorità dei vescovi ne usciva vanificata.

---

troviamo riassunto tutto il «caso Scotton». Cfr. *Una nobile e franca dichiarazione di Mons. Scotton*, 3 marzo 1911, p. 1. Mons. Scotton il 26 aveva inviato un telegramma alle redazioni dei tre giornali per «schiarire certe idee e correggere certe inesattezze». Al Cavallanti scriveva: «I corrispondenti, chi sa per quale equivoco, mi attribuiscono di aver detto che all'Em.mo Arcivescovo di Milano fu dato ordine di tacere. Ma io non lo dissi, nè poteva dirlo, perchè non è cosa che io sapessi».

[484] Cfr. *Diquisitio*, cit. pp. 175-176. Gli sviluppi di tutta la vicenda si possono seguire alle pp. 167-195 della medesima. Il p. Antonelli compilatore della *Disquisitio* a p. 169 così giustifica il mancato cenno pubblico di disapprovazione del Papa verso i fratelli Scotton e la *Riscossa*: «Il motivo vero di tutto quel chiasso pubblicitario non era tanto, come abbiamo detto, per difendere il Card. Ferrari, quanto per abbattere la *Riscossa*. Una sola parola della S. Sede contro di essa la si sarebbe talmente sfruttata, che la *Riscossa* e con essa tutta la stampa dello stesso indirizzo, avrebbe dovuto soccombere. Di questo, penso, non si può dubitare. E questo proprio voleva evitare il Servo di Dio. Di qui il suo atteggiamento sempre lineare: richiami e rimproveri ai fratelli Scotton, come ad altri, quanto avessero oltrepassato i limiti della prudenza e dell'equità; ma non sconfessione pubblica, che avrebbe significato la fine di quegli unici fogli, che quanto a indirizzo dottrinale, nel campo teorico e in quello pratico, eseguivano fedelmente le direttive della Santa Sede».

[485] Cfr. *Disquisitio*, cit., pp. 177-180. Lettera di Pio X al Card. Ferrari, Vaticano 28 marzo 1911.

[486] Cfr. M. D. CAPOZZI, *Il Cardinale Andrea Carlo Ferrari arcivescovo di Milano*, Milano 1954³, p. 306. In nota leggiamo: «Tre anni prima il Seminario di Milano era già stato visitato, si potrebbe dire, ispezionato da altro porporato: Mrg Beda Cardinale. Ma quale differenza fra la visita di questi e quella di Mons. Boggiani, quale differenza fra il fraterno comportamento del primo, e il freddo contegno del secondo. Evidentemente Mrg. Boggiani doveva essere molto prevenuto. Pare facesse parte o per lo meno fosse molto simpatizzante pel "Sodalizio Piano" cosa che spiegherebbe, in un certo senso, ogni atteggiamento poco favorevole al Cardinale e alla opera sua».

La relazione del Visitatore Mons. Boggiani è pubblicata in L. BEDESCHI, *Modernismo a Milano*, Milano 1974, pp. 81-114. Si veda pure C. SNIDER, *L'episcopato del cardinale Andrea Ferrari*, vol. II: *I tempi di Pio X*, cit., *passim*.. Su questo incidente la posizione della *Disquisitio* è da integrare e ridimensionare con l'articolo di M. TORRESIN, che utilizza materiale degli archivi diocesani di Milano in «Memorie storiche della diocesi di Milano», 10 (1963), pp. 37-304. Dai documenti editi da Pagano è confermato che Pio Tommaso Boggiani (domenicano, vescovo e poi cardinale), simpatizzasse e fosse in rapporti con Benigni e il *Sodalitium Pianum*, con il quale collaborava pure il giovane Eugenio Pacelli: cfr. S. PAGANO, *Il Fondo di mons. Umberto Benigni dell'Archivio Segreto Vaticano. Inventario*, in *Ricerche per la Storia religiosa di Roma*, 8, Roma 1990, pp. 381 e 384 (Boggiani); pp. 363.376.380 e 382 (Pacelli).

D. GIORNALI PAPALI E GIORNALI MODERNIZZANTI: POLEMICA SUL GIORNALISMO CATTOLICO.

La polemica del Cavallanti si volse anche contro la Società Editrice Romana, cioè contro il *trust* grosoliano dei giornali cattolici[487]. L'attacco partiva subito dopo l'enciclica *Pascendi*. A farlo era proprio il giovanissimo Cavallanti non ancora insediato nella redazione del giornale fiorentino. Egli infieriva contro gli uomini della stampa conciliante e transigente che credevano di non essere colpiti dall'enciclica papale. Li tacciava d'essere «modernizzanti», cioè «modernisti di destra»[488]. Nel 1908 sviluppava il concetto di questa tendenza in una conferenza tenuta a Livorno: «Ripeto che vi è un semi-modernismo il quale, se non è così brutto come suo padre, il modernismo sintesi di tutte le eresie, èperò più insidioso»[489]. Dalla parola *modernizzante* Cavallanti coniava poi il sostantivo *modernizzantismo* e non ne nascondeva la compiacenza[490].

Il *trust* negli anni 1910-11 raggiungeva la massima espansione, i suoi giornali erano i più aperti e moderni nelle tesi e nello stile, i loro bilanci erano attivi, le vendite superiori a quelle dei fogli integralisti. Il concetto informatore della S.E.R. era quello di «fiancheggiare ed appoggiare con giornali autorevoli ed a larga diffusione l'organizzazione delle masse cattoliche, non più straniate dalla vita nazionale, valorizzarne l'azione, renderle insomma politicamente efficienti, parte attiva, operante per il bene e le fortune della Patria, non essendo ciò incompatibile con l'ossequio dovuto alla Chiesa e al Sommo Pontefice»[491]. Il progetto teoricamente ottimo, era lontano, come vedremo, dalla concezione "piana" di giornalismo.

---

[487] Il vasto organismo giornalistico realizzatosi nel 1907, perseguiva la politica delle "teste di ponte", aveva un'amministrazione unica di cui era capo il Conte Giovanni Grosoli di Ferrara, ed era posto sotto un'unica direzione centrale a Roma impersonata in Paolo Mattei Gentili. Vi facevano parte l'*Avvenire d'Italia* a Bologna, il *Corriere d'Italia* a Roma, il *Corriere di Sicilia* a Palermo, il *Momento* a Torino, e dal 1912 l'*Italia* a Milano. Accanto a questi cinque giornali di respiro nazionale aderivano al *trust* altri fogli minori di respiro più locale. Fallì, invece, il tentativo di farsi cedere *Il Cittadino di Brescia*. Cfr. V. CASTRONOVO, *La stampa italiana dall'unità d'Italia al fascismo*, cit., pp. 194 ss.

[488] Cfr. S. A. CAVALLANTI, *I modernizzanti*, 17 novembre 1907, p. 1 art. di fondo.

[489] [A. CAVALLANTI], *Aberrazioni dell'ora presente. Modernizzanti e semimodernismo*, 18 novembre 1908, pp. 1-2; [IDEM.], *Giornali papali e di tinta cattolica*, 24 novembre 1908, p. 1.

[490] Cfr. [A. CAVALLANTI], *Per arrivare al modernizzantismo*, 23 luglio 1912, p. 1 art. di fondo; [IDEM.], *Il diavolo fa la pentola senza il coperchio. I veicoli un documento inedito*, 15 agosto 1912, p 1. Il «modernizzantismo è **una vera e propria setta**. Poichè settari si chiamano coloro che di fronte alle parole chiare del Pontefice - ci sieno o non ci sieno protezioni alte o basse - lavorano per attuare un piano sconfessato e deplorato dall'Autorità Suprema».

[491] U. GILBERTI, *30 anni di giornalismo cattolico*, cit., p. 35.

L'evoluzione giornalistica, operata all'interno di questo gruppo, non era solo nel modo d'esercitare la professione. Ancora una volta lo scontro era sulla diversa concezione di giornalismo cattolico: tra giornali di formazione e quelli di penetrazione[492]. Emblematicamente riportiamo il pensiero del Meda e quello del Cavallanti. Il giornalismo moderno era concepito dal Meda come una «professione degna di essere ricercata come impegno della propria attività ai fini immediati della vita»; «una grande industria» che richiedeva «collaboratori fissi, esperti, educati ed allenati». Di qui più che il «giornalista *nato*» al giornale moderno serviva il «giornalista *fattosi*», cioè l'uomo «pratico dei congegni della pubblicità, buon conoscitore di ambienti, abile ricercatore di notizie, sapiente culture di influenze e di relazioni». Infine il Meda annoverava tra i meriti del *trust* quello della

> «formazione di una vera e propria classe dei lavoratori intellettuali del giornale, che ha fatto scomparire il *garibaldinismo*, per dir così, della stampa, ed ha costituito una milizia di carriera animata da un vivace spirito di corpo: milizia di ventura, talvolta, nel senso che una gran parte dei professionisti odierni della stampa sono apolitici, almeno come professionisti, e possono dare l'opera propria a giornali di colore opposto; ma pur gelosa della dignità del ceto, e sensibilissima ai vincoli della solidarietà professionale, attenuatrice dei contrasti politici e delle concorrenze industriali»[493].

Cavallanti restava invece fermo all'idea di giornalismo «missione». Commentando l'articolo del Meda concludeva:

> «Dunque più mestiere che professione, e nemmeno l'ombra dell'idea di una missione da compiere! E' per questo che per vivere e solo per vivere scrittori di giornali liberali italiani ed esteri scrivono sopra i giornali cattolici o sedicenti cattolici, o anticlericali e viceversa. Ma è lecito poi in coscienza?»[494].

---

[492] Cfr. a titolo d'esempio *Giornalismo cattolico*, 11 giugno 1908, p. 1 art. di fondo. Recensione all'opuscolo del P. FELICE DA PORRETTA, *Giornalismo cattolico*, Firenze 1908; SAC. MUGNOZZA, *Il giornalismo cattolico. Dedicato a coloro che hanno detto essere il giornalismo un mestiere*, 3 settembre 1908, p. 1 art. di fondo. «Il primo pensiero d'un gionalista cattolico, VERO ED AUTENTICO, deve essere sempre per il Papa»; *I cattolici italiani e i loro giornali*, 4 ottobre 1908, p. 1 art. di fondo. «Ben si comprende come per gli scrittori di fogli modernizzanti il giornalismo sia un *mestiere*, e che non abbisogni di studio. Dai pubblicisti cattolici invece il giornalismo è riguardato come una vera *missione* che richiede studio e proprietà e purezza di lingua, e soprattutto *chiarezza*»; P. A. RUELLI, *Il giornale del clero qual' è?*, 6 novembre 1908, p. 1 art. di fondo; G. B. DAMIANI, *Il giornale cattolico d'oggi non può essere che polemico*, 20 aprile 1911, p. 1 art. di fondo; ecc.

[493] F. MEDA, *Il mio giubileo*, in «l'Unione», 13 novembre 1911. In occasione del suo 25_ anno di attività giornalistica.

[494] [A. CAVALLANTI], *Note ed appunti. Il mestiere del giornalista?*, 18 novembre 1911, p. 1.

Al di là della difesa dei diritti del Papa e della Chiesa, i fogli intransigenti tutelavano, attaccando il gruppo clerico-liberale compatto del *trust*, i loro interessi e la loro stessa sopravvivenza[495].

Mancavano direttive chiare per i giornalisti cattolici. C'era stato qualche intervento occasionale del papa[496] e anche qualche vescovo aveva detto la sua[497]. Inoltre era uscito anonimo il libro del p. Chiaudano sul giornalismo cattolico[498] recensito assai bene dall'*Untà* che tra l'altro ne auspicava la massima diffusione[499], ma al di là di tutto questo a Firenze si attendeva qualcosa di più. E un primo documento «grave, chiaro, autorevolissimo» arrivò[500]. Era la lettera del papa indirizzata all'Episcopato lombardo nella persona del card. Ferrari[501]. Il documento del 1 luglio 1911 stabiliva il retto concetto di giornalismo in rapporto al potenziamento dell'apostolato e ammoniva i pastori a vigilare sulla piena fedeltà al magistero romano degli scrittori cattolici: «in ultimo, - aggiungeva il

---

[495] Cfr. O., *Il guanto. Un grave ed imminente pericolo*, 21 giugno 1912, p. 1 art. di fondo. Si veda pure [A. CAVALLANTI], *Un imminente pericolo. Dopo il nostro grido d'allarme*, 23 giugno 1912, p. 1 art. di fondo.

[496] Cfr. A.S.S., 37 (1905), p. 765. Lettera Enciclica: *Il fermo proposito*, 11 giugno 1905; A.S.S., 40 (1907), pp. 643 ss. Lettera Enciclica: *Pascendi dominici gregis*, 8 settembre 1907. Cfr. *Vaticano. Il Papa e il giornalismo cattolico*, 29 aprile 1910, p. 1. In un'udienza concessa all'avv. Scala direttore dell'*Italia Reale*, il pontefice affermava: «Anche voi siete venuto per sentire dal Papa una parola sul giornalismo cattolico? Ma voi sapete bene che il recente opuscolo del P. Chiaudano rispecchia proprio il mio pensiero». E aggiungeva il papa: «Giornalismo cattolico!». «Ma ce n'è ancora? Appena qualche lumicino». La notizia era ripresa dall'«Italia Reale», 28 aprile 1910. Si veda pure *L'Associazione della Stampa cattolica e le direttive Pontificie sul giornalismo*, 13 maggio 1910, p. 1; [VERITAS], *Note Vaticane. Un altro documento papale contro i giornali modernizzanti*, 30 maggio 1911, p. 1 art. di fondo. Degna di nota ancora la Lettera autografa del papa al parroco di Casalpusterlengo mons. Ciceri del 20 ottobre 1912, cioè cinque giorni dopo l'autografo papale al direttore dell'*Unità Cattolica* in occasione dei festeggiamenti per il 50_ di fondazione del foglio intransigente. Il testo della lettera in ALCA DELL'"UNITÀ CATTOLICA", *Il 50° dell'"Unità Cattolica"*, cit., pp. 102-103.

[497] Cfr. *Orientiamoci*, 24 marzo 1910, p. 1; *Vescovi e giornalismo*, 2 e 3 settembre 1911, p. 1; *L'episcopato e la stampa cattolica papale*, 26 settembre 1911, p. 1.

[498] [G. CHIAUDANO], *Il giornalismo cattolico. Criteri e norme*, Torino 1910. Il libro, non più anomino, ebbe nel 1913, dopo la polemica col Crispolti (cfr. *infra*, pp.186 ss.), una seconda edizione per i tipi della casa tipografica di mons. Bufalini di Siena. Le nostre citazioni provengono da quest'ultima edizione.

[499] Cfr. *Orientiamoci*, 24 e 25 marzo 1910, p. 1. Nonostante il velo dell'anonimato, per il quotidiano fiorentino l'autore era degno di fiducia per la lettera di Pio X (30 dicembre 1909), ritenuta un buon «passaporto»; *Note ed appunti. Un boicottaggio significante*, 9 aprile 1910, p. 1. Il libro era boicottato dalla "solita stampa".

[500] Cfr. *Una lettera del Papa sul giornalismo. Il biasimo ai giornali modernizzanti*, 6 agosto 1911, p. 1.

[501] Cfr. A.A.S., 3 (1911), pp. 475-476. La Lettera è riprodotta anche in *Documenti pontifici sulla stampa (1878-1963)*, Città del Vaticano 1964, pp. 58-59.

papa - col nome cattolico, entrano più facilmente nelle case, vengono sfogliate dalle mani di tutti, inclusi anche i chierici, e macchinano contro i cattolici una così grande corruttela di giudizio e di disciplina, quanta non ne preparano gli stessi giornali apertamente ostili alla Chiesa»[502]. Il 25 luglio i vescovi lombardi pubblicavano una Lettera pastorale, in cui richiamandosi agli ammonimenti papali, invitavano i fedeli a dare "assenso" e "ascolto" solo a quei giornali, che avevano l'approvazione dei «*competenti* superiori», e che esprimevano «il giudizio di un vero credente, soggetto alla Chiesa e al Papa»[503]. Altri vescovi, in modo più o meno compatto, si schierarono a favore dei fogli "papali"[504]. Non mancarono gli eccessi di zelo. Ad esempio il vescovo di Ceneda aveva sentenziato a commento della lettera pontificia: «Per norma del nostro Clero diocesano, pertanto, ci teniamo a dichiarare più esplicitamente che non abbiamo fatto fin qua, che noi respingiamo l'*Unione* di Milano, l'*Avvenire* di Bologna, il *Momento* di Torino, il *Corriere d'Italia* e qualsiasi altro quotidiano o periodico che avesse tendenze conformi ad esse»[505]. Il *Monitore Ecclesiastico*, diretto dal card. Gennari, con una nota della Redazione aggiungeva all'«importante documento pontificio» l'elenco dei «giornali approvati pienamente dalla S. Sede», naturalmente tutti erano integralisti[506]. Vivo il compiacimento del giornale di Cavallanti[507].

---

[502] A.A.S., 3 (1911), p. 476.

[503] Il brano della Lettera pastorale è citato da VINDEX, *Radicalismo contro radicalismo. Un caso di coscienza*, 8 novembre 1911, p. 1 art. di fondo.

[504] Cfr. [A. CAVALLANTI], *Dopo la lettera pontificia*, 6 settembre 1911, p. 1. «Abbiamo visto nei cattolici un chiaro orientamento e nei vescovi un ammirabile esempio sullo stringersi attorno alla Cattedra di S. Pietro nel dare pubblicità agli insegnamenti di Papa Pio X». I vescovi a cui alludeva il giornale fiorentino erano: quello di Mantova (Origo), di Bergamo (Radini Tedeschi), di Crema (Pizzorno); *L'episcopato e la stampa cattolica papale*, 26 settembre 1911, p. 1. I vescovi italiani erano «risoluti» nello stringersi attorno alle direttive papali in fatto di stampa cattolica. In questo senso si muovevano i vescovi delle Marche e della Toscana: cfr. *Il vescovo di Arezzo e i giornali papali*, 26 settembre 1911, p. 1; VINDEX, *Radicalismo contro radicalismo. Un caso di coscienza*, cit. Erano fatti i nomi dei pastori di Guastalla, Fiesole e Crotone.

[505] Citato da [A. CAVALLANTI], *Dopo la lettera pontificia*, cit.

[506] Cfr. *Risposta del S. Padre ad una lettera ossequiosa dell'E.mo Card. Ferrari e dell'Episcopato Lombardo, con moniti molto importanti circa la stampa cattolica*, in «Il Monitore Ecclesiastico», XXIII (1911), pp. 291-293. A p. 293 nel contesto del provvedimento di mons. Caron leggiamo: «I giornali approvati pienamente dalla Santa Sede sono l'*Osservatore Romano*, l'*Unità Cattolica* di Firenze, l'*Italia Reale Corriere Nazionale* di Torino, la *Libertà* e la *Croce* di Napoli, la *Liguria del Popolo* di Genova, la *Riscossa* di Breganze, e tutti gli altri che propugnano i veri e retti principii e non transigono coll'errore, o esplicito o larvato, seguendo in tutto i dettami della S. Sede».

[507] Cfr. [A. CAVALLANTI], *Giornali papali e giornali modernizzanti*, 22 ottobre 1911, p. 1 art. di fondo. Cavallanti commentava "stranamente" la dichiarazione del *Monitore*: «Ed ora a noi non ci rimane altro da dire che *qui habet aures audendi audeat*», anzichè «... *qui habet aures audiendi audiat*»!.

Dopo le parole del papa e la pronta accoglienza dei vescovi, l'attacco ai giornali del *trust* trovava la sua piena legittimazione. L'*Unità Cattolica* continuava nella sua politica dello stordimento, del continuo gridare al nemico *sub vestibus ovium*. I colpi si facevano, però, più duri e sleali: chi non era col papa e coi vescovi era contro il papa e i vescovi[508]; «noi» per il 1912 non abbiamo nulla da temere[509]. Gli articoli più significativi del Cavallanti[510], anche questa volta, vennero raccolti in un opuscolo[511].

Nella campagna anti-*trust*, implacabile e spietato il giornale fiorentino «smascherava» i metodi e le antiche manovre degli ideatori del *trust* per «influenzare e **dirigere l'opinione pubblica del paese**»[512]. Metteva in risalto lo "scarso affiatamento" tra i giornali del *trust* e la Santa Sede, smentendo le voci diffuse da *La Stampa* di Torino (4 luglio), di un conflitto tra la segreteria particolare del papa e la Segreteria di Stato circa eventuali «aiuti del Vaticano a tale *trust*» e dicendosi autorizzato a pubblicare quanto seguiva:

---

[508] Cfr. Iuvenis Blosius, *Dopo la Lettera Pontificia all'Episcopato Lombardo. Un po' di orientamento nelle idee. Difetti del giornalismo odierno*, 13 agosto 1911, p. 1 art. di fondo. Cfr. pure Idem., *Un po' di orientamento nelle idee. La parola del Papa intorno al giornalismo*, 22 agosto 1911, p. 1 art. di fondo. L'autore dell'articolo si augurava che la *Riscossa* e l'*Unità Cattolica* «quali sentinelle avanzate abbiano da trarre alla loro sequela l'intera falange dei giornali cattolici»; Vindex, *Radicalismo contro radicalismo. Un caso di coscienza*, 8 novembre 1911, p. art. di fondot. «Ora è chiaro che chi non è col Papa è contro il Papa; chi non accetta il programma, che il Papa e l'episcopato hanno tracciato sul giornalismo cattolico è perciò stesso, contro il Papa, contro l'Episcopato, contro il programma che l'autorità competente ha tracciato per noi»; M.[enara?], *Giornale di penetrazione!*, 29 novembre 1911, p. 1.

[509] Cfr. Vindex, *La facile accusa...*, 30 dicembre 1911, p. 1 art. di fondo.

[510] Cfr. [A. Cavallanti], *Giornali papali e giornali modernizzanti*, 9, 10, 11, 12, 14, 15 novembre 1911, pp. 1 e 2.

[511] S. A. Cavallanti, *Giornali papali e giornali modernizzanti*, (Opuscoli Popolari Antimodernisti, 6), Firenze 1911. In tutto 114 pagine. Usciva nel novembre 1911 ed aveva una tiratura di diecimila copie. Il prezzo per una copia era di 20 centesimi, per dieci copie di 1,50 lire. Ricordiamo alcune autoesaltazione dell'opuscolo apparse sul quotidiano fiorentino: cfr. *Il nostro opuscolo e i Vescovi. Il Papa e i giornali papali*, 19 novembre 1911, p. 1; *Non è questione di tecnica*, 22 novembre 1911, p. 1. Dove si annunciava la «traduzione francese» dell'opuscolo.

[512] L'*Unità Cattolica* per smascherare i sistemi della Società Editrice Romana si servì degli "sfoghi" di Rocca d'Adria, antico avversario, ex direttore dell'*Avvenire*, poi silurato dalla Società «in meno di due minuti, nel modo più cinico ed anticristiano»: cfr. *Rocca D'Adria e l'Editrice Romana*, 23 luglio 1912, p. 1. Per la polemica tra *Unità Cattolica* e Rocca d'Adria, cfr. *supra*, pp. 258-265. Cfr. [A. Cavallanti], *Il diavolo fa la pentola senza il coperchio. I veicoli. Un documento inedito*, 15 agosto 1912, p. 1. Un documento risalente al 1906, inedito, e arrivato nelle mani del Cavallanti per "l'azione" di un monsignore di Parma rivelava il «piano vasto» che andava attuando in Italia l'Editrice Romana fin da quell'anno.

«Smentite pure: il **Vaticano**, e quindi tanto la Segreteria di Stato quanto la Segreteria Particolare, **non dà appoggi al trust nè morali, ne finanziari**: la direttiva del Vaticano pel giornalismo è già nota nei documenti pubblici. Questo vi riferisco **certissimo** di non essere smentito»[513].

Prendeva di mira non «solo il lato ideologico del trust», ma colpiva lo *staff* dirigente e i simpatizzanti[514]. Preannunciava la condanna papale invitando i «buoni» a stare alla larga dal giornalismo del *trust* perché «la fine del modernizzantismo non potrà non essere quella del modernismo è questione di tempo; la parola del Vicario di Gesù Cristo è infallibile è presto o tardi si impone, vince e trionfa»[515].

Nel corso del 1912, quando per l'*Unità Cattolica* il giornalismo modernizzante era già stato «riprovato» dalla S. Sede, si levava a favore di questo giornalismo la voce del Crispolti, il quale sosteneva l'esistenza di «due tipi» di giornalismo cattolico sostanzialmente buoni, diversi non tanto nelle finalità quanto nei metodi[516]. Il giornale fiorentino, con una recensione critica, stroncava o almeno credeva, il libro del marchese[517]. Anche il p. Chiaudano interveniva e "confutava" le tesi del Crispolti[518]. Altri opuscoli di Scotton e Mattiussi sul giornalismo uscirono nel corso del 1912[519].

---

[513] VERITAS, *Note Vaticane. Il Vaticano e il "trust" giornalistico modernizzante*, 6 luglio 1912, p. 1.

[514] Cfr. VERITAS, *Note Vaticane. Crispolti e i giornali del trust*, 27 settembre 1912, p. 1.

[515] [A. CAVALLANTI], *Il diavolo fa la pentola senza il coperchio. I veicoli. Un documento inedito*, cit.

[516] Dell'opuscoletto di Filippo Crispolti, che probabilmente portava il titolo: *I due tipi del giornalismo cattolico*, non abbiamo trovato traccia in nessun repertorio bibliografico e nemmeno nelle maggiori biblioteche ecclesiastiche. Si trattava, stando alla recensione della *Sentinella Antimodernista*, di una raccolta di articoli che il marchese aveva pubblicati nell'*Avvenire d'Italia*. Ecco l'opinione dei "nostri" intransigenti: «Le osservazioni geniali non mancano, non mancano i rimproveri alla stampa modernizzante ma il Crispolti qua e là coi suoi *ibis et redibis non* finisce col fare una vera raccomandazione dei giornali niente affatto papali, anzi biasimati dai Vescovi e dal S. Padre stesso nella Sua lettera all'Episcopato Lombardo del 1.o luglio 1911»: cfr. IL BIBLIOGRAFO, *I due tipi del giornalismo cattolico*, in «Sentinella Antimodernista», 4 (1912), p. 134. Sul Crispolti (Rieti 1857 - Roma 1942), cfr. A. ALBERTAZZI, *Crispolti Filippo*, in D.S.M.C.I., vol. II, pp. 137-142; IDEM., *Crispolti Filippo*, in D.B.I, vol. 30, pp. 813-818. Quest'ultimo più ampio specialmente nella parte relativa al periodo filofascista.

[517] Cfr. *L'opuscolo di F. Crispolti*, 10 aprile 1912, p. 1 art. di fondo. «Abbiamo riscontrato nel libro del Crispolti un duplice difetto sostanzialmente rovinoso e fatale, [...] una imperdonabile *falsità di fondamento logico*, [...] una imperdonabile falsità di metodo».

[518] Cfr. *Due tipi di giornalismo cattolico? Lettera aperta del P. Giuseppe Chiaudano S.J. al Marchese Filippo Crispolti*. Testo riportato in Appendice a G. CHIAUDANO, *Il giornalismo cattolico. Criteri e norme*, cit., pp. 76-96.

[519] Cfr. P. G. MATTIUSSI S.J., *Il giornale cattolico. Conferenza fatta alla Scuola Sociale in Bergamo il 12 Settembre 1911*, Bergamo 1912; A. SCOTTON, *La stampa*

Dopo tanto rumore la sconfessione pontificia, e non la condanna, giungeva con una «Avvertenza» del dicembre 1912 e questa volta venivano fatti i nomi dei giornali «non conformi alle direttive pontificie»[520]. Il giornale fiorentino aveva vinto: «questa dunque, ci pare di non andare errati, una nuova fra le grandi vittorie della valorosa nostra consorella *L'Unità Cattolica*, la quale col plauso dei veri cattolici e colla piena intuizione delle questioni del giorno, ha saputo smascherare il *modernismo* e il *modernizzantismo*, vocaboli oramai entrati nell'opinione pubblica, tanto in Italia come all'estero»[521]. I giornali del *trust* «tacquero per tre giorni» né riprodussero l'«Avvertenza». La sera del 6 dicembre pubblicarono una dichiarazione in cui assicuravano d'aver accolto «con illuminato ossequio» le disposizioni pontificie, promettevano di correggersi anche se si protestavano giornali cattolici non «in senso stretto»[522]. La dichiarazione della S.E.R. veniva deplorata dall'organo Vaticano, che la riteneva "non soddisfacente" e in "un certo senso" aggravava la posizione del *trust*, al quale era chiesto di uniformarsi «in tutto e per tutto» alle norme del papa[523]. Per qualcuno, aldilà di «un involucro d'untuosità,

---

periodica schiettamente papale al banco degli accusati, Breganze 1912. Quello del Mattiussi era l'ampliamento della tanto criticata (per iscritto dallo stesso Roncalli) e discussa Conferenza tenuta a Bergamo.

[520] Cfr. A.A.S., 4 (1912), p. 695. L'*Avvertenza* seguiva al discorso papale al clero dell'Unione Apostolica. Il tenore era il seguente: «A togliere l'equivoco che certi giornali vanno creando in mezzo al clero e ai fedeli, si dichiara che la Santa Sede non riconosce per conformi alle direttive pontificie e alle norme della lettera di Sua Santità all'Episcopato lombardo in data del 1 luglio 1911 i giornali seguenti: L'*Avvenire d'Italia*, il *Momento*, il *Corriere di Sicilia*, il *Corriere d'Italia*, l'*Italia* ed altri dello stesso genere, checché ne sia delle intenzioni di alcune egregie persone che li dirigono e li aiutano». Non possiamo non ripensare alle disposizioni al clero di mons. Caron di un anno prima. Occorre aggiungere che l'*Avvertenza* fu anche causata dalle posizioni filonazionaliste troppo avanzate assunte da alcuni di questi giornali durante la guerra libica, in questo senso cfr. P. SCOPPOLA, *Dal neoguelfismo alla democrazia cristiana*, Roma 1957, p. 99.

[521] «*Fides*» di Livorno, 7 dicembre 1912. Nell'*Unità* si veda *Documenti papali. Non conformi alle direttive pontificie*, 5 dicembre 1912, p. 1. Il giornale fiorentino riprodusse il documento senza commenti; [A. CAVALLANTI], *Per la storia del trust*, 10 dicembre 1912, p. 1; ALCA, *A zonzo. Intorno alla Pentarchia*, 15 dicembre 1912, p. 1; DEMOFILO, *Nel mondo sublunare. Gli sconfessati parlano*, 18 dicembre 1912, p. 1 art. di fondo.

[522] Cfr. «Corriere d'Italia», 7 novembre 1912.

[523] Cfr. «Osservatore Romano», 8 dicembre 1912. «Tenendo conto per altro delle espressioni di ossequio sopra ricordate dobbiamo augurarci ancora che la Società Editrice Romana saprà e vorrà col fatto eliminare del tutto l'equivoco che la sua dichiarazione di ieri potrebbe tuttora lasciar sussistere». Quest'ultima frase dell'*Osservatore*, che voleva essere solo un augurio, suscitava commenti contrastanti e contraddittori nella stampa "cittadina", fino ad insinuare che esistesse una certa divergenza fra la «nota» dell'Osservatore e l' «Avvertenza» papale. Il giornale pontificio si vedeva costretto a pubblicare un'altra nota in cui smentiva le insinuazioni e ribadiva: «E' evidente che tale divergenza assolutamente non esiste e che la citata *Avvertenza* rimane come fu pubblicata in tutta la sua integrità»: cfr. «Osservatore Romano», 12 dicembre 1912.

resto di sacrestia, era la ribellione»[524]. Tra la stampa liberale, la *Perseveranza* di Milano, che non nascondeva le sue preferenze per l'italianità dei giornali del *trust*, giudicava «la proibizione» Vaticana «giustissima», perché questi giornali avevano preteso «di essere... quello che ora» dicevano «di non aver mai preteso di essere» e questo dopo aver mendicato «l'autorizzazione dei vescovi», dopo aver tolto «gli abbonamenti ai vecchi giornali cattolici», dopo aver cercato «di assumere l'atteggiamento di organi del clero giovane»[525].

Gli effetti dell'«Avvertenza» furono disastrosi per il *trust* giornalistico[526]. Le disposizioni pontificie vennero accolte dai vescovi e applicate alla lettera[527]. Poco dopo giungeva il decreto della Sacra Congregazione dei religiosi, che vietava l'ingresso nei conventi dei giornali del *trust*[528]. Nessun peso venne dato alle reazioni della stampa laica di fronte a quest'ultimo provvedimento[529]. Da questo momento in poi l'*Unità*, con fiera superiorità, a scadenze più o meno fisse, ribadiva il valore "integro" della sconfessione papale e della proibizione del card. Vives[530]. Tuttavia le ripercussioni gravissime che sarebbero potute venire, da una condanna più esplicita e formale, alla compagine cattolica rappresentata dai giornali del *trust*, venivano piano piano a sfumarsi dietro voci di più o meno taciti compromessi tra i giornali del *trust* e il Vaticano, di lunghi colloqui e trattative laboriose tra il conte Grosoli e il Vaticano «per trovare una via di uscita dal passo spinosissimo»[531]. Voci che il giornale fiorentino

---

[524] Cfr. E. RUTILI, *Cronache. Vitalità e vita nel Cattolicismo. II.*, in «Bilychnis», 1 (1913), p. 42.
[525] Cfr. «La Perseveranza», 8 dicembre 1912.
[526] Cfr. U. GILBERTI, *30 anni di giornalismo cattolico*, cit., pp. 39-40.
[527] Cfr. *L'episcopato ed i giornali della Società Editrice Romana*, 17 dicembre 1912, p. 1.
[528] Cfr. A.A.S., 5 (1913), p. 7. Lettera Circolare del 15 gennaio 1913. Il card. Prefetto affermava: «[...] ai Religiosi è proibito non solo l'abbonamento, ma anche la lettura dei menzionati giornali. Che se qualche Religioso per giuste ragioni si trovasse nella necessità di leggerne qualcuno, egli dovrà riceverne speciale autorizzazione in iscritto da' suoi Superiori maggiori».
[529] Cfr. ALCA, *Intorno al trust*, 26 gennaio 1913, p. 1.
[530] Cfr. VERITAS, *Note Vaticane. Ancora intorno al trust*, 22 gennaio 1913, p. 1. I giornali del *trust* restavano ancora sconfessati e questo nonostante le voci diffuse dal «Giornale d'Italia» del 21 gennaio 1913, di pratiche di alcuni personaggi specie in Toscana per «allontanare il gravissimo documento» della Sacra Congregazione dei Religiosi che proibiva la circolazione dei giornali del *trust* nei conventi; ALCA, *Malafede*, 18 novembre 1913, p. 1. L'*Avvertenza* era «tuttora sopra la loro testa».
[531] Cfr. E. RUTILI, *Cronache. Vitalità e vita nel Cattolicismo. II.*, in «Bilychnis», 1 (1913), p. 44. La rivista protestante a conferma delle voci aggiungeva: «Tanto che, dopo una visita del card. Maffi a Pio X, è stata possibile la fondazione di un nuovo giornale modernizzante a Pisa, il *Messaggero Toscano*, edito anch'esso dalla Società Editrice Romana, ed altri quotidiani della stessa tinta dicesi sorgeranno ben presto in diverse altre città».

smentiva prontamente e consigliava la sua ricetta: «La via del *trust* per la riconciliazione col Vaticano è facile: faccia esso coi suoi giornali quello che fanno gli altri giornali della penisola e tutto andrà a porto da sè. O che il Vaticano dovrà rimangiarsi ogni cosa per le promesse di un signore o di un prelato o magari di un Vescovo?»[532].

Nel 1913 si chiamavano a raccolta i giornali papali, per formare una «lega». L'appello era stato lanciato dal p. Chiaudano e accolto dalla *Riscossa*. Il giornale fiorentino in una Nota aggiunta all'articolo si diceva disposto a dare il suo appoggio e contributo, invitava il p. Chiaudano "autorità indiscussa" a ponderare bene l'iniziativa, proponeva che a differenza dell' "altro" *trust* gli "intendimenti" e l'"affiatamento" fosse più «sulla base dei comuni principii» che sulle «finanze», sul «denaro», sull'«amministrazione unica»[533]. Non se ne fece nulla. Le ostilità con il *trust* e per il *trust* continuarono fino alla morte del papa[534].

Lo scoppio del conflitto europeo, la morte di Pio X e l'elezione di Benedetto XV lasciavano sperare al Crispolti prossima tra i cattolici una maggiore «varietà di atteggiamenti nello scrivere nell'agire»[535]. Il conte Grosoli e il marchese Crispolti venivano richiamati dal nuovo pontefice alla testa dell'azione cattolica a fianco del conte Dalla Torre. Benedetto

---

[532] [A. CAVALLANTI], *Note ed appunti. Per salvare il trust*, 27 febbraio 1913, p. 1.

[533] Cfr. MILES CHRISTI, *I Cattolici papali a raccolta. Una Lega fra i periodici schiettamente cattolici*, 27 novembre 1913, p. 1. Era riprodotto un articolo di mons. Andrea Scotton apparso su «La Riscossa» del 22 novembre 1913. In questo senso si veda anche il progetto del Cavallanti stesso, in *Appendice*, Doc. 21.

[534] Cfr. [A. CAVALLANTI], *Provocati rispondiamo. Un'altra franca parola ai giornali del trust. Non dedizioni nè confusioni*, 14 novembre 1913, p. 1. Contro le critiche mosse dai fogli del *trust* di «poco lealismo costituzionale» dopo la campagna elettorale del 1913; VERITAS, *I modernizzanti dal segreto all'aperto*, 23 gennaio 1914, p. 1 art. di fondo; [A. CAVALLANTI], *Noterelle. Crispolti, il trust e la "Riscossa"*, 30 luglio 1914, p. 1. Una lettera anonima apparsa sulla *Riscossa* accusava il Crispolti e quelli del *trust* di "fare le cose per i soldi". La polemica continuò: cfr. 2 agosto 1914, p. 1. Ma ci fu pure una "polemichetta" all'interno della stessa *Unità* sempre a causa del *trust*: Cfr. MAX, *Il doppio tipo e il tipo unico (a proposito di giornalismo cattolico)*, 2 agosto 1913, p. 1 art. di fondo. «L'unica differenza tra i *due tipi*, non può essere che *accidentale, materiale, tecnica*. Quanto a integrità di *dottrina* e di *metodo* non può ammettersi duplicità. O il giornale è *integralmente* e *continuamente* cattolico; o non lo è affatto»; Al giovane Max rispondeva G. GHEZZO, *Il tipo unico di giornalismo cattolico*, 6 agosto 1913, p. 1 art. di fondo: «A chi vuoi farla intendere la verità? Ai giornali del trust senza dubbio [...] Lavati le mani. Non vedi che non fa niente neanche il Papa? L'Avvertenza non è tolta».

[535] Cfr. [A. CAVALLANTI], *Una falsa mossa di Filippo Crispolti*, 4 ottobre 1914, p. 1. Crispolti veniva criticato perchè aveva avuto la presunzione di indicare al neopontefice «i modi» ed «i limiti» che questi avrebbe dovuto fissare ai cattolici italiani per ottenere la concordia. Il papa farà, precisava la redazione del giornale fiorentino, quello che vorrà «e noi fin d'ora dichiariamo di accettare tutto quanto ci detterà in qualsiasi documento».

XV non tardava ad autorizzare il suo Segretario di Stato a dichiarare che la nota «Avvertenza», con la quale il suo predecessore aveva sconfessato esplicitamente i giornali «modernizzanti», non aveva avuto carattere di proibizione[536]. I giornali del *trust* grosoliano, che per poco non soccombevano alle conseguenze dell'«Avvertenza», ringraziavano il papa[537]. L'*Unità Cattolica*, dopo un momento di smarrimento, incassava il colpo, «sinceramente» si rallegrava: mai aveva parlato di proibizione. Tuttavia qualche passo era ancora da compiersi dai giornali del *trust*, perché il gesto di semplice benevolenza del papa si potesse tramutare «in vera ed esplicita approvazione»[538]. Giudicava «vergognoso» il «parlare di sottomissione "chiesta e temuta"» da parte della stampa integralista verso quella modernizzante[539]. Rifiutava le insinuazioni della stampa liberale che, commentando la lettera del Card. Gasparri, intravvedeva un mutamento d'indirizzo in Benedetto XV rispetto a quello sostenuto da Pio X e quasi un'approvazione di un programma semi-liberale[540]. Il

---

[536] La Lettera del cardinale segretario di Stato, portava il n_ di protocollo 1073 della Segreteria di Stato di S. S., era diretta al vescovo mons. Carlo Falcini di S. Miniato. Il testo era pubblicato il 7 novembre sul *Bollettino ufficiale* della diocesi di S. Miniato del mese di ottobre preceduto da un breve comunicato del vescovo ai parroci.

La Lettera era poi ripresa da tutta la stampa del *trust*: cfr. ad esempio «Avvenire», 9 novembre 1914. Ecco il testo integrale:

«Dal Vaticano 6 novembre 1914
Ill.mo e Rev.mo Signore,

Ho ricevuto il pregiato foglio del 31 ottobre u.s. in cui la S. V. Ill.ma e Rev.ma espone che "alcuni dei migliori parroci di codesta Diocesi, mossi dal desiderio di arrestare e diminuire il diffondersi della stampa cattiva, vorrebbero promuovere largamente gli abbonamenti e la lettura dei giornali della Società Editrice Romana e per loro tranquillità e quiete ne domandano se questo possono liberamente fare in coscienza, e se quindi la nota 'Avvertenza' non abbia avuto senso di proibizione". Dopo averne debitamente riferito al Santo Padre, adempio il Pontificale incarico di significarle che l'anzidetta 'Avvertenza' non ha avuto carattere di proibizione.

Intanto, mi valgo ben volentieri dell'incontro per riaffermarmi, con sensi di distinta stima, della S.V. Ill.ma e Rev.ma Servitore
Pietro Card. Gasparri».

[537] Cfr. «Corriere d'Italia», 9 novembre 1912. «L'affetto dei figli ci dà l'ardire di rivolgere l'omaggio della nostra riconoscenza più in alto, ai piedi del Santo Padre, che con la lettera di S.E. il Segretario di Stato, ci ha rinnovato il prezioso conforto di una benevolenza, della quale aveva già fatte degne le persone che presiedono all'opera nostra».

[538] Cfr. N.D.R., *Il Card. Gasparri ed i giornali del "trust"*, 12 novembre 1914, p. 1; [A. CAVALLANTI], *Agitiamo la vecchia gloriosa bandiera!*, 12 novembre 1914, p. 1.

[539] Cfr. [A. CAVALLANTI], *Un'accusa che rifiutiamo sdegnosamente*, 12 novembre 1914, p. 1. L'accusa era venuta dalla *Vittoria* di Roma.

[540] Cfr. N.D.R., *Il Card. Gasparri ed i giornali del "trust"*, 12 novembre 1914, p. 1. Per i giornali liberali l'*Avvertenza* era "ritirata": cfr. *Un documento vaticano sui giornali della S.E.R.. La "nota-avvertenza" ritirata*, in «Giornale d'Italia», 9 novembre 1914; «L'Idea Nazionale», 9 novembre 1914; «La Vittoria», 10 novembre 1914.

colpo definitivo al Cavallanti e alla linea integrista giungeva coll'enciclica *Ad Beatissimi* del 1 novembre 1914[541]. Il papa invitava i cattolici alla «compattezza», a cessare la guerra fratricida, invocava «l'unione e la concordia degli animi», chiedeva «un'attenzione specialissima a sopire i dissensi e le discordie». Suggeriva di giudicare della perfetta ortodossia solo in relazione ai documenti autorevoli e ammetteva una pluralità d'opinioni in cose dove la S. Sede non aveva ancora espresso il suo giudizio. Proibiva l'uso delle parole semimodernismo e modernizzantismo. Era una vera liberazione. La caccia spietata era finita. Il giornale fiorentino annunciava l'enciclica[542], pubblicava il testo latino[543], la versione italiana[544], i commenti dei giornali cattolici e liberali[545]. Tutti si dichiaravano disposti a cercare la concordia e l'unione[546].

Tuttavia il *trust* non tardò molto a "chiudere bottega" e a sfibrare lo stesso Benedetto XV che lo aveva palesemente sostenuto. Infatti il bilancio della S.E.R., pur'esso in continuo deficit annuale, nonostante le sovvenzioni della S. Sede, dai tre milioni del 1913 raggiunse i sette milioni nel 1916, tanto che la Società dovette essere posta in liquidazione. Si pensò di eliminare il *trust* salvando le testate. Benedetto XV scriveva al card. Gusmini di Bologna una lettera dai toni un po' amareggiati:

> «La Santa Sede è esausta e indignata; esausta perché nel 1916 ha dato tre milioni per questi giornali ... mi pare non sia poco! Indignata perché a settembre mi si strappò un milione e duecentomila lire dicendo che con tale somma il Banco di Roma avrebbe fatto un'operazione salvatrice ... invece l'operazione non fu fatta. Dispiace la cessazione dei giornali sebbene non siano da esagerare gli elogi per i supposti servizi alla causa cattolica»[547].

---

[541] Cfr. A.A.S., 6 (1914), pp. 565-581 testo latino; pp. 585-599 versione italiana.
[542] Cfr. *L'Enciclica di Benedetto XV*, 17 novembre 1914, p. 1.
[543] Cfr. *Le direttive pontificie nella prima enciclica*, 18 novembre 1914, pp. 1-2.
[544] Cfr. *Le direttive pontificie nella prima enciclica*, 19 novembre 1914, pp. 1-2.
[545] Cfr. *I commenti dei giornali all'enciclica di S.S. Benedetto XV*, 18 novembre 1914, p. 1; *L'enciclica "Ad Beatissimi" nei commenti della stampa cattolica e liberale*, 20 novembre 1914, p. 1.
[546] Cfr. *Per la concordia e l'unione dei cattolici. O cattolici o liberali*, 26 novembre 1914, p. 1.
[547] Citato da L. BEDESCHI, *Significato e fine del trust grosoliano*, in «Rassegna di politica e di storia», n. 116 (1964), pp. 10-11.

E. BENEDETTO XV: TEMPI NUOVI?

La lotta accanita che l'*Unità Cattolica* aveva sostenuto contro la propaganda dei cattolici "modernizzanti", durante il pontificato di Pio X, incoraggiata e sostenuta da quest'ultimo[548], subì una brusca battuta d'arresto con papa Benedetto XV. Il giornale fiorentino si affrettava, dopo aver tanto sparlato, gridato e condannato un po' tutti, in nome del programma papale, a smorzare le polemiche e ad inviare un telegramma al nuovo papa, nel quale prometteva «illimitata ubbidienza»[549]. Il papa faceva rispondere un po' ironicamente, che prendeva nota delle «opportune promesse»[550]. Il direttore del quotidiano fiorentino, appena era stata resa nota l'elezione del card. Della Chiesa a pontefice, al di là delle frasi di circostanza[551], aveva cercato disperatamente tra le "pagine" dell'*Unità* qualche scritto in cui fosse stato "lodato" l'operato dell'arcivescovo di Bologna. Trovò solamente l'elogio per la presa di posizione contro il "tango"[552].

La fortuna del Cavallanti era finita. Si cominciava, veramente, a respirare un'aria di maggiore tolleranza. Il direttore dell'*Unità Cattolica* veniva ricevuto in udienza dal pontefice il 15 novembre 1914[553]. Dopo

---

[548] Al riguardo rimandiamo ad ALCA DELL'UNITÀ CATTOLICA, *Il 50° dell' "Unità Cattolica"*..., cit., pp. 6-8. Giova tuttavia ricordare che dal 24 giugno 1907 al 10 dicembre 1911 Pio X mandò 25 lettere all'arcivescovo Mistrangelo relative all'*Unità Cattolica*, e siamo negli anni di più intensa lotta antimodernista, di queste solo una parte è stata pubblicata nella *Disquisitio*, cit., pp. 101-113. Il resto delle lettere si conserva ancora nell'AAF.

[549] Cfr. *L'Unità Cattolica a S. S. Benedetto XV*, 6 settembre 1914, p. 1. Il testo del telegramma: «L'Unità Cattolica che si vanta aver servito fedelmente tre Sommi Pontefici da Essi protetta incoraggiata esulta per vostra esaltazione riconosce in Voi Successore degnissimo di S. Pietro e di Pio X promette illimitata ubbidienza Vostri Augusti voleri desiderî implora Apostolica Benedizione. Sacerdote Cavallanti».

[550] Cfr. *Benedetto XV all'"Unità Cattolica"*, 9 settembre 1914, p. 1. «Santo Padre ringrazia per devoti sentimenti da lei espressi ed apprezzando opportune promesse la benedice di cuore coll'augurio che il suo giornale continui e renda ognor più efficace difesa alla causa buona. Card. Ferrata».

[551] Cfr. L'UNITÀ CATTOLICA, *Viva il nuovo Papa!*, 4 settembre 1914, p. 1.

[552] Cfr. *Papa Della Chiesa e l'"Unità Cattolica"*, 4 settembre 1914, p. 1. Oltre ad affermare che «era letta assiduamente dal nuovo Papa», riferiva di una lettera contro il tango scritta dall'allora mons. Della Chiesa, e pubblicata dal giornale fiorentino. Purtroppo il quotidiano fiorentino non poteva vantare altre credenziali; CORINTHUS, *Ultim'ora. L'Arcivescovo di Bologna proibisce il ballo del "tango" e lo dichiara immorale*, 15 gennaio 1914, p. 3. In quel tempo, infatti, il giornale di Cavallanti stava portando avanti una «campagna contro la schifosa moda moderna» del tango importata dall'America. Aveva raccolto i suoi più significativi attacchi nell'opuscolo *Il Tango e il suo fango*. E l'arcivescovo di Bologna in quell'occasione ne aveva richieste «100 copie».

[553] Cfr. [A. CAVALLANTI], *L'Unità Cattolica ai piedi del S. Padre*, 17 novembre 1914, p. 1. Venne ricevuto una seconda ed ultima volta, cfr. *Il nostro Direttore ricevuto*

il colloquio con il papa apparivano visibilissimi i segni di una svolta: nei toni, nei modi, nelle polemiche, tutto diventava più "amichevole". Il giornale papale, che dopo la morte di Pio X aveva tatticamente smorzato i toni della polemica, si vedeva ora costretto a risalire la china, per ritrovare la stima di tanti cattolici. Cominciava, ora, a trovare buono quello che ieri aveva ritenuto "pericolosissimo", andava a "braccetto" con quelli che ieri aveva denunziato come nemici infidi, contro i quali aveva invocato e ottenuto condanne, tutto perché non voleva morire[554].

---

in udienza particolare dal S. Padre, 25 novembre 1915, 1: forse prima di partire come cappellano militare per Spezia.

[554] Cfr. [A. CAVALLANTI], *Vive e vivrà. Morte desiderata vita allungata*, 11 dicembre 1914, p. 1. Si veda pure il numero del 20 dicembre 1914, p. 4. Per le critiche mosse dal Murri agli intransigenti in generale, e all'*Unità Cattolica* in particolare, dopo i loro adattamenti alle prime indicazioni di Benedetto XV: cfr. [IDEM.], *Una volta tanto*, 4 ottobre 1914, p. 1 art. di fondo. L'articolo era contro i giudizi espressi nel «Commento» dal «trombato di Montenegro»; cfr. ancora [ID.], *La nostra predica*, 23 dicembre 1914, p. 1 art. di fondo.

Capitolo III

L'*UNITÀ CATTOLICA* DI FRONTE ALLA GUERRA EUROPEA.

I. PRIMI PASSI FINO ALL'ENTRATA IN GUERRA DELL'ITALIA

A. Il delitto di Serajevo.

L'ideale nazionale, dopo il 1870, aveva subìto un'evoluzione, passando da anelito d'indipendenza a forza con mire imperialistiche. Dal 1910 in Italia, politicamente parlando, accanto al socialismo che aveva incantato molti giovani specialmente universitari, anche cattolici, si era andato costituendo uno spirito nazionalista, tenuto vivo dalla guerra libica e dalle guerre balcaniche, alimentato da cantori ed "eroi" come D'Annunzio, Oriani, Corradini[1].

Si era appena sopito «lo sdegno» per i fatti della «settimana rossa»[2], quando a Serajevo, il 28 giugno 1914, venivano assassinati l'arciduca Francesco Ferdinando e sua moglie Sofia. L'*Unità Cattolica* tesseva l'apologia dell'arciduca[3]. Difendeva incondizionatamente la casa asburgica, perché i regnanti erano cattolici e praticanti[4]. Criticava la stampa liberlmassonica e socialista perché giustificava il gesto dietro la discriminante del nazionalismo[5]. Al vaticanista della Stampa di Torino, che metteva in

---

[1] Per un quadro generale rimandiamo a M. Albertini, *Idea nazionale e ideali di unità super nazionali in Italia dal 1815 al 1918*, in *Nuove questioni di storia del Risorgimento e dell'unità d'Italia*, vol. II, Milano 1983, pp. 671-728. Per l'atteggiamento dei cattolici intransigenti e conciliatoristi fiorentini di fronte alla guerra si veda anche P.L. Ballini, *Il movimento cattolico a Firenze (1900-1919)*, cit., pp. 325-367.

[2] Tra gli articoli più significativi: *Due giornate di rivoluzione sociale*, 12 giugno 1914, p. 1; *Il sereno dopo la tempesta*, 13 giugno 1914, p. 1; *La Romagna ancora in rivolta*, 13 giugno 1914, p. 3; *La repressione della rivoluzione in Romagna*, 14 giugno 1914, p. 5; Vindex, *Alla ricerca dei responsabili*, 17 giugno 1914, p. 1 art. di fondo. Tra questi Giolitti per le sue "preferenze" per l'Estrema, per la troppa condiscendenza usata verso i socialisti.

[3] Cfr. *L'Arciduca era un cattolico praticante. La figura dell'Arciduca. Intervista con l'abate Leblanc*, 1 luglio 1914, p. 1 art. di fondo.

[4] Cfr. *Dopo la Tragedia. Il Pontefice addolorato*, 1 luglio 1914, p. 1.

[5] Cfr. *Dopo la tragedia. Rastignac dà lezioni*, 1 luglio 1914, p. 1. Vincenzo Morello (Rastignac) abile polemista, "politologo" della *Tribuna* aveva alimentato, du-

risalto la perdita per la Chiesa cattolica «col doppio assassinio di Serajevo» di «due potentissimi e fedeli sostenitori», e per i «cattolici integrali» di un «protettore»[6], l'*Unità* replicava: «l'arciduca era certo cattolico praticante e sarebbe stato sul trono degli Ausburgo un imperatore di gran valore e gran protettore della Chiesa e dei cattolici come lo è oggi il vecchio regnante Francesco Giuseppe, senza velleità ridicole e stupide, come danno ad intendere gli organi massoni, di occupare la nostra Italia»[7].

Il giornale fiorentino rifiutava l'«attenuante di *nazionalità*» e difendeva in un certo senso la politica interna dell'impero austriaco. Non nascondeva, tuttavia, i timori per questa crisi generale e si chiedeva retoricamente: «quo vadis» Europa cristiana?[8]. Dietro questo generale clima di confusione e di crisi, dietro i vari regicidi[9], ci sarebbe stata, secondo l'*Unità*, la mano «sia anco indiretta» della massoneria. Tuttavia il delitto di Serajevo presentava un'«anormalità assoluta», perché era «individuale e sociale nello stesso tempo»[10]. Verso la fine del mese di

---

rante la guerra africana, l'infatuazione coloniale. Ora scriveva («La Tribuna», 30 giugno 1914): «Col secolo nuovo bisogna che l'Austria, non più felice, si studi a non far più infelici, a non far più ribelli: provveda a contemperare e armonizzare più che a irritare o combattere i sentimenti nazionali, che essa tiene in custodia e in governo». In un altro articolo si tornava sulle argomentazioni del Morello: cfr. P. VETTOREL, *Sunt lacrimae rerum. Una parola a Rastignac della "Tribuna"*, 5 luglio 1914, p. 1 art. di fondo. L'*Avanti!* colpiva l'«Austria odiosa e odiata» e giustificava in una cornice di «lotta tra nazionalismo e potere centrale» l'«episodio doloroso» dell'eccidio: cfr. «Avanti!», 30 giugno 1914. L'*Unità* riteneva l'articolo dell'organo socialista «prosa rivoluzionaria concitata e pazzesca» che colpiva «i regnanti dell'Austria-Ungheria», perché «credenti cattolici»: cfr. *Dopo la tragedia. L'Avanti si scaglia contro il morto*, 1 luglio 1914, p. 1.

[6] Cfr. «La Stampa», 30 giugno 1914.
[7] *Dopo la Tragedia. Il Pontefice addolorato*, cit.
[8] Cfr. VINDEX, *Dopo il nefando delitto di Serajevo. Il fatto e le sue conseguenze*, 2 luglio 1914, p. 1 art. di fondo.
[9] Il sec. XIX si era concluso con l'assassinio di Umberto I; il 1 febbraio 1908 era stato assassinato il re Carlo di Portogallo principe ereditario; il 18 marzo 1913 re Giorgio di Grecia era stato ucciso per le vie di Salonicco.
[10] Cfr. VINDEX, *Mistero eleusino?*, 10 luglio 1914, p. 1 art. di fondo; CAN. M. MELONI, *L'odio delle sette massoniche contro l'Austria cattolica e la casa di Asburgo*, 26 luglio 1914, p. 1 art. di fondo. Proprio contro la massoneria, nel corso del 1914 e del 1915, prima e dopo l'entrata in guerra dell'Italia, troviamo attacchi costanti, anche se sterili, che ripetevano sempre gli stessi argomenti: colpendo gli imperi centrali, la massoneria e il liberalismo, volevano in realtà colpire la Chiesa. Tra i più eloquenti e significativi ricordiamo: VINDEX, *Le mosse dei massoni e dei socialisti di fronte alla guerra mondiale. L'homme enchaîné*, 7 ottobre 1914, p. 1; *I misteri della setta. Le marionette e la mano che le muove*, 24 ottobre 1914, p. 1; *La setta verde guerrafondaia. Come parlano gli organi dell'anticlericalismo*, 11 dicembre 1914, p. 1; *La guerra e la questione religiosa*, 18 febbraio 1915, p. 1; *La setta verde ovunque spinge i neutrali alla guerra, sempre contro gli imperi centrali. Documenti, note, riflessioni*, 21 febbraio

luglio ricompariva drammaticamente l'interesse per le conseguenze del delitto. I timori di una guerra si delineavano all'orizzonte dopo l'*ultimatum* di Vienna al Governo di Belgrado[11]. La "Nota" austriaca era occasione di un'ulteriore constatazione della divisione tra i cattolici integralisti e quelli del *trust*. Questi avevano criticato l'*ultimatum* austriaco per la sua durezza: il contegno dei giornali del *trust* cattolico era giudicato «deplorevole»[12].

Allo scoppio della guerra tra L'Austria e la Serbia, il conflitto suscitava molti interrogativi e si prospettava, secondo l'*Unità Cattolica*, di proporzioni imprevedibili e difficile da circoscrivere, anche se si dava grande peso ai vari tentativi per limitarlo[13]. In questo contesto il giornale fiorentino esaltava le parole di pace del papa. Il suo appello era stato lanciato in un tempo in cui non c'era più ragione di temerlo come un'ingerenza nelle contese tra potenza e potenza:

«Gli ultimi dispacci ci dicono che gli eserciti sono già scesi in campo. Il grande cozzo è già avvenuto. Ma davanti ai proclami di guerra lanciati in

---

1915, p. 1; *Qual è la grande guerra?*, 17 marzo 1915, p. 1; CELATA, *La campagna settaria fallita. Nè un prete ne un frate condannato come antipatriota. La setta svolge il suo programma di odio e di calunnie*, 26 giugno 1915, p. 1 art. di fondo.

[11] Sfogliando l'*Unità Cattolica* del mese di luglio degli sviluppi dell'eccidio di Serajevo troviamo solo qualche accenno: cfr. *Cento arresti per il complotto contro gli Arciduchi*, 8 luglio 1914, p. 3. Verranno invece seguiti con comprensibile timore gli sviluppi dopo la "Nota" di *ultimatum* dell'Austria alla Serbia: cfr. *L'ultimatum dell'Austria alla Serbia. Alla vigilia di una guerra?*, 25 luglio 1914, p. 3; *L'Austria è pronta a varcare il confine. La gravità del conflitto Austro-Serbo*, 26 luglio 1914, p. 1; *La giornata decisiva*, 28 luglio 1914, p. 1; *Speranze e minacce. La Serbia risponde alla Nota dell'Austria*, 28 luglio 1914, p. 3; *Gli sforzi delle potenze per la pace*, 29 luglio 1914, p. 1.

[12] Cfr. *La nota alla Serbia ed i fogli del trust modernizzante*, 26 luglio 1914, p. 5. Cfr. per tutti *Uno squillo di guerra*, in «Corriere d'Italia», 25 luglio 1914. Ad esso replicava l'«Osservatore Romano», 27 luglio 1914. L'organo vaticano rivolgendosi ai fogli del *trust* precisava che la stampa cattolica doveva «far voti augurali che quel conflitto non dilaghi e venga nel minor tempo e colle minori sciagure possibili composto, per senno e generosità di governi e di capi dei medesimi». Si veda anche: *Noterelle. Crispolti, il "trust" e la "Riscossa"*, 30 luglio 1914, p. 1; DEMOFILO, *Nel mondo sublunare. I massoni ridono*, 2 agosto 1914, p. 1. Relativo alla «vertenza» Crispolti-*Riscossa*.

[13] Cfr. *La guerra è dichiarata*, 29 luglio 1914, p. 3; P. VETTOREL, *Un alcova e una tomba*, 30 luglio 1914, p. 1 art. di fondo; *Sulle rive del Danubio tuona il cannone*, 30 luglio 1914, p. 1; *Alla vigilia di una conflagrazione europea? Le potenze lavorano per localizzare la guerra*, 31 luglio 1914, p. 1; *Ultima ora. Il conflitto Austro-Serbo si aggrava. La battaglia a Semendria*, 1 agosto 1914, p. 3; SIMPLEX, *La conflagrazione sta per scoppiare. I cattolici in Bosnia*, 2 agosto 1914, p. 1. In senso antiserbo; *Verso il cozzo formidabile. La Francia in stato d'assedio*, 4 agosto 1914, p. 1; *Quali proporzioni avrà la guerra?*, 4 agosto 1914, p. 1: «La guerra ècominciata e si presenta terribile. Pubblichiamo qui sotto due documenti gravissimi, secondo i quali la guerra non sarebbe scoppiata se la Russia avesse tenuto un contegno diverso».

questi giorni la parola di Pio X rimarrà memorabile monumento di carità paterna e di sollecitudine veramente sovrana»[14].

Tuttavia l'Austria, e forse non a torto, credeva di poter contare sulle simpatie del Vaticano[15].

Nella notte del 20 agosto 1914 moriva Pio X. Scompariva «tra i primi bagliori della conflagrazione», e la sua morte assumeva quasi un significato simbolico:

> «O sommo Pio [...] almeno che il tuo sacrificio [...] fosse un richiamo, la tua *morte* un ammonimento, il tuo *martirio* un appello supremo alla Pace!»[16].

Oggi si trova fin troppo prudente il comportamento di Pio X[17].

Tra i giudizi più duri apparsi sulla stampa liberale ricordiamo solo questo: Pio X aveva voluto «ridurre la Chiesa cattolica a una pura società religiosa, estranea al movimento della civiltà e della cultura» con il risultato di un isolamento della «società cattolica», «più di un atto del defunto pontefice» doveva essere dimenticato[18]. Esattamente opposto era il pensiero dell'*Unità Cattolica*. Per quanto riguardava poi il suo appello alla pace: Pio X non era stato ascoltato, quello che consolava il giornale di Cavallanti era il sapere che il vecchio pontefice s'era adoperato: "solo",

---

[14] P. VETTOREL, *Ciò che dirà la storia*, 5 agosto 1914, p. 1; si veda pure *Fra il rumore delle armi il Papa parla di pace ai popoli*, 5 agosto 1914, p. 1. Del 2 agosto era l'Esortazione *Dum Europa*, Testo in A.A.S., 6 (1914), p. 373.

[15] Stando ai dispacci dei diplomatici tedesco (barone von Pitter) e austriaco (conte Pallfy) presso la S. Sede, le simpatie del Vaticano (Papa e Merry del Val) sarebbero state tutte per l'Austria-Ungheria baluardo della cristianità contro l'avanzata dell'ortodossia russa. Il valore di questi dispacci deve essere certamente ridimensionato e purificato. Indubbie sono le calcolate amplificazioni e abbastanza chiari gli inevitabili tentativi di carpire l'approvazione vaticana per l'operato dei vari governanti. Si vedano i dispacci riprodotti da L. ALBERTINI, *Venti anni di vita politica*, vol. III, Bologna 1951, pp. 257-258. Sull'atteggiamento del card. Merry del Val davanti alla crisi austro-serba che portò alla prima guerra mondiale, cfr. le citazioni riportate da R. AUBERT, *Pio X tra restaurazione e riforma*, in *Storia della Chiesa* fondata da A. FLICHE-V. MARTIN, vol. XXII/1, cit., cit., p. 152.

[16] SAC. E. DEHÒ, ... *Et noluit consolari! Sul sepolcro glorioso di Pio X*, 25 agosto 1914, p. 1 art. di fondo. Si vedano pure per la forte carica emotiva: L'UNITÀ CATTOLICA, *E' morto!...*, 22 agosto 1914, p. 1 art. di fondo; S. FRASCHETTI, *Il Pontefice della Pace*, 22 agosto 1914, p. 1; VINDEX, *Nell'ora tragica*, 23 agosto 1914, p. 1 art. di fondo; *Piangendo la scomparsa del grande Pio*, 23 agosto 1914, pp. 1-2.

[17] Cfr. R. AUBERT, *Pio X tra restaurazione e riforma*, cit. pp. 150-154; A. MONTICONE, *Il Pontificato di Benedetto XV*, ivi, pp. 155-157

[18] Cfr. ELPIDIO, *Tra il vecchio e il nuovo pontificato*, in «Nuova Antologia», 16 settembre 1914.

«con ogni mezzo, con tutta la sua possa, acchè tutte le difficoltà si potessero appianare; tutte le nazioni contendenti potessero con uguale dignità provvedere alla loro sicurezza e al loro onore, senza che e onore e sicurezza si confidassero alla punta delle spade o della bocca dei cannoni»[19].

Dopo la dichiarazione di neutralità dell'Italia (3 agosto) i cattolici accolsero, anche se con sfumature variegate, la posizione del governo, e l'adesione fu soggetta ad un dibattito forte e produsse diversi mutamenti.

B. IL 1914 DOPO LA DICHIARAZIONE DELLA NEUTRALITÀ ITALIANA.

L'*Unità Cattolica* assunse subito una posizione di neutralità assoluta e la mantenne tenacemente. Fin dall'inizio il giornale intransigente non nascose le sue simpatie per l'impero asburgico. La sua linea, per tanti versi simile a quella della *Civiltà Cattolica*[20], vedeva nel conflitto una provocazione della massoneria che tentava, dopo aver diminuita l'influenza del papato e della Chiesa nei vari Stati, «di sbarazzarsi di quei regnanti» che erano ancora «affezionati alla fede cattolica». L'impero austriaco, scriveva il vecchio foglio fiorentino:

> «fondato sulle basi granitiche dell'antichità del diritto, della tradizione storica e sopratutto del cattolicesimo ha opposto finora la più forte resistenza all'opera della rivoluzione massonica, accrescendo la sua potenza e per mare e per terra [...]. La Provvidenza veglia sulla preziosa vita del venerando Imperatore e lo ha salvato più volte dall'ira dei settari e lo ha sostenuto amorosamente nelle dure prove alle quali fu sottoposto [...]. Se non fosse stato per il Papato, l'Impero d'Austria sarebbe perito tra gli artigli della setta giudaico-massonica, al Papato e alla casa di Asburgo deve esso la sua esistenza e conservazione; speriamo che esso non rinneghi la sua missione di atterrare di nuovo, come fece in passato, la potenza e l'audacia dei turchi moderni»[21].

Anche il moderato e filonazionalista *Cittadino di Brescia*, nei primi giorni del conflitto, non si distingueva molto dalle posizioni dell'*Unità*. Di fatto l'organo dei cattolici bresciani vedeva nell'Austria la «sentinella avanzata sui confini del mondo slavo»[22].

---

[19] P. VETTOREL, *Il Papato, il liberalismo e la pace. (Dopo l'Enciclica di Benedetto XV)*, 13 settembre 1914, p. 1.
[20] Cfr. ad es. [E. ROSA], *La Chiesa e la guerra*, in «Civ. Catt.», 1914, IV, pp. 226-230.
[21] Can. M. MELONI, *L'odio delle sette massoniche contro l'Austria cattolica e la casa di Asburgo*, 26 luglio 1914, p. 1 art. di fondo.
[22] Cfr. [C. BRESCIANI], *L'Oriente è buio*, in «Il Cittadino di Brescia», 14 luglio 1914. «Se l'Austria non fosse o dovesse scomparire, l'Europa orientale sarebbe tedesca o russa,

In occasione dell'invasione del Belgio, da parte della Germania, il quotidiano fiorentino stampava un articolo intriso di discutibile profetismo. Autore era l'"intransigentissimo" marchese Sassoli de Bianchi[23], voleva solo riportare qualche «impressione», ma in pratica non condannava l'invasione, o meglio lo faceva solo indirettamente, mentre chiaramente affermava che il Belgio «innocente» pagava «il fio in modo terribile» delle colpe di un governo di cattolici che aveva abbracciato il liberalismo[24]. La neutralità belga, «ispirata dall'orgoglio nazionale», non inteneriva il giornale fiorentino, che di fronte al «disastro belga» lanciava interrogativi indisponenti:

«Il Belgio credeva di fare il proprio interesse? quale interesse? dello Stato o della religione? o credeva anche esso con la dottrina del liberalismo politico, possibile la separazione fra gli interessi religiosi e politici di uno Stato?»[25].

Il giornale intransigente presentava, non senza un pizzico di ingenuità e anacronistica visione dei fatti, la fede e la politica, il trono e l' altare, la religione e la monarchia strettamente uniti. Restava ancorata ai vecchi regimi garanti del diritto e della religione. Rispolverava i temi classici dell'intransigentismo di fine secolo XIX: cioè la neutralità assoluta per la difesa della Chiesa e del papato, la lotta al liberalismo e alla massoneria.

Dopo aver manifestato i primi timori, dopo aver seguito le inutili

---

perchè la Russia raggrupperebbe sotto la sua ferrea tutela slavi e ortodossi e dei regni balcanici farebbe altrettanti suoi vassalli [...]. La Russia mira all'unità ortodossa nella varietà nazionalista, ormai incoercibile. E non ha altro ostacolo, non sente altra forza che la contrasti se non il cattolicismo...» Dopo pochi mesi, da questa aperta adesione alla causa dell'Austria, il quotidiano bresciano cambiava rotta e diveniva antiaustriaco e favorevole all'intervento.

[23] Filippo Sassoli de Bianchi (Bologna 1871-1938). Laureato in scienze naturali, militò soprattutto nell'Unione popolare e ne fu delegato per la Toscana, abitando per gran parte dell'anno nella sua tenuta a Scarperia di Mugello. Cattolico intransigente, caro al De Töth, per le pressioni di Gemelli-Olgiati si iscrisse al PPI. Dopo il Congresso di Torino (1923) uscì dal partito e successivamente diede la sua adesione al filofascista Centro nazionale (1924). Negli anni del regime venne pure nominato podestà di Scarperia. Accenni bio-bibliografici più completi in S. TRAMONTIN, *Sassoli de Bianchi Filippo*, in D.S.M.C.I., vol. III/2, pp. 778-779. Di carattere celebrativo e apologetico "la memoria" di [P. DE TÖTH], *Filippo Sassoli de' Bianchi*, cit.

[24] Cfr. F. SASSOLI DE BIANCHI, *Le vicende della guerra. Il grande cozzo fra due milioni d'uomini. Impressioni*, 15 agosto 1914, p. 1. Dello stesso tono cfr. IDEM., *Quello che c'insegna l'attuale guerra*, 18 ottobre 1914, p. 1 art. di fondo. «Costoro [i cattolici belgi], però, giunti al potere, pur essendo cattolici, concepirono l'idea dello stato, anzichè coll'idea cattolica, coll'idea liberale [...]. Ecco una delle colpe, forse la più grave, che oggi in Belgio governanti e governati, scontano terribilmente in un mare di guai».

[25] F. DA MIRABELLO, *Il disastro belga*, 14 ottobre 1914, p. 1 art. di fondo.

trattative per circoscrivere il conflitto, di fronte al lento, ma inesorabile dilagare del "flagello" della guerra, l'*Unità* assumeva toni profetici, vedeva e sentiva il «digitus Dei», che da tanto male avrebbe saputo trarre «una Europa forse migliore»[26]. Tuttavia la guerra restava sempre un «castigo di Dio»: e le «cause del terribile e crudele conflitto» erano «l'ateismo e il naturalismo, ossia il disprezzo dell'autorità della Chiesa e la negazione del soprannaturale»[27]. In un Europa che versava in un' «apostasia quasi generale» lo scontro poteva divenire totale[28].

Il conflitto col passare dei giorni cominciava a dividere i cattolici che divenivano sempre più vulnerabili agli attacchi dei «socialisti e sovversivi in genere». Per questo il direttore dell'*Unità Cattolica* insisteva nel richiamare l'osservanza degli «insegnamenti della dottrina cattolica sulla guerra», cioè della «dottrina degli scolastici» che dava «dei punti ai più ardenti promotori del pacifismo»[29]. In particolare l'*Avvenire* di Bologna era accusato di creare con un suo "resoconto guerrafondaio" «troppa confusione nelle file dei cattolici». Cavallanti anche se non usava più i toni duri dei tempi di Pio X, si sentiva ugualmente in dovere di intervenire "come giornalista cattolico e come patriota italiano" per far notare l'incauto incedere del quotidiano bolognese[30]. L'*Unità* ben presto doveva cominciare a difendersi su due fronti quello interno dei cattolici moderati e democratici, e quello esterno della stampa laica. A partire dal mese di ottobre si notava sempre più chiaramente il divario che si stava delineando nel mondo cattolico nazionale. I giornali del *trust*, i cattolici della Lega democratica, non concordavano con il giornale fiorentino che continuava a mostrare la sua indulgenza per la guerra che facevano gli Imperi Centrali e biasimava le potenze dell'Intesa[31]. Dopo le prime cri-

---

[26] Cfr. Max, *Ça ira*, 6 agosto 1914, p. 1 art. di fondo.

[27] Cfr. Can. M. Meloni, *La vera origine dei presenti guai*, 22 ottobre 1914, p. 1. L'articolo del canonico prendeva lo spunto da una "confessione" apparsa su un foglio liberale («Giornale d'Italia», 9 ottobre 1914). Gli stessi concetti erano espressi in altri articoli, tra i molti cfr. Idem., *La presente guerra è un terribile castigo di Dio*, 8 ottobre 1914, p. 1.

[28] Cfr. Can. M. Meloni, *Apostasia dell'Europa*, 29 ottobre 1914, p. 1 art. di fondo; F. Sassoli De Bianchi, *Quello che c'insegna l'attuale guerra*, 18 ottobre 1914, p. 1 art. di fondo. Il pensiero del marchese si può così sintetizzare: "Dio castiga i popoli e che la lezione giovi".

[29] Cfr. [A. Cavallanti], *I cattolici e la guerra*, 18 agosto 1914, p. 1.

[30] Cfr. N. D. R., *I guerrafondai radunati a Bologna. Il compiacente resoconto dell' «Avvenire d'Italia»*, 3 ottobre 1914, p. 1. Il resoconto incriminato era apparso sul foglio bolognese il 2 ottobre 1914.

[31] Cfr. Alca, *Una parola a Crispolti*, 10 ottobre 1914, p. 1. «Oggi mentre la Francia si separa arrogantemente dalla Chiesa non è la Germania luterana che tratta la Chiesa con singolare rispetto? [...]. La Francia è corrotta, strappa il crocefisso dalle scuole, il nome di Dio dai libri di testo; ma il Kaiser fa questo: proibisce il tango all'esercito, riconosce la religione nelle scuole, e vuole anzi che la gioventù sia educata nel timor di Dio.

tiche della stampa laica alla tanto sbandierata neutralità assoluta dei cattolici intransigenti, il giornale di Cavallanti respingeva le accuse di anti-patriottismo, di anti-italianità, di filotriplicismo. Lo faceva prima contro l'*Idea Democratica*, il «soffietto di Palazzo Giustiniani»[32], poi contro il *Corriere della Sera*[33]; e ancora contro il *Secolo* di Milano: in questa circostanza affermava l'adesione dei cattolici alla "neutralità politica condizionata e removibile" assunta dal governo italiano[34].

Trascorsi i primi mesi di guerra europea e di neutralità italiana, cominciarono accesi dibattiti sulla condotta da tenere. Sempre più forti si facevono le voci dei gruppi interventisti. E sempre più vicina si faceva la possibilità di una guerra. Furono questi tempi di dura prova e di logoranti scontri anche tra i cattolici. Basti ricordare a titolo di esempio, l'aspro attacco al neutralismo del Meda. A farlo era il D'Amico[35], cattolico, invischiato in un ingenuo, illusorio e melodrammatico interventismo antiaustriaco, e tutto proteso per la causa dell'unità nazionale[36]. Per l'*Unità Cattolica* in un Italia che stava ancora sopportando «le conseguenze della guerra libica»[37], che aveva «il bilancio dello Stato» ancora

---

Mentre i legislatori francesi all'avvicinarsi dei grandi avvenimenti si vergognano di nominar Dio, l'imperatore Guglielmo (come ieri Guglielmo I contro Napoleone III che dichiarava guerra alla Prussia in nome della rivoluzione dell'89) assume il pensiero e il linguaggio della religione».

[32] Cfr. [A. CAVALLANTI], *Contro la guerra perchè cattolici e italiani*, 29 settembre 1914, p. 1 art. di fondo. L'*Idea Democratica* accusava quelli dell'*Unità* d'essere neutrali «perchè cattolici e non perchè italiani». Cavallanti replicava: noi «rispondiamo francamente e a fronte alta: Non vogliamo la guerra perchè SIAMO CATTOLICI E ITALIANI», e ribadiva essere i cattolici «PATRIOTI SINCERI».

[33] Cfr. N. D. R., *Il "Corriere della Sera" la guerra e la stampa liberale*, 6 ottobre 1914, p. 3. «Però deve sapere il "Corriere" che la neutralità dei cattolici non deve essere intesa nel senso di favorire la setta la quale è francofila non per il bene del popolo francese ma perchè ad essa preme sostenere i giovani laici, massonici. Dunque notiamo pure ed elogiamo l'eroismo del popolo francese e belga ma anche non diamo quartiere alla setta internazionale che cerca pescare nel torbido».

[34] Cfr. [A. CAVALLANTI], *Il contegno dei cattolici di fronte al conflitto europeo (a proposito di un'intervista)*, 10 ottobre 1914, p. 1 art. di fondo.

[35] Silvio D'Amico (Roma 1887-1955). Cattolico osservante, critico di teatro. Nel 1914 iniziava la sua collaborazione al quotidiano romano *L'Idea Nazionale* come critico drammatico. Dal 1915 al 1917 partecipò volontario alla prima guerra mondiale. Per riferimenti bio-bibliografici sul D'Amico si veda P. PETRONI, *D'Amico Silvio*, in D.B.I., vol. 32, pp. 350-355.

[36] Cfr. S. D'AMICO, *I cattolici e la guerra la via del ritorno*, in «L'Idea Nazionale», 11 dicembre 1914. Il d'Amico scriveva: «Ora non è possibile che i cattolici italiani accettino di essere diffamati in massa dall'onorevole Meda e dai firmatari dell'ordine del giorno neutralista, senza rendersi conto, e chieder loro conto, delle ragioni che han determinato quest'atteggiamento. Quali sono, dunque, le supreme ragioni per cui un'altra volta si chiede ai cattolici la rinuncia alla patria?».

[37] Quando Giolitti decise l'impresa libica l'*Unità Cattolica* non esitò ad opporvisi, forse unica in tutta l'Italia, denunciandola come un diversivo dalle difficoltà di politica

in fase di consolidamento, non si sentiva «proprio la necessità di esporre giovani vite ai pericoli ed oberare, più di quelle che non siano, le finanze dello stato, per il capriccio di alcuni guerrafondai», sotto l'influsso di un «movimento [...] democratico-massonico»[38].

C. Benedetto XV prima dell'entrata in guerra dell'Italia.

Cosa sarebbe cambiato con Benedetto XV? Cosa avrebbe fatto? Nonostante «le ciarle della stampa liberale» avrebbe continuato l'opera di Pio X. Per Cavallanti non v'erano dubbi, nessun mutamento sarebbe avvenuto, del resto la sua prima parola era stata di pace come l'ultima di Papa Sarto[39]. Ai pronostici dei fogli liberali, circa quello che il papa

---

interna, ed evidenziandone esplicitamente gli svantaggi. Fin dall'inizio del 1911 il foglio fiorentino si era occupato della questione di Tripoli, dichiarandosi contrario ad una conquista militare: cfr. [A. CAVALLANTI], *Come l'Austria pensa all'Italia*, 25 gennaio 1911, p. 1 art. di fondo. «E' risaputo che l'Italia non sogna conquiste territoriali e non pensa affatto all'occupazione di Tripoli [...]. L'Italia vuole vivere in pace con tutti, domanda solamente il mantenimento dello statu-quo nel Mediterraneo. Per questo la Turchia sbagliava ostacolando l'espansione dei nostri connazionali, perchè l'espansione che essi desiderano è unicamente commerciale».

Si veda pure *Note e appunti. Si va o non si va a Tripoli*, 8 settembre 1911, p. 1. Tra l'altro leggiamo: «molti ci trovano una seconda edizione dell'Asmara»; *L'Italia e le sue aspirazioni sulla Tripolitania*, 10 settembre 1911, p. 1; *A Tripoli a tutti i costi*, 13 settembre 1911, p. 1. «Che ha l'Italia questa forza economica? Ha essa una esuberanza di vita industriale da sentire il bisogno estremo di uscire dai suoi confini? ... Che bisogno c'è di andare a fare una penetrazione a Tripoli; non sarebbe meglio farla in Sardegna o in Calabria, senza uscir dall'Italia?»; L. BOTTINI, *E' utile occupare Tripoli? Tripoli sarebbe una seconda Eritrea*, 14 settembre 1911, p. 1 art. di fondo; [VERITAS], *Note vaticane. I cattolici e la guerra italo-turca*, 22 ottobre 1911, p. 1. Dopo la Nota dell'*Osservatore Romano* (21 ott.) che distingueva l'atteggiamento della S. Sede da quello dei singoli episcopati nazionali ed esprimeva una tensione di unità nei confronti del movimento cattolico, il foglio fiorentino con soddisfazione scriveva: «è stata [l'*Unità Cattolica*] fra quei pochi che non si è abbandonata a lirismo per la spedizione di Tripoli, e fin dall'inizio ha fatto le più ampie riserve intorno all'impresa guerresca, sotto l'aspetto religioso, morale ed economico».

Durante il 1912, senza curarsi dell'esito della guerra, l'*Unità Cattolica* non esitava a ribadire le sue riserve nei confronti del nazionalismo italico: cfr. VINDEX, *Una scuola del Nazionalismo?*, 31 maggio 1912, p. 1 art. di fondo. «Vive [il nazionalismo] in Italia senza uno stato civile preciso, perchè figlio di molti padri e di una madre italiana che si chiama Accademia»; cfr. pure 17 e 19 ottobre 1912, p. 1.

Per ulteriori approfondimenti su la guerra di Libia e l'*Unità Cattolica*, cfr. P.L. BALLINI, *Il movimento cattolico a Firenze*, cit., pp. 229-254.

[38] Cfr. NOTHING, *Vento di follia*, 16 settembre 1914, p. 1. «Strana cosa è il vedere in queste dimostrazioni i Nazionalisti con i repubblicani e con i socialisti! E tanto più strano è il grido di Viva la guerra! in bocca di questi ultimi che sono stati sempre antimilitaristi e contrarissimi alle spese militari».

[39] Cfr. [A. CAVALLANTI], *Papa religioso e Papa moderno. Le ciarle della stampa moderna*, 5 settembre 1914, p. 1 art. di fondo. In particolare cfr. P. VETTOREL, *Il Papato,*

avrebbe detto nel suo primo appello, il *Giornale d'Italia* assicurava che il neo-eletto pontefice si stesse prodigando presso le varie sedi diplomatiche per conoscere «gli umori dei varî Gabinetti sull'effetto che produrrebbe il suo appello» di pace[40]. Il giornale fiorentino, pur facendo le sue riserve «sopra tutto ciò» che diceva il foglio liberale, non noscondeva la sua compiacenza: «nulladimeno ci congratuliamo col foglio liberale il quale anche esso vede l'unico faro di salvezza nel bianco Vegliardo del Vaticano e su Esso fa grande assegno nell'ora trepidante e difficile attuale della politica europea»[41].

Il primo appello del papa fu un'esortazione «ad universos orbis catholicos» alla preghiera per la pace. Egli vedeva il suo pontificato fin dall'inizio «non poco intralciato» da questa guerra. Tuttavia dichiarava: «è Nostro fermo proposito di nulla omettere, per quanto è in poter Nostro, che possa affrettare la fine di questa calamità». E con forza scongiurava i capi delle nazioni: «bastino le rovine che già sono state prodotte, basti il sangue umano che già è stato sparso»[42]. Per il *Corriere della Sera* la mediazione che il papa si proponeva di fare restava solo «un suo voto»[43]. La *Stampa* di Torino ammirava l'«atto così altamente umanitario» del pontefice, anche se non mancava di notare lo scetticismo del «mondo politico»[44]. Queste reazioni davano lo spunto al giornale intransigente per ritornare su un argomento a lui caro: i liberali e massoni, i «due supremi nemici della Chiesa e del Pontificato, con ogni mezzo, con ogni sforzo» cercavano «di paralizzare l'azione della Chiesa e del Papa»[45].

Un battibecco tra il Cavallanti e il Crispolti precedette la prima enciclica del papa. Il direttore dell'*Unità Cattolica* aveva accusato il Crispolti di aver commesso irriverenza, anticipando i giudizi papali della imminente enciclica. Cripolti replicava: «Voi avete detto che Benedetto XV sarà il continuatore dell'opera di Pio X: voi fissate a priori l'azione totale del Papa e commettete una irriverenza sommissima»[46]. Il ragiona-

---

il liberalismo e la pace. (Dopo l'Enciclica di Benedetto XV), 13 settembre 1914, p. 1. «Era facile d'altronde pensare che Benedetto XV avrebbe anche lui alzato la sua voce; raccogliendo l'eredità di quel Pontificato glorioso, che ebbe come ultima parola la grande invocazione di pace».

[40] Cfr. *L'Enciclica del Papa*, in «Giornale d'Italia», 10 settembre 1914.
[41] *Note ed Appunti. Il S. Padre e la guerra europea*, 11 settembre 1914, p. 1.
[42] Cfr. A.A.S., 6 (1914), pp. 501-502. *Ubi primum*, 8 settembre 1914.
[43] Cfr. «Corriere della Sera», 10 settembre 1914.
[44] Cfr. *La portata del documento*, in «La Stampa», 10 settembre 1914.
[45] Cfr. P. VETTOREL, *Il Papato, il liberalismo e la pace. (Dopo l'Enciclica di Benedetto XV)*, 13 settembre 1914, p. 1.
[46] F. CRISPOLTI, *Per fatto personale. Risposta all'"Unità Cattolica"*, in «Avvenire d'Italia», 9 ottobre 1914. Il Crispolti aveva replicato ad un appunto mosso dal Cavallanti, cfr. *Una falsa mossa di Filippo Crispolti*, 4 ottobre 1914, p. 1.

mento del Crispolti non era accettato dal Cavallanti, che contro-replicava, mettendo mirabilmente in risalto la mentalità degli integralisti:

> «Ci pare di sognare a leggere queste righe. Ma dunque voi Filippo Crispolti ammettete che il Vicario di Gesù Cristo di ieri non sarà nella dottrina programmatica il Vicario di Gesù Cristo d'oggi?
> Muterà la forma, gli accidenti, le modalità di azione pubblica, come dicemmo anche contro R. Murri, ma la sostanza sarà la stessa: perché il cattolicismo, il Vangelo è sempre il medesimo ed è per questo che Pio IX è Leone XIII, Leone XIII è Pio X e Benedetto XV sarà Pio X»[47].

L'enciclica *Ad Beatissimi*[48] portava la data del 1 novembre 1914. Oltre ai già ricordati moniti ai cattolici integralisti e modernizzanti per la cessazione delle lotte fratricide, il pontefice offriva la sua opera di pace per affrettare la soluzione del conflitto, non mancava di fare un accenno eplicito alla questione romana[49]. La stampa liberale notava soprattutto l'accenno alla questione romana, anche se le valutazioni erano poi disuguali[50]. Questo e altri indizi costituivano per molti giornalisti la prova della "nuova", sempre negata dall'*Unità*[51], politica vaticana. Durissimo e ingiusto il giudizio del Quadrotta, che emblematicamente riassumeva quello di molti liberali impenitenti del suo tempo: nell'enciclica scorgeva solo una rinnovata protesta per il potere temporale. Il documento era ritenuto povero e scritto con poca persuasione[52]. La stampa integralista, con in testa il giornale del Cavallanti, colpita direttamente dall'enciclica

---

[47] ALCA, *Una parola a Crispolti*, 10 ottobre 1914, p. 1. Contro Murri cfr. IDEM, *Una volta tanto*, 4 ottobre 1914, p. 1 art. di fondo.
[48] Cfr. A.A.S., 6 (1914), pp. 565-581 testo latino; pp. 585-599 versione italiana.
[49] Cfr. A.A.S., 6 (1914), pp. 598-599.
[50] Fra gli articoli indicativi dello stato d'animo del momento ricordiamo quello di G. PAPINI, *Rispondo a Benedetto*, in «Popolo d'Italia», 19 novembre 1914. «Quando fecero papa il marchese Della Chiesa e seppi che era mezzo gobbo ne provai quasi, superstizioso anticristiano, un certo rammarico. I gobbi portano fortuna: c'era da rivedere in questo papa leonino, qualcuno dei gesti teocratici d'Ildebrando o di Giulio. Quella sua faccia un po' torta di solitario malaticcio, lontanamente leopardiano, mi faceva sperare o temere che potesse aver dell'ingegno - come quell'altro che era pur nobile e a suo modo, un po' santo.Ma stamani son tranquillo. Il marchese pontefice non darà troppa noia ai buoni europei, nè vi può esser paura di restaurazioni trionfanti. Il nuovo papa è debole di spirito com'è debole di corpo, cammina male tra i mari delle idee, come cammina male sui tappeti delle sue stanze. [...] Papa Benedetto ha sciupato il suo latino. Il suo intervento nella guerra europea non ha portato di nuovo che una prova di più della fiacchezza della chiesa che egli governa».
[51] Cfr. *Nuova politica vaticana?*, 20 ottobre 1914, p. 1. Il foglio fiorentino seguì con occhio vigile i commenti all'enciclica della stampa cattolica e liberale: cfr. i numeri del 18, 20, 21, 22 novembre 1914.
[52] Cfr. «Il Secolo» di Milano, 17 novembre 1914. Il pontefice aveva solo compiuto un abile sforzo per impostare su basi nuove la questione romana. Questo e altri articoli

per le disapprovazioni per gli appellativi da loro prediletti e per i loro sistemi polemici, per parare il colpo si adoperava a divulgare il brano dell'enciclica che si riferiva alla questione romana, stampandolo a caratteri cubitali, ed ammonendo i fogli del *trust* a fare altrettanto. Pio X riviveva nelle rivendicazioni di Benedetto XV. Si ipotizzava una soluzione internazionale della questione romana[53]. Il papa dava una particolare intonazione alla neutralità dichiarata e sostenuta dal Vaticano, era improntata da un'acuta e realistica osservanza dei fatti. L'atteggiamento ufficiale della Chiesa si andava sempre più precisando e si sarebbe rivelato sostanzialmente diverso da quello integrista dell'*Unità Cattolica*.

D. L'*Unità Cattolica* interprete del pensiero della S. Sede?

L'intensificarsi della campagna per l'interventismo non tardava a mostrare le diverse posizioni fra i cattolici italiani. Non tutti erano concordi nel sostenere la neutralità dell'Italia. «Un dotto ecclesiastico», studioso di valore, rilasciava un'intervista in cui esponeva «le ragioni storiche» che avrebbero dovuto consigliare i cattolici «a combattere l'invasione del germanesimo nella civiltà europea»[54]. Immediata la replica e le precisazioni del giornale fiorentino:

> «[...] la neutralità nostra è integralmente cattolica, perché ispirata da quella carità, che ci affratella, e che vuole la pace senza vinti nè vincitori. [...] Di qui l'adesione dei cattolici alla neutralità **politica**, diremo così, che il Governo d'Italia s'è imposta; ma questa, come è risaputo a *non plus ultra*, è neutralità *condizionata*, non già *irremovibile*. E noi vi aderiamo con sentimento di disciplina, refrattaria a qualsiasi pungolo di ribellione, perché in momenti critici, come questi, il principio d'autorità è preso di mira dai guerrafondai, aizzati dalla massoneria. Dunque, cattolici e italiani»[55].

---

sulle vicende del conflitto europeo vennero poi raccolti in un libretto: cfr. G. QUADROTTA, *Il Papa, l'Italia e la guerra*, con prefazione di F. SCADUTO, Milano 1915.

[53] Cfr. F. DA MIRABELLO, *Soluzione internazionale della questione romana*, 21 novembre 1914, p. 1 art. di fondo; [A. CAVALLANTI], *Pio X rivive in Benedetto XV. La questione romana preoccupa sempre le menti dei liberali. La stessa dottrina*, 22 novembre 1914, p. 1.

[54] Cfr. G. QUADROTTA, *Il contegno dei cattolici di fronte al conflitto europeo. Intervista con una personalità ecclesiastica*, in «Il Secolo», 5 ottobre 1914. Del medesimo tenore si veda: *L'interesse dell'Italia e del Cattolicismo. Il pensiero di un insigne prelato*, in «L'Idea Nazionale», 25 ottobre 1914.

[55] [A. CAVALLANTI], *Il contegno dei cattolici di fronte al conflitto europeo (a proposito di un'intervista)*, 10 ottobre 1914, p. 1 art. di fondo. L'intervistato era una «personalità cattolica ecclesiastica» che si rivelava, secondo il Cavallanti, filo francese.

Proprio la precisazione di adesione alla "neutralità politica condizionata e removibile" avvicinava il Cavallanti alle posizioni dei cattolici del *trust*, e suscitava la reazione di un corrispondente del quotidiano fiorentino[56].

Anche tra i deputati cattolici qualcuno era apertamente favorevole ad un intervento bellico. Il Montresor, ad esempio, in un intervista, parlava di guerra «inevitabile» all'Austria. I cattolici italiani, di fronte all'entrata in guerra dell'Italia, come in molte altre questioni sociali e politiche, non erano d'accordo. «Socialisti ufficiali e clericali» si sarebbero battuti «volentieri». I partiti facevano bene, secondo il deputato cattolico, a promuovere agitazioni perché «si mantenga desto nel popolo [...] il senso della vigilanza sui destini della patria». Ovviamente la decisione finale spettava al governo, ma egli si diceva «sicuro» che il governo avrebbe scelto la guerra. E quel giorno «i vescovi italiani» avrebbero benedette «le armi»[57]. Le dichiarazioni del deputato Montresor facevano giustizia, secondo il foglio nazionalista, della «leggenda del "neutralismo assoluto" dei cattolici»[58]. I giornali del *trust* non si sbilanciarono. L'*Unità Cattolica* levava un grido di disapprovazione: l'on. Montresor aveva diritto di parlare così solo «per i cattolici nazionalisti» e «per altri di simile stampo», ma non per quelli papali che stavano «in tutto con il Papa». E precisava drammaticamente: «Per noi e per i nostri vi diciamo, salvi i supremi diritti di difesa e di giustizia, nessuna guerra neppur contro l'Austria ci troverà uniti con voi»: e se l'Italia fosse entrata in guerra i veri cattolici vi avrebbero partecipato «soltanto come vittime al macello»[59]. Il *Cittadino di Brescia* che aveva dapprima riprodotto l'intervista all'on. Montresor[60], dopo l'articolo dell'*Unità Cattolica*, pur

---

[56] Cfr. *Discussioni*, 21 ottobre 1914, p. 1. Lettera di Franco da Mirabello al Direttore. «Ora sarebbe necessaria una spiegazione. Se codesta dichiarazione tende a vincolare i cattolici alla neutralità attuale, possiamo tutti trovarsi d'accordo; ma poichè [il Cavallanti] appone i qualificativi di *condizionata e non già irremovibile*, se ne potrebbe dedurre come sotto intesa che se domani il Governo rompesse la neutralità e dichiarasse la guerra perchè le condizioni sono venute meno, allora ancora il Governo s'avrebbe i cattolici favorevoli incondizionatamente». In questa seconda ipotesi il da Mirabello affermava che con Cavallanti non avrebbero convenuto una buona parte dei cattolici.

[57] L'*Unità Cattolica* erroneamente ritenne che l'intervista fosse apparsa su «La Stampa» del 24 ottobre, in realtà essa apparve sul solito foglio dei nazionalisti "guerrafondai": cfr. *Le parole italiane di un deputato cattolico. "La guerra all'Austria è inevitabile" dice l'on. Montresor*, in «L'Idea Nazionale», 24 gennaio 1914.

[58] Cfr. F. COPPOLA, *I cattolici e la guerra*, in «L'Idea Nazionale», 25 ottobre 1914. L'articolista sfruttava abilmente i timori, presenti in ambito gerarchico ecclesiale, di un'avanzata dell'ortodossia russa. Di questi timori parlava pure la «Civ. Catt.», 1914, III, p. 628, che considerava «pericolo maggiore», la prospettiva che l'Adriatico potesse diventare un «mare slavo».

[59] Cfr. F. DA MIRABELLO, *L'On. Montresor, i cattolici e la guerra. Parliamoci chiaro*, 5 novembre 1914, p. 1 art. di fondo.

[60] Cfr. «Cittadino di Brescia», 25 ottobre 1914.

con qualche riserva si diceva favorevole alla tesi del deputato cattolico. Dopo aver citato l'esempio di patriottismo dei cattolici di altri paesi osservava: «dovremmo proprio noi soli [...] rinnegare la nostra patria unicamente per i torti e le offese che la legislazione laica ha recato alla Chiesa? Dovremmo noi dimenticare di essere italiani per restare unicamente cattolici?»[61].

Naturalmente la replica del foglio fiorentino non si faceva attendere:

> «Ci pare che il "Cittadino" abbia smarrita un po' la tramontana dei principii cattolici e di fronte ai governi e di fronte ai popoli. Assalire l'Austria ora che è in guerra colla Russia e colla Serbia, da parte dell'Italia ancora alleata, sarebbe una vigliaccheria: più aggiungere e predicare ora, che non c'è proprio bisogno, che *la guerra contro l'Austria è inevitabile* è imprudenza e sconvenienza somma»[62].

La polemica si protrasse[63] e coinvolse anche il *Giornale d'Italia*[64]. Il giornale fiorentino riteneva machiavellico l'addurre come pretesto per la guerra quello di liberare le terre irredente[65]. Ancora il *Cittadino* in un

---

[61] P. CAPPA, *Cattolici e italiani*, in «Cittadino di Brescia», 6 novembre 1914.

[62] *Polemichette. Montresor, l'"Unità Cattolica e il "Cittadino di Brescia"*, 8 novembre 1914, p. 1.

[63] Cfr. P. CAPPA, *Il nostro pensiero*, in «Cittadino di Brescia», 11 novembre 1914. Il direttore controreplicava, e accusava ingiustamente gli scrittori dell'*Unità Cattolica* di parlare oggi una lingua diversa da quella dei «tempi della guerra libica», quando «giustamente esaltavano la disciplina e l'eroismo dei soldati cristiani e dei sacerdoti cappellani?».

[64] Cfr. *Due tendenze nel campo cattolico per la guerra. "Andremo come pecore al macello". "Saremo sul campo di battaglia valorosi soldati"*, in «Giornale d'Italia», 9 novembre 1914. Il foglio liberale interveniva contro le posizioni del foglio fiorentino. Cavallanti scriveva al direttore del *Giornale d'Italia*: «il suo giornale non ha riferito esattamente il pensiero nostro». In più aggiungeva: «Non credo poi che i giornali del *trust* accennati dal *Giornale d'Italia* sottoscrivano a quanto hanno esposto Montresor e Cappa»: cfr. *Lettera del direttore dell'"Unità Cattolica"*, in «Giornale d'Italia», 11 novembre 1914. La risposta del direttore del *Giornale*: «Ripetiamo che, seguendo i varii atteggiamenti e le idee dei giornali del *trust*, esse ci sembrano quelle del *Cittadino* e certo non quelle dell'*Unità Cattolica*». Il testo della lettera del Cavallanti e il Commento del direttore del *Giornale d'Italia* vennero riprodotti pure dall'*Unità Cattolica* nel numero del 12 novembre 1914. Cavallanti riteneva «puerilità» il commento del *Giornale*: cfr. [A. CAVALLANTI], *L'entusiasmo guerresco anche per... La "Secchia rapita?"*, 12 novembre 1914, p. 1. L' *Unità Cattolica* chiudeva la polemica dicendo oramai «inutile riparlarne», i fogli intransigenti erano tutti con lei: cfr. *Note ed Appunti. La guerra ed i cattolici*, 17 novembre 1914, p. 1.

[65] Cfr. VINDEX, *I "nepotini" di Machiavelli*, 13 novembre 1914, p. 1 art. di fondo. «Perchè la guerra all'Austria? Per l'annessione dalmata, ad esempio? Ma la Dalmazia dà oggi 627 mila serbo-croati, e 18 mila italiani. E italianizzandola, dove se n'andrebbe l'italianità dell'Istria, dove quasi una metà della popolazione è slava? Dove l'italianità

articolo carico di passionale patriottismo auspicava il «ricongiungimento» alla madre patria di «quelle terre» irredente e questo solo per «il trionfo della giustizia»[66].

Si era giunti ad un punto cruciale. Chi rappresentava l'opinione della maggioranza dei cattolici? Chi poteva dirsi portavoce autorevole del Vaticano?

Il neutralismo assoluto del Cavallanti, osserva il De Rosa: «non era la stessa cosa del pacifismo perseguito dal Vaticano, in quanto il primo era il frutto di una visione non reale, ma aprioristica, astrattamente letteraria e demestriana delle condizioni che erano fatte alla Santa Sede nell'Europa del 1914»[67].

L'*Unità* aveva dalla sua la famosa *Avvertenza*, ancora in vigore, con la quale Pio X, nel 1912, aveva sconfessato i giornali del *trust* come non conformi alle direttive pontificie[68]. Forte di questo documento la stampa integralista si presentava come la sola riconosciuta dalla Santa Sede. L'*Unità Cattolica* era dichiarata, dal direttore del *Corriere della Sera*, «l'autorizzata interprete, in tono maggiore, del pensiero della S. Sede»[69]. L'opinione dell'Albertini, se poteva fare piacere al Cavallanti, non corrispondeva al vero. Perché oltre a celare uno scopo anticlericale, fingeva d'ignorare l'atteggiamento ufficiale della Santa Sede espresso fin dall'inizio dall'*Osservatore Romano*[70]. Inoltre la maggioranza dei cattolici si sarebbe riconosciuta, leggendo in filigrana un commento apparso sulla *Settimana sociale*, l'organo dell'Unione popolare e quindi espressione dell'atteggiamento ufficiale dei cattolici in questo periodo, più nelle tesi del Montresor e del Cappa, che in quelle del Cavallanti[71].

---

di Trieste, in cui un quarto della popolazione vota per i candidati sloveni? Dove l'italianità dello stesso Trentino, in cui si trovano elementi non trascurabili della Germania? Il problema dell'Adriatico non si risolve utilmente se non con un compromesso italo-slavo: un fatto d'armi oggi può essere furberia, che lo stesso Machiavelli non consiglierebbe».

[66] Cfr. C. Bresciani, *Il nostro irredentismo*, in «Il Cittadino di Brescia», 19 novembre 1914.

[67] G. De Rosa, *Storia politica dell'Azione Cattolica in Italia. Dall'enciclica «Il fermo proposito» alla fondazione del partito popolare (1905-1919)*, vol. II, Bari 1954, p. 401.

[68] Cfr. A.A.S., 4 (1912), p. 695. Per tutta la polemica tra i giornali intransigenti e quelli del *trust*, cfr. *supra*, pp. 164 ss.

[69] Cfr. L. Albertini, *Venti anni di vita politica*, cit., p. 261.

[70] Cfr. «Osservatore Romano», 27 luglio 1914. Si attendeva che il conflitto non dilagasse e venisse composto «per senno e generosità di governi e capi dei medesimi». La nota era firmata "I.", cioè p. Ignazi.

[71] Cfr. E. Martire, *Commenti. I cattolici e la guerra*, in «Settimana sociale», 21 novembre 1914. Martire ricordava un ordine del giorno presentato da lui stesso e approvato in un convegno straordinario della Gioventù Cattolica, riunitasi a Roma alla fine di ottobre. La posizione dell'Unione popolare è giudicata dal De Rosa «equilibristica»: cfr. G. De Rosa, *Storia politica dell'Azione Cattolica in Italia*, cit., p. 401.

In effetti il permanere dell'*Avvertenza* contribuiva a dare "troppa" autorità all'*Unità Cattolica*, giustificava la sua polemica con i giornali del *trust*. I toni di rimprovero del Cavallanti, vivo Pio X, alle critiche dei fogli della Società Editrice Romana verso l'*ultimatum* austriaco (ritenuto intempestivo, non necessario e troppo duro), rafforzavano questa impressione. Tuttavia, un mutamento nella politica del Vaticano si era visto all'indomani dell'elezione di Benedetto XV: uomini caduti in disgrazia durante il pontificato di Pio X (Grosoli, Crispolti) erano ricevuti in udienza e richiamati a capo dell'organizzazione cattolica. Si delineava all'orizzonte la dissoluzione della corrente antimodernista che si era venuta formando durante il pontificato "piano", che si era "presa" il compito di vigilare sulla perfetta ortodossia della stampa cattolica e degli uomini che militavano nella medesima compagine. In questo contesto il 6 novembre il papa autorizzava il suo segretario di Stato a dichiarare che la nota *Avvertenza* non aveva avuto «carattere di proibizione»[72]. L'effetto di questa lettera, come abbiamo già visto, fu per l'*Unità Cattolica* un'ulteriore prova della nuova "politica" del papa, costituiva un "altro" freno alle sue smanie di autentica interprete del pensiero vaticano. Come interpretare la lettera del card. Gasparri? Nei termini di un generale distacco della S. Sede dalle posizioni assunte dalla stampa cattolica di vario genere, in questa fase difficile del conflitto europeo, e quindi, come ritiene De Rosa, il monito sia ai fogli integralisti, con in testa l'*Unità Cattolica*, sia ai giornali del *trust*, a non ritenersi autentici portavoce del Vaticano? E quindi, di riflesso, l'ammissione della S. Sede ad un legittimo pluralismo d'opinioni tra i cattolici? Oppure, si trattava di un abile distacco dalle posizioni di Pio X, senza apparenti rotture col passato, anche se di fatto ora si potevano diffondere quei giornali che prima erano stati sconsigliati e proibiti davvero, cambiamento di rotta operato dal nuovo papa e docilmente perseguito dal segretario di Stato?[73]. In qualunque modo si interpreti la lettera del segretario di Stato, di fatto l'*Unità Cattolica* ne usciva notevolmente ridimensionata e pagava il prezzo più alto[74]. Il giornale fiorentino si illudeva di continuare a rappresentare le posizioni dei cattolici papali[75]. In realtà non trovava più espliciti consensi

---

[72] Per il testo della Lettera e per le reazioni del giornale fiorentino e dei fogli del *trust*, cfr. *supra*, pp. 190-191.

[73] Cfr. G. DE ROSA, *Storia politica dell'Azione Cattolica in Italia*, cit., p. 405.

[74] Cfr. *I cattolici, la guerra e l'indipendenza della Santa Sede. Gl'intransigenti*, in «Idea nazionale», 10 novembre 1914. Il foglio nazionalista dopo la Lettera del Gasparri osservava: «E tutti comprendono che questa è la fine degli intransigenti dell'*Unità*. Con la quale i cattolici italiani aspettano che siano relegati tra i ferrovecchi delle organizzazioni tutti quei giornali e giornaletti di provincia, modellati sul suo stampo o su quello di un singolare tipo di *Asino* clericalizzato, che ormai non trovan più credito neanche presso i sacrestani di campagna».

[75] Cfr. [A. CAVALLANTI], *Agitiamo la vecchia gloriosa bandiera*, 12 novembre 1914,

e sostegni in quell'ambiente che diceva di difendere, il Vaticano. Il suo neutralismo assoluto era, infatti, apertamente filotriplicista e temporalista e rispecchiava un'ideologia demestriana, ben lontana dalla politica realistica della S. Sede[76]. Che il prestigio dell'*Unità Cattolica*, negli ambienti vaticani, non fosse più quello dei tempi di Pio X lo dimostrava un altro episodio, di qualche anno dopo e apparentemente secondario, cioè la spartizione dei sussidi fatta dall'*Opera Nazionale della Buona Stampa*, organismo voluto da Benedetto XV e affidato a uomini "non" della linea intransigente. L'*Opera* aveva destinato al giornale fiorentino un sussidio di appena «L. 500». Amara la nota con cui l'*Unità Cattolica* notificava la somma ricevuta. Nessun ringraziamento, neppure formale. Ventiquattro erano stati fra quotidiani e periodici i beneficiati dal sussidio, ma quello dato al giornale fiorentino costituiva un'offesa, ai fogli del *trust* erano andate parecchie migliaia di lire. L'*Unità Cattolica*, che più di ogni altro foglio si era dedicata alla difesa dei diritti del papato, era stata trattata dai responsabili dell'*Opera* come un "organetto" settimanale. Il significato era evidente[77].

Giustizia vuole che si riconosca al giornale fiorentino, nonostante le sue contraddizioni, che il motivo dominante di questo neutralismo assoluto in ultima analisi non era determinato da sole ragioni politiche, cioè dal filotriplicismo anche se questo c'era ed era ben chiaro, ma dalle

---

p. 1. Articolo uscito a commento della lettera del card. Gasparri al vescovo Falcini.

[76] Oltre ai già citati articoli dove il filotriplicismo del giornale fiorentino appare chiaro. Ricordiamo altri articoli, scritti mesi dopo questa lettera del card. Gasparri, dove inequivocabilmente inalterate apparivano le simpatie del giornale: cfr. *Del Papa chi si occupa?*, 1 febbraio 1915, p. 1; P. A. RUELLI O.S.A., *Il Papa e la pace europea*, 17 aprile 1915, p. 1 art. di fondo; IDEM., *Il Papa salvezza d'Europa*, 24 aprile 1915, p. 1 art. di fondo; ecc.

[77] Cfr. *Per "l'Unità Cattolica"*, 16 aprile 1916, p. 3. «L'*Unità Cattolica*, che non aveva domandato sussidi all'Opera nazionale per la Buona stampa, ha ricevuto anche la seguente lettera dell'Ill.mo e Rev.mo Mons. Francesco Faberi datata da Roma, 25 marzo 1916: *"Ho il piacere di significare alla S.V. che il Consiglio Centrale di quest'opera nazionale nella sua adunanza del 18 corrente ha deliberato di assegnare al giornale l'Unità Cattolica un sussidio straordinario per una sol volta di L. 500. Essendo il S. Padre degnato di approvare la suddetta deliberazione, rimetto alla S. V. la somma nella fiducia che Ella vorrà vedere in quest'atto una prova del benevolo interessamento della nostra Opera per il benemerito giornale da lei diretto, e non mancherà di cooperare come e quando le sarà permesso alla propaganda in favore dell'Opera stessa"*. Abbiamo pubblicato la somma dell'offerta e la lettera perchè abbiamo visto che ha fatto altrettanto prima di noi *La Voce del Popolo* di Cagliari, al quale giornale settimanale toccò la stessa somma di L. 500. Dal *Bollettino Mensile* dell'Opera Nazionale per la B. S. del 31 marzo, veniamo a sapere che il 18 marzo vi fu un'adunanza del Consiglio dell'O. N. per la B. S., e che la somma raccolta raggiunse la cifra di lire 39.269,67. Di questa, detratte le spese e la parte destinata ad essere capitalizzata, rimasero disponibili pei sussidi ai varî giornali e periodici, L. 22.400».

rivendicazioni per l'indipendenza temporale del Papa⁷⁸. Tuttavia nello scontro con l'opinione pubblica le ragioni politiche, secondarie e strumentali per il quotidiano fiorentino, apparvero primarie, mentre quelle "religiose", per alcuni pura ipocrisia clericale d'altri tempi e per altri lealtà. Così era per i nazionalisti:

> «Ma è bene tener conto che l'*Unità Cattolica*, da moltissimi anni fra cattolici italiani è sopportata come il fumo negli occhi. La sua gretta intransigenza ha finito col dispiacere persino ai Gesuiti, coi quali essa fu in non cortese polemica. L'*Unità* non rappresenta che le idee di quei dieci temporalisti italiani rimasti attaccati alle più miserevoli e superate concezioni del più vieto e bigotto clericalismo. Agitando lo spettro dell'eresia modernista, essa potè ancora avere, negli ultimi anni del pontificato del vecchio Pio X, qualche credito presso quegli uomini della "Segreteriola", che non furono certo i più benemeriti della Chiesa. Ma come s'è avuto occasione di dire altre volte, ogni influenza di siffatta genia è oramai definitivamente svanita col papato di Benedetto XV»⁷⁹.

Al contrario per i mussoliniani, e lo dicevano con una punta di ironia, il giornale fiorentino meritava rispetto:

> «Dei cattolici, un gruppo è il più rispettabile tra tutti i gruppi e partiti politici di Firenze. Quello dell'"Unità Cattolica". E' un vecchio giornale quasi quotidiano di gesuiti, i cui lettori saranno ormai ridotti a tre. La sua campagna in favore dell'Austria non deve perciò preoccupare. Sono intransigenti e nessuno li paga. Dicono oggi quel che dicevano ieri e domani scoppiata la guerra, diranno ciò che dicono oggi. Sono dunque parecchio duri, ma c'è almeno della sincerità e del coraggio. Mentre i cattolici di

---

⁷⁸ Cfr. F. DA MIRABELLO, *L'On. Montresor, i cattolici e la guerra. Parliamoci chiaro*, 5 novembre 1914, cit. Dove di fronte all'ipotesi estrema di una contrapposizione d'interessi tra «la vostra Italia e il Papato» si assicurava a Montresor che i cattolici sarebbero stati legati alla Chiesa e al papato. Si veda anche [A. CAVALLANTI], *Del Papa chi si occupa?*, cit. In polemica con i giornali del *trust* giudicati poco zelanti per il problema dell'indipendenza del Papa.

⁷⁹ *I cattolici, la guerra e l'indipendenza della Santa Sede. Gl'intransigenti*, in «Idea nazionale», 10 novembre 1914. Eloquentissima la replica del direttore dell'*Unità*: [A. CAVALLANTI], *La bile dell'"Idea Nazionale" e la risposta della "genia"!*, 12 novembre 1914, p. 1. «Ma la **genia** che si fregia del santo nome di cattolico senza penombre e senza sfumature, si sente centomila volte più in alto di tutta questa gente patriottarda, in coda di rondine. La **genia**, sa soffrire e sa obbedire e sa combattere, senza paura per una causa che è sacra, nonostante tutte le scurrilità e le villanie di cui i nemici la fanno bersaglio. La **genia** sta salda come torre nei suoi convincimenti, nella sua linea di condotta. Non giuoca di acrobatica, sdegna l'accomodamento della viltà, il tornaconto, e il placido ventre dell'arrivato. La **genia** sa essere pari alla missione che tre Pontefici le hanno affidato e la compirà fino alla fine, nonostante tutti gli insulti nonostante tutte le accuse, nonostante tutta la claque che ci pullula intorno: alta la fronte sempre».

mezzo, quelli ufficiali, oggi son contro la guerra ma avranno il coraggio d'esserlo domani, quando sia scoppiata. E codesto è assai basso per gente di parte»[80].

E. IL 1915 PRIMA E DOPO L'ENTRATA IN GUERRA DELL'ITALIA.

Potremmo riassumere il tentativo dell'*Unità Cattolica* di difendersi dalle accuse di austrofilia e di germanofilia, in uno slogan da essa più volte ripetuto: «veramente neutrali e veritieri»[81]. Il foglio fiorentino sapeva bene che il prezzo della sua neutralità assoluta «sostenuta e favorita prima che dal governo italiano fosse proclamata»[82] era quello d'essere «spiacenti agli uni ed agli altri»[83]. E così proseguiva caparbiamente per la sua strada, sentendosi profeticamente e forse infallibilmente nel giusto. Confermano tale impressione gli argomenti addotti dal Cavallanti in polemica con *La Croix* divenuta interventista[84]:

«Del resto noi sappiamo benissimo che per essere veramente neutrali e veritieri bisogna dispiacere tanto ai tedeschi quanto ai francesi o inglesi; e noi siamo proprio in questa posizione: dalla Francia, dalla Germania, dal Belgio, dall'Austria ci arrivano proteste contro il nostro giornale. Vuol dire allora che navighiamo bene»[85].

---

[80] Cfr. A. DI STASO, *Passeggiate e ricognizioni nell'Italia neutrale*, in «Popolo d'Italia», 15 novembre 1914. Il nuovo giornale di Mussolini nel suo primo numero recava anche «una larga revisione della situazione politica fiorentina». Per il commento del foglio fiorentino cfr. [A. CAVALLANTI], *Un giudizio non sospetto. L'organo di Mussolini ci saluta come il "migliore dei gruppi politici fiorentini"*, 18 novembre 1914, p. 1. «Noi lealmente ringraziamo gli avversarî di questa prosa di simpatia e di questa franca constatazione della verità. Solo dobbiamo dire, che quello che oggi a noi si imputa - la cosidetta campagna a favore dell'Austria - non è altro che la campagna in pro della pace e a favore della dignità e dell'onore d'Italia. E' ben naturale che i nostri principî li manterremo fino all'ultimo, dovessero costarci anche la vita, perchè non siamo soldati da operetta o guerrafondai da tavolino. Quanto ai lettori nostri ci onoriamo di avere fra i *tre* lettori il prossimo onorevole Mussolini lo spaventa-passeri del nuovo socialismo cosidetto marxista».

[81] Cfr. [A. CAVALLANTI], *Polemichette*, 19 gennaio 1915, p. 1; *Noterelle. Ieri la "Croix" oggi il "Secolo XX"*, 23 gennaio 1915, p. 1; [IDEM.], *Una volta tanto*, 31 gennaio 1915, p. 1.

[82] Cfr. *La guerra europea. Una volta tanto*, 6 novembre 1914, p. 1.

[83] Cfr. [A. CAVALLANTI], *La neutralità, la S. Sede e i cattolici. La neutralità assoluta e la stampa cattolica italiana*, 20 dicembre 1914, p. 5. In questo senso si veda pure [IDEM.], *I concetti di neutralità*, 26 febbraio 1915, p. 1 art. di fondo. L'*Unità Cattolica* non cercava di piacere a nessuna Potenza. «Dopo la guerra le sarà fatta ragione dai cattolici di ambe le parti».

[84] Il giornale dei padri Assunzionisti abbracciò la causa interventista: cfr. CH. MONSCH, *La Croix et le nationalisme (1883-1917)*, in *Cent ans d'histoire de «La Croix»*, Colloque sous la direction de R. RÉMOND ET É. POULAT, mars 1987, Paris 1988, pp. 225-226.

[85] [A. CAVALLANTI], *Polemichette*, 19 gennaio 1915, p. 1.

Contro ogni decisione futura che avrebbe preso il governo italiano[86], l'*Unità* rivendicava la libertà della S. Sede e del papa probabilmente compromesse da una entrata in guerra dell'Italia. Il foglio fiorentino, polemizzando con i cattolici del *trust*, criticava il loro scarso interessamento verso la causa papale[87]. Quali sarebbero state le condizioni operate dall'Italia al papa in caso di guerra? Di questo «mutismo» l'organo intransigente chiedeva spiegazioni, anche a "certi" cattolici[88]. Nonostante la sua politica neutralista, l'*Unità* dava a più di un avversario argomenti per attaccarla per il suo filotriplicismo. Infatti, nei primi mesi del 1915, troviamo diversi articoli, nei quali, il giornale fiorentino si adoperava nel tentativo di palesare i vantaggi che sarebbero potuti venire all'Italia restando neutrale, cioè fedele ai vecchi alleati[89]. Allo stesso tempo sempre più espliciti erano i riferimenti alle pericolose, lusinghiere e sleali proposte delle potenze dell'Intesa[90]. Le aspirazioni dei russi e dei serbi su Trento e Trieste, tanto care ai nazionalisti italiani, mostravano l'appetito «fenomenale, insaziabile» di queste potenze[91]. La sua difesa della Triplice Alleanza[92] cadeva, però, in aperta contraddizione con quanto aveva scritto il Margotti dal 1882 in poi, e con quanto il giornale sosterrà

---

[86] Cfr. *I Cattolici e la guerra. Spunti e polemiche. L'infallibilità e la santità del Governo?*, 14 novembre 1914, p. 1. VINDEX, *Conserviamo le nostre posizioni*, 21 gennaio 1915, p. 1 art. di fondo; IDEM., *L'ora di Dio e l'ora dell'Italia*, 23 gennaio 1915, p. 1 art. di fondo.

[87] Cfr. VINDEX, *Se l'Italia facesse la guerra...*, 23 gennaio 1915, p. 1. Cfr. CIRENEO, *E del Papa chi si occupa?*, 10 febbraio 1915, p. 1 art. di fondo. I giornali del *trust* «[...] parlino e scrivano pure dell'Italia, dei suoi bisogni, del suo avvenire, per terra, per mare, per le colonie; questo ci rallegra perchè tutti portiamo in cuore il sano affetto per la patria: ma quegli egregi scrittori non dimentichino che **in Italia c'è il Papa** [...] ancora senza la sua necessaria indipendenza».

[88] Cfr. CIRENEO, *Fuori i lumi!*, 20 febbraio 1915, p. 1. art. di fondo. «Vorremmo essere in errore, ma questo mutismo intorno alla questione fondamentale del Papa, novantanove su cento, è l'effetto di quelle idee e teorie liberali, che da parecchio tempo, si sono infiltrate anche nel campo nostro». Del medesimo tono il giornale fiorentino produsse innumerevoli articoli ne citiamo alcuni: MARTE, *La guerra delle nazioni e l'avvenire del Papa. Considerazioni sulla guerra attuale in europa*, 4 marzo 1915, p. 1 art. di fondo; VINDEX, *Come si garantisce il Papa... Roma se sveia!*, 19 marzo 1915, p. 1 art. di fondo; IDEM., *La grande questione*, 9 aprile 1915, p. 1 art. di fondo; [A. CAVALLANTI], *Il Papa e la guerra*, 11 maggio 1915, p. 1 art. di fondo.

[89] Cfr. VINDEX, *L'altra questione ... (Riaprendosi la Camera)*, 18 febbraio 1915, p. 1 art. di fondo.

[90] Cfr. VINDEX, *Il Canto delle sirene*, 27 gennaio 1915, p. 1 art. di fondo.

[91] Cfr. VINDEX, *Una doccia fredda ...*, 8 aprile 1915, p. 1 art. di fondo; SEON, *Uno strano diritto divino*, 14 aprile 1915, p. 1 art. di fondo. Il giornale russo *Nowoie Wremia* (*Tempi nuovi*) il 19 marzo 1915 aveva sostenuto essere «secondo il diritto divino» le aspirazioni della Serbia su Trieste. E il giornale fiorentino commentava: «Il diventar tutti russi sarebbe la più grave iattura che potesse toccare all'Europa, [...]».

[92] Fatta *in extremis* e in modo patetico secondo P. SCOPPOLA, *Coscienza religiosa e democrazia nell'Italia contemporanea*, cit., p. 245.

all'indomani della denunzia e rottura da parte italiana della medesima alleanza con la conseguente entrata in guerra dell'Italia contro l'Austria. A rottura avvenuta il giornale fiorentino parlava del trionfo della vecchia tesi clericale contraria alla Triplice. Lo scriveva Navarotto, futuro facente funzione di direttore, dopo la partenza di Cavallanti come cappellano milatare, quasi dimentico di quanto la gloriosa *Unità* aveva scritto fino a poche settimane prima, ricordava come questa triplice Alleanza tanto incensata, applaudita, magnificata da tutta la stampa liberale al momento della sua nascita, fosse stata dal Margotti apertamente e giustamente criticata. Il suo odierno crollo dimostrava la lungimiranza del vecchio Margotti. E provava che la Triplice era un gigante dai piedi d'argilla, costruito solo per tirare fuori l'Italia dall'isolamento diplomatico in cui era caduta dopo la presa di Roma[93]. Inoltre l'interventismo dei nazionalisti e di Mussolini, il prof. Mussolinoff come lo chiamava sarcasticamente l'*Unità*[94], era figlio del liberalismo[95] e i suoi metodi erano quelli della violenza[96]. Pretestuosi erano, pertanto, ritenuti certi articoli dei nazionalisti che avvaloravano il loro interventismo, giustificandolo come una guerra «della civiltà contro la barbarie»: le ingiustizie dei russi nella Galizia cattolica erano sovrapposte a quelle tedesche in Belgio[97]; il militarismo tedesco preferito al marinarismo inglese[98].

A partire dal marzo, quando gli echi della guerra si facero più pressanti, sull'*Unità Cattolica* cominciarono a comparire riferimenti che si trovavano anche sui fogli del *trust*. Si cominciò a parlare di «motivi giusti» che sarebbero potuti sorgere in avvenire, non previsti, che avrebbero potuto ledere o seriamente minacciare gli «interessi vitali italiani»[99],

---

[93] Cfr. A. NAVAROTTO, *Una vecchia tesi "clericale"*, 17 giugno 1915, p. 1.

[94] Cfr. DEMOFILO, *Nel mondo sublunare. Mussolinoff alle trincee*, 27 febbraio 1915, p. 1.

[95] Cfr. [A. CAVALLANTI], *I concetti di neutralità*, 26 febbraio 1915, p. 1 art. di fondo.

[96] Cfr. DEMOFILO, *Nel mondo sublunare. Mussolinoff alle trincee*, cit. Mussolini direttore del *Popolo d'Italia*, aveva preso a pugni l'avv. Merlino perchè questi in una lettera all'*Avanti!* lo aveva definito ,«duce del rivoluzionarismo». L'episodio finiva al tribunale di Milano. L'*Unità* commentava: «Schiaffi, pugni e calci ecco la logica dei vari Mussolinoff del nostro italo stivale. [...] Questo fanno o dicono e scrivono i pionieri della guerra, gli educatori delle masse, gli alfieri dell'intervenzionismo, i futuri reggitori delle sorti d'Italia».

[97] Cfr. *La religione in Galizia. Le persecuzioni religiose russe*, 30 gennaio 1915, p. 1.

[98] Cfr. SEON, *Il «militarismo» tedesco e il «marinarismo» inglese*, 28 marzo 1915, p. 1 art. di fondo.

[99] Cfr. *Noterelle. Erzberger*, 4 marzo 1915, p. 1. «Lo ripetiamo per la terza volta. I cattolici sono e devono essere neutrali fino a che gli interessi vitali italiani non sieno lesi, o comunque gravemente e seriamente minacciati. Non spetta ai cattolici poi il dichiarare la guerra e lanciare la nazione in braccio al nuovo flagello che distrugge tante fiorenti nazioni».

e di neutralità «fino a fatti nuovi e importanti»[100]. E ancora, durante la quaresima, in un ottica religiosa, l'*Unità* vedeva nel conflitto la mancanza dell'osservanza della legge della carità e concludeva che questa mancanza aveva portato «i teorici dell'onnipotenza civile» a preferire la legge del taglione. Il conflitto europeo diveniva, per il giornale fiorentino, che ripeteva una tesi cara ai socialisti, «cozzo formidabile di rivalità industriali e commerciali, di cupidigie di dominio e d'oro»[101].

Sensi guerreschi e patriottici, detti e non detti, erano emersi sporadicamente in qualche sermone quaresimale di predicatori e vescovi italiani. I giornali riferivano essere stati i vescovi di Ascoli Piceno, di Udine, di Gaeta, di Genova e due o tre oratori quaresimali tra cui il padre cappuccino Roberto da Novi[102]. Intorno al rumore fatto da parecchi giornali a seguito di questo caso e di altri, l'*Unità Cattolica* interveniva:

«Certe inopportune esplosioni di un malinteso patriottismo, certe aspirazioni per lo meno esagerate ed unilaterali, manifestate anche in pubblico, magari dal pergamo, compromettono i supremi interessi del cattolicismo»[103].

In mezzo a tanta confusione il giornale fiorentino esaltava «l'azione pacifica e rigidamente neutrale» di Benedetto XV. Lo faceva con solenni e vigorosi articoli dai toni fortemente apologetici[104].

Col mese di maggio su tutti i giornali si cominciava a parlare della guerra ormai certa, anche il giornale fiorentino ne risentiva[105]. Il clima di

---

[100] Cfr. [A. CAVALLANTI], *Polemichette*, 20 marzo 1915, p. 1.

[101] VINDEX, *Dente per dente?*, 23 febbraio 1915, p. 1 art. di fondo. L'articolista coglieva lo spunto dalla Lettera pastorale dell'arcivescovo Mistrangelo sulla *Legge* della carità.

[102] Cfr. *La patriottica predica di un frate a Udine*, in «Giornale d'Italia», 22 marzo 1915. Il corrispondente da Udine riferiva: «Il famoso frate Roberto da Novi ha tenuto una predica per i soldati del presidio della città. Per l'occasione il Duomo era gremito di giovani in divisa e di ufficiali di tutte le armi. [...] Il frate nella sua predica ha ad un certo punto inneggiato all'Italia incitando con parola ardente i soldati ad essere italiani ed a compiere tutto il loro dovere verso la Patria. Egli ha detto queste precise parole: "Il sacrosanto dovere del soldato è quello di combattere per l'ingrandimento della Patria e per il suo avvenire. Combattendo, esso sarà benedetto dai posteri". A queste parole nella chiesa ha rumoreggiato a lungo un irrefrenabile scroscio di applausi. L'avvenimento straordinario ha destato in città grandissima sorpresa e suscitato infiniti commenti e previsioni sull'atteggiamento dell'autorità ecclesiastica direttiva locale, dopo questo che sarebbe uno scandalo di violata neutralità da parte di un frate predicatore».

[103] CIRENEO, *Il clero e la politica*, 26 marzo 1915, p. 1 art. di fondo.

[104] Cfr. [A. CAVALLANTI], *Il timore dei trionfi papali*, 26 gennaio 1915, p. 1 art. di fondo; Gli articoli a puntate di ARBOR LACUNARIS, *A che serve il Papa?*, 31 gennaio 1915, p. 3; 7, 14, 21 febbraio 1915, pp. 3-4; *La potenza del Papato*, 5 febbraio 1915, p. 1; *L'arbitrato del Papa salverà i popoli*, 7 febbraio 1915, p. 1.

[105] Cfr. *Ore di grande trepidazione. Alla vigilia?*, 8 maggio 1915, p. 1.

incertezza si respirava sui giornali pubblicati nella capitale[106]. L'*Unità* con trepidazione seguiva gli sviluppi: dal 20 maggio i negozi romani erano più o meno chiusi tutti e «sulle porte fu affissa una striscia di carta stampata ove si leggeva: *Chiuso per gioia nazionale*». Nella medesima giornata si erano avute «dimostrazioni circolanti in città quasi tutte contro Giolitti ed inneggianti alla guerra»[107]. Alla preghiera si univa la rassegnazione:

> «i cattolici italiani tutti, nessuno eccettuato, sapranno far vedere ai loro stessi traviati fratelli con quale slancio si sa da loro sacrificare la propria opinione, nonchè la vita, per il bene inseparabile della Religione e della patria»[108].

Si arrendeva all'ultimo davanti agli atti del governo italiano, lo faceva «per disciplina», senza rinnegare «l'atteggiamento di ieri»[109], e chiedeva ancora garanzie per la libertà del papa[110]. Forse non più come «vittime al macello» gli integralisti dell'*Unità Cattolica* obbedivano all'ordine costituito. La loro neutralità non era assoluta come quella dei socialisti. La dichiarazione di guerra era accolta come un «necessario» castigo di Dio e una rovina, ma l'Italia non meritava altro:

> «Perché l'Italia avrebbe dovuto essere risparmiata da tanto flagello? Non aveva forse anch'essa da espiare dei disordini, delle persecuzioni, delle ingiustizie? [...] Era necessario dunque il castigo, e castigo più tremendo perché più gravi erano i suoi peccati. La misericordia ha lasciato il posto alla giustizia; la quale ci punirà perché ritorniamo a Dio. [...] La vecchia Europa aveva da lungo tempo oltrepassato i limiti stabiliti; [...] Confessione e penitenza»[111].

---

[106] Cfr. *Ore supreme*, in «Osservatore Romano», 7 maggio 1915. L'organo vaticano scriveva: «l'ora di grandi decisioni per l'Italia è prossima»; *Sospesi fra la pace e la guerra?*, in «Concordia» 7 maggio 1915: il foglio liberale parlava di momento di grande incertezza; *Alla vigilia?*, in «Corriere d'Italia», 7 maggio 1915: le decisioni che l'Italia stava per prendere avrebbero determinato l'«avvenire della Nazione».

[107] Cfr. NOTHING, *La giornata storica*, 22 maggio 1915, p. 1.

[108] F. SASSOLI DE BIANCHI, *I cattolici e la guerra*, 19 maggio 1915, p. 1 art. di fondo; cfr. pure *Dio salvi l'Italia*, 18 maggio 1915, p. 1.

[109] Cfr. CELATA, *La vittoria del Ministero*, 22 maggio 1915, p. 3. Il giornale fiorentino avrebbe desiderato che qualcuno tra i parlamentari cattolici «avesse detta una franca, esplicita parola per dichiarare che i cattolici per disciplina si stringono volonterosi in quest'ora, attorno al Governo, ma non rinnegano il loro atteggiamento di ieri per la neutralità e la pace. Ma può darsi che essi abbiano avuto le loro buone ragioni di tacere, e noi non insistiamo».

[110] Cfr. *Le guarentigie pontificie in tempo di guerra*, 23 maggio 1915, p. 3. Erano citati articoli delle riviste *Vita e Pensiero* e *Civiltà Cattolica*.

[111] ROMANUS, *Parce Domine, parce populo tuo*, 23 maggio 1915, p. 1 art. di fondo.

L'*Unità Cattolica* spiegava come si era arrivati alla dichiarazione di guerra[112]; dava ragguagli sulle nuove disposizioni a cui dovevano attenersi i giornali e in particolare sulla censura prefettizia[113]; pubblicava il proclama di Francesco Giuseppe alle truppe austriache in cui si accusava l'Italia di tradimento e di aver dichiarato guerra per pura avidità[114]; e la Nota ufficiale del Governo tedesco[115].

Da questo momento in poi il contegno dell'*Unità Cattolica* possiamo ricondurlo a questa regola:

«non sorgere a discutere le cause del conflitto italo-austriaco: ubbidire alle autorità costituite, con disciplina, senza velleità di sconfinamenti nè a destra nè a sinistra, lasciando la responsabilità della guerra a coloro che l'avevano dichiarata, al governo dei ministri ed alla Camera dei deputati»[116].

Diventa ora più difficile ricostruire l'atteggiamento e la mentalità del giornale fiorentino di fronte alla guerra. La censura colpiva, tagliava e storpiava molti suoi articoli[117], forse più di altri giornali[118].

---

[112] Cfr. *Come avvenne la rottura diplomatica: La Nota dell'Italia alle Potenze*, 26 maggio 1915, p. 1

[113] Cfr. *I decreti sulla stampa*, 26 maggio 1915, p. 2. Le disposizioni erano pubblicate nella *Gazzetta Ufficiale* del 25 maggio 1915.

[114] Cfr. *Il proclama di Francesco Giuseppe*, 27 maggio 1915, p. 1.

[115] Cfr. *La rottura diplomatica fra l'Italia e la Germania*, 27 maggio 1915, p. 1. Nella nota leggiamo: «Il Governo Reale Italiano col suo attacco a buon mercato contro la monarchia danubiana ha stracciato senza diritto e senza motivo l'alleanza anche con la Germania».

[116] B. CROTTI, *L'opera patriottica del clero italiano durante la guerra italo-austriaca*, Firenze 1917, p. 10. Ricordiamo che "B. Crotti" altro non era che uno pseudonimo (l'ultimo) usato dal Cavallanti.

[117] Fra gli articoli completamente censurati, eccetto il titolo, ricordiamo: *Riflessioni morali sulla guerra europea*, 8 giugno 1915, p. 1 art. di fondo; A. NAVAROTTO, *Cose che capitano*, 29 giugno 1915, pp. 1-2; *Pace dopo la vittoria?*, 28 novembre 1915, pp. 1-2.

[118] Cfr. *Noterelle. Le forbici della censura*, 13 giugno 1915, p. 1: contro chi adoperava della censura con parzialità; *Noterelle. La censura*, 24 giugno 1915, p. 1: La censura voluta per gli interessi dell'esercito e della nazione doveva essere uguali per tutti; *La censura dei giornali*, 25 giugno 1915, p. 1: mezzo censurato.

II. ANCHE L'ITALIA IN GUERRA

A. LA «DILETTA ITALIA».

In una lettera diretta al card. Vannutelli, in qualità di Decano del S. Collegio, il papa usava l'espressione «diletta Italia»[119]. Questo aggettivo qualificativo suscitava le simpatie di «tutta la stampa anche liberale» per «gli atti sapienti di Benedetto XV»[120]. Solo la voce di Mussolini «stridula» e «banale» si levava ad insultare, deridere e vilipendere il papa. Il capo dei fascisti da «miscredente» rivolgeva al pontefice «una franca e rispettosa parola» rinfacciando al papa l'inefficacia delle preghiere «propiziatrici di pace» di fronte all' «efficienza del nuovo mortaio» tedesco. E concludeva:

> «Non vi chiediamo, Santità - noi, che siamo favorevoli alla guerra fatta con le armi, questa volta - nulla che possa comunque aiutare gli eserciti nostri, che son posti sotto tre protezioni ugualmente importanti: quella del nostro buon diritto, quella del popolo italiano, quella del generale Cadorna; solo una parola, un gesto che, senza far ricordare troppo come voi siete italiano, vi metta in pace con la vostra coscienza e con i vostri doveri»[121].

Dopo i primi giorni di compiacimento del giornale fiorentino per la buona accoglienza tributata dalla stampa liberale alla lettera del papa, il foglio cattolico interveniva, per frenare gli entusiasmi di alcuni di questi periodici che nelle due parole vedevano una "novità":

> «Saremo molto tardi d'intelligenza, ma non possiamo giungere a comprendere come si sieno potuti scrivere dei poemi, sulla stampa di tutti i colori, a proposito della frase usata dal Papa: "la diletta Italia"! Come se i Papi, specialmente poi gl'Italiani, sieno mai stati nemici dell'Italia, o avessero odiata l'Italia, come se l'Italia non fosse stata sempre a preferenza amata, favorita, protetta dai Papi»[122].

---

[119] Cfr. A.A.S., 7 (1915), pp. 253-255. *Era Nostro proposito*, 25 maggio 1915. Il testo era riportato anche dal giornale fiorentino cfr. *Benedetto XV parla della "diletta Italia" raccomanda preghiere e digiuni durante il periodo di guerra*, 28 maggio 1915, p. 1.
[120] Cfr. *La stampa dopo la parola del Papa*, 29 maggio 1915, p. 1.
[121] Cfr. UNO SCAGNOZZO, *Letterina spalancata a S.S. Benedetto XV*, in «Popolo d'Italia», 27 maggio 1915. Per il giornale fiorentino erano solo bassezze: cfr. *Una parola serena. Sono indegnità!*, 29 maggio 1915, p. 1. Si veda pure A. NAVAROTTO, *Gli amanti della discordia*, 3 giugno 1915, p. 1 art. di fondo. Mezzo censurato dal prefetto per gli insulti a Mussolini.
[122] Cfr. *Noterelle. La diletta Italia*, 6 giugno 1915, p. 1.

Intanto la redazione dell'*Unità* cominciava a sfoltirsi dei collaboratori più giovani: laici e preti partivano per la guerra. Così era di Pietro Vettorel[123] e di Max. Lo stesso Cavallanti dopo qualche tempo lasciava Firenze alla volta di Spezia come cappellano della Regia marina e di là inviava i suoi articoli.

La censura prefettizia inesorabilmente cominciava a colpire molti degli articoli del foglio fiorentino. Si salvavano solo quelli esplicitamente "patriottici". In questo senso si vedano le lettere piene di "fede e patriottismo" inviate da ex collaboratori del giornale al fronte. Dal Friuli Max giovane cappellano militare scriveva a Cavallanti:

> «Croce e spada; il fucile e il rosario; le armi e la fede! Sì è vero; se le guerre non si dovessero fare, sarebbe l'apogeo della felicità dei popoli. Ma, dato che ci sono, e che nessun Turati ce la porta via, ah c'è pur del magnifico in esse! Lo spirito religioso, cioè che conforta, sostiene, incita, eccita, urge quanto - e più che lo spirito patriottico. [I cattolici e i preti] se pur ci tengono ad esprimere il loro pensiero e le loro dottrine sulla guerra in tempo di pace, sono sempre tra i primi - in tempo di guerra - a menar le mani e a versar il sangue per la Patria»[124].

Dopo l'entrata in guerra dell'Italia i diplomatici dell'Austria, della Prussia e della Baviera accreditati presso la S. Sede si trasferivano a Lugano in Svizzera. La stampa tedesca coglieva l'occasione per richiamare l'attenzione sull'«ingiusta pressione» che il papa stava subendo e ipotizzava la sua partenza dall'Italia[125]. Abilmente, da parte tedesca, si insisteva sulla «condizione impossibile fatta dall'Italia all'augusto prigioniero». Si ipotizzava la soluzione internazionale della questione romana e il ripristino del potere temporale nei termini che sarebbero certamente piaciuti all'*Unità Cattolica*[126].

---

[123] Veniva gravemente ferito all'inizio del 1916, dopo tre mesi d'ospedale ad Asti, moriva a 24 anni ai primi di giugno 1916: cfr. ALCA, *Un'altro scomparso. (Pietro Vettorel)*, 3 giugno 1916, p. 1: «Fu soldato cristiano in tutto l'ampio senso religioso e patriottico della parola».

[124] MAX, *Lettere dal fronte orientale*, 2 giugno 1915, p. 1 art. di fondo. Cfr. anche IDEM., *Dal fronte orientale. "El Capelan militar"*, 18 giugno 1915, p. 1. Articolo seguito dalle «debite riserve» dell'*Unità*.

[125] Anche il giornale fiorentino accennava a questa possiblità: cfr. *L'Austria e la Santa Sede. Perchè l'ambasciatore ha lasciato Roma*, 4 giugno 1915, pp. 1-2; *Se il Papa lasciasse l'Italia sceglierebbe a sua dimora la Svizzera!? Le supposizioni di un prelato?*, 5 giugno 1915, p. 2. Era ripreso, a titolo di cronaca e con molti punti interrogativi, quanto aveva pubblicato il *Resto del Carlino*.

[126] Erano articoli scritti da noti clericali tedeschi, apparsi su fogli intransigenti come la *Germania* di Berlino e il *Frankfurter Zeitung*. I giornali italiani ne riprendevano parti e per far colpo sulla gente usavano espedienti giornalistici come il titolo su tre colonne: «Guglielmo II ripristinerà il potere temporale», cfr. «Giornale d'Italia», del maggio 1915.

Il 12 giugno il papa concedeva un'intervista a Latapie redattore de *La Liberté* di Parigi[127]. L'intervistatore era desideroso di strappare al pontefice qualche esplicita «condanna» per le «atrocità» commesse in territorio francese e belga dalle truppe tedesche. Il papa, dopo aver riproposto la sua imparzialità, dichiarava, davanti alle informazioni contraddittorie che provenivano dai vari fronti e nell'impossibilità di procurarsi prove inoppugnabili verso i «delitti» commessi dai belligeranti, di non essere in grado di assolvere o condannare nessuno. Tutti avevano o stavano commettendo ingiustizie. Nella seconda parte dell'intervista il Latapie si soffermava sui rapporti tra l'Italia e il Vaticano e in particolare sull'azione svolta dalla Santa Sede a favore del mantenimento della neutralità italiana che avrebbe favorito «i disegni della diplomazia tedesca»[128]. L'intervista determinava, nel campo dell'Intesa, reazioni assai decise[129]. Tra la stampa liberale ebbe una risonanza profonda. L'organo ufficiale del Vaticano tentò di negarne l'autorevolezza, per le «parecchie inesattezze»[130]. Per il giornale fiorentino non c'era nulla di vero[131]. Il comunicato vaticano sortiva l'effetto contrario. Per molti veniva «implicitamente ad ammettere che per quanto gravi potessero essere le "inesattezze" nell'intervista pubblicata, il fondo ne restava assolutamente vero»[132].

---

[127] Cfr. «La Liberté», 22 giugno 1915. L'intervista era riprodotta parzialmente dalla stampa nazionale italiana: cfr. *L'intervista del Papa e la sorpresa dell'Europa. In attesa della smentita*, in «Corriere della Sera», 23 giugno 1915. Per le reazioni dei cattolici francesi rimandiamo a J. FONTANA, *Les catholiques français pendant la grande guerre*, Paris 1990, pp. 189-190. L'intervista è riprodotta integralmente dall'A. in Appendice alle pp. 402-406. Sull'incresioso incidente diplomatico si conserva una ricca documentazione in *ASV, Segr. Stato, guerra 1914-1918, Rubr. 244 a-3, fasc. 67*, ff. 80-288.

[128] Cfr. J. FONTANA, *Les catholiques français pendant la grande guerre*, cit. pp. 402-406.

[129] Per le reazioni del governo italiano all'intervista Latapie e il problema delle comunicazioni postali della S. Sede si veda I. GARZIA, *La Questione Romana durante la I guerra mondiale*, Napoli 1981, pp. 95-104.

[130] Cfr. *Per mettere in guardia!*, in «Osservatore Romano», 24 giugno 1915.

Non era la prima volta che l'*Osservatore Romano* scendeva in campo per rettificare o smentire affermazioni attribuite al papa: nell'aprile 1915 Benedetto XV aveva concesso un'udienza ad un giornalista del *New York World*. Anche in quell'occasione le parole del pontefice vennero fraintese e diedero luogo ad un piccolo incidente. Molti giornali italiani usciti il 19 aprile riproducevano l'intervista apparsa sul *New York Wold*: L'intervistatore americano (Wiegand di origine tedesca) sosteneva che Benedetto XV aveva espresso un giudizio assai duro circa l'invio, da parte degli Stati Uniti, di armi all'Intesa. L'incidente veniva presto chiuso grazie anche alle puntualizzazioni apparse su di un numero successivo del giornale americano.

[131] Cfr. *Intorno ad una udienza papale*, 25 giugno 1915, p. 2.

[132] «Bilychnis», novembre-dicembre 1915, p. 408; cfr. *L'intervista del Papa confermata nel fatto ma con riserve generiche sull'esattezza. Rettifiche del Governo nei riguardi dell'Italia. L'insufficiente rettifica dell'"Osservatore Romano"*, in «Corriere della Sera», 24 giugno 1915.

Il card. Gasparri drasticamente interveniva per «rettificare» l'intervista del Latapie, spiegava il pensiero del papa: la Santa Sede aspettava «la sistemazione conveniente della sua situazione non dalle armi straniere, ma dal trionfo di quei sentimenti di giustizia che augura si diffondano sempre più nel popolo italiano, in conformità del verace suo interesse»; e concludeva le sue dichiarazioni in modo inequivocabile: «Il signor Latapie avrà l'onore di essere stato l'ultimo giornalista ricevuto dal Santo Padre durante la guerra»[133]. Intanto l'arcivescovo di Parigi, card. Amette, aveva scritto (25 giugno) a Benedetto XV «spiegandogli la dolorosa emozione» che l'intervista aveva prodotta in Francia[134]. Il papa avrebbe risposto al cardinale smentendo l'intervistatore in modo breve e mordace:

«Vous savez que Nous refusons toute autorité à M. Latapie qui n'a reproduit, dans son article, ni Notre pensée, ni Notre parole et qui a voulu le publier sans aucune révision ou autorisation de Notre part, malgré la promesse qu'il en avait faite»[135].

L'increscioso incidente non tendeva a chiudersi. Van den Heuvel, ambasciatore belga presso la S. Sede, con una nota del 1 luglio, contestava i punti dell'intervista del Pontefice e del segretario di Stato che toccavano direttamente il Belgio. Chiedeva una condanna chiara ed inequivocabile per la violazione della neutralità belga[136]. Il giornale fiorentino salomonicamente chiudeva l'incidente[137].

---

[133] Cfr. «Corriere d'Italia», 28 giugno 1915. Si veda pure *Il pensiero del S. Padre in un intervista del Cardinale Segretario di Stato*, in «Osservatore Romano», 29 giugno 1929. «La Liberté», 29 giugno 1915, faceva seguire alla controintervista del Segretario di Stato una "nota", ripresa dalla stampa liberale italiana: cfr. *L'intervista del Papa. La replica della "Liberté" alle confutazioni del card. Gasparri*, in «Corriere della Sera», 1 luglio 1915.
[134] Cfr. *L'Écho de Paris*, 4 juillet 1915.
[135] *L'Écho de Paris*, 20 juillet 1915; *La Semaine religieuse de Nice*, 23 juillet 1915, p. 460; *La Semaine religieuse de Paris*, 24 juillet 1915, p. 111.
[136] La nota redatta dall'ambasciatore belga figura come allegato a *Van den Heuvel a Divignon, 2 luglio 1915*, in A. Pini-Tronati, *Jules Van den Heuvel, Ambasciatore presso la Santa Sede (II)*, in «Risorgimento», 4 (1971), pp. 98-101. Quanto a tale proposito aveva riportato il Latapie era estremamente grave. Alla domanda del giornalista «Occorre forse un'inchiesta per sapere che la neutralità del Belgio venne violata?», il pontefice avrebbe risposto: «Era sotto il Pontificato di Pio X»: cfr. «Corriere della Sera», 22 giugno 1915. Il Card. Gasparri rettificando il Latapie aveva dichiarato: «Tale risposta sarebbe stata, ognun lo vede, non solo insufficiente, ma anche men che riguardosa, per dir poco, verso la venerata memoria di Pio X. Ma il fatto sta che il Santo Padre non ha dato affatto tale risposta. Mi sarebbe facile di riferire quale sia stata invece la giusta risposta data da Sua Santità, ma mia intenzione in questo momento è di rettificare le asserzioni del signor Latapie, non di completarle»: cfr. «Corriere d'Italia», 28 giugno 1915.
[137] Cfr. *A chi piace ed a chi non piace. L'intervista del Card. Gasparri*, 1 luglio

Due argomenti stavano a cuore al foglio fiorentino: la difesa del Papato e della Chiesa. Il papa appariva all'*Unità* l'unico grande mediatore di pace[138]. Mentre la Chiesa e il cristianesimo erano le grandi vittime di una campagna anticlericale inscenata dalla stampa interventista e massonica. Gli attacchi peggiori, per volgarità, oscenità e violenza nei confronti della religione cattolica, del papa, dei vescovi, del clero e dei religiosi, ritenuti i veri nemici dell'Italia, partivano dal *Popolo d'Italia* di Mussolini[139]. Le accuse erano soprattutto di spionaggio a danno della patria[140]. Contro le calunnie, per lo scarso senso patriottico dei cattolici, il giornale fiorentino replicava: «la guerra ha trovato i cattolici al loro

---

1915, p. 1. «Lo prevedevamo. L'intervista del Card. Gasparri [...] non poteva piacere a tutti, specie a coloro che non si accontentano mai e che vorrebbero che il Papa, i Cardinali, i Vescovi, i cattolici cedessero terreno, si rimangiassero tutto il programma che li fa distinguere dai liberali».

[138] Cfr. VINDEX, *L'Italia in guerra. Le nostre speranze*, 27 maggio 1915, p. 1 art. di fondo.

[139] Soprattutto provocarono notevole sdegno e disapprovazione le bestemmie del 16 settembre 1916. Riguardo a questo episodio si veda la dura reazione dell'*Unità Cattolica*: *Noterelle. Ignomignose offese contro Cristo Gesù*, 17 settembre 1916, p. 1; *Contro gli oltraggiatori di Gesù Cristo*, 24, 26, 27, 28, 29 e 30 settembre, 1, 3, 4, 5, 6, 7, 8, 10, 13, 14, 17 ottobre 1916, p. 1. Si vedano pure le proteste dell' «Osservatore Romano», 24 settembre 1916; e de «L'Italia» di Milano, 26, 27, 29 e 30 settembre, 1, 2, 3 4 e 5 ottobre 1916. In questo senso va ricordata l'esplicita condanna del giornale da parte del card. Ferrari, il divieto di leggerlo e di abbonarvisi per tutti i fedeli della diocesi e insieme la funzione vespertina di riparazione del 1 ottobre 1916: cfr. *Rivista diocesana milanese*, 7 (1916), pp. 312-313. Di fronte alla reazione cattolica il giornale di Mussolini replicava con articoli violentissimi: cfr. O. D[INALE], *La sollevazione clericale*, 28 settembre 1916: l'articolista si vantava di averla provocata e concludeva: «Noi siamo i militi della guerra rivoluzionaria. Siamo qui oggi, saremo qui domani, sempre, coi nostri corpi, con le nostre anime ad opporci a tutti i ritorni del passato. Noi vogliamo andare avanti, avanti, avanti con la fiaccola, con la scure, a tutte le conquiste, a tutte le audacie. E abbatteremo gli ostacoli»; LA CIURMA, *Tre scomuniche ed uno scopo ormai chiaro*, 30 settembre 1916: contro la condanna del card. Ferrari l'articolo terminava: «Reverendissimo Carlandrea, ce ne infischiamo»; ARROS, *Noi*, 30 settembre 1916: rispondendo a Crispolti che si era chiesto: «Dovremo vincere la nostra guerra per formare in casa nostra una cittadinanza rivoluzionaria ed empia?», Arros rispondeva: «Noi, - oggi - noi che fummo all'avanguardia della rivoluzione che canta armata su tutti i campi d'Europa, oggi abbiamo il diritto di sbalzare alla gola di tutte le maschere in nero e in mitria che passano attraverso i solchi pieni di popolo per raccogliere le spighe cadute e noi - oggi - abbiamo diritto - bel marchese - di formare una "cittadinanza rivoluzionaria" che sia domani contro tutte le paure e le viltà del cristianesimo».

[140] Cfr. *Il contegno del clero italiano. Accuse infondate mosse settarie. E' ora di finirla*, 10 giugno 1915, p. 1; *Il clero protesta contro i suoi diffamatori*, 15 giugno 1915, p. 1; *I frati protestano*, 16 giugno 1915, p. 1; *I frati non facevano la spia*, 19 giugno 1915, p. 1; *Queremiamo i diffamatori! Contro i settari calunniatori. Protesta del clero di Pontassieve*, 20 giugno 1915, p. 1; *La protesta del clero maceratese*, 24 giugno 1915, p. 1; CELATA, *La campagna settaria fallita. Nè un prete nè un frate condannato come antipatriota. La setta svolge il suo programma di odio e di calunnie*, 26 giugno 1915, p. 1 art. di fondo; C. LIVA., *Noi i nemici della Patria?*, 24 agosto 1915, p. 1 art. di fondo.

posto: pronti ad ogni sacrificio per la Patria e per il popolo»[141]. Portava esempi eloquenti di patriottismo[142]. Invitava ad una mobilitazione domestica delle donne[143]. Pubblicava un opuscolo sulla guerra per dimostrare ai lettori il vivo pensiero dei cattolici in quell'ora drammatica[144]. L'*Unità Cattolica* non perdeva l'occasione per auspicare la fine della guerra e ricordare l'azione di pace del papa[145].

Nel corso del 1916 aveva luogo una viva polemica tra l'*Unità* e *Il Nuovo Giornale* pur esso di Firenze. La redazione del foglio intransigente era accusata dal foglio liberale, tanto per cambiare, d'austrofilia. E si portavano le prove: una lettera inviata dai gesuiti di Gorizia a Cavallanti, risalente all'agosto 1914[146]. Il giornale fiorentino rifiutava ogni accusa[147].

---

[141] *I cattolici e la guerra*, 23 giugno 1915, p. 1.

[142] Cfr. *L'Arcivesc. di Firenze ed un giornale liberale*, 8 giugno 1915, p. 1; *Il patriottismo del clero e dell'episcopato nonostante le accuse continue e stolte*, 18 agosto 1915, p. 1.

[143] Cfr. E. DA PERSICO, *Cor unum! ... Alle donne cattoliche italiane*, 13 giugno 1915, p. 1 art. di fondo. L'articolo censurato nella prima parte così terminava: «**Preghiera, Azione, Sacrificio**, sotto questa divisa essenzialmente cristiana unite tutte in cuor solo, noi che rimaniamo nelle nostre case soltarie e i nostri cari che combattono alle frontiere, cerchiamo di ottenere sulla nostra patria la benedizione di Dio». Cfr. pure VINDEX, *La mobilitazione femminile*, 25 giugno 1915, p. 1 art. di fondo.

[144] [A CAVALLANTI], *Gridi di pace del Pontefice*, Firenze 1915.

[145] Cfr. *Venga la pace sulle ali della preghiera*, 12 agosto 1915, p. 1; SEME, *A quando la pace?*, 21 agosto 1915, p. 1 art. di fondo; *L'episcopato coopera col Papa per la pace fondata sul diritto e sulla giustizia*, 31 agosto 1915, p. 1; *Benedetto XV il Pontefice della pace*, 3 settembre 1915, p. 1; VINDEX, *Tutti parlano di pace. Premessa e conseguenza*, 8 settembre 1915, p. 1 art. di fondo; *L'attività del Pontefice. La pace al più presto*, 22 settembre 1915, p. 1; CAN. M. MELONI, *Il Papa soltanto è valevole a procurare la pace*, 23 ottobre 1915, p. 1 art. di fondo; *Si parla di pace alla Camera dei Lords*, 12 novembre 1915, p. 1; *Pace nella vittoria o pace nel diritto?*, 19 novembre 1915, p. 1 art. di fondo; *Pace dopo la vittoria?*, 28 novembre 1915, pp. 1-2: tutto censurato; *La parola di pace del Pontefice. «Hanno fatto del mondo ospedale ed ossario»*, 28 dicembre 1915, p. 1.

[146] La pubblicazione avveniva nel numero del 24 settembre 1916 con un *cliché* di una lettera autografa inviata da un gesuita di Gorizia al Cavallanti. Il senso era chiaro: «Molto reverendo don Cavallanti: la prego di inserire nel giornale questa smentita che mi fu consegnata oggi. Dopo quindici giorni oggi solo abbiamo potuto avere un numero dell'*Unità* e precisamente quello al quale allude la smentita. Lo richiedemmo più volte, ma la censura militare qui è inesorabile. Sanno qui che l'*Unità* non è austrofoba, ma non è questa la ragione, dissemi l'autorità militare, sibbene che si pubblicano notizie su movimenti militari, e queste notizie "è chiaro noi non possiamo permettere". E così è di tutti i giornali italiani. Tuttavia date le nostre pressioni ci fu permesso il nostro numero. Vedremo. Grazie.

Non creda a tutte le chiacchiere dei giornali italiani sulle disfatte dei tedeschi. Certo l'Austria si trova in una posizione critica. Tutti la odiano, ma finora ha sempre vinto. E poi, quel che Dio vorrà. La massoneria e l'oro francese comperano gran parte della stampa italiana. Pazienza! Ride bene chi ride ultimo. Gorizia, via Lombroso, 20-30 agosto 1914. Dev.mo servo: P.GISMANO S.J.

P.S. E' evidente che nel pubblicare questo scritto non si deve fare nessun nome».

[147] Cfr. *Nostra risposta al "Nuovo Giornale" ... Dopo la sparata...*, 26 settembre

B. Il futuro Congresso di Pace: la questione romana e la "Legge delle guarentigie".

Il postulato da cui partiva l'*Unità Cattolica* era unico e chiaro: il papa doveva intervenire alla Conferenza per la pace. Nessuna giustificazione e dimostrazione appariva necessaria per sostenere un tale postulato: il papa era il rappresentante massimo del mondo religioso, quindi la più alta potenza morale[148]. Le divergenze si potevano manifestare nella questione subordinata: che cosa andava a fare il papa o il suo delegato a detta conferenza? Il pomo della discordia tra i cattolici, come è noto, era la questione romana. Il giornale fiorentino, e gli altri fogli della medesima tendenza, volevano e lottavano perché essa fosse posta al futuro Congresso in tutta la sua integrità e gravità e venisse risolta radicalmente, restituendo al papa la «sua» indipendenza. L'*Unità Cattolica*, commentando un articolo di *Fuscolino*[149], che aveva fama d'essere molto affiatato con Benedetto XV, non ricorreva ai toni duri che altre volte avrebbe usato, si limitava a dire «non oseremo sostenere l'opposto di quello che sostiene **Fuscolino**, ma...», in altre parole sperava che l'asserzione del Crispolti non corrispondesse completamente alle idee di Benedetto XV in proposito, ma nel dubbio che il papa condividesse la tesi del Crispolti ipotizzava che la questione romana potesse essere messa sul tappeto «non dal rappresentante pontificio ma da altri rappresentanti»[150]. Forse quello austriaco? E implicitamente contro la volontà del pontefice?

A Palermo il ministro Orlando teneva un discorso, già in precedenza esposto ed approvato nel consiglio dei ministri, in cui magnificava la legge delle guarentigie come quella che aveva pienamente risposto ai suoi fini anche nei torbidi momenti attuali, garantendo al papa «una libertà, una sicurezza, un prestigio» mai avuti durante la sovranità temporale[151].

1916, p. 1; *Il "Nuovo Giornale" convinto di mendacio*, 28 settembre 1916, p. 1; *Il nostro patriottismo e l'altrui slealtà*, 29 settembre 1916, p. 1; *Nuove prove della malafede del "Nuovo Giornale"*, 30 settembre 1916, p. 1; *Il "Nuovo Giornale" convinto di mendacio batte in ritirata*, 1 ottobre 1916, p. 1.

[148] Tra i numerosi articoli si vedano: *Benedetto XV il Pontefice della pace*, 3 settembre 1915, p. 1; *La missione del papato è la pace dei popoli...*, 9 settembre 1915, p. 1; Can. M. Meloni, *Benedetto XV e il futuro Congresso per la pace*, 24 settembre 1915, p. 1 art. di fondo; *Benedetto XV e il nuovo diritto internazionale*, 8 ottobre 1915, p. 1; Idem., *Il Papa soltanto èvalevole a procurare la pace*, 23 ottobre 1915, p. 1 art. di fondo.

[149] Fuscolino (= Filippo Crispolti) riteneva utile la presenza del rappresentante del papa alla conferenza di pace, proprio per impedire che la questione romana venisse introdotta abusivamente: cfr. «Il Cittadino di Genova», 18 agosto 1915.

[150] Cfr. *Noterelle. Fuscolino vuol provare troppo*, 20 agosto 1915, p. 1.

[151] Il testo del discorso venne riprodotto da tutta la stampa nazionale: cfr. ad es. «Giornale d'Italia», 22 novembre 1915.

L'*Osservatore Romano* manifestava le proprie riserve[152]. L'*Unità Cattolica* le raccoglieva e riteneva che se la «precarietà» della legge delle guarentigie aveva resistito agli urti delle circostanze eccezionali lo si doveva solo alla «tolleranza» della Santa Sede[153]. Ricordava, poi, alla *Perseveranza* di Milano, che aveva avuto la malaugurata idea di parlare di totale benevolenza del papa verso l'Italia, per aver accettatto pienamente la soluzione data al problema della situazione diplomatica della Santa Sede allo scoppio della guerra, ed aveva resistito a tutte le pressioni fattegli per abbandonare il Vaticano e rifugiarsi in Francia, Svizzera o in Spagna, il giornale fiorentino ricordava che il papa non aveva affatto accettato «certe soluzioni», aveva solo evitato di fare «rumore»[154].

Intanto a Roma il 30 novembre aveva luogo una riunione privata dei «cattolici deputati». L'invito era partito dalla Giunta Direttiva d' Azione Cattolica ed era firmato dal Santucci, dal Crispolti e da don Sturzo. Lo scopo era quello di concordare una condotta comune di fronte al ministero Orlando. Il risultato fu l'amara constatazione di svariate tendenze e la richiesta di ampia libertà d'azione dei vari deputati. L'*Unità*, con un aspro commento, criticava l'atteggiamento dei promotori della riunione e la loro tendenza parlamentarista. Veniva quasi a dire che in Italia gli organi direttivi dell'azione cattolica erano in contrasto con le disposizioni pontificie, che non essendo state revocate, dovevano intendersi «tuttora» in vigore[155]. Qualche giornale avanzava l'ipotesi che Benedetto XV non fosse estraneo all'iniziativa presa dai dirigenti anche se si aspettavano «spiegazioni ufficiali od ufficiose» dagli «organi autorizzati», «prima di dare un giudizio definitivo dell'avvenimento»[156]. Al marchese Crispolti, che aveva risposto all'*Unità Cattolica* sul *Cittadino* di Genova, cercando di attenuare i fatti e la loro entità, il giornale fiorentino replicava che occorreva stare alle direttive pontificie che non ammettevano «confusione fra deputati e azione cattolica ufficiale»[157].

L'*Allocuzione* tenuta da Benedetto XV nel concistoro per la creazione dei nuovi cardinali, indirettamente poteva sembrare una risposta al discorso di Orlando a Palermo in cui aveva detto che il pontefice mai aveva goduto così piena libertà come a quei giorni. Il papa, infatti, oltre a indicare come via per la pace la necessità che tra i contendenti «si ceda su qualche punto e si rinunzi a qualcuno degli sparìti vantaggi», protestava, nonostante la buona volontà del governo italiano, per la mancanza

---

[152] Cfr. «Osservatore Romano», 22 novembre 1915.
[153] Cfr. *Noterelle. La Questione romana e il discorso Orlando*, 25 novembre 1915, p. 1.
[154] Cfr. *Noterelle. Donna Paola dice la sua*, 25 novembre 1915, p. 1.
[155] Cfr. VINDEX, *La confusione delle lingue*, 1 dicembre 1915, p. 1 art. di fondo.
[156] Cfr. *Una riunione del Gruppo cattolico*, in «La Concordia», 5 dicembre 1915.
[157] Cfr. *Noterelle. La confusione delle lingue*, 15 dicembre 1915, p. 1.

di «quella piena libertà» che gli era «assolutamente necessaria» per il governo della Chiesa e per i «parecchi inconvenienti» d'ordine diplomatico: «Per tacer d'altri, Ci limiteremo ad osservare che taluni degli ambasciatori o ministri, accreditati presso di Noi dai loro Sovrani, furono costretti a partire per tutelare la loro dignità personale e le prerogative del loro ufficio...»[158]. Un comunicato ufficioso del governo "smentiva" queste affermazioni del pontefice[159]. L'*Osservatore Romano* riteneva che il «comunicato» avesse bisogno «di una qualche spiegazione». Ammetteva il diritto e la correttezza del governo italiano nel suo agire in rapporto agli ambasciatori degli imperi centrali, ma il problema era relativo al provvedimento del governo italiano di togliere a questi ambasciatori «il diritto di reciproca corrispondenza, anche cifrata, coi rispettivi governi, libera ed indipendente». Per questo l'organo vaticano si sentiva di concludere:

> «Ci sembra dunque essere ben vero che i predetti diplomatici non furono espulsi dal governo italiano (il che non ha certo detto Sua Santità) ma si videro costretti ad allontanarsi da Roma per la forza stessa delle cose, *sui muneris ac dignitatis tuendae causa*, come precisamente e con ogni esattezza si è espresso il Santo Padre nella sua allocuzione»[160].

Le parole del papa ridavano al giornale fiorentino argomenti per ritornare sulla questione romana[161] e all'altra stampa materia per polemizzare[162].

---

[158] Cfr. A.A.S., 7 (1915), pp. 509-513. *Nostis profecto*, 6 dicembre 1915.

[159] L'*Agenzia Stefani* diramava la sera del 7 dicembre il seguente comunicato apparso su tutta la stampa nazionale: «Le parole del Pontefice, relative agli ambasciatori o ministri, accreditati presso la Santa Sede, i quali sarebbero stati costretti a partire per tutelare la loro dignità personale debbono derivare da inesatte informazioni date a Sua Santità. Sta invece in fatti che i rappresentanti degli imperi centrali, malgrado le più esplicite e precise assicurazioni del governo per la tutela della loro sicurezza personale e dei diritti e privilegi loro spettanti giusta la legge, vollero di loro spontanea volontà allontanarsi da Roma».

[160] «Osservatore Romano», 8 dicembre 1915. Dura la reazione della stampa liberale: cfr. *Una disgraziata replica dell'organo vaticano*, in «Il Messaggero», 8 dicembre 1915.

[161] Cfr. VINDEX, *L'indipendenza del Papa per la pace universale*, 11 dicembre 1915, pp. 1-2; IDEM., *Orientarsi*, 12 dicembre 1915, p. 1 art. di fondo; *Non si capisce o non si vuol capire*, 14 dicembre 1915, p. 1 art. di fondo; MAX, *Le grandi Questioni d'attualità. Se è morta seppellita!*, 18 dicembre 1915, p. 1 art. di fondo: mezzo censurato; OMIKRON, *La parola del Papa e la condanna del Liberalismo*, 23 dicembre 1915, p. 1 art. di fondo.

[162] Tra le critiche più forti ricordiamo quella di E. RUTILI, *Vitalità e vita nel cristianesimo*, in «Bilychnis», novembre-dicembre 1915, p 422: «Pari alla delusione dei cardinali, fu il senso di tristezza e di sdegno con cui nel cuore di *tutti* gli italiani risuonavano, in quest'ora di trepida angoscia e di necessaria unione le frasi di Benedetto XV sulla sua presunta cattività, frasi che ànno ben chiaro un suono di minaccia contro l'Italia». Si veda pure: *Vivaci polemiche per l'allocuzione del Papa. Il Verbo*, in «Giornale d'Italia», 8 dicembre 1915.

Filippo Crispolti, sempre forte della sua nuova "fama", in un'intervista concessa al *Giornale d'Italia*, riteneva che il pontefice avesse inteso nell'allocuzione rispondere al discorso di Orlando a Palermo. Il marchese cercava però, con un'ermeneutica particolare, di far cogliere lo «spirito» che aveva animato le parole del papa[163]. Intanto il 7 dicembre alla Camera dei deputati l'on. Orlando, rispondendo ad interrogazioni, replicava, indirettamente, al pontefice: «Io ripeto alla Camera, nel modo più formale e preciso, ch'essi [i diplomatici degli Imperi centrali] si sono allontanati di loro perfetta e libera volontà. E non è troppo ardito supporre che essi, personalmente, preferissero andarsene, ma facendo credere che se ne andassero per forza». E riconfermava la sua tesi della «tanta libertà e indipendenza» godute dal papa in quel momento[164]. Il discorso del ministro Orlando riceveva l'applauso di tutta la Camera, compresa la parte cattolica: gli on. Meda, Soderini, Micheli e Ciriani, si affrettavano verso il banco dei ministri per congratularsi con l'on. Orlando. Comprensibile l'indignazione dell'*Unità Cattolica*[165]. In un'intervista l'on. Meda spiegava il suo atteggiamento: «noi siamo cattolici, ma siamo responsabili di ciò che facciamo»[166]. La stampa liberal-massonica a tinte fortemente anticlericali giudicava inutili le tante parole usate da Orlando e il scendere a discussioni su leggi proprie costituiva una pregiudiziale per l'autorità dello Stato. Per questi, l'on. Orlando avrebbe fatto meglio a limitarsi a dire che la legge delle guarentigie era quella che era, e che se a qualcuno non piaceva non aveva che cercar di meglio in altri Stati[167]. Dopo l'Allocuzione papale e la replica dell'on. Orlando, la stampa liberale attaccava mons. Gerlach, un prelato austriaco «internato in Vaticano», andato in giro per Roma con l'incarico «ufficiale» di portare il «cappello rosso» in casa dei nuovi cardinali[168]. L'*Unità* prendeva le

---

[163] Cfr. P. MOLAJONI, *Il Papa volle rispondere al discorso di Palermo. Intervista col marchese Crispolti. Inaspettata interpretazione di alcune frasi dell'allocuzione*, in «Giornale d'Italia», 9 dicembre 1915.

[164] Testo in *Atti Parlamentari*, Camera dei Deputati, tornata del 7 dicembre 1915, pp. 8222-8223.

[165] Cfr. *Noterelle*, 15 dicembre 1915, p. 1.

[166] Cfr. *Il dissidio fra i cattolici. Quel che dice l'on. Meda*, in «Il Messaggero», 8 dicembre 1915. «Abbiamo voluto chiedere all'on. Meda la ragione di questo atteggiamento e dei suoi colleghi: L'on. Orlando - egli ci ha risposto - se l'è cavata assai bene; egli è stato temperato e preciso, in una materia assai ardua.- Dunque voi dissentite dal Papa? - Mah... - ci ha risposto il deputato di Rho. - Eppure, come cattolici, dovete accettare la parola del Papa come definitiva ...- Non credo e sarebbe troppo lungo discutere di ciò; noi siamo cattolici, ma siamo responsabili di ciò che facciamo. Il Vaticano ha esigenze sue, delle quali noi non crediamo di dovere giudicare. Del resto - ha concluso l'on. Meda schermendosi - non è un dissidio di oggi questo, e non investe la coscienza cattolica. E l'on. Meda si è allontanato scrollando il capo. Sintomi!».

[167] Cfr. *L'on. Orlando risponde a Benedetto XV*, in «Il Messaggero», 8 dicembre 1915. Cfr. pure «Bilychnis», novembre-dicembre 1915, p. 425.

[168] Cfr. «Il Messaggero», 10 dicembre 1915. «La sua visita fu oggetto di rilievi non

difese del monsignore: «E se invece di Mons. Gerlach ci fosse stato a Roma in questi giorni solenni per la Chiesa Cattolica l'ambasciatore austriaco o bavarese o prussiano Dio ci scampi e liberi! chissà quante ne avrebbero dette i fogli anticlericali vedendoli passeggiare per Roma a trovare qualche Cardinale!»[169].

Quello che il giornale intransigente non si stancava di ripetere era il problema delle diverse tendenze presenti all'interno del giornalismo cattolico, che, oltre a suscitare «confusionismo», avevano portato molti giornali di ispirazione cattolica ad abbandonare «la causa del popolo in altre mani», e questo solo «per arieggiar[si] a giornali patriottici», per «essere reputati pieni di sentimento di italianità»[170]. Molti erano i sintomi di questo disorientamento tra i cattolici. Il giornale fiorentino li elencava:

«Il vocabolario liberalesco adottato anche da giornali che si dicono cattolici; i romanzi poco castigati che si pubblicano; la *réclame* a rappresentazioni sconcie o cinematografiche; le entusiastiche approvazioni e gli incoraggiamenti dati al *boyscoutismo*; la tenace persistenza nel nominare certe nostre associazioni con nomi riprovati dalla S. Sede perché troppo affini al socialismo; l'insistenza di relegare fra i pregiudizi e i preconcetti, questioni di assoluta gravità per la Chiesa; l'ubriacatura che nella guerra attuale dimostrano non pochi cattolici; l'idealismo patriottico liberalesco che infarina anche certi periodici d'indole religiosa.
Così, mentre nell'intenzione di certi cattolici si crede di resistere al sovversivismo, si aprono allegramente le porte di casa nostra ai settarî che vi fanno cagnara, e che ai sovversivi si equivalgono, se non peggio. [...] Quando è che il Papa ha comandato ai cattolici di intrupparsi *vergognosamente* in coda ai liberali, per soffiare nel fuoco, già troppo divampante, delle ire nemiche? Il Papa non fa altro che parlare di *pace nella giustizia e nel diritto*, e i cattolici si sgoleranno a parlare di guerre e di stragi?»[171].

Questa ostentata divergenza tra i cattolici, intorno alla guerra, era giudicata dai socialisti e da molti altri, come un tentativo di procurarsi un «alibi» per far fronte alle critiche di domani[172].

---

favorevoli. Infatti, non è parso opportuno che proprio un prelato austriaco fosse in questo momento incaricato di una missione ufficiale in Roma».

[169] *Noterelle. Mons. Gerlach preso di mira*, 18 dicembre 1915, p. 1.
[170] Cfr. GORI, *Quello che a noi pare*, 30 dicembre 1915, p. 1 art. di fondo.
[171] *In casa nostra. Un po' di esame di coscienza*, 21 gennaio 1916, p. 1.
[172] Cfr. *L'esame di coscienza dei cattolici italiani*, in «Avanti!», 23 gennaio 1916. Commentando l'articolo dell'*Unità Cattolica* sopra citato diceva: «Malgrado ciò, domani la chiesa giuocherà il suo alibi, valendosi appunto di questo contrasto, che l'*Unità Cattolica* trova - o mostra di trovare - sconfortante, ma che sarà utilissimo domani di fronte al popolo. Perchè i preti dimenticheranno tutte le stamburate patriottiche e si sforzeranno di persuadere i loro seguaci che essi hanno combattuto contro le infatuazioni belliche. E, in gran parte almeno, ci riusciranno. Accadrà allora che, per alcune chiacchiere del papa o del cardinale Ferrari, si faranno belli della pace di domani. Non hanno

Intanto il dibattito sulla partecipazione o meno del papa al futuro Congresso della pace si faceva sempre più vivace. Nel 1916 nuovi argomenti venivano presentati dai sostenitori della non opportunità della presenza del papa al futuro congresso per la pace. V'era chi si opponeva ad un intervento del papa per il timore di vedere aumentare il prestigio del pontefice a danno dell'Italia. Era quanto sosteneva un anonimo deputato[173], con argomenti che riecheggiavano quelli del Ricci[174]. L'*Unità Cattolica* categoricamente rifiutava tale tesi[175]. In linea di massima il foglio fiorentino dava per scontato che il prestigio del papa non fosse mai venuto meno, e proprio per questo motivo lo riteneva il «maggior arbitro»[176]. La rappresentanza del papa al Congresso avrebbe, però, favorito gli imperi centrali. Lo aveva scritto il Quadrotta[177], lo avevano gridato in coro i quotidiani anticlericali. Il giornale cattolico fiorentino avvertiva l'importanza estrema di diffondere intorno a questo dibattito idee chiare e sicure, al fine di sfatare le varie dicerie calunniose che molti andavano spacciando un po' ovunque. La Santa Sede non aveva nessuna preferenza per gli imperi centrali. E il papa non era uomo di parte[178]. C'era chi contestava la presenza del papa per il pericolo di vedere risorgere la questione romana a scapito dell'unità italiana. Oltre a quanto abbiamo già visto per il 1915, suscitava l'attenzione del giornale fiorentino un lungo articolo dell'on. Mosca, in cui, nella pretesa di rispondere all'allocuzione del 6 dicembre 1915, respingeva la possibilità di dare un

---

provocato la guerra, e non daranno la pace ai popoli. Ma hanno saputo sfruttare la prima e sapranno sfruttare la seconda. [...] Vedrete che, appena giungerà la pace sospirata, accadrà per essa quello che accade per la pioggia nella Puglia sitibonda! [*da mesi si facevano processioni invocanti la pioggia*]. E l'*Unità Cattolica* ci regalerà un articolone, per dimostrare l'influenza *enorme* che il papa ha avuto nella pace, e per domandare ... che gli si dia la presidenza del Congresso».

[173] Cfr. Un Deputato, *Il Papa e il Congresso della pace*, in «La Tribuna», 1 marzo 1916.

[174] Il senatore Rolando Ricci, in una lettera apparsa sempre sulla «Tribuna», alla fine di agosto 1915, aveva chiesto che l'Italia non permettesse al papa «mai più riprendere, in nessuna occasione e con nessun pretesto, qualità o veste di potenza politica». Al Ricci aveva replicato Vindex, *Esclusivismo odioso*, 18 settembre 1915, p. 1. Pure il Crispolti aveva criticato il senatore liberale: cfr. «Il Cittadino di Genova», 8 settembre 1915.

[175] Cfr. Vindex, *Lo scopo di quell'esclusione...*, 16 marzo 1916, p. 1 art. di fondo.

[176] Tra i numerosissimi articoli cfr. *Chi è il maggior arbitro?*, 20 febbraio 1916, p. 1 art. di fondo.

[177] Cfr. G. Quadrotta, *Il Papa, l'Italia e la guerra*, cit., p. 122.

[178] Cfr. A. Baschirotto, *Il Papa non è neutrale*, 9 febbraio 1916, p. 1 art. di fondo. «Benedetto XV non è neutrale nel senso che sia inoperoso e che aspetti l'opportunità del partito da prendere. [...] La politica di Benedetto XV è la politica del Vangelo, la politica della giustizia e della carità a beneficio dei popoli». Cfr. *Il probabile trionfatore secondo l'«Avanti» sarebbe il Papa*, 16 febbraio 1916, p. 1 art. di fondo. Per l'*Unità* il papa era rimasto non solo neutrale, come sosteneva l'*Avanti!*, ma imparziale.

carattere internazionale o contrattuale alla legge delle guarentigie e si dichiarava contrario all'intervento del papa al Congresso per la pace[179]. Il giornale fiorentino, dopo aver atteso la reazione di tutta la stampa nazionale anche cattolica, interveniva criticando la «monomania» dei liberali come il Mosca di «voler confinato il Papa nei domini della Liturgia» e ribadiva la sua rivendicazione del potere temporale[180]. Ricordava poi «la missione mondiale» dell'Italia accanto al papato[181]. Un'altra obiezione era quella sollevata da Nathan, ex sindaco di Roma notoriamente massone, che si opponeva, ma non era l'unico, ad un'eventuale posizione di privilegio che si sarebbe venuta a tenere nei confronti del papa, qualora fosse stato ammesso a far parte del Congresso di pace, di fronte ai capi delle altre religioni, i cui credenti erano implicati nella guerra, non meno che i cattolici[182]. L'*Unità* non vedeva nessun ostacolo a riconoscere il papato «primo tra le potenze morali» e respingeva la «lezione» del massone Nathan[183]. In questo clima effervescente si collocava nel marzo 1916 la proposta di Guglielmo Quadrotta, redattore del *Secolo* e del *Messaggero*, ospitata entusiasticamente dalla rivista *Bilychnis*, edita dalla facoltà teologica della scuola battista di Roma, di indire una specie di inchiesta nazionale, un "referendum" sulla opportunità della partecipazione del Papa al Congresso di Pace, inviando un questionario a uomini politici, a competenti e studiosi[184]. Il giornale fiorentino aveva solo parole di compatimento[185]. L'*Unità Cattolica* restava ferma nelle sue posizioni: il papa era l'unico arbitro e nessuna pace sarebbe stata duratura senza il pontefice[186]; del resto al papa spettava di diritto parteciparvi[187]. Dopo l'autorevole parola dell'*Osservatore Romano*[188], diven-

---

[179] Cfr. T. Mosca, *Dell'intangibilità sostanziale e permanente della Legge delle Guarentigie*, in «Nuova Antologia», 1 gennaio 1916.

[180] Cfr. Seon, *Il Papa e il Congresso per la Pace. (Appunti su un articolo di un consigl. di Cassazione)*, 10 febbraio 1916, p. 1 art. di fondo.

[181] Cfr. F. Sassoli De Bianchi, *Il Conte Sassòli all'on. Mosca*, 16 febbraio 1916, p. 1 art. di fondo.

[182] Cfr. «Nuova Antologia», 16 febbraio 1916.

[183] Cfr. Vindex, *Il Papato è la pace! (Anche Ernesto Nathan...)*, 26 febbraio 1916, p. 1 art. di fondo. Si veda inoltre D. L., *Una lezione del massone Nathan non accetta ta e rimandata*, 29 febbraio 1916, pp. 1-2.

[184] Le risposte sono riportate in appendice al volume G. Quadrotta, *La Chiesa cattolica nella crisi universale*, cit. La direzione di *Bilychnis* offrì al Quadrotta lo spazio per la pubblicazione integrale delle risposte. Si vedano i fascicoli a partire dall'aprile 1916.

[185] Cfr. *"Bilychnis" e il chiodo di Quadrotta*, 28 maggio 1916, p. 1.

[186] Cfr. Seon, *Il vero arbitro sopranazionale*, 28 aprile 1916, p. 1 art. di fondo; *Manca un mediatore?*, 6 maggio 1916, p. 1; *E' possibile una conferenza europea per la pace senza il Papa?*, 9 maggio 1916, p. 1 art. di fondo.

[187] Cfr. Omikron, *Il diritto del Papa al Congresso per la pace*, 19 agosto 1916, p. 1.

tava motto del foglio fiorentino lo slogan: «Bando alle confusioni!» e proponeva ai cattolici un programma concreto:

> «*Il Papa al Congresso della pace!* Lo vogliamo come rappresentante del Cristianesimo, perché vogliamo un'Europa assisa sulle leggi della giustizia e dell'amore cristiano. Nazionalismi, imperialismi, democraticismi, internazionalismi non sono per noi.
> Bando alle confusioni!
> Diamo dunque ora per riacquistare la nostra posizione indipendente e la nostra magia presso le masse - la magia affascinatrice dell'idea cristiana, della civiltà cristiana - diamo ai venti il nostro bando»[189].

In questo contesto le iniziative di pace di Wilson erano apprezzate, ma Benedetto XV restava il primo e quello che avrebbe avuto più probabilità di successo per il nostro giornale[190].

C. IL PROBLEMA DELLA LEALTÀ POLITICA DELL'ITALIA NEI CONFRONTI DELLA SANTA SEDE.

Il fatto nuovo che amareggiava non poco i cattolici, specialmente integralisti, era determinato dalla notizia che nel «Patto di Londra», firmato dall'Italia il 30 novembre 1915, essa aveva chiesto ed ottenuto l'assicurazione che nel futuro Congresso non si sarebbe permessa alcuna modificazione della legge delle guarentigie né l'intervento di un rappresentante del papa. La notizia diffusa dalla stampa austriaca era accolta senza riserve dall'*Unità Cattolica*: ciò costituiva una prova evidente dell'influsso malefico della massoneria[191]. Il *Cittadino di Brescia*, invece, assicurava d'aver avuto da un alto funzionario, in grado d'essere bene informato, una formale smentita di quella voce[192].

---

[188] Cfr. *Bando alle confusioni*, in «Osservatore Romano», 28 agosto e 10 settembre 1916.
[189] Avv. A. RENIER, *Bando alle confusioni!*, 15 settembre 1916, p. 1 art. di fondo.
[190] Cfr. *Note ed Appunti. Da Benedetto XV a Wilson*, 1 giugno 1916, p. 1; X, *Il Papa, Wilson e la pace*, 17 giugno 1916, pp. 1-2: Gli interessi del papa moderatore «giusinternazionale» non erano ispirati agli egoismi nazionali, ma alla «giustizia», all'«equità», all'«amore universale», e pertanto la sua opera era superiore a quella di ogni altro mediatore.
[191] Cfr. F. SASSOLI DE BIANCHI, *L'Italia firmò il Patto di Londra a condizione che fosse escluso il Papa dal futuro Congresso della Pace*, 15 gennaio 1916, pp. 1-2. «Se nel campo delle idee i cattolici naturalmente non furono fra coloro che vollero la guerra anzi ad essa si opposero con tutte le forze [...]. Il contrasto però fra l'idea religiosa-patriottica dei cattolici da una parte e l'idea liberale-massonica dall'altra non potrebbe essere più stridente».
[192] Cfr. «Cittadino di Brescia», 16 febbraio 1916.

Il giornale fiorentino non nutriva grande fiducia nei confronti degli uomini politici italiani. A Roma cambiavano i ministri, ma le idee e le direttive restavano sempre le stesse. In questo contesto andavano e vanno comprese le repliche dell'*Unità* alle affermazioni dei presidenti del Consiglio, Salandra prima e Boselli poi, che rivendicavano come fine supremo della guerra il trionfo dei "diritti dell'uomo". Salandra, infatti, per giustificare la guerra agli Imperi centrali, si era appellato ai "diritti dell'uomo" proclamati dalla rivoluzione francese e messi in pericolo dalla "Kultur" tedesca. Il quotidiano fiorentino replicava al presidente del Consiglio:

> «Noi cattolici italiani la schiavitù politica, che sotto il mentito nome di libertà, ci ammanì la Francia con la cosidetta sua grande Rivoluzione aborriamo così come non aborriamo meno l'altra schiavitù intellettuale, che coloro stessi, che oggi combattono la Germania, ci imposero aggiogando le menti italiane a quella "*Kultur*" tedesca, contro di cui, per semplice opportunismo politico, vanno adesso, incoerenti, blaterando»[193].

L'*Unità* di fronte al Governo diviso avrebbe voluto agitare la bandiera della lealtà e compattezza dei cattolici, ma in realtà essa era isolata dalla stragrande maggioranza dei cattolici che erano oramai entrati nelle maglie del sentimentalismo patriottico nazionale. Questi rivendicavano un'autonomia di pensiero e un rispetto delle loro diverse opinioni, che il giornale fiorentino non sempre era in grado di offrire. Crispolti, ad esempio, con la distinzione "tra cattolico e cittadino"[194], faceva più male degli attacchi del liberalismo. Per l'*Unità* la distinzione non reggeva. Anzi parlava di indirizzi a suo avviso errati e purtroppo «seguiti da una gran parte dei cattolici italiani», ritornava a tirar fuori «timori e sospetti sempre nutriti verso certe persone», che avevano causato, per il loro «ascendente guadagnato», «infinite dolorose confusioni nel campo nostro». Il punto dolente era questo: «Può un cattolico dissentire come cittadino di uno Stato qualsiasi dalla Sede Apostolica e seguire atteggiamenti opposti a quelli dalla stessa osservati e mantenuti?». Per Crispolti «sì!», per il giornale fiorentino «no!». Le ragioni del foglio integralista erano ancorate ad una concezione di Chiesa verticistica ed esercitante un ruolo di dominio assoluto sul laicato cattolico:

---

[193] F. SASSOLI DE BIANCHI, *Nè ottantanove nè Kultur*, 8 aprile 1916, p. 1 art. di fondo. Per la risposta al Boselli: cfr. IDEM., *Cultura latina e cultura tedesca*, 23 agosto 1916, p. 1 art. di fondo.

[194] Cfr. F. CRISPOLTI, *La politica nazionale dei cattolici. Una risposta alla "Perseveranza"*, in «Avvenire d'Italia», 26 febbraio 1917.

«non potendosi distinguere tra la coscienza del cattolico e del cittadino, a nessun cattolico è permesso - senza venir meno al suo dovere d'ossequio, di rispetto, di obbedienza verso Colui da Cui soltanto la sua coscienza deve essere guidata, in tutte, e non in alcune solamente, le manifestazioni della sua vita - dissentire dalla Chiesa e dal Papa. La distinzione oggi più che mai venuta in voga tra cattolico e cittadino non è, come altre volte dicemmo, dal liberalismo, allo scopo di gettare la confusione nel campo nostro e finir di allontanare insensibilmente i fedeli dalla Chiesa e dal Papa»[195].

Per il quotidiano fiorentino, il quale non si stancava di ripetere che i cattolici «subivano» la guerra e che le responsabilità erano solo di chi l'aveva dichiarata, l'entrata di Meda nel governo Boselli, come ministro delle finanze, dopo la caduta di Salandra, suscitava vive perplessità. I cattolici italiani avevano spinto il loro lealismo sino a «prestarsi a condividere una gravissima responsabilità e per di più in uno dei ministeri che debbono sopportarne una delle più gravi. Questa responsabilità è troppo chiaramente indicata dalla permanenza in questo ministero dell'onor. Sonnino ed è più che confermata dall'entrata dell'on. Bissolati nonchè di tutti i pezzi più grossi della democrazia massonica guerrafondaia»[196]. Il foglio fiorentino non esitava a polemizzare con l'*Osservatore Romano*, per via dei suoi «distinguo»[197]. Di fronte agli

---

[195] CATHOLICUS, *No!*, 2 marzo 1917, p. 1.
[196] Cfr. F. SASSOLI DE BIANCHI, *Prevedendo*, 23 giugno 1916, p. 2. Il giornale fiorentino aveva seguito lo sviluppo della crisi del Governo: cfr. *Come si delinea la soluzione della crisi*, 15 giugno 1916, p. 1; *I retroscena della crisi ministeriale. Il contegno dei liberali e quello dei cattolici*, 16 giugno 1916, p. 1; IDEM., *Il lavoro di Paolino Boselli è vicino alla fine. La crisi ministeriale e la vera salute d'Italia*, 17 giugno 1916, p. 1 art. di fondo. Non nascose le sue perplessità alla notizia che per la prima volta un cattolico militante, Meda, potesse far parte del governo: cfr. *Note ed Appunti. Meda nel ministero?*, 17 giugno 1916, p. 1; *L'annunzio ufficiale del nuovo ministero*, 20 giugno 1916, p. 1; *Contrastanti giudizi per l'entrata di Filippo Meda nel Ministero*, 21 giugno 1916, p. 1.
[197] L'organo vaticano aveva pubblicato due articoli, secondo l'*Unità* in contrasto tra loro. Prima dell'entrata di Meda nel ministero aveva scritto un articolo condiviso totalmente dal giornale fiorentino: cfr. I[GNAZI]., *Il posto dei cattolici*, in «Osservatore Romano», 15 giugno 1916. Dopo l'entrata di Meda l'organo vaticano (cfr. A[NGELINI]., *Il nuovo Ministero*, 20 giugno 1916) così aveva commentato l'avvenimento: «Sebbene nel Ministero Boselli siano entrati anche alcuni neutralisti della vigilia, prevalgono in esso gli uomini che spinsero l'Italia a prendere le armi. Sotto questo punto di vista poteva recare qualche meraviglia l'entrata dell'onorevole Meda nel gabinetto, mentre egli non fu certo tra coloro che spinsero alla guerra, sebbene dopo che fu dichiarata, l'abbia accettata e sostenuta con la propria adesione, lasciandone tuttavia esplicitamente la responsabilità a chi soltanto l'aveva assunta. In ciò l'on. Meda, che è di principî notoriamente cattolici, non può dirsi che siasi discostato dall'atteggiamento tenuto dai cattolici in Italia. I cattolici infatti, prima della dichiarazione di guerra, furono pur essi neutralisti, e non soltanto per motivi di opportunità e di convenienza politica, ma per

apprezzamenti dell'organo papale verso il Meda «di principî notoriamente cattolici», l'*Unità* reagiva, faceva solo «alcune critiche» e metteva innanzi i suoi «dubbi sopra un certo apprezzamento» che non comprendeva. Meda in fondo riteneva la questione romana non esistente anzi oramai superata. Il foglio fiorentino rifiutava di «affermare e sanare l'atteggiamento dell'on. Meda come non differente da quello dei cattolici italiani». Meda, infatti, «nella votazione del 20 maggio 1915, votò per la dichiarazione di guerra all'Austria e con lui altri amici suoi», e questo significava per l'*Unità Cattolica* che l'on. di Rho si era chiaramente discostato dalle posizioni dei cattolici[198]. Rivendicava la sua lungimiranza contro le accuse dell'*Avvenire* di un totale fallimento della sua politica intransigente. Infatti Cappa, direttore del quotidiano bolognese, aveva sostenuto che l'entrata di Meda nel Governo costituiva la dimostrazione del fallimento della politica del *non expedit* dei cattolici intransigenti. Significava il loro essere in arretrato sui tempi e sugli avvenimenti. La sterilità di una «opposizione preconcetta», perché «ormai sorpassata», ad un'azione politica in pieno dei cattolici. Sassòli non volendo entrare in polemica col Cappa si limitava a "rinfacciargli" con una prosa squisitamente integrista: «Comunque, certo è questo: che la Storia dirà se i sorpassati siamo stati noi o coloro che, in un modo o in altro, sia pure a fin di bene, credettero di aderire o partecipare a Governi, che la stessa non potrà mancare di bollare giustamente col titolo di apostati»[199]. La successiva dichiarazione dell'organo vaticano: che il Meda entrava nel governo non come rappresentante delle organizzazioni cattoliche, anche se d'accordo con gli amici del suo gruppo[200], placava il quotidiano fiorentino[201]. Al contrario l'intervento del Crispolti, che poneva in rilievo come, con la partecipazione del Meda al Ministero, fosse stata superata la pregiudiziale liberale alla partecipazione al Governo di un cattolico militante, induceva il giornale fiorentino a riagitare la vecchia bandiera del *non expedit*:

> «E' quindi naturale che tutti coloro che tra i nostri auspicarono ed applaudirono all'entrata in parlamento dei cattolici deputati non possono che chiamarsi lieti [...]. Non così può essere di noi che invece non approvammo nè trovammo opportuna l'entrata in parlamento dei cattolici deputati,

---

altre considerazioni di un ordine più elevato. Furono tali perchè neutralista, o, per dir meglio imparziale verso tutti i belligeranti, era, come lo è tuttora, il Sommo pontefice, loro duce e maestro che non si stanca di ripetere ai popoli ed ai Governi la parola di pace [...]».

[198] Cfr. *Idee chiare e posizioni nette*, 22 giugno 1916, pp. 1-2.
[199] Cfr. F. SASSOLI DE BIANCHI, *Prevedendo*, 23 giugno 1916, p. 2.
[200] Cfr. BYD., *Responsabilità e libertà*, in «Osservatore Romano», 26 giugno 1916.
[201] Cfr. *I cattolici e la guerra*, 28 giugno 1916, p. 1.

e però oggi davanti all'entrata dell'onorevole Meda nel Ministero non possiamo che constatare con dispiacere la realizzazione dell'ultimo atto di quella partecipazione e cooperazione ad un Governo che mantiene una situazione per conto nostro ora e sempre dannosissima per la religione»[202].

Le dichiarazioni alla Camera del deputato cattolico Ciriani, favorevole ad una guerra ad oltranza, all'allargamento del conflitto ad altre nazioni e in «serena coscienza» contrario all'intervento del papa alla conferenza per la pace, se una richiesta in tal senso fosse partita dall'Austria e dalla Germania «per mettere impacci allo stato italiano»[203], suscitavano la «più penosa e disastrosa» impressione nella redazione del giornale fiorentino[204]. Il discorso di Ciriani venne deplorato unanimemente dalla stampa cattolica[205] compresa quella del *trust*[206], mentre venne, come era ovvio, osannato dalla stampa liberale[207]. L'*Osservatore Romano*, qualche tempo dopo, richiamava i cattolici, e indirettamente il Meda, ad un atteggiamento di maggiore equilibrio davanti alla guerra[208]. Quest'ultimo intervento ridava all'*Unità Cattolica* la grinta per «riconquistare» la sua «posizione indipendente» dagli altri cattolici compresi i deputati, ricordava al Governo che loro volevano il Papa al Congresso:

«Al discorso dell'on. Tovini[209], il più forte ed organico che sia stato pronunciato dai cattolici deputati nel nostro Parlamento, il Governo non ha

---

[202] F. SASSOLI DE BIANCHI, *Ancora dell'on. Meda*, 1 luglio 1916, p. 1.
[203] Cfr. *Atti Parlamentari*, Camera dei Deputati, tornata del 30 giugno 1916, pp. 10950-10953.
[204] Cfr. VINDEX, *Ha superato gli anticlericali*, 4 luglio 1916, pp. 1-2.
[205] A titolo d'esempio, cfr. «Osservatore Romano», 2 luglio 1916. L'organo vaticano riportava la seguente N.d.R.: «L'on. Ciriani spiegando ieri alla Camera le sue credenziali di "democratico cristiano" ha omesso di aggiungere a questa sua auto-presentazione una nota caratteristica, quella cioè di essere un solitario superstite del *murrismo* d'infausta memoria; ciò che sarebbe bastato a dare un'idea esatta del suo "cattolicismo" religione che disse di vivere *intensamente*. Ma a questa sua omissione esso ha largamente supplito con le sue parole e con i suoi apprezzamenti sulle condizioni della Santa Sede, parole ed apprezzamenti che non sono certo quelli proprii della massa dei cattolici italiani e che ad essi possano convenire».
[206] Cfr. «Corriere d'Italia», 1 luglio 1916. «Insomma l'on. Ciriani ha avuto un successo schiettamente massonico: chi si contenta ...».
[207] Si vedano «Il Messaggero», il «Corriere della Sera», «Il Secolo», ecc. del 1 luglio 1916.
[208] Cfr. *Bando alle confusioni*, in «Osservatore Romano», 28 agosto 1916. «E' vero o non è vero che la rivoluzione italiana è stata disgraziatamente fatta tutta in odio alla religione cattolica, al suo Capo, ai suoi ministri, alle sue istituzioni? E se ciò è vero, e se è vero che certi sistemi e certe massime fondamentali non sono state mutate e che il massonismo trionfa ancora in molte sfere, dobbiamo essere proprio noi le vittime cinquantenarie, di questi sistemi e di queste massime a turibulare al vento inni di solidarietà e concioni di supine adesioni?».
[209] Cfr. *Atti Parlamentari*, Camera dei Deputati, tornata 30 giugno 1916, pp. 10945-

risposto. Noi siamo in grado per informazioni sicure di affermare che solo l'on. Sonnino, cioè l'Italia, ha opposto il veto all'ingresso del Papa nella conferenza della pace ed anche questo con una forma non definitiva. [...] La colpa del confusionismo è anche nostra, perché abbiamo accettato la neutralità del Governo, non la neutralità nostra e poi abbiamo seguito tutti gli atteggiamenti governativi fino alla feluca ministeriale sul capo di chi ha pur detto - ricordiamolo - che nessuno al posto di lui avrebbe agito diversamente»[210].

Intanto dal 28 agosto l'Italia era entrata in guerra pure contro la Germania[211].

L'intransigente *Unità Cattolica* si riaccendeva di fronte ad un "ignobile" discorso del Bissolati in giro di propaganda per la «resistenza» a Cremona, ove, commemorando Cesare Battisti, affermava che nessuna pace e tanto meno nessuna tregua vi sarebbe stata mai tra l'Italia e la Chiesa. Accusava di falso patriottismo i cattolici italiani, insultava il papa[212]. La stampa dell'ex *trust* cattolico, pur protestando per la «"boutade" di odio partigiano» e per gli insulti "plebei", riduceva l'episodio ai limiti di una misera "gaffe"[213]. Immediata la replica del Sassòli: «No!» le parole non costituivano una «*gaffe*», bensì erano la «espressione sincera dell'animo di chi le ha pronunciate e di tutto ciò che rappresenta in quel *ministero di transazione* che per gli ingenui si volle far passare siccome il ministero della concordia nazionale»[214]. E nonostante i tagli della censura, l'*Unità Cattolica* continuò la sua protesta[215]; auspicava un intervento radicale: «la soluzione migliore, sarebbe quella di mandare a spasso il signor Leonida, ma la massoneria non vuole e, purtroppo riesce ad imporre la sua volontà»[216]. In questo amaro contesto, sul giornale com-

---

10949. Il Tovini espose la concezione strettamente "clericale" dei cattolici di fronte alla guerra, non voluta ma passivamente subita, e soprattutto, e questo piacque al giornale fiorentino, chiese l'ammissione del papa al futuro congresso.

[210] Avv. A. RENIER, *Bando alle confusioni!*, 15 settembre 1916, p. 1 art. di fondo.
[211] Cfr. *Dichiarazione di guerra dell'Italia alla Germania*, 29 agosto 1916, p. 1.
Il fiorentino tra l'altro annotava: sono 26 le dichiarazioni di guerra avutesi da quando è scoppiato il conflitto europeo.
[212] Cfr. *Invettive contro i cattolici in un discorso ministeriale*, 1 novembre 1916, p. 1; *Noterelle. La provocazione*, ivi; *Dopo gli insulti di Bissolati*, 2 novembre 1916, p. 1; *Noterelle. Povera Italia!*, ivi.: dove si chiedeva polemicamente al Meda che cosa ci stesse a fare in un Governo simile.
[213] Cfr. (P.K.), *Il calcio dell'asino*, in «Avvenire d'Italia», 2 novembre 1916; *Dopo il discorso Bissolati. Difese che accusano. Se si fosse sinceri ...*, ivi; *Le responsabilità a chi toccano*, ivi.
[214] F. SASSOLI DE BIANCHI, *Bissolati e Meda*, 3 novembre 1916, p. 1 art. di fondo.
[215] Cfr. SEON, *Se così parlano i Ministri!!*, 4 novembre 1916, p. 1 art. di fondo; *Minucio Bissolati*, 5 novembre 1916, p. 1.
[216] *Noterelle. Il caso Douhet*, 12 dicembre 1916, p. 1.

parivano inviti ai cattolici a tornare al *Sillabo*, ad attualizzarlo e usarlo come direttiva fondamentale per ogni proficua attività cattolica[217].

Nel luglio 1917, a seguito della crisi del governo Boselli, poi rientrata, il giornale fiorentino in polemica con il *Corriere della Sera* chiedeva di tenere ben distinta la responsabilità dei cattolici integralisti da quella dei cattolici del disciolto *trust*. Il quotidiano fiorentino era accusato di puntare su un ministero Orlando per paura di un ministero del socialista riformista massone Bissolati e di essere, a differenza dei cattolici patrioti interventisti, sabotatore della guerra, per i suoi continui appelli alla pace. L'*Unità* rimbeccava, servendosi del marchese Sassòli, che, con un articolo fermo e chiaro e fortemente polemico-apologetico, rimproverava il doppio gioco del foglio liberale e coglieva l'occasione per rivendicare la lealtà cattolica contro la perfidia anticattolica espressa nel "patto di Londra":

> «Quante volte i cattolici italiani vennero accusati indegnamente di leso amor patrio perché - si diceva - desiderano, anzi auspicano l'intervento straniero per risolvere la "Questione Romana!". Ed ecco, invece, dalla evidenza dei fatti, davanti alla conflagrazione europea dimostrato tutto il contrario. Coloro che hanno è tengono il mestolo delle cose in Italia dacché la foggiarono, non secondo natura, ma a loro immagine e somiglianza, l'hanno sempre mantenuta e la mantengono tutt'ora sotto il giogo straniero per garantirsi di dominarla nella forma, che a loro più aggrada»[218].

D. Il tempo delle "Note". Dalle trattative di pace proposte dagli Imperi centrali nel dicembre 1916 alla nota papale del 1 agosto 1917.

Anche la morte dell'imperatore Francesco Giuseppe era occasione di fraintendimenti fra i vari organi di stampa. L'*Unità Cattolica* l'accoglieva in silenzio e senza esprimere alcun giudizio:

> «Noi - in quest'ora fosca di odî, di lutti e di sangue - stimiamo opera più patriottica e più cristiana, adorare in silenzio i segreti disegni e i voleri della Divina Giustizia. La storia darà domani il suo severo e imparziale giudizio su la vita e le opere del vecchio Monarca, che scompare dalla scena del mondo mentre l'Europa è ancora tremendamente sconvolta da quella guerra che fu scatenata dall'Austria ed è la guerra più spaventosa che si ricordi»[219].

---

[217] Cfr. F. S[ASSOLI]. DE BIANCHI, *Torniamo al Sillabo! Lettera aperta al M. R. Don Giovanni Ghezzo*, 12 novembre 1916, p. 1 art. di fondo.
[218] F. SASSOLI DE BIANCHI, *La guerra e i "clericali"*, 4 luglio 1917, p. 1 art. di fondo.
[219] *La morte dell'Imperatore Francesco Giuseppe*, 23 novembre 1916, pp. 1-2.

Al contrario l'organo vaticano, lo stesso giorno, ne illustrava la religiosità. La stampa liberale vedeva in questo un contrasto stridente tra i due giornali cattolici. Per il giornale fiorentino erano "solo fantasie"[220] e dava notizie ampie sui nuovi sovrani[221].

Intanto il 12 dicembre veniva resa pubblica una nota del cancelliere tedesco Bethmann-Hollweg, inviata alle Potenze dell'Intesa, in cui si facevano offerte capaci di costituire la base per un ristabilimento di una pace duratura. La nota era stata trasmessa all'Italia dal ministro della Svizzera a Roma De Planta, senza però che questi assumesse funzione di mediatore. Secondo l'on. Sonnino, ministro degli Esteri, nella nota non c'era «nessuna indicazione precisa delle condizioni su cui si proporrebbe di intavolare i negoziati di pace». I deputati italiani l'accolsero con ponderata diffidenza. Sonnino chiedeva alla Camera una «semplice espressione di pura fiducia nel Governo» e di non votare nessun ordine del giorno che lasciasse supporre «un contegno dell'Italia diverso da quello degli alleati» di fronte all'«insidiosa mossa germanica»[222]. La Santa Sede, informata un giorno prima che la notizia divenisse di dominio pubblico, assicurava Vienna e Berlino del suo appoggio[223]. L'*Unità* smentiva le voci diffuse dal *Secolo* di frenetici lavori della diplomazia vaticana a favore della nota tedesca[224]. Il 5 gennaio 1917 le potenze dell'Intesa prendevano ufficialmente posizione "respingendo" l'iniziativa di pace degli Imperi centrali con una "Nota di risposta"[225]. Perché la pace era tanto ostacolata? - si chiedeva l'*Unità*. Le risposte erano molteplici: da una parte v'era un Europa senza Dio e sorda alla voce del papa[226]; dall'altra v'erano gli accordi segreti tra le potenze dell'Intesa[227]. Il giornale fiorentino tuttavia apprezzava le altre proposte di pace avanzate qua

---

[220] Cfr. *Noterelle. Un contrasto che non esiste*, 26 novembre 1916, p. 1.

[221] Cfr. *Dopo la morte dell'imperatore Francesco Giuseppe. I nuovi sovrani d'Austria*, 24 novembre 1916, p. 1; *L'inizio del nuovo Regno in Austria-Ungheria. La parola di Carlo VIII ai suoi popoli*, 25 novembre 1916, p. 1.

[222] Cfr. *Le trattative di pace proposte dagli imperi centrali e l'accoglienza che hanno trovato*, 15 dicembre 1916, p. 1.

[223] Cfr. I. GARZIA, *La Questione Romana durante la prima guerra mondiale*, cit., pp. 141 ss.

[224] Cfr. *Quello che si fa in Vaticano*, 20 dicembre 1916, p. 1.

[225] Cfr. *La risposta dell'"Intesa" alla Nota degli Imperi centrali. La proposta di pace respinta*, 3 gennaio 1917, p. 1.

[226] Cfr. CAN. M. MELONI, *La pace e la guerra nel momento che corre. Perchè la pace èavversata*, 11 gennaio 1917, p. 1 art. di fondo; IDEM., *Le trattative di pace*, 18 gennaio 1917, p. 1; F. SASSOLI DE BIANCHI, *Perchè la guerra fatalmente continua*, 17 febbraio 1917, p. 1 art. di fondo.

[227] Cfr. CAN. M. MELONI, *La trattativa di pace*, cit. «Ora che si è parlato di pace giova rammentare che nel settembre del 1914 la Triplice Intesa stabilì a Londra il formale impegno di non fare giammai la pace se prima non fosse atterrato il colosso tedesco e distrutto l'impero austro-ungarico».

e là[228], intese a fermare un conflitto che minacciava di estendersi e di assumere proporzioni mondiali[229]. Non nascondeva le sue preoccupazioni per l'entrata in guerra degli Stati Uniti contro la Germania[230] e per i moti rivoluzionari in Russia, anche se giudicava la fine dello zarismo come un "giusto castigo"[231].

L'*Unità Cattolica* seguiva, pure, le iniziative di pace di Wilson, con occhio critico; per il vecchio foglio intransigente l'Europa non aveva bisogno di andare oltre oceano per trovare un mediatore di pace: bastava il papa. Più di una volta i suoi articoli davano e danno l'impressione di voler frenare una competizione esistente tra i due personaggi sia per il loro prestigio che per il loro linguaggio. L'*Unità* era chiaramente legata ad una visione tradizionale del mondo che relegava gli Stati Uniti ai margini della vita internazionale[232].

Il clima era assai teso, le polemiche nella stampa erano fortissime. Benedetto XV, rompendo ogni indugio, scendeva in campo nell'agosto 1917, dirigendo alle potenze in guerra la famosa nota diplomatica con-

---

[228] Cfr. SIMPLEX, *Fra una nota e l'altra*, 17 gennaio 1917, p. 1 art di fondo; CAN. M. MELONI, *La pace desiata*, 24 gennaio 1917, p. 1 art. di fondo.

[229] Cfr. *La guerra minaccia di allargarsi? La Svizzera riprende a mobilitare*, 18 gennaio 1917, p. 1; *La neutralità Svizzera sara difesa ad oltranza*, 23 gennaio 1917, p. 1; *Il Mediterraneo zona di guerra*, 3 febbraio 1917, p. 1.

[230] Cfr. *Rottura delle relazioni diplomatiche fra la Germania e gli Stati Uniti*, 6 febbraio 1917, p. 1; *La marina da guerra americana*, 10 febbraio 1917, p. 1; *I segreti maneggi della Germania per spingere il Messico contro gli Stati Uniti*, 3 marzo 1917, p. 1; *Il conflitto tedesco americano. La rottura con la Cina*, 1 aprile 1917, p. 1.

[231] Cfr. F. SASSOLI DE BIANCHI, *Dinanzi agli avvenimenti di Russia*, 29 marzo 1917, p. 1 art. di fondo: «Solo possiamo riconoscere giusto il castigo di una dinastia, nonchè di una oligarchia politico-religiosa, a cui tutti i mezzi erano parsi sempre buoni per conservarsi in arcione e non aveva dubitato di stendere la mano alla demagogia occidentale, pur di raggiungere l'agognata dominazione spirituale e temporale sul mondo, che essa sognava ritrovare sulle incantevoli rive del Bosforo».

[232] Cfr. *Wilson non farà altri passi*, 21 gennaio 1917, p. 1: dopo il rifiuto delle potenze dell'Intesa; CAN. M. MELONI, *La pace desiata*, 24 gennaio 1917, p. 1: relativo a quello che stavano facendo Wilson e il Papa per la pace; *Un messaggio di Wilson al Senato sulla pace. La dottrina di "Monroe" applicata all'Europa*, 24 gennaio 1917, pp. 1-2: Le basi su cui fondare la pace erano quelle del diritto e dell'uguaglianza. Wilson chiedeva la libertà dei mari e la limitazione degli armamenti. Il giornale fiorentino commentava: «Modestia a parte il Signor Wilson si crede la "sola persona di alta autorità" fra tutti i popoli che abbia la libertà di parlare senza riserve. [...] Ma poichè il signor Wilson si trovava in si felice condizione, perchè mai ha tardato tanto a farla sentire la sua parola "senza riserve"». E concludeva: «In Europa vi ha bene chi, investito di alta autorità la via della pace ha additato da un pezzo: il Papa»; F. SASSOLI DE BIANCHI, *Wilson e la Pace*, 30 gennaio 1917, p. 1 art. di fondo: Il presidente americano non era disinteressato egli parlava nell'interesse del paese che reggeva; *Noterelle. Wilson e il Papa*, 1 febbraio 1917, p. 1: persino la *Perseveranza* trovava più apprezzabile e coerente il papa; *Il discorso di Wilson al Congresso*, 1 marzo 1917, p. 1: gli Stati Uniti non provocheranno mai la guerra contro la Germania.

tenente quelle che, a suo giudizio, potevano costituire le basi della futura pace e la felice espressione «inutile strage»[233]. L'iniziativa era stata preceduta da un intenso lavorio diplomatico. Del documento papale il quotidiano fiorentino apprendeva notizia dalla stampa liberale nazionale che vi aveva data la più grande importanza[234]. Il giornale fiorentino riproduceva il testo della nota e seguiva i primi commenti della stampa[235]. L'atteggiamento del papa era esaminato sotto la pressione immediata dei fatti, dalla critica del giornalismo quotidiano e periodico. Di fronte alle congetture della stampa nazionale, che riteneva vi fossero state consultazioni preliminari sulla proposta di pace del papa con le potenze dell'Intesa, per evitare le "disastrose" conseguenze, per la politica vaticana, di un «rigetto puro e semplice» della proposta, davanti alle voci più o meno generali di un tentativo papale a favore degli Imperi Centrale se non addirittura di un'ispirazione degli Imperi centrali alla realizzazione della Nota[236], il giornale fiorentino replicava esaltando il gesto del papa:

> «Di fronte a questo stato di cose, è dovere sacrosanto dei cattolici serrare le file, stringersi fraternamente la mano, e iniziare concordi un lavoro di propaganda in mezzo alle masse popolari, per illuminare su la portata del nuovo documento pontificio e su l'opera nefasta della sètta, e sfatare tutti i pregiudizii, tutte le calunnie che i gazzettieri della Legge hanno saputo spargere contro di noi e il nostro supremo Duce»[237].

Qualunque sarebbe stata l'accoglienza della nota diplomatica da parte dei popoli belligeranti, per l'*Unità*, con questo gesto Benedetto XV si riattaccava «gigante» all'azione tradizionale di pace della chiesa roma-

---

[233] Testo in A.A.S., 9 (1917), pp. 421-423. Sulla "Nota", cfr. ora A. MONTICONE, *Il pontificato di Benedetto XV*, in *Storia della Chiesa*, fondata da V. FLICHE- A. MARTIN, vol. XXII/1, cit., pp. 179-182.

[234] Cfr. *Una Nota del Papa alle Potenze*, 15 agosto 1917, p. 3. Alla voce dai vari giornali (Cfr. «Corrire della Sera» del 14 agosto 1917), l'*Unità* commentava: «La notizia resulta anche a noi sostanzialmente esatta».

[235] Cfr. 17 agosto 1917, p. 3.

[236] Cfr. *L'atteggiamento del Governo*, in «La Stampa», 16-17 agosto 1917, II edizione straordinaria; *Le prime impressioni*, in «Giornale d'Italia», 16 agosto 1917. Le buoni intenzioni del papa "cozzeranno con la politica degli Imperi centrali?". Si veda pure: *Intesa Giolitti-Vaticano*, in «Popolo d'Italia», 15 agosto 1917, l'organo fascista vedeva la Nota papale come un intesa tra Giolitti e il Vaticano per propugnare la pace, e un nuovo appello del papa per venire in «soccorso degli Imperi centrali». Per il giornale fiorentino il commento "più maligno e bestiale" alla Nota veniva dall'organo «della massoneria fiorentina» il *Nuovo Giornale*: cfr. *Noterelle. Il più bestiale commento*, 18 agosto 1917, p. 2.

[237] *Il dovere dei cattolici*, 19 agosto 1917, p. 1.

na[238]. Il quotidiano fiorentino non nascondeva la sua compiacenza per la reazione positiva degli Imperi Centrali alla Nota papale ed il suo disappunto per il silenzio delle potenze dell'Intesa, specialmente dell'Italia:

> «A Vienna ed a Berlino si aprono le Camere e la Nota Pontificia trova un'accoglienza d'oro, dai banchi dei Governi alle tribune parlamentari. Si apre il Parlamento Italiano, in quella Roma ove regna il Papa e la sua Nota, che tanto eco sollevò di speranze e di applausi nel mondo intero, ufficialmente ed apertamente è ignorata, per venire indirettamente e non nominandola, insultata»[239].

Il foglio fiorentino chiedeva ai cattolici di fare qualcosa[240]. E cosa aspettavano le altre potenze?[241]. La risposta del ministro Sonnino alla nota papale dava seguito ad un episodio increscioso, che irritava non poco l'*Unità* e lo portava a mettere in evidenza la inopportunità e inutilità di cattolici deputati in Parlamento. Il ministro aveva insinuato alla Camera l'ispirazione tedesca nella nota, e Meda si era affrettato, dopo l'oltraggioso discorso, a congratularsi e a dimostrargli il suo consenso con una «calorosa stretta di mano». Sassòli de Bianchi, che assisteva alla seduta della Camera, vide la scena e la riportò sul nostro giornale, con meraviglia e dolore[242]. La polemica continuò soprattutto contro l'*Avvenire* che difendeva il Meda. Il quotidiano bolognese con un articolo firmato p. K., accusava in modo "insolente" l'*Unità Cattolica* di compiere «incredibile opera di confusione e di discordia» e auspicava un intervento dell'organizzazione centrale dell'Unione popolare per «imporre la fine all'opera

---

[238] Cfr. *Tutta la tradizione della Chiesa nella Nota pontificia per la pace*, 22 agosto 1917, p. 1. In questo senso si vedano pure SEON, *Per chiudere la bocca a tutti i blateroni*, 20 settembre 1917, pp. 1-2; VINDEX, *Il Papa nell'imbarazzo?*, 27 settembre 1917, p. 1 art. di fondo: dopo la risposta degli Imperi Centrali e il silenzio delle altre potenze. Per l'accoglienza da parte delle potenze belligeranti rimandiamo a I. GARZIA, *La Questione Romana durante la prima guerra mondiale*, cit., pp. 154-161.

[239] P. E., *Rassegna politica*, 20 ottobre 1917, p. 1 art. di fondo. Dello stesso tenore: *Gli Imperi Centrali rispondono all'appello pacificatore del Papa disposti a scendere a trattative*, 23 settembre 1917, p. 1 art. di fondo; *Dopo la risposta degli Imperi Centrali all'appello di Benedetto XV. La sostanza dei due documenti*, 25 settembre 1917, p. 1. Il nostro giornale riprendeva l'opinione di Angelini direttore dell'*Osservatore Romano* il quale riteneva che la risposta degli Imperi Centrali lasciava aperta la via «ad uno scambio di idee fra le Potenze belligeranti, scopo a cui era appunto diretto l'appello del Papa».

[240] Cfr. *Un ordine del giorno sulla Nota del Papa*, 20 novembre 1917, p. 1. A presentarlo era stato l'on. Miglioli: chiedeva spiegazioni circa il silenzio del Capo dello Stato di fronte alla Nota papale.

[241] Cfr. VINDEX, *Siamo giusti!*, 21 ottobre 1917, p. 1 art. di fondo: relativo all'atteggiamento del Governo francese.

[242] Cfr. F. SASSOLI DE BIANCHI, *Come si annega il carattere*, 30 ottobre 1917, p. 1 art. di fondo.

di sabotaggio» e di egemonia del quotidiano fiorentino, il giornale firentino replicava: «respingiamo sdegnosamente l'*interessata* accusa di compiere opera di confusione e di discordia, e attendiamo sereni la condanna per il *crimine* commesso»[243].

III. NUOVO DIRETTORE
E L'*UNITÀ CATTOLICA* DIVENTA MODERATA

A. VERSO LA PACE

La gestione Calligari, come abbiamo già visto, dava all'*Unità Cattolica* un impronta nuova[244]. L'avvocato ligure, è vero, si muoveva dopo la nota di Benedetto XV, ma portava in sé la predisposizone di un animo conciliante. E il cambiamento non tardò a far perdere al foglio integralista quella veste culturalmente insignificante e fanatizzante di cui si era rivestito durante gli anni del De Töth e del Cavallanti. Eliminata poi, già da papa Benedetto XV, la pretesa dell'*Unità* di proporsi a guida esclusiva della compagine cattolica, ora Calligari dava al foglio fiorentino un leggero tocco "patriottico". Restavano, qua e là, articolisti pervasi da una retorica dell'intransigenza e da un'isoddisfatta nostalgia del passato, ma erano una minoranza. Nuovi collaboratori entravano nella famiglia dell'*Unità*. Tra i vecchi al nuovo direttore piaceva lo stile di *Seon* (Don Giuseppe Forti di Roma), al papa quello di *Vindex* (Don G. Mugnozza)[245]. Sassòli de Bianchi cominciò a perdere via via la prima pagina, fino a smettere di scrivere per il quotidiano fiorentino.

L'*Unità Cattolica* continuava, tuttavia, ad avere uno sguardo critico verso l'atteggiamento del governo, accusato di non avvertire la sensibilità religiosa della massa popolare:

«Questa fede del popolo sta in doloroso stridente contrasto coll'ateismo ufficiale, parlamentare governativo. Una sola volta il nome di Dio è stato pronunciato nell'aula di Montecitorio dal vecchio Boselli, quando la Camera s'adunò nel maggio 1915 per approvare l'apertura delle ostilità. Poi di Dio più non si parlò [...]. Occorre notare i fatti per trarne la conclusione che il liberalismo teorico come il socialismo, il laicismo come la massoneria, più assai di partiti politici, sono veri scismi anticristiani. La natura

---

[243] *Noterelle. Noi, Meda e ... P. K*, 3 novembre 1917. Si veda pure *Noterelle. Ma la finisca!...*, 4 novembre 1917, p. 2.
[244] Cfr. Avv. E. CALLIGARI, *La prima parola*, 11 novembre 1917, p. 1 art. di fondo.
[245] Cfr. MIKRÒS, *Un udienza del Santo Padre*, 8 febbraio 1918, p. 1 art. di fondo.

di questi errori è scismatica, quando non è prettamente atea o positivista: l'estrinsecazione politica diviene quindi anticlericale, o meglio, anticattolica. Francia e Italia sono i due popoli fra i quali il predominio di questi errori funesti più si avverte persistente. Ma sono pure i due popoli nei quali è più aperto il dissenso tra la massa popolare e i propri dirigenti»[246].

Nella guerra si riconoscevano le responsabilità degli uomini e le conseguenze di un progresso senza Dio[247]. Ma soprattutto, si riteneva la guerra «sia giusta o ingiusta, offensiva o difensiva» sempre «una calamità», e questo senza voler «diminuire l'ardore» degli «eroici soldati nel difendere il sacro suolo della patria»[248]. Compariva qualche articolo intriso di equilibrato «patrio orgoglio», anche se la visione dei fatti complessivamente appariva, nel Calligari, lucida, ampia e distaccata. Il metro della provvidenzialità dei disegni divini costituiva in ultima analisi il criterio col quale valutava tutto. Così, ad esempio, davanti alla conquista di Gerusalemme, avvertiva il direttore dell'*Unità Cattolica*, da una parte che non si trattava di «un fatto religioso», ma solo di «un fattore militare e politico di singolare importanza» e dall'altra intravedeva l'occasione per una futura «fratellanza cristiana» dei popoli moderni, a guerra finita, nei nomi di Roma e di Gerusalemme[249]. Il messaggio di Wilson dell'8 gennaio 1918, quello dei famosi 14 punti, non veniva minimamente ad intaccare, secondo il giornale fiorentino, la nota del papa, come qualcuno invece sosteneva[250]. Anzi ripeteva cose che il papa aveva già dette e finiva per dimostrare che il pontefice era il vero trionfatore[251]. Calligari valutava pure la situazione nuova creatasi in Russia. Le cause erano ricercate nello «spirito mefistofelico del socialismo tedesco» che animava la rivoluzione leninista russa, minacciando di avvolgere l'Europa di una «tenebrosa rete di intrighi»[252]. Ma allo stesso tempo vedeva i vantaggi per la chiesa ortodossa nella separazione tra lo Stato e la Chiesa:

«La rivoluzione russa ha infranto il potere nefasto e tirannico del Santo Sinodo che teneva in schiavitù la Chiesa Russa: non intendeva certo Kerenski di donare all'ortodossia una libertà di coscienza che favorisse in seguito

---

[246] MIKRÒS, *L'Italia che prega*, 27 novembre 1917, p. 1 art. di fondo.

[247] Cfr. MIKRÒS, *Candida divina visione*, 8 dicembre 1917, p. 1 art. di fondo. In occasione della festa dell'Immacolata Concezione scriveva: «Sul mondo sconvolto passa il turbine dell'ira, accumulato dalle umane passioni: passa nel furore della guerra devastatrice, sintesi di tutti gli erramenti dei popoli».

[248] Cfr. MIKRÒS, *Ad un critico del Papa*, 1 gennaio 1918, p. art. di fondo.

[249] Cfr. MIKRÒS, *Gerusalemme liberata*, 14 dicembre 1917, p. 1 art. di fondo.

[250] Cfr. MIKRÒS, *Dopo il messaggio di Wilson. Il pensiero di Wilson*, 12 gennaio 1918, p. 1 art. di fondo.

[251] Cfr. VINDEX, *Il trionfatore*, 18 gennaio 1918, p. 1 art. di fondo.

[252] Cfr. MIKRÒS, *I casi di Russia*, 14 novembre 1917, p. 1 art. di fondo.

l'unione del cattolicismo, il ritorno verso Roma, la libertà dei polacchi. Pose in atto il principio laico della separazione tra Stato e Chiesa: e le conseguenze le trarrà Dio, le consumerà il tempo. In Francia la separazione fu una violenza settaria: in Russia sarà una liberazione»[253].

Col passare dei mesi la situazione caotica e fluttuante creatasi in Russia appariva sempre più complessa. Le conseguenze politiche e religiose sempre più enigmatiche. In meno di un anno tutto il lavoro di cinque secoli era stato distrutto, «annientato per opera di piccoli uomini». Un «mondo nuovo, ancora indefinibile, si prepara nelle terre che furono l'impero ortodosso». Ora il cattolicesimo non aveva più nulla da temere dall'avanzata della Russia ortodossa: «anche l'ufficio dell'Austria cattolica antemurale contro lo straripare dell'ortodossia moscovita va relegato tra i motivi del passato. Tutto è capovolto da questa caduta: giudizi e consigli, calcoli passati e futuri»[254].

La guerra civile del popolo russo, «addormentato ed incosciente», provocata dall'insidia tedesca, dal socialismo massimalista e dalla debolezza dello Czar, costituiva per il quotidiano fiorentino l'occasione per riordinare le idee e ricostruire l'impero: «acclamare lo Czar in un granduca, giustiziare Lenin»[255].

Ai problemi economici, industriali e finanziari del dopo guerra il giornale fiorentino aveva fatto riferimento fin dall'inzio del 1917, ponendo l'accento sulla necessità di una «ricostruzione morale» dell'Europa[256]. Il nuovo direttore compiva, ora, un'analisi più ampia e investiva di questa missione di ricostruzione le forze cattoliche: «l'azione cattolica deve passare dal periodo di formazione a quello di vigilanza armata. Armata, s'intende in pretto significato morale, cioè preparazione a subire l'urto, annunziato e già sovente minacciato, dalla coalizione nemica»[257].

Al primo posto degli interessi del quotidiano fiorentino restava, ancora, la difesa dell'opera di pace del papa[258]. L'insistenza per la pre-

---

[253] MIKRÒS, *Gerusalemme liberata*, cit.
[254] MIKRÒS, *La sparizione d'un impero*, 23 marzo 1918, p. 1 art. di fondo.
[255] Cfr. MIKRÒS, *Nel caos russo*, 5 luglio 1918, p. 1 art. di fondo.
[256] Cfr. F. SASSOLI DE BIANCHI, *I cattolici e il "dopoguerra"*, 31 gennaio 1917 p. 1 art. di fondo. Relativo a quanto si era detto al Convegno dei rappresentanti delle Giunte Diocesane tenutosi a Roma; SEON, *Del dopo guerra morale*, 23 marzo 1917, p. 1 art. di fondo.
[257] MIKRÒS, *L'azione cattolica*, 25 gennaio 1918, p. 1 art. di fondo. Si veda pure VINDEX, *Fra i problemi del dopo guerra*, 24 dicembre 1918, p. 1 art. di fondo. Si diceva d'accordo con coloro i quali mettevano in prima linea il problema scolastico e la lotta contro l'analfabetismo, ma questo "problema scolastico" doveva in primo luogo prevedere l'«insegnamento del Catechismo» e la «libertà d'insegnamento».
[258] Cfr. CAN. M. MELONI, *La potenza morale del Papato*, 25 novembre 1917, p. 1 art. di fondo;

senza del pontefice al futuro congresso di pace, nonostante l'articolo 15 del Patto di Londra, veniva fatta senza rivendicare, e questa era una novità, la soluzione della questione romana:

> «Anche teoricamente, anche in astrazione, il Papa può sedere alla conferenza, senza cavillare sulla natura della sua sovranità e sulle prerogative che nessuna legge può togliergli o conferirgli. Il Papa, come padre del mondo cristiano, come sovrano delle coscienze, come giudice della fede, come capo della Chiesa universale dovrebbe essere là ove si decide delle sorti dei popoli»[259].

Alle prime notizie del contenuto del Patto di Londra dopo le rivelazioni fatte da Lenin, il quotidiano del Calligari e i giornali cattolici non poterono esprimere con tutta forza le loro opinioni, per via della censura. Il foglio fiorentino si limitava a scrivere che avrebbe desiderato commentare adeguatamente questo «grave atto diplomatico, che è la spiegazione di altre numerose azioni, che parevano enigmatiche ai profani», ma non lo poteva fare, tuttavia la notizia «ci addolora come cattolici e come italiani»[260]. Al pari si sosteneva l'impossibilità «di attuare l'euritmia dei popoli nella consociazione delle Nazioni» senza la forza e l'autorità del papa[261]. L'*Unità* ribadiva la necessità di vincere i pregiudizi anticlericali da parte delle potenze dell'Intesa verso l'azione veramente imparziale del papa[262]. La Chiesa e il papa piangevano e pregavano e questo dava

---

[259] MIKRÒS, *Il Papa dinanzi al Congresso*, 24 febbraio 1918, p. 1 art. di fondo.

[260] Cfr. M., *Il Patto di Londra*, 4 dicembre 1917, p. 1. Rivelazioni fatte dalla *Isvetia* di Pietroburgo e riportate dalla *Agenzia Stefani*. Si veda pure MIKRÒS, *La Santa Sede e l'"Intesa"*, 9 dicembre 1917, p. 1 art. di fondo. Calligari, ingenuamente, si diceva rassicurato dalla dichiarazione di Robert Cecil, sottosegretario degli esteri, fatta al deputato King di una assenza di accordi tra la Inghilterra e Francia per escludere la S. Sede dalla prossima conferenza di pace; CAN. M. MELONI, *Il Papa e l'arbitrato*, 15 dicembre 1917, p. 1 art. di fondo. Ad opporvisi non erano i popoli ma i governanti; MIKRÒS, *Il Patto di Londra*, 16 febbraio 1918, p. 1 art. di fondo. Nostante tutta la commedia del Governo italiano, l'art. 15, appariva al Calligari un vero atto di ostracismo della S. Sede, ingiusto di fronte alla nobile condotta del papa durante tutto il conflitto mondiale. L'art. 15 del "patto di Londra" prevedeva l'impegno dell'Inghilterra, Francia e Russia ad appoggiare l'Italia nell'opporsi ad ogni eventuale proposta di ammissione di un rappresentante del papa nella conferenza per la pace al termine della guerra, od altra riunione diplomatica per il regolamento finale di tutte le questioni sollevate dal conflitto mondiale: cfr. I. GARZIA, *La questione romana...*, cit., p. 43.

[261] Cfr. *La Lega delle Nazioni. Il Papa sincerissimo soggetto di giustizia ai popoli*, 12 aprile 1918, p. 1 art. di fondo. Si vedano pure: VINDEX, *L'ora del Papa*, 5 aprile 1918, p. 1 art. di fondo. Il papa unico vero arbitro perchè «persona supernazionale»; X., *L'Unico al Congresso dei Popoli*, 11 aprile 1918, p. 1 art. di fondo; IDEM., *La Lega delle Nazioni*, 14 aprile 1918, p. 1 art. di fondo.

[262] Cfr. ATOS, *Bolscevikismo liberale*, 15 marzo 1918, p. 1; *Il pregiudizio anticlericale nella guerra e l'articolo 15 nel Parlamento Italiano*, 16 aprile 1918, p. 1; F. CRISPOLTI,

al giornale fiorentino la certezza che «l'anno presente» avrebbe visto la fine della guerra[263]. Contro quelli, poi, che accettavano l'opera di carità del papa e rifiutavano quella politica l'*Unità* replicava:

> «L'insistere sugli elogi all'opera pietosa di Benedetto XV e il contestargli il diritto di intervenire alla pace giusta i belligeranti, involge una patente contraddizione, perché distingue l'ufficio di pacificatore, proprio del Papa, dalla sua missione di carità, mentre ne è chiaro corollario: e confonde volutamente nella politica partigiana quell'invito alla pace, che Benedetto ripetè più volte, durante il suo pontificato, e che mostrò tutta la giustizia del suo pensiero nella Nota dello scorso anno»[264].

Dopo la disfatta di Caporetto (25 ottobre 1917), si era andata cementando una maggiore unione di tutti gli italiani. Le dispute, i dissensi, gli ondeggiamenti erano quasi cessati. In questo contesto anche il giornale fiorentino risentiva di tale mutamento. Non mancavano articoli invocanti la preghiera per la vittoria dell'Italia e l'unità degli italiani di fronte al "nemico" e neppure si disdegnava una strana unione tra le sorti della patria e del papato[265]. Tutto questo portava i liberali a vedere nei cattolici intransigenti una «resipiscenza e una dedizione». Naturalmente l'*Unità Cattolica* rifiutava l'accusa[266]. Ora, però, Calligari usava toni duri contro gli Imperi Centrali. Egli criticava apertamente la loro sete di «dominazione del mondo» e ne "intuiva" il fallimento politico:

> «Che vuole la Germania col possesso di Parigi: e l'Austria con quello della Lombardia? Non sono invase; hanno schiacciato i piccoli popoli: hanno distrutto la Russia. Che altro chiedono? La dominazione del mondo è oggi un delirio vano, che non può essere realtà, nè pel diritto delle genti, nè per l'imposizione della forza. La giustizia pei popoli, grandi e piccoli, è un pricipio cristiano così fondamentale, che nessun uomo e nessun popolo possono cancellare o calpestare impunemente»[267].

Per la difesa dell'opera pontificia nella guerra, 10 luglio 1918, p. 1 art. di fondo. Questo articolo segnava l'inizio di una lunga collaborazione (fino alla morte del giornale) tra il Crispolti e il giornale fiorentino. Un altro segno che l'*Unità* era un po' cambiata!; IDEM., *I frutti dell'imparzialità pontificia*, 31 luglio 1918, p. 1 art. di fondo.

[263] MIKRÒS, *La preghiera del Papa*, 12 maggio 1918, p. 1 art. di fondo. Relativo all'invito rivolto dal papa ai sacerdoti di tutto il mondo ad unirsi a lui, il 29 giugno, nella supplica a Dio per la cessazione della guerra e per una pace giusta.

[264] MIKRÒS, *Una confusione sofistica*, 5 settembre 1918, p. 1 art. di fondo. Il malizioso sofisma anticlericale era stato espresso dall'*Italie*. In questo senso si veda pure IDEM., *Nel V anno della guerra*, 4 agosto 1918, p. 1 art. di fondo.

[265] Cfr. NEMO, *Il nostro voto*, 24 maggio 1918, p. 1 art. di fondo. «Le glorie patrie nostre, non possono andar disgiunte da quelle del Pontificato».

[266] Cfr. SEON, *Perdono a noi? No*, 4 settembre 1918, p. 1 art. di fondo.

[267] MIKRÒS, *L'epilogo è lontano?*, 7 luglio 1918, p. 1 art. di fondo.

Per evitare il prolungamento «all'infinito» della guerra, non v'erano che due soluzioni: o la vittoria militare piena di una delle parti o la ricomposizione «della contesa» attraverso la via della trattativa, come già il pontefice aveva tracciato nella nota diplomatica[268].

Di fronte alla proposta di negoziati di pace da parte dell'Austria, anche se il Calligari acconsentiva all'ipotesi, sostenuta dalla stampa liberale, della possibilità che la nota austriaca potesse nascondere «un'arte di guerra del nemico», tenendo conto che la proposta partiva in un momento in cui la situazione militare degli Imperi Centrali volgeva al peggio, tuttavia non disprezzava l'invito, perché in esso vedeva una ragione di trionfo dell'Intesa e vi scorgeva «quel principio di resipiscenza» degli avversari[269]. Questo "innocente ragionamento" era colpito dalla censura prefettizia. Calligari, forse non abituato a vedersi così ampiamente censurato, amaramente reagiva: «Assistiamo da due anni ai dialoghi o monologhi della pace, in margine alla guerra», senza nessun risultato concreto, perché si discuteva con lo scopo di «non già cercare le vie della pace, ma incitare i popoli a perseverare nella guerra»[270]. Il 4 ottobre 1918 gli Imperi Centrali incaricavano il Governo svedese di inviare al presidente americano un dispaccio,

> «pregandogli di concludere con lui e coi suoi alleati un armistizio immediato per terra per mare e per aria e di entrare immediatamente in negoziati per la conclusione della pace sulla base dei 14 punti del messaggio di Wilson al congresso e dei 4 punti compresi il discorso del 12 febbraio 1918»[271].

L'*Unità* si limitava a riportare i documenti. Il suo dignitoso, ma eloquente silenzio era rotto solo dal titolo a piena pagina che annunciava la richiesta[272]. Al contrario la stampa liberale vedeva in ciò un'ennesima

---

[268] Cfr. MIKRÒS, *L'epilogo è lontano?*, cit. «Qui risiede il bivio degli avvenimenti. Per mutare occorre che o gli austriaci spezzino la resistenza italiana, o noi li battiamo e fughiamo al di là del fiume. E così succederà in Fiandra».

[269] Cfr. MIKRÒS, *Invito alla pace*, 18 settembre 1918, p. 1 art. di fondo. Ampiamente censurato.

[270] Cfr. MIKRÒS, *Annotazione*, 19 settembre 1918, p. 1 art. di fondo. La stampa liberale e "guerrafondaia", rigettava completamente le proposte di pace contenute nella nota austriaca: cfr. *Commenti alla Nota*, 18 e 19 settembre 1918, p. 1. Per quanto riguarda il giudizio della stampa cattolica moderata: cfr. «Corriere d'Italia», 18 settembre 1918. Il direttore avv. Mattei-Gentili osservava: «Gl'imperi Centrali incominciano a chiedere la pace [...]. Con quale spirito? Naturalmente con quello di concedere il meno possibile agli scopi di guerra degli Alleati».

[271] Testo ufficiale della domanda riportato dal giornale fiorentino nel numero dell'8 ottobre 1918, p. 1.

[272] Cfr. *I prodromi della pace. Le Potenze Centrali domandano l'armistizio*, 8 ottobre 1918, p. 1.

manovra del nemico per disgregare la compattezza dell'Intesa[273].

Intanto la «gloriosa battaglia» sulle sponde del Piave (giugno 1918) aveva ridato fiducia e orgoglio all'esercito italiano "sapientemente guidato" da Diaz. Molte incognite pesavano sul futuro, ma sul quotidiano di Calligari comparivano i toni patriottici e i segni appena velati di un presentimento di una rivincita imminente: «Caporetto fu per noi la maggiore concordia nazionale. La rivincita segnerà per l'Austria il fato estremo»[274]. La vittoria dell'Italia veniva accolta con comprensibili moti di esultanza patriottica, ma l'*Unità* non mancava di precisare:

> «Nel giorno della gloria nazionale per la patria nostra, mentre l'unità d'Italia si compie per le imprese eroiche, è bene ripetere, che Benedetto XV nella nota memoranda del primo agosto, innanzi che l'America parlasse, riconosceva la giustizia di quei diritti nazionali sulle terre contestate, che oggi ci fanno esultare nel nome di due città sorelle, entrate nella grande famiglia italiana»[275].

Di fronte alla vittoria piena e perfetta delle potenze dell'Intesa, non nascondeva lo stupore per l'epilogo della guerra e ne vedeva l'ammaestramento in chiave biblica:

> «Nessun uomo, statista avrebbe preveduto, all'inizio del conflitto, un epilogo simile che mutasse i tre imperi più potenti del mondo, che vedesse sparire dalla scena Nicola II, Guglielmo II, le dinastie millenarie, i troni più solidi, gli eserciti più formidabili»[276].

B. LA PACE DI VERSAILLES SENZA IL PAPA.

Calligari sapeva realisticamente guardare avanti. Il volto dell'Europa era cambiato: «il vecchio assolutismo militare e imperale è morto per sempre». Non sarebbe stato così se avessero vinto gli Imperi Cetrali: «l'Europa avrebbe avuto un'era di ferrea disciplina politica e militaresca».

---

[273] Cfr. *In Guardia!*, in «Giornale d'Italia», 7 ottobre 1918; «La Tribuna», 7 ottobre 1918. Rastignac scriveva: «No, essi daranno ancora canapa da torcere alla civiltà europea prima che questa arrivi ad avvincerli nel duplice collo delle aquile imperiali; [...] Chi crede o dice o fa credere e fa dire anche gli Imperi centrali desiderano la pace e non lavorano ad altro che alla pace, tradisce consapevolmente e inconsapevolmente l'Italia».
[274] MIKRÒS, *Un anno dopo Caporetto*, 25 ottobre 1918, p. 1 art. di fondo.
[275] MIKRÒS, *Esultanza nazionale*, 5 novembre 1918, p. 1 art. di fondo.
[276] MIKRÒS, *La verga spezzata*, 17 novembre 1918, p. 1 art. di fondo. Il direttore dell'*Unità Cattolica* lamentava solo che «nel bollettino della vittoria» mancasse «il nome di Dio, che avrebbe reso più nobile quel trionfale messaggio del nostro generalissimo».

Aveva vinto la giusta causa delle libertà popolari e delle democrazie: «E' il mondo inglese che trionfa oggi con Lloyd George e con Wilson. E' il pensiero di Bismark che riceve la tremenda sconfitta». Un'epoca nuova si apriva «piena d'incognite per l'assetto definitivo dei paesi sconvolti dal cataclisma». Le libertà civili «conquistate a sì caro prezzo» sarebbero restate «intangibili», a condizione che le basi dell'ordine sociale continuassero a poggiare sui principi cristiani[277].

Alla notizia che a Versailles sarebbero andate solo le potenze belligeranti e che la Santa Sede e i paesi neutrali non sarebbero stati rappresentati, il giornale fiorentino non faceva nessuna recriminazione, ma ammoniva: «Tanto più verace e durevole sarà la pace, sanzionata a Versailles, quanto più si ispirerà ai concetti di giustizia e di fratellanza, che sono contenuti nei messaggi papali»[278]. La voce del papa non era stata ascoltata. Quella di Wilson lo fu solo quando decise d'«intervenire nel conflitto colla potenza delle armi e del denaro»[279]. *Seon* faceva un'elogio sfacciato e un po' ingenuo del capitalismo: «Il capitalismo non ha da essere visto con la lente da miopi dei socialisti e con l'occhio offuscato dalle passioni e dagli odî di classe. No. Esso è capace delle più grandi e nobili imprese quando lo muove, lo dirige e lo sostiene l'*idea morale*, la *legge religiosa*». In questo senso il «capitalismo americano» era stato «il fattore della vittoria», e questo «dimostrava l'errore socialistico»; infatti, «se il capitalismo americano non fosse esistito, nulla Wilson avrebbe potuto fare di quel che ha fatto». Il presidente americano anche per questo ora poteva dettare «il protocollo della pace»[280]. Tuttavia la visita del presidente Wilson al papa era elevata a gesto emblematico, aveva «il carattere negativo e positivo di un'apologia incontrovertibile dell'azione della S. Sede, prima e dopo la guerra». Dissipava i sospetti e i sofismi dei nemici, ricostruiva la verità: «Sarebbe stato pel mondo una sventura se politicamente il Papa avesse parteggiato, o inclinato per gli uni o per gli altri». Nessuna rivendicazione del papa a sedere al congresso di pace, ma solo il desiderio di operare «nella pace e per la pace». Nel gesto di Wilson era evidente «il senso di un omaggio che tutti i popoli dell'Intesa rendono al Papa, all'autorità, che durante il conflitto, mantenne scrupolosamente l'imparzialità»[281]. Per la stampa «settaria» e

---

[277] Cfr. Mikròs, *Novus ordo*, 19 novembre 1918, p. 1 art. di fondo. Calligari aveva già scritto che la Chiesa non temeva le democrazie: *La Chiesa e le democrazie*, 30 ottobre 1918, p. 1 art. di fondo.

[278] Mikròs, *La pace di Versailles*, 20 novembre 1918, p. 1 art. di fondo. Wilson avrebbe presieduto il congresso che si sarebbe aperto nel dicembre successivo.

[279] Cfr. Mikròs, *Alla "Luce"*, 15 gennaio 1919, p. 1 art. di fondo.

[280] Cfr. Seon, *Altre considerazioni sulla magistratura o plutocratica di Wilson*, 24 dicembre 1918, p. 1.

[281] Cfr. Mikròs, *Wilson in Vaticano*, 5 gennaio 1919, p. 1 art. di fondo.

«massonica» la visita al più aveva il significato «di semplice cortesia». Mentre la stampa protestante non riusciva a nascondere la sua «invidia»[282].

L'*Unità Cattolica*, tuttavia, non mancò di dolersi per l'esclusione del papa dal Congresso, ma i toni non erano più quelli del passato. Iniziati i colloqui a Versailles, di fronte al lavoro arduo di Wilson, il direttore paradossalmente giungeva a scrivere: «E' assente il Papa, come fu funestamente escluso dalla Conferenza dell'Aia. E noi, anzichè dolerci, ci rallegriamo che il Papa non sia rappresentato a Parigi». Si consolava e si rammaricava di fronte al logorante spettacolo che le potenze stavano dando al mondo. E amaramente concludeva:

> «E il congresso fa il nuovo edifizio di vecchie pietre, che recano incisi tutti gli errori di una civiltà ostile alla Chiesa, di un progresso falso, di una scienza fatua, di una politica settaria, di una società basata sul vuoto, perché fuori delle guide reali del diritto cristiano. Se Wilson non supererà il laicismo statale e intellettuale, se la pace non sarà cristiana integralmente, ossia conforme alla dottrina cattolica, Wilson avrà benemeritato: ma il mondo non riposerà sui suoi cardini»[283].

Si metteva in evidenza il «fatto spirituale, più che materiale o diplomatico» di quest'assenza, e si puntava il dito contro il pretesto che aveva impedito la sua entrata: «Si volle il Papa immischiato nella guerra. Non si volle collaboratore e maestro nella pace»[284]. I toni del giornale erano assai cambiati, anzi il foglio fiorentino non era più quello dei tempi del Cavallanti. Ora si appoggiavano le rivendicazioni italiane sulla Dalmazia e si ricusavano le critiche della *Croix*[285]. Pure si rifiutavano

---

[282] Cfr. E. COMBA, *Wilson e il Papa*, in «Luce», 9 gennaio 1919. Il settimanale era edito a Firenze dai valdesi. Il suo direttore sosteneva: «Dunque, ci è andato. Non potè fare a meno di andarci, al Vaticano, per convenienza politica, per dovere d'etichetta cui non può ancora sottrarsi il Capo di una grande Nazione. Questa visita formale è stata un onore concesso al Pontefice, onore grandemente ambito: come cambiano i tempi! In quei quindici minuti di conversazione, con un interprete, Wilson ha parlato da cristiano, con quell'alta spiritualità che l'Evangelo ispira ed alimenta; e le parole evangeliche, di chi pure è nato e rimasto *extra ecclesiam* dove... non c'è salvezza, non possono che aver fatto che del bene a Benedetto XV». Il direttore dell'*Unità Cattolica* protestava: cfr. MIKRÒS, *Alla "Luce"*, 15 gennaio 1919, p. 1 art. di fondo. «Piuttosto appare una cosa chiarissima. La stampa cattolica, senza eccezione, porta rispetto all'ospite, loda la schiettezza cristiana di Wilson che prega e che aspira ad una pace cristiana. Non ricorda ciò che ci separa nella credenza, ma tutto ciò che ci unisce. Loda il politico ed elogia il credente. Il Rev. Comba invece ci porge un saggio di intolleranza, di scortesia, di grettezza religiosa e civile, vilipendendo il Papa mentre il grande Presidente gli rende un ossequio, va e alla Persona augusta e all'autorità divina».
[283] MIKRÒS, *L'Assente da Versaglia*, 16 marzo 1919, p. 1 art. di fondo.
[284] Cfr. MIKRÒS, *Il Papa e il Congresso*, 17 aprile 1919, p. 1 art. di fondo.
[285] Cfr. MIKRÒS, *La Questione Dalmata e la "Croix"*, 6 aprile 1919, p. 1 art. di

sdegnosamente le accuse di «mire imperialistiche» avanzate da Wilson:

> «L'Italia ha fatto la guerra, spintavi da idealità che solo i senza patria poterono rinnegare: l'Italia vuol fare la pace con quei principii stessi, con quelle finalità medesime che l'hanno fatta scendere in campo. All'infuori di ciò non ci può essere pace duratura ed onorata: la giustizia non è tale se non è piena, se lascia margine a recriminazioni che tosto o tardi devono ineluttabilmente provocare altri conflitti»[286].

Il foglio fiorentino auspicava, pure, una riconciliazione tra l'Italia e il papato: «Nel silenzio del Vaticano c'è un monito per tutti i popoli: ma c'è un invito per l'Italia che è più eloquente più accorato quanto è più muto»[287]. Per l'*Unità Cattolica* la questione romana restava «la questione che non si può dimenticare», e nella sua soluzione il foglio fiorentino vedeva la possibilità di una pace duratura e di una vera rinascita per un'Italia che doveva ora affrontare i tanti problemi politici e sociali del dopo-guerra[288].

Nonostante l'esclusione fisica del papa dal Congresso, il quotidiano fiorentino vedeva l'intervento indiretto del pontefice «in tre maniere»: nell'indizione di «universali preghiere», nell'esortazione «per la libertà dei Luoghi Santi», nella presenza di «un prelato per patrocinare la causa delle missioni cattoliche»[289]. L'*Unità Cattolica* di fronte alla missione di mons. Cerretti a Parigi mantenne la medesima posizione della S. Sede, cioè, «il più assoluto e doveroso riserbo». In linea di massima utilizzò corrispondenze riportate da altri quotidiani, filtrandole magari col criterio di prendere solo ciò che poteva servire la causa. Non nascose la sua compiacenza di fronte all'esito positivo della missione. Infatti l'incarico di mons. Cerretti, nonostante avesse avuto contro tutte le prevenzioni che si erano accumulate da parte dell'Intesa nei confronti del Vaticano,

---

fondo. La «Croix» del 3 aprile aveva un articolo «assai ostile ai diritti italiani in Dalmazia». Essa negava che la questione dalmata potesse paragonarsi a quella dell'Alsazia Lorena. Calligari replicava: «Vorremmo chiedere agli egregi colleghi della *Croix*: siete ben consapevoli della storia della Dalmazia, romana e veneta fino al trattato iniquo di Campoformio [...]».

[286] G. M[ENARA]., *Disciplina!*, 25 aprile 1919, p. 1 art. di fondo.

[287] MIKRÒS, *Il vero amico dell'Italia*, 29 maggio 1919, p. 1 art. di fondo.

[288] Tra i numerosi articoli di fondo sulla questione romana apparsi nel 1919, ricordiamo: *La libertà della S. Sede e la questione romana*, 28 febbraio; *E la questione romana?*, 20 marzo: in polemica con la stampa liberare in particolare con la *Tribuna*; *Limiti ad una certa discussione*, 26 marzo: in polemica con Sonnino; *La questione che non si può dimenticare*, 29 marzo; *Il problema romano*, 9 maggio; IDEM., *Il Papa e l'Europa*, 8 giugno; ID., *La questione romana*, 19-20 settembre: l'Italia doveva rendere la debita giustizia al papa; *La realtà delle cose e la Questione Romana*, 25-26 settembre; *Giustizia anche per la Chiesa*, 17-18 ottobre.

[289] Cfr. MIKRÒS, *Il Papa e l'Europa*, 8 giugno 1919, p. 1 art. di fondo.

sortiva un esito positivo. Il dibattito si era contenuto nella difesa di un problema di interesse religioso: le missioni cattoliche tenute dai tedeschi sarebbero finite in mano alla chiesa anglicana e americana, ma a sostegno della tesi della S. Sede si schierarono pure i rappresentanti italiani: semplice benevolenza o nuova politica?[290].

Calligari non riusciva a celare la sua compiacenza di fronte alla crisi ministeriale, che, a seguito dell'andamento negativo per l'Italia nelle trattative di pace a Parigi, provocava la sostituzione di Orlando e Sonnino col senatore Tittoni. Da una parte il direttore dell'*Unità* invocava una «disciplina nazionale», dall'altra denunciava il fallimento totale della politica sonniniana:

> «l'on. Sonnino mediti la vendetta dell'art. 15: e rifletta che il tarlo della diplomazia italiana è l'odio al Papa, ed è sventura della patria nostra il dissidio col Vaticano»[291].

Infine, decisamente negativo era il giudizio dell' *Unità Cattolica* nei confronti del trattato di Versailles. Non si era voluto, secondo il Menara, distinguere tra governo tedesco responsabile e popolo tedesco innocente. Tutto questo rendeva precaria la pace di Versailles:

> «Dal poderoso volume che affaticò per otto mesi quelle che si vogliono passare per le intelligenze più sagaci del mondo, si sprigiona una luce sinistra. Non è aurora ma crepuscolo; non è giustizia ma violenza; non è [292]preludio di quiete, ma ruggito di nuova tempesta»[293].

---

[290] Non abbiamo veri e propri articoli, per lo più si tratta di lunghe citazioni desunte dalle varie corrispondenze provenienti da Parigi e apparse un po' su tutti i giornali. Cfr. *La missione di mons. Cerretti a Parigi*, 4 giugno 1919, p. 1; *Le Missioni cattoliche alla Conferenza. Il successo di Mons. Cerretti*, 21 giugno 1919, p. 1; *Mons. Cerretti*, 25-26 giugno 1919, p. 1; *La missione di Mons. Cerretti giudicata dalla stampa francese*, 27-28 giugno 1919, p. 1.

[291] Mikròs, *La vendetta dell'art. 15*, 24-25 giugno 1919, p. 1 art. di fondo.

[292]

[293] G. M[enara], *Lievito di odio*, 30 giugno - 1 luglio 1919, p. 1 art. di fondo.

CAPITOLO IV

L'*UNITÀ CATTOLICA* DAVANTI AL FASCISMO

Inizialmente il movimento fascista venne, dal giornale fiorentino e dalla stragrande maggioranza dei giornali cattolici, sottovalutato e guardato con disprezzo per i suoi metodi violenti, per il suo anticlericalismo scatenato e assai simile a quello massonico. Dopo il suo avvento, l'*Unità Cattolica*, anche se non fu mai filofascista, ritenne di non doverlo ostacolare per la sua carica restauratrice. Infatti la politica fascista formalmente rispettosa della religione cattolica, i provvedimenti antimassonici e antiliberali, la realizzazione rapida di una conciliazione tra lo Stato e la Chiesa a cui i cattolici tendevano da diversi decenni, se non portarono il quotidiano fiorentino ad un esplicito pronunciamento filofascista lo indussero ad essere "un'indipendente" estimatore del fascismo[1].

---

[1] Essenziali per uno studio dei rapporti tra la Chiesa e il fascismo durante il pontificato di Pio XI, sono: C. A. BIGGINI, *Storia inedita della Conciliazione*, Milano 1942; F. PACELLI, *Diario della Conciliazione*, a cura di M. MACCARRONE, Città del Vaticano 1959; L. SALVATORELLI-G. MIRA, *Storia d'Italia nel periodo fascista*, Torino 1964³; F. MARGIOTTA BROGLIO, *Italia e S. Sede dalla grande guerra alla conciliazione*, Bari 1966; P. SCOPPOLA, *La Chiesa e il fascismo durante il pontificato di Pio XI*, in *Coscienza religiosa e democrazia nell'Italia contemporanea*, Bologna 1966, pp. 362-418; G. MICCOLI, *La Chiesa e il fascismo*, in *Fascismo e società italiana*, a cura di G. QUAZZA, Torino 1973, pp. 182-208; R. DE FELICE, *Mussolini il fascista*, I, *La conquista del potere, 1921-1925*; II, *L'organizzazione dello Stato fascista, 1925-1929*; *Mussolini il duce*, I, *Gli anni del consenso, 1929-1936*, Torino 1965-1974; A. DE GASPERI, *Lettere sul concordato*, con saggi di M.R. DE GASPERI E G. MARTINA, Brescia 1970; *I Cattolici tra fascismo e democrazia*, a cura di P. SCOPPOLA E F. TRANIELLO, Bologna 1975; C. BREZZI, *Appunti sulla recente storiografia relativa ai rapporti tra fascismo e chiesa cattolica*, «Cultura e scuola», gennaio-marzo 1976, pp. 89-99; *Chiesa, Azione Cattolica e fascismo nell'Italia settentrionale durante il pontificato di Pio XI (1922-1939)*. Atti del quinto Convegno di Storia della Chiesa, Torraglia 25-27 marzo 1977, a cura di P. PECORARI, Milano 1979.

I. IL «PRIMO FASCISMO» (1919-1922)[2].

L'attenzione dell'*Unità Cattolica* verso «il primo tempo» del fascismo, quello «andante mosso», quello della «preparazione del potere», quello che aveva al suo interno un «carattere spurio, raccogliticcio, infido», quello che si era «chiuso colla famosa marcia delle camicie nere», questo tempo non fu oggetto di particolare attenzione, se non nei momenti tragici degli atti di violenza. Al contrario «il secondo tempo» del fascismo, quello cominciato dopo la marcia su Roma e culminato nella dittatura, occupò via via sempre più spazio nelle pagine del foglio fiorentino[3]. Abbiamo già ricordato come il giornale fiorentino prima e durante il conflitto mondiale non avesse taciuto le sue antipatie e soddisfazioni di fronte alla crisi del partito socialista e alla conseguente espulsione di Mussolini dal medesimo partito[4]. Lo stesso Mussolini, in quegli anni, era stato trattato ironicamente dal quotidiano fiorentino: «il prof. Mussolinoff» o semplicemente «Mussolinoff» o più acremente «lo spaventa-passeri del nuovo socialismo cosidetto marxista»[5]. Mussolini, dal canto suo, aveva tenuto, prima, durante e dopo la guerra, un atteggiamento decisamente anticlericale e anticattolico (famose le polemiche violente in occasioni della morte del Battisti, per lo «spionaggio dei preti» in favore dell'Austria e per la nota di Benedetto XV sull'«inutile strage»), dal 1919 al 1920, il movimento fascista non aveva fatto nulla, agli occhi della Chiesa e dei cattolici, per correggere o attenuare quei titoli di demerito e quei sospetti guadagnati negli anni precendenti. Anzi in un ordine del giorno anticlericale approvato a Firenze nel congresso dei *futuristi*, dei *fascisti* e dei *combattenti* si prevedeva:

> «svaticanamento, espulsione del Papa dall'Italia, incameramento assoluto delle Mense vescovili e delle famose Congrue parrocchiali: le prime e le seconde abbastanza anemiche. In una parola: la scimmiottatura della persecuzione francese. E' chiaro che l'Italia è pervasa da una crisi, molto acuta e profonda: la crisi degli italiani. Perciò bisogna fare gli italiani»[6].

---

[2] Tutta questa fase storica è illustrata ampiamente da R. VIVARELLI, *Storia delle origini del fascismo: l'Italia dalla grande guerra alla marcia su Roma*, 2 voll., Bologna 1991.
[3] Cfr. MIKRÒS, *La crisi del fascismo?*, 13 maggio 1923, p. 1 art. di fondo.
[4] Cfr. *La commedia socialista*, 24 novembre 1914, p. 1; *Mussolineide*, 27 novembre 1914, p. 1; *Dopo l'espulsione di Mussolini*, 29 novembre 1914, p. 1.
[5] Cfr. [A. CAVALLANTI], *Un giudizio non sospetto. L'organo di Mussolini ci saluta come il "migliore dei gruppi politici fiorentini"*, 18 novembre 1914, p. 1.
[6] VINDEX, *Bisogna fare gli italiani*, 21-22 ottobre 1919, p. 1 art. di fondo.

Lo stesso programma del movimento fascista, fondato nel marzo 1919, sembrava destinato ad accrescere ulteriormente la diffidenza con cui i cattolici guardavano il gruppo dei fascisti; tuttavia non dobbiamo dimenticare che in quegli anni l'incidenza del «primo movimento fascista» era ancora minima e in pratica non attirava in modo particolare l'opinione cattolica[7].

Più che dal movimento fascista gli articolisti dell'*Unità Cattolica* furono provocati dalle voci di una fine del *non expedit*, e dalla nascita di un partito dei cattolici. Proprio queste notizie vage facevano istintivamente riemergere, per un breve momento, l'anima intransigente di alcuni scrittori del quotidiano fiorentino, tenuti un po' a freno dal direttore, ma sempre internamente certi dei loro ideali reazionari. Ad esempio *Vindex* (il sacerdote Mugnozza), costantemente preoccupato di non compromettere la Questione Romana e di non dare ai liberali e agli altri l'impressione di accettare i "fatti compiuti", all'inizio del 1919, anche se ammetteva la transitorietà del *non expedit*, smentiva "nuovi orientamenti" e "nuove iniziative" dei cattolici in campo politico[8]. L'articolo rappresentava l'ultimo sterile tentativo di agitare la bandiera della «vecchia fede papale» e non ebbe seguito. Lo stesso Autore poche settimane dopo, invitato dal direttore a dire la sua sul PPI, affermava: «è uopo conoscere, prima di tutto il tempo in cui si vive, le vie ed i mezzi, che precisamente le circostanze eccezionali richiedono». Anche se precisava: «... il P.P.I. non è un partito cattolico; e perciò esso coalizza di fronte alla realtà formidabile del dopo-guerra le coscienze equilibrate»[9]. Il direttore del foglio fiorentino nel suo commento al programma del PPI esprimeva un giudizio benevolo, senza però aderirvi, e lodava i buoni propositi degli uomini del nuovo partito: «Noi agiamo nell'ambito delle organizzazioni volute dalla S. Sede e obbedienti strettamente ad essa. Il nuovo Partito agisce o agirà libero de' suoi atti, nel campo della politica parlamentare, ove ci sono egregi cattolici, che fanno il deputato»[10]. L'*Unità Cattolica* dava, in pratica, il suo «appoggio morale» al nuovo partito, mentre il Calligari preferiva non iscrivervisi, per non compromettere la sua persona e il suo giornale, in quelle che sarebbero state le scelte politiche del PP, ancora in fase sperimentale, che si dichiarava autonomo (e questo andava bene al direttore dell'*Unità*) dall'autorità papale[11]. Il commento sostanzialmente favorevole, ma anche prudente, aveva suscitato le criti-

---

[7] Cfr. D. VENERUSO, *Movimento cattolico, nazionalismo e fascismo*, in D.S.M.C.I., vol. I/2, p. 12.
[8] Cfr. VINDEX, *Niente di nuovo!*, 8 gennaio 1919, p. 1 art. di fondo.
[9] VINDEX, *Il Partito Popolare Italiano*, 7 febbraio 1919, p. 1.
[10] Cfr. [E. CALLIGARI], *Il "Partito Popolare Italiano"*, 21 gennaio 1919, pp. 1-2.
[11] Cfr. [E. CALLIGARI], *Il P.P.I. e noi*, 30-31 ottobre 1919, p. 1 art. di fondo.

che della *Liguria del Popolo*[12]. Il foglio ligure aveva definito "caotico" il nuovo partito, e aveva polemizzato con *Mikròs*, accusato di fare buon viso a queste innovazioni politiche, senza però prendere una posizione "netta"[13].

In questo contesto e nell'imminenza delle elezioni politiche del 1919, Calligari scriveva il suo primo appello agli elettori dopo la guerra[14]. Parlando di «ora di prova per tutti» attaccava il socialismo ed elogiava il PPI. Soprattutto chiariva quale era la posta in gioco: il sovvertimento delle leggi civili. Calligari riconosceva, fra l'altro, al PP il grande merito, di essere riuscito, con la sua autonomia dall'autorità ecclesiastica, a porre i vescovi e il clero «al di sopra delle gare politiche e dei partiti». Questa autonomia significava poi concretamente che ai laici erano affidate le direttive, al partito le responsabilità, a chi lottava ed esercitava il diritto di voto «il merito e il demerito, il trionfo e la sconfitta, le ire, le passioni, gli errori e i benefizi». Era una grande ora di prova per tutti. «La Chiesa posta sovra una base divina, non teme del futuro: ma la società, la patria, l'ordine, la famiglia, la pace di tutti corrono pericolo. E sono da encomiare e da seguire, senza fermarsi alle persone e alle oscillazioni effimere dei casi singoli, le energie e i propositi, che uomini egregi e volenterosi intendono far trionfare nella vasta lotta delle urne». Alle elezioni le masse popolari furono conquistate principalmente dall' «eretico» partito socialista[15] e dall'«autonomo» partito popolare[16]. Il successo dei socialisti e dei popolari ridimensionò «l'egemonia dei vari raggruppamenti liberali» e costituì l'«affermazione dei partiti di massa»[17]. Dopo le elezioni l'*Unità Cattolica* non esitava a definire il PP «partito sinceramente italiano, quanto sinceramente cristiano»[18].

Il fascismo balzava alla ribalta della vita politica e sociale tra il 1920 e il 1921. Proprio nelle elezioni del '21 il movimento fascista riusciva a conquistare 36 seggi, e anche se erano pochi rispetto a quelli degli altri partiti, essi costituirono una conferma «ufficiale» della sua esistenza. Fu in questo periodo che il fascismo uscì da quello stato

---

[12] Del 29 gennaio e del 2 febbraio.
[13] Cfr. MIKRÒS, *Postille*, 5 febbraio 1919, p. 1 art. di fondo.
[14] Cfr. MIKRÒS, *I cattolici e le elezioni*, 28 ottobre 1919, p. 1 art. di fondo.
[15] Cfr. MIKRÒS, *Un pericolo pel P.P.I.*, 7-8 luglio 1919, p. 1 art. di fondo; VINDEX, *Il bolscevismo: ecco il nemico*, 10-11 novembre 1919, p. 1 art. di fondo.
[16] Cfr. MIKRÒS, *I cattolici e le elezioni*, cit.
[17] Cfr. F. MALGERI, *Partito Popolare Italiano*, in D.S.M.C.I., vol. I/2, p. 356. Il partito socialista raccolse il 32% dei voti, conquistando 156 seggi in Parlamento, il PPI il 20,6% e 100 seggi, il partito liberale oltre il 40% e 209 seggi, il movimento fascista, invece, non conquistò alcun seggio.
[18] Cfr. MIKRÒS, *I nervi del "Corriere"*, 8-9 novembre 1919, p. 1 art. di fondo. Contro le fobie anticlericali e antipopolari del *Corriere della Sera*.

«semisovversivo», in cui era vissuto fino allora[19], per assumere caratteri «politico-sociali»[20]. Le ragioni di questa lenta, ma inesorabile, ascesa del fascismo erano legate, secondo l'*Unità Cattolica*, al fallimento della politica dei Governi liberali, alla crisi economica post-bellica, allo stato di anarchia:

> «Lo Stato dove sta? Vi è dunque in Italia un Governo? E della Camera dei deputati che ne pensate? è viva o morta? A tutti questi interrogativi l'unico che può rispondere è il direttore dei fascisti. Consultate ... l'oracolo, ma badate d'immunizzarvi contro il bastone ... Non si sà mai se ...»[21].

La situazione era insostenibile e al Governo non restava che presentarsi alla Camera, per interrogare la maggioranza e «per ottenere da essa o il biasimo o l'approvazione del suo operato»[22]. Intanto di fronte al Congresso fascista di Napoli (24-26 ottobre 1922) il quotidiano fiorentino ribadiva due argomenti a lui cari: il bisogno di pace per la Nazione e l'«incoscienza della vera situazione» da parte del Governo, perché non solo aveva permesso queste manifestazioni, ma le aveva anche incoraggiate e, forse, non aveva preso misure di ordine sufficienti ad evitare un colpo di mano[23]. In questa condizione pesante, al giornale fiorentino non restava che l'esaltazione dei meriti della Chiesa e in particolare, del papato[24].

Anche la stampa aveva contribuito, secondo il quotidiano di Calligari, alla confusione. Infatti, se fra il 1920 e il 1921, sotto il profilo politico, le maggiori «testate» nazionali continuarono ad essere, pur attraverso varie gradazioni, di intonazione liberal-democratica, tra il 1921 e il 1922, si ebbe il cambiamento a seguito della perdita della maggioranza parlamentare dei liberali. Fu in questo periodo che il *Giornale d'Italia* e la *Tribuna* si pronunciarono per primi a favore della collaborazione del

---

[19] Cfr. MIKRÒS, *Ore di sangue*, 1 luglio 1920, p. 1 art. di fondo.
[20] Cfr. L. BOTTINI, *Mussolini all'opera*, 15 novembre 1922, p. 1 art. di fondo.
[21] SEON, *Politica dondolona*, 22 ottobre 1922, p. 1 art. di fondo. Si veda pure F. TURCHI, *Lettere romane. Per la salvezza d'Italia*, 15 ottobre 1922, p. 1. «I giorni che viviamo sono la conseguenza della vostra [liberali] cieca politica, le sopraffazioni che soffriamo, sono il frutto della vostra vigliaccheria». Francesco Turchi era il corrispondente romano dell'*Unità*, l'esperto delle questioni politiche, il suo atteggiamento nei confronti del fascismo mutò qualche anno dopo divenendo velatamente favorevole.
[22] Cfr. F. TURCHI, *Lettere romane. La via più logica*, 14 ottobre 1922, p. 1.
[23] Cfr. F. TURCHI, *Lettere romane. La ragione d'una adunata*, 26 ottobre 1922, p. 1.
[24] Cfr. F. TURCHI, *Lettere romane. La parola di pace*, 1 novembre 1922, p. 1. Pio XI aveva manifestato la sua «premura» verso la preoccupante situazione socio-politica italiana, scrivendo due Lettere apostoliche ai vescovi d'Italia: *I disordini* (6 agosto 1922) e *Ora sono pochi mesi* (28 ottobre 1922), nelle quali li invitava a fare opera di pacificazione, testi in A.A.S., 14 (1922), pp. 481-484 e pp. 537-538.

movimento fascista sia per la «riorganizzazione delle forze borghesi» che per dare «un'iniezione di energia nel vecchio corpo dei partiti d'ordine». Da questo momento in poi altri giornali cominciarono a sostenere che il fascismo avrebbe potuto concorrere al ristabilimento «dell'autorità dello Stato e alla difesa delle istituzioni»[25]. Proprio questa stampa era criticata dall'*Unità Cattolica* per aver esercitato un influsso negativo sull'opinione pubblica, con le sue paure per l'avanzata del socialismo, strumentalizzando il fascismo, creandone il «mito», facendo credere alla nazione che esso potesse salvarla dal pericolo bolscevico[26]. In realtà il fascismo si era servito della stampa per consolidare la sua immagine con il risultato finale di una mancanza di libertà per la medesima. I giornali cattolici erano accusati, in caso di critiche, di essere dei disfattisti. Numerose le sedi dei giornali invase dalle squadre del fascio[27]. Il *veto* fascista alle pubblicazioni del *Corriere della Sera* venne tolto solo dopo la marcia su Roma[28]. Emblematica rimase l'esperienza dell'*Avanti!*, che, quale organo del partito socialista, fu oggetto di particolari opposizioni da parte del fascismo[29]. L'*Unità Cattolica* una volta che il fascismo

---

[25] Cfr. V. CASTRONOVO, *La stampa italiana dall'unità al fascismo*, cit., pp. 279-281.

[26] Cfr. [F. TURCHI], *Lettere romane. Per la salvezza d'Italia*, cit. Per l'articolista, in base ai fatti che si erano svolti dal 1919 in poi a salvare la Nazione era stato il popolo cattolico, quello «sano, profondamente credente che sa quanto sieno pericolosi i salti nel buio». Mentre l'opera del fascismo era giudicata irrilevante perchè esso «era molto giovane e poco ben visto». Cfr. pure IDEM., *Lettere romane. Il "quos ego" di Mussolini*, 21 ottobre 1922, p. 2, dove il corrispondente romano espressamente richiamava le responsabilità della stampa: « [essa] ha aiutato non poco il giovane Partito [fascista] a divenire necessario nella nostra vita politica, lo ha adescato, lo ha confuso colle mille buone parole, come la mamma fa per i figlioli, i quali, quando sono piccoli, sono sempre graziosi e soprattutto sono sempre docili».

[27] Cfr. *Per la libertà di stampa*, 1 novembre 1922, p. 1.

[28] Per la questione del veto fascista al *Corriere*, cfr. G. LICATA, *Storia del Corriere della Sera*, cit., pp. 201-202. Il Corriere ebbe una battuta d'arresto di sole 24 ore, cioè non uscì il 29 ottobre per divieto del comando fascista. Così scrive il Licata: «nella prima mattinata del 28 [ottobre] Luigi Albertini [direttore formale da un anno del *Corriere*] si recò dal prefetto [di Milano], il quale aveva ricevuto dal comando fascista l'ordine di non fare uscire per il 29 tre quotidiani: *Corriere*, *Avanti!* e la *Giustizia* del Partito socialista unitario (diretto da Claudio Treves). In prefettura Albertini incontrò Finzi, che gli espose l'irritazione dei fascisti per il commento apparso quella mattina sul *Corriere*. Albertini si trovò così di fronte al dilemma se far uscire o no il giornale del 29, e a questo scopo interpellò varie personalità. [...] Frattanto Lusignoli, nel pomeriggio del 28 faceva pressioni su Mussolini perchè togliesse il veto all'uscita del *Corriere*. Ma Albertini aveva già deciso di non farlo uscire». Nella serata del 28 Mussolini telefonò al direttore del *Corriere*: «Mussolini fu cordiale, Albertini sostenuto. Per Albertini era questione di forma; tutto doveva essere fatto nel rispetto della legalità e sotto l'ala del re. Mussolini si riservò di dare al più presto una risposta sulle garanzie chieste da Albertini. Ma la risposta non venne». Fu così che i responsabili del *Corriere* decisero di non far uscire il giornale del 29, per non esporsi coi loro commenti ad un'invasione dello stabilimento con grave danno alle macchine. Il *Corriere* ricompariva regolarmente il 30 ottobre.

[29] Ricordiamo i tragici episodi del 15 aprile 1919 verificatisi a Milano, allorquando

raggiunse il potere non esitò a rivendicare il diritto dei giornali alla «critica» e alla «libertà di stampa», e tutto questo anche per l'*Avanti!*: «Non deve il fascismo temere il giudizio dei socialisti, se farà bene o meglio di altri. Deve temere di sè stesso, dell'infatuazione, dell'abuso della vittoria. Sopprimere la stampa, anche per poco, è pericoloso. Lo sanno tutti i regimi dispotici»[30]. Ma i tempi erano difficili, i segni della dittatura erano nell'aria, tanto che di fronte all'assurda pretesa di Mussolini «di *voler essere il Governo*» e per poterlo essere si diceva disposto allo scioglimento della Camera, di fronte a tutto questo il giornale fiorentino si vedeva costretto a rilevare «il fatto senza commentarlo in nessun modo; forse in altri momenti, avremmo tenuto differente condotta, ma conviene associarsi ai tempi ed ai sistemi che ci deliziano»[31].

Nel giornale fiorentino, all'indomani del Congresso tenuto a Napoli, appariva un tentativo di studio del «fenomeno fascista» dove si notava come questo partito sentisse «la necessità di coreografare ogni sua adunata con un apparato eminentemente militare» e come fosse presente in esso una specie di culto per il suo capo. Il partito fascista costituiva un pericolo per la nazione, il suo esercito metteva l'Italia in uno stato di guerra civile[32], il suo terrorismo dilagava impunemente nelle campagne e nelle città[33]. Il quotidiano fiorentino mostrava, poi, ai simpatizzanti del fascismo le sue aberrità e violenze e colpiva, avvicinandosi al giudizio dei socialisti[34], la cinica logica dei conservatori che chiudevano: «tutti gli occhi possibili sulle violenze e sui disordini che pur sono costretti sommariamente a deplorare, ma che a loro sembrano un adeguato sacrificio per la vagheggiata tranquillità di spirito e di ... portafoglio»[35].

Anche Mussolini era criticato per i toni e lo «stile imperativo» di

---

la sede dell'*Avanti!* venne per prima attaccata, incendiata e distrutta. E due anni dopo, il 28 ottobre 1921, la stessa sorte toccò alla nuova sede dell'*Avanti!* di via Settala, un palazzo a tre piani, con ampi uffici e moderni impianti tipografici, che fu ridotto in un cumulo di macerie.

[30] *Per la libertà di stampa*, 1 novembre 1922, p. 1. «Noi questa libertà la rivendichiamo per l'*Avanti!*».

[31] F. TURCHI, *Lettere romane. Il "quos ego" di Mussolini*, cit.

[32] Cfr. F. TURCHI, *I distintivi nell'esercito fascista*, 14 ottobre 1922, p. 2.

[33] Cfr. F. TURCHI, *Lettere romane. La ragione d'una adunata*, 26 ottobre 1922, p. 1. Cfr. *La casa editrice fascista*, 15 ottobre 1922, p. 2; IDEM., *Lettere romane. La via più logica*, 14 ottobre 1922, p. 1; [ID.], *Lettere romane. Per la salvezza d'Italia*, 15 ottobre 1922, p. 1.

[34] Cfr. M. DE MICHELI, *Scalarini. Vita e disegni del grande caricaturista politico*, Milano 1978, pp. 136-137. Di fronte allo «spettro del socialismo», che raccoglieva attorno a sè sempre maggiori schiere di contadini e di operai, che finivano col minacciare i privilegi delle classi dirigenti e della piccola e media borghesia, lo Stato liberale, per calcolo politico, appoggiò il movimento fascista e i suoi metodi violenti, facendone «lo "strumento" che la borghesia italiana usò senza scrupoli contro le forze popolari».

[35] *Argomenti di riflessione pei "filo fascisti"*, 22 ottobre 1922, p. 5.

un suo articolo contro il generale Badoglio: per il giornale fiorentino il duce dei fascisti "stava esagerando" e si "stava montando la testa"[36]. Più esplicita si faceva la critica di fronte al perentorio: «o ci danno il Governo o ce lo prenderemo», pronunciato nell'adutata di Napoli, si era oltrepassato ogni limite[37], Mussolini a Napoli era stato allo stesso tempo borioso, retorico e brutale[38]. Il suo era «un piano di guerra», inaccettabili erano, infine, il tono da «dittatore» e l'intonazione di disprezzo per coloro i quali non condividevano «il suo ragionamento»[39]. Non mancarono critiche ironiche alla stessa persona di Mussolini che, per le sue aspirazioni belliche e dittatoriali, dava al foglio fiorentino l'impressione di credersi «l'ombra di Napoleone»[40] e durante la sua marcia su Roma era chiamato «Annibale Mussolini»[41].

Se il fallimento del Governo Facta appariva evidente già fin dal suo inizio, meno evidente risultava all'*Unità Cattolica* che, con la riconferma dell'incarico all'on. Facta il 30 luglio dopo la prima crisi, oramai il fascismo aveva la strada aperta[42]. La strada per Roma era cosparsa più che di trionfi,

«di spine - scriveva il giorno prima della marcia - che seppur egli riuscisse ad estirpare, lascierebbero nelle sue mani i segni non dubbi della lotta cruenta, e pericolosissima per la Nazione. Nè creda ancora, che domani che si assidesse a capo del Governo avendo all'intorno i fasci littori, egli potrebbe subito imporre il rispetto per l'Italia da parte delle altre Nazioni. Noi riteniamo anzi, che sarebbe più irta di difficoltà una ricostruzione, dopo una violenta reazione, che una ricostruzione dopo una mutua e fraterna intesa fra tutti gli italiani»[43].

Per Crispolti, ad esempio, quelli che si preparavano a divenire «i nuovi padroni della cosa pubblica» anche se avevano già «i mezzi» per arrivarvi, non ne possedevano ancora «i titoli», perché mancava loro un'«indirizzo economico finanziario» chiaro, necessario in quel momento. Le stesse parole di Mussolini a Napoli e al parlamento più che «dare affidamento» provocavano «ulteriore turbamento». Non si vedeva poi come fosse possibile una «convivenza» del fascismo «con la monarchia» e tanto meno «con l'esercito regolare» e «con le masse sindacate». Ma

---

[36] Cfr. *Mussolini minaccia*, 15 ottobre 1922, p. 2.
[37] Cfr. F. TURCHI, *Lettere romane. Al di là dei confini*, 27 ottobre 1922, p. 1.
[38] Cfr. P. PAGNANI, *Trilogia*, 26 ottobre 1922, p. 1 art. di fondo.
[39] Cfr. F. TURCHI, *Dentro e fuori Montecitorio. Il discorso di Napoli*, 26 ottobre 1922, p.2.
[40] Cfr. P. PAGNANI, *Trilogia*, cit.
[41] Cfr. *Esagerazioni*, 29 ottobre 1922, p. 1.
[42] Cfr. G. DE MORI, *Una crisi di più*, 22 luglio 1922, p. 1 art. di fondo.
[43] F. TURCHI, *Lettere romane. Al di là dei confini*, 27 ottobre 1922, pp. 1-2.

al di sopra di tutto stava la questione della «legalità» posta da Giolitti «come condizione per un avvento e un governo dei fascisti». Per Crispolti non poteva essere garanzia sufficiente l'«andar legalmente al potere», perché divenuto partito troppo forte e per cessione di altri partiti e per esito favorevole di comizi elettorali. Era "il dopo" che preoccupava lo scrittore dell'*Unità*: «E quando è al potere, quando lo è a tal punto da "diventar Stato", tutta l'opera sua diventa "legalità". Ma anche il Terrore in Francia e il bolscevismo in Russia usufruirono di questa legalità». Molti erano, poi, gli interrogativi che lasciavano ancora perplesso il Crispolti. Ad esempio, l'opposizione di Mussolini «ad ogni autonomia locale» che sotto le mentite spoglie del nazionalismo e dell'unitarismo, celava il ripetersi delle «pretenzioni accentratrici giacobine» e forse preludeva «ad eguale despotismo sulle scuole, sulle coscienze, sulle opinioni, sulle varie libertà?». E le maniere prepotenti adoperate dai «seguaci» di Mussolini: «avranno i governanti fascisti il modo di reprimerli e di farli del tutto cessare, o non saranno tentati di sostituirli con una meno cruenta, ma più generale oppressione legale?». E ancora, il «programma» riassunto da Mussolini con le parole: «a chi ci vuol bene facciamo del bene, a chi ci vuol male facciamo del male», quali conseguenze pericolose avrebbe potuto avere se fosse divenuto «formula governativa»? Sarebbero stati «arbitrariamente dichiarati «fattori di mali e meritevoli di male» tutti quelli che non la pensavano «come il futuro governo?»[44]. Per Turchi il partito fascista era ancora giovane e non aveva assunto ancora tratti ben chiari: esso doveva decidersi tra l'«aristocraticismo» di Mussolini e il «sindacalismo semirivoluzionario» di Grandi[45].

II. IL «SECONDO FASCISMO» 1922-1925[46].

L'atteggiamento dell'*Unità Cattolica*, nei confronti del «primo fascismo», fu inequivocabilmente anti-fascista. Le sue «ambizioni» per Roma allarmarono non poco gli articolisti del giornale fiorentino e di fronte ai numerosi e spesso sanguinari attacchi sferrati dai gruppi fascisti, anche contro il mondo cattolico, esso non mancò di far sentire la sua voce di severa critica. L'atteggiamento dell'*Unità Cattolica* nei confronti del «secondo fascismo» fu, almeno per tutto il 1922, di «vigilanza»

---

[44] Cfr. F. CRISPOLTI, *Dopo il discorso di Mussolini. La «legalità» e i suoi termini incerti*, 29 ottobre 1922, p. 3.
[45] Cfr. G. TURCHI, *Lettere romane. La via più logica*, 14 ottobre 1922, p. 1
[46] Rimandiamo per il quadro storico alle già citate opere di De Felice (n. 1).

anche se «benevola» nell'attesa di vederlo all'opera. Furono mesi di studio della politica fascista e soprattutto degli atteggiamenti di Mussolini.

A. LA FASE DELLA «ATTESA TATTICA».

Di fronte alle perplessità e agli interrogativi suscitati dall'incognita fascista, la marcia su Roma (28 ottobre 1922) colse di sorpresa, anche il giornale di Calligari! L'*Unità Cattolica* tentò di mantenere un atteggiamento di scettica incredulità: «Non è possibile avere la cifra nè esatta, nè approssimativa delle falangi fasciste, che si diressero verso la Capitale. I giornali poco ne parlano: solo danno cifre differentissime, secondo il colore. S'è parlato prima di 20 mila, poi di 40 mila, poi di 80 mila, poi anche di 150 mila. L'esagerazione è evidente. Non v'era neppure il tempo e il modo di ammassare tante camicie nere in 24 ore. Noi sentenziamo: metà della metà, e siamo certi nel giusto»[47]. Cercò pure di sdrammatizzare la gravità del momento, assicurando i suoi lettori che nella politica nazionale non ci sarebbero stati grossi mutamenti, anche se nel contesto esasperato in cui si trovava l'Italia da quattro anni, il giornale fiorentino aggiungeva: «Si vuole fare l'esperimento fascista? Si faccia presto per carità di patria. [...] Si faccia anche subito l'esperimento fascista: ma si quieti una buona volta tutti»[48].

Questa salita al potere del fascismo sarebbe poi stata l'occasione per verificare, una volta per tutte, se esso teneva in pugno tanto popolo come voleva far credere e per mettere alla prova le stesse capacità di Mussolini, quale uomo di governo[49].

Tuttavia l'*Unità Cattolica* cominciava a scrivere articoli più prudenti. Di fronte a questa «nuova e caratteristica rivoluzione» auspicava il superamento dell'obsoleta politica liberale e davanti ad un «effettivo resultato» i cattolici avrebbero "applaudito" l'opera fascista. Al contrario se si fosse trattato di un semplice cambio di persone, di una commedia da cui fosse sbocciato «un nuovo *giolittismo*, una nuova fornicazione illecita, per sostenere idolatrie al di sopra e al di fuori delle contingenze sociali, saremmo caduti dalla padella alla brace»[50]. Il direttore andava oltre, parlava di Mussolini come possibile «restauratore delle fortune d'Italia» e in questo contesto precisava:

---

[47] *La marcia. Quanti erano gli assedianti*, 31 ottobre 1922, p. 1.
[48] *Esagerazioni*, 29 ottobre 1922, p. 1.
[49] Cfr. F. CRISPOLTI, *Dopo il discorso di Mussolini. La «legalità» e i suoi termini incerti*, cit.
[50] PAGNANI, *Aspettazione*, 1 novembre 1922, p. 1 art. di fondo.

«Noi non abbiamo ostilità preventive, nè avversiamo la maniera energica e personale dell'on. Mussolini. Guardiamo alla bandiera della patria, ch'è di tutti: pensiamo al bene comune, all'onor nazionale, alla pacificazione tra i cittadini, e se il nuovo alfiere, animoso e potente, condurrà sollecitamente, con fiero impulso rinnovatore, la nazione verso i destini che la vittoria ha meritato alla patria, saluteremo in Benito Mussolini il restauratore delle fortune dell'Italia, poichè un supremo interesse urge, al di sopra degli uomini, quello di ridonare, con pronta energia, il posto che l'Italia ha diritto di avere nel consesso dei popoli. Le vecchie cariatidi governative nol seppero fare. Prendano dunque in pugno la fiaccola, come voleva Gioberti, i giovani e ci conducano fuor dal gorgo di viltà e di vergogna in cui il paese annegava!»[51].

La marcia su Roma si concludeva con il primo gabinetto formato da Mussolini, a cui parteciparono liberali, democratici, riformisti, gruppi agrari e Partito popolare, cioè come scriveva p. Semeria, avvicinatosi all'*Unità* con la direzione del Calligari: «se non proprio "tutti" i partiti esistenti in Italia, tutti i partiti o quasi tutti i partiti "nazionali"»[52].

Come spiegare questo sfumarsi dei toni aspri di soli pochi giorni prima? Come giustificare il "ravvedimento" degli uomini dell'*Unità Cattolica* dopo la marcia su Roma? Oltre al principio della nuova legalità assunta da Mussolini divenuto capo del Governo e la fedeltà alla dottrina cattolica del rispetto per l'autorità costituita[53], oltre alle minacce venute dai fascisti fiorentini[54], una risposta possiamo trovarla nel prudente riserbo tenuto dal Vaticano, tempestivamente rassicurato da Mussolini. Al riguardo il Cardinale Gasparri avrebbe detto al barone Beyens ambasciatore del Belgio presso la Santa Sede:

---

[51] Cfr. MIKROS, *La vera vittoria*, 4 novembre 1922, p. 1 art. di fondo. L'articolo commemorava il 4° anniversario della vittoria italiana nella guerra 1915-18.

[52] G. SEMERIA, *Discorsi del giorno. Il dovere nostro*, 23 novembre 1922, p. 1 art. di fondo.

[53] Cfr. SEON, *Economizzare*, 7 novembre 1922, p. 1 art. di fondo. «Noi non siamo usi ad adorare gli astri nascenti, come non siamo usi a vilipendere gli astri tramontanti; ma, fedeli alla dottrina cattolica sull'autorità, non neghiamo il nostro ossequio a chi è investito di potere pubblico, specialmente se sommo. Solo però ci aspettiamo che chi stringe in mano i freni regolatori della nostra nazione gloriosa, sappia osservare e far osservare i doveri, *tutti*, i doveri».

[54] Cfr. LA DIREZIONE, *Ai lettori*, 3 novembre 1922, p. 1. «Ieri l'altro la spedizione dell'*Unità* non avvenne tutta, ne regolarmente, perchè alla stazione ferroviaria furono sequestrati i pacchi del giornale. La ragione, ci apprende il *Nuovo Giornale*, consiste in un articolo, che non piacque ad alcuni fascisti. Eppure l'articolo discuteva in astratto, per via di ipotesi, temperatamente, come è nostro costume». L'articolo in questione pare fosse quello del Pagnani dal titolo eloquente: *Aspettazione* apparso appunto il 1 novembre.

«Mussolini ci ha informati che lui è un buon cattolico e che la Santa Sede non ha nulla da temere da lui ... Diamogli qualche mese di aspettativa»[55].

B. Argomenti "graditi" all'*Unità Cattolica*.

1. Politica ecclesiastica: idee e tendenze religiose di Mussolini.

Mussolini conscio della forza morale del cattolicesimo in Italia, cercò di sfruttarlo per il consolidamento del suo potere. Fin dai primi giorni introdusse gesti e parole accattivanti. Una messa per il milite ignoto (il 4 novembre 1922)[56], dichiarazioni a favore del valore del cattolicesimo[57], critiche all'ateismo e al laicismo[58], la ricollocazione del «crocefisso nelle scuole»[59], possibili amichevoli rapporti tra Stato e Chiesa. Tutto questo suscitava il prudente plauso dell'*Unità Cattolica*, che tuttavia non escludeva, la possibilità di una strumentalizzazione della religione da parte di Mussolini e per questo ribadiva il suo integrismo ideologico: «Noi non possiamo ammettere che esista una fede, una concezione

---

[55] Cfr. BEYENS, *Quatre ans à Rome*, citato in O. SCAZZOCCHIO, *Discorso sul divorzio: Italia prigioniera*, cit., p. 105.

[56] Cfr. VINDEX, *In ginocchio!*, 11 novembre 1922, p. 1 art. di fondo. Il gesto di Mussolini veniva giudicato «simpatico». Ci si compiaceva di fronte alle ginocchia piegate degli uomini del governo. Si insisteva soprattutto nella rivendicazione di una politica religiosa chiara e completa: «Per non fare un torto alla mente acuta di Mussolini, riteniamo che il problema religioso troverebbe una buona volta la sua logica soluzione col suo Governo. [...] L'on. Mussolini presentandosi al Re Vittorio Emanuele, disse: "Maestà, io vi porto l'Italia di Vittorio Veneto..." e disse bene. Ma l'Italia di Vittorio Veneto vuol essere governata cristianamente: in pace, finalmente, anche con Dio e col suo augusto Vicario in terra».

[57] Cfr. F. TURCHI, *Lettere romane. Il valore del cattolicismo*, 25 novembre 1922, p. 3. Si tratta della conversazione di Mussolini con alcuni giornalisti stranieri a Losanna (21 novembre 1922), dove egli tra l'altro dichiarava: «Il mio spirito è profondamente religioso. La religione è una forza fondamentale che va rispettata e difesa. Sono pertanto contrario alla demagogia anticlericale ed ateista, la quale rappresenta un vecchio giuoco. Affermo che il cattolicesimo è una grande potenza **spirituale** e **morale** e confido che i rapporti tra lo Stato e il Vaticano saranno d'ora innanzi molto amichevoli». Il grassetto era del giornale fiorentino. Per la dichiarazione di Mussolini nella sua interezza, cfr. *Opera Omnia*, vol. 19, pp. 33 s.

[58] Cfr. VINDEX, *Un atto di riparazione*, 21 novembre 1922, p. 1 art. di fondo. Il discorso di Mussolini al Parlamento nel suo inciso: «tutte le fedi religiose saranno rispettate, con particolare riguardo a quella, dominante, ch'è il Cattolicismo», veniva inteso dal foglio fiorentino come un «atto di riparazione» e uno «sprazzo di luce fra le tenebre del parlamentarismo laico».

[59] Cfr. SEON, *Gesù nella scuola*, 1 dicembre 1922, p. 3.

dell'idea divina per un cittadino, ed un'altra per un uomo di Governo. Entrambi debbono credere allo stesso modo, debbono seguire gli stessi insegnamenti, debbono mirare allo stesso fine, e sempre, in tutta la loro vita, in tutte le loro varie manifestazioni»[60]. Nondimeno «qualcosa di nuovo» si percepiva, il capo del Governo dava al foglio fiorentino l'impressione di voler demolire la «muraglia dalle basi d'argilla che l'anticlericalismo massonico» aveva tentato di erigere tra lo Stato e la Chiesa. «Nuovo» appariva pure Mussolini, lo si riteneva, ora, maturo e con una leggera punta d'ingenuità si scriveva:

> «Qualora egli, subito dopo prese in mano le redini dello Stato, ci avesse regalato una tiratura antireligiosa, simile alle tante che furono pronunciate in un lungo sessantennio, noi lo avremmo giudicato incapacissimo di qualunque effettiva e salda riforma. Perchè? Perchè egli avrebbe mostrato d'ignorare che la religione non è un'affare privato, come sostennero *banalmente* parecchi suoi antecessori, ma è un affare sociale, ed è necessaria»[61].

Il ritorno ad un'attenzione per la Religione, legato anche ad una lenta ma sicura ripresa dell'influenza morale del papato nella società, spingeva il giornale fiorentino a dettare alcune indicazioni per un «ritorno vero, completo», quell'ora di «resipiscenza» doveva diventare «generale, sincera e perseverante». Il ritorno alla religione doveva essere completo «senza compromessi di coscienza», senza cedere nell'equivoco tra lealismo verso Dio e verso il Re. Il liberalismo all'italiana, aveva prodotto effetti deleteri nel tessuto sociale, perché attraverso le sue «chimere» aveva tentato di governare «astraendo del tutto dalla religione» ignorandola, e avendo provato ad «esorcizzare il dolore della vita sensibile, per consegnarla al godimento, alla voluttà». Nonostante tutti questi tentativi di emancipazione dei liberali il popolo era restato ancorato alle «tre società», cioè alla famiglia, alla Nazione e alla Chiesa. Ora il fascismo, dava l'impressione all'articolista dell'*Unità Cattolica*, di voler colmare questa voraggine creata dal liberalismo[62]. Rispuntava pure la *questione romana*[63]. Si chiedeva alla Nazione di accogliere la disinteressata e leale «mano tesa» della Chiesa[64].

---

[60] Cfr. F. TURCHI, *Lettere romane. La ripresa spirituale*, 9 novembre 1922, pp. 1-2.

[61] SEON, *Speranze in principio di vita nuova*, 5 dicembre 1922, p. 1.

[62] Cfr. SEON, *Pel ritorno vero*, 22 novembre 1922, pp. 1-2.

[63] Cfr. VINDEX, *Visconti-Venosta, Thiers, Luzzati e la Questione Romana*, 5 novembre 1922, p. 1. L'articolo era occasionato da uno scritto dello statista Luzzati, apparso sul *Corriere della Sera*, dove si studiava il testo delle lettere di «Thiers al potere» scritte dal 1871 al 1873 all'allora ministro degli esteri del regno d'Italia Visconti-Venosta.

[64] Cfr. SEON, *Speranze in principio di vita nova*, 5 dicembre 1922, p. 1. «Ebbe torto lo Stato italiano di non ancor ricercare e stringere quella mano, sempre per il pretesto,

2. Politica interna ed estera.

Il mutamento dei toni era evidente, il foglio fiorentino lo spiegava come l'assunzione di un atteggiamento libero, non preconcetto, bilanciato, diverso perciò da quello dei piaggiatori, degli ipocriti e dei rinnegati e per questo assicurava ai lettori «non cercheremo con la tendenziosità dei commenti, con la complicità della forma di apparire amici quando la nostra coscienza ci consigliasse di essere avversari»[65]. Il suo ossequio era legato alle assicurazioni offerte da Mussolini di dare "completa libertà d'azione ai partiti", di "ristabilire l'ordine interno", di "restaurare la morale". Il tradimento di queste aspettative avrebbe comportato da parte sua «dal plauso odierno [...] una più onesta e più coraggiosa deplorazione»[66]. Parallelamente gli osservatori fiorentini cadevano nell'ambito del riconoscimento di eventi e comportamenti "carismatici" da parte di Mussolini, restavano affascinati dalla conquista "legale" del potere, faticavano a conservare quel distacco obiettivo di fronte alle molte e felici trovate del capo del fascismo. Ad esempio il telegramma spedito da Mussolini a tutti i prefetti del Regno, al momento di assumere la direzione del Governo, conteneva una frase assai promettente che poteva divenire storica: «Io darò l'esempio»[67]. Il proposito, poi, del nuovo capo del Governo di un riassetto economico finanziario del paese attraverso «il sistema delle economie», già altre volte suggerito come «mezzo momentaneo» per una soluzione della crisi, ma questa volta accostato ad una esigenza di «moralità finanziaria» e di rigorosa ed imparziale applicazione delle leggi, dava un'immagine diversa e più credibile dei nuovi governanti[68]. Il quadro di miseria, disoccupazione, caos e disperazione più volte denunciato dall'*Unità Cattolica* mutava a poco a poco. Cessarono anche gli scioperi, diminuirono notevolmente i disordini e le violenze, ritornò un clima di tranquillità e tutto ricominciò piano piano a funzionare regolarmente. Al di là di questa nuova configurazione v'era poi il peso della propaganda fascista e quello esercitato dalla stampa nazionale ed europea che esaltavano il «fenomeno» Mussolini. Il *Times* lo paragonava a Cromwell, i giornali italiani a Napoleone (specialmente il *Giornale d'Italia*), altri lo assomigliavano a Crispi o a uomini della Rivoluzione francese come Robespierre. Insom-

---

per il sospetto che la Chiesa carezzasse un'impresa di dominazione politica e di reazione sociale».

[65] Cfr. F. TURCHI, *Lettere romane. Una frase che potrà essere storica*, 4 novembre 1922, pp. 1-2.

[66] F. TURCHI, *Lettere romane. I veri termini*, 12 novembre 1922, pp. 1-2.

[67] Cfr. F. TURCHI, *Lettere romane. Una frase che potrà essere storica*, cit.

[68] Cfr. SEON, *Economizzare*, 7 novembre 1922, cit; MIKRÒS, *I moribondi di Montecitorio*, 15 novembre 1922, p. 1 art. di fondo.

ma il "mito" di Mussolini si stava facendo strada assieme a voci di possibili suoi colpi di mano. E ancora una volta Calligari interveniva, da una parte per sdrammatizzare la gravità del momento e dall'altra per ridimensionare gli eccessivi entusiasmi:

«or questo non è una rivoluzione, nè lo diventerà. Perciò il Mussolini non è Cromwell, ne diverrà Robespierre. Siamo in tempi di parlamentarismo: e nessun uomo solo ha tanto potere da distruggere il sistema. Se lo tentasse sarebbero le barricate, la rivoluzione, la guerra civile. Mussolini se si vuole è un Crispi, venuto dalla rivoluzione alla monarchia, dal socialismo alla forma ipernazionalista, che si chiama fascismo. Non sono conversioni codeste, ma evoluzioni di spirito, di mente, di maturità»[69].

Se nella politica italiana ci voleva da parte di Mussolini «energia», in quella estera occorrevano "abilità" e "prudenza"[70]. In occasione dell'inizio della Conferenza di Losanna Mussolini ricevette i ministri alleati nel suo appartamento d'albergo a Territet. L'episodio per il giornale fiorentino era un «atto veramente "mussoliniano"», che faceva capire agli alleati francesi e inglesi che l'Italia non era inferiore ad essi: un gesto, sotto certi aspetti, che avrebbe fruttato ai governati italiani «di essere meglio ascoltati e meglio trattati per l'avvenire»[71]. Più che improntata alla prudenza, la politica estera di Mussolini, dopo l'incontro di Losanna, assumeva i connotati di una linea di forza e di ricostruzione. Il corrispondente romano dell'*Unità* non nascondeva un'orgogliosa soddisfazione per l'atteggiamento forte tenuto da Mussolini anche in politica estera: erano finiti i tempi degli atteggiamenti remissivi. Il nuovo capo del governo italiano aveva «distrutto d'un solo colpo ogni antico ricordo d'ingenua servitù per ricostruire più facilmente sulle sue rovine la nuova storia dell'Italia gloriosa e pacifica» e tutto questo non poteva piacere, certo, ai rappresentanti dei vari paesi esteri[72]. Parlando più in generale Calligari riconosceva nell'abbandono dell'«imperialismo» dei tempi di Sonnino e Sforza, e nella scelta di un realistico e sano «nazionalismo», utilitario e proficuo il gran merito della politica estera mussoliniana[73].

---

[69] Mikròs, *Parallele politiche*, 22 novembre 1922, p. 1 art. di fondo.
[70] Cfr. L. Bottini, *Mussolini all'opera*, 15 novembre 1922, p. 1.
[71] Cfr. L. Bottini, *Mussolini all'estero*, 25 novembre 1922, p. 1.
[72] Cfr. F. Turchi, *Lettere romane. Lo staffile dell'«Humanitè»*, 24 novembre 1922, p. 3.
[73] Cfr. Mikròs, *Il discorso dell'on. Mussolini*, 18 novembre 1922, p. 1. Si trattava del discorso tenuto alla Camera il 16 novembre.

C. Alcuni punti ancora non troppo chiari.

1. Il Rapporto tra Stato e regime fascista.

Nel discorso di Mussolini tenuto il 16 novembre '22 alla Camera, il direttore Calligari oltre ai tanti meriti vi riscontrava, pure, un grave difetto: l'identificazione tra lo Stato e il regime fascista. Un difetto pericoloso, che generava una «confusione etica e costituzionale» inaccettabili, perché lo Stato non poteva essere fascista, come non era socialista o popolare. V'era quindi un errore di visuale, che, per il direttore dell'*Unità Cattolica*, finiva pericolosamente col falsare sia l'idea di Stato che di Governo, esagerando quella stessa di fascismo: «Se l'on. Mussolini governa nella legge e colle leggi, se imprime un moto armonico all'organismo statale, sia pure con una mentalità restauratrice che si chiami fascismo, il paese, la nazione, lo Stato non si possono chiamare tali senza confusione etica e costituzionale»[74].

Tuttavia, il foglio fiorentino, riteneva che Mussolini si fosse posto a metà strada tra la concezione statuale politico-dottrinale liberale e socialista e quella cattolica[75]. Il nuovo governo prometteva di essere forte e questo, da una parte, era anche gradito al quotidiano di Calligari, soprattutto per i «vantaggi» che potevano venire alla religione cattolica, per la cessazione dell'ateismo e dell'anticlericalismo; d'altra parte, però, la visione totalitaria e dittatoriale di Mussolini, che non era ancora chiaramente notata dal giornale fiorentino, veniva nella sostanza non accettata: i due estremi l'integralismo clericale e il totalitarismo statuale non potevano che respingersi. Ciononostante il carattere "restauratore" del fascismo trovava particolarmente sensibili gli uomini dell'*Unità Cattolica*.

2. Il ruolo del Partito Popolare

Prima della marcia su Roma il PP aveva visto nel socialismo e nel fascismo i grandi rivali. Il giornale fiorentino si era detto d'accordo con il PP circa la sua intenzione di voler continuare a combattere il bolscevismo[76]. Mentre le promesse di lottare pure contro il fascismo perdevano forza. Senza entrare nel merito di un'analisi dell'atteggiamento del PP, nella difficilissima situazione politica di quel momento, dove non trovò di meglio che ribadire le direttive, del Congresso di Venezia dell'anno prima, ci limitiamo a notare come al contrario l'*Unità* mettesse

---

[74] Mikròs, *Il discorso dell'on. Mussolini*, cit.
[75] Cfr. Seon, *Speranze in principio di via nova*, 5 dicembre 1922, p. 1 art. di fondo.
[76] Cfr. Vindex, *D'accordo*, 22 dicembre 1922, p. 1 art. di fondo.

in risalto la capacità del PP di segnalare la gravità della situazione chiaramente in un suo manifesto, che lo stesso Consiglio nazionale lanciava al paese il 20 ottobre. Il documento veniva riprodotto integralmente dal giornale fiorentino, e nei commenti successivi se ne evidenziava la conclusione generale, che riproponeva le ragioni per cui il PP era sorto e l'appello agli organizzati a tenersi uniti per contribuire al «ritorno di quella pace interna, che tutti debbono volere nell'urgenza di risolvere l'aspra crisi del momento»[77].

L'*Unità Cattolica*, nei confronti del PP, tenne un atteggiamento di aperto sostegno. Sono da annoverare a questo riguardo gli articoli di Crispolti, senatore del PP, direttore del *Cittadino* di Genova e articolista del quotidiano fiorentino dagli inizi della direzione del Calligari. Nei suoi scritti espresse, in questi anni, essenzialmente un dissenso politico di fondo nei riguardi del fascismo[78].

Nel 1922 episodi come la fuoriuscita dal PP di uomini di valore (ad esempio l'on. Martire[79]) e la Circolare "riservata" della Segreteria di Stato ai vescovi d'Italia (2 ottobre 1922)[80], che dichiarava l'autonomia del Partito Popolare da ogni direttiva pontificia e religiosa, tra l'altro sempre affermata dal PP, vennero giudicati dalla stampa liberale e fascista come un segno di declino del PP, e come «la sconfessione» del partito stesso da parte del Vaticano. Era, invece, convinzione dell'*Unità Cattolica*, che si cercasse da più parti, dopo il successo elettorale del '21, di indebolire il PP: «or nel campo cattolico, ora nel parlamentare, sempre nell'estimazione del paese, dipingendolo irreligioso ai cattolici, bolscevizzante ai conservatori, reazionario ai massoni, emissario del

---

[77] Tali promesse i popolari le avevano fatte in occasione del loro Consiglio Nazionale (19-20 ottobre), cfr. F. T[URCHI], *Dentro e fuori Montecitorio. Il programma ricostitutivo del Partito Popolare*, 26 ottobre 1922, p. 2. Il PPI si opponeva «alla volontà di quelli che vogliono servirsi degli altri, delle loro fatiche, dei loro studi, delle rivendicazioni da loro raggiunte per farsene un piedistallo e comparire i salvatori della Patria».

[78] Cfr. G. LICATA, *Il giornalismo cattolico italiano, (1861-1943)*, Roma 1964, pp. 107-108. L'A. sostiene che ad esprimere il dissenso politico di fondo nei riguardi del fascismo, dopo la marcia su Roma erano rimasti l'*Avvenire* d'Italia di Bologna, diretto da Paolo Cappa, e il *Nuovo Cittadino* di Genova. Sarebbe più esatto parlare di *Cittadino* di Genova, in quanto il *Nuovo Cittadino* sorgerà solo nel 1928 e in quegli anni, dopo lo scioglimento del PP, Crispolti si era avvicinato al fascismo.

[79] Cf. D. SORRENTINO, *La conciliazione e il «fascismo cattolico». I tempi e la figura di Egilberto Martire*, Brescia 1980.

[80] Troviamo il testo della Circolare e la spiegazione di questa vicenda in «Civ. Catt.», 1922, IV, pp. 266-268. Il *Giornale d'Italia* entrò in possesso, in maniera poco chiara, di questa circolare che pubblicò (20 ottobre) in prima pagina «con tanto di tiara e di chiavi, e col numero di protocollo 8920, e con la data 2 ottobre, e con la notizia della dicitura *Officia Sanctae Sedis* in filigrana, tanto per togliere ogni velleità di smentita all'*Osservatore Romano* e ai fogli del Partito Popolare».

Vaticano e insieme sconfessato dal Papa». E sempre nello steso articolo in riferimento a queste prese di posizione della stampa, specialmente filo-fascista (es. *Giornale d'Italia*), il Calligari trovava quanto mai "opportuna" la Circolare vaticana. Inoltre il ritenerla una sconfessione del partito equivaleva a dire che v'era stato un tempo in cui si poteva supporre che il PP avesse avuto «il mandato della S. Sede» e questo non era vero. Circa, poi, le voci di un'imminente fine del PP, il Calligari si sentiva autorizzato a prevedere un futuro roseo per il PP. Per due ragioni: perché mentre «imperversava la persecuzione fascista contro i popolari e i cattolici popolari, l'on. Mussolini si presentava al paese a braccetto di sei collaboratori popolari, per iniziare con loro l'opera di restaurazione»; perché gli imminenti comizi del '23 avrebbero dimostrato con le cifre il reale stato di salute del PP[81]. Dietro a tutto ciò v'era un'ampia e complessa polemica: tra la parte dura dei cattolici intransigenti e i cattolici moderati e tra il partito popolare e gli altri partiti. Le polemiche tra i cattolici erano legate alla questione della aconfessionalità o confessionalità del PP. Al riguardo era opinione del giornale fiorentino che i due termini non si escludessero, anzi, si completavano, indicando due campi d'azione ben distinti della vita del cattolico. In ciò l'*Unità* di Calligari aveva chiaramente superato le precedenti posizioni del Sacchetti e del Cavallanti. Ora i termini della questione erano così riassunti dal Turchi: se aconfessionale significava «l'indipendenza d'un partito dalle direttive della Chiesa, che non ha partiti e non conosce limiti nè confini per la sua giurisdizione, anche noi ammettiamo, che il partito popolare, come qualunque altro che volesse aspirare ad una direttiva politica nel senso cristiano, debba senz'altro dichiararsi aconfessionale. Ma non potremmo ammetterlo se alla parola vuol darsi un significato areligioso». La polemica, tuttavia, non esisteva solo nel campo cattolico. C'era, sempre secondo l'articolista, una vera e propria congiura che prendeva di mira tutta l'azione cattolica. Al contrario gli avversari del PP, cioè coloro che inneggiavano allo «Stato laico» e rinnegavano «ogni idealità superiore, immortale», accusavano il PP di essere «confessionale» ovvero «di assoggettare la sua azione ad una direttiva esterna alla vita politica italiana». Allo stesso tempo anche i cattolici erano tacciati «di dare impronta politica al loro movimento etico-religioso»[82]. La stessa anticlericalità del fascismo, in alcune "sue frange", era, secondo il Calligari, più da vedersi come «odio» verso il PP che verso la Chiesa. E questa ipoteca anticlericale poteva essere superata da Mussolini, come

---

[81] Cfr. MIKRÒS, *Vani desideri*, 10 novembre 1922, p. 1 art. di fondo.
[82] F. TURCHI, *Lettere romane. Confessionalità e Aconfessionalità*, 11 novembre 1922, pp. 1-2. In questo articolo il Turchi, più in generale, polemizzava col Murri che su l'*Azione*, davanti al caso Martire, aveva ritenuto di intravvedere «nuovi orientamenti cattolici».

lasciava presumere, se solo avesse continuato ad avere una visione realistica dell'anima italiana, la quale era stata ed era cattolica, «anche se ghibellina o liberale»[83].

La partecipazione dei popolari al governo Mussolini venne pienamente condivisa dall'*Unità Cattolica*. Al contrario il foglio fiorentino sempre si oppose ad un'eventuale collaborazione dei popolari coi socialisti. Lo aveva fatto subito dopo la guerra. Il PP non poteva divenire il partito del proletariato cristiano, cioè «il partito di una classe in lotta colle altre, col governo, cogli altri partiti sempre, coll'autorità, insomma sulla traiettoria rivoluzionaria». E questo perché: «la dottrina cristiana non consente questi esperimenti politici, ne può legittimare un partito che li propugni. Il socialismo è eresia sociale perché è eresia contro il Vangelo»[84]. Continuò a ribadirlo dopo la marcia su Roma. Ai Popolari Crispolti chiedeva di non essere filo-socialisti e nemmeno filo-fascisti, ma di conservare la loro identità e criticava gli abbandoni di alcuni autorevoli iscritti ora divenuti sensibili al fascismo[85]. La richiesta di collaborazione, da parte di Mussolini, non solo costituiva una «finezza politica nei riguardi di Don Sturzo», ma anche una sua particolare "sensibilità" politica. In filigrana, vi si scorgeva l'intenzione di portare il paese «verso la pacificazione civile» e un'esplicita ammissione del «patriottismo» dei cattolici e del loro contributo per la «ricostruzione nazionale»[86]. Crispolti vedeva le ragioni della partecipazione del PP nel desiderio di non lasciare ai «nuovi governanti» la possibilità di annullare l'influsso della Camera e nel frenare eventuali «colpi» e «disinvolture» dei fascisti. Soprattutto non partecipare al Governo avrebbe significato dare al Paese l'impressione di ritenere Mussolini e i suoi non "idonei" all'opera di «ricostruzione nazionale»[87]. Padre Semeria ricercava le ragioni politiche del «sì» dei cattolici popolari al Governo Mussolini, nel fatto che il fascismo aveva oramai riscattato il suo passato illegale, con un'ortodossia civile e politica, ridando all'Italia un governo che la rappresentava e la dirigeva, salvandola dall'anarchia. Ma principalmente per il barnabita il governo Mussolini «non» era «un governo fascista». Il governo Mussolini aveva «innalzato la bandiera della salute pubblica», e il posto dei cattolici era proprio «intorno a quella bandiera»[88].

---

[83] Cfr. MIKRÒS, *Una conversazione*, 20 dicembre 1922, p. 1 art. di fondo.

[84] Cfr. ad es. MIKRÒS, *Un pericolo pel P.P.I.*, 7-8 luglio 1919, p. 1 art. di fondo. Si veda pure VINDEX, *In tema di collaborazionismo*, 4-5 agosto 1919, p. 1 art. di fondo. Per l'articolista tra il PP e il partito socialista correva «un abisso».

[85] Cfr. F. CRISPOLTI, *Perchè il P.P.I. viva e prosperi*, 15 dicembre 1922, p. 1 art. di fondo.

[86] Cfr. *S. E. Mussolini*, 3 novembre 1922, p. 1.

[87] Cfr. F. CRISPOLTI, *I popolari nel Ministero*, 17 novembre 1922, p. 1 art. di fondo.

[88] Cfr. G. SEMERIA, *Discorsi del giorno. Il dovere nostro*, 23 novembre 1922, p. 1 art. di fondo.

Mussolini tardava poco ad entrare in conflitto-scontro con la compagine dei cattolici popolari. Nella estrema spregiudicatezza demagogica e nella fede assoluta nella propria missione totalitaria, il capo dei fascisti, tentava di svuotare di significato il ruolo del PP, assumendo un ossequio verso la Chiesa cattolica e gli interessi cattolici per lo meno "inusuali". Se la sua demagogia poteva confondere l'on. Bresciani (PPI), direttore del *Cittadino* di Brescia[89], non confondeva l'*Unità Cattolica*. Il Crispolti, Vindex e lo stesso Calligari reagivano prontamente. Crispolti polemizzando proprio col Bresciani scriveva: «i programmi lentamente maturati non si cedono ad altri, pur mostrando molte buone intenzioni e avendo l'energia d'attuarle non hanno ancora un programma in tutto compiuto, nè gli hanno dato una lunga testimonianza». L'ascesa al potere del fascismo, continuava Crispolti, il suo interessamento per la religione facevano «più chiari e propri due uffici del P.P.I [...] la necessità di sorvegliare e di bene ispirare l'opera di questo governo»[90]. Il PP doveva soprattutto vegliare affinchè il fascismo non facesse della religione un "instrumentum regni", onorandola da una parte e rendendola schiava da un'altra[91]. Ancora a favore della sopravvivenza della funzione del popolarismo era Vindex, altro scrittore autorevole dell'*Unità Cattolica*, che ne difendeva lo "spirito" cattolico:

> «Ognuno per la sua strada. Noi reclamiamo, e ne siamo gelosi, il diritto di vivere, come non pensiamo di negarlo agli altri nell'ambito del diritto comune, a posto con la legalità. [...] Il Partito Popolare può essere manchevole come un qualsiasi altro agglomerato sociale, cioè di uomini, tuttavia non gli si può disconoscere lo spirito, che si è maturato nell'azione cattolica»[92].

Dopo il Congresso di Torino (12 aprile 1923), il clima politico si fece assai teso. I Popolari uscirono dal Governo Mussolini. Nel giugno Sturzo si dimise da segretario del partito: per ordine espresso anche se segreto, (trasmesso diplomaticamente dal P. Tacchi Venturi come un consiglio personale), di Pio XI. In questo clima di confusione una nota dell'organo vaticano affermava che «in ordine alle lotte che si svolgono

---

[89] Cfr. C. BRESCIANI, *La nostra rivendicazione*, 28 novembre 1922, pp. 1-2. Il PP nonaveva nessun marchio di fabbrica e se alcune delle sue idee e dei suoi propositi venivano abbracciati da altri, per il Bresciani, questo non solo non doveva essere «motivo per formulare censure, proteste, riserve, ma per compiacercene e per ringraziare la Provvidenza».

[90] F. CRISPOLTI, *Perchè il P.P.I. viva e prosperi*, 15 dicembre 1922, p. 1 art. di fondo.

[91] Cfr. F. CRISPOLTI, *Il compito odierno del P.P.I.*, 9 dicembre 1922, p. 1 art. di fondo.

[92] VINDEX, *D'accordo*, 22 dicembre 1922, p. 1.

[93] «Osservatore Romano», 20 giugno 1923.

o si potessero svolgere tra i partiti», la Santa Sede si poneva «al di sopra e al di fuori dei partiti e dei dibattiti politici»[93]. Questa affermazione dava occasione alle più svariate interpretazioni della stampa. Ne nacque una vera e propria campagna con vivaci polemiche. Non mancarono giornali, come L'*Idea Nazionale*, che arrivarono a chiedere alla S. Sede un'intervento contro Sturzo. Lo stesso mons. Enrico Pucci scriveva nel *Corriere d'Italia* un articolo in cui coniugava alla formale adesione al PP un chiaro ammonimento a Sturzo a non «recare imbarazzi» al Vaticano[94]. A seguito dei commenti e delle polemiche che si fecero intorno a questo articolo mons. Pucci si vide costretto ad un ulteriore precisazione. Il Pucci negava d'aver scritto «in nome della Santa Sede», ma allo stesso tempo ammetteva che il suo scritto rispecchiava «le idee della Santa Sede»[95]. Fra i commenti polemici ricordiamo quelli del *Giornale* il quale riteneva la dichiarazione del Pucci «un monito [...] ispirato dal Vaticano», un «siluro di fabbrica vaticana»[96]. Il foglio fascista polemizzava duramente contro l'«intransigenza» e i «metodi dittatoriali» di Sturzo e chiedeva posizioni nette ed inequivocabili al segretario del PP verso «il Governo dell'ordine»[97]. L'*Unità Cattolica* davanti alle dimissioni di don Sturzo (10 luglio 1923) inizialmente riportava il comunicato del consiglio nazionale e i commenti della stampa senza prendere posizioni, solo dopo la nota dell'*Osservatore Romano* ne elogiava l'alta statura morale[98]. A luglio il Crispolti, che aveva tanto criticato gli "abbandoni" dell'anno precedente, lasciava il PP e, seguendo gli amici della tendenza

---

[94] Cfr. E. PUCCI, *Una parola chiara*, in «Corriere d'Italia», 26 giugno 1923.

[95] Cfr. E. PUCCI, *Ancora una "parola chiara"*, in «Corriere d'Italia», 27 giugno 1923.

[96] Cfr. «Giornale d'Italia», 27 giugno 1923.

[97] Cfr. *Polemiche sulla crisi del Partito Popolare*, in «Popolo d'Italia», 28 giugno 1923; *La crisi nel Partito Popolare. I metodi dittatoriali di don Sturzo. Oltre 30 deputati contro il segretario*, ivi, 3 luglio 1923; *Contro ogni equivoco*, ivi, 4 luglio 1923. «No! Don Sturzo, e con lei il partito che nel congresso di Torino, si è dichiarato intransigente per la necessità degli sviluppi spirituali e sociali della nuova storia d'Italia. Don Sturzo deve avere il coraggio di accettare il ruolo che la storia - dice lui - gli ha affidato e decidersi ad essere contro di noi. Ma che il Paese lo sappia chiaramente. La posta del gioco merita questo grande atto di sincerità».

[98] Cfr. *Don Luigi Sturzo si dimette da segretario politico del P.P.*, 11 luglio 1923, p. 1. Si riportava senza commento il comunicato della Direzione del P.P.I. del 10 luglio firmato dal Consiglio Nazionale; *Dopo il ritiro di Don Luigi Sturzo una nota dell'"Osservatore"*, 13 luglio 1923, p. 1. L'organo vaticano aveva pubblicato l'11 luglio un articolo dal titolo: *Le dimissioni del sacerdote don Sturzo dal segretariato del Partito Popolare Italiano*, nel quale approvava il gesto di don Sturzo e le ragioni da lui addotte, concludendo che «tali ragioni [...] onorano in primo luogo la sua figura di sacerdote cattolico»; *La dirittura morale di Don Sturzo*, 14 luglio 1923, p. 2. La storiografia recente insiste sulle pressioni-minacce esercitate da Mussolini sul Vaticano per avere "la testa" di Don Sturzo. A tal riguardo cfr. F. MALGERI, *Partito Popolare Italiano*, cit., p. 361.

cattolico nazionale, si avviava a rendere al fascismo molti servizi[99]. La segreteria veniva assunta dal triumvirato Rodinò-Gronchi-Spataro, sostituito il 20 maggio 1924 da Alcide De Gasperi. Alla partenza di don Sturzo, che il 25 ottobre 1924 lasciava l'Italia, con un passaporto vaticano, per un lungo esilio, il quotidiano fiorentino parlava di «sacrificio intero compiuto con animo forte ed eroico»[100].

Il giornale fiorentino mantenne un'atteggiamento di fiducia e sostegno nei confronti del PP, anche dopo la fuoriuscita dal Governo Mussolini: il fascismo restava «un mezzo e non un fine». Il PP appariva politicamente insostituibile e necessario nell'equilibrio sociale e parlamentare italiano. Di fronte ad un suo possibile naufragio, l'incognita del "dopo" appariva molto seria[101]. Dopo le reazioni fasciste, a seguito dell'uscita dei popolari dal Governo (24 aprile 1923), l'*Unità Cattolica* vedeva più chiaramente il premeditato disegno dittatoriale di Mussolini e lo denunciava in questi termini:

> «si voleva la fine del Partito Popolare; vistolo uscire più che vivo dal congresso di Torino, si studiarono le vie per condurlo al suicidio; fallita anche questa speranza lo si butta fuori dalla vita politica. Dai commenti della stampa al congresso di Torino potremmo dedurre che siamo alla vigilia di gravi cose; comunque il P.P. non muore. Esso uscirà, anche dalla pressura, più forte, più sicuro del suo domani, unica intatta riserva per l'avvenire della nazione»[102].

Con l'esclusione del PP si profilava il pericolo di «un puro governo fascista». Ai popolari Calligari chiedeva di non deviare né a destra né a sinistra, ma di continuare la loro opera in favore del paese. Augurava a Mussolini e al fascismo di riuscire a «percorrere da soli tutto l'arduo cammino della restaurazione sociale e morale del paese, per averne poi tutta la gloria». Noi, assicurava il direttore dell'*Unità Cattolica*: «non guardiamo a chi porta la bandiera: auguriamo a questo il vento propizio, e applaudiremo, come altra volta dicemmo, all'alfiere animoso»[103]. Ma il problema maggiore era dato dalla nuova politica imperialista aperta da Mussolini[104]. Una nuova stagione politica si apriva minacciosa e in un clima di lotte torbide che impedivano ogni collaborazione. Per l'*Unità* il

---

[99] Per maggiori ragguagli, cfr. A. ALBERTAZZI, *Crispolti Filippo*, in D.B.I., vol. 30, pp. 817-818. L' A. documenta le contraddizioni e le ambiguità del Crispolti: «critico talora del fascismo, ma costantemente in linea nel sostenere le ragioni del regime».

[100] Cfr. *Attorno a Don Sturzo*, 30 ottobre 1924, p. 1.

[101] Cfr. MIKRÒS, *Dopo il voto di Torino*, 17 aprile 1923, p. 1 art. di fondo; IDEM., *Ne pereat*, 13 aprile 1923, p. 1 art. di fondo.

[102] *L'uscita dei Popolari dal Governo*, 25 aprile 1923, p. 1.

[103] Cfr. MIKRÒS, *Non deviare*, 26 aprile 1923, p. 1 art. di fondo.

[104] Cfr. MIKRÒS, *Scissura inutile*, 28 aprile 1923, p. 1 art. di fondo.

PP doveva andare avanti per la sua strada[105].

Dopo il delitto Matteotti (10 giugno 1924), il PP aderiva alla secessione dell'Aventino, ma ancora una volta il quotidiano fiorentino sconsigliava la collaborazione dei popolari col partito socialista[106]. Soprattutto davanti all'abile strategia fascista di «svuotare il significato politico del PPI», il direttore del giornale fiorentino proprio nei drammatici momenti del '24 ribadiva il suo cauto ma chiaro appoggio al PP e il sostegno alla politica restauratrice del governo Mussolini:

> «Noi teniamo una regola che non abbiamo mai mutato dal giorno che il P.P. èapparso sulla scena: sosteniamo apertamente l'idea, ma non la identifichiamo con gli uomini, anco illustri e benemeriti, che restano fedeli o abbandonano il P.P. Diciamo che il governo dell'on. Mussolini è un avvenimento di capitale importanza, che non devesi combattere ma sostenere per la restaurazione nazionale. Però nel tempo istesso affermiamo e crediamo che sia un danno sacrificargli il P.P. che per noi fu ed è una riserva di forze sane nella vita politica italiana, essendo il solo partito fondato sui postulati cristiani»[107].

Quando nell'agosto del 1924 l'ala destra del PP ebbe il suo sbocco logico nell'istituzione di un nuovo movimento cattolico filo-fascista, il *Centro Nazionale*, il giornale fiorentino, pur astenendosi da «un giudizio diretto e assoluto», lo giudicava anacronistico e causa di inutile divisione[108]. Il congresso di Roma del PPI (28-30 giugno 1925) si svolse in un clima di prudente riservatezza e fu il tentativo estremo di riaffermare il

---

[105] Cfr. SEON, *Da che il colpo rude?*, 29 aprile 1923, pp. 1-2.
[106] Cfr. *L'on. Turati e la collaborazione*, 2 luglio 1924, p. 1. Si riportava sommariamente la dichiarazione del Turati fatta sotto forma di intervista apparsa sul *Popolo* del 1 luglio 1924. Questo il commento lapidario dell'*Unità Cattolica*: «Le dichiarazioni del Turati [...] sono talmente lontane dai principi di un programma cristiano, che oggi sarebbe folle pensare ad un'alleanza politica duratura tra popolari e unitari, come qualcuno ha prospettato». Questo tentativo di accordo parlamentare coi socialisti, veniva pure duramente stigmatizzato dalla rivista dei Gesuiti: cfr. [E. ROSA], *La delinquenza nella vita pubblica e gli opportuni moniti della Chiesa*, in «Civ. Catt.», 1924, III, pp. 193-206; e soprattutto IDEM., *La parte dei cattolici nelle presenti lotte dei partiti politici in Italia*, in «Civ. Catt.», 1924, III, pp. 297-306. Lo stesso organo vaticano si opponeva un una simile ipotesi: cfr. «Osservatore Romano», 17 settembre 1924. L'*Unità Cattolica* puntualmente riproduceva questi articoli, accodandosi alle chiere, importanti e autorevoli prese di posizione.
[107] MIKRÒS, *La nostra polemica*, 21 febbraio 1924, p. 1 art. di fondo.
[108] Cfr. MIKRÒS, *Il Centro Nazionale*, 23 agosto 1924, p. 1 art. di fondo. Questa presa di posizione del Calligari veniva giudicata dal *Corriere d'Italia*, divenuto portavoce ufficiale del nuovo movimento, come la dichiarazione di una non piena validità del C. N. a livello politico e parlamentare: cfr. IDEM., *Conversazione sul Centro Nazionale col "Corriere d'Italia"*, 28 agosto 1924, p. 1 art. di fondo; ID., *I cattolici e la politica*, 24 agosto 1924, p. 1 art. di fondo. Di fronte alla divisione dei cattolici nell'ambito

diritto del partito a vivere. L'*Unità* ne diede «ampie notizie coll'oggettività» che gli era «consueta»[109] e di fronte ai tanti commenti della stampa avversaria osservava che il convegno del PP: «fu serio e non cadde in atteggiamenti settari [...] si limitò a trarre quistioni di principio ed evitò, per quanto lo comportava il caso, le pose demagogiche»[110].

La situazione politica si faceva sempre più difficile. Farinacci segretario del partito fascista in un discorso tenuto a Desio (agosto 1925), chiedeva «l'apoliticità del clero e delle associazioni» cattoliche e si scagliava contro il PP accusandolo «di ogni sorta di misfatti, non esclusi l'omicidio e la connivenza con la Massoneria per boicottare l'Anno Santo». L'*Unità Cattolica* rispondeva con uno degli articoli più forti contro queste ingerenze del fascismo: riconfermava la sua stima al PP e ricordava al Farinacci che, nonostante le benemerenze del fascismo verso la Chiesa, essa non aveva bisogno «di sostenitori e di consiglieri» e «che direttive e moniti» era la Chiesa a darli e non a riceverli[111]. Verso la fine dell'anno, quando la vita del partito cominciava a diventare sempre più precaria, il giornale fiorentino ritornava a parlare della necessità che il PP continuasse a vivere: «Crediamo omai la partecipazione dei cattolici italiani alla vita pubblica sia cosa acquisita al bene sociale e nazionale». E questo veniva riconosciuto come uno dei molti meriti del partito popolare[112]. E quando il 16 gennaio in occasione della commemorazione della morte della regina Margherita i deputati popolari tentarono di rientrare in Parlamento e furono aggrediti ed estromessi dai fascisti, il quotidiano fiorentino non potè andare oltre al fatto di cronaca[113]. La definitiva liquidazione del PP avveniva il 9 novembre 1926 con l'emanazione del decreto di scioglimento del partito da parte del prefetto

---

dell'«azione politica», Calligari richiamava l'unità nell'«azione cattolica»; ribadiva l'inopportunità di trascinare la Chiesa e l'azione religiosa «nei conflitti» dei contendenti; infine riteneva che solo la concordia religiosa avrebbe riportato «prima o poi anche la pace sociale»; *La risposta dell'on. Bresciani*, 24 giugno 1925, p. 1. Si riportavano in questo articolo le critiche fraterne che l'on. Bresciani rivolgeva al Calligari sul *Cittadino* del 21 giugno. Calligari, secondo il Bresciani, avrebbe usato due pesi e due misure nei confronti del PPI e del Centro Nazionale: «del partito popolare riconosce [Calligari] la necessità che viva e esista, e però non gli risparmia le critiche, [...] del centro nazionale, invece (proprio per l'amicizia fedele che egli professa pel partito popolare) si limita a dire che rinuncia anche a illustrare i passi e che non intende "ostentare disprezzo"».

[109] Cfr. *Il Congresso del Partito Popolare a Roma*, 1 e 2 luglio 1925, pp. 2-3.

[110] Mikròs, *Commentarî*, 3 luglio 1925, p. 1. «Nella relazione dell'on. De Gasperi risuonò il nome dell'*Unità Cattolica* e fu chiara l'allusione alle nostre benevole rimostranze, che deprecavano e deprecheranno ogni alleanza col socialismo».

[111] Cfr. [E. Calligari], *Dopo il discorso di Desio. Chiesa e Fascismo*, 27 agosto 1925, p. 1.

[112] Cfr. Mikròs, *La sorte del P.P.*, 6 dicembre 1925, p. 1 art. di fondo.

[113] Cfr. *Movimentata ripresa dei lavori parlamentari. La commemorazione della Regina. Incidenti tra fascisti e popolari*, 19 gennaio 1926, p. 1.

di Roma[114], a seguito delle leggi repressive dopo l'attentato Zamboni (31 ottobre 1926)[115]. Il giornale di Calligari, in questa occasione, difendeva prudentemente la lealtà, verso il Governo, dei cattolici militanti nelle file dell'Azione Cattolica, non parlava del PP e si limitava a mettere in risalto la portata spirituale delle associazioni cattoliche[116]. Questo suo muoversi con circospetta prudenza, questo inneggiare alla concordia religiosa veniva giudicato da alcuni giornali filo-fascisti come un segno di ipocrisia e perciò duramente criticato. A questi giornali rispondeva Calligari:

> «Quando nella difesa dell'Azione Cattolica si perfidia a sottintendere la difesa di un partito politico, quando nei voti per la salvezza d'Italia s'insinua l'ipocrisia, o si arzigogola sul ritardo e quindi sull'insincerità dei ragionamenti che scriviamo, il disputare è inutile e dannoso ed è, lo ripetiamo, sterile»[117].

Tuttavia, dopo lo scontro del fascismo con il PP inevitabile pareva pure l'urto contro le associazioni cattoliche, allora l'«opera nostra» scriveva, l'*Unità*, l'avrebbero dovuta portare avanti le madri, le spose, le sorelle cristiane, con ardore, sacrificio ed eroismo[118]. Questo articolo veniva giudicato dalla stampa fascista un "grido di battaglia"[119]. La delicatezza della situazione costringeva lo stesso autore a scrivere un successivo chiarimento[120].

La redazione dell'*Unità Cattolica*, venuta col Calligari a posizioni moderatamente integriste, preferiva, o non poteva più ostacolare un par-

---

[114] Il prefetto della Provincia di Roma «ritenuto che nella sede del partito popolare italiano in via del Collegio Romano n. 4 di questa città, si svolge attività contraria all'ordine nazionale dello Stato; visti gli articoli 215 e 218 del Testo Unico delle leggi di Pubblica Sicurezza approvato con Regio Decreto, 6 novembre 1926, n. 1848, decreta: il Partito Popolare Italiano è sciolto»: cfr. G. SPATARO, *I democristiani dalla dittatura alla repubblica*, cit., p. 144.

[115] Cfr. MIKRÒS, *Il quarto attentato*, 3 novembre 1926, p. 1 art. di fondo. Il Calligari riferendo di quattro attentati subiti dal Duce nel giro di un anno «Zaniboni, Gibson, Lucetti e Zamboni» parla di tentativi di «spezzare la preziosa vita di Benito Mussolini» e della manifesta protezione divina. Gli attentati subìti da Mussolini tra il 4 novembre 1925 e il 31 ottobre 1926 vennero abilmente sfruttati dal Duce con una serie di provvedimenti repressivi «che culminarono nelle decisioni del Consiglio dei ministri del 5 novembre, nella decisione della Camera del 9 e nella legge 25 novembre, n. 2008 che tra l'altro prevedeva "lo scioglimento di tutti i partiti, associazioni e organizzazioni che esplicano azione contraria a regime"»: G.B. GUZZETTI, *Il movimento cattolico italiano dall'unità ad oggi*, Napoli 1980, p. 381; cfr. pure «Lex», XII (1926, II), pp. 2287 s.

[116] Cfr. MIKRÒS, *Concordia civium*, 2 dicembre 1926, p. 1 art. di fondo.

[117] Cfr. MIKRÒS, *Discussioni negative*, 12 dicembre 1926, p. 1 art. di fondo.

[118] Cfr. G. MARCHISONE, *Alere flammam...*, 13 novembre 1926, p. 1 art. di fondo.

[119] Cfr. «Regime Fascista», 5 dicembre 1926.

[120] Cfr. G. MARCHISONE, *Un chiarimento necessario*, 16 dicembre 1926 p. 1 art. di fondo.

tito di destra, divenuto Governo autoritario e regime parlamentare, e questo forse anche per aver dato troppo credito ai suoi intenti restauratori, antisocialisti e antiliberali. Il p. Congar scrivendo in generale della mentalità integrista, ha sostenuto che si tratta di una tendenza costante che va oltre il quadro storico del modernismo e si incunea in ogni epoca, mostrandosi particolarmente vicina alla "destra" politica[121]. L'*Unità Cattolica* divenuta moderata, politicamente parlando durante questi anni non fu certo filo-fascista, operò sempre la distinzione tra Mussolini e il partito fascista. Il capo del Governo trovò più di un vago apprezzamento nel foglio fiorentino, al contrario il partito fascista, separato dal suo duce, per i suoi metodi venne, finchè fu possibile, criticato.

3. *La proporzionale*

La questione della proporzionale era legata al desiderio del partito fascista di modificare la legge elettorale a scapito degli altri partiti. Il partito fascista si servì della stampa per raccogliere il consenso popolare attorno alla sua manovra e fare breccia nell'opinione pubblica. Si chiedeva un nuovo sistema elettorale, per dare al paese una guida più forte e capace di risollevare le sorti nazionali ed eliminare ogni inutile dispendio di forze.

Un primo approccio che non metteva a fuoco esattamente il problema, lo troviamo in un articolo del Turchi, il quale riteneva fosse improbabile che il partito fascista desiderasse modificare la legge proporzionale proprio ora che vantava tanti iscritti e che pertanto si dovesse ricercare la paternità di una tale manovra nelle file dei liberali[122]. Anche Calligari rilevava la «procura al fascismo» del liberalismo massonico per soffocare con una riforma "reazionaria", tanto era «ingiusta e contraria ai più elementari dettami della buona democrazia»[123]. Il Calligari difen-

---

[121] In Francia secondo il Congar esiste un sottofondo di ispirazione politica «a tutto quanto si chiama integrismo, e in modo più generale, opposizione ad ogni apertura», un sottofondo «conservatore e antidemocratico»: cfr. Y. CONGAR, *La crisi nella Chiesa e mons. Lefebvre*, (Giornale di teologia, 98), Brescia 1976, pp. 17-18. Questo legame era già stato sviluppato dal medesimo autore in un precedente articolo: cfr. IDEM., *Mentalité de «droite» et integrisme*, in «La Vie intellectuelle», juin 1950, pp. 644-666. Si vedano pure sullo stesso argomento: J. LABASSE, *Hommes de droite, homme de gauche*, Parigi 1947 (il cap. 1); M. GARRIGOU-LAGRANCE, *Intégrisme et national-catholicisme*, in «Esprit», novembre 1959, pp. 515-543; J. MAÎTRE, *Le catholicisme d'extrême droite e la croisade antisubversive*, in «Revue française de sociologie», avril-juin 1961; infine i già citati saggi del Poulat.

[122] Cfr. F. TURCHI, *Lettere romane. Le mosche cocchiere*, 16 novembre 1922, p. 1. Secondo l'articolista un buon "programma" sarebbe stato capace di persuadere «gli elettori giustamente disanimati per i ricordi del passato, più di un nuovo sistema elettorale» che avrebbe potuto avere almeno «l'apparenza di una coartazione della volontà».

[123] Cfr. MIKRÒS, *Per la giustizia elettorale*, 6 dicembre 1922, p. 1 art. di fondo.

deva la proporzionale che era stata voluta soprattutto dal PPI[124]. L'offensiva contro la proporzionale costituiva «un'offesa al diritto e un'arma di parte», perché ledeva il principio della giustizia elettorale distributiva ed era emanato da chi era più forte, ma non più giusto. Anche in questo caso il giornale fiorentino si schierava a fianco del PP[125]. In un altro articolo, dai contenuti un po' sconcertanti, rivolto ai proporzionalisti, si affrontava il problema della proporzionale a livello sociologico, cercando «di attribuire a ciascun individiuo il suo valore intellettivo, morale, etico, politico», addivenendo alla conclusione che si doveva parlare di due proporzionali: una qualitativa ed una quantitativa e di tre «categorie elettorali» nelle quali dividere gli italiani (dirigenti, non dirigenti, massa)[126]. In questo articolo di *Seon* riscontriamo la mancanza di criteri oggettivi e l'insostenibilità politica di una proposta simile, che a dir poco ci sembra utopistica e ingenua. Emerge una visione della società classista e antidemocratica. La stessa preferenza per una proporzionale qualitativa finisce con lo scardinare il vero valore della proporzionale, che vuole essere quello di dare voce a tutti. Inoltre, si mantiene una posizione ambigua nei confronti del fascismo, per la sua legittimità la si lega indirettamente all'adesione del corpo dirigente, che conta di più di quella della massa. Anche se *Seon* si assumeva completamente la responsabilità di quello che aveva scritto, asserendo che esso costituiva esclusivamente il suo pensiero e che era disposto a lasciarlo completamente cadere se ne verificava l'inutilità, noi, senza arrivare a dire che il contenuto dell'articolo rispecchiava la mentalità del giornale fiorentino, possiamo almeno osservare che alcuni scrittori dell'*Unità Cattolica* possedevano idee ancorate all'*ancien régime*, per intenderci. Anzi abbiamo in questo articolo la prova di una varietà di sfumature dell'integrismo e l'indicazione che la linea moderata del Calligari non eliminava la libera voce dei suoi collaboratori più intransigenti, mentre il contrario ai tempi di Cavallanti non era possibile. In altre circostanze abbiamo visto come il direttore abbia lasciato spazio ad una varietà e molteplicità di opinioni. In questo senso l'*Unità Cattolica* del Calligari ha avuto non solo il merito di non esprimere un pensiero univoco, preconcetto, settario, ma pure di non temere la varietà e la molteplicità delle opinioni, ovviamente nella sfera cattolica. Calligari con naturalezza seppe tenere insieme il rispetto e la critica, il dubbio e la certezza. L'*Unità Cattolica* di Cavallanti e De Töth era veramente morta.

L'anno successivo, il giorno stesso delle dimissioni di don Sturzo (10 luglio 1923), aveva inizio alla Camera la discussione sul disegno

---

[124] Cfr. G. DE ROSA, *Storia del movimento cattolico....*, cit., p. 55.
[125] MIKRÒS, *Per la giustizia elettorale*, cit.
[126] Cfr. SEON, *O proporzionalisti scusate ma...*, 13 dicembre 1922, pp. 1-2.

della legge Acerbo (listone unico). Il governo manifestava sempre più chiaramente il suo intento di operare sostanzialmente da solo e dimostrava di intendere la collaborazione degli altri partiti a livello tecnico o di subordinazione[127]. Il 13 novembre 1923 il disegno di legge veniva approvato tranquillamente al Senato e il 3 dicembre vedeva la sua pubblicazione sulla *Gazzetta Ufficiale*. Alle elezioni del 1924 (6 aprile) ci fu il trionfo del "listone fascista" e non poteva essere diversamente - scriveva l' *Unità Cattolica* - data «l'impostazione della legge». La rappresentanza parlamentare del PPI fu ridimensionata, essendogli rimasti solo 39 seggi alla Camera[128].

4. La libertà di stampa

Il giornale fiorentino rivendicò nei confronti del fascismo la piena libertà di stampa, per sè e per i giornali in genere, sia prima che dopo la sua salita al potere. Che l'*Unità Cattolica* avesse mantenuto, nei primi tempi, un certo distacco critico dal fascismo lo dimostravano anche i sequestri subìti agli inizi di novembre del 1922, per opera dei fascisti di Firenze, sequestri motivati dalla direzione del giornale per via di articoli non piaciuti ai fascisti. Il giornale tacque, consapevole dell'inutilità di qualsiasi protesta fino a che non si fossero placati gli umori. E così spiegava ai lettori la nuova strategia:

«faremo d'ora innanzi della pura cronaca: faremo gli osservatori, e commenteremo e giudicheremo, passato il periodo tumultuario»[129].

Tuttavia i sequestri continuarono ma «come si sequestrò l'*Unità* non si diede corso anche ad altri quotidiani», così la direzione del giornale di Calligari cercava di consolarsi e giustificarsi di fronte alle lamentele e al disagio arrecato ai suoi lettori, assicurandoli che il «rigore ... d'eccezione», a cui era stata costretta a sottostare per qualche giorno, d'ora innanzi non le avrebbe impedito di pubblicare regolarmente[130]. Il contenuto di questo comunicato, che poteva sembrare equivoco ed interpretato come una "fascistizzazione" dell'*Unità Cattolica*, in realtà era legato alle assicurazioni che erano state date alla direzione del quotidiano fiorentino dal questore di Firenze.

---

[127] Lo affermava chiaramente Sturzo in un articolo del 29 novembre 1923 dal titolo *Collaborazione e opposizione*, citato in G. B. GUZZETTI, *Il movimento cattolico italiano dall'unità ad oggi*, cit., p. 353.

[128] Cfr. A. DE TENORIS, *Dopo le elezioni*, 8 aprile 1924, p. 1 art. di fondo. Ricordiamo che nel listone si travavano i nome degli ex popolari Imberti, Cavazzoni, Tovini, Mattei Gentili e Martire.

[129] LA DIREZIONE, *Ai lettori*, 3 novembre 1922, p. 1.

[130] Cfr. 7 novembre 1922, p. 1 (Comunicato in grassetto).

In modi diversi il quotidiano fiorentino continuò a rivendicare la libertà di stampa, ora riportando articoli apparsi su altri giornali[131], ora ricorrendo alle sue penne migliori. Crispolti, ad esempio, spronava il Governo a condannare «la violenza privata contro i giornali [...] senza riserve e in tutti i casi», e ad assumersi, nonostante il passato oscuro dei fascisti, «l'ufficio di far stare il giornalismo entro i limiti» segnati da «giuste leggi». E tanta generale attenzione all'osservanza delle leggi, tanta sollecitudine ad occuparsi della stampa da parte del fascismo, per la prima volta dopo mezzo secolo e proprio in un momento così grave, non dispiacevano all'*Unità*. La legge, infatti, non era rispettatata da certi giornali, alcuni giungevano all'oltraggio «alla Religione, al Papa, al Re, alle istituzioni, all'Esercito»; altri incitavano «alla rivolta, all'odio di classe, alla esecrazione dei ceti»; altri ancora arrecavano offesa «al pudore, all'ordine delle famiglie». Se il Governo Mussolini si proponeva di far rispettare la legge, allora avrebbe compiuta un'opera salutare per la società stessa. Tutto, però, doveva essere atteso «nella legalità», senza procedere per simpatie o antipatie, facendo rispettare le leggi già esistenti, o creandone all'occorrenza delle nuove, ma fissando chiaramente gli ambiti della non liceità[132]. Il Turchi, invece, insisteva sul fatto che la libertà di stampa fosse un diritto e che pertanto non potesse essere negata a chi intendeva perseguire, senza pericoli e senza preoccupazioni eccessive, una sua linea di condotta «immune sempre da qualunque tendenza se non onesta e leale». Per questo diritto egli non sembrava disposto a rassegnarsi «ad una vita umiliante o prezzolata» e si diceva pronto a deporre la penna e ad abbandonare il «posto di combattimento». A chi poi riteneva che la stampa cattolica, perché volta alla difesa di interessi e valori spirituali e non a quelli politici, non avrebbe avuto nulla da temere dalle eventuali misure repressive del fascismo, il Turchi replicava che era pura miopia l'idea di immaginare una stampa cattolica che non esprimesse apprezzamenti sugli avvenimenti della politica estera ed interna di Mussolini. Alla stampa il Governo doveva lasciare la possibilità di criticare e combatere quelle iniziative ritenute dannose per la «ricostruzione civile della Nazione», senza per questo essere tacciata di "disfattismo"[133].

Ancora dopo il delitto Matteotti (10 giugno 1924) l'*Unità Cattolica* da una parte rivendicava la libertà di stampa e criticava la tesi del

---

[131] Cfr. *Per le giuste libertà della stampa*, 4 novembre 1922, p. 1. Dove si riportavano stralci di due articoli, uno apparso sull'*Osservatore Romano*, e l'altro sull'*Avvenire*, scritto dall'on. Cappa.

[132] Cfr. F. CRISPOLTI, *La libertà di stampa e i suoi limiti*, 11 novembre 1922, p. 1 art. di fondo.

[133] Cfr. F. TURCHI, *Lettere romane. Per la libertà di stampa*, 10 dicembre 1922, p. 1.

Governo che riteneva si fosse largheggiato da Carlo Alberto in poi nelle concessioni della medesima libertà[134], dall'altra accoglieva come male minore la «compressione della libertà di stampa» e il «bavaglio dei giornali» imposto da Mussolini (discorso alla Camera del 3 gennaio 1925), per frenare l'opposizione dei partiti[135]. Il definitivo passaggio, poi, del *Corriere della Sera* a servizio del fascismo era giudicato negativamente dal direttore dell'*Unità*: «Non importa ora predire quale sorte ora attenda codesta metamorfosi. Importa invece notare che conversioni siffatte non giovano nè a chi le fa, nè a chi le esige»[136]. Da ultimo il fascismo portava, nei confronti della stampa non allineata al regime, il colpo decisivo con la legge del 31 dicembre 1925, che limitava sostanzialmente la libertà di stampa e con i provvedimenti del novembre 1926, che eliminavano definitivamente gli organi dell'opposizione[137]. La potenza oramai consolidata del regime fascista, quale governo della nazione, mostrava l'impotenza dell'opposizione. Il giornale fiorentino da una parte si consolava, di fronte alle limitazioni, auspicando almeno il ritorno della tranquillità nel paese[138], dall'altra insisteva sulla necessità di salvaguardare la stampa cattolica per un'opera di «propaganda religiosa», senza essere accusati di «sottinteso politico»[139].

D. DUE "CASI EMBLEMATICI" FRA LE TANTE VITTIME DEL FASCISMO.

1. Don Minzoni

Don Giovanni Minzoni arciprete di Argenta (provincia di Ferrara, diocesi di Ravenna) veniva ucciso dai fascisti il 23 agosto 1923[140]. L'*Unità Cattolica*, rifacendosi alle cronache dell'*Avvenire* e del *Resto del Carlino*, si limitava a riportare per diversi giorni notizie sugli sviluppi di questo «orrendo sacrilego assassinio» senza uscire dagli schemi della cronaca, esaltava il sacerdote «santo ed eroico», evitava di toccare la portata

---

[134] Cfr. F. CRISPOLTI, *La diffusione dei giornali e la libertà di stampa*, 14 gennaio 1925, p. 1 art. di fondo.
[135] Cfr. MIKRÒS, *Tregua benefica*, 14 febbraio 1925, p. 1 art. di fondo.
[136] MIKRÒS, *Il Caso del «Corriere»*, 1 dicembre 1925, p. 1 art. di fondo.
[137] Cfr. F. MALGERI, *La stampa quotidiana e periodica e l'editoria*, cit. p. 288.
[138] Cfr. MIKRÒS, *Le conseguenze dell'attentato*, 7 novembre 1926, p. 1 art. di fondo.
[139] Cfr. MIKRÒS, *Per la buona stampa*, 17 dicembre 1926, p. 1 art. di fondo.
[140] Per brevi cenni bio-bibliografici cfr. F. MOLINARI, *Minzoni Giovanni*, in D.S.M.C.I, vol. II, pp. 394-396. Don Minzoni si era iscritto al PPI nell'aprile del 1923, dopo la scelta antifascista del Congresso di Torino. Egli operò nel tentativo di contrastare agli squadristi la conquista della città di Argenta. Nell'agosto istituiva una sezione "scout" per ostacolare il passo ai "balilla". La sera del 23 agosto veniva ucciso dai fascisti.

politica del delitto¹⁴¹. Al contrario i popolari vedevano il movente politico¹⁴². Nonostante le assicurazioni del Governo di fare piena luce sul delitto, il "caso" veniva archiviato alcuni mesi dopo senza che fossero stati trovati i colpevoli. Il giornale fiorentino, ricordando il "martirio" del sacerdote ravennate, all'indomani del delitto Matteotti, ne affermava gli elementi comuni e quelli antitetici e soprattutto invocava la riapertura del processo. Per Calligari entrambi erano vittime del fascismo, tuttavia tra i "due casi" egli riscontava una «cruda antitesi», specialmente nel modo di "sfruttare" le due vittime. L'omicidio dell'on. Matteotti veniva sfruttato politicamente dai socialisti, per loro costituiva «un'arma per abbattere l'oligarchia fascista»; al contrario, per l'*Unità Cattolica*, il commemorare don Minzoni non voleva essere un «profittare pel partito popolare», ma solo l'occasione per trarre un profitto morale riportando all'attenzione della giustizia e dell'opinione pubblica un caso archiviato troppo in fretta¹⁴³. In occasione del 1° anniversario dell'assassinio l'*Unità* evidenziava come il Governo temesse nelle manifestazioni religiose di commemorazione «il lato politico e le mire degli oppositori». Tutto questo «adulterava» la memoria dell'arciprete Minzoni¹⁴⁴. Il processo si riapriva solo il 14 luglio 1925 per concludersi il 1 agosto della stesso anno e anche questa volta con l'assoluzione di tutti gli imputati. Senza giudicare e senza protestare il giornale fiorentino scriveva lapidariamente: «tutti scarcerati!»¹⁴⁵.

Di fronte a questo "caso" ci furono tra i cattolici reazioni diverse nella valutazione degli eventi, ma oramai il "bavaglio" fascista alla stampa d'opposizione si faceva sentire in tutta la sua amara arroganza¹⁴⁶.

---

¹⁴¹ Cfr. *Il sacrilego delitto di Argenta*, 26 agosto 1923, p. 1. Si vedano pure le notizie di cronaca riportate nei giorni successivi.

¹⁴² Dopo il *Popolo*, la più coraggiosa difesa fu quella della *Voce repubblicana*, che in seguito al memoriale Beltrami additava il mandante in Italo Balbo. Per maggiori dettagli, cfr. F. MOLINARI, *Minzoni Giovanni*, cit., pp. 395 s.

¹⁴³ Cfr. MIKRÒS, *Don Minzoni*, 2 luglio 1924, p. 1 art. di fondo. «La *Giustizia* spende una parola per accusare il Dumini anche di questo misfatto [assassinio don Minzoni]. Esige che si riapra l'istruttoria in tal nuova luce. Noi accogliamo come un postumo rimpianto degli avversari la voce che chiede giustizia per Don Minzoni. La solidarietà della stampa è veramente giovevole quando non la turba o l'avvelena la finalità politica di parte». Assai significativi pure *Don Minzoni*, 13 dicembre 1924, p. 1 e *L'istruttoria Minzoni riaperta*, 31 dicembre 1924, p. 2.

¹⁴⁴ Cfr. *Don Minzoni*, 24 agosto 1924, p. 1.

¹⁴⁵ Cfr. *La fine del processo Minzoni*, 2 agosto 1925, p. 3. Dalla parte opposta l'organo di Italo Balbo giudicava pienamente soddisfacente il verdetto, cfr. *L'assoluzione di tutti gli imputati per l'uccisione di Don Minzoni*, in «Corriere padano», 1 agosto 1925.

¹⁴⁶ Cfr. *Il diario di don Minzoni*, a cura di L. BEDESCHI, Brescia 1965, in particolare l'*Introduzione*, pp. 9-73; L. BEDESCHI, *Don Minzoni il prete ucciso dai fascisti*, Milano 1973; G. FANELLO MARCUCCI, *Don Minzoni*, Bari 1974.

Questo episodio mostrava con crudezza che per Mussolini e per il fascismo la missione della Chiesa, contrariamente a quanto credeva ingenuamente l'*Unità Cattolica*, non doveva avere riscontro sociale, doveva cioè esercitarsi nel chiuso delle coscienze, nell'ambito degli edifici sacri, col minimo d'influenza possibile sulla vita pubblica.

2. *Giacomo Matteotti*

Il 30 maggio 1924 il segretario generale del partito socialista, Matteotti, denunciava implacabilmente le illegalità e violenze nel periodo elettorale del nuovo governo e si apprestava, nella seduta successiva, a portare altri elementi d'accusa, quando il 10 giugno veniva ucciso a Roma[147]. I partiti reagirono immediatamente. Il delitto mise in crisi il regime e Mussolini sembrava rassegnato a lasciare il Governo. Il 24 giugno, nella tornata del Senato, Mussolini si associava alla generale deplorazione[148]. Ai socialisti, che accusavano del grave delitto il regime fascista e "la sua torbida temperie di violenza", don Mugnozza cinicamente ricordava i numerosi crimini nazionali ed internazionali e li invitava a non ricercare nessuna rivincita politica. L'articolista dell'*Unità* finiva con l'assumere le stesse argomentazioni usate dai fascisti per far tacere i socialisti: «E' addirittura smemorato il partito socialista mentre a Firenze si discute una causa penale per il famigerato eccidio di Empoli, consumato nei giorni della seduzione bolscevica. Quando un partito ha sulla coscienza la colpa di un così orribile delitto, non si ha il diritto nè il dovere delle recriminazioni per l'orrida soppressione dell'on. Matteotti. *Pas de zele!*»[149]. Calligari, indirettamente si discostava dall'articolo di *Vindex*, scrivendo non «è buona difesa del fascismo addurre nel caso Matteotti i delitti della Germania o quelli della Francia». E il delitto Matteotti era davvero un'«arma in mano dei socialisti» che colpiva profondamente «il fascismo e il suo duce» e anche se egli riteneva che Mussolini «personalmente e moralmente» potesse scampare «dal naufra-

---

[147] Matteotti venne aggredito sul Lungotevere Arnaldo da Brescia, da Amerigo Dumini, Albino Volpi, Augusto Malacria, Amleto Poveromo e Giuseppe Viola i quali, dopo averlo percosso lo trascinarono all'interno di un'automobile di proprietà del Filippelli (direttore del giornale fascista *Il Corriere italiano*), dove lo pugnalarono. La salma venne sepolta nella macchia della Quartarella, nel comune di Riano Flaminio, dove venne scoperta solo il 15 agosto seguente. Per approfondimenti si veda: C. Rossi, *Il delitto Matteotti nei procedimenti giudiziari e nelle polemiche giornalistiche*, Milano 1965; G. Rossini (a cura di), *Il delitto Matteotti tra il Viminale e l'Aventino. Dagli Atti del processo De Bono davanti all'Alta Corte di Giustizia*, Bologna 1966; L. Bedeschi (a cura di), *Studi e ricerche su Giacomo Matteotti*, Urbino 1979; C. Silvestri, *Matteotti, Mussolini e il dramma italiano*, Milano 1981.
[148] Cfr. Discorso al Senato del 24 giugno 1924, in *Scritti e Discorsi*, IV, p. 187.
[149] Vindex, *Le utopie della rivincita*, 25 giugno 1924, p. 1 art. di fondo.

gio», e fosse «sincero» quando si dichiarava estraneo al delitto, questi doveva decidersi all'«epurazione del marcio» che stava nel suo partito. Dopo tre anni nel fascismo c'era ancora parecchio di «fazioso, violento, immorale, illegale». Per Calligari, poi, non poteva persistere l'«assolutismo del partito fascista, divenuto governo, maggioranza parlamentare, fazione prepotente, cappa di piombo per la libertà»[150]. Il delitto Matteotti stava degenerando «nel vaniloquio accademico» dei politici parlamentari. Urgeva, per il direttore dell'*Unità*, «studiare il modo e il rimedio di evitare i pericoli di tanto morale sconvolgimento». In questo articolo Calligari criticava pure «le commemorazioni laiche» del Matteotti rivestite «di idealità cristiane astratte» e false, in particolare si scagliava contro il Buonaiuti che parlando del Turati lo aveva definito «ministro inconsapevole di una cerimonia battesimale»[151].

Di fronte alla scelta dei partiti di opposizione di ritirarsi in segno di protesta sull'Aventino (27 giugno), Calligari ripeteva la sua tesi: «[Mussolini] riformi, liquidi, senza scosse il moto fascista, per non distruggere ciò che di bene si è fatto e per riparare i danni, i misfatti, le prepotenze del fascismo»[152]. Si scrisse pure del fascismo come di un «miscuglio poco definibile», di una meteora politica, di qualcosa «quindi non duraturo, ma molto transeunte» e forse prossimo alla fine: «Il fascismo è un episodio della vita politica italiana, e come tale resterà. [...] Solo due enti creano oggi il fatto storico: il cattolicismo ed il socialismo»[153]. Dopo il rinvenimento del cadavere del Matteotti, l'*Unità Cattolica* scriveva circa la necessità di compiere un processo limpido senza intromissioni politiche:

«[Il processo] è alle persone, ai metodi, alla politica del partito dominante, senza sforzare le parole e senza equivoci. L'esito del processo sia chiaro o sia ambiguo, ferisce politicamente un partito mentre condanna gli uomini criminosi e i colpevoli che parteggiavano in esso come militi o come gerarchi»[154].

Il foglio fiorentino invitava, poi, l'opposizione e i fascisti ad evitare le inutili polemiche: «Il fascismo non si abbatte per ora colle armi della carta, e l'opposizione non salirà al potere per questa strada»[155]. L'*Unità*

---

[150] Cfr. MIKROS, *La parola dell'on. Mussolini*, 26 giugno 1924, p. 1 art. di fondo.
[151] Cfr. MIKRÒS, *Sentimentalismo politico*, 5 luglio 1924, p. 1.
[152] MIKRÒS, *Sull'Aventino*, 29 giugno 1924, p. 1 art. di fondo.
[153] Cfr. SEON, *Le due cozzanti dottrine*, 5 luglio 1924, p. 3.
[154] Cfr. MIKRÒS, *L'ombra del morto*, 19 agosto 1924, p. 1 art. di fondo; IDEM., *Grandi manovre*, 21 gennaio 1925, p. 1 art. di fondo.
[155] NEMO, *Gli eccessi polemici*, 22 agosto 1924, p. 1 art. di fondo. L'articolista invitava oppositori e fascisti, con una certa ingenuità, ad attendere il verdetto "obiettivo" della giustizia e alla moderazione delle «discussioni d'indole politica».

Cattolica appoggiava, invece, la soluzione delle elezioni anticipate per dare al Paese la possibilità di giudicare l'operato del fascismo, anche se non escludeva la conclusione prima del processo Matteotti[156]. La soluzione elettorale non ci fu. Nei mesi successivi i fascisti non mancarono di denunziare, «nelle parrocchie una singolare attività elettorale», basata su «approcci, colloqui, moniti, richiami» giudicati assai pericolosi per la stabilità del regime. Il giornale fiorentino smentiva categoricamente tutto e ribadiva l'autonomia politica tra il PP e l'Azione Cattolica[157].

Il 3 gennaio 1925 il duce del fascismo teneva alla Camera, dove erano rientrati alcuni degli aventiniani, tra cui il gruppo comunista, il celebre discorso, che segnava l'inizio della dittatura fascista in Italia. Dichiarava ancora una volta di essere estraneo al delitto Matteotti, anche se assumeva su di sè la responsabilità «politica, morale e storica» dell'uccisione[158]. Passava all'offensiva, annunciando leggi «fascistissime». Riprendeva la violenza dello squadrismo, che dopo poche settimane riportava il Paese in un'atmosfera relativa di serenità» giudicata molto utile, dal Calligari, per una tregua politica interna[159]. Nel corso del 1925 gli accenni al processo Matteotti non andarono oltre al riferimento puramente cronachistico[160]. Purtroppo la rivolta morale della nazione, che aveva costretto il Governo ad arrestare vari esecutori materiali del delitto, venne soffocata dalle leggi «fascistissime», le quali condussero ad inscenare il processo-farsa di Chieti, che si concluse 21 mesi dopo il delitto (marzo 1926), lasciando impuniti i maggiori responsabili. E ancora una volta l'*Unità Cattolica* non giudicava e non protestava[161].

---

[156] Cfr. NEMO, *Soluzione elettorale*, 16 novembre 1924, p. 1 art. di fondo. «Bisogna che il governo vegga la convenienza di un giudizio diretto, totale del suo operare, e non si chiuda nel castello di Montecitorio colla stessa psicologia a rovescio di coloro che salirono l'Aventino. [...] L'unica via giusta sono le elezioni. Appellarsi onestamente al paese e chiederne il giudizio. Poi l'ordine riavrà il suo dominio, senza querimonie bilaterali».

[157] Cfr. G. MENARA, *Moniti fuori luogo*, 1 febbraio 1925, p. 1 art. di fondo; VINDEX, *A costo di ripeterci*, 23 agosto 1925, p. 1 art. di fondo.

[158] Cfr. *Il discorso dell'on. Mussolini*, 4 gennaio 1925, p. 2.

[159] Cfr. MIKROS, *Tregua benefica*, 14 febbraio 1925, p. 1 art. di fondo.

[160] Cfr. ad es. *Le elezioni e il processo Matteotti*, 9 gennaio 1925, p. 2; *Note Politiche. Le elezioni dopo il processo Matteotti...*, 19 gennaio 1925, 2; *L'istruttoria Matteotti virtualmente conchiusa*, 3 marzo 1925, p. 2; *Gli imputati per il delitto Matteotti a colloquio coi loro difensori*, 8 aprile 1925, p. 2; *I piani di Farinacci. Per De Bono l'assoluzione; per Donati il bando*, 10 giugno 1925, p. 2; *Il processo Matteotti a settembre?*, 14 giugno 1925, p. 2; *L'istruttoria Matteotti*, 20 settembre 1925, p. 2; *La requisitoria del P. G. nell'istruttoria Matteotti*, 11 ottobre 1925, p. 2.

[161] Cfr. *La sentenza nel processo Matteotti*, 26 marzo 1926, p. 2. La sentenza venne emessa la sera del 24 marzo. Malacria e Viola vennero assolti, mentre Dumini, Volpi e Poveromo condannati a 5 anni 11 mesi e 20 giorni. I condannati beneficiarono di quattro anni di indulto, perchè venne loro «computato il carcere sofferto». I superstiti esecutori materiali del delitto furono condannati solo il 4 aprile 1947 (ergastolo commutato in 30 anni di reclusione).

III. DALLA DITTATURA FASCISTA ALLA CONCILIAZIONE.

A. Netta distinzione tra "fede" fascista e "fede" cattolica.

Il quotidiano fiorentino, grazie all'equilibrata gestione del Calligari, anche in questi anni riusciva a conservare la sua fisionomia di organo di stampa indipendente dal regime. Il vecchio direttore si mostrava certamente più lungimirante dei suoi amici Crispolti e Martire, continuando, contrariamente a questi ultimi, a restare formalmente e sostanzialmente staccato dal regime fascista, anche se non vi si opponeva:

> «Non è il caso di far l'esame critico delle fasi per cui il fascismo si evolse. I tempi primi ebbero crisi e violenze: i secondi ebbero scettiche aspettazioni così all'interno come all'esterno: ma bisogna onestamente confessare che il condottiero mirò sempre fisso a due capisaldi dell'ordine nuovo, al morale e all'economico; e che dell'uno e dell'altro fece travaglio e meta del regime»[162].

Nel 1926 si ebbero le prime grosse schermaglie polemiche tra il regime fascista e i giornali cattolici, relative alla questione romana e ai rapporti tra Stato e Chiesa. Davanti al consolidamento del fascismo, le battaglie del giornale fiorentino si mantenevano principalmente nella sfera religiosa, morale, educativa e culturale. Di grande peso gli articoli del direttore volti a chiarire le reciproche distinzioni tra politica e religione. Quello che il direttore dell'*Unità Cattolica* difendeva con tenacia era la distinzione tra Chiesa e Regime, tra etica fascista e morale cristiana, tra fede fascista e fede cattolica:

> «due eccessi: uno consiste nell'affermare che lo Stato fascista è cattolico. L'altro nel dire che lo Stato è tutto e che tutto è nello Stato, ossia che la Chiesa è nello Stato non come coesistenza di fatto, ma come esistenza di diritto. Si fa quindi evidentemente grande confusione. Per un lato si definisce cattolico lo Stato fascista, il che propriamente non è, poichè non si possono identificare le due missioni. Per l'altro si crea un cesarismo, mutandone il nome[163].

---

[162] Mikròs, *Anno V*, 28 ottobre 1927, p. 1 art. di fondo.
[163] Mikròs, *La Chiesa e il fascismo*, 6 agosto 1927, p. 1 art. di fondo. In polemica con Camillo Pellizzi che nel *Popolo d'Italia* di pochi giorni prima tornava a discutere in un articolo dallo stesso titolo, e pure contro le illazioni tirate da alcuni giornali già aderenti al P.P. e poi al fascismo. Per la polemica col Pellizzi di un mese prima, cfr. *Idee e principi*, 19 luglio 1927, p. 1 art. di fondo.

Significativa, al riguardo, la polemica del *Corriere d'Italia* (filofascista) col Calligari accusato di nutrire nei confronti dei cattolici simpatizzanti per il fascismo e verso il regime stesso «obliqui pensieri»[164]. L'attenzione (strumentale) del regime nei confronti della religione aveva seminato tra i cattolici molte simpatie. Il vedere che dal centro alla periferia, dopo l'avvento al potere del fascismo, si era avuta una restaurazione dei valori religiosi e un cambiamento di atteggiamento nei confronti della Chiesa, con un clima diverso rispetto ad un passato anche recente, non poteva lasciare indifferenti preti e vescovi[165]. Le processioni religiose si erano tornate a fare e questa volta sotto la protezione del fascismo[166]. In questo contesto lo stesso direttore dell'*Unità* riconosceva: «le maggiori benemerenze politiche del regime consistono proprio nell'avere eliminato dalla vita italiana il liberalismo massonico. E nessun cattolico cosciente deve lesinare l'elogio al Duce di tanta benefica liberazione»[167]. In questi anni Mussolini promuoveva, poi, una specie di campagna antiprotestante e il giornale fiorentino approfittava della nuova inclinazione del regime per denunciare e richiedere interventi contro la propaganda evangelica[168]. I provvedimenti governativi, poi, per la tutela della moralità familiare trovavano l'*Unità Cattolica* pienamente

---

[164] Il Calligari aveva premesso ad un articolo del Meda che recensiva un libro di E. Vercesi intorno a Carlo Maurras e all'*Action française* (cfr. F. MEDA, *Il giudizio di F. Meda sul Maurras*, 7 luglio 1927, pp. 1-2) le seguenti parole: «D'altronde ciò che oggi avviene nel campo dei clericorealisti ebbe un prodromo nell'opposizione che i legittimisti fecero alla politica del *Ralliement* sotto il pontificato di Leone XIII. Sono mutate le persone ma il dramma della ostinata resistenza è lo stesso. Soltanto allora era chiara la ragione politica: oggi è torbida, perchè la ribellione si compie nel campo religioso. Allora non si obbedì al Papa che suggeriva l'unione degli onesti per difendere le libertà religiose: oggi si disobbedisce al Papa perchè si vuole mescolare colla politica la religione, oggi la ribellione nasce da una scuola, mentre trentacinque anni fa trattavasi di opinioni politiche. Tuttavia ognuno può vedere che la disubbidienza ai consigli di Roma non ha recato alla causa monarchica il minimo vantaggio. Daudet non vale Cassagnac». Il direttore sopiva la polemica ribadendo la sua «massima rettitudine»: cfr. MIKRÒS, *Dichiarazione*, 16 luglio 1927, p. 1. art. di fondo. «Non replicheremo a nuove polemiche. Da cinque anni scriviamo sempre colla massima rettitudine. E nessuno ha il diritto di dipingerci settari larvati».

[165] Cfr. MIKRÒS, *La Chiesa e il fascismo*, cit.

[166] Cfr. A. BARTOLOMASI, *Il congresso eucaristico di Bologna. Ieri e oggi*, 24 agosto 1927, p. 1 art. di fondo; MIKRÒS, *Splendori eucaristici*, 11 settembre 1927, p. 1 art. di fondo.

[167] MIKRÒS, *I cattolici e il regime*, 2 febbraio 1928, p. 1 art. di fondo.

[168] Cfr. G. MENARA, *Ancora il trucco protestante*, 9 settembre 1927, p. 1. In polemica con l'*Evangelista* di Roma; IDEM., *"Da certi amici ci guardi Iddio ..."*, 18 ottobre 1927, p. 1 art. di fondo. Contro un libricino dal titolo *l'Amico di Casa* diffuso anche tra il clero dalla comunità valdese; VINDEX, *Un allarme*, 15 febbraio 1928, p. 1 art. di fondo. L'allarme era dato dai vescovi liguri per la ripresa della propaganda protestante; MIKRÒS, *Risvegli protestanti*, 28 febbraio 1928, p. 1 art. di fondo.

d'accordo. La battaglia fascista, contro la limitazione delle nascite, avrebbe dato buoni risultati solo a patto che si arrivasse alla "restaurazione" della «onestà e integrità del costume cristiano»[169].

Il fatto che il consenso cattolico verso il regime fosse salito, non impediva al Calligari di ribattere vigorosamente i "filosofumeni laici" del Gentile. Questi aveva tenuto a Napoli un discorso fortemente polemico contro i cattolici, in cui li accusava: «d'incontentabilità e di ingratitudine verso il regime, dopo quanto elargì alla scuola col ripristino dell'insegnamento religioso, col riconoscimento ufficiale del cattolicismo quale religione dello Stato»[170]. Al discorso del Gentile, seguirono lunghe polemiche anche da parte del Vaticano[171] che si attenuarono solo dopo uno scritto di Arnaldo Mussolini nel *Popolo d'Italia* che definava restituzioni le larghezze d'ordine religioso ed etico compiute dal regime nei confronti dei cittadini cattolici[172]. L'articolo era per il direttore dell'*Unità* «vivo dialetticamente, ma conciliante nella sostanza». Calligari coglieva, poi, l'occasione per fare il punto della situazione nei rapporti tra il regime fascista e il cattolicesimo, per dare la sua interpretazione, facendosi da lontano, non nascondendo le sue miopie, coprendo il passato di un velo pietoso:

> «Il fascismo al suo affermarsi trovò sulla sua via tre aspetti dell'azione religiosa: la Chiesa, l'Azione Cattolica, il Partito Popolare. E usò tre differenti atteggiamenti nelle relazioni con essi. Da ciò rampollarono acquiescenze e dissidi, adesioni e discrepanze, che non crearono mai aperti contrasti, ne consensi formali: ma giovarono a stabilire quello che i francesi definiscono ora *detente*, ora *entente*.
> Colla Chiesa, cioè col mondo ecclesiastico le relazioni officiose e ufficiali

---

[169] Cfr. MIKRÒS, *Dalli al tronco*, 30 aprile 1926, p. 1 art. di fondo. Relativo al comunicato del ministro Federzoni sui provvedimenti intesi a difendere l'integrità della famiglia dalla propaganda malthusiana. "Atto di buon governo" elogiato dall'*Osservatore Romano*. Cfr. pure R. BETTAZZI, *Pubblica immoralità*, 24 agosto 1927, p. 1 art. di fondo. Sulla famiglia cristiana da restaurare; VINDEX, *Politica demografica*, 11 febbraio 1928, p. 1 art. di fondo; MIKRÒS, *Il problema demografico e la F.I.U.C.*, 19 febbraio 1928, p. 1 art. di fondo.

[170] MIKRÒS, *I cattolici e il regime*, 2 febbraio 1928, p. 1 art. di fondo.

[171] Cfr. T., *"Bisogna che c'intendiamo"*, in «Osservatore Romano», 26 gennaio 1928. Reazione immediata al discorso del Gentile apparso sul *Giornale d'Italia*; ID., *Ancora per intenderci*, in «Osservatore Romano», 27 gennaio 1928. «Un'altra volta questo concetto di concessione graziosa, di elargizione dello stato italiano, considerato come un ente di tutela e di beneficienza di fronte alla religione, alla Chiesa, ai cattolici, affiorò nella discussione, che sulla "questione romana" seguì per la stampa, l'ottobre scorso. [...] Non si rassegnano nè si rassegneranno mai i cattolici italiani ad essere considerati raccattatori delle briciole del convito nazionale [...]».

[172] Cfr. A. M[USSOLINI], *Equità*, in «Popolo d'Italia», 28 gennaio 1928. Equità da parte degli uomini di Chiesa.

superarono felicemente ogni preconcetto del vecchio liberalismo massonico: e la gratitudine dei cattolici non tardò a manifestarsi e non fu avara. Per l'Azione Cattolica fu meno agevole la *detente*, perché vi si volle sospettare e vedere uno spirito politico o di parte, che i fatti dimostrarono arbitrario e insussistente. Ma oggi, dopo il nuvolo, l'orizzonte s'è rasserenato e il regime conosce la lealtà dei cattolici militanti e sa quanto sia positiva l'apoliticità dell'Azione Cattolica.

L'urto, dopo i primi sterili approcci, avvenne col Partito Popolare. E ogni spirito accorto dovea prevedere che sarebbe stato fatale. Ma omai tutto questo appartiene al passato, che non ritorna. Il nocciolo della rivoluzione fascista era un partito, che doveva sopprimere e distruggere gli altri»[173].

Ma proprio in quegli anni i contrasti tra la Chiesa e il regime fascista si accentuavano sul piano educativo: lo sviluppo dell'Opera nazionale Balilla, affermava la «totalitarietà dell'educazione» come una necessità inderogabile alla quale il fascismo non poteva rinunciare. La stabilità del regime era coniugata ad una stabilità dottrinaria. Le giovani generazioni dovevano essere formate nella fede fascista. L'insegnamento di questa nuona fede assumeva forma catechetica e doveva essere inculcata attraverso proposizioni ferme, immutabili: come i dogmi della chiesa appunto. Furono anni di tensione e di scontri anche fisici per gli uomini della stampa che si opponeva al regime. La fede cattolica non bastava ai fascisti. L'educazione religiosa dei fanciulli doveva essere integrata col senso della virilità, della potenza, della conquista, propri della fede fascista. Fu la collisione e ancora una volta i cattolici si trovarono divisi. Scoppiarono polemiche intorno al ruolo dell'Azione Cattolica e a quello dei *boy-scouts* cattolici. Nel 1927 si conclude la parentesi "scoutistica", mentre le vicende dell'Azione cattolica ebbero un'evoluzione più complessa. Le penne del Menara e di altri scrittori a più riprese difesero l'Azione Cattolica, ribadendone il fine: «l'educazione delle coscienze»[174], le ragioni del suo essere, l'importanza della sua presenza:

> «L'*Azione Cattolica*, dunque, in uno Stato sapientemente guidato, ha diritto inalienabile di vivere, cioè di *agire*, come lo indica chiaramente il suo nome.
> Lo Stato può stroncare soltanto quelle associazioni che sovvertono l'ordine; mai se non per abuso di potere quelle società che - sia pure per altre vie -mirano e conducono al suo stesso fine. Colpendo, o anche solo limitando, le oneste attività dei cattolici lo Stato colpirebbe sè stesso o renderebbe più arduo il conseguimento dei suoi scopi essenziali.
> Nè si può sostenere l'opinione oggi di moda presso molti: essere l'A.C. cosa superflua, dati gli attuali ordinamenti della vita civile e politica.

---

[173] Mikròs, *I cattolici e il regime*, cit.
[174] Cfr. G. Menara, *L'accusa perenne*, 9 novembre 1927, p. 1.

Va ricordato che le buone leggi possono regolare la vita esteriore; ma difficilmente esercitano influsso efficace sulla vita delle famiglie e meno ancora sulla coscienza individuale. L'uomo (come le famiglie e, in ultima analisi anche la società) non trova il suo equilibrio perfetto se non quando è riuscito ad armonizzare i suoi doveri politici, civili e sociali con i suoi doveri religiosi.

A raggiungere questa perfezione lo Stato è impotente: perciò ad eliminare gli strani fenomeni di incoscienza che vediamo e deploriamo dappertutto occorre l'A.C.»[175].

Idealmente legato al PP, il Calligari aveva pure amici nel Centro Nazionale e proprio questa amicizia con alcuni ex-popolari, poi filofascisti, lo faceva incorrere in uno spiacevole incidente giornalistico, che con grande professionalità pubblicamente riconobbe. L'incidente avveniva a fine marzo 1928, in occasione della partecipazione del Centro Nazionale, composto da una nutrita parte del disciolto PPI passato gradatamente al fascismo, ad un congresso politico in Campidoglio. Il Centro accentuava in termini troppo spinti la concordia col PNF. Calligari commentava benevolmente questo incontro:

«Il Centro Nazionale sia dunque se non il cappellano del fascismo, il consigliere discreto, sincero del regime: sia qualche volta l'eco della voce dei cattolici, senza temere i filosofumeni laici del sen. Gentile. Sia poi ricordevole che è l'ala destra staccata del P.P. Forse se fosse sorto un partito cattolico, quale si era vagheggiato nei primi anni del Pontificato di Leone, sarebbe stato dello stampo dell'ala destra del P.P. e quindi affine a questo Centro, che ne continua la mentalità e la tradizione in una singolarissima esistenza, com'è quella di aver caratteristiche di partito, senza esserlo, di riflettere un pensiero e un programma politico senza aspirare a portarlo in parlamento, a fianco del governo che preferisce»[176].

Il papa in un discorso alla Giunta diocesana di Roma riprovava duramente il congresso capitolino. La dissonanza era evidente, anche se involontaria. La stampa avversaria strumentalizzò «l'infortunio», mettendo il giornalismo cattolico in contraddizione col papa. Il direttore dell'*Unità Cattolica*, senza mendicare scuse, con il suo *confiteor* si umiliò davanti al papa. Le sue intenzioni non erano accomodatizie nei confronti del fascismo[177].

---

[175] G. MENARA, *I diritti dell'Azione Cattolica*, 22 novembre 1927, p. 1. La difesa continuò cfr. L. CIVARDI, *Educazione e Azione Cattolica*, 7 maggio 1927, p. 1 art. di fondo. In preparazione della XIV Settimana Sociale; G. MENARA, *Tutto o niente*, 12 luglio 1927, p. 1 art. di fondo; G. MARCHISONE, *Per l'Azione Cattolica parrocchiale*, 11 agosto 1927, p. 1 art. di fondo.

[176] MIKRÒS, *Il Centro Nazionale*, 25 marzo 1928, p. 1 art. di fondo.

[177] Cfr. MIKRÒS, *Nota*, 30 marzo 1928, p. 1 art. di fondo. «Non sentimmo di aver

B. La Conciliazione.

Nel 1929 l'evento della Conciliazione e il successivo plebiscito segnavano due risultati «formidabili» per il fascismo. La compiacenza della stampa cattolica era oramai inevitabile. La Conciliazione costituiva, infatti, l'episodio culminante fra tutti gli avvenimenti nella storia del fascismo, per cui anche le più "tiepide" testate cattoliche passarono da sentimenti di riottosa e puntigliosa distanza a convergenze pratiche nella battaglia per la "moralità". L'atteggiamento dell'*Unità Cattolica*, dopo l'annuncio della Conciliazione tra lo Stato e la Chiesa, possiamo riassumerlo in due aggettivi: esultanza e vigilanza. Esultanza per il «magnifico» avvenimento, vigilanza per una vera attuazione di quanto concordato.

A questo punto il direttore si abbandonava a momenti di entusiasmo, quasi spontaneo, tentava di interpretare i segni, gli indizi, le conseguenze:

> «come folgore ci percosse l'annunzio di un avvenimento che riempirà di letizia l'Italia e il mondo: l'atto di riconciliazione tra lo Stato e la Chiesa dopo il lungo dissidio, dopo oltre mezzo secolo d'incomprensione della giustizia e dei diritti della Santa Sede. [...] L'Italia nostra, [...] per volontà del Duce del fascismo, riprende con nuova aperta consapevolezza le tradizioni cattoliche nazionali. [...] E' una luce codesta che splenderà come stella sul Regime e sull'uomo che lo impersona, poichè il pensiero e l'atto hanno la forza e la grazia della personalità, grazia che s'era annunziata nella prassi sincera con cui venivano considerate le interferenze tra l'autorità politica e l'ecclesiastica. Le ombre, se ombre c'erano, venivano da chi non aveva o non sentiva il suo spirito»[178].

Da qui gli elogi e il vivo riconoscimento andavano a Mussolini, posto «tra i più insigni personaggi del vero risorgimento italiano e segnacolo storico in vessillo». L'Italia «il popolo prediletto, il più vicino a Pietro» era tornato «un'altra volta nel firmamento romano, nel cielo Vaticano». Mussolini aveva ristabilito «le relazioni tra Stato e Chiesa sul piede di un'uguaglianza, che più non esisteva dopo la caduta del principato civile del Papa e l'intervento incongruo della Legge della Guarentigie».

---

peccato d'intenzione disobbediente; commettemmo un errore. E l'errore dobbiamo candidamente confessarlo, lo facemmo nella pura veste di giornalisti, per aver ceduto alla visione di un fatto che contiene mescolato all'elemento religioso del sodalizio la pregiudiziale politica, e dell'una e dell'altra ne fa una bandiera. [...] Per un giornale cattolico e per noi fu sventura che ci angustia, non per l'umiliazione, ma per non aver intuito le ragioni superiori del S. Padre così lontane dall'occasione giornalistica che ci dettava lo scritto».

[178] Mikròs, *Exultemus*, 12 febbraio 1929, p. 1 art. di fondo.

Finalmente si realizzava «il desiderio che da Pio IX a Pio XI i Pontefici espressero nell'invitare all'amplesso la nazione di cui il Papato fu gloria, onore e salute»[179]. I patti lateranensi costituivano il trionfo del papato e della chiesa[180], la vittoria personale di Mussolini[181], la sconfitta del liberalismo[182] e della massoneria[183]. Nel mese di marzo veniva dato ai lettori il testo ufficiale del trattato coi relativi allegati e quello del concordato[184]. Ben presto accanto agli articoli, che continuavano ad esaltare i patti lateranensi[185], alle notizie di cronaca per le manifestazioni di gioia dei cattolici italiani ed esteri[186], ai telegrammi[187], alle dichiarazioni[188], cominciarono a comparire inviti a votare «sì» nel plebiscito:

---

[179] *Ibidem*.

[180] Cfr. VINDEX, *L'ora di Dio*, 13 febbraio 1929, p. 2; L. VENEZIANI, *Le ragioni e finalità soprannaturali del trattato e del Concordato*, 27 febbraio 1929, p. 1 art. di fondo; VINDEX, *Le ragioni dello spirito*, 1 marzo 1929, p. 1 art. di fondo: «Nel disegno divino la Storia non è che il movimento dei popoli verso la Chiesa»; L. VENEZIANI, *L'alto spirito religioso del trattato e del concordato*, 6 marzo 1929, p. 1 art. di fondo. Infine la poesia di C. A. BONARDI, *La conciliazione*, 15 febbraio 1929.

[181] Cfr. MIKRÒS, *Nel solco della storia*, 20 febbraio 1929, p. 1 art. di fondo; G. MENARA, *Oltre gli avvenimenti*, 24 febbraio 1929, pp. 1-2: Mussolini e il Papa sono uomini preparati «spiritualmente» dalla Provvidenza per la soluzione del più grande problema della storia moderna.

[182] Cfr. MIKRÒS, *"Pax Vaticana"*, 17 febbraio 1929, p. 1 art. di fondo.

[183] Cfr. MIKRÒS, *Pregiudiziali massoniche*, 22 febbraio 1929, p. 1 art. di fondo.

[184] Cfr. *Il testo ufficiale del patto Lateranense*, 19 marzo 1929, pp. 1-3.

[185] Tra i titoli più significativi apparsi in prima pagina, a caratteri cubitali, nei giorni e nelle settimane successive ai patti lateranensi: *Una storica udienza. Il Papa esalta e spiega il Concordato*, 13 febbraio 1929; *La letizia del mondo cattolico per l'accordo di Roma*, 14 febbraio 1929; *Il Papa dice: "Crediamo di aver dato Dio all'Italia e l'Italia a Dio"*, 15 febbraio 1929; *Il compito dei cattolici italiani dopo l'accordo*, 16 febbraio 1929; *L'accordo di Roma auspicio della pace del mondo*, 17 febbraio 1929; *Il patto di Roma segna un'era nuova nella storia*, 20 febbraio 1929; *Continua il plebiscito di omaggi alla S. Sede*, 22 febbraio 1929.

[186] L'*Unità Cattolica* pubblicava le cronache delle manifestazioni religiose, politiche e popolari per la felice soluzione della questione romana. In particolare si dilungava nella descrizione dei festeggiamenti organizzati nelle diverse città italiane dalle varie associazioni cattoliche; sul canto del "Te Deum" nelle cattedrali; sulle bandiere tricolore e vaticana appese ai balconi dei palazzi; sui manifesti dei podestà; ecc.: Cfr. *Cronaca Fiorentina. Dopo l'accordo di Roma. Firenze si raccoglierà domenica in Duomo per ringraziare solennemente il Signore*, 14 febbraio 1929, p. 4: il quotidiano fiorentino riportava tra le molte cose il manifesto del podestà di Firenze (Giuseppe della Gherardesca) che terminava affermando che il Papa aveva «stretto al proprio petto l'Italia fascista»; *Echi in Italia e all'Estero*, 15 febbraio 1929, p. 2; *Tutta l'Italia eleva a Dio l'inno di ringraziamento*, 19 febbraio 1929, pp. 1-2. Si vedano le cronache dei giorni e delle settimane successive.

[187] Cfr. *Telegrammi di devozione e di augurio al Santo Padre*, 14 febbraio 1929, p. 1; ecc.

[188] Cfr. il numero del 13 febbraio 1929, dove erano riportate dichiarazioni e congratulazioni del Re, di Briand, del card. Decano, del card. Dubois. Cfr. pure i numeri dei giorni successivi.

«Tutte le benemerenze del Regime e del suo Capo si coronano di quest'ulivo [pace religiosa], che non è più simbolico fior di retorica, ma viva realtà faustissima dell'Italia risorta a grande potenza europea. Nel segreto dell'urna il plebiscito rivestirà la formula di risposta e di gratitudine del popolo per chi ha compiuto il grande prodigio»[189].

Questa logica del consenso condizionato non impediva al foglio fiorentino di insistere sulla necessità di vigilare affinchè si giungesse ad una vera realizzazione di quanto concordato. Specialmente si insisteva su alcuni punti: l'insegnamento religioso nelle scuole, inteso dagli scrittori dell'*Unità* come catechismo e di esclusiva competenza del prete, senza minimamente preoccuparsi del problema della sua preparazione didattica e metodologica[190]; l'Azione Cattolica, che doveva riprendere la sua opera pubblica alla luce del sole, rimodellando le menti e gli animi degli italiani[191]; ancora l'educazione della gioventù ispirata ai valori del vangelo[192]; il matrimonio religioso[193]; le tasse del clero[194]; il riposo festivo.

---

[189] MIKRÒS, *Il plebiscito*, 10 marzo 1929, p. 1 art. di fondo. Dello stesso tenore cfr. F. CRISPOLTI, *La portata delle elezioni e la responsabilità dei cattolici*, 22 marzo 1929, p. 1 art. di fondo; MIKRÒS, *La vigilia dei comizi*, 23 marzo 1929, p. 1 art. di fondo. «Fede e patria hanno scambiato il bacio di pace. E il voto dei cattolici deve entrare nel plebiscito colla lealtà di cittadini e la gioia dei credenti»; G. MARCHISONE, *I cattolici e il plebiscito. Le ragioni del consenso*, 24 marzo 1929, p. 1 art. di fondo; infine MIKRÒS, *L'unità plebiscitaria*, 27 marzo 1929, p. 1 art. di fondo.

[190] Cfr. VINDEX, *Un gran passo*, 13 marzo 1929, p. 1 art. di fondo. L'insegnamento religioso divenuto obbligatorio doveva essere affidato «al Prete»; IDEM., *Il prete nella scuola*, 27 marzo 1929, p. 2. «Il Sacerdote è il maestro naturale dell'altissima disciplina»; IDEM., *Dopo il congresso dei filosofi. Questione di metodo?*, 7 giugno 1929, p. 3. «La questione dell'insegnamento religioso, portata al congresso di Roma, non è questione di metodo, ma di sostanza. Quando i filosofi sono massoni o massoneggianti, quando questi filosofeggiano, gatta ci cova...».

[191] Cfr. G. MARCHISONE, *Per nuove vie*, 16 marzo 1929, p. 1 art. di fondo. «Certo l'applicazione del Concordato, e più ancora il nuovo ambiente, la nuova coscienza pubblica che si formeranno, risolveranno anche questo contrasto [tra la formazione di una gioventù che sia guida nella società politica di domani e il regime corporativo fascista]. Ma intando occorre iniziare un lavoro di preparazione, entro le nostre file per studiare, conoscere e non ignorare o estraniarsi dai nuovi problemi che sorgono col sorgere di questa nuova civiltà. Guai agli assenti, a coloro che chiudono gli occhi alla realtà»; VINDEX, *L'Integrazione del Trattato. L'Azione Cattolica*, 11 maggio 1929, p. 1 art. di fondo. L'art. 43 del Concordato riconosceva, da parte dello Stato, la partecipazione del laicato all'apostolato della Chiesa, cioè l'Azione Cattolica. Tutti i cattolici: fanciulli, giovani, uomini dovevano aderire all'A.C.

[192] Cfr. *L'Educazione cristiana della gioventù*, 13 luglio 1929, p. 1. Era ripreso integralmente una nota ufficiale dell'*Osservatore Romano*, che rivendicava il diritto della Chiesa ad avere associazioni educative.

[193] Cfr. F. CRISPOLTI, *Il riconoscimento legale del matrimonio religioso*, 19 febbraio 1929, p. 1; *Per l'applicazione dell'art. 34 del Concordato*, 16 luglio 1929, p. 1; EKA, *Il matrimonio in Italia dopo il concordato*, 31 agosto 1929, pp. 1-2.

[194] Cfr. L. LAGHI, *Le tasse del clero dopo il concordato*, 7 aprile, 15 e 26 maggio 1929, p. 2; IDEM., *Il nuovo diritto ecclesiastico*, 5 e 14 luglio 1929, p. 3.

Non si occupò l'*Unità Cattolica* dei religiosi. Proseguirono invece le polemiche antibolsceviche, la lotta contro la pornografia, contro il diffondersi della propaganda protestante. Tuttavia le illusioni del papa di trarre vantaggi per la religione dal fascismo svanirono dopo i discorsi di Mussolini alla Camera e al Senato (13 e 25 maggio 1929). La reazione del pontefice fu immediata. Il giornale fiorentino la raccolse prontamente. All'indomani delle dichiarazioni «dure», «crude» e «drastiche» di Mussolini alla Camera, il papa il 14 maggio in un discorso improvvisato, rivolto ad un gruppo di allievi ed ex-allievi del Collegio dei gesuiti di Mondragone, ribadiva energicamente il diritto della Chiesa di educare la gioventù: «Ma dove non potremo mai essere d'accordo [con lo Stato fascista] è in tutto ciò che vuol comprimere, menomare, negare quel diritto che la natura e Iddio hanno dato alla famiglia e alla Chiesa nel campo dell'educazione»[195]. L'*Unità Cattolica* riproduceva poi la Lettera del papa al Card. Gasparri del 30 maggio in cui Pio XI rispondeva dettagliatamente al Duce sottolineando la indipendenza e sovranità della Chiesa, in particolare contro le pretese «ereticali e peggio che ereticali» di Mussolini che il 25 maggio 1929 (al Senato) aveva detto fra l'altro che le giovani generazioni appartenevano «per intero» al fascismo e dovevano essere allevate «con lo spirito proprio della disciplina fascista», su questo punto «noi non intendiamo di creare eccezioni di nessuna specie a questa nostra fermissima regola fondamentale»[196].

L'ultimo articolo del Calligari commentava la prima processione fatta dal papa fuori del Vaticano, «l'ora sacra della concordia» tra l'Italia e la Santa Sede dopo tanti anni era tornata e tale pacificazione era vista come l'immagine di una concordia più globale, dai contorni forse un po' ingenui, anche se non si nascondevano i timori per «altre ore di tenebre»[197].

Concludendo queste pagine relative agli anni del fascismo, merita di essere messo in risalto l'equilibrio del direttore Calligari. Egli seppe

---

[195] Cfr. *Il diritto della Chiesa all'educazione dei giovani nella augusta parola del Papa*, 17 maggio 1929, p. 1.
[196] Cfr. 6 giugno 1929, p. 1.
[197] Cfr. MIKRÒS, *La processione vaticana*, 25 luglio 1929, p. 1 art. di fondo. «L'ora sacra della concordia è tornata per la patria nostra, e nell'allegrezza nazionale della pace religiosa: così come altrove già suona serena pel Messico lontano, per la Germania del Reich; così come teneramente sembra albeggi nel paese di Giovanna d'Arco. [...]. Verranno altre ore di tenebre sorgeranno pericoli e conflitti perchè lo spirito del male insidierà alla cara pace raggiunta, e vorrà togliere Dio all'Italia e l'Italia a Dio. Sarà quella l'ora trepida del tramonto che accorava i discepoli del Signore. Se quest'ora sonasse sulle torri d'Italia, noi supplichiamo con la medesima preghiera, Gesù eucaristico e il suo cuore amoroso, e gli diciamo a nome di tutti gli italiani: *Mane vobiscum, Domine, quoniam advesperascit!*».

tenere l'*Unità Cattolica* fuori dalla sfera filo-fascista e ne fece una voce autonoma dal regime. Seppe mantenere le distanze dai principi ideologici del fascismo, anche se non disdegnò di riconoscere alcuni meriti del regime. La stessa impressione di un brusco cambiamento di tono, tra quello che veniva usato prima della marcia su Roma e quello che venne usato dopo, vanno compresi nella nuova legalità che il fascismo aveva assunta. Cioè l'aperta opposizione al fascismo, prima del 28 ottobre 1922, non poteva sussistere dopo il colpo di mano di Mussolini e soprattutto dopo la sua "insolita" (rispetto a quella liberale) politica religiosa. L'*Unità Cattolica*, fedele alle direttive pontificie e sensibile a tutto ciò che poteva portare alla piena autonomia e indipendenza della Chiesa, si mostrò benevola nei confronti del capo del Governo, sempre giudicato al di sopra delle parti, sempre creduto in buona fede, ingenuamente quasi mai identificato col regime, soprattutto apprezzato per la "apparente" politica di rinuncia ad un programma liberale laico e all'indifferentismo in materia religiosa. In questo contesto, a mutare atteggiamento, secondo la tesi dell'*Unità*, non fu il quotidiano fiorentino (e in questo aveva ragione), ma Mussolini che con la sua "tattica" fin dall'inizio del suo Governo pose le premesse di quella politica strumentale apparentemente a favore della Chiesa, che troverà il suo compimento nella firma dei Patti Lateranensi. Il foglio fiorentino, a differenza di altri quotidiani cattolici, come ad es. il *Corriere d'Italia*, non arrivò mai ad una collaborazione propagandistica del fascismo. Forse sperò di poter fare affidamento sulla buona fede del "nuovo" Mussolini per ricristianizzare la società. Rimasero delle riserve nei confronti del fascismo; l'*Unità Cattolica* si oppose fino al 1925 all'identificazione tra Stato e regime fascista, rivendicò energicamente il diritto alla vita dei partiti, soprattutto del PP di cui sostenne l'autonomia e l'aconfessionalità in campo politico; sottolineò il diritto alla libertà di stampa e di critica nei confronti dell'operato di Mussolini. La svolta brusca si ebbe dopo l'inizio della dittatura sul parlamento (3 gennaio 1925), quando di fronte alla censura fascista e alla sua forte offensiva che colpiva circoli e sedi di partito, giornali e direttori di giornali, l'*Unità Cattolica*, che si era tenuta al di sopra delle parti e dei partiti, per poter liberamente lodare o criticare il loro operato, si vide costretta, per sopravvivere, ad assumere un atteggiamento di non giudizio politico e di non protesta, come ad esempio di fronte ai delitti di don Minzoni e Matteotti, alla soppressione del PPI, all'esilio di don Sturzo e all'eliminazione della libertà di stampa. Il peso della censura contribuiva ad appiattire un po' l'originalità del giornale fiorentino e il timore di ritorsioni fasciste la spingeva ad attendere, in alcune questioni, i pronunciamenti dell'*Osservatore Romano* e a porsi sotto la sua protezione. Il quotidiano fiorentino si volgeva principalmente alla trattazione di questioni religiose e morali, distingueva e difendeva la sfera religiosa da quella politica, l'etica fascista dalla morale cristiana, la fede fascista dalla fede cattolica. Affermava il diritto dovere della Chiesa all'educazione della gioventù. L'integrismo clericale e il totalitarismo statuale non potevano che respingersi. Anche se l'*Unità Cattolica* di Calligari aveva superato le posizioni anacronistiche e utopistiche dei tempi passati, non aveva perso l'animo integrista: ai surrogati del fascismo, scriveva nel 1927, si doveva opporre «il cristianesimo integrale»[198]. E quel "tutto o niente" chiesto dall'*Unità* parve realizzarsi nell'evento della Conciliazione che portò il giornale ad una "chiara", anche se discutibile, compiacenza e simpatia verso il Duce del fascismo.

---

[198] G. MENARA, *Tutto o niente*, 12 luglio 1927, p. 1 art. di fondo.

Capitolo V

LA MENTALITÀ INTEGRALISTA: OSSERVAZIONI CONCLUSIVE

Nel corso di questa analisi è comparso un atteggiamento da parte del foglio fiorentino di rifiuto totale alle novità via via emergenti: unità d'Italia, democrazia, riformismo religioso, interventismo. Un'ulteriore indagine ci porta a capire se le motivazioni sottese al rifiuto di quelle realtà indicate sono univoche o meno, come sembrerebbe apparire ad un'analisi semplicistica. E infatti non sono mancati coloro - alludo ad una storiografia di parte - che amano ricondurre siffatti atteggiamenti ad una coerenza oltre che ideologica, anche etica. Se appare attendibile un atteggiamento aprioristico indubbio, legato a un tipo di sottocultura cattolica per il quale esiste una compiutezza indefettibile nella religione e quindi aliena dall'accogliere ogni altro divenire, non c'è dubbio che il rifiuto dell'interventismo non era lo stesso del rifiuto al riformismo religioso. Anche se, a volte, la cifra politica nella confusione integralistica non pare avere valenza differente da quella teologica.

L'integralismo ha fondamenta storiche molto lontane, è una tendenza sempre presente nella storia e, soprattutto, nei periodi di intensi mutamenti. E' un fenomeno non solo europeo, ma restando nell'ambito culturale della società europea di '800 e '900 lo troviamo nell'antagonismo e nella polemica cattolica e anticlericale specialmente italiana, francese e spagnola. Se cerchiamo di individuare le espressioni storiche, cioè i *precedenti dell'intransigenza*, viva durante tutto l'Ottocento, essa appare sul piano ideologico in uomini come p. Franco[1], Louis Veuillot dell'*Univers*[2], Charles Maurras dell'*Action Français*[3], Cándido Nocedal

---

[1] Cfr. G.G. Franco, *Appunti storici sopra il Concilio Vaticano*, a cura di G. Martina, Roma 1972, spec. Introduzione, pp. 3-10 e *passim*.

[2] Cfr. J.C. Rao, *Louis Veuillot and Catholic «Intransigence»: A Re-evaluation*, in «Faith and Reason», Raleigh N.C., 9 (1983), pp. 282-306; *Louis Veuillot en son temps. Colloque historique organisé à l'occasion du 100ᵉ anniversaire de sa mort...19 novembre 1983*, in «Revue de l'Institut Catholique de Paris», Paris, 10 (1984), pp. 1-147.

[3] Cfr. P. Boutang, *Maurras. La destinée et l'oevre*, Paris 1984. Si veda pure la nota n. 12.

e suo figlio Ramón de *El Siglo futuro*[4], in organi come la *Civiltà Cattolica*[5], nelle manifestazioni antirisorgimentali, sul piano pratico nei nunzi Luigi Lambruschini[6] e Raffaele Fornari[7]. E' anche il risultato della lunga disputa con il liberal cattolicesimo o meglio con i liberali cattolici[8]. Una disputa spesso confusa e passionale contro ogni tuffo nella modernità, fra la tradizione cattolica e gli ideali moderni. Gli stessi cattolici liberali nella varietà di espressione sostanzialmente serbano posizioni conservatrici sul piano teologico e sociale, si aprono ad apporti scientifici novatori, che per altro non alterano lo schema tradizionale (il Bedeschi ha parlato di gattopardismo); hanno unicamente la preoccupazione di conciliare la libertà con la religione e la democrazia. Costante loro assillo da Rosmini a Gioberti, da Lambruschini al Tommaseo, dal Lamennais, al Montalembert e Lacordaire, dal Döllinger al Maret, dal Ventura al Curci, dal Blondel al Newman. Non mancavano sostenitori e simpatizzanti tra la gerarchia cattolica: cardinali e vescovi moderati di antico orientamento transigente come Serafino Vannutelli e Capecelatro[9], Maffi e Ferrari, Bonomelli e Scalabrini.

Dell'integralismo religioso francese e spagnolo non ci siamo occupati nel corso di questo saggio, lo facciamo ora, in poche righe, con l'intento di ampliare un poco l'orizzonte. Metodi, elementi e soprattutto criteri di fondo non sono in sostanza molto diversi da quelli adottati dagli

---

[4] Sulla personalità di Nocedal e la sua mentalità integrista si veda la monografia di B. URIGÜEN, *Orígenes y evolución de la derecha española en el siglo XIX*, Madrid 1986.

[5] A. DIOSCURI, *La rivoluzione italiana e la «Civiltà Cattolica»*, in «Rassegna storica del Risorgimento», XL (1953), 2-3, pp. 258-266; L'introduzione di G. DE ROSA al suo *«Civiltà Cattolica» 1850-1945, antologia*, 4 voll., Roma 1971-1972, I, pp. 9-101; T. GIPPONI, *Stato e Chiesa nella «Civiltà Cattolica»*, Lodi 1981; R. SANI, *Un laboratorio politico culturale «La Civiltà Cattolica»*, in *Pio XII*, a cura di A. RICCARDI, Bari 1985, pp. 409-436.

[6] Cfr. L. MANZINI, *Il cardinale Luigi Lambruschini*, Città del Vaticano 1960; J. MARTIN, *Lambruschini Luigi, card.*, in *Catholicisme hier aujourd'hui demain*. Encyclopedie publ. sous la direction de G. JACQUEMET, vol. 6, cc. 1709-1711.

[7] Cfr. G. MARTINA, *Fornari Raffaele card.*, in *Dictionnaire d'histoire et de géographie ecclésiastique*. Sous la direction de R. AUBERT, Paris 1971, vol. 17, cc. 1097-1107 (con bibliografia).

[8] La nozione di cattolici liberali è problematica, alcuni studiosi preferiscono non usarla, infatti parlare di liberalismo cattolico per Jemolo, ad esempio, è fare del nominalismo, raccogliere sotto un'etichetta comune realtà che hanno tra loro poco o nulla di identico... in fondo ritorna ancora una volta il problema degli universali. Si veda E. PASSERIN D'ENTRÈVES, *Il cattolicesimo liberale in Europa ed il movimento neoguelfo in Italia*, in *Nuove Questioni del Risorgimento e dell'Unità d'Italia*, Milano 1961, pp. 565-606.

[9] Cfr. A. IODICE, *Il cardinale Alfonso Capecelatro «maestro di cattolicesimo liberale»*, in *Studi in onore di Mons. Luigi Diligenza*. A cura di A. IANNIELLO, Aversa 1989, pp. 143-164.

intransigenti e intregralisti italiani, anche se sfumature esistono e a volte anche vistose. Nell'ambito francese, ad esempio, oltre a *La critique du liberalisme*, periodico antimodernista di Emmannuel Barbier, esercitò un notevole influsso la *Revue d'Action Française* fondata dall'agnostico Charles Maurras nel 1899 e trasformatasi nel 1908 nel giornale *L'Action Française*. Il quotidiano divenne l'espressione del realismo intransigente. Regolarmente a fianco degli integralisti avversari della democrazia cristiana, divenne ispiratore di un movimento che concepiva la Chiesa soprattutto come un indispensabile strumento di ordine sociale, raccoglieva i cattolici monarchici e gli estimatori della cultura classica. A questo movimento, complesso ed apparentemente cristiano, andarono le simpatie dei cardinali francesi de Cabrières e Sevin, di influenti personaggi della curia romana, dei cardinali Le Floch e Billot[10], e dello stesso Pio X che nel contesto della lotta antimodernista definì il Maurras «un difensore della Santa Sede e della Chiesa»[11]. Non mancarono critiche e attacchi all'*Action Française* da parte del Laberthonnière (oratoriano), del Descoqs (gesuita) e denunce di vari vescovi. Ma, quando la congregazione dell'Indice il 26 gennaio 1914 condannò sei opere del Maurras, Pio X decise di non pubblicare la sentenza. Con Pio XI lo scontro tra la S. Sede e il movimento giunse al suo culmine. Al momento della condanna del giornale l'*Action Française* (decreto del S. Uffizio del 1926) Pio XI difese la tesi della perfetta continuità della sua politica con quella del suo predecessore: affermazione oggetto di varie discussioni. L'allocuzione concistoriale (20 dicembre 1926) dedicata da Pio XI all'argomento, non metteva in questione i "diritti divini" della Chiesa sulla società, ma alcuni aspetti del movimento maurassiano: la *leadership* di un agnostico su di un gruppo in prevalenza cattolico; la pretesa di un primato della politica sulla religione che finiva per sottomettere la Chiesa a posizioni che intralciavano il raggiungimento degli obiettivi perseguiti dal Vaticano; l'ostacolo che esso costituiva alla riunificazione dei fedeli in un'unica associazione di azione cattolica. All'intransigente reazione dell'*Action française* che rispose al papa con un *Non possumus* e distinguendo fra competenza politica e religiosa della gerarchia, seguirono le severissime disposizioni della Penitenzieria nel marzo 1927. La polemica proseguì durissima nel decennio seguente. Il Le Floch, dopo la condanna del movimento, venne allontanato da Roma e solo nel 1939, nel quadro della riconciliazione con l'*Action française* (il S. Uffizio nel luglio 1939 tolse l'interdetto contro i capi del movimento), Pio XII lo riceverà ed elogerà pubblicamente; mentre il Billot, nel 1927, aveva

---

[10] Si vedano le lettere di Billot e Le Floch a Maurras in «Études maurraissiennes», V/2 (1986), pp. 583-598, 762-778.
[11] Cfr. A. DANSETTE, in «Études», 279 (1953), pp. 391-392.

preferito rinunciare al cappello cardinalizio[12].

Nella chiesa spagnola, di fine Ottocento e inizio Novecento, lo scontro si verificava tra gli intransigenti e i moderati o cattolico-liberali[13]. I primi, capeggiati da Cándido Nocedal e Ramón, avevano la loro voce in *El Siglo futuro*, gli altri seguivano Alejandro e Luis Pidal. L'organo intransigente spagnolo, ciecamente devoto alla causa dei carlisti, era il più diffuso tra le pubblicazioni cattoliche. Molto influente nella periferia e tra il clero, qualche volta si era arrogato il diritto di censurare gli stessi vescovi quando non li sentiva pienamente favorevoli alle sue tendenze. Aveva la pretesa della direzione suprema ed esclusiva del movimento cattolico spagnolo, e per questo finiva con lo strumentalizzarlo politicamente identificandolo con il carlismo:

> « Sólo los carlistas son verdaderamente católicos con exclusión de todos los demás partidos políticos llámense como se llamen. En España el catolicismo es el carlismo y el carlismo es el catolicismo. Y como es imposible que el carlismo concreto y determinado y el no-carlismo determinado y concreto sean simultáneamente católicos, de aquí el no-carlismo es el anticatolicismo »[14].

Riflessioni intorno alla natura dell'integrismo spagnolo sono state compiute anche in studi recenti[15]. Noi ci limitiamo solo ad alcune osservazioni. L'intransigenza o carlismo, nelle sue varie forme successive, era visto con favore dalla maggioranza dell'episcopato e del clero spagnolo[16]. Il dissidio tra gli intransigenti e i moderati era molto forte. Leone XIII e persino Pio X dovettero intervenire tre volte per esortare i cattolici

---

[12] Recenti contributi sulla vicenda, in L. THOMAS, *L'Action française devant l'église. De Pie X à Pie XII*, Paris 1965 (filomaurassiano); PH. BÉNÉTON, *Jacques Maritain et l'Action Française*, in «Revue Française de Science Politique», Paris, 23 (1973), pp. 1202-1238; J. PRÉVOTAT, *Remarques sur la notion de civilisation catholique dans la revue «L'Action Française» (juillet 1899-mars 1908)*, in *Civilisation chrétienne. Approche historique d'une idéologie XVIIIe-XXe siècle*, sous la dir. de J.R. DERRE, Paris 1975, pp. 349-365; O.L. ARNAL, *Ambivalent alliance. The catholic church and the Action française. 1899-1939*, Pittsburgh 1985; A. LADOUZE, *Dominicains et Action française. 1899-1940*, Paris 1989; ecc.

[13] Cfr. A. BOTTI, *La Spagna e la crisi modernista. Cultura, società civile e religiosa tra Otto e Novecento*, Brescia 1987.

[14] «El Siglo Futuro», 18 mayo 1887. In questo senso si possono pure vedere i dispaccci del nunzio Bianchi sulla situazione della stampa spagnola nel 1881 in V. CÁRCEL ORTÍ, *Situación político-religiosa de España en 1881, según un informe del nuncio Bianchi*, in *Las relaciones internacionales en la España contemporánea*, Murcia 1989, pp. 319-335.

[15] J.M. LABOA, *El integrismo, un talante limitado y excluyente*, Madrid 1985, in particolare pp. 173-190.

[16] Cfr. M. CUENCA TORIBIO, *Historia de la Iglesia en España*, V, *La Iglesia en la España contemporanea, 1808-1975*, pp. 288-289.

spagnoli all'unione, cioè, in fondo, per invitare gli intransigenti a maggiore equilibrio. Richiamiamo i tre interventi: la *Cum multa* (8 dicembre 1882) raccomandava esplicitamente di evitare ogni acredine e di procedere concordi[17]; la lettera *Cum huic opportuna tempori* del 20 marzo 1890 indirizzata al vescovo di Urgel, Casañas y Pagés, poi cardinale, condannava la posizione intransigente (non designata con questo nome, ma chiaramente descritta) e deplorava che dei religiosi, noti per la loro fedeltà alla S. Sede (i gesuiti, di cui non si faceva il nome, ma che erano indicati senza possibilità di equivoci) seguissero questo indirizzo con danno della Chiesa e della patria[18]. Pio X nella lettera *Inter catholicos Hispaniae* (20 febbraio 1906), al vescovo di Madrid, Guisasola Menéndez, interveniva a proposito degli attacchi mossi alla rivista gesuitica *Razon y Fé*, da parte de *El Siglo Futuro*: il papa approvava esplicitamente gli articoli di *Razon y Fé*, che invitavano a partecipare alle elezioni, accettando come male minore inevitabile l'elezione di liberali moderati[19]. Questi interventi pontifici non placarono, tuttavia, le lotte intestine tra i cattolici e le divisioni continuarono sino all'avvento della nuova repubblica.

Questo integralismo che viene da lontano, nonostante il concilio Vaticano II[20], è tuttavia ancora presente. Lo è stato durante il concilio nei due gruppi contrapposti: una minoranza conservatrice abbastanza consistente composta da vari cardinali e superiori generali come Ruffini[21], Siri, Antoniutti, Larraona, Copello, Ottaviani[22] e altri e il Fernandez generale dei domenicani; una larga maggioranza progressista tra cui accanto a Bea[23] spiccano Suenens, König, Journet, e il folto gruppo di teologi che ebbero un certo peso (Congar, Murray, Daniélou, de Lubac, Chenu). Lo è oggi con il caso Lefebvre che mantiene viva la memoria del passato integrista del cattolicesimo[24].

---

[17] Cfr. *Acta Leonis XIII*, III, pp. 170-180.

[18] Cfr. *Ibidem*, X, pp. 110-113.

[19] Cfr. *Acta Pii X*, pp. 42-43. Ricordiamo, inoltre, fra i numerosi studi sui tre documenti citati, l'articolo di V. CÁRCEL ORTÍ, *San Pío X, los jesuitas y los integristas españoles*, in A.H.P., 27 (1989), pp. 249-355.

[20] Cfr. G. MARTINA, *Il contesto storico in cui è nata l'idea di un nuovo concilio ecumenico*, in *Vaticano II: Bilancio e prospettive venticinque anni dopo (1962-1987)*, vol 1, a cura di R. LATOURELLE, Roma-Assisi 1987, pp. 27-82.

[21] Cfr. F.M. STABILE, *Il cardinal Ruffini e il Vaticano II: Le lettere di un «intransigente»*, in «Cristianesimo nella Storia», 11 (1990), pp. 83-176.

[22] Cfr. G. MATHON, *Ottaviani Alfredo, card.*, in *Catholicisme hier aujourd'hui demain*. Encyclopedie publ. sous la direction de G. JACQUEMENT, vol. 10, cc. 334-335.

[23] Cfr. S. SCHMIDT, *Augustin Bea. Der Kardinal der Einheit*, Graz 1989; e la recensione di quest'opera di oltre mille pagine compiuta da A. ROLLA- G.M. PIZZUTI, *Agostino Bea: il cardinale dell'unità*, in «Asprenas», 36 (1989), pp. 80-87.

[24] Cfr. L. PERRIN, *Il caso Lefebvre*. A cura di D. Menozzi, Genova 1991.

Gli elementi dell'integralismo sono disparati, intrecciati e contradditori, ma i seguenti, che raggruppiamo a livello ideologico, religioso ed etico, ci pare, formino il denominatore comune.

Il *piano ideologico* è determinato da sedimenti culturali e psicologici che portano ad un blocco mentale di tipo fondamentalista, che potremmo chiamare semplicemente opposizionalismo. Rientra in ciò la larga assenza di senso storico, del divenire in tutti i suoi aspetti e quindi l'apriorismo di un dato rivelato fin dall'inizio in maniera chiara, totale, immutabile, definitiva e, la negazione della critica ermeneutica relativa ai testi della fede, il rifiuto dell'ascolto e quindi del dialogo, il rigetto del pluralismo, del relativismo e dell'evoluzionismo. In una parola l'atteggiamento del tutto opposto a quello illuminista del dubbio, della ricerca, dell'ascolto. Il *piano religioso* lo si potrebbe individuare in un fanatismo come struttura della personalità e della fedeltà ad un messaggio la cui conservazione diventa, sul piano soggettivo, "meritocrazia". Naturalmente da una tale posizione, che identifica gli obiettivi religiosi del cristianesimo, con quelli dell'istituzione ecclesiale, ne derivano l'immobilismo totale e assoluto delle forme storiche, ritualistiche e non, il conservatorismo devozionale e stereotipato, un certo giansenismo, l'incapacità creativa di nuove esperienze di fede, di cui ultima conseguenza oggi potrebbe essere l'avversione ai movimenti di base. Nel *piano etico* l'integralismo è fondamentalmente pessimista nei confronti della natura umana; perciò è un atteggiamento di disprezzo verso ogni positività dell'uomo. Non ammette, per esempio, che possa chiamarsi martire uno che ha dedicato la vita alla patria morendo in carcere, né che possa esserci uno spirito nobile che si priva della sua ricchezza per scopi umanitari. Donde un logico manicheismo che contempla da una parte una morale dimidiata e dall'altra una morale plenaria. Donde gli apriorismi delle categorie di giudizio, che si richiamano ovviamente a queste premesse.

A. Piano ideologico.

Gli integralisti sviluppano un discorso organico e coerente coi loro principi che non sempre coincide con altre interpretazioni dello stresso gruppo. Assumono il dato cristiano come elemento sacrale completo e assoluto, non passibile di modifiche o di evoluzioni nella storia anche perché non sempre distinguono - diremo di più confondono - la enunciazione dei principi con l'ortoprassi. Hanno, in altre parole, un *concetto di Rivelazione* non inteso come messaggio di salvezza, richiamo ai principi, ma come soluzione concreta per tutti i problemi della vita individuale e collettiva²⁵. Psicologicamente parlando, l'integralista - alieno per temperamento e per formazione dalla maieutica tipica di Socrate - *è un intollerante nei confronti degli altri*. A questi egli vuole imporre la propria visione di mondo, di storia, di chiesa ecc, cancellando ogni differenza. E' incapace, essenzialmente, di accettare l'altro come tale, con un'idea diversa dalla sua. Questo atteggiamento provoca un'incapacità al dialogo, paradossalmente rifiutato in nome dei principi fondamentali su cui non è lecito transigere e della carità («l'odiosa virtù della carità», scriveva E. Veuillot). Per esempio gli antimodernisti, partiti in guerra contro l'intellettualismo e il sincretismo politico-religioso dei modernisti che mettevano al posto della "verità" immutabile il "dialogo", fuggono dinnanzi al pensiero e al timore delle sue conseguenze e si chiudono nei loro vaneggiamenti astratti, nella loro sicurezza. L'assolutezza del vero, che avrebbe dovuto rendere possibile il dialogo, negli integralisti non trova respiro, vanamente l'altra parte cerca il dialogo. Il rifiuto delle categorie della "mediazione culturale" e del "dialogo" (riconosciuti ufficialmente solo durante il Concilio Vaticano II) portano ad una visione pessimistica del mondo moderno, del quale si colgono solo gli aspetti negativi e l'impossibilità di ogni riconciliazione con esso:

> «I troppo ingenui adoratori della chimera modernista - leggiamo nell'*Unità Cattolica* - non sanno resistere alle tentazioni scaltre del conservatorismo e vogliono conciliare due contrarie dottrine, due contrarie tendenze col facile pretesto di guarire (?) dal suo profondo malessere lo spirito contemporaneo, come se il cattolicismo potesse rinunziare ai suoi perenni ed essenziali elementi, ed i cosiddetti partiti dell'ordine potessero smentire e rinnegare le proprie origini rivoluzionarie e settarie contro lo spirito cristiano. Voi [i democratici murriani] vi arrendete e transigete mentre gli avversarii di ieri, son pur gli avversarii di oggi che vi costringono a celebrare la loro vittoria e la vostra sconfitta. E' perciò, che noi ripudiamo le posizioni false e gli atteggiamenti equivoci, le formule assurde e le questioni paradossali, e preferiamo rimanere ossequienti a quei metodi e principii tradizionali, che sono in perfetta antitesi con le transazioni e con le mistificazioni offerteci da sofisti e megalomani, ai quali è riservato il fallimento di quel sindacalismo, che, all'ultimo *defilè* socialista di Firenze, fu demolito a colpi di ... democratico bastone»²⁶.

Questo irrigidimento sulle proprie posizioni provoca la sfiducia nella ragione, nella cultura e porta a ritenere inutili le ricerche e le discussioni. Una figura simbolica di questo stato d'animo era nell'800

---

²⁵ Cfr. l'atteggiamento di V. CATHREIN S.J., *Filosofia Morale. Esposizione scientifica dell'ordine morale e giuridico*. Prima versione italiana sulla 5° edizione tedesca a cura del CAN. E. TOMMASI, 2 voll., Firenze 1913, *passim*.
²⁶ SAC. MUGNOZZA, *In pieno Sindacalismo*, 12 novembre 1908, p. 1.

William Ward: inglese, laico, sposato, convertitosi al cattolicesimo, professore di teologia nel seminario londinese del card. Manning, avversario di Newman. Si augurava di ricevere ogni mattina insieme alla posta e al giornale una definizione dogmatica («breakfast dogma!») che lo liberasse dal pericolo di ogni errore. In pratica, Ward negava lo sforzo individuale e cosciente dell'uomo nella ricerca della verità e apriva la via alla svalutazione d'ogni attività scientifica[27]. Questa mentalità trovava negli uomini dell'*Unità Cattolica* sommo credito: per gli insegnanti più che la ricerca e lo studio personale era quanto mai salutare avere libri che aiutassero a confutare gli errori e facessero loro risparmiare tempo e denaro[28]. Per gli studenti dei seminari meglio una «sana cultura moderna» dai caratteri apologetici (che per gli "altri" significava arretratezza culturale) che l'entusiasmo per ogni novità[29]. La pedagogia formativa nei seminari, dove l'antimodernismo doveva essere di casa, era moralisticheggiante, devozionistica e soprattutto fortemente disciplinare: l'obbedienza che si richiedeva alle future generazioni di sacerdoti era passiva[30]. Come non ricordare le drammatiche dichiarazioni di un seminarista fiorentino contro gli entusiasmi (filomurriani) repressi dai superiori, contro il mortificante appiattimento culturale:

> «Noi seminaristi la comprendiamo [la missione sacerdotale]; la causa del proletariato, della giustizia e della pace sociale ci affascina; il vedere che l'idea cammina ed acquista simpatie in tutti i campi ci consola; il sentirci animati da questo spirito ci fa sperar bene per l'avvenire. Ma ecco la voce altera, lo sguardo severo, il contegno sprezzante del superiore che paralizza ogni entusiasmo: ecco la rigorosa censura di libri e giornali democratici che impedisce il solido formarsi della nostra coscienza: ecco lo studio della dogmatica, della morale, del diritto ridotto ad un puro meccanismo di memoria senza discussione, senza critica, senza metodo: niente o quasi di ermeneutica e critica biblica; niente di sociologia. Così stando le cose come potremo noi essere preti all'altezza dei tempi e della nostra divina missione?»[31].

Gli integralisti non capivano o non accettavano la situazione reale, cioè l'arretratezza culturale del clero, non ritenevano necessario un rinnovamento religioso e culturale in Italia. Proprio durante la lotta contro

---

[27] Cfr. G. MARTINA, *La Chiesa nell'età del liberalismo*, cit., p. 107.
[28] Cfr. *Il prete moderno*, 29 luglio 1904, p. 1; A. CAVALLANTI, *Un'opera recente ed importante*, 12 aprile 1907, p. 1.
[29] Cfr. G. GHEZZO, *Le vie nuove del Clero negli studi e nel culto divino*, 21 luglio 1907, p. 1 art. di fondo.
[30] In questo senso cfr. M. GUASCO, *Fermenti nei seminari del primo '900*, Bologna 1971.
[31] (*Un seminarista e gli studi*), 8 aprile 1905, p. 1.

il modernismo, i riflessi della cultura sulla fede dei singoli e della critica storica sul "depositum fidei" (per distinguere l'autentico deposito delle verità dogmatiche dalle sostituzioni successive) vennero considerati aprioristicamente negativi dagli antimodernisti e benefici dagli altri. L'obiettività storica e la corretta critica, (quella che "risolve" e non quella che "dissolve" per dirla con Lanzoni[32]), rivendicate dai modernisti, erano respinte dagli integralisti, che ritenevano il metodo apologetico condizionato alle indeclinabili premesse teologiche quale via unica da seguire. V'era cioè una incomprensione della necessità di mediare tra principi rivelati e le applicazioni pratiche, concrete. L'antimodernista si trincerava dietro la volontà di difendere e conservare la dottrina della Chiesa, senza aggiunte e senza amputazioni. Lo faceva con uno stato d'animo che lo spingeva a rifiutare *a priori* ogni apporto nuovo del mondo moderno. Per questi le proclamazioni di nuove dottrine, di nuovi sistemi, di nuova teologia, di nuova polemica, di nuovi metodi, di nuova esegesi, avrebbero condotto fuori dai parametri dei «sani principi» del cattolicesimo e come tali erano respinti[33]. L'integralista non distingueva tra espressione storica della fede-contenuto e quella interiore di fede-vissuta. Proprio questa distinzione era fatta dai modernisti. Proprio l'incapacità di distinguere con chiarezza il piano naturale e storico dal piano soprannaturale inenarrabile costituiva la logica integralista antimodernista. Il miracolo e il soprannaturale erano per l'intransigente categorie fisiche e verificabili nella storia. All'attacco radicale di Tyrrell, Loisy, Buonaiuti contro i presupposti razionali della fede, la divinità di Gesù, l'origine divina della Chiesa, l'ispirazione della Scrittura, si rispondeva senza risolvere le difficoltà sollevate, respingendole in blocco, irrigidendosi in un'esegesi superata, alzando ancora di più il muro che si era frapposto tra Chiesa e mondo moderno, sostenendo posizioni fortemente conservatrici nella teologia, superate solo in ritardo col Vaticano II (con la crisi susseguente al Vaticano II che è dovuta anche in parte al ritardo con cui fu risolta nel Concilio la crisi modernista, perché le soluzioni ritardate spesso suscitano nuove crisi). In questo senso significativo e autorevole ci pare il giudizio di Karl Rahner sulle ragioni delle due parti in lotta:

> «Lotta risoluta e vittoriosa in difesa dell'autoconsapevolezza della Chiesa nella sua portata suprema, del suo possesso di una rivelazione divina e d'una legittimazione che deriva da Dio e non dagli uomini. Tuttavia fu pure [...] la lotta di un integralismo che voleva dominare la vita intera in senso ecclesiastico, di una neoscolastica che si chiudeva ad un rapporto positivo con la filosofia moderna, adottando uno stile di vita e di pensiero

---

[32] Cfr. *L'itinerario spirituale*, a cura di G. CATTANI, Faenza 1958, p. 94
[33] Cfr. A. G. RUFFONI, *La fine del modernismo*, 6 marzo 1904, p. 2.

della Restaurazione, proveniente dalla prima metà del secolo XIX, [...] non adeguato né alla grande tradizione della Chiesa né al presente, né capace di mantenere viva la legittima eredità della *philosophia perennis*»[34].

Ai tempi del Cavallanti non mancarono critiche di rappresentanti del mondo ecclesiastico e del mondo cattolico a questa mentalità e ai conseguenti metodi. Richiamiamo solo a titolo di esempio, quelle che erano le "caratteristiche" degli integralisti secondo il p. Pavissich, che riconosceva la loro rettitudine d'intenzione, ammetteva una certa efficacia nella loro azione, tuttavia ne sottolineava la ristrettezza degli interessi, la superficialità della cultura, la mancanza di contatti con le correnti più qualificate del tempo. Per il padre dalmata essi erano: «conservatori ad oltranza» che impiegavano tutte le forze per rallentare il cammino; «atteggiandosi a veri e legittimi conservatori di tutto il passato essenziale al cattolicesimo» apparivano «rivestiti di una insegna veneranda» che garantiva loro «l'intangibilità». «I cattolici, poi al primo mostrarsi di quell'insegna», chinavano «il capo» ed ammutolivano «per paura di divenire o di essere ritenuti reprobi». Così si prolungava «l'equivoco che il vero cattolicesimo» fosse «nelle loro mani»[35]. E Pavissich, dopo tutto, era un moderato, almeno se confrontato col p. Chiaudano direttore della *Civiltà Cattolica* dal 1913.

Gli integralisti interpretano in maniera manicheistica la storia moderna e la rivoluzione, vedendo le potenze del male (la società rivoluzionaria moderna e razionalista), in conflitto con quelle del bene (la Chiesa), in una battaglia destinata al trionfo della Chiesa. Di qui il rifiuto dell'idea liberale, anzi la lotta senza quartiere al liberalismo e alle sue manifestazioni, la distinzione tra "paese legale" e "paese reale", la costituzione di un fronte anti-liberale promosso attraverso le associazioni e la stampa, il "sovversivismo" clericale nei confronti dello Stato liberale attraverso l'astensionismo[36]. Agli integralisti che ponevano la religione a fondamento dell'ordine sociale, appariva pericolosa ogni soluzione dei problemi politici e sociali indipendentemente dal controllo dell'autorità ecclesiastica. Erano criticate, cioè, le velleità di autonomia del laicato nel movimento cattolico, esso non poteva assumere la responsabilità della propria attività in campo profano senza intervento della gerarchia. La tendenza politica degli intransigenti, per dirla col Congar, era ed è intransigente e di destra. La lotta contro il liberalismo, il socialismo e contro

---

[34] «Humanitas», 20 (1965), p. 399.
[35] Cfr. «Il Cittadino di Mantova», 27 agosto 1908.
[36] Va ricordato che il Margotti, all'inizio del pontificato di Leone XIII, di fronte alla possibilità che in Italia venisse proclamato il suffragio universale (1878) era dell'avviso che in questo caso, la famosa formula *nè eletti, nè elettori* dovesse cessare: cfr. [G. MARGOTTI], *Breve storia della formola: Nè eletti, nè elettori*, 30 ottobre 1878, pp. 1-2.

il movimento democratico cristiano murriano non nasceva solo da motivi dottrinali, ma anche da interessi politico-conservatori e dall'opposizione ad ogni iniziativa di progresso sociale e soprattutto ad ogni ideale di libertà[37]. Il foglio fiorentino si era sempre opposto alla partecipazione dei cattolici italiani alla vita politica nazionale e alla loro costituzione in un partito politico entro o all'infuori delle organizzazioni ufficiali approvate dalla S. Sede e vedeva con difficoltà laici a capo di movimenti e organizzazioni di natura economico sociali[38]. La democrazia cristiana era stata, al massimo concepita dal Sacchetti con le parole prese dalla *Graves de communi* di Leone XIII, come «una benefica azione cristiana a favore del popolo», la cui azione si chiamava cattolica perché era «essenzialmente religiosa» ed esercitata «sotto la materna tutela della Chiesa»[39]. Durante la direzione De Töth-Cavallanti, nell'ambito politico locale dell'amministrazione comunale, in difesa e tutela degli interessi cattolici contro «la tabe ebraico-massonica-socialista» che stava soffocando l'Italia, non si vedeva altro rimedio che scendere in campo, partecipare alla lotta elettorale «guidati da un unico stendardo, lo stendardo di Cristo e del Papa», per neutralizzare i propositi rivoluzionari e attutire la campagna anticattolica nel paese[40]. Senza però accettare l'«ordine delle cose», i fatti compiuti e opponendosi al Meda e a quei cattolici «che per diventare deputati passano armi e bagagli nel campo liberale facendo oggetto dei propri principî»[41]. Ai sindacati cristiani si rimproverava di mettere l'accento sulla loro funzione economica e sociale invece di mettere in primo piano la loro finalità morale e religiosa[42]. Con il Calligari il foglio fiorentino si dichiarerà, in contrasto con Gemelli e Olgiati, a loro modo intransigenti, favorevole all'aconfessionalità del PPI[43]. Segno evidente di un abbandono dei vecchi temi dell'intransigentismo votato ad una opposione finalistica e religiosa. Il partito sorgeva e si organizzava al di fuori del campo militante cattolico, e non ne era «né il rappresentate né l'esponente», ma non vi sarebbe stata antitesi se la «parte morale» del suo programma avesse tratto forza e ispirazione «dall'essenza sociale cattolica del programma nostro che mira a conservare nel popolo italia-

---

[37] Cfr. Y. CONGAR, *Mentalité de «droite» et integrisme*, cit., pp. 644-666. Cfr. pure G. CANNIZZO, *Note per uno studio sull'integrismo*, cit., p. 243.

[38] Cfr. *Noterelle. Partito politico?*, 7 giugno 1916, p. 1.

[39] Cfr. [G. SACCHETTI], *I programmi politici dei cattolici moderni*, 23 marzo 1906, p. 1 art. di fondo; *La disputa sulla politica nell'azione cattolica*, 8 febbraio 1906, p. 1 art. di fondo.

[40] Cfr. *Svegliamoci!*, 4 febbraio 1909, p. 1. Si veda anche *Pro aris et focis*, 7 febbraio 1909, p. 1.

[41] Cfr. *Politica e politicanti*, 17 marzo 1909, p. 1.

[42] Cfr. *Sindacalismo cristiano?*, 15 maggio 1914, p. 2.

[43] Cfr. *Il Partito Popolare Italiano*, 21 gennaio 1919, p. 1.

no, per il bene sociale, e per l'ordine, quel tesoro di fede che il Vangelo e la Chiesa donarono alla patria nostra». Nulla tuttavia poteva essere mutato «pel dovere dei cattolici che ubbidivano alle direttive della S. Sede»: l'*Unità* sarebbe rimasta così al suo posto di combattimento cioè in quello dell'azione cattolica e delle direttive papali[44]. Si era giunti, tuttavia, ad un primo esplicito riconoscimento dell'autonomia del laicato. Quello che l'*Unità Cattolica* non era disposta ad accettare era la costituzione di uno «Stato laico» che finiva con l'essere sinonimo di «Stato ateo»:

> «Giacchè fosse pur vero che lo Stato laico si limitasse a non avere e a non conoscere religione! Certo anche così egli viene a mancare al suo principale dovere, a distruggersi da sè stesso la base su cui dovrebbe reggersi; essendochè per le moderne speciose teorie; lo Stato dovrebbe essere la risultante, l'espressione della volontà della maggioranza della nazione o della società cui presiede; ed essendo cattolica questa maggioranza, cattolica deve essere la sua rappresentanza statale»[45].

Ai nostri giorni si deve considerare superata e controproducente l'idea di uno Stato cattolico tenendo conto del pluralismo, anche religioso, degli stati, dell'impossibilità di imporre a una maggioranza le tesi di una minoranza, sia pur larga, e del pericolo di reazione anticlericale[46].

B. PIANO RELIGIOSO.

Nell'integralista prevaleva e prevale *la astoricità della vita,* vista in un immobilismo spietato e immodificabile che avrebbe dovuto vincerla sui presunti tentativi di aggregazione da parte di una rifiutata evoluzione. Il "tutto fatto", il *factum esse* vinceva sul *fieri*. Tutto era immutabile dagli apostoli ad oggi: questa era la regola teologica degli integralisti. Teorici di questo erano i gesuiti, che diventavano - per dirla con Gramsci - i veri intellettuali organici della curia romana. Essi sostenevano:

> «I principii cattolici non si cambiano, nè per volgere d'anni, nè per mutar di paesi, nè per nuove scoperte, nè per motivi d'utilità. Essi sono sempre

---

[44] Cfr. *Il Partito Popolare Italiano,* cit. I gesuiti definirono «bene ispirato» il commento di Calligari, cfr. «Civ. Catt.», 1919, I, pp. 265-277.
[45] L. DE MATTEIS, *Stato laico?,* 8 febbraio 1914, p. 3.
[46] Cfr. L. STURZO, *Chiesa e Stato, studio sociologico-storico,* vol. 2, Bologna 1959, pp. 234-278.

quelli che Cristo insegnò, che pubblicò la Chiesa, che definirono i Papi ed i Concilii, che tennero i Santi, che difesero i dottori. Conviene prenderli come sono, o come sono lasciarli. Chi li accetta in tutta la loro pienezza e rigidezza è cattolico; chi tentenna, balena, si adatta a' tempi, transige, potrà chiamare se stesso con quel nome che vuole, ma dinnanzi a Dio e alla Chiesa egli è un ribelle e un traditore»[47].

Stesso tenore avevano le parole di D'Ondes Reggio, pronunciate qualche anno prima al Congresso cattolico di Venezia nel giugno 1874, il quale insisteva tenacemente sul valore di un cattolicesimo senza aggettivi:

«Il Congresso è cattolico e non altro che cattolico. Imperocchè il Cattolicismo è dottrina compiuta, la grande dottrina del genere umano. Il Cattolicismo non è liberale, non è tirannico, non è d'altra qualità; qualunque qualità vi si aggiunga, da per sè è un gravissimo errore: supporre che il Cattolicismo o manchi di qualche cosa che è duopo dargli, o contenga qualche cosa che è d'uopo levargli, è gravissimo errore che non può che partorire scisma ed eresia. Il Cattolicismo è la dottrina che il Sommo Pontefice, Successore di S. Pietro, Vescovo di Roma, Vicario di Gesù Cristo, Dottore infallibile della Fede e della morale, insegna, o solo dalla sua Cattedra, o congiuntamente coi Vescovi successori degli Apostoli. Ogni dottrina, difforme da quella, è scisma ed eresia»[48].

Da queste dichiarazioni emerge chiaramente che agli integralisti mancava la capacità di distinguere tra verità dogmatica (immutabile) e formula dogmatica. Non concepivano l'evoluzione del dogma. Il libro di Marin-Sola uscirà solo nel 1924[49]. Insistevano sul fatto di essere "cattolici senza aggettivi", sul cattolicesimo "dottrina compiuta", la grande dottrina del genere umano (D'Ondes Reggio), ma in realtà loro stessi formavano un gruppo segnato da profondi dissensi e divisioni interne (come hanno dimostrato Gambasin e De Rosa). Un gruppo che tentava di "accapararsi" l'appoggio dell'autorità papale per far prevalere il proprio punto di vista e qualche volta i loro interessi, presentandosi come gli unici veramente cattolici.

Il loro immobilismo, poi, li porta a ritenere che la fede dei padri,

---

[47] Cfr. [S. M. BRANDI], *Leone XIII e l'Americanismo*, in «Civ. Catt.», 1899, s. 17, v. V, p. 653.

[48] Testo citato in F. OLGIATI, *La storia dell'Azione cattolica in Italia (1865-1904)*, Milano 1920, p. 74.

[49] Cfr. F. MARIN-SOLA, *L'évolution homogène du Dogme catholique*, 2 voll. Fribourg 1924. Si veda pure l'ulteriore e più recente bibliografia contenuta nell'indice del DTC, coll. 1020-1021 (De Lubac, Flick, Rambaldi, Boyer ecc), e in particolare Z. ALSZEGHY-M. FLICK, *Lo sviluppo del dogma cattolico*, cit.

sulla quale la Chiesa si basa, non sia la fede di uomini in conflitto con i contemporanei sistemi religiosi e sociali, non sia opera di mediazione e di apertura alle nuove frontiere. Non sono disposti a mutare mentalità, ad abbandonare abitudini di pensiero e di vita tramandate, non sono pronti ad aprirsi al nuovo. Il loro sillogismo èsemplice: l'antico è sinonimo di vero, il nuovo di falso[50]. La tradizione è qualcosa di cristallizzato, di fossilizzato e la dottrina qualcosa in cui istallarsi e in questo i documenti ufficiali della gerarchia davano loro ragione. In essi non trovava quartiere la concezione dinamica di ortodossia (che distingueva il nucleo immutabile della fede dal cangiante rivestimento) dei modernisti[51]. In questo contesto emblematico resta lo scontro tra la concezione storiografica dell'*Unità Cattolica* e quella del Duchesne. L'impostazione apologetica del giornale fiorentino, condivisa negli ambienti ecclesiastici d'allora, si scontrava con quella dello storico francese allineato in pieno al metodo critico-filologico, ai criteri fondamentali della ricerca storica, al rispetto della verità, anche spiacevole e sgradita. Due mondi opposti. Gli integralisti, focosi e battaglieri, nella maggior parte dei casi erano dei giornalisti che volevano fare gli storici, poco preparati culturalmente, quasi sempre digiuni dei più moderni risultati della scienza, non coglievano l'importanza del rispetto per la verità, erano privi di un'autentica sensibilità per il divenire, come una delle dimensioni della Chiesa, e sottolineavano, forse in modo eccessivo, la necessità di tener presente l'aspetto soprannaturale della Chiesa.

Questa mancanza di una mediazione storico-culturale ha come ulteriore conseguenza *la non necessità di una riforma della Chiesa*. Tale convinzione nasce da una concezione di Chiesa intesa come società perfetta nel proprio ordine e superiore allo Stato per le sue finalità trascendenti[52]. Era questa la concezione tridentina e bellarminiana, raf-

---

[50] Cfr. A. G. RUFFONI, *La fine del modernismo*, 6 marzo 1904, p. 2.

[51] Giovanni XXIII distinguerà il *depisitum fidei* dalla formulazione del suo rivestimento, cfr. *Allocutio Gaudet Mater Ecclesia*, 11 ottobre 1962, specialmente il passo indicato in *Acta Synodalia Sacrosancti Concilii Oecumenici Vaticanii II*, vol. 1, pars 1, p. 172. Dall'edizione critica di A. Melloni risulta che il passo è autografo del pontefice: cfr. *Fede, tradizione e profezia. Studi su Giovanni XXIII e sul Vaticano II*, Brescia 1984, p. 269.

[52] Cfr. L'immagine di Chiesa disegnata da Gregorio XVI nella *Mirari vos*, in GREGORIUS XVI, *Acta*, I, Romae 1901, pp. 169-174, spec. p. 171: «Dato che, per usare le parole dei padri del Tridentino, sappiamo che la Chiesa è stata ammaestrata da Gesù Cristo e dai suoi apostoli, e che lo Spirito Santo le suggerisce di giorno in giorno ogni verità, è del tutto assurdo ed estremamente ingiurioso nei suoi confronti, suggerire una sua restaurazione ed una sua rigenerazione, come se fosse necessaria per provvedere alla sua incolumità ed al suo sviluppo, come se si potesse ritenere che essa fosse soggetta a crisi, periodi di oscuramento ed altri pericoli del genere». Il passo è tradotto e inquadrato storicamente da G. MARTINA, *L'apertura dell'Archivio Vaticano: Il significato di un centenario*, in A.H.P., 19 (1981), p. 304, nota 130.

forzata dalle definizioni del Concilio Vaticano I sul primato e l'infallibilità del papa, proprio nel momento in cui egli stava per perdere gli ultimi resti del potere temporale, considerato allora e per lungo tempo anche dopo, come necessaria garanzia per l'esercizio della sua autonomia e supremazia spirituale. In questo contesto ogni proposta di riforma, oltre a scontrarsi con una visione trionfalistica di Chiesa, era intesa come un inopportuno adattamento delle strutture, dell'annuncio, del linguaggio e della dottrina ecclesiale stessa alle forme della società moderna liberale e anticlericale e per questo respinte come aspirazioni nuove prima e moderniste poi, come tentativi di riforma non necessari, in nome di una difesa dell'integrità assoluta della dottrina e forse anche dell'azione della Chiesa. In questo senso richiamiamo alcune eloquenti frasi dell'*Unità Cattolica*:

> «Che cos'è il modernismo? E' una scuola che giudicando vecchio decrepito il mondo religioso, vuole riformarlo, guarirlo, ringiovanirlo, infondendogli nelle vene il sangue del progresso, della civiltà, della scienza, dei gusti *moderni*. I più audaci tra i novatori vogliono una specie di dedizione della società religiosa al mondo presente, un'abbandono quasi completo del soprannaturale, per rendere *umana* la Chiesa, la fede, i dogmi, la morale, la disciplina. Altri, essendo veramente credenti e in gran buona fede non vogliono affatto bandire dal mondo il soprannaturale; ma credono che per curare il male dell'incredulità e sanarne gli infermi sia necessario somministrare ad essi detto soprannaturale a piccole dosi, il meno possibile, in modo che il ciclo delle cose da credersi venga abbreviato ai minimi termini»[53].

Gli integralisti erano, cioè, incapaci di discernere le esigenze scientifiche negli studi esegetici, storici, liturgici e di cogliere le istanze positive che cominciavano ad emergere all'interno della Chiesa, che si interrogava sul bisogno di realizzare quel necessario suo aggiornamento nella fedeltà al Vangelo, accettando le sfide e le conquiste progressive della storia. Lo stesso Pio X incoraggiava il giornale fiorentino a non cambiare o modificare idee e condotta, a perseverare nella difesa della causa papale, nell'integrità dei principi, nell'«assoluta intransigenza contro ogni novazione e contro ogni concessione allo spirito della rivoluzione, ossia al modernismo»[54]. Se riforme fossero state necessarie nella Chiesa (e di questo l'*Unità Cattolica* dubitava), il perpetuo riformatore era il papa (il "dumtaxat" di Gregorio XVI), non il clero e tantomeno i laici!! La tradizione della Chiesa era ed è dichiarata sacrosanta.

---

[53] *Per l'integrità delle dottrine filosofiche e teologiche*, 18 maggio 1906, p. 1.
[54] Cfr. G. SACCHETTI, *Dopo l'udienza del S. Padre*, 8 novembre 1903, p. 1. art. di fondo.

Alcune di queste espressioni avevano la loro logica ed erano accettabili, ad esempio: il papa riformatore, la tradizione inviolabile, l'infallibilità ecc., l'integralismo, però, si spingeva sino a oltrepassare il loro significato originario. La forma concreta del ministero e le strutture della Chiesa, sviluppatesi nel corso della storia, erano ricondotte alla volontà divina. Il magistero diveniva portavoce infallibile dello Spirito Santo, il diritto della Chiesa veniva interpretato largamente e senza dimostrazione precisa come diritto divino. In altre parole, Dio, la sua volontà e la sua prassi venivano identificati con la sua Chiesa e il suo modo abituale d'agire, erano messi, cioè sullo stesso piano, rendendo impossibile ogni riforma, e facendo apparire ogni interrogativo, ogni discussione come atteggiamenti non religiosi, non ecclesiali.

Dopo il Concilio Vaticano II questa mentalità si dovrebbe ritenere largamente superata[55].

Nella mentalità intransigente è presente, inoltre, *un forte conservatorismo*, una difesa dei privilegi acquisiti (o con concordati o con accordi), da una "società ufficialmente cristiana". Per l'intransigente ogni caratteristica ecclesiastica promossa o acquisita in passato dal governo della Chiesa è intoccabile. La questione romana, l'insistenza dell'*Unità Cattolica* circa il fatto che Roma fosse del papa[56], il ritornare in ogni circostanza sulla "sovranità civile" del pontefice, facendone una bandiera della propria ragion d'essere, in contrasto con quanto sostenevano cautamente i "clerico-liberali", mostravano chiaramente quanto inopportuni, e a volte compromettenti per la stessa S. Sede, fossero certi interventi del giornale fiorentino. In tutto ciò, essi erano mossi da buona fede, da zelo. A questo riguardo ci sembra si adattino mirabilmente agli uomini dell'*Unità* le seguenti istruzioni che la Santa Sede dava ad un nunzio in Germania:

«[procuri] che il zelo talvolta eccessivo di questi buoni fedeli non comprometta mai nè i vescovi, nè la S. sede, col troncare questioni delicate o scabrose, sulle quali la loro quantunque buona volontà non può istituirsi giudice competente. Riguardo a ciò, avviene talora, che essi desiderando smisuratamente il bene assoluto, senza tener conto delle difficoltà esistenti, vanno impugnando i beni e i vantaggi relativi e già assicurati, come quelli

---

[55] In particolare cfr. *Lumen Gentium*, n. 8, n. 9; *Dei Verbum*, n. 8; *Gaudium et Spes*, nn. 40, 43, 44; *Perfectae Caritatis*, n. 1; *Ad Gentes* n. 6; *Unitatis redintegratio*, n. 6 («La Chiesa peregrinante è chiamata da Cristo a questa continua riforma di cui, in quanto istituzione umana e terrena, ha sempre bisogno...»), n. 3; *Dignitatis Humanae*, n. 12.

[56] Cfr. tra i molti articoli [G. MARGOTTI], *Roma è di Pio IX*, 22 gennaio 1864, p. 1 art. di fondo.

[57] AAEESS, *Germania 1874*, pos. 1052-1054, fasc. 569, dic. 1874, ff. 107-108. Istruzioni della S. Sede al nunzio in Germania mons. Bianchi.

per esempio guarentiti dagli accordi o concordati stipulati dalla S. Sede coi governi. Converrà quindi che il rappresentante Pontificio non solamente arresti ogni simile passo, ma anzi, che lo prevenga, potendone altrimenti risultare disastrosi effetti per la Chiesa»[57].

Un altro dei presupposti fondamentali dell'integralismo era *la romanità*[58]. Il quotidiano fiorentino rivendicava il titolo di «cattolico romano integrale» sottolineava in questo la sua caratteristica di «antimodernista, antiliberale, antisettario», con accenti forti «contro la dottrina e il fatto profondamente anticristiano della separazione fra lo Stato e la Chiesa [...] contro i tentativi di ostacolare l'influenza sociale del Papato, di far dominare l'influenza del laicismo» nella società[59].
Dalla "romanità" veniva una devozione e quasi un culto verso il papa considerato prigioniero e martire dello Stato italiano rivoluzionario. Una venerazione per il pontefice capo e centro della Chiesa, di natura più religiosa-ecclesiale che politica e culturale. Questo portava il cattolico intransigente ad un'ubbidienza cieca, in ginocchio[60], senza limitazioni, senza "epicheie", a quanto deciso dall'autorità ecclesiastica, o meglio dal papa, senza cercare il significato esatto del comando, accettandolo e interpretandolo in modo massimalista, al di là delle intenzioni di chi aveva emanato l'ordine, la direttiva, l'insegnamento. Essi stabilivano un'unione indebita tra la fedeltà cattolica e l'autoritarismo. E le parole che venivano da Roma assumevano un carattere di risolutezza definitiva, anche quando erano legate a materia discutibile. Il programma dei cattolici "integrali" tanto sbandierato dall'*Unità Cattolica*[61] altro non era che quello del *Sodalitium Pianum*: come cattolici romani integrali accettavano pienamente la disciplina, le direttive della S. Sede e tutte le legittime conseguenze per l'individuo e per la società.

C. Piano etico.

Dividono nettamente la società in buoni e cattivi. L'integralista combatte ciò che è concepito e realizzato al di fuori della Chiesa. Nega che possa esservi qualcosa di buono e di vero anche nella civiltà moderna, che respinge in blocco. Per molti di questi uomini accettare il mondo moderno avrebbe costituito l'abbattimento del cristianesimo. Concorro-

---

[58] Cfr. *"Noi siamo papisti e romani"*, 20 maggio 1909, p. 1 art. fondo.
[59] Cfr. *Il programma integrale dei cattolici papali. Note e spiegazioni*, 25 dicembre 1913, p. 1.
[60] Si potrebbero ricordare Mazzolari e Bachelet: «Ubbidiamo in piedi»: cfr. *Atti Associazione Nazionale Azione Cattolica Italiana*, Roma 1971, p. 21
[61] Cfr. 25 dicembre 1913, pp. 1-2; 25 gennaio 1914, p. 3; 8 febbraio 1914, p. 3.

no a formare la mentalità integralista lo spirito conservatore, legittimista e manicheo. Spirito che l'*Unità Cattolica* così esprimeva:

«Oggidì tutti sperano, tutti sospirano, tutti credono vicino un prossimo liberatore, che salvi il Mondo ricaduto nelle tenebre del peccato, negli eccessi dell'idolatria, nell'abisso del disordine e della depravazione. Questo liberatore sospirato è il Vicario di Gesù Cristo, colui che dee continuare l'opera sublime fino alla consumazione de' secoli»[62].

L'essere convinti che esista una cospirazione "giudeo-massonica" o socialista, un *complotto dei cattivi contro la Chiesa* rappresenta un altro elemento tipico della mentalità integralista e finisce per dare esca a tutto quell'antisemitismo che costituisce uno degli elementi del Cattolicesimo dell'Otto e Novecento[63].

La pretesa di difendere l'ortodossia, cioè la dottrina della Chiesa pura e semplice, favoriva la loro *inclinazione a giudicare, a denunciare e a condannare*. Oggetto delle loro intenzioni non era quello di colpire l'"errore" o l'eresia, ma ogni atteggiamento che non coincidesse con il loro. Questi cattolici "obbedientissimi" costituivano, in altre parole, un potere che si affiancava a quello della gerarchia legittima, che pretendeva di imporre le proprie idee e la propria volontà ai vescovi, ai generali di ordini religiosi, al clero regolare e secolare. Questi uomini si sovrapponevano agli organismi preposti al compito della vigilanza e sovente con le loro denuncie li screditavano. In tal senso si vedano le accuse lanciate dal Ferrari, da Giacomo della Chiesa e da altri vescovi: a questo «modernismo di nuovo conio» che «sotto gli abbigliamenti dell'anti-modernismo più ortodosso» mancava di rispetto a papi come Leone XIII (definito battezzatore del modernismo), a vescovi e all'autorità ecclesiastica in generale[64]. Questo potere irresponsabile, anonimo e occulto, comandato da un'unica mente: il Benigni, disponeva di due mezzi per piegare quanti non intendevano sottostare al loro "capriccioso dominio": la stampa e lo spionaggio[65].

---

[62] [G. Margotti], *A Pio IX nostro liberatore*, 20 gennaio 1863, p. 1.
[63] Cfr. ad es. Tizio Avven., *La campagna massonica anticlericale. Documenti inediti*, 23 ottobre 1909, p. 1. Cfr. pure L. Perrin, *Il caso Lefebvre*, cit., specialmente pp. 21-33 e 103-107 per la tesi del complotto o congiura universale ai danni della Chiesa.
[64] Cfr. *supra*, pp. 89 ss.
[65] Cfr. *Memoriale di Mons. Mignot*, in L. Bedeschi, *Interpretazioni e sviluppo del Modernismo cattolico*, Milano 1975, pp. 189-198. Il memoriale di Mons. Mignot scritto all'inizio del pontificato di Benedetto XV al Card. Ferrata nuovo segretario di Stato, passa in rassegna la disastrosa attività del *Sodalitium Pianum*. Le riflessioni del vescovo di Albi riecheggiano nella prima enciclica di Benedetto XV. Si veda in particolare S. Pagano, *Documenti sul modernismo romano dal fondo Benigni*, in *Ricerche per la Storia religiosa di Roma*, 8, Roma 1990, pp. 223-300.

Gli integralisti estendevano il loro "monopolio" non soltanto nell'ambito del pensiero e della speculazione, ma anche in quello dell'azione e dell'attività sociale. La presunzione di essere gli autentici interpreti del magistero papale, di monopolizzare le direttive autentiche dell'autorità superiore unita ad una tendenza "caporalesca": «io sto col papa, chi è contro di me è contro il papa!», faceva di questi «scribacchini» senza autorità e senza mandato, dei presuntuosi e qualche volta feroci difensori dell'ortodossia cattolica romana. La loro «umile» difesa dell'integrità della fede e delle prerogative della S. Sede, in realtà li portava a prendersi la licenza di condannare chi non la pensava come loro anche nelle questioni per loro natura opinabili e libere. Con l'ottica della loro ignoranza e della loro faziosità, procedevano nel trattare i problemi, anche i più complessi, in maniera impetuosa e con la tendenza a generalizzare e gonfiare tutto[66]. Proprio durante la lotta contro i modernisti, la difesa della «integra fide» e l'accettazione della fede cattolica «integra et inviolata», dovere di ogni cattolico, venne intesa dagli intransigenti nel senso più ampio possibile fino a comprendere l'approvazione senza riserve delle loro opinioni. La mentalità dogmatica e acritica faceva il resto. Ad esempio, essi sostenevano più o meno apertamente, nei loro articoli, l'opinione che anche in affari esclusivamente temporali (pozzi, ponti, dazi ecc.) competesse alla Chiesa un'autorità diretta, oppure sostenevano che non v'erano cose puramente temporali. Ugualmente, gli intransigenti, nel tentativo sempre di difendere la vera dottrina della Chiesa, riguardo all'infallibilità del papa, ricorrevano ad amplificazioni arbitrarie, a superlativi così esagerati da risultare inaccettabili e incompatibili con la vera dottrina della Chiesa, che finiva per essere alterata. Dichiaravano, cioè, infallibili i singoli ordini del papa. E in nome di una presunta fedeltà alla Chiesa, si sentivano autorizzati a pubblicare, senza riguardo e senza riserva, i giudizi più acerbi sopra ogni autorità spirituale, sopra sacerdoti e vescovi, predicatori e confessori, capi di ordini religiosi e prelati che solo si opponevano a questa logica. Divenivano dei «super cattolici». Da qui i loro metodi d'intimidazione e di oltranzismo esasperato: le critiche, le denuncie, le condanne, le maldicenze, le calunnie, il totale disprezzo delle più elementari regole della carità cristiana, l'attaccare sui propri avversari un'etichetta dispregiativa, senza mai rettificare, o facendolo slealmente, sostenendo di avere ragione ... come non ricordare il "caso" Semeria!

Anche le donne si facevano paladine di questa battaglia:

---

[66] Era una delle accuse mosse contro la stampa integralista dal p. Kolb. Cfr. P. V. KOLB S.J., *Risposta pubblica a pubbliche accuse*, Roma 1914, p. 12.

«Questa sconveniente intromissione delle donne è uno degli aspetti più sgradevoli del movimento integrale. Quando si formano circoli di signore per invigilare certi ambienti della società, quando ci si riunisce per pregare per la conversione del pastore, quando si discute dell'ortodossia dei confessori fra l'una e l'altra tazza di the o di caffè, quando le penitenti felicitano il confessore pel suo retto sentimento cattolico, quando si sente dire e ridire che in breve la signorina X o la signorina Y si recherà a Roma per riferire circa le condizioni religiose di tutta l'intera provincia ecclesiastica, queste non sono soltanto manifestazioni malsane e dannose per il credito di tutta l'autorità ecclesiastica; sono veri tentativi di rovesciare tutto l'ordinamento gerarchico, è un far sorvegliare il pastore dalla (*sic*) gregge, è porre ad effetto ciò che con pieno diritto si condanna nei modernisti, cioè d'introdurre una preponderanza del mondo laico nel governo della Chiesa»[67].

Al di là della buona fede, in alcuni tra quelli che si prestavano a quest'opera di delazione e di spionaggio[68], intesa come difesa della Chiesa stessa, certamente l'azione nefasta degli intransigenti e integralisti portava alla divisione tra le forze cattoliche, ad un'atmosfera di diffidenze e sospetti, alla mancanza del rispetto verso le persone degne di stima e alla mortificazione dell'autorità episcopale. La lotta contro il modernismo degenerò in molti casi in persecuzione cieca di tutto quanto si ispirava ad una pur sana modernità. Ma soprattutto con il loro giudicare e il loro condannare, gli intransigenti di quegli anni usurpavano le funzioni della Chiesa docente, procurando notevole danno e disorientamento delle coscienze, un allentamento della disciplina e per la loro ignoranza una mortificazione della dottrina[69]. E Scoppola in un giudizio severo, ma giusto, aggiunge che

---

[67] P. V. KOLB S.J., *Risposta pubblica*, cit., p. 36.

[68] Nel *Memoriale di Mons. Mignot*, cit., alle pp. 193-194 leggiamo: «I vescovi, i preti, gli attivisti cattolici, i rettori e i professori universitari erano tutti sorvegliati. Venivano denunciati o alle redazioni della camarilla o alla suprema autorità certi loro scritti, discorsi o addirittura parole. Tali denuncie, lo sappiamo bene, erano spesso segrete e anonime; ma testimoni degni di fede hanno poi rivelato che partivano normalmente da laici squilibrati, da preti che avevano avuto difficoltà coi loro superiori, da frati fanatici asserviti a meschine passioni di partito o a gelosie di corpo. I gesti e le parole più innocenti, odiosamente travisati, venivano presentati come tradimenti verso la fede o la gerarchia. Alla vittima altro non rimaneva che subire, essendogli impossibile rivendicare la propria innocenza contro un calunniatore anonimo e segreto. Tale metodo, che al dire di stimati prelati ha funzionato a Parigi, a Milano, a Friburgo, a Vienna e in altre diocesi, veniva definito in Francia "combismo ecclesiastico" a ricordo dell'ipocrita persecuzione condotta dal ministro Combes contro i cattolici». Questa mentalità appare anche nel gesuita Casoli della *Civiltà Cattolica* fiero avversario del p. Rosa e definito dal Treves: combattente contro qualunque manifestazione del suo tempo, cfr. D.B.I., vol. 21, Roma 1978, pp. 384-386.

[69] Oltre al *Memoriale di Mons. Mignot*, si veda la già menzionata Lettera di Mons. Della Chiesa al Card. De Lai, cfr. *supra*, p. 177.

«il male fatto alla Chiesa dall'integrismo gareggia con quello recato ad essa dal modernismo, il quale ultimo ha almeno un punto a suo vantaggio, di esser nato cioè da problemi reali che dovevano inevitabilmente porsi alla coscienza cattolica»[70].

Tuttavia, al di sopra dell'inflessibilità ideologica religiosa ed etica e nell'ottica di un progresso globale della Chiesa, che non è raggiunto da posizioni isolate, risulta storicamente più costruttivo nella prassi dei due movimenti (integralista e transigente) il sacrificio obbedienziale alla gerarchia legittima, molto più di certi irrigidimenti e ribellioni. Basti pensare al Rosmini, al diverso comportamento di Lamennais e Lacordaire, a Semeria e Duchesne, al Murri e Buonaiuti.

"Questo gruppo", psicologicamente parlando, tanto più si sentiva in minoranza, tanto più forte sentiva il bisogno di consenso. Quasi sempre sostenuto dai papi e dalla curia romana: dall'appoggio «soddisfattissimo» di Leone XIII, si era passati all'accordo sostanziale e al largo aiuto di Pio X, che solo una o due volte palesava una certa insoddisfazione, al chiaro distacco di Benedetto XV. Al servizio del papa, ma più volte in contrasto con i vescovi. Pochi, ma veramente grandi, come Benedetto XV, coglievano più in profondità la natura e i limiti dell'integralismo e dell'intransigenza, colla sua sfiducia integrale nell'uomo e la vitale assenza di senso storico.

Nell'ambito dell'atteggiamento dei papi nei confronti del giornalismo cattolico, Leone XIII, contro i "litigi" e i "dissidi" deleteri tra gli scrittori e giornalisti cattolici (specialmente francesi), fra il 1884 e il 1886, ebbe parole di richiamo e di deplorazione che per i vescovi moderati suonarono di consolazione e di soddisfazione, perché rivolte, soprattutto, contro gli eccessi del giornalismo più intransigente[71]. In questo senso vale la pena di meditare questi passi, che chiariscono il pensiero di Leone XIII sul giornalismo cattolico e si possono confrontare con quello di Benedetto XV (e di Giacomo Della Chiesa), identico, e con il pensiero di Pio X, piuttosto diverso:

«Che in seguito di tale pubblicazione [*III volume della vita del Dupanloup*] si è fatta conoscere che non si approvano certe riviste e discussioni, nobile ed alto ne è il motivo, il fermo desiderio cioè del S. Padre, che l'autorità dei Vescovi rimanga sempre circondata di riverenza e di ossequi, e che non sia permesso ai giornali cattolici di assalirla e menomarla. Fa d'uopo rammentare a tutti che il giornalismo non ha nella Chiesa il mandato di

---

[70] P. Scoppola, *Dal neoguelfismo alla democrazia cristiana*, Roma 1979³, p. 110.
[71] Cfr. i documenti riportati in E. Baragli, *Comunicazione comunione e Chiesa*, Roma 1973, pp. 303 ss.

insegnare, nè di giudicare, essendo questa riservata ai Sacri Pastori, i quali dal canto loro non sono soggetti che alla Potestà del Sommo Pontefice. Intorno a ciò per altro che suole più dividere gli animi e passionarli Sua Santità si riserva forse di apportare in seguito più opportuni rimedi»[72].

E ancora:

«Si l'oeuvre de la presse devait aboutir, en effet, à rendre plus difficile aux Evêques l'accomplissement de leur mission; s'il en résultait un affaiblissement du respect et de l'obéissance qui leur sont dûs; si l'ordre hiérarchique établi dans l'Eglise de Dieu en était atteint et troublé, les inferieurs s'arrogeant le droit de juger de la doctrine et de la conduite de ceux qui sont proprement leurs docteurs et pasteurs, si tels étaient ses fruits, l'action des journaux catholiques, il faut le reconnaître, serait stérile pour le bien et trop féconde au contraire en funestes résultats»[73].

Per gli stessi motivi meritano attenzione altri due episodi: le affermazioni di mons. Thomas arcivescovo di Rouen, al secondo congresso dei cattolici di Normandia (primi del dicembre 1885), poco dopo l'*Immortale Dei*. Nè seguì un'amara polemica tra il Freppel e il Thomas, che ebbe l'ultima conclusione, dopo le mordaci osservazioni fatte dal segretario di Stato Jacobini al Freppel il 26 dicembre, con la promozione del Thomas al cardinalato (1893). Il secondo episodio è legato alla lettera di Leone XIII a favore di Meignan arcivescovo di Tours, del dicembre 1888, con amare osservazioni sul sacro furore dei giornali cattolici e dei loro doveri di rispettare i vescovi[74].

Vale la pena di ribadire alcuni elementi della psicologia degli integralisti: assenza di un autentico senso storico, fiducia eccessiva nel proprio giudizio, che si appoggia ad un'ortodossia ricevuta non dalla Chiesa universale, ma da un gruppo di cattolici; giudizio manicheo di distinzione assoluta fra buoni e cattivi; sfiducia nell'uomo, cioè visione negativa della natura umana ferita e incapace di risollevarsi, inabile a raggiungere delle verità anche naturali e a compiere del bene, visione analoga, per tanti versi, a quella giansenista. Erano uomini orgogliosamente integralisti e intransigenti. E intransigenza per il Cavallanti e per i suoi era sinonimo di fede integrale, vera, clericale (vale a dire sottomessa in tutto all'autorità divina e soprannaturale della Chiesa, anche nelle

---

[72] *ASV, Arch. Nunz. Parigi, Nunz. Rende,* tit. VIII, p. II, p. 353: Jacobini segretario di Stato a Rende nunzio a Parigi, in data vicina al 10 giugno 1884.
[73] *ASV, Arch. Nunz. Parigi, Nunz. Rende,* tit. VIII/B, p. 507, Idem, a Id., 11 luglio 1885.
[74] Lettera *Est sane molestum* del 17 dicembre 1888, in *Acta Leonis XIII*, VIII, pp. 385 ss. Riportato pure in E. BARAGLI, *Comunicazione ...,* cit., pp. 319-322.

questioni che coinvolgevano ambiti politici), confessionale e papale[75]. Per gli "altri", invece, la specifica intransigenza tipica di quel gruppo costituiva l'espressione di chi, culturalmente e teologicamente, restava l'equivalente di testardo, fanatico, ostinato, irriducibile, temporalista, più papista del Papa, inconciliante, nemico della patria, elemento di discordia e dannoso alla Chiesa che pure pretendeva difendere[76]. E ancora la loro pretesa ortodossia informativa, una sorta di teoria della completezza, che non teneva invece conto che nulla poteva e può essere completo nel campo dell'informazione e che non è possibile separare, come alcuni pretendevano e pretendono di fare, i fatti dalle opinioni. Bastava e basta un avverbio per introdurre un opinione in un fatto e rendere l'opinione parziale[77].

L'integralismo del primo Novecento si ricollega, come abbiamo visto, con l'intransigenza del primo Ottocento, per riapparire ora nelle posizioni del tutto analoghe del "caso" Lefebvre e del periodico *Sì sì, No no*, dove l'insistente richiamo, all'ubbidienza sfocia nella disubbidienza: i conservatori in senso radicale diventano antipapalini.

Il problema dell'integralismo resta un problema ancora aperto e non risolto. La storiografia cattolica, per esempio Droulers[78], tende a farne un elemento contingente e stagionale, un fenomeno patologico, una tendenza negativa nei suoi effetti e in contrasto con altre forme, concezioni e metodi del cattolicesimo ben più feconde e costruttive; ma anche, è il caso di Alszeghy[79], a mostrare la reiterata presenza e gli aspetti positivi e negativi di questa intransigenza. La cultura laica (Poulat[80], Spini[81]) ne fa un qualcosa di essenziale al pensiero clericale, quale storicamente si

---

[75] Cfr. [A. Cavallanti], *Alca al padre Kolb. Per la verità e per l'onore del nostro giornale*, 12 luglio 1914, p. 3.

[76] Cfr. Mons. M. Mineo, *Intransigenti!...*, in «Sentinella antimodernista», 1 (1912), p. 3.

[77] Cfr. P. Monni, *L'informazione un diritto, un dovere. Rassegna di normativa internazionale*, Cagliari 1989.

[78] P. Droulers, *Politique sociale et christianisme. Le Père Desbuquois et l'Action Populaire. Débuts, syndacalisme et intégristes (1903-1918)*, Paris 1969. Di questa idea era pure un amico del Cavallanti, cfr. Lettera Inzoli-Bretteri a Cavallanti, in *Appendice*, Doc. 17.

[79] Cfr. «Civ. Catt.», 1981, III, p. 308. Il p. Alszeghy presentando nella *Civiltà Cattolica* una sintesi teologica dell'allora arcivescovo di Genova, card. Siri, osservava: «L'opera s'inserisce in una corrente sempre presente nella storia della teologia, che nei tempi di profondi cambiamenti alza la voce con accento drammatico contro le innovazioni...»

[80] É. Poulat, *Integrismé e catholicisme integral. Un reseau secret international antimoderniste: la Sapinière (1909-1921)*, Tournai 1969.

[81] Cfr. G. Spini, *Risorgimento e protestanti*, Napoli 1956; Idem., *Ricerca dei libertini. La teoria dell'impostura delle religioni nel Seicento italiano*, Firenze 1983.

è venuto a sviluppare lungo i secoli; altri in fine, cioè gli storici dell'illuminismo (Venturi[82], Diaz[83]) una mentalità indissociabile, da una posizione fideistica.

Non c'è dubbio che nel periodo in cui avviene la nostra analisi, almeno fino al pontificato di Benedetto XV, al di là di una piccola corrente liberal-cattolica, fra l'altro di modesto respiro e molto timida, chi teneva la piazza ufficiale era l'integralismo più rigoroso, per il quale ogni dubbio era una mancanza di fede e ogni confronto aperto un tradimento.

---

[82] Cfr. F. VENTURI, *Settecento riformatore. V. L'Italia dei lumi (1764-1790)*, 1, Torino 1987.

[83] Cfr. F. DIAZ, *Storicismi e storicità*, Firenze 1956; IDEM, *Voltaire storico*, Torino 1958.

APPENDICE

Doc. 1

ASV, SS, 1863, R. 283, fasc. 2, ff. 179-180, originale autografo. Osservazioni della Santa Sede sulla Vertenza Moreno-eredi marchese Birago. Anonimo, senza data, ma precedente il 13 ottobre 1863.

Pare che intorno la proprietà del giornale *L'Armonia* abbiano oggi luogo due questioni.
La relazione mandata da Mons d'Ivrea a S. S. esporrà senza dubbio il vero stato delle cose.
Da quanto può ricavarsi dalle copie dei Documenti risulta ciò che segue.
La prima questione verte fra la Società istituita nel 1848 per la fondazione del giornale e gli Eredi del Birago che fu uno degli azionisti e dei direttori. Gli eredi Birago non possono negare che la Società abbia avuto vita: essi sostengono ch'essa più non esista, e che il March. Birago abbia mantenuto del proprio il giornale e ne sia divenuto azionario. La società rappresentata da Mons d'Ivrea suo presidente, si fa viva e si oppone alle pretensioni degli eredi Birago.
Benchè *non audita altera parte* può ritenersi che veramente gli eredi Birago abbiano tutto il torto. I documenti presentati da Mons d'Ivrea sembrano di tal natura che non ammettono la possibilità del contrario. La società non è stata mai disciolta; non è provato che il Birago abbia mantenuto del proprio il giornale, anzi pare certo il contrario. Senza dubbio il giornale che negli ultimi anni ha avuto tanta voga non aveva bisogno del danaro del Marchese: non può esserne dunque stato mantenuto che nei primi anni. Ora il bilancio presentato dal Birago alla società nel 1852 era in equilibrio. Rispetto poi alla cessione non ne esiste indizio. Nel 1850 ebbe luogo un decreto del Ministro dell'interno con cui riconoscevansi proprietarj del giornale Birago e Cavour (Gustavo). Ma questo decreto non è una cessione. Il ministero non poteva disporre della proprietà altrui (veramente è il ministero d'un governo che lo fa). Il Birago si è poi sempre diputato come dipendente della Società nè si è mai considerato come proprietario del giornale. Ha presentato rendiconti, ha continuamente carteggiato con Mons d'Ivrea ch'era il presidente della Società, ha spesso pregato d'essere esonerato della direzione ed ha legato a Mons. d'Ivrea **la sua porzione** della tipografia del giornale.
La seconda quistione è una complicazione della prima. I redattori del giornale sono sdegnati con la società, non ne vogliono dipendere, non la vogliono riconoscere dicendo la famiglia Birago esser proprietaria del giornale, dicono

che il giornale è personificato nella redazione. Non è mestieri di discorso per provare che i redattori sono dalla parte del torto. Dico ciò, guardando la cosa nell'aspetto giuridico: però è certo che gli onorarj dei redattori sono vergognosi - Margotti ha 300 lire al mese e 400 *(sic!)* lire all'anno! Emanueli ha 200 lire mensili!! E' una vera vergogna. Quindi non è irragionevole la loro minaccia di abbandonare la redazione per mettersi a scrivere un giornale di altro titolo.

Sarebbe adunque opportuno di trovar modo come sedare questi malumori e riparare lo scandalo che ne sarebbe per nascere.

A tal fine potrebbe condurre il seguente progetto. Mons d'Ivrea nella sua lite con la famiglia Birago dice che non vuol soffrire d'essere spogliato dei suoi diritti sull'esempio del S. Padre che non vuò *(sic)* cedere i suoi. Si potrebbe far riflettere a Monsignore che il suo paragone fra il dominio Temporale e la sua società è veramente grottesco, che la società si è formata non per mire d'interesse ma per vantaggio della buona causa, per fondare un giornale religioso, che oggi che il giornale va da sè nè ha più bisogno d'appoggio potrebbe lasciarsi andar solo sogliendosi la società. Questo scioglimento potrebbe farsi mediante una cessione ai redattori i quali dovrebbero incaricarsi di rendere indenni i singoli socj. Questa cessione farebbe cessare il dissidio fra la società e la redazione (dissidio scandalosissimo) e farebbe anche cessare la lite degli eredi Birago. Perché pare che tra i redattori e questi eredi vi sia una certa intelligenza: essi adunque comporrebbero fra loro la cosa amichevolmente. I soci sono tutti prelati od ecclesiastici: potrebbero dunque facilmente indursi per mezzo di officj dell'Ab. Tortone, a codesto scioglimento.

Sarebbe intanto necessario che provisoriamente si aumentassero gli onorarj dei redattori.

Doc. 2

ACGA, Unità Cattolica, originale stampato. Lettera Circolare dei direttori dell'*Unità Cattolica* G. Margotti e C. D. Emanuelli agli associati, Torino, 22 ottobre 1863.

    L'UNITA' CATTOLICA   Torino, 22 Ottobre 1863.
    Giornale degli antichi scrittori
    dell'*ARMONIA*
    .....
    L'uffizio di distribuzione
    è in via Cavour, N.° 17;
    e l'uffizio di compilazione,
    N.° 12, casa Baldiano
    .....

    Circolare
    L'*Armonia* del 22 di ottobre, in seguito a nostra domanda, annunzia che il Teologo Giacomo Margotti, ed il Sacerdote Carlo Davide Emanuelli hanno cessato di far parte della sua compilazione. Noi avevamo promesso nel Giornale di continuare a scriverlo fino al 1° dicembre, ma una lettera giuntaci alle ore nove della sera del 20 ci avvertì che fin da quel momento *cessava ogni nostra ingerenza*.
    Ed eccoci pienamente liberi; ma non vogliamo, per verun conto, rimanere oziosi. E' tempo di battaglia, e non di riposo; e ci risuonano agli orecchi le parole che il nostro Santo Padre, Pio IX, ebbe la degnazione di scriverci: *Perge in instituta contra impietatem pugna*[1]. Continuate, coraggio, avanti!
    L'*Unità Cattolica*, invece di aspettare il dicembre, uscirà alla luce fin dall'entrante mese di novembre. E i nostri numerosi associati l'avranno caro, giacchè il novembre sarà uno dei mesi più importanti di quest'anno. Avremo il 5 l'inaugurazione del Senato e del Corpo Legislativo francese, col solito discorso di Napoleone III, e colla solita presentazione de' documenti. Di poi la *verificazione dei poteri* e l'esame delle passate elezioni in Francia, che darà luogo a vive battaglie, ed a curiose scoperte. Da ultimo le prime prove della nuova opposizione, e ardentissimi discorsi sulle cose italiane. Adolfo Thiers cerca ragguagli per sorgere in difesa della Chiesa cattolica, e si prepara pel nuovo combattimento; l'illustre Berryer non abbisogna di straordinari apparecchi, essendo invecchiato nella difesa della religione, della legittimità e della giustizia. Il 18 il Parlamento di Torino ripiglierà i suoi lavori, il Ministero manderà fuori i suoi disegni, ed i Deputati le loro inesauribili interpellanze.
    Ci costerebbe troppo dover udire e tacere, epperò giovedì prossimo, ventinove di ottobre, l'*Unità Cattolica* comincerà le sue pubblicazioni, e i primi tre numeri verranno spediti *gratis*, non datando le associazioni che dal 1° di

---

[1] Testo del *Breve*, in «Armonia», 9 ottobre 1863.

novembre. Coloro i quali si associarono pel dicembre si avranno come associati pel novembre, e così via via s'anticiperanno d'un mese le associazioni.

Dimentichi di noi medesimi non baderemo che a difendere la Santa Causa di Dio e della Chiesa, e nessuno, speriamo, di coloro che ci conoscono s'aspetterà da noi o gare, o risentimenti, od ostilità. Gli scrittori dell'*Unità Cattolica* saranno sempre uniti di mente e di cuore coi figli fedeli, e coi difensori zelanti di Pio IX, e tutti, fra breve, benediremo la *felicissima colpa* che ha fatto nascere in Torino un nuovo giornale religioso.

La Provvidenza di Dio ci ha condotti in via *Cavour*, affinchè, donde già partirono gli assalti, partano gli applausi al regnante Pontefice. Il nome di *Cavour* sarà scritto quotidianamente in fondo al nostro giornale, perché, tentando egli di disfare, servì invece di fondamento ad una più salda *Unità Cattolica*. Questo titolo che noi abbiamo scelto, piace all'universale, ed abbiamo lettere di molti Vescovi e Porporati, che mentre si associano al nuovo periodico, ce ne mandano la loro preziosa approvazione.

Sia lodato Gesù Cristo: diremo come i Cattolici di Aquisgrana e di Malines al cominciare ed al finire dei lavori del loro Congresso. Da quindici anni scriviamo l'*Armonia*, e fummo costretti ad abbandonarla. Nell'uscire da quell'ufficio, chiedendo perdono e perdonando, abbiamo esclamato: *Sia lodato Gesù Cristo!* E la stessa esclamazione ripetiamo oggi, entrando la prima volta nel nuovo uffizio dell'*Unità Cattolica*.

    I Direttori dell'*Unità Cattolica*
    Giacomo MARGOTTI
    Carlo Davide EMANUELLI

....

PATTI D'ASSOCIAZIONE

Il giornale si pubblica in quattro colonne, carta e caratteri dell'*Armonia*, ma contiene quattro colonne di più.

In Torino all'uffizio.   Provincie

	In Torino all'uffizio	Provincie
Un anno	L. 24 »	L. 28 »
Sei mesi	" 13 »	" 15 »
Tre mesi	" 7 »	" 7 »
Un mese	" 2 50	" 3 »

Austria, Francia e Svizzera:

Un anno L. 37 » - Sei mesi L. 19 » - Tre mesi L. 10 »
.....
In Torino il Giornale si reca a domicilio coll'aumento di cent. 50 mensili.
.....
Le domande d'Associazione si rivolgano ai Direttori, e le offerte pel Danaro di S. Pietro si mandino al cavaliere Stefano Margotti.

Doc. 3

AAT, 19.136, busta 2, originale autografo. Lettera di Margotti a Mons. Gastaldi, Torino, 28 febbraio 1872.

Dall'Ufficio del Giornale, 28 feb. 1872

Eccellenza Reverend.ma,

I desideri del mio Arcivescovo saranno sempre comandi per me, ma oso presentare a V. E. Rev.ma le seguenti osservazioni
1° Il giornale alla Domenica si vende 5 centesimi. Ma noi dobbiamo dare a coloro che lo vendono per la città l'aggio di 20 centesimi per dozzina. Più 5 centesimi per dozzina a chi s'incarica di distribuire ai monelli il giornale da vendere. Ne ricaviamo adunque 35 centesimi per dozzina, cioè tre centesimi per foglio. Esamini la nostra carta, la composizione, la tiratura e vedrà se non ci costa di più! Gli altri giornali, oltre all'essere inferiori per la carta e per la materiale quantità di cose che contengono, hanno l'ultima pagina d'annunzii. Noi potremmo ricavarne molte migliaia di Lire, ma bisognerebbe lasciare stampare tutto, e spogliarsi d'ogni proprietà. Non mi par conveniente di farlo.
2° I prezzi d'associazione del giornale debbono essere in consonanza colla vendita per la città. Se no gli stessi *banchini* che vendono il giornale alla spicciolata, farebbero associazioni particolari a minor prezzo, e noi resteremmo con pochi associati all'ufficio. La vendita quotidiana del giornale ad un soldo esige il prezzo annuo dell'Associazione a 15 Lire per Torino a £ 18 per l'Italia. Sarebbe la morte dell'*Unità Cattolica*, aggravata già di spese, d'imposte, di processi, e domani o posdomani di multe.
3° E' una grande illusione darsi a credere che il giornale nostro ad un soldo si venderebbe molto di più, o tanto nei giorni feriali quanto nei festivi. N'abbiamo fatto la prova all'*Armonia*. La facilità di avere quotidianamente diminuisce il desiderio di averlo, di procurarselo, di leggerlo. Se cresce la vendita nei giorni feriali, diminuisce nei festivi. Il giornale perde la sua importanza, come qualunque cosa che venga diminuita di prezzo. E' una doppia perdita, morale e materiale.

Non so, Eccellenza Rev.ma, se sarò riuscito a spiegarmi bene; ma nella sua altissima intelligenza comprenderà quello che ho voluto dire.

E gliel' ho scritto subito per provarle la mia pienissima sottomissione, amando meglio di scriverglielo, che dirlo a parole, affinchè potesse meglio pesare le mie ragioni. E mi permetta di aggiungere che i peggiori nemici dell'*Unità Cattolica* non sono quelli che la sequestrano, ma anche quelli che La dicono *buona* ma la vorrebbero *ottima*, giacchè l'*ottimo* è nemico del *buono*.

Le bacio la mano col più profondo ossequio e invoco la sua pastorale benedizione.
Dell'E. V.ª Rev.ma

   Dev.mo obbl.mo oss.mo servo e figlio
   Giacomo Margotti

Doc. 4

AAT, 19.136, busta 2, originale autografo. Progetto di riforma dell'*Unità Cattolica* di Mons. D. Riccardi, 1892 Settembre.

Progetto riforma *Unità Cattolica*.
1. Ampliare il formato e usare caratteri tali, per cui il giornale contenga il doppio di materia: ed esca in mezzo foglio almeno, anche la Domenica ed altre feste.
2. Accrescere il numero dei redattori, sia quotidiani, sia ebdomadari o mensili.
3. Accrescere i corrispondenti esteri, ed averne a Roma con incarico di assumere notizie ufficiali dal Vaticano e dal Governo, e telegrafarle.
4. Il prezzo dell'Associazione si riduca
   per Torino (all'Ufficio) a L. 18.
   a Domicilio e nelle Provincie a L. 20.
   Ciascun numero si venda ad un soldo sia a Torino sia nei Depositi.
5. La direzione, per lo spirito del giornale dipenda solo dall'autorità ecclesiastica. Ed i redattori dal Direttore.
6. Il Direttore distribuisca a piacimento gli articoli, con avvertenza però che i telegrammi siano *tutti* in testa del giornale.
7. Il giornale tratti pure degli interessi di Torino, si occupi d'agricoltura, di commercio, di letteratura, rechi le notizie Italiane ed anche *Estere* ecc. In somma contenga, quanto è richiesto per soddisfare *da solo* i ragionevoli desideri dei cattolici di qualunque classe ed impiego, mantenendo sempre, lo spirito dell'antica Unità Cattolica massime nella difesa del Papa e della S. Sede.
   Inoltre sia redatto in modo da interessare non solo Torino ed il Piemonte, ma tutta l'Italia.

Doc. 5

ASV, SS, 1902, Rubr. 162, fasc. 1, ff. 59-61, originale autografo. Lettera del Card. Bausa al Card. Rampolla, Firenze, 27 dicembre 1894.

E.mo e R.mo Signor mio Oss.mo

Rispondo alla Eminenza Vostra che mi domanda, per commissione del Santo Padre, per quale motivo il giornale Unità Cattolica ha poco favore in Toscana: mi limito a parlare di Firenze, non avendo piena cognizione delle altre città.
Firenze fu devastata per molti anni da pochi Speculatori di associazioni cattoliche e giornalismo: tutto andò in malora, con gran disgusto dei buoni e

discredito delle Opere stesse, le quali non hanno potuto finora prosperare. Il nobile Gherardi, ottimo cattolico, fondò il giornale *Il Giorno*: vi consumò il patrimonio, e dov'è cessare. Allora un bravo industriale [Bürgisser], assai ricco, incaricò l'avvocato Mastracchi di fondare il *Corriere Toscano*. Parve che ispirasse fiducia: ne profittai per ottenere dai RR.mi Vescovi della Regione Toscana, uniti in Congresso, la promessa di garantire un certo numero di abbonati, la speranza aumentò.

All'improvviso venne l'avvocato Margotti a dirmi che trasferiva a Firenze il giornale *Unità Cattolica*: fui cortese con esso, e promisi il mio appoggio. Dopo quell'unica visita io non l'ho più veduto.

Dopo due mesi, io seppi, dalla pubblica voce, che il Mastracchi aveva fatto vive istanze per avere cinquanta lire di aumento sulla pensione mensile che aveva per il *Corriere Toscano*: sollecitando nel tempo stesso gli abbonati a rinnovare l'associazione. A un tratto, senza preavviso, gli abbonati ebbero l'*Unità Cattolica*, e il *Corriere* cessò. Vi fu molto mormorio, e si lamentarono della truffa: ma in breve la tempesta si dileguò.

Era delicata la posizione: l'*Unità Cattolica* incominciò a ferire coi suoi frizzi i *laici* e *non laici* (così scriveva) che leggevano altri giornali, e per molto tempo offese una moltitudine, che avrebbe dovuto conciliarsi con urbani modi.

I frizzi, considerati come ingiuria, si fecero più rari solamente quando molti manifestarono apertamente la loro nausea.

Perduta l'influenza morale, in Firenze gli appelli al pubblico, fatti dall'Unità, non ebbero corrispondenza specialmente nella classe nobile e colta.

Allora vennero gli aspri rimproveri a chi dovea parlare, e taceva: al muto per vigliaccheria, e simili urbanità, che tutti comprendevano essere dirette a me. Per non dare ai giornalisti liberali ampio materiale di riso, tacqui per tre mesi: poi dignitosamente con la pastorale del 10 Agosto invitai il popolo a una completa riparazione contro ogni bestemmia, santificando i costumi. L'effetto è prodigioso.

L'*Unità Cattolica* con la sua vigorosa polemica può fare molto bene se, convincendo gl'intellettuali, non disgusterà i cuori con le sue inurbanità frequenti: se a principale obiettivo prenderà non solamente la conservazione dei buoni, ma anche la conversione dei cattivi: se, invece di denunciare i Prelati come mancanti al loro officio, lascerà questa cura al Santo Padre.

La mia risposta a quelli feritori è nell'abbonamento al giornale per l'anno venturo, nobile esempio per i diocesani.

Ho combattuto la rivoluzione per lo spazio di 40 anni, ed ora ne finisco 74: spero che il Santo Padre non penserà che abbia mutato sistema.

Le bacio umilissimamente le mani, e con profondo ossequio mi confermo di Vostra Eminenza

U.mo e D.mo Servitor vero

+ Fr. A. Card. Bausa.

Doc. 6

AAB, *Fondo Acquaderni*, cart. 10, pos. 106, n. 5636, originale autografo. Lettera di G. Sacchetti a G. Acquaderni, Firenze 10 ottobre 1906[2].

Mio carissimo Amico

La povera *Unità Cattolica*, già da te soccorsa, ricorre di nuovo alla tua carità. Vedi se puoi fare qualche cosa per essa, come già mi facesti sperare. Finora andiamo avanti a forza di sussidii; se i benefattori ci mancano, dobbiamo chiuder bottega. Se fra i tuoi amici havvi qualcuno, che sia rimasto fedele alla vecchia bandiera, fa ch'egli pure si ricordi di noi.
Iddio ti renderà merito di quanto farai. Io ti ringrazio anticipatamente d'ogni cosa, lieto se potrò come che sia renderti servigio.
Ti stringe la mano con tutto l'affetto

il tutto tuo
Beppe Coda[3]

Doc. 7

ASV, SS, *1908, Rubrica 82, fasc. 9*, ff. 7-8, originale autografo. Lettera di P. De Töth al card. C. Vives y Tutó, Roma 31 dicembre 1907[4].

Eminenza,

Gesù! Mi trovo in Roma da ier sera, venuto per una udienza dal S. P., e riparto tra poco, dolente di non poter venire a bacerLe la mano.
Impedito per un monte di faccende, non ebbi tempo per distenderLe quelle noticine che V.E. desiderava circa i convenuti di Molveno.
Ecco qua: il Gallarati - padre è un liberaloide insignificante per disgrazia pieno di denari; di cui usa il figlio Tommaso per sostenere, d'accordo col Fogazzaro, il *Rinnovamento*; il Casati e l'Alfieri sono gli aiutanti di campo, condirettori emeriti della stessa rivista.
Il Morini[5] è, paremi, un sacerdote di Modena; il Pierboni[6] pure, ma di

---

[2] Scritta su carta intestata "L'Unità Cattolica - Firenze. Direzione". Sacchetti moriva improvvisamente il 20 ottobre 1906.
[3] Pseudonimo di Giuseppe Sacchetti.
[4] Al f. 10 la busta di De Töth con su scritto: "Riservata *brevi manu*".. Il card. Vives y Tutó, a sua volta scriveva sulla busta: «Meglio l'abbia l'E.mo Segretario di Stato».
[5] Francesco Morini
[6] Stefano Pierboni di Ascoli

questi non ho notizie precise, sebbene cercassi d'informarmi. Appena saprò qualcosa la comunicherò subito.

Il *Buonaiuti* di Roma V.E. lo conosce, et idem conosce *D. R. Murri*, mons. *Fracassini*, il famoso rettore del seminario di Perugia, espulso. Quanto poi *Casciola*, anche questo per disgrazia un prete. La vita di costui non è che una continua odissea da un luogo all'altro, da una città all'altra, e il S. P. ebbe a discacciarlo da Venezia quando era colà patriarca. Ora ha poste le tende nel Bergamasco, ad Osio di Sotto, e dirige un collegio vegetariano, ma dice di dipendere dall'Ordinario di Cremona, tanto che il Vescovo di Bergamo non potè far nulla! E' pagato, a quanto pare, da Fogazzaro, da cui fu fatto cavaliere dello Sp. S., e come tale gira tenendo secrete conferenze più che altro a *donne* e *signorine*.

L'ultimo il Panurghi[7] è un secolare, femminista, collaboratore di *Vita* - di cui tra pochi giorni manderò a V.E. gli estratti ordinatimi - e di altri periodici del genere.

A questa lettera, oltre di alcuni N .dell'*Eco d'Italia*, che aveva in doppio oltre quelli consegnati ier sera al S. Padre, ove potrà leggere alcuni spunti critici dell'Avvento predicato quest'anno da P. Semeria in Genova, unisco una lettera di un professore del Seminario di Reggio Emilia, lettera che converrebbe mettere nelle mani del Papa, e che per dimenticanza ier sera non consegnai.

Le cose a Reggio Emilia vanno male, male assai, e tutto per opera del Rettore del Seminario, Prof. Angelo Mercati, notissimo modernista, che convien tener d'occhio e a bada. Io già lo battei una volta come era mestieri, ma la miglior botta sarebbe che lo togliessero dall'ufficio. Non dico di più.

Il listino stampato relativo al convegno di Molveno è del Preposto del paese: i due speditori erano Fogazzaro e Won (*sic*) Hugel il noto ipercritico londinese.

Perdoni, Eminenza, la fretta di questa lettera. Son, ripeto, pel ripartire. Il 3 [gennaio 1908], sarò per volere del S. P., a Firenze: si ricordi di benedirmi onde poter corrispondere nel nuovo ufficio che la fiducia della S. Sede mi commette andar sempre avanti come vuole il Signore.

BaciandoLe l'anello e augurandoLe ogni felicità pel nuovo anno sono di V.E. R.ma indegno servo

Sac. P. T. de Töth

Roma, S. Silvestro, 1907.

---

[7] Mario Panurghi era lo pseudonimo del sacerdote modenese Enrico Vanni (1876-1929). Murriano venne privato dell'insegnamento in Seminario e segregato a Nonantola come bibliotecario. Collaborò alle diverse riveste murriane.

Doc. 8

CSMU, *Carte Cavallanti*, originale autografo. Lettera di A. Cavallanti a De Töth, Capralba, 18 gennaio 1907 [in realtà 1908].

Carissimo Töth
strappo via mezzo foglio della lettera del mio vescovo e su essa trascrivo la lettera medesima, diretta a me: e ricevutoggi *(sic)*. Eccola:

J.M.J.
       Crema, 17 [gennaio] '908.

Carissimo,
Monsignore Arciv. di Firenze mi ha scritto, che, *se le cose stanno come si afferma*, egli non ha difficoltà a che tu vada a Firenze e spera che, nella ipotesi, tu ti diporteresti da buon prete. *Ma si vede che Mons. Arcivescovo non ne sa dippiù.* E io gli risposi, che, quanto a me, mi confermo nella persuasione che il meglio per te è rimanere a Capralba, in cura d'anime e collaboratore dell'Unità, da Capralba stessa.
Ecco il mio parere, ben inteso che se venisse un ordine superiore, il Superiore sarebbe ubbidito. In Corde Jesu

    l'aff.mo
    + Ernesto vescovo

Il sottolineato l'ho sottolineato io perché capisca quanto siano precise le parole del mio vescovo e come dicano tutto. E cioè:
1. che l'Arcivescovo sa nulla e ben poco
2. che l'Arcivescovo è freddo a ricevermi
3. che tutto è incerto costì
4. che il Vescovo di Crema atteso ciò si ritiene il suo diocesano
5. che cede di fronte a parole autorevoli e più chiare, esplicite.

Noti che io sono un semplice cappellano, in cura d'anime, ma non beneficiato: a Capralba c'è un altro prete che è parroco.
Dunque quello che prevedi si è avverato.
Fa adunque quei passi che credi: se ritieni di volermi a Firenze.
D'altronde io non sono un essere necessario: altri giovani molti e migliori ce ne sono. Potrò sempre collaborare stando a Capralba aprendo una rubrica mia *Spunti ed appunti* di circa due colonne - una o due volte la settimana. Certo è che altro è essere redattore ed altro è essere collaboratore o meglio altro è trovarsi a Firenze ed altro è il trovarsi a Capralba.
E mi capisci - due teste vicine valgono cento lontane e disperse. Io ripeto son sempre pronto ad ogni vostro cenno.
Son cose che si doveano prevedere: tu quando il Papa mostrò il desiderio a favor della mia venuta a Firenze, dovevi dir che incaricasse il Card. Merry del

Val affinchè scrivesse al mio vescovo.

Ritengo però che l'arcivescovo di Firenze sapendo meglio le cose, si interesserà meglio.

Fa dunque quello che credi.

      Tutto tuo
      D. Cavallanti

Capralba, 18. 1. 07 (*sic?*)

N.B. Ho mandato a mons. Bufalini alcuni abbonati per le *Armonie*; ed uno all'*Unita*. Altri ancora fra giorni.

Trascrivo subito la lettera del mio Vescovo e la mando a mons. Bufalini.

Potresti scrivere lettera al Card. Merry del Val pel Papa firmata da Bufalini e da tu o altri dicendo che il Vescovo di Crema èsempre in attesa di un ordine superiore per lasciare partire Cavallanti per Firenze, ma che Merry del Val scriva a Crema.

Il tuo articolo contro Sabatier è riprodotto oggi dall'*Italia Reale*. Congratulazioni.

Doc. 9

CSMU, *Carte Cavallanti*, originale dattiloscritto. Lettera di NN[8]. a De Töth, Milano, 11 aprile 1908.

Molto Rev. ed illustre direttore,

      Milano, lì 11 aprile 1908

Il nostro arcivescovo cardinale Ferrari che ha così energicamente protestato contro l'accusa (che è pura verità) essere la sua diocesi centro del modernismo, dovrebbe spiegare come mai abbia potuto permettere che nella cerimonia ufficiale della traslazione del corpo del suo antecessore Monsignor Ballerini il discorso fosse tenuto da un laico, e precisamente dal caporione del modernismo politico, l'avv. Meda direttore dell'UNIONE. Questo discorso, stampato poi dalla sempre compiacente SCUOLA CATTOLICA, può ora essere giudicato da tutti; e chi conosce la storia della Diocesi di Milano, comprende subito come la sostanza del discorso stia in un sottile e diabolico travisamento della verità, e nel silenzio deliberatamente voluto mantenere sul significato reale

---

[8] Carta intestata: "Curia Arcivescovile di Milano". La firma del sacerdote è illeggibile.

delle persecuzioni al Ballerini e della sua resistenza.

Posso anche assicurarvi che tutti i vescovi presenti alla cerimonia furono disgustati assai del discorso Meda. Ma a milano (*sic*) c'è la congiura del silenzio tanto per vostra norma. Ma se parlate, non comprommettetemi.

Vostro dev.mo
Sacerdote NN

Doc. 10

ACC, *Carte Brandi*, copia dattiloscritta. Lettera circolare del P. E. Baccolo, provinciale veneto, ai gesuiti della provincia, Venezia, 1 agosto 1908.

Provincia Veneta

Lettera Circolare

Venezia, 1 agosto 1908

Reverendo in C.to Padre,

Comunico con V.R. un periodo di una lettera del M.R.P. Nostro Generale diretta a me in data del 29 luglio prossimo passato. Il periodo è il seguente: «Visum est mihi necessarium prohibere ne Nostri quidquam publicandum assumant tum in diario L'UNITA' CATTOLICA tum etiam in libello periodico LE ARMONIE DELLA FEDE».

Sono sicuro che ogni nostro scrittore si atterrà a questa volontà di N.P. con quella sommissione che è propria dei figlioli della Compagnia.

Ad evitare poi nuovi dispiaceri, a conservare la scambievole carità ed a mantenere fra gli esterni l'opinione che fra noi regna sempre la stessa concordia di animo, prego tutti, quanti so e posso, di usare ogni prudenza nel parlare in generale delle persone o dei fatti che loro riguardano, e della *Civiltà Cattolica* in particolare, acciocchè per noi non resti benchè lievemente offesa la verità, la carità, la giustizia.

Ai SS. SS. SS. mi raccomando.

di V. R.

Infimo in C.to
E. Baccolo, S.I.

Doc. 11

CSMU, *Carte Cavallanti*, originale autografo. Lettera di G. Menara a P. De Töth, senza data, ma certamente dell'agosto 1908.

Personale e Segretissima

Mio Carissimo D. Paolo,
Lei forse lo saprà: ma nel caso fosse ancora all'oscuro Le comunico questa notizia che a me ed a tutti qui in Canonica produsse impressione tristissima: in seguito alle mene indecenti della *Civiltà Cattolica*, il Generale dei Gesuiti, o chi per lui, proibì assolutamente a qualunque Padre della Compagnia di collaborare in qualsiasi modo alle *Armonie* ed all'*Unità Cattolica*.

I metodi indegni della Rivista Romana, vero feticcio tramontato, mi fanno schifo addirittura: e se le cose vanno proprio così, io sono deciso di mandare un articolo di fuoco ad un giornale moderato del Veneto che me lo stamperebbe assai volentieri, e metterei al nudo tante magagne che gli iloti non conoscono ancora o fingono di non conoscere. Al mio sdegno aggiungo una protesta di solidarietà incondizionata all'*Unità Cattolica* e alle *Armonie della Fede*: con loro e per loro sempre!

Se crede rendermi contezza dello stato delle cose, si serva pure della piccola posta dell'*Unità*, e mi denomini *Audax* e lo faccia in termini tali che nessun altro capisca.

Questo sotto *rigorosissimo segreto*: il monsignore (I.)[9] che ciò seppe da un Gesuita collab. delle *Armonie*, mi ha detto di tacere: io non mi posso tacere, perché sento troppo; ma voglio assoluta segretezza: il mio nome resti ignoto. Mi saluti Cavallanti. Ricordando i due giorni passati insieme qui su questi colli (28.29 luglio)
mi creda Suo, tutto Suo aff.

Virtus[10]

Tra pochi giorni mando articoli.
Favorisca mutare un indirizzo di quelli già speditile
Invece di Rev. D. Domenico Favero
Valli Mocenighe (Padova)
Metta: Rev. D. Dom. Favero
Lozzo Atestino Padova
          Dev.mo Suo D. Giovanni Menara

Benissimo contro la C.C. - Bravi!!!
Faccia pure calcolo di me: e mi chiami con se, quanto prima.
Per l'affetto che mi porta, Le raccomando assoluta segretezza.
Saluti da P. Attilio. Sta bene.

---

[9] Jacopo Scotton (?).
[10] Pseudonimo di Don Giovanni Menara.

Doc. 12

ARSI, *Pio X; S. Sedes*, 4/1, 29, originale autografo. Lettera di Pio X a P. Freddi, Vaticano, 18 settembre 1908.

Al M. R.do Padre Ruggero Freddi, Primo Assistente
al Reverendissimo P. Generale della Compagnia di Gesù

Molto Reverendo Padre e diletto figlio,

Il desiderio del bene e l'affetto alla Vostra Compagnia di Gesù mi obbliga a scriverle, perché Ella alla sua volta informi il Reverendissimo Padre Generale.
Trattasi del famoso articolo sul *femminismo*, che ha suscitato le critiche di alcuni giornali e le conseguenti rappresaglie della *Civiltà Cattolica*.
Quando ho letto l'articolo già pubblicato dissi al p. Brandi, che chiedeva il mio giudizio, che tolta qualche proposizione un poco ardita, e una qualche frase poco misurata non trovava da ridire quanto alla dottrina; ma che la pubblicazione in quel momento (dopo il congresso di Roma) era stata inopportuna. Vennero poi le critiche dei giornali, e il p. De Santi scriveva da Poppi a don Bressan lamentando con molta energia gli attacchi ai quali fu esposto l'articolo (che a suo dire era stato pienamente approvato dal Reverendissimo Padre Generale) e chiedendo ch'io imponessi ai giornali il silenzio. Io ho fatto rispondere da don Bressan al p. De Santi, che il Santo Padre avendo lette le critiche della *Riscossa*, dell'*Unità Cattolica*, della *Difesa* e dell'*Azione muliebre* non credeva che gli scrittori della *Civiltà* dovessero adontarsi; se ne stessero tranquilli, tanto più che, com'era scritto nella lettera, avevano l'approvazione del P. Generale. Successivamente vi fu la malaugurata sospensione del cambio coll'*Unità* e colla *Riscossa*, e l'intervista e il colloquio del p. Pavissich fatto pubblico dal *Cittadino di Mantova*, che ha dato il colmo alle ire a tal punto da produrre un vero scandalo per le offese lanciate in quella pubblicazione (autorizzata dal Pavissich) a tanti benemeriti della causa cattolica, pel disprezzo con cui vengono trattati, e per la sicumera che quanto si scrive dalla *Civiltà Cattolica* debba ritenersi come oracolo. Ho fatto scrivere immediatamente al *Cittadino di Mantova* perché facesse ritrattazione, ma fu risposto che quanto stampato era appena la metà di quello che fu detto.
Intanto mi arrivano del continuo lettere e riferite (*sic*?) nelle quali si ripete che qualche padre della *Civiltà* va propalando che il padre Generale e il papa sono soddisfattissimi di quanto si pubblica nella *Civiltà* anche in questi articoli, -che il Padre Generale e il papa condannano le critiche, che furono fatte, tant'è vero che fu proibito ai padri della Compagnia di scrivere sull'*Unità Cattolica* e nelle *Armonie della Fede*, e di entrare in qualunque altro modo in contraditorio (*sic*) colla *Civiltà*, - e che in una parola il papa è in tutto del loro pensiero, ma ha pertanto in Vaticano chi lo contraria. Questa poi è tanto enorme che non la posso passare.

Senza recarle incomodo avrei parlato volentieri col padre Brandi, se non mi facesse compassione, perché lo credo ormai impotente per imporsi ad alcuni, che hanno preso il sopravvento, che dopo di aver provocato invocano la carità fraterna, i riguardi dovuti ad un collegio di dotti, l'autorità del papa (sono le loro lettere), ed hanno la pretesa non solo di restare intangibili, ma di essere encomiati.

La Paternità Vastra Reverendissima mi farà un distinto favore, se parlerà in argomento col Reverendissimo Padre Generale, perché credo ormai necessario un qualche provvedimento, onde metter fine a queste lotte e scongiurare una divisione troppo accentuata nella Compagnia.

Frattanto augurandole ogni bene mi confermo suo affezionatissimo

Pius PP. X

Dal Vaticano, lì 18 settembre 1908.

Doc. 13

ARSI, *Curia romana IV*, ff. 136-138, copia. Lettera di P. Freddi a Pio X, Roma, senza data ma da collocarsi tra il settembre-ottobre 1908.

Beatissimo Padre,

Sento il dovere, prima d'ogni cosa, di ringraziare sinceramente Vostra Santità per la veneratissima lettera, che si è degnata d'indirizzarmi, e che dimostra una volta di più la singolare e tutta paterna benevolenza, ond'è animata la Santità Vostra a riguardo della nostra minima Compagnia.

Appena ricevuto il gravissimo documento, mi sono dato premura di compiere perfettamente ai venerati desideri di V. S., comunicando ogni cosa col M. R. P. Generale; il quale già da lungo tempo è dolentissimo dei deplorevoli incidenti che arrecarono tanto dispiacere all'animo di V. S., ed in seguito alla mia comunicazione si propose di chiedere quanto prima una particolare udienza per trattarne personalmente con la Santità Vostra.

Frattanto io stimo conveniente umiliare fin d'ora alla Santità Vostra qualche breve ragguaglio, che servirà a chiarire vieppiù la serie dei fatti, che una increscevole concorrenza di circostanze venne a rendere singolarmente spiacevole.

Una lettera del p. Chiaudano, provinciale di Torino, scritta ad insinuazione dell'Eminentissimo Card. Richelmy per impegnare la *Civiltà Cattolica* a schierarsi contro la corrente favorevole ai cosidetti congressi femminili neutri, arrivò quando nella *Civiltà* era già apparso il noto articolo del p. Pavissich. Allora solamente il M.R.P. Generale ebbe notizia di tale pubblicazione e lettala si formò quel giudizio che poi espose scrivendo al p. Brandi quanto al p. Chiaudano: parergli cioè che, fatte alcune riserve per cose di minor conto e per certe frasi particolari, di cui non voleva giudicare, quanto alla *sostanza* e la *dottrina teoretica* propugnata nell'articolo nulla vi fosse di riprovevole, e valendosi di questa occasione il medesimo P. Generale soggiungeva nella sua (*sic*) lettere (*sic*) due norme precise, alle quali dovessero i Nostri attenersi per ciò che spettava la pratica in materia di movimento femminile e relative associazioni e congressi, dicendo che i nostri non dovessero costituirsene antesignani e promotori, ma lasciare tutta la cura di tale organizzazione alle donne stesse sotto il magistero e la direzione (*sic*) dell'autorità ecclesiastica; ma in pari tempo si astenessero dall'impugnare ciò che le stesse donne cattoliche con l'approvazione e l'indirizzo degli ordinari credessero bene d'intraprendere in questa materia.

Disgraziatamente questa lettera giunse al R. P. Chiaudano quando questi aveva già pubblicato il suo opuscolo sui congressi femminili, suscitando così una pubblica polemica, di cui si prevalsero i giornali per accentuare il dissidio sorto in seno alla Compagnia stessa. La *Civiltà*, com'è noto, riaffermò il contenuto dell'articolo, e la controversia anzichè finire, volse a peggio. Allora intervenne nuovamente il R.P. Generale, intimando ai Nostri d'ambedue le parti di cessare dalle dispute sì pubbliche sì private e tornare fraternamente alla concordia e al silenzio.

Così si fosse fatto; ma a riaccender il fuoco appena sopito vennero le deplorevoli e fantastiche comunicazioni per lettere del p. De Santi, e il non meno deplorevole colloquio del p. Pavissich: i quali due ultimi incidenti come amareggiarono l'animo di Vostra Santità, così pure non poca afflizione arrecarono a quello del M. R. P. Generale, il quale, avutane cognizione, fece tosto scrivere al R. P. Brandi ingiungendogli di ammonire seriamente i due sopraddetti padri dell'errore commesso ed ordinando che in avvenire essi fossero più rigorosamente sorvegliati, sia nelle loro comunicazione (*sic*) epistolare (*sic*) sia nei loro colloqui.

Quando la S. V. si degnerà ammettere in udienza il P. Generale, egli potrà fornire ulteriori schiarimenti e insieme intendere da V. S. i provvedimenti che giudicherà opportuno di prendere.

Prostrato al bacio del sacro piede e implorando umilmente l'apostolica benedizione con la più profonda venerazione mi protesto di Vostra Santità obbedientissimo figlio

      Ruggero Freddi S.I.
      Assistente d'Italia.

Doc. 14

AAF, Cart. *Unità Cattolica*, Pos. Corrispondenza, originale autografo.
Lettera di P. Marani a A. Cavallanti, Bologna 6 ottobre 1908.

La polemica che in questi giorni la valorosa *Unità Cattolica* sostien contro l'*Avvenire d'Italia* e il suo degno direttore, ha trovato un'eco di cordiale approvazione in tutti i cattolici bolognesi che sono costretti a tollerare fra di loro un giornalista che usurpa e prostituisce il nome di cattolico e che alla venerata parola del S. Padre osa rispondere con nuove ingiurie e contumelie. Ed è col più vivo desiderio di porgere all'*Unità Cattolica* il mio debole aiuto in questa sua nobilissima opera di epurazione dalle file cattoliche, che io spontaneamente le farò noti alcuni lati interassanti della vita di Rocca d'Adria. Son cose che a Bologna moltissimi sanno e conoscono e delle cui autenticità ella potrà garantarsi chiedendone ad altri amici più di me conosciuti che lei conta a Bologna.

E comincio col dire che gli attacchi dell'*Unità Cattolica* hanno irritato moltissimo il direttore dell'*Avvenire d'Italia* che teme di perdere per causa di essi quel poco credito in cui è ancora tenuto dagli ecclesiastici e dai cattolici. E con ansia va informandosi quali dei sacerdoti più eminenti sono abbonati all'*Unità Cattolica* e la leggono. E' rimasto seccatissimo avendo appreso che mons. Della Chiesa la riceve tutti i giorni e la legge attentamente e perché ha saputo che il Vicario Generale mons. Bacchi si era espresso a suo riguardo in termini poco benevoli nella polemica con voi, lo avversa in ogni modo e arriva al punto di boicottarlo (è la vera parola) non mettendo mai il suo nome sul giornale, anche quando il farlo sarebbe necessario e doveroso. Il medesimo trattamento usa con altri sacerdoti, colpevoli solo ai suoi occhi di averlo conosciuto intus et in cute e di giudicarlo conseguentemente.

Inoltre spera di poter farvi tacere per mezzo di un vostro autorevole amico, il conte Giovanni Acquaderni; si vede che ha paura. A proposito di S.E. il Card. Lorenzelli, si vanta di averlo già messo a posto minacciandolo di far noto che egli, quando era nunzio a Parigi, spediva all'*Avvenire* degli articoli elogiativi dell'opera sua.

Del resto il suo atteggiamento antimurriano, non persuade nessuno e sembra una diversione. Si ricorda che la sua inimicizia contro il prete di Fermo non ha ragioni di dissenso dottrinali ma cominciò fin da quando Rocca d'Adria, come direttore della *Patria* di Ancona andò a Fermo a raccogliere azioni da 100 lire pel giornale e non nè giustificò l'uso e don Murri alzò la voce contro quell'agire apertamente scorretto; che l'inimicizia si è accesa di più l'anno scorso quando Murri ha combattuto l'idea del *Mulo* e la sottoscrizione bottegaia. E che Rocca d'Adria rimanga quel noto modernista che fu lo prova il fatto che egli è in intrinseca relazione con l'avv. Bertini, uno dei maggiorenti della Lega democratica nazionale e gli tiene aperte le colonne dell'*Avvenire d'Italia* per la campagna elettorale per il collegio di Vergato. E notate che questo avviene benchè la maggioranza dei cattolici di Vergato, convinti che per scalzare il massone ministro Rava ci voglia ben altro che il minuscolo ambizioso avvocatino demagogo, hanno fatto ripetutamente il nome del marchese Filippo Crispolti.

E' notorio che fino a pochi giorni fa egli tenne come redattore-capo del *Mulo* un giornalista liberale, certo Villanis, che era dovuto uscire dalla *Gazzetta di Venezia* per accuse di carattere morale, e questo tale naturalmente fece del *Mulo* un'ottima lettura per le case di tolleranza. E attualmente vi posso assicurare che il *Mulo* è fatto quasi per intero da un giornalista di Napoli, redattore del *Monsignor Perrelli*, anticlericale pornografico di Napoli.

Della redazione dell'*Avvenire d'Italia* fanno parte da oltre due anni alcuni redattori miscredenti e atei (fra questi il cav. U. Silvagni che fu segretario privato dell'on. Di Rudinì e il prof. S. Petri). Il Consiglio d'Amministrazione poi è un mosaico; vi sono ancora un antico e notorio murriano (C.E. Bolognesi) e un massone (avv. Zanotti). Sopra la morale si tiene l'interesse! E' inconcepibile come il Conte Grosoli tolleri un simile stato di cose.

Non vi è nessun sacerdote a Bologna che lo avvicini e gli sia amico: guardate se ne trovate uno solo che abbia offerto un soldo per il famoso monumento dell'asino col fiasco tra le gambe da erigersi nei giardini vaticani. L'arcivescovo stesso lo tiene a rispettosa distanza che non l'ha mai ricevuto dopo la visita per il suo ingresso. Nelle sfere ecclesiastiche si è molto indignati contro Rocca d'Adria perché egli, a scopo polemico contro Podrecca (venuto a Bologna per una conferenza sulla Scienza e i Dogmi) senza interpellare l'Autorità Ecclesiastica che si stava occupando della cosa, ha buttato in pascolo alla pubblica curiosità un miracolo della Beata Vergine di Lourdes per una guarigione non ancora ben accertata. E da questo ha preso appiglio un foglietto socialista per un feroce attacco antireligioso. E questi sono i vantaggi che l'ex-ebreo procura alla causa cattolica. Quando il vostro giornale contiene qualche attacco a lui, Rocca d'Adria manda un suo fidato a fare incetta del giornale, per modo che anche i compratori abituali restano insoddisfatti.

Ma proseguite con vigoria e tenacia senza arrestarvi, e siate certi che i cattolici bolognesi non lo vogliono ma lo subiscono a malincuore. Aiutateci a sbarazzarci e vi acquisterete la nostra gratitudine.

E concludendo, giuro sul mio onore di cristiano che i fatti narrati corrispondono alla più stretta verità. Non desidero altro se non che voi ne cerchiate la conferma anche da persone autorevoli.

Vostro devotissimo
Pietro Marani

Doc. 15

AAF, Cart. *Unità Cattolica*, Pos. Corrispondenza, originale autografo. Lettera di P. De Töth a A. Cavallanti, Bologna (stazione), 31 ottobre 1908.

Carissimo!

Che disinganno! Mons. Della Chiesa - e ho dovuto dar ragione alla Marchesa Pallavicini, che non può vedere pel suo carattere - solo per politica non si oppone all'*Avvenire d'Italia*, ma lo sostiene a spada tratta in tutti i modi. Ha cominciato col disapprovare i metodi dell'*Unità cattolica*; ha detto che noi "non facciamo che far del male"; che le nostre polemiche sono contro la carità; che dovremmo denunciare l'errore ma non denunciare il giornale o il libro che lo contiene o la persona che lo pronuncia; che l'*Avvenire d'Italia* ha ragione di combatterci essendo noi i primi ad assalirlo.

Ha disapprovato che l'*Unità cattolica* scrivesse contro Rocca d'Adria in riguardo al di lui articolo per *La settimana sociale di Brescia* dicendo, e badi a che punto si giunge!, che noi non si doveva giudicare Rocca d'Adria dall'operato a Brescia quando abbandonò l'aula del Congresso, ma da quello che scrisse tornato a Bologna. Ho obiettato che lo scritto contradiceva apertamente al fatto, ma l'arcivescovo non ci sentiva.

Mons. Della Chiesa ha preso le difese delle famose "Lettere sparse" ed è giunto a dire ch'egli vi "avrebbe apposta la firma". Che più? Ha negato alla stampa nostra, non all'*Avvenire d'Italia*, ogni diritto di denunciare pubblicamente gli errori che possono contenersi in un libro o in un giornale, perché nessuno secondo lui, ha dato alla stampa il diritto o la missione di far ciò, ma semplicemente di avvertirne l'autorità. Ho risposto che dal momento che la stampa si permetterà di divulgare errori, era doveroso che la stampa cattolica li combattesse, ma non ha mostrato di essere di ciò persuaso.

Si è lamentato mons. Della Chiesa ancora che tu gli scrivessi domandandogli adesione all'ultima lettera del Papa -e in ciò pare non avea tutti i torti perché io stesso ho dovuto disapprovare il suo metodo, e tu ti sei fidato un po' troppo sulle cose che ti riferiscono da varie parti - e poi è venuto a parlare del tuo *Milano centro del modernismo* così che mi è convenuto difenderti da quanto egli ti apponeva.

Insomma: ho dovuto difendere la nostra posizione là dove io sperava di trovare un aiuto, e non puoi credere quanto ho sofferto. Circa la corrispondenza poi da Bologna di oggi l'Arcivescovo si è mostrato addirittura adirato, dicendo che non era esatto e che il corrispondente - e ne faceva il nome - aveva farneticato mandandola.

E lascio la difesa presa di Rocca d'Adria per riguardo al *Mulo*, nel quale, ha detto Sua Eccellenza, Rocca d'Adria non centra affatto (?).

Vedi dunque che da questa parte non dobbiamo aspettarci che opposizione. Mons. Della Chiesa ha nominato con favore Maffi, e tutto mi dà a sospettare che una intesa col Maffi ci sia; e tanti retroscena mi fanno addirittura male.

E dire che noi si lavora col cuore in mano! e che il Papa non fa che lodarci! ... Il Signore ci aiuti! ...

Leggi questa lettera al p. Cerasoli: tornato, a voce il resto, e raccomandami al Signore.

Stanotte ti manderò qualche cosa pel numero di lunedì. Intanto addio e saluti a Cerasoli: il Signore rompa lui tanta confusione e se noi siamo in errore ci illumini!

Tuo
de Töth

Doc. 16

AAF, Cart. *Unità Cattolica*, Pos. Corrispondenza, originale autografo. Lettera di J. Scotton ad A. Cavallanti, senza data ma da collocarsi tra il maggio-giugno 1909.

Carissimo Sandro,
giorni sono ci è arrivata da Milano una lettera e chi ci scriveva è uomo rispettabile sotto ogni aspetto e che ci ha messo i brividi della febbre. Ci si diceva che un eminente personaggio di Roma, confidente del Papa, ha annunciato di là:

1° Che il Santo Padre ha manifestato il proposito di voler lo sfratto del De Töth dalla redazione dell'*Unità Cattolica*,

2° che col prossimo anno l'*Unità Cattolica* e le *Armonie della Fede*, per disposizione della suprema autorità, cesseranno di vivere,

3° che in Vaticano domina un'altra corrente, in fatto d'italianità, e si desidera che i giornali battaglieri siano un po' più tranquilli;

4° che la Santa Sede mantiene e manterrà il *non expedit* per non far torto alla memoria di Pio IX e di Leone XIII e per non pregiudicare la propria posizione di fronte alla diplomazia europea e ai cattolici di altri Stati, ma in fatto non crede di dover essere tanto rigida nel volerlo rispettato.

Se queste notizie ci fossero pervenute da un individuo di mente superficiale e leggera, avremmo riso della sua ingenua credibilità, ma la fonte era tale da dovercene seriamente impensierire, e abbiamo creduto opportuno comunicare a Sua Santità, per mezzo di mons. Bressan, siffatte voci e di chiedere istruzioni per l'avvenire.

Ieri ci è arrivata la risposta, e fummo interamente rassicurati. Non le trascrivo la lettera perché porta in fronte tanto di *riservata*; ma posso dirle che alla *Riscossa* e all'*Unità cattolica* si sono dedicate espressioni di sovrano gradimento e di paternissimo, se farà una corsa a Breganze potrà dargliene lettura.

Quanto alla querela Meda e ai particolari che la illustrano non dubiti che il papetto di Milano, sarà servito di dovere.

I fratelli e la sorella ringraziano e ricambiano. Mi ricordi all'amico Tommaso e a lei una stretta di mano all'inglese.

Niente paura e avanti

affezionatissimo
Jacopo Scotton

P.S. Delle notizie da noi avute, della nostra lettera al Papa e della risposta ricevuta, neppure la più lontana allusione nell'*Unità Cattolica*: *secretum Regis abscondere bonum est*.

Doc. 17

CSMU, *Carte Cavallanti*, originale autografo. Lettera di A. Inzoli-Bretteri[11] ad A. Cavallanti, Crema, senza data ma da collocarsi tra settembre-ottobre 1909.

Ottimo D. Alessandro,

Perdona il mio lungo silenzio e la mia inurbanità dopo tante attenzioni da te usatemi. Innanzi tutto faccio le mie più vive congratulazioni per l'alto incarico affidatoti. Ora ti trovi al tuo posto ed avrai campo di spiegare tutte le attitudini giornalistiche che in te sempre ho ammirato.

Se fosse lecito farti una raccomandazione, ti pregherei di maggior larghezza di vedute nel campo critico-religioso, perché volere o no le idee moderne un giorno trioferanno, e la scuola conservatrice d'oggi sarà dai posteri compassionata. Caro amico, andiamo ben adagio a porre i limiti alla scienza, poichè ancora non sappiamo fin dove possa arrivare l'intelletto umano. Le scomuniche, le sospensioni a divinis non ci devono far troppa meraviglia, poichè in tempo di guerra si adopera di tutto per la difesa.

Mi abbonerei all'Unità, ma essendo già abbonato all'Unione non posso. Però ti sarò sempre grato se mi vorrai spedire i numeri più importanti.

Se il tempo mi permetterà ti potrò mandare qualche articolo da pubblicare.

E il povero Minocchi? Vi raccomando maggior carità per non indispettirlo.

Addio, caro D. Alessandro, ora ti trovi in un ambiente ben diverso dal nostro, mi immagino come vi starai bene, sentirai forse un po' di nostalgia, ma fatti coraggio che nobile è la tua missione.

[Sac. Agostino Inzoli- Bretteri
Coadiutore a Madignano (Crema)]

---

[11] Il nome del sacerdote risulta dalla carta intestata.

Doc. 18

ACC, *Carte Chiaudano*, originale autografo. Lettera di Mons. G. Bressan a P. Chiaudano, Vaticano, 6 luglio 1911.

Riservata

Vaticano, 6 luglio 1911

Molto Reverendo Padre,

Gli Appunti sereni ecc. fatti alla *Storia antica della Chiesa* di mons. Duchesne, sono voluti dal Signore, che non ha permesso che si diffondesse ulteriormente tanto veleno, a rovina delle anime e specialmente del clero. Ella quindi può assicurare chiunque che questo lavoro critico fu ed è pienamente approvato da Chi ne ringrazia continuamente il Signore, e manifesta la sua viva gratitudine a chi si è sobbarcato a questo penoso lavoro, pregando la Divina Provvidenza a retribuirlo anche per la continuazione che è aspettata e sarà letta da tutti i buoni colla massima soddisfazione. Ella potrà rispondere in questo senso anche al Reverendissimo Padre Freddi. Tanto ho il *diretto incarico* di rispondere alla Sua del 2 corrente, mentre godo di confermarmi con ossequi
di Lei devotissimo

Giovanni Bressan
segretario particolare di S. S.

Doc. 19

CSMU, Carte Cavallanti, originale autografo. Lettera di E. da Persico a A. Cavallanti, Varallo Sesia, 24 agosto 1911.

Molto Rev. Sac.

Proprio ora mi capita quassù la sospirata Benedizione! Gliene do subito comunicazione, poichè devo a Lei questo gran favore, del quale le sono riconoscentissima. Oggi stesso scrivo a Mons. Bressan, ringraziandolo. Grazie anche d'aver pubblicato quel mio articolo mettendo che era dell'Azione muliebre; ciò mi procurò qualche abbonamento. - Ho spedito un opuscolo dell'Azione alla signora che lo richiedeva - Quanto a quella lettera del Sac. Secondi, credo che l'accusa che egli fa sui convitti religiosi per signorine non si può generalizzare, egli ha però un gran fondo di ragione, ma certe cose non sono da mettere in pubblico; purtroppo l'orgoglio di nascita e l'egoismo signorile si introduce anche dove non si dovrebbe parlare che di umiltà e di carità, ma se sollevassimo noi questa questione, guai! Non possiamo che cercare di guarire la piaga indirettamente.

Le copio il testo della Benedizione, che comparirà nel fascicolo di Settembre dell'Azione, poichè di pubblicare non mi si fa nessun divieto.

Di nuovo ringraziandola

Dev.
Elena da Persico

Se Ella sa che sia di etichetta far qualche cosa quando si riceve così la Benedizione del Papa, la prego di avvertirmene.

Doc. 20

AAF, Cart. *Unità Cattolica*, Pos. Corrispondenza, originale autografo. Lettera di G.B. Mazzoleni a A. Cavallanti, Bergamo, 9 settembre 1911.

Carissimo direttore,

Ieri mi trovai con un prete novello. Parlando del Prof. Roncalli e delle sue lezioni di Storia Eccl. uscì a dirmi che non solo questo professore seguiva Duchesne (nell'ed. francese) ma che lo lodava come la migliore delle storie ecclesiastiche. Per carità però, si guardino dal fare inchiesta: i modernisti sono eretici e gli eretici sono dei bugiardi, capaci di fare giuramenti falsi a piacere. A questo Profess. segretario S. Ecc. affidò già da parecchi [anni] la scuola settimanale di catechismo alle Magistraline e anche la conferenza mensile alle Signore Adoratrici (il fior fiore della Nobiltà Bergamasca). L'articolo su Duchesne dell'ultimo numero della *Vita Diocesana* si ritiene che sia opera sua ed è la sua autodifesa[12]. Se non èsuo l'altro sulla scuola sociale, come ritengono molti, sarà probabilmente dell'amico suo intimo Prof. Carozzi (credo insegni teologia dogmatica). In questo articolo contro p. Mattiussi si dice che il papa proibisce di dare ai chierici la lettura dei giornali. Qui c'è un errore di massima: il Papa

---

[12] Cfr. *La Vita Diocesana*, periodico ufficiale per gli "Atti del Vescovo e della Curia", t. III, fasc. 9, Bergamo, settembre 1911, pp. 323-324. A p. 324 l'autodifesa: «D'altronde, la situazione era questa: da un lato stava sempre un *Imprimatur*, non d'una diocesi qualsiasi, ma di Roma, riformabile si sa, ma non peranco riformato, malgrado tutto, dall'Autorità competente e suprema, che vedeva, ascoltava, leggeva e taceva. Dall'altro lato stavano persone degne di ogni stima per scienza, per virtù, per zelo, per autorità, che venivano a conclusioni di estrema gravità oggettiva, e, non si può negarlo, anche soggettiva».

proibisce la lettura dei giornali non proibisce di dare ai chierici norme sicure sul giornalismo. Ed è così che uscendo dai seminari colla testa nel sacco dopo aver udito solo parole di biasimo e di disprezzo dei giornali papali e veduto solo dei modernizzanti nelle mani degli Istitutori si associavano a questi e vi rimangono associati ancora e così tenacemente attaccati che credono di lordarsi le mani prendendo in mano o la *Riscossa* o l'*Unità Cattolica*. P. Mattiussi ha messo il piede sull'idra e l'idra si è voltata per mordere. Ma si riparerà? Ho i miei dubbi. Il Rettore del Seminario ama anche lui il suo Duchesne ed è tutta cosa col segretario del Vescovo. Bisognerebbe almeno allontanare dall'insegnamento ai chierici il Segretario prof. Roncalli. Bisognerebbe o sospendere o sopprimere la *Vita Diocesana* che non è un buon portavoce per la diocesi. Quanto all'Eco [di Bergamo], fu ed è protetto dal Vescovo e non sperabile che cambi rotta: bisognerebbe almeno allontanare il prete Direttore ... Queste le cose principali. Ma a me pare che se non ci mette la sua santa mano quel di lassù ... finiremo a continuare per la via battuta, e poichè manca "l'ubi consistam" precipitando sempre di male in peggio.

Perdoni questo sfogo: mi mandi quando può i 20 op[uscoli] ordinati.
Mi creda

aff.mo in C.
Can. G.B. Mazzoleni

Doc. 21

CSMU, Carte Cavallanti, originale autografo. Progetto di d. A. Cavallanti: Il grande giornale pei cattolici italiani, senza data ma da collocare tra il 1911 e il 1912[13].

Come deve essere fatto.

1°. Deve essere di sei o di otto pagine, secondo l'uso invalso nel campo cattolico ed avversario.

2°. Diretto nella parte tecnica e legale da un laico provatamente cattolico = coll'assistenza di due o tre redattori sacerdoti per la parte religiosa e per la revisione i quali siano il traid'unio fra il giornale e l'Autorità Ecc.

3°. Redatto oltre che dal direttore e da due o tre sacerdoti detti più sopra, da varii redattori specialisti nelle varie materie e curino le più svariate rubriche che interessino il clero e il laicato e l'episcopato (per gli atti più importanti delle varie curie d'Italia e del Vaticano).

---

[13] Di questo progetto ne abbiamo un'indicazione pure in *Positio*, cit., p. 94. Lettera del Card. De Lai al Card. Maffi, Roma, 14 agosto 1912. «Cavallanti era disposto di lasciare il nome dell'*Unità* pur di dar luogo ad un grande giornale cattolico che potesse essere accetto, e non avesse l'invidia del nome».

4°. La Dir. e la Redazione siano aiutate da tre redattori propagandisti che sieno conferenzieri e girino continuamente l'Italia per la propaganda del giornale e dell'Unione Popolare.

5°. Il giornale abbia la rubrica ufficiale col titolo *Azione popolare fra i cattolici d'Italia* per gli atti che l'Ufficio Centrale dell'U.P. crederà di comunicare (circolari, proteste, schiarimenti ai soci, iniziative, propaganda, articoli, ecc.).

6°. Il giornale dovrà seguire tutte le direttive pontificie sieno encicliche, motu Proprii, decreti di congregazioni Romane o lettere del S. Padre.

E una dichiarazione analoga dovranno fare tutti i giornalisti prima di entrare a far parte della redazione del giornale.

Ove si stamperà

1°. Possibilmente a Firenze perché topograficamente è quasi equidistante da ogni maggiore centro dell'alta e della bassa Italia. Ai primi treni della sera partiranno le prime edizioni all'alta e bassa Italia = nelle ultime ore di sera per la Toscana e regioni vicine.

2°. Se non a Firenze, altra città sarebbe Milano, per i molti diretti e direttissimi che ha e perché nell'alta Italia è più facile trovare abbonati e lettori.

Mezzi affinchè il giornale viva

1°. Abbonamenti circa 10.000 a lire 15 (che si possono raccogliere coi propagandisti appositi, colle raccomandazioni delle Curie, e nel lanciare l'iniziativa, ecc.)

2°. Colla vendita della 6 pagina ad una ditta onesta di pubblicità come la Ditta Manzoni e C. in lire 40.000 almeno -come avviene oggi dei giornali di 6 pagine.

3°. Colla diffusione speciale (calcolando lire 10.000 nette)

4°. Colla quota annuale dei soci dell'*Unione Popolare*: tre quarti della somma: lasciando un quarto per l'Ufficio Centrale (Direttore, Segretario, due aiutanti, due impiegati). Ora si calcolano a 80.000 i soci dell'Unione Popolare: spetterebbero al giornale 60.000 mila lire, e 20.000 all'Ufficio Centrale per le spese varie.

4°. Aiuti varii e sussidi e raccolte mediante sottoscrizioni e vendite d'opuscoli e foglietti (all'anno si prevede almeno almeno l'incasso tutto sommato di £. 270.000). Se si toglie la spesa d'impianto ogni anno con 270.000 si può cominciare discretamente.

I benefici effetti

1°. Omogeneità e prontezza nell'assalto e nello smascheramento delle tattiche e dottrine degli avversari.

2°. Grande orientamento e disciplina nei cattolici militanti pro aris et focis - azione popolare, sociale, elettorale, ecc.

3°. Gratuita distribuzione *ai Soci* dell'Unione Popolare che anno *(sic)* pagato la lira dei foglietti volantini mensili o quindicinali mediante una volta o due al mese servendosi di due o tre pagine del giornale.

4°. Il risparmio dall'Unione Popolare degli attuali propagandisti perché si servirebbe di due o tre redattori propagandisti del giornale.

5°. Facile comunicazione del centro di attività dell'U.P. coi vari incaricati diocesani e soci sparsi nella penisola mediante il giornale e maggior sicurezza che tutti i temi anche più delicati e difficili sieno svolti, e svolti sempre più con serietà e con sodezza di dottrina dall'U.P.

BIBLIOGRAFIA
(ESSENZIALE)

I. FONTI

A. INEDITE

- *AAB, Archivio Acquaderni.*
- *AAF, Cartone «Unità Cattolica».*
- *AAT, L'Armonia, L'Unità Cattolica (e il teol. Margotti),* 19.136, fasc. 2.
- *ACC, Carte Brandi.*
- *ACC, Carte Chiaudano.*
- *ACC, Carte Rosa.*
- *ARSI, Curia Romana IV*, ff. 136-138.
- *ARSI, Pio X, S. Sedes*, 4/I, 29.
- *ASV, SdS, 1863, R. 283, fasc. 2*, ff. 178-216.
- *ASV, SdS, 1902, R. 162, fasc. 1*, ff. 1-175.
- *CSMU, Carte Cavallanti.*

B. EDITE

1.

L'Unità Cattolica. Torino, 1863-1929. Luogo di edizione cambia: Firenze dal 1893.

L'Armonia della Religione colla Civiltà. Torino 1848-1878. Luogo di edizione cambia: Firenze 1866. Quotidiano dal 1855.

L'Osservatore Romano. Città del Vaticano, 1861- .

Tutte e tre le suddette fonti sono state consultate presso la Biblioteca Apostolica Vaticana.

Gli altri giornali citati nelle note sono reperibili presso la Sezione Emeroteca della Biblioteca Nazionale Centrale «Vittorio Emanuele II», di Roma.

2.

ALCA DELL'UNITÀ CATTOLICA [CAVALLANTI A.,], *Il cinquantesimo dell'Unità Cattolica. Con importante appendice*, Firenze 1912.

CAUCINO A., *L'Unità cattolica e Napoleone III innanzi alla Corte di Cassazione di Torino, ossia: Il papato, l'impero francese, i diritti della storia e la libertà della stampa*, Torino 1867.

————, *Il primo processo del giornale l'Unità cattolica inanzi alla corte d'Assise*, Torino 1871.

CAVALLANTI A., *Modernismo e modernisti*, Brescia 1906.

————, *Giornali papali e giornali modernizzanti*, Firenze 1911.

Don Margotti. 1823 S. Remo - Torino 1887, Torino 1907.

I giornali cattolici italiani, Catania 1889.

Il movimento cattolico e l'apostolato della stampa periodica, Torino 1878.

KOLB V., *Discorso sulla stampa cattolica in Austria*, Roma 1914.

————, *Risposta pubblica a pubbliche accuse*, Roma 1914.

PALMIERI A., *Per la postuma gloria del signor De Töth*, Roma 1912.

Romana beatificationis et canonisationis S. D. Pii Papae X. Positio super introductione causae, Città del Vaticano 1942.

Romana beatificationis et canonisationis S. D. Pii Papae X. Positio super virtutibus, Città del Vaticano 1949.

Romana beatificationis et canonisationis servi Dei Pii Papae X. Disquisitio circa quasdam obiectiones modum agendi servi Dei respicientes in modernismi debellatione, Città del Vaticano 1950.

[ZUCCONI A.], *Contro un libello diffamatorio*, Roma 1911.

II. STUDI

AGOSTINETTI N., *L'opposizione di carta. La stampa cattolica padovana dell'Ottocento dagli austriaci ai massoni*. (Collana "I Veneti"), Padova 1986.
ALBERTAZZI A., *Filippo Crispolti*, in D.S.M.C.I., vol. II: *I Protagonisti*, Casale Monferrato 1982, pp. 565-568.
———, *Filippo Crispolti*, in D.B.I., vol. 30, Roma 1984, pp. 813-818.
ANDREAZZA M., *Alle origini del movimento cattolico pisano: il card. Pietro Maffi e il prof. Giuseppe Toniolo*, Pisa 1991.
«Annali dell'Italia cattolica 1935», Roma 1935.
AUBERT R., *Premessa a una storia dell'«Avvenire» (Riflessioni metodologiche per una storia della stampa)*, in «Humanitas», 4 (1967), pp. 488-512.
———, *La crisi modernista*, in *Storia della Chiesa* diretta da H. Jedin, vol. IX, Milano 1982², pp. 505-577.
———, *Pio X tra restaurazione e riforma*, in *Storia della Chiesa*, fondata da A. Fliche-V. Martin, vol. XXII/1, Torino 1990, pp. 107-154.
BALLINI P. L., *Il movimento cattolico a Firenze (1900-1919)*. Prefazione di Giovanni Spadolini, Roma 1969.
———, *Cavallanti Alessandro*, in D.S.M.C.I., vol. III/1: *Le figure rappresentative*, Casale Monferrato 1984, pp. 200-202.
BEDESCHI L., *Significato e fine del trust grosoliano*, in «Rassegna di Politica e Storia», 10 (1964), pp. 7-24.
———, *E' morto a Fiesole don Paolo Töth il polemista dell'«Unità Cattolica»*, in «Avvenire d'Italia», 28 dicembre 1965.
———, *Riforma religiosa e curia romana all'inizio del secolo*, Milano 1968.
———, *La curia romana durante la crisi modernista. Episodi e metodi di governo*, Parma 1968.
———, *Lineamenti dell'antimodernismo. Il caso Lanzoni*, Parma 1970.
———, *Lineamenti dell'antimodernismo. La querela Meda - Unità Cattolica (Documenti e considerazioni)*, in «Nuova Rivista Storica», LIV (1970), fasc. 1-2, pp. 125-176.
Ripubblicato: *La Querela Meda- Unità Cattolica. (Documenti e considerazioni)*, in *Fonti e Documenti*, XV, Centro studi per la storia del modernismo, Urbino 1986, pp. 364-395. E' stata omessa l'appendice dei documenti.
———, *Nuovi documenti per la storia dell'antimodernismo. De Töth e Cavallanti alla direzione de L'Unità Cattolica*, in «Nuova Rivista Storica», LV (1971), fasc. 1-2, pp. 90-132.
Ripubblicato: in *Fonti e Documenti*, XV, Centro studi per la storia del modernismo, Urbino 1986, pp. 396-460.
———, *Metodi antimodernisti italiani denunciati da Delehaye e Grandmaison*, «Rivista di Storia e Letteratura religiosa», VII (1971), fasc. 2, pp. 278-298.
Ripubblicato: in *Fonti e Documenti*, XV, Centro studi per la storia del modernismo, Urbino 1986, pp. 344-363. E' stata omessa l'appendice dei documenti.
———, *Modernismo a Milano*, Milano 1974.
———, *Interpretazioni e sviluppo del Modernismo cattolico*, Milano 1975.

———, *Reazione antimodernista in Lombardia durante il pontificato di Pio X*, in «Civitas», 3-4 (1976), pp. 33-68.

———, (a cura di), *Lineamenti socioreligiosi dell'antimodernismo genovese*, in *Fonti e Documenti*, IV, Centro studi per la storia del modernismo, Urbino 1976, pp. 7-53.

———, *Cavallanti Alessandro*, in D.B.I., vol. 22, Roma 1979, pp. 680-683.

———, *Scristianizzazione e "nuovi credenti" all'alba del 900 nella bassa Romagna*, Urbino 1991.

Bellò C., *Geremia Bonomelli vescovo di povera santa Chiesa*, Brescia 1976².

Bellu P., *I cattolici alle urne. Chiesa e partecipazione politica in Italia dall'Unità al Patto Gentiloni*, Sassari 1977.

Bernardini N., *Guida alla stampa periodica in Italia*, Lecce 1890.

Bettazzi L., *Obbediente in Ivrea. Monsignor Luigi Moreno vescovo dal 1838-1878*, Torino 1989.

Biggini C. A., *Storia inedita della Conciliazione*, Milano 1942.

Bloch M., *Apologia della storia o mestiere di storico. Con uno scritto di L. Febvre. A cura di G. Arnaldi*, Torino 1969.

Brezzi C., *Cristiano sociali e intransigenti. L'opera di Medolago Albani fino alla "Rerum Novarum"*. Prefazione di Pietro Scoppola, Roma 1971.

———, *Appunti sulla recente storiografia relativa ai rapporti tra fascismo e chiesa cattolica*, «Cultura e scuola», gennaio-marzo 1976, pp. 89-99.

Brunori de Siervo M. T., *Mastracchi Enrico*, in D.S.M.C.I., vol. III/2: *Le figure rappresentative*, Casale Monferrato 1984, pp. 527-528.

Canavero A., *Albertario e «L'Osservatore Cattolico»*, Roma 1988.

Candeloro G., *Il movimento cattolico in Italia*, Roma 1982⁴.

Cannizzo G., *Note per uno studio sull'integrismo*, in «Rassegna di Politica e di storia», n. 154 (1967), pp. 243-254; n. 155 (1967), pp. 275-285.

———, *Alcuni recenti studi sull'integrismo*, in RSCI, 2 (1970), pp. 524-556.

Cárcel Ortí V., *San Pío X, los jesuitas y los integristas españoles*, in A.H.P., 27 (1989), pp.249-355.

Castronovo V., *Giornalismo e giornalisti piemontesi nel decennio post-unitario*, in *Il giornalismo italiano dal 1861 al 1870*, Torino 1968, pp. 1-12.

———, *La stampa italiana dall'Unità al fascismo*, Roma-Bari 1984.

Ceccuti C., *Il Concilio Vaticano I nella stampa italiana (1868-1870)*, Roma 1970.

Cestaro A., *La stampa cattolica a Napoli dal 1860 al 1904*, Roma 1965.

Chiaudano G., *Due tipi di giornalismo cattolico? Lettera aperta ... al marchese Filippo Crispolti*, Torino 1912.

———, *Il giornalismo cattolico: criteri e norme*, Siena 1913².

Chiesa L. - Trabucco C., *La stampa cattolica a Torino durante il decennio 1861-1870*, in *Il giornalismo italiano dal 1861 al 1870*, Torino 1968, pp. 37-39.

Colombo G., *La questione storiografica del modernismo*, in «Teologia», 2 (1982), pp. 95-126.

Confessore Pellegrino O., *Transigenti e intransigenti*, in D.S.M.C.I., vol. I/1, *I fatti e le idee*, Casale Monferrato 1981, pp. 20-28.

———, *I cattolici e la "fede nella libertà". «Annali Cattolici»/ «Rivista Universale»/ «Rassegna Nazionale»*, Roma 1989.

CONGAR Y., *Mentalité de «droite» et integrisme*, in «La Vie intellectuelle», juin 1950, pp. 644-666.
CRISPOLTI G. B., *Benedetto XV e i giornali della Società Editrice Romana*, in «Studium», 5 (1989), pp. 649-662.
DE FELICE R., *Mussolini il fascista*, vol. I, *La conquista del potere, 1921-1925*; vol. II, *L'organizzazione dello Stato fascista, 1925-1929*; *Mussolini il duce*, vol. I, *Gli anni del consenso, 1929-1936*, Torino 1965-1974.
DE GASPERI A., *Lettere sul concordato*, con saggi di M.R. De Gasperi e G. Martina, Brescia 1970.
DELLA CASA R., *I nostri, quelli d'ieri e quelli d'oggi*, Treviso 1903.
_____, *Il Movimento Cattolico Italiano. Note, commenti e ricordi storici*, Milano 1905.
DE ROSA G., *Giuseppe Sacchetti e l'Opera dei congressi*, Roma 1957.
_____, *Filippo Meda e l'età liberale*, Firenze 1959.
_____, *I conservatori nazionali. Biografia di Carlo Santucci*, Brescia 1962.
_____, *Benedetto XV*, in D.B.I., vol. 8, Roma 1966, pp. 408-417.
_____, *Storia del movimento cattolico in Italia. Dalla restaurazione all'età giolittiana*, vol. I, Bari 1966.
_____, *Giuseppe Sacchetti e la pietà veneta. In appendice: «La società civile veneta dal 1866 all'avvento della Sinistra»*, Roma 1968.
_____, *Il movimento cattolico in Italia. Dalla restaurazione all'età giolittiana*. Prima edizione, riveduta e ampliata, «Biblioteca Universale Laterza, 218», Bari 1988.
[DE TÖTH P.], *Filippo Sassòli de' Bianchi gran signore e perfetto cristiano filosofo-sociologo modello di cattolica attività*, Firenze 1958.
DOVERE U., *L'intransigenza cattolica meridionale: il periodico «La scienza e la fede»*, in «Civitas», 3-4 (1981), pp. 23-34.
DRESLER A., *Geschichte der italienischen Presse*, vol. II, München 1943, pp. 115-116.
DROULERS P., *Politique sociale et christianisme. Le Père Desbuquois et l'Action Populaire. Débuts, syndacalisme et intégristes (1903-1918)*, Paris 1969.
ERBA A., *Aspetti e problemi del cattolicesimo italiano nei primi decenni ddel '900*, in «Rivista di Storia e Letteratura Religiosa», 1 (1969), pp. 13-121.
ESPOSITO R. F., *Mikròs, ossia Ernesto Callegari a cinquant' anni dalla scomparsa*, in «Palestra del clero», 11 (1980), pp. 678-687.
FARRELL VINAY G., *Nuovi documenti sulla storia dell' «Armonia»*, in *Cattolici in Piemonte: Lineamenti Storici*, (Quaderno del Centro Studi Carlo Traducco, 2), Torino 1982, pp. 71-89.
_____, *Tinetti Domenico*, in D.S.M.C.I., vol. III/2: *Le figure rappresentative*, Casale Monferrato 1984, pp. 843-844.
FEBVRE L., *Problemi di metodo storico*, traduzione di C. Vivani, (Reprints Einaudi, 98), Torino 1976.
FERRANDINA A., *Censimento della stampa cattolica*, Asti 1893.
_____, *Censimento della stampa cattolica in Italia. Note statistiche, storiche e critiche*, Napoli 1903.
FONZI F., *I cattolici e la società italiana dopo l'Unità*, Roma 1977³.
FRANCO G. G., *Appunti storici sopra il Concilio Vaticano*, a cura di G. Martina, Roma 1972.

GAIOTTI DE BIASE P., *Le origini del movimento cattolico femminile*, Brescia 1963.
GAMBASIN A., *Il movimento sociale nell'Opera dei Congressi (1874-1904). Contributo per la storia del cattolicesimo sociale in Italia*, Analecta Gregoriana 91, Roma 1958.
_____, *Giuseppe Sacchetti e l'Opera dei congressi*, in RSCI, sett.-dic. 1959, pp. 407-424.
GANAPINI L., *Il nazionalismo cattolico. I cattolici e la politica estera in Italia dal 1871 al 1914*, Bari 1970.
GARIGLIO B. (a cura di), *Giornalismo e cultura cattolica a Torino*, Torino 1980.
GENTILI A.-ZAMBARBIERI A. (a cura di), *Il caso Semeria (1900-1912)*, in *Fonti e Documenti*, IV, Centro studi per la storia del modernismo, Urbino 1976, pp. 54-527.
GILBERTI U., *Trent'anni di giornalismo cattolico*, Milano 1935.
GIOVANNINI C., *Politica e religione nel pensiero della Lega Democratica Nazionale (1905-1915)*, Roma 1968.
GRAIONI U., *Un secolo di giornalismo cattolico. Sintesi storica con cenni sulla situazione della attuale stampa italiana*, Roma 1950.
GUASCO M., *Romolo Murri e il Modernismo*, Prefazione di Pietro Scoppola, Roma 1968.
_____, *Fermenti nei seminari del primo '900*, Bologna 1971.
_____, *Alfred Loisy in Italia. Con documenti inediti*, Torino 1975.
_____, *Il movimento cattolico italiano dall'unità ad oggi*, Napoli 1980.
HIRSHMAN A. O., *Retoriche dell'intransigenza. Perservità, futilità, messa a repentaglio*, Bologna 1991.
Il fondamentalismo come sfida ecumenica, in «Concilium», 3 (1992).
LAZZARINI A., *Sacchetti Giuseppe*, in D.S.M.C.I., vol. II: *I Protagonisti*, Casale Monferrato 1982, pp. 565-568.
LE GOFF J.- NORA N. (a cura di), *Fare storia. Temi e metodi della nuova storiografia*, Torino 1981.
LICATA G., *Il giornalismo cattolico italiano (1861-1943)*, Roma 1964.
_____, *120 anni di giornali cattolici italiani*, Milano 1981.
LOOME T. M., *Liberal Catholicism. Reform Catholicism. Modernism. A contribution to a new orientation in modernistm research*, Mainz 1979.
LUCATELLO E.-CALLEGARI E., *«L'Unità Cattolica»*, in «Uomini e giornali (I grandi giornalisti di ieri negli scritti dei giornalisti d'oggi)», a cura di Silvio Negro e Andrea Lazzarini, Firenze 1947.
MACCARRONE M., *Duchesne e la Curia Romana*, in *Monseigneur Duchesne et son temps. Actes du colloque organisé par l'École Française de Rome (Palais Farnése, 23-25 mai 1973)*, Collection de l'École française de Rome, 23, Roma 1975, pp. 401-494.
MACCHI M., *Giacomo Margotti e il dramma del Risorgimento italiano*, Pinerolo 1982.
MAJO A., *La stampa quotidiana cattolica milanese*, vol. 1, *1860-1912: mezzo secolo di contrasti*, Milano 1972.
_____, *Pio X il card. Ferrari e la stampa cattolica*, in *Ricerche storiche sulla Chiesa Ambrosiana*, Milano 1975, pp. 269-335.
_____, *Storia della stampa cattolica in Italia. Con orientamenti bibliografici*, Milano 1987.

———, *La stampa cattolica in Italia. Storia e documentazione*, Casale Monferrato 1992.
MALGERI F., *La stampa cattolica a Roma dal 1870 al 1915*, Brescia 1965.
———, *La stampa quotidiana e periodica e l'editoria*, in D.S.M.C.I., vol. I/1: *I fatti e le idee*, Casale Monferrato 1981, pp. 273-280.
MALVISI S., *Anime grandi*, Torino 1924.
MARGIOTTA BROGLIO F., *Italia e S. Sede dalla grande guerra alla conciliazione*, Bari 1966.
MARONGIU BUONAIUTI C., *Non expedit. Storia di una politica (1866-1919)*, Milano 1971.
MARTINA G., *Sguardo alla stampa cattolica italiana*, in *Storia della Chiesa*, fondata da A. Fliche-V. Martin, vol. XXI/2, Appendice V, Torino 1970², pp. 832-838.
———, *La fine del potere temporale nella coscienza religiosa e nella cultura dell'epoca*, in *Italia*, in A. H. P, 9 (1971), pp. 309-376.
———, *La Chiesa nell'età del totalitarismo*, Brescia 1984⁵.
MARTINI A., *Studi sulla Questione Romana e la Conciliazione*, Roma 1963.
MARTINI G., *Cattolicesimo e storicismo. Momenti di una crisi del pensiero religioso moderno*, Napoli 1951.
MEDA F., *Mezzo secolo di giornalismo*, in «L'Illustrazione vaticana», Roma 1937.
MELLANO M. F., *Margotti Giacomo*, in D.S.M.C.I., vol. II: *I Protagonisti*, Casale Monferrato 1982, pp. 330-332.
MENARA G., *Mikròs. (Ernesto Calligari)*, Firenze 1931.
MICCOLI G., *La Chiesa e il fascismo*, in *Fascismo e società italiana*, a cura di G. Quazza, Torino 1973, pp. 182-208.
———, *Fra mito della cristianità e secolarizzazione. Studi sul rapporto chiesa-società nell'età contemporanea*, Casale Monferrato 1985.
MICHEL A., *Intégrisme*, in DTC, vol. 12, Paris 1967, cc. 2294-2303.
MUCCHIELLI A., *Les mentalités, analyse et compréhension*, Paris 1984.
PACELLI F., *Diario della Conciliazione*, a cura di M. Maccarrone, Città del Vaticano 1959.
PAGANO S., *Il «Caso Semeria» nei documenti dell'Archivio Segreto Vaticano*, in «Barnabiti Studi», 6 1989, pp. 7-175.
———, *Documenti sul modernismo romano dal fondo Benigni*, in *Ricerche per la Storia religiosa di Roma*, 8, Roma 1990, pp. 223-300.
———, *Il Fondo di mons. Umberto Benigni dell'Archivio Segreto Vaticano. Inventari e indici*, in *Ricerche per la Storia religiosa di Roma*, 8, Roma 1990, pp. 347-385.
PANICO GIUFFRIDA M., *Callegari Ernesto*, in D.S.M.C.I., vol. III/1. *Le figure rappresentative*, Casale Monferrato 1984, p. 152.
PECORARI P. (a cura di), *Chiesa, Azione Cattolica e fascismo nell'Italia settentrionale durante il pontificato di Pio XI (1922-1939)*. Atti del quinto Convegno di Storia della Chiesa, Torraglia 25-27 marzo 1977, Milano 1979.
PERRIN L., *Il caso Lefebvre*, a cura di D. Menozzi, Genova 1991.
POULAT É., *Integrismé e catholicisme integral. Un reseau secret international antimoderniste: la Sapinière (1909-1921)*, Tournai 1969.

_____, *Storia dogma e critica nella crisi modernista.* Prefazione di G. Verucci, Brescia 1967.

RANCHETTI M., *Cultura e riforma religiosa nella storia del modernismo*, Torino 1963.

REBERSCHAK M., *Giuseppe Sacchetti. Accordi e dissensi nel movimento cattolico italiano alla fine dell'Ottocento*, in RSCI, gennaio-giugno 1970, pp. 88-128.

RIMOLDI A., *Il beato Andrea Carlo Card. Ferrari. Arcivescovo di Milano (1894-1921). Bibliografia 1926-1990*, in «La Scuola Cattolica», 6 (1990), pp. 583-612.

RIVIÉRE J., *Le modernisme dans l'Église. Étude d'histoire religieuse contemporaine*, Parigi 1929

ROMANATO G., *Stampa cattolica italiana. Profilo storico*, in *Stampa cattolica, stampa d'opinione?*, Padova 1985, pp. 31-72.

ROSSINI G. (a cura di), *Romolo Murri nella storia politica e religiosa del suo tempo.* Atti del Convegno di studio, Fermo, 9-11 ottobre 1970, Roma 1972.

SALVATORELLI L.-MIRA G., *Storia d'Italia nel periodo fascista*, Torino 1964³.

SCATTIGNO A., *Il cardinale Mistrangelo (1899-1930)*, in *La Chiesa e il Concordato*, a cura di Francesco Margiotta Broglio, Bologna 1977, pp.197-259.

SCOPPOLA P.-TRANIELLO F. (a cura di), *I cattolici tra fascismo e democrazia*, Bologna 1975.

SCOPPOLA P., *Crisi modernista e rinnovamento cattolico in Italia*, Bologna 1976³.

_____, *Che cos'è l'integralismo?*, in «Note di Cultura», 1-2 (1964), pp. 4-8.

_____, *Coscienza religiosa e democratica nell'Italia contemporanea*, Bologna 1966.

_____, *Studi e discussioni su integrismo e cattolicesimo sociale*, in «Rivista di storia e letteratura religiosa», 7 (1971), pp. 299-316.

_____, *L'influsso di Duchesne sul risveglio culturale del Cattolicesimo italiano del primo novecento*, in *Monseigneur Duchesne et son temps. Actes du colloque organisé par l'École Française de Rome (Palais Farnése, 23-25 mai 1973)*, Collection de l'École française de Rome, 23, Roma 1975, pp. 395-400.

_____, *Dal neoguelfismo alla democrazia cristiana*, Roma 1979³

SECCO SUARDO D., *I cattolici intransigenti. Studio di una psicologia e di una mentalità*, Brescia 1962.

SNIDER C., *L'episcopato del cardinal Ferrari*, vol. II, *I tempi di Pio X*, Vicenza 1982.

SPADOLINI G., *Intransigenza e conciliazione dall'Italia crispina ai Patti Lateranensi*, in «Nuova Antologia», 512 (1971), pp. 3-18.

_____, *L'opposizione cattolica da Porta Pia al '98*, Firenze 1972⁶.

SPATARO G., *I democratici cristiani dalla dittatura alla repubblica*, Milano 1968.

TAMBURINI L.-PETTI BALDI P., *La stampa periodica a Torino e Genova dal 1861 al 1870*, Torino 1972.

TAMBURRINI F., *Il fondo «Indirizzi di Pio IX» della Biblioteca Vaticana e alcuni documenti dell'intransigenza cattolica*, in «Miscellanea Bibliothecae Apostolicae Vaticanae I», (Studi e testi, 329) Città del Vaticano 1987, pp. 209-225.

TRAMONTIN S., *L'intransigentismo cattolico e l'Opera dei Congressi*, in *Storia del Movimento Cattolico in Italia*, diretta da F. Malgeri, vol. 1, Roma 1980, pp. 173-195.

TREZZI L., *La stampa cattolica. Catalogo dei periodici editi nella Diocesi di Firenze e Fiesole (1914-1929)*, in *La Chiesa e il Concordato*, a cura di Francesco Margiotta Broglio, Bologna 1977, pp. 159-191.

TUNINETTI G., *Lorenzo Gastaldi 1815-1883*, vol. I, *Teologo, pubblicista, rosminiano, vescovo di Saluzzo: 1815-1871*, Roma 1983; vol. II, *Arcivescovo di Torino 1871-1883*, Roma 1988.

VANNONI G., *Integralismo cattolico e fascismo: «Fede e Ragione»*, in *La Chiesa e il Concordato*, a cura di Francesco Margiotta Broglio, Bologna 1977, pp. 441-478.

VERUCCI G., *I cattolici e il Liberalismo. Dalla «Amicizie cristiane» al modernismo*, Padova 1968.

———, *L'Italia laica prima e dopo l'Unità, 1848-1876. Anticlericalismo, libero pensiero e ateismo nella società moderna*, Roma-Bari 1981.

ZAMBARBIERI A., *Il cattolicesimo tra crisi e rinnovamento. Ernesto Buonaiuti ed Enrico Rosa nella prima fase della polemica modernista*, Brescia 1979.

ZIEGER A., *Stampa cattolica trentina (1848-1926)*, Trento 1960.

INDICE DEI NOMI

Acerbo, G., 282
Acquaderni, G., 5, 43, 51, 60, 332, 341
Action française, 290, 301, 303
Adveniat Regnum, 64
Agenzia Stefani, 227
Agliardi, E., 169
Agnoletto, A., 90, 115, 135
Ago, A., 77, 141
Agosti, A., 77
Agostinetti, N., 353
Albera, A.G., 96, 109
Alberigo, G., 172
Albertario, D., 5, 7, 12, 17, 26, 27, 33, 45, 49, 52, 62, 97
Albertazzi, A., 186, 276, 353
Albertazzi, L., 78
Albertini, L., 198, 209, 260
Albertini, M., 195
Alca (v.di Cavallanti, A.,)
Aldorasi, S., 157
Alès, A. d', 173
Alfieri, A.A., 75, 332
Algranati, C., 70, *126-130*, 185, 341, 342, 343
Alimonda, G., 31, 32, 37
Almerici, L., 64
Alpino L., 83
Alszeghy, Z., 313, 323
Ambrogio, santo, 79
Ambrosini, L., 75
Amann, É., 123
Amette, L.A., 222
Ancora (L'), 52
Andreazza, M., 64, 353
Angelini, C., 234, 242
Annali Cattolici, 3
Anticristo (L'), 29
Antonelli, G., 13

Antonelli, F.G., 180
Antoniutti, I., 305
Ape Ibea (L'), 4
Apis, 160
Apologista (L'), 3
Arbeiter, 77
Arbor Lacunaris, 216
Archi, A.,178
Ardigò, R., 123
Armonia (L'), 2, 3, *12-17*, 22, 25, 26, 31,32, 325, 327, 328, 329, 352
Armonie della Fede (Le), 62, 127, 132, 133, 154, 155, 156, 173, 174, 335, 336, 337, 338, 344
Arnal, O.L., 304
Arnaldo da Brescia, 286
Asino, (L') 210
Atos, 246
Aubert, R., 1, 79, 89, 91, 92, 172, 198, 302, 353
Audax (v.di Menara, G.,)
Audisio, G., 13
Augsburger Postzeitung, 77
Avanti! (L'), 140, 171, 196, 229, 230, 260, 261
Avolio, G., 146
Avvenire delle Puglie (L'), 8
Avvenire d'Italia (L'), 5, 8, 53, 62, 64, 66, 91, 96, 102, 106, 117, 119, 126, 127, 128, 129, 130, 132, 139, 141, 142, 164, 181, 184, 187, 190, 201, 204, 233, 242, 271, 283, 284, 341, 342, 343
Azione (L'), 272
Azione (L') di Catania, 8
Azione (L') di Genova, 160
Azione Muliebre, 118, 119, 132, 148, 338, 346

Bacchi, M., 341
Baccolo, E., 336
Bachelet, V., 317
Bachem, J., 151
Bacilieri, B., 107, 108, 174
Badoglio, P., 262
Balbo, I., 285
Ballerini, P., 335, 336
Ballerini, R., 30, 74
Ballini, P.L., 58, 68, 89, 98, 195, 203, 353
Bandiera del Popolo (La), 56
Bandini, N., 53
Baragli, E., 321, 322
Baraldi, A., 78
Barbier E., 77, 90, 126, 162
Barbieri, C., 1
Barbieri, G., 62, 154, 158, 160, 303
Barnabiti Studi, 154
Barsali, G., 77
Bartolomasi, A., 290
Baschirotto, A., 230
Battaglie d'oggi, 146
Battisti, C., 237, 256
Baudrillart, A., 162
Bausa, A., *46-49*, 53, 56, 330, 331
Bea, A., 305
Bedeschi, L., 60, 61, 62, 63, 64, 65, 66, 68, 69, 71, 72, 73, 76, 79, 80, 110, 138, 141, 153, 155, 159, 160, 163, 176, 180, 191, 285, 286, 302, 318, 353, 354
Bellandi, F., 62
Bellò, C., 35, 354
Bellu, P., 35
Beltrami, P., 285
Benedetto XV, 1, 8, 53, 78, 80, 126, 129, 157, 177, 189, *190-193*, 198, 219, *221-223*, 225, 226, 227, 228, 229, 230, 232, *238-243*, 247, *249-253*, 256, 318, 320, 321, 324, 341, 343
Bénéton, Ph., 304
Benigni, U., 79, 80, 180, 318
Berico (Il), 4, 8, 9, 80, 94
Bernardini, N., 24, 31, 354
Berryer, J., 327
Bertani, F., 62, 112, 113, 127, 147, 161

Bertini, G., 341
Bethmann-Hollwegg, T., von, 239
Bettazzi, L., 15, 354
Bettazzi, R., 78, 291
Beyens, B. 265, 266
Bianchi, F.S.M., 304, 316
Biederlack, J., 151
Biggini, C.A., 255, 354
Billi, U., 77
Billot, L., 123, 162, 303
Bilychnis, 90, 158, 160, 188, 221, 227, 228, 231
Birago di Vische, C.E., 13, 22, 325
Birago di Vische (eredi), 13, 14, 325, 326
Bisi Albini, S., 147
Bismark, O. von, 21, 250
Bissolati Bergamini., L., 237, 238,
Bixio, N., 21,
Bloch, M., 354
Blondel, M., 302
Boccardo, Gio., 67, 77, 78, 145, 159
Boccardo, G., 36, 37,
Bodio, L., 153
Boehm, M., 83
Boffitto, G., 154
Boggiani, T., 180
Boine, G., 120
Bollettino, 56
Bolognesi, C.E., 342
Bonaccorsi, G., 111, 112, 113
Bonacina, C., 62
Bonacossa, A., 13
Bonardi, C.A., 295
Boncompagni, U., 130
Bongiorni, E., 78
Bonfadini, R., 19
Boni, C., 125
Bonomelli, G., 35, 38, 105, 109, 117, 119, 121, 302
Bonomi, P., 105
Boschi, A., 174
Boselli, P., 233, 234, 238, 243
Bottagisio, E., 77, 78, 79, 149, 158, 165, 166, 167, 168, 169,
Bottaini, D., 135, 175
Bottero, G.B., 28, 29
Botti, A., 304

Bottini, L., 203, 259, 269
Boulin, P., 78
Boutang, P., 301
Bovio, G., 34
Boyer de Sainte Suzanne, R., 313
Brandi, S., 79, 132, 133, 152, 313, 336, 338, 339, 340
Bremond, H., 115, 161
Bresciani, C., 199, 209, 274, 278
Bressan, G., 63, 65, 163, 169, 170, 338, 344, 346
Brezzi, C., 118, 255, 354
Briand, A., 295
Bricarelli, C., 168, *177-178*
Bricarelli, G., 38
Bruni, N., 156
Bruno, G., 35
Brunori De Siervo, M.T., 44, 354
Bufalini, L., 60, 63, 64, 65, 66, 69, 70, 71, 72, 74, 76, 134, 168, 183, 335
Buffa, D., 74
Buglio, G., 12
Bulletin critique, 172
Bullettin de la Semaine, 77, 130
Buon Pastore (Il), 3
Buona Settimana (La), 3
Buonaiuti, E., 62, 74, 111, 121, 123, 124, 163, 165, *172-177*, 287, 309, 333
Bürgisser, A.R., 44, 51, 54, 61, 331
Buroni, G., 28

Cabrières, F. de Rovérié de, 303
Caffaro (Il), 159
Callegari, E., 72, 81, 356
Callegari, G., 107
Callegaris, E., 81
Calligari, E., 9, 12, 68, 70, 71,72, 81-87, 159, 243-253, 256-299, 311
Cam, 116
Cameroni, A., 106
Campana (La), 2
Camilletti, A., 131
Camilli, D., 49
Campanone (Il), 73
Canavero, A., 354
Candeloro, G., 354
Cannizzo, G., 311, 354

Cantimori, D., 172
Canton, A., 77
Capecelatro, A., 121, 167, 302
Capozzi, M.D., 180
Cappa, O., 176
Cappa, P., 208, 209, 235, 271
Cappellazzi, A., 62, 77
Cappello F., 78
Capponi, G., 55
Carboni, G., 20
Carcano, P., 78
Cárcel Ortí, V., 304, 305, 354
Cardinale, B., 129, 155, 180
Carducci, G., 29, 96, 126
Casciola, B., 333
Corinthus, 192
Carlesi, C., 77
Carlo Alberto, re di Sardegna, 1, 2, 284
Carlo Borromeo, san, 112
Carlo, re di Portogallo, 196
Carocci, G., 136, 138
Caron, A., 157, 159, 184
Carozzi, G., 347
Carrara, B., 62
Casalinuovo G., 44
Casañas y Pagés, S., 305
Casati, A., 75, 120, 332
Casoli, A.M., 320
Casoni, G., 4
Cassagnac, P.A.M.P. Granier de, 290
Cassini, G., 77
Castenetto, D., 118
Castronovo, V., 13, 25, 130, 181, 260, 354
Cathrein, V., 307
Cattani, G., 309
Cattolico di Mantova (Il), 7
Cattolico Militante (Il), 155
Caucino, A., 23, 24, 352
Cavallanti, A., 7, 12, 31, 44, 53, 61, 63, 64, 65, 66, *68-81*, 82, 85, 97, 101, 103, 105, 111, 112, 118, 119, 120, 121, 123, 124, 125, 126, 127, 128, 129, 130, 140, *143-193*, 197, 198, 201, 202, 203, 204, 205, 206, 207, 208, 209, 210, 212, 213, 214, 215, 216, 218, 224, 243, 251, 256,

272, 281, 308, 310, 311, 322, 323, 334, 341, 343, 344, 345, 346, 347, 348, 352
Cavallari, A., 174
Cavalli, P., 105
Cavazzoni, S., 282
Cavour Benso, C. di, 328
Cavour, G. di, 2, 325
Cecil, R., 246
Cecconi, E., 46
Ceccuti, C., 354
Celata, S., 77, 197, 217, 223
Cerasoli, A., 62, 337, 343, 344
Cereseto, G., 62
Cerretti, B., 252, 253
Cerutti, L., 101
Cestaro, A., 1, 354
Chenu, M.D., 305
Chiaudano, G., 8, 69, 77, 79, 131, 132, 133, 160, 167, 183, 186, 189, 310, 339, 340, 346, 354
Chierichetti, E., 77
Chiesa, L., 354
Chioli, N., 78
Ciabotti, L., 78
Cialdina, F.C., 137
Ciceri, C., 183
Cinzia, 147
Ciolli, A., 135
Cipollaro, L., 54
Cireneo (v.di Luraghi, G.,)
Ciriani, M., 228, 236
Cittadino (Il) di Genova, 4, 8, 68, 71, 81, 159, 225, 226, 230, 271
Cittadino (Il) di Mantova, 8, 132, 133, 310, 338
Cittadino di Brescia (Il), 4, 7, 8, 181, 199, 207, 208, 209, 232, 274, 278
Cittadino Italiano (Il), 4
Civardi, L., 293
Civiltà Cattolica (La), 3, 5, 6, 18, 27, 30, 52, 59, 63, 64, 66, 74, 79, 81, 87, 106, 110, 111, 116, 130-134, 137, 148, 151, 152, 154, 162, 168, 175, 176, 199, 207, 217, 271, 277, 302, 310, 312, 313, 320, 323, 336, 337, 338, 339, 340
Coari, A., 75, 118, 120

Coda, B., 58
Coenobium, 121,
Colletti, A., 62, 77, 155, 156, 157, 158, 159, 160, 176, 177
Colombo, A., 2
Colombo, G., 354
Comba, E., 251
Combes, E., 92
Commento (Il), 193
Comune (Il), 98
Conciliatore (Il), 3
Conciliatore Torinese (Il), 2
Concordia, 217, 226
Confessore Pellegrino, O., 55, 354
Congar, Y., 280, 305, 310, 311, 354
Conservatore (Il), 3, 44
Contemporaneo (Il), 2, 44
Copello, S.L., 305
Coppola, F., 207
Corneggia, C.O., 106
Cornoldi, G.M., 11
Corradini, E., 195
Corriere della Sera (Il), 24, 108, 109, 114, 115, 125, 135, 149, 152, 164, 169, 178, 202, 204, 209, 221, 222, 236, 238, 241, 258, 260, 268, 284
Corriere del Friuli (Il), 8,
Corriere di Roma, 7
Corriere d'Italia (Il), 8, 130, 132, 139, 141, 148, 159, 181, 184, 187, 190, 197, 217, 222, 236, 248, 275, 277, 290, 298
Corriere di Torino (Il), 4, 26
Corriere di Sicilia (Il), 8, 181, 187
Corriere italiano (Il), 286
Corriere Nazionale (Il), 42
Corriere Padano (Il), 285
Corriere Toscano (Il), 43, 44, 47, 331
Corrispondenza Romana, 123
Cortini, F., 73
Corte, P.A., 26, 27
Costa, V., 77
Courtney Murray, J., 305
Crespi, A., 77
Crespi, L., 75
Crispi, F., 57, 58, 268, 269
Crispolti, F., 9, 85, 86, 96, 101, 102, 131, 183, 186, 189, 201, 204, 205,

INDICE DEI NOMI

210, 223, 225, 226, 228, 230, 233, 246, 262, 263, 264, 271, 273, 274, 275, 276, 283, 284, 289, 296, 341
Crispolti, G.B., 355
Cristianesimo nella Storia, 305
Critique du liberalisme, 77, 303
Croix (La), 114, 213, 251, 252
Croce (La), 56, 73, 184
Cromwell, O., 268, 269
Crosta, C., 77
Crotti, B., (v.di Cavallanti, A.,)
Cubito, T., 13
Cuenca Toribio, M., 304
Cultura Contemporanea (La), 160
Cultura Sociale, 106
Cultore Cattolico (Il), 3
Curci, C.M., 3, 302

Dalla Torre, G., 189
Damiani, D.,77
Damiani, G.B., 182
D'Amico, S., 202
Daniélou, J., 172, 305
D'Annunzio, G., 195
Dansette, A., 303
Da Porretta, F., 77, 182
Daudet, A., 290
De Angelis, F., 14. 16
De Felice, R., 255, 263, 355
De Francesco, A., 77, 78
De Gasperi, A., 5, 255, 276, 278, 355
De Gasperi, M.R., 255, 355
Dehò, E., 77, 111, 198
De Lai, G., 72, 79, 160, 170, 177, 179, 320, 348
Delassus, H., 162
Delattre, A., 162
Delbello, C.,78
Delehaye, I., 76, 79, 148
Del Boca, A., 25
Della Casa, R., 43, 77, 78, 355
Della Gherardesca, G., 295
Del Chiaro, G., 132
Della Chiesa, G., (v.di Benedetto XV)
Delle Donne, N., 78
De Mattei, L., 77
De Matteis, L., 74, 312
De Micheli, M., 261

Da Mirabello, F., 200, 206, 207,
Démocratie, 77
Demofilo (v.di Cavallanti, A.,)
De Mori, G., 4, 262
Denis, C., 113
De Paleschi, P.U., 116
De Rosa, G., 1, 45, 50, 52, 54, 56, 58, 98, 100, 103, 104, 105, 108, 138, 141, 209, 210, 281, 302, 313, 355
Derre, J.R., 304
De Santi, A., 338, 340
Desbuquois, G., 323
Desclée (ed.), 161, 163, 164, 166, 167, 168,
Descoqs, P., 303
De Tenoris, A., 282
De Töth, P., 44, 53, 61, *62-70*, 72, 76, 77, 82, 85, 103, *126-142*, 173, 174, 200, 243, 281, 311, 332, 333, 334, 335, 337, 355
De Töth, P.T., 64, 156
De Töth, T., 63, 97
Deutschland, 77, 220
Diario (Il), 73
Diavolo, 29
Diaz, A., 248
Diaz, F., 324
Difesa (La), 4, 59, 61, 132, 159, 160, 338
Dinale, O., 223
Dioscuri, A., 302
Diritto (Il), 37
Diritto Cattolico (Il), 4, 8, 115
Di Rudinì, A., 342
Di Staso, A., 213
Discussione (La), 4
Divoto di S. Giuseppe (Il), 3
Doctor Veritas (v.di Sambugaro, P.,)
Döllinger, I. von, 302
Domani d'Italia, 56, 99, 101
Donadoni, E., 77, 78, 126, 127, 128,
Douhet, 237
Dovere, U., 355
Dresler, A., 355
Droulers, P., 323, 355
Dubois, L.E., 295
Dugmore, C.W., 172
Duchesne, L., 157, *161-172*, 314, 321, 346, 347, 348

Dumini, A., 285, 286, 288
Dupanloup, F.A., 18, 19, 321
Durante, A., 157

Écho de Paris (*L'*), 222
Eco (*L'*), 2, 3
Eco delle Romagne (*L'*), 2
Eco di Bergamo (*L'*), 4, 7, 8
Eco d'Italia (*L'*), 4, 8, 333
Economista d'Italia (*L'*), 37
Eka, 296
Elpidio, 198
Emanuelli, C.D., 12, 14, 15, 25, 326, 327, 328
Emporio Popolare (*L'*), 26, 44
Epoca (*L'*) di Genova, 24
Erba, A., 154, 355
Erzberger, M., 215
Esare (*L'*), 8, 52
Esposito, R.F., 81, 355
Esprit, 280
Études, 77, 303
Eucker, R.C., 75

Fabbrini, G., 54
Faberi, F., 211
Facta, L., 262
Faith and Reason, 301
Faini, M., 5
Falcini, C., 190, 211
Faloci Pugliani, M., 163, 166, 167
Fanello Marcucci, G., 285
Fappani, A., 5
Faraoni, G., 61
Farinacci, R., 278
Farrell Vinay, G., 2, 31, 355
Fausti, T., 39
Favero, D., 337
Febvre, L., 355
Fede e Ragione, 82, 85
Fénelon, F., 35
Fernandez, A., 305
Ferrandina, A., 4, 6, 56, 74, 355
Ferrari, A., 64, 92, 114, 115, 117, 118, 119, 120, 122, 126, 127,128, 129, 138, 141, 179, 180, 183, 223, 229, 302, 318, 335
Ferrario, C.M., 78

Ferrata, D., 192
Ferrata, G.B., 69
Fides, 64, 127, 132, 187
Fieramosca, 59
Figlia dell'Immacolata (*La*), 3
Finotti, F., 77
Finotti, G., 77
Finzi, A., 260
Fioretti, F., 157
Fiori Cattolici, 3
Fiori Mariani, 3
Firenze, 2
Fischer, A.,151
Fischietto (*Il*), 28
Flick, M., 313
Fogazzaro, A., 75, 115, 116, 117, 120, 121, 124, 143, 144, 145, 146, 153, 332
Fontana, E., 334
Fontana, J., 221
Fonzi, F., 5
Fontaine, J., 111, 162
Fontana F., 77
Fontana, F.M., 64,
Fonzi, F., 355
Fornari R., 302
Forti, G., 214, 215, 231, 237, 242, 243, 245, 247, 250, 265, 266, 267, 268, 270, 277, 281
Fortunato, G., 153
Fossà, G., 174
Fracassini, U., 78, 121, 124, 147, 333
Francesco Ferdinando, arciduca d'Austria, 195, 196
Francesco Giuseppe, imperatore d'Austria, 196, 218, 238, 239,
Franchetti, L., 153
Francica Nava Bontifè, G., di, 174
Franco, G.G., 301, 355
Frankfurter Zeitung, 220
Fraschetti, S., 77, 198, 203, 217
Freddi, R., 133, 134, 338, 339, 340, 346
Freppel, C.E., 322
Funk, F.X., 148
Fuscolino (v.di Crispolti, F.,)

Gaeta, G., 24
Gaeta, S., 77

Gaiotti De Biase, P., 118, 119, 120, 121, 130, 355
Galati, V.G., 147
Gallarati Scotti, G., 332
Gallarati Scotti, T., 75, 115, 120, 145, 146, 153, 332
Gamba, G., 87
Gambasin A., 45, 98, 313, 356
Ganapini, L., 356
Garagnani, T., 78
Garibaldi, G., 35
Gariglio, B., 29, 356
Garrigou-Lagrance, M., 280
Garzia, I., 221, 239, 242, 246
Gasparri, P., 190, 210, 211, 222, 223, 265, 296
Gasperutti, G., 77
Gastaldi, L., 25-29, 329
Gayraud, H., 113
Gazzetta del Popolo (La), 24, 29
Gazzetta d'Italia (La), 24
Gazzetta di Venezia, 342
Gazzetta d'Ivrea (La), 31
Gazzetta Provinciale di Bergamo, 57
Gazzetta Ufficiale, 282
Gazzette de France, 21
Gemelli, A., 148, 200, 311
Gennari, C., 69, 79, 184
Genocchi, G., 167
Gentile, G., 84, 291, 293
Gentili, A.M., 154, 356
Gerdil (Il), 15
Gerlach, F., 228, 229
Gesù Cristo. Grido popolare anticlericale, 30
Gherardi, A., 331
Ghezzo, G., 77, 78, 95, 112, 119, 120, 189, 238, 308
Ghignoni, A., 146
Ghini, G., 78
Giacomelli, A., 118, 120, 147, 174
Giacosa, P., 115, 146
Giani, P., 217
Giannini, A., 84
Giardinetto di Maria (Il), 3
Gilberti, U., 142, 181, 188, 356
Gioberti, V., 265, 302
Giolitti, G., 106, 195, 202, 217, 241, 263

Giorgio, re di Grecia, 196
Giornale di Pisa, 64
Giornale di Roma, 2, 8
Giornale d'Italia, 103, 104, 109, 122, 123, 125, 134, 135, 136, 137, 138, 164, 171, 188, 190, 201, 204, 208, 216, 220, 225, 227, 228, 249, 259, 268, 272, 275, 291
Giornale (Il) di Vicenza, 179
Giorno (Il), 43, 331
Giovanna d'Arco, santa, 297
Giovanni XXIII, 169, 187, 314, 347, 348
Giovanni Battista, san, 36
Giovanni Bosco, san, 27, 28
Giovanni Crisostomo, san, 131
Giovannini, C., 356
Giovanni Paolo II, 93
Gipponi, T., 302
Gismano, F., 62, 77, 224
Giustizia Sociale (La), 96, 260,
Giustizia (La), 285
Goffi, T., 92, 93
Goretti, G., 54
Gori, P., 229
Grabinski, G., 9
Graal, 77
Graioni, U., 356
Gramsci, A., 312
Grandi, D., 263
Grandmaison, L., 76, 149
Gratry, A., 115
Gregorio XVI, 314, 315
Gronchi, G., 276
Grosoli, G., 7, , 98, 99, 100, 101, 102, 103, 104, 130, 181, 188, 189, 210, 342
Grugni, C., 74, 75
Guasco, M., 308, 356
Guercilena, S.P., 115
Guglielmo I, imperatore di Germania, 202
Gugliemo II, imperatore di Germania, 202, 220, 249
Guisasola Menéndez, V., 305
Gusmini, G., 191
Guzzetti, G.B., 279, 282

Harnack, A., 113, 143, 172
Heusch, N., 52
Heuvel, J. van den, 222
Hirshman, A.O., 356
Houtin, A., 113, 176
Hugo, V., 22, 24
Humanitas, 5, 310
Humanitè, 269
Hügel, F. von, 75, 333

Ianniello, A., 302
Idea Democratica, 202
Idea Nazionale (L'), 190, 202, 206, 207, 210, 212, 275
Ignazi, N., 209, 234
Ilijc Ulianov, V., 245, 246,
Imberti, G.B., 282
Innocenzo XII, 35
Inzoli-Bretteri, A., 323, 345
Iodice, A., 302
Italia (L'), 142, 143, 181, 187
Italia Francescana (L'), 118
Italia Reale (L'), 4, 5, 8, 9, 41, 42, 81, 127, 183, 184, 335
Italia Reale Corriere Nazionale, 184
Italie (L'), 171, 247
Iuvenis Blosius, 185

Jacquemet, G., 302
Jacobini, L., 322
Jedin, H., 89, 172
Jolanda, 147, 174
Jorio, P., 61
Josi, E., 77
Journet, C., 305

Katholische Deutschland (Das), 77
King, W.L.M., 246
Kock, L., 149
Kolb, V., 79, 149, 150, 319, 320, 352
Kölnische Volkzeitung, 77
König, F., 305
Kopp, G., 151

Labaro (Il), 8
Labasse, J., 280
Laberthonnière, L., 303
Laboa, J.M., 304

Lacordaire, H.D., 302, 321
Ladouze, A., 304
Lafitte, P., 37
Laghi, L., 296
Lagrange, M.J., 111, 114, 149
Lambruschini, L., 302
Lambruschini, R., 55, 302
Lamennais, F., 144, 145, 302, 321
Lanza, G., 21
Lanzoni, F., 22, 309
Larraona, A.M., 305
Lari, E., 77
Latapie, L., 221-222
Latourelle, R., 305
Lavoro (Il), 159
Lazzarini, A., 45, 356
Lazzarini, R., 98
Lazzaro, G., 1
Le Camus, E., 113
Lecchi, S., 77, 78
Leclerq, H., 161
Lega Lombarda (La), 4, 8, 138
Lefebvre, M., 280, 305, 318, 323
Lefevre, R., 1
Le Floch, H., 303
Le Goff, J., 356
Lemius, G., 123
Lenin (v.di Ilijc Ulianov, V.,)
Leone XIII, 9, 31, 32, 33, 34, 35, 36, 37, 38, 39, 40, 41, 43, 44, 48, 49, 51, 52, 53, 54, 55, *89-91*, 95, 111, 114, 126, 133, 205, 290, 304, 310, 311, 318, 321, 322, 344
Leopoldo II, granduca di Toscana, 1
Lepidi, A., 163, 166, 167
Letture Cattoliche, 3
Letture della Domenica, 3
Libertà (La) di Napoli, 2, 8, 184
Libertà (La) di Padova, 8, 83
Libertà cattolica (La), 3, 4
Liberté (La), 221-222
Licata, G., 1, 7, 115, 260, 271, 356
Liguria del Popolo (La), 8, 9. 127, 145, 148, 149, 154, 155, 159, 184, 258
Lloyd, G., 250
Limberti, G., 46
Locorotondo, G., 28

Loisy, A., 75, 93, 113, 114, 115, 122, 124, 309
Lombardo-Radice, G., 153
Loome, T.M., 356
Lorenzelli, B., 128, 174, 341
Lortz, J., 172
Lotta (La), 142
Lubac, H., de, 305, 313
Lucatello, E., 2, 81, 356
Luce, 250
Lund. R., 146
Luraghi, G., 214, 216
Lusignoli, A., 260
Lux, 279
Luzzati, L., 75, 267

Maasbode, 77, 78, 171
Maccarrone, M., 161, 162, 165, 170, 255, 356, 357
Macchi, M., 12, 14, 356
Machiavelli, N., 208, 209
Maffi, A., 60, 61, 63, 64, 65, 72, 85, 128, 188, 302, 343, 348
Magani, F., 107
Magri, E., 96, 112, 113, 114
Maistre, J. de, 45
Maître, J., 280
Majno Bronzini, E., 119
Majo, A., 1, 3, 83, 141, 356
Majolo Molinari, O., 1
Malacria, A., 286, 288
Malgeri, F., 1, 24, 30, 258, 275, 284, 357
Malusa, L., 11
Malvezzi, G., 153
Malvisi, S., 357
Manara, A., 110
Manaresi, A., 146, 163
Manning, H.E., 19, 20, 308
Mantica, P., 157
Manzini, L., 302
Marani, P., 128, 341, 342
Marchese, D., 67
Marchini, G., 77, 78
Marchisone, G., 83, 279, 293, 295, 296
Marcora, C., 38
Maret, H., 302
Margherita di Savoia, regina d'Italia, 278

Margiotta Broglio, F., 8, 53, 82, 255, 357, 359
Margotti (eredi), 30, 32, 39, 40, 41, 50, 51, 60
Margotti, F., 23, 31, 38, 39, 40, 42, 43, 45, 46, 47, 50, 82, 85, 331
Margotti, G., 2, 9, *12-30*, 31, 33, 39, 40, 45, 46, 51, 214, 215, 310, 316, 318, 326, 327, 328, 329, 352
Margotti, S., 12, 22, 31, 32, 328
Mari, F., 135, 146, 147, 163
Marin-Sola, F., 313
Maritain, J., 304
Marongiu Buonaiuti, C., 17, 105, 357
Marte, 214
Martin, J., 302
Martina, G., 1, 3, 17, 27, 79, 92, 132, 255, 302, 305, 308, 314, 355, 357
Martinelli, T., 27
Martini, A., 357
Martini, G., 89, 357
Martire, E., 118, 209, 271, 272, 282
Mastracchi, E., *43-45,* 50, 54, 59, *60-62,* 94, 118, 122, 123, 127, 129, 289, 331
Massari, A.G., 78
Mathon, G., 305
Matone, N., 142
Mattei Gentili, P., 181, 248, 282
Matteo, san, 79
Matteoli, G., 49, 50
Matteotti, G., 277, 283, 285, 286-288, 298
Mattioli, I., 48
Mattiussi, G., 62, 63, 64, 65, 69, 77, 78, 79, 127, 128, 145, 160, 162, 169, 186, 187, 347, 348
Maturi, W., 173
Maurras, Ch., 290, 301, 303
Mauri, A., 106, 119
Maurin, C.A., 151
Max, 148, 189, 201, 220, 227
Mazzella, O., 90, 133
Mazzini, G., 21
Mazzolari, P., 317
Mazzoleni, G.B., 78, 169, 347, 348
Meda, F., 7, 9, 66, 70, 83, 106, 107, 108, *138-143,* 182, 202, 228, 234,

235, 236, 237, 242, 243, 290, 311, 336, 344, 357
Mediatore (*Il*), 2, 15
Medolago Albani, S., 103, 111
Meignen, D., 162
Meignan, G.R., 322
Mellano, M.F., 12, 30, 357
Melloni, A., 314
Meloni, M., 77, 78, 196, 199, 201, 224, 225, 239, 240, 245, 246,
Menara, G., 8, 77, 80, 81, 82, 83, 86, 115, 133, 141, 143, 149, 185, 252, 253, 288, 290, 292, 293, 295, 299, 337, 357
Menocchi, M., 48
Menozzi, D., 305
Meraviglie di Dio (*Le*), 62
Mercati, A., 333
Mercati, G., 134, 170
Merlier, H., 148
Mermillod, G., 20
Merry del Val, R., 98, 100, 102, 103, 104, 131, 169, 170, 198, 334, 335
Messaggere (*Il*), 44
Messaggero (*Il*), 176, 227, 228, 231, 236
Messaggero Toscano (*Il*), 85, 188
Mezzini, G., 78
Miccoli, G., 172, 255, 357
Michel, A., 357
Micheli, G., 228
Michieli, A.A., 118
Miglioli, G., 242
Mignot, E.E.I., 318, 320
Mikròs (v.di Calligari, E.,)
Mineo, M., 10, 77, 323
Minocchi, M., 48
Minocchi, S., 70, 74, 90, 111, 112, 123, *134-138*, 146, 345
Minoretti, 145
Minzoni, G., 284-286, 298
Mira, G., 255, 358
Miscellanea francescana, 163
Mistrangelo, A.M., 53, 54, 60, 61, 64, 65, 66, 67, 69, 70, 71, 72, 73, 80, 81, 141, 144, 174, 192, 216, 224, 334
Molajoni, P. 228

Molinari, F., 5, 284, 285
Momento (*Il*), 8, 87, 130, 139, 181, 184, 187
Mondo (*Il*), 12, 25
Mongibello, G., 12
Monitore (*Il*), 2
Monitore Ecclesiastico (*Il*), 184
Monni, P., 323
Monsch, Ch., 213
Monsignor Perrelli, 342
Montalembert, Ch F., conte di, 302
Montale, B., 2
Montebugnoli, P.F., 28
Montessori, M., 131, 148
Monticone, A., 198, 241
Montmorency di, 14
Montresor, 207, 208, 212
Morello, V., 195, 196, 249
Moreno, L., 13, 14, 26, 31, 325, 326
Morini, F., 332
Morra, O., 115
Mosca, T., 230, 231
Mostardi, F., 129
Motter, 28
Movimento cattolico (*Il*), 3
Mucchielli, A., 357
Mugnozza, G., 77, 130, 146, 182, 184, 185, 195, 196, 198, 203, 208, 214, 216, 223, 224, 226, 227, 230, 236, 242, 243, 244, 245, 256, 257, 258, 266, 273, 274, 288, 290, 291, 295, 296, 307
Mulo (*Il*), 341, 342, 343
Murri, R., 7, 66, 70, 73, 74, 75, 90, 91, 94, 99, 101, 104, 106, 109, 111, 116, 120, 121, 123, 124, 146, 163, 174, 193, 205, 272, 321, 333, 341
Musso, A., 12, 15, 31
Mussolini, A., 291
Mussolini B., 53, 85, 213, 215, 219, 223, *255-299*
Muzzi, A., 62

Nannini, F., 78
Napoleone III, 21, 23, 202, 327
Nardi, P., 115
Nathan, E., 231
Navarotto, A., 80, 215, 218, 219

Nazione (La), 57, 135, 136
Nazzari, A., 77
Negri, A., 147
Negri, G., 77
Negro, S., 356
Nemo, 287, 288
Newman, H., 302
New York World, 221
Nicola II, zar di Russia, 245, 249
Nicòtera, G., 29
Nistri, S., 44, 53
Nocedal, C., 301, 304
Nocedal, R., 302, 304
Nogara, G., 144, 145
Nora, N., 356
Nothing (v.di Fraschetti, S.,)
Nova et Vetera, 66, 67, 176
Novelli, A., 145, 146, 164
Nowoie Wremia, 214
Nuova Antologia, 198, 231
Nuova Riforma (La), 146
Nuovo Cittadino (Il), 271
Nuovo Giornale (Il), 59, 225, 225, 241, 265
Nuti, O., 77, 78, 91, 126

Oesterreichs Katholisches Sonntagblatt, 77
Olgiati, F., 200, 311, 313
Ollivier, E.,36
Omikron, 227, 231
Ondes Reggio, V.D', 313
Operaio (L'), 56
Opinione (L'), 24
Ordine (L') di Como, 2, 8, 81
Organizzazione (L'), 119
Oriani, A., 195
Origo, P., 129, 184
Orione L., 78, 152, 153
Orlando, V.E., 226, 228, 238, 253
Osservatore Cattolico (L'), 2, 4, 5, 8, 9, 26, 27, 52, 75, 97, 102, 106, 107, 108, 119, 138, 164
Osservatore cattolico (L') di Vicenza, 4
Osservatore Lombardo (L'), 2
Osservatore Romano (L'), 2, 4, 8, 28, 61, 83, 99, 100, 103, 117, 128, 135, 143, 162, 171, 184, 187, 197, 203, 217, 221, 222, 223, 226, 227, 232, 234, 235, 236, 242, 272, 274, 275, 277, 283, 291, 298, 352
Ottaviani, A., 305

Pace (La), 2, 15, 25
Pacelli, E., (v.di Pio XII)
Pacelli, F., 255, 357
Pagano, S., 79, 80, 154, 180, 318, 357
Paganuzzi, G.B., 45, 97, 99
Pagnani P., 262, 264, 265
Palestra del clero, 81
Pallavicini, marchesa, 343
Pallfy, conte, 198
Palmieri, A., 352
Palmieri, D., 113
Panaro (Il), 2
Panico Giuffrida, M., 81, 357
Panurghi, M., 333
Paolo VI, 171
Papini, G., 75, 205
Parente, F., 172
Parola Fraterna, 66
Parrella, P., 176
Pasquinelli, A., 101
Pasquino, 29
Passaglia, C., 2, 15
Passerin d'E'ntrèves, E., 302
Pastori, G., 78
Pasztor, L., 39
Patria (La), 8, 96, 110, 145, 341
Patriota Cattolico (Il) 3
Patriote (Le), 77
Pavissich, A., 79, 116, 131, 132, 133, 310, 338, 339, 340
Pecci, G., (v.di Leone XIII)
Pecorari, P., 255, 357
Pedrazzi, F., 78
Pellizzi, C., 289
Penna Azzurra (La), 126
Pensiero e Azione, 75, 118, 120, 121
Perrin, L., 305, 318, 357
Perseveranza (La), 24, 188, 226, 233
Persico, E. da, 78, 118, 119, 147, 148, 224, 346, 347
Pescini, G., 70, 71, 72, 79, 138
Petit Journal (Le) 24

Petre, M.D., 114
Petri, S., 342
Petroni, P., 202
Petrus Blätter, 77
Petti Baldi, P., 358
Piastrelli, L., 121, 176
Piccinelli, G., 106
Pidal, A. e L., 304
Piemonte (Il), 2
Pierboni, S., 332
Pini, G., 61
Pini-Tronati, A., 222
Pinoli, A., 13, 14, 15
Pio IX, 1, 4, 14, 16, 17, 19, 20, 21, 22, 23, 24, 26, 29, 30, 95, 112, 295, 318, 327, 328, 344
Pio X, 58, 60, 63, 64, 66, 67, 68, 69, 70, 71, 72, 73, 76, 79, 80, 82, 84, 89, 91-93, 94, 95, 100, 101, 103, 104, 105, 106, 117, 123, 124, 125, 131, 132, 133, 134, 137, 151, 152, 156, 160, 163, 167, 169, 170, 180, 183, 184, 188, 189, 190, 193, 196, 197, 198, 199, 201, 203, 204, 205, 206, 209, 210, 211, 212, 222, 303, 304, 305, 315, 321, 335, 338, 339, 340, 343, 344, 346, 352
Pio XI, 255, 259, 274, 295, 303, 304
Pio XII, 180, 303, 304
Pioli, T., 176
Piovano, G., 144, 145
Pitter, B., von, 198
Pivato, S., 159
Pizzardo, G., 87
Pizzorno, B., 184
Pizzuti, G.M., 305
Planta, A. de, 239
Podrecca, G., 342
Poggi, T., 153
Popolo (Il), 285
Popolo (Il) di Guastalla, 77
Popolo di Siena (Il), 56
Popolo d'Italia, 205, 213, 223, 275, 277, 289, 291
Popolo Italiano (Il) di Pisa, 65
Porcile, M:, 160
Poulat, E., 62, 68, 79, 80, 89, 213, 280, 323, 357, 358

Poveromo, A., 286
Pozzi, P., 26
Predicatore apostolico (Il), 3
Prévotat, J., 304
Prigioniero Apostolico (Il), 3
Provincia di Brescia, 175
Pucci, E., 275
Pulciano, E., 154
Pungolo (Il), 24
Pupilli, E., 78

Quadrotta, G., 169, 206, 230, 231,
Quatrini, G., 77
Quazza, G., 255, 357
Quentin, H., 171

Radice, G., 26
Radini Tedeschi, G. M., 48, 49, 53, 184, 347
Raeli, M., 20
Rahner, K., 309
Rambaldi, G., 313
Rampolla del Tindaro, M., 32, 39, 40, 41, 42, 43, 44, 45, 46, 47, 48, 49, 50, 51, 52, 53, 54, 55, 56, 330
Ranchetti, M., 89, 358
Rao, J.C., 301
Raspini, G., 49
Rassegna di politica e di storia, 191
Rassegna nazionale (La), 55, 153, 169
Rastignac (v.di Morello, V.,)
Rava, L., 341
Ravà, M., 123
Razon y Fé, 305
Reberschak, M., 45, 358
Redi, A., 126
Regime Fascista, 279
Rémond, R., 213
Renier, A., 232, 237
Respighi, P., 67, 90, 124, 176
Resto del Carlino (Il), 220, 284
Revue biblique, 111
Revue d'Action Française, 303
Revue de l'Histitut Catholique de Paris, 301
Revue d'Histoire, 111
Revue du Clergé français, 111
Revue Française de Science Politique, 304

Revue française de sociologie, 280
Revue moderniste Internationale, 78
Rezzara, N., 4
Ricasoli, B., 55
Richelmy, A., 131, 174, 339
Riccardi, A., 302
Riccardi, D., 31,37, 38, 39, 40, 41, 42, 330
Ricci, R., 230
Ricciardi, G., 19, 23,
Rimoldi, A., 358
Rimoldi, G., 164
Rinieri, I., 79, 120, 162, 173, 174,
Rinnovamento (Il), 75, 94, 120, 121, 121
Riosa, A., 112
Riscossa (La), 8, 9, 87, 106, 127, 130, 132, 142, 149, 154, 164, 177, 179, 180, 184, 189, 338, 344, 348
Risorgimento, 222
Riviére, J., 89, 92, 94, 123, 358
Rivista Bibliografica Italiana, 111
Rivista Cultura moderna, 175
Rivista di Cultura, 74
Rivista Diocesana Milanese, 179, 223
Rivista di Roma, 125
Rivista di Storia e letteratura religiosa, 153, 154
Rivista di Studi Religiosi, 74, 111, 134, 137
Rivista storico-critica delle Scienze Teologiche, 62, 74, 111, 112, 172, 173, 174, 175,
Roberto da Novi, 216
Robespierre, M.F.I., 268, 269
Rocca d'Adria, (v.di Algranati, C.,)
Rodinò, G., 276
Rolla, A., 305
Romanato, G., 1, 358
Romanus (v.di Giani, P.,)
Roncalli, A., (v.di Giovanni XXIII)
Rosa, E., 64, 65, 79, 112, 133, 151, 152, 162, 175, 199, 277, 320
Rosmini, A., 10, 26, 27, 28, 112, 116, 118, 302, 321
Rosmini, M., 118
Rossi, A., 61, 72
Rossi, C., 286

Rossi, M.M., 176
Rossi, R., 96
Rossini, G., 286
Rotondo, G., 77
Rudinì, A., 36
Ruelli, A., 62, 77, 130, 140, 182, 211
Ruffini, E., 305
Ruffoni, A.G., 95, 104, 309, 314
Rumi, G., 5
Rutili, E., 188, 227

Sabatier, P., 63, 75, 116, 117, 118, 120, 143, 176, 335
Saccardo, F., 59
Sacchetti, G., 33, 43-60, 66, 67, 74, 82, 85, 94-118, 272, 311, 315, 332
Sala, F., 154
Salandra, A., 233
Salsi, I., 57
Salvatorelli, L., 255, 358
Salvemini, G., 53, 153
Sambugaro, P., 131, 138
Sanesi, E., 46
Sangnier, M., 77, 150, 151
Sani, R., 302
Santacroce, G., 54
Santillana, D., 153
Santucci, C., 226
Sardegna Cattolica (La), 8
Sardi, G., 123
Sarnari, R., 169
Sarto, G.M. (v.di Pio X)
Sassòli Bianchi, F., de, 62, 200, 201, 217, 231, 232, 233, 234, 235, 236, 237, 238, 239, 240, 242, 243, 245
Scaccia, P., 174
Scaduto, F., 206
Scala, S., 5, 9, 31, 42, 183
Scalabrini, G.B., 38, 121, 302
Scalarini, G., 260
Scattigno, A., 53, 358
Scazzocchio, O., 266
Schmidlin, J., 92
Schmidt, S., 305
Schnitzer, J., 149
Scoppola, P., 79, 89, 90, 98, 115, 187, 214, 255, 320, 321, 321, 358
Scotton, A., 8, 132, 177, 178, 186

Scotton (fratelli), 8, 9, 74, 78, 79, 87, 97, 99, 106, 127, 130, 170, 179
Scotton, G., *178-180*
Scotton, J., 49, 69, 73, 142, 337, 344
Scuola Cattolica (La), 3, 43, 64, 66, 112, 144, 145, 146, 335
Secco Suardo, D., 358
Secolo (Il), 24, , 159, 162, 163, 169, 176, 205, 206, 231, 236, 239
Secondi, 346
Semaine religieuse de Nice (La), 222
Semaine religieuse de Paris (La), 222
Semeria, G., 66, 67, 70, 73, 75, 93, 94, 96, 105, 109, 111, 119, 120, 124, 137, 153, *154-160*, 163, 173, 174, 265, 273, 319, 321, 333
Sentinella Antimodernista, 77, 78, 79, 142, 145, 146, 148, 149, 151, 160, 169, 323
Seon (v.di Forti, G.,)
Sestili, G., 163
Settimana (La), 73
Settimana sociale, 209
Sevin, J., 303
Sichirillo, G., 158
Sicilia Cattolica (La) , 4, 8
Siciliano Rende, C., di, 322
Sickenberger, J.,149
Siglo futuro (El), 302, 304, 305
Sillon, 77, 150, 151
Silva, P., 116
Silvagni, U., 342
Silvestri, C., 286
Simplex, 197, 240
Siri, G., 305, 323
Sì sì, No no, 323
Smascheratore (Lo) , 2
Snider, C., 92, 358
Soave S., 155
Soderi, G.B., 77
Soderini, E., 228
Sokoni, B., 25
Sonnino, S., 234, 237, 252, 253
Sorrentino, D., 271
Spadolini, G., 353, 358
Spataro, G., 276, 279, 358
Speirani G. e F., 28
Spettatore (Lo) , 2

Spina, E., 1
Spini, G., 323
Stabile, F.M., 305
Stampa (La), 137, 159, 171, 185, 196, 204, 207
Stände-Ordnung, 77
Stella, A.M., 144
Stella cattolica (La), 55, 56
Stendardo (Lo) di Cuneo, 8
Stendardo Cattolico (Lo) 2, 4
Sterbini, P., 166
Stoppani, A., 28
Sturzo, L., 226, 273, 274, 275, 276, 282, 312
Suardi, G., 105
Subalpino (Il) , 2, 15
Suenens, L.J., 305
Svampa, D., 109, 110

Tacchi Venturi, P., 150, 274
Tamburini, L., 358
Tamburrini, F., 20, 358
Tassoni, G., 33, 37
Taverna , A., 62
Tempi nuovi, 214
Thiers, A., 267, 327
Thomas, B.L., 322
Thomas, L., 304
Thompson, J.W., 78
Ticino (Il) 8
Tijd (De), 77, 171
Times, 117, 268
Tinetti, D., 15, 27, 30, 31-43,
Tirsi (v.di Orione, L.,)
Tittoni, T., 105, 253
Tolli, F., 111
Tolstoj, L.N., 143
Tomba, G.,77
Tommaseo, N., 152, 302
Tommasi, E., 307
Tommaso d'Aquino, san, 27, 28, 131
Toniolo, G., 64, 73, 111
Torcoletti, T.,84
Tornaghi, L., 5
Torrazzo (Il), 73
Torricelli, A., 54
Torricelli, R., 54
Tortone, G., 326

INDICE DEI NOMI

Tosolini, F., 78
Tosti, L., 34
Tovini, L, 236, 237, 282
Trabucco, C., 354
Tramonte, G.G., 77
Tramontin, S., 1, 5, 24, 57, 131, 200, 359
Tranfaglia, N., 25
Traniello, F., 15, 26, 29, 255, 358
Trentini, S., 78
Trentino (Il), 8
Treves, C., 260,
Treves, P., 320
Trezzi, L., 8, 359
Tribuna (La), 143, 195, 196, 230, 249
Tribuna Sociale (La), 74, 75
Tuninetti, G., 15, 24, 25, 26, 27, 28, 359
Turati, F., 277, 287
Turchi, F., 259, 260, 261, 262, 263, 266, 267, 268, 269, 271, 272, 280, 283
Turchi, N., 161, 162, 165, 167, 176, 177
Turvasi, F., 167
Tyrrell, G., 75, 91, 93, 114, 123, 124, 309

Umberto I, re d'Italia, 35, 196
Unione (L') 8, 65, 66, 128, 132, 135, 138, 139, 140, 141, 142, 143, 144, 146, 162, 163, 164, 179, 184, 335, 346
Unione Cattolica (L'), 8
Univers (L'), 18, 162, 163, 171, 301
Urigüen, B., 302

Valinotti, P., 13
Vanni, E., 333
Vannoni, G., 82, 359
Vannutelli, V., 219, 295, 302
Veneruso, D., 257
Veneto Cattolico (Il), 4,
Veneziani, P.L., 78, 295
Ventura di Raulica, G., 302
Venturi, F., 324
Vercesi, E., 73, 75, 94, 97, 154
Verdesi, G., 156, 165, 176, 177

Vergine (La) , 3
Verità (La) di Bologna , 2
Veritas, 142, 158, 183, 186, 188, 189, 203
Vermeersch, A., 113
Verona fedele , 7, 8, 127
Verucci, G., 29, 359
Vessillo Cattolico, (Il)., 3
Vettorel, P., 77, 78, 197, 198, 199, 203, 204, 220
Vettori, G., 77
Veuillot, E., 307
Veuillot, F., 162
Veuillot, L., 301
Vie intellectuelle (La), 280
Vigorelli, P., 157
Villanis, 342
Villari, P., 153
Viola, G., 286, 288
Vindex (v.di Mugnozza, G.,)
Visconti-Venosta, E., 267
Vita del Popolo (La) 5
Vita Diocesana, 347, 348
Vita e Pensiero, 217
Vita femminile italiana, 147, 333
Vita Nuova (La), 73
Vitali, G., 153
Vita Religiosa (La), 134
Vittoria, 190
Vittorio Emanuele II, 36
Vittorio Emanuele III, 266, 295
Vivarelli, R., 256
Vives y Tutó, J.C., 63, 188, 332
Voce del Santo Padre Pio IX (La), 4
Voce del Popolo (La) , 5
Voce del Popolo (La) di Cagliari, 211
Voce della Verità (La), 4, 5, 8, 28, 45, 48
Voce repubblicana (La), 285
Volpi, Gio.,178
Volpi, G., 286, 288
Voltaire, F.M., Arouet de, 324

Wahrheit und Klarheit, 77
Ward, W., 308
Wernz, F.S., 114, 133, 134, 336, 337, 338, 339
Wiegand, M., 221

Wilson, W., 232, 240, 244, 250, 251, 252

Zanotti, U., 342
Zanzi, E., 159
Zigliani, L., 77
Zocchi, G., 3, 6, 74, 111

Zucconi, A., 161, 162, 163, 164, 165, 166, 167, 168, 352
Zambarbieri, A., 112, 115, 154, 172, 356, 359
Zamboni, U., 279
Zieger, A., 359
Zussini, A., 126

Finito di stampare il 23 luglio 1993
Tipografia Poliglotta della Pontificia Università Gregoriana
Piazza della Pilotta, 4 – 00187 Roma

PONTIFICIA UNIVERSITÀ GREGORIANA
EDIZIONI 1993

NOVITÀ

ANALECTA GREGORIANA

260. HARTEL Joseph F.: *Femina ut Imago Dei. In the Integral Feminism of St. Thomas Aquinas.*
 pp. XVI-356.   ISBN 88-7652-646-3.   Lit. 45.000

261. PRADES Javier: *Deus specialiter est in Sanctis per Gratiam.*
 pp. XXXIV-486. ISBN 88-7652-651-X.   Lit. 59.000

263. VANDEVELDE Guy: *Expression de la cohérence du mystère de Dieu et du salut.*
 pp. XXVI-178. ISBN 88-7652-655-2.   Lit. 25.000

264. TAGLIAFERRI Maurizio: *L'unità Cattolica. Studio di una mentalità.*
 pp. XXII-378. ISBN 88-7652-665-X.   Lit. 45.000

INCULTURATION

XIV. NECKEBROUCK Valeer: *Resistant Peoples – The Case of the Pastoral Maasai of East Africa.*
 pp. VI-86.   ISBN 88-7652-663-3.   Lit. 13.000

MISCELLANEA HISTORIAE PONTIFICIAE

61. VACCA Salvatore: *Prima Sedes a nemine iudicatur. Genesi e sviluppo storico dell'assioma fino al Decreto di Graziano.*
 pp. XXII-270. ISBN 88-7652-662-5.   Lit. 36.000

STUDIA MISSIONALIA

42. AA. VV.; *Theology of Religions.*
 pp. VIII-396. ISBN 88-7652-657-9.   Lit. 65.000

FUORI COLLANA

GROTZ Hans: *La Storiografia Medioevale. Introduzione e sguardo panoramico.*
pp. 116.   ISBN 88-7652-661-7.   Lit. 18.000

HUBER Carlo: *E questo tutti chiamano «Dio». Analisi del linguaggio cristiano.*
pp. 124.   ISBN 88-7652-659-5.   Lit. 18.000

MCDERMOTT John M. (editor): *The thought of Pope John Paul II. A Collection of Essays and Studies.*
pp. XXIV-244.   ISBN 88-7652-656-0.   Lit. 24.000

RISTAMPE

FUORI COLLANA

DE FINANCE Joseph: *De l'un et de l'autre. Essai sur l'altérité.* 2ème Édition revue et corrigée de «*L'affrontement de l'autre*».
pp. VIII-372.   ISBN 88-7652-278-6.   Lit. 45.000

DEZZA Card. Paolo: *Filosofia.* 9ª edizione.
pp. 224.   ISBN 88-7652-589-0.   Lit. 22.000

SELVAGGI Filippo: *Filosofia del mondo. Cosmologia filosofica.* 2ª edizione riveduta e corretta.
pp. 592.   ISBN 88-7652-551-3.   Lit. 50.000

È possibile sottoscrivere ordini in continuazione.

Ordini e pagamenti a:

AMMINISTRAZIONE PUBBLICAZIONI PUG/PIB
Piazza della Pilotta, 35 – 00187 Roma – Italia
Tel. 06/678.15.67 – Telefax 06/678.05.88

Conto Corrente Postale n. 34903005 – Compte Postal n. 34903005
Monte dei Paschi di Siena – Sede di Roma – c/c n. 54795.37